デスメタルチャイナ
PUBLIB

前書き

中国ロック前史

中国にロックが輸入されたのは諸外国よりかなり遅れる。ソ連や東欧の旧共産圏へは鉄のカーテンを突き破り、その時代々々の西側からほぼ同時に各国へ入り、若者を夢中にさせていたが、中国ではしなやかな竹のカーテンに突っ張り返された。実のところ原因は、中華人民共和国成立後、大躍進政策、文化大革命と政治混乱が続き、計画経済が机上の空論となり社会疲弊経済麻痺を引き起こしてしまったことが、新たな文化を取り入れる余裕がなくなったことの原因であった。1978年、鄧小平の鶴の一声により改革開放政策へ舵を切った頃にようやくロックが入ってきた。ただそれは北京だけのことであった。最初は北京在住の外国人によるロック・バンドが結成された。そのほとんどが通信社や新聞社の特派員そして留学生として滞在していたもので、余暇として楽しんでいたものであった。それでもそこへ出入り出来た当時の北京の若者にとって、国家（中国共産党）に所属しない音楽グループで楽しむ姿は衝撃的であったに違いない。その衝撃にさらに輪をかけるように衝撃だったのが、日本からゴダイゴの天津公演（1980年）、アリスの北京公演（1981年）が開催されたことであった。それを機に、中国人が自らロック・バンドを結成することになる。1984年に結成されたのが七合板や不倒翁であった。オリジナル曲はなく洋楽やアリス、谷村新司などの日本の曲のカバーが中心であった。両バンドとも活動期間は１年ほどと短かったものの七合板には中国ロックの祖、崔健、サックス、チャルメラ奏者劉元、ハーモニカ・フルート奏者楊楽が、不倒翁にはレコーディング・エンジニア金少剛、古筝演奏家王勇、国民的流行歌手孫国慶、解散直前の頃には翌年唐朝を結成する丁武など後の中国音楽界をリードするミュージシャンが在籍していた。

中国ロックの誕生

そして1986年が中国ロック生誕年と言われている。この年の５月９日、国際平和年の記念コンサートが北京労働者競技場で開催。当時は無名の若手歌手がギターを持って、舞台に登場、怒鳴るような歌声はその場にいたすべての観客を驚かせた。その歌手こそ中国ロックの祖と称されることになる崔健であった。歌ったのも彼の代表曲となる『一无所有（俺には何もない）』であった。1989年２月に崔健は1stアルバム『新长征路的揺滚』を発表する。この頃になると中国ロック史に名を残す黒豹、唐朝、呼吸、白天使など10組ほどのロック・バンドが活動していた。バーや雑居ビルの地下などでパーティーと称しライブを行い、ロックシーンが形成され始める。

しかし６月４日、天安門事件発生。海外から経済制裁、外国籍華人を含む外国人の出国が起きる。その華人の中には唐朝の初代ギタリストであったKaiser Kuo(郭怡広)も含まれていた。そのような状況下、音楽に関わらず経済・社会のすべてがストップしてしまう。

この最低な状況の中、日本から北京を訪れ、中国ロックに出会ったのがファンキー末吉。彼の実績は書籍やテレビ特集にて詳しくされている。そして、徐々にだが元に戻りだしたのが1992年から1995年にかけてであった。黒豹、唐朝、零点、指南针といったバンドがアルバムを発表する。それにより、全国へロックが知れ渡ることでようやく各地でロック・バンドが結成されたり、日本にも情報が再び入ってくるようになり、他のアジア諸国の音楽や映画とともに小さなアジアン・カルチャー・ムーブメントを形成する一端となった。

また、テレビ、ラジオで音楽や映画などが紹介されはじめ、アジアの専門カルチャー雑誌『POP ASIA』や小冊子『ASIAN POPS』などの発行が始まったのもこの頃。だが、前述したが90年代初頭まで中国ロック＝北京ロックといっても過言ではなかったほどロック・バンドは北京にしか登場し得なかったが、全国的にロック・バンドが誕生し始めたのもこの頃。とはいっても北京のバンドが活動困難な時期に、地方でバンドが出来ても、ライブする場所もなくレコード会社もなく、取り上げてもらえるメディアもまったくなかったためレコードデビューするバンドは皆無に等しかった。この当時の情報についてはWEBサイトChinese Rock Date Baseで大変詳細なことまで記載されている。

中華メタルの勃興とインターネットの登場

それでも情勢が変わったのは1997年頃から。インターネットの発達が要因である。各地にネットカフェが誕生し、情報の収集と発信が瞬時に出来るようになったことであった。地方にいても北京から、世界から、そしてその逆もしかり。若者中心にロックに限らずあらゆる情報が全土を行き交うこととなった。そしてわずかな都市に小さいながらロックコミュニティーやメタルコミュニティーが生まれたのもこの頃であった。その中からバンドとして形になり、作品を発表するまでには少しばかり時間が必要であった。2005年頃からようやくCDをリリースするようになる。2006年以後はリリース枚数も上昇する。全土でも作品枚数は右肩上がりの状態となる。その約１／３が北京のバンドと北京優勢なのに揺るぎは無いが、雨後のたけのこのように無数のバンドが登場する。だが、SNS の発達で各自のページを作り、華々しく活動を始めるも数ヶ月から数年で消え去ることも多い。

ただ消え去るだけならいいが SNS にアップした情報だけが残り、活動状況を精査するのは大変であった。広大な中国で、膨大な情報を整理する時間もページ数も限られている。よって、本書では、中国ロックの中の全メタルジャンルを含め、90 年代、2000 年代、2019 年までの 2010 年代とハード・ロック／ヘヴィ・メタルの変遷を網羅する形で、CD・EP 等をリリースしているバンドを中心に作品未発表であってもシーンの核となるバンドを取り扱うことにした。

中国概説

中国の正式名称は中華人民共和国。首都は北京市。国土面積約 960 万 km²(日本の約 26 倍)、人口 13 億 7462 万(世界 1 位·2015 年統計)、人口の 92%を占める漢民族と 55 の少数民族で構成される。地方自治は 22 省級行政区、5 自治区、北京市·天津市·上海市·重慶市の 4 直轄市、香港・マカオの 2 特別行政区の合計 33 によって構成される。名目 GDP は約 10 兆 9828 億ドル（2015 年：IMF）となるものの、平均年収が日本円で 100 万円も満たない農村地帯の住人や都市部で働く農民工から 3000 万円を超える外資系企業に勤務する超富裕層まで貧富の差が激しい社会である。公用語は中国語、いわゆる北京語。その他各地で生活言語として上海語、広東語、福建語、客家語など外国語ほどの差異がある各方言、チベット語、ウイグル語、チワン語など少数民族言語がある。なお、GDP 等で表記している金額の日本円換算は 1 元＝ 16 円として計算している。

本書の構成

中国の各地域分けは一般的なものを利用し、東北、華北、華東、華中、華南、西南、西北と 7 地域分けとし、北京においては中国ロックそして中国メタルの最も重要な都市であるため別途章立し、1990 年代と 2000 年以降と分けた。分割した理由は 1990 年代の中国ロックそして中国メタルは世界の音楽シーンからまったく分離しており、発展の仕方が独特であったためレビューにおいて説明の仕方を変えたかったからである。

紹介する中にはこれがハード・ロックなのかヘヴィ・メタルなのかと疑問を持つ読者がいるかもしれないが、彼らのロック史の中で重要な位置を占めているということを念頭にして頂きたい。また、ブラックメタル／デスメタル／グラインドコア系のワンマン・バンドと遠距離地在住者によるレコーディング・プロジェクトも別立て章にした。このようなプロジェクトでは活動拠点不明そしてライブが少なく、活動状況が不明なことが多いにも関わらず非常に多作となる傾向がある。その上、各々の作風が区別しがたい内容となっているため直近の作品を取り上げた。

本書の見方

各バンドの概要では「英語バンド名」「中国語簡体字バンド名」「常用漢字バンド名」「英語作品名」「中国語簡体字作品名」「常用漢字作品名」「ジャンル」「拠点」「レコード会社」「盤」「リリース年度」を記載した。すべてのバンドやアーティストが英語バンド名と中国語簡体字バンド名の両方を持っているのではなく、片方（多くは中国語簡体字バンド名）のものもいる。また、中国語簡体字では、中国語学習経験がない方のために常用漢字を併記したが、一部分に常用漢字にない簡体字もあり、その場合は簡体字で表記した。「盤」についてはデモやシングル、コンピ等多数リリースしている場合は、出来るだけ多くを紹介するようにしたが、紙面の都合上主要なものを記載した。

中国側の公式サイトやSNS 等やChinese Rock Database、そしてEncyclopaedia Metallum での記載事項がそれぞれ一致していないことが多く、その場合、複数のサイトから多い事項を記載した。また、音源を視聴することが可能であるが、日本側から視聴可能なサイト（別途コラムにてXiami やDouban を紹介）と日本側から視聴不可能なサイトもあり、日本人が慣れ親しんだサイトとは手順が異なることも多いため、本書ではSNS 等の有無や紹介は省略した。

原則としてアーティスト名とアルバム名はアルファベットで記したが、漢字由来のアーティスト名は中国語簡体字で記載、英題が存在しないアルバム名は中国語簡体字と常用漢字を併記した。個別の曲名は先頭のみ大文字アルファベットで記し、英題が存在しない場合は中国語簡体字で表記した。

なお、基本的に中国人のバンド名、作品名、レーベル名およびショップ名は中国語簡体字で記したが、人名と地名（ショップの住所は簡体字）は常用漢字で載せている。本書でインタビューを行ったアーティストだけでなく、紹介したアーティストも出来る限り接触を取ったが、一部、既に解散していたり、まったく連絡がつかなかったアーティストもいる。そうしたアーティストの写真については、極力ジャケットやフライヤー、ポスター等プロモーショナル用と思われる画像を用いた。

都市名について、バンド紹介やレビューでは、すべて「市」を省略し、記載している。本書ではバンドの出身地を地域別に分類し、それぞれのコーナーには、行政単位として各省各自治区の紹介を設けている。そのため、その箇所においては、「北京、天津、上海、重慶」の４市は、「○○省」や「○○自治区」と合わせ「北京市、天津市、上海市、重慶市」としている。また、インタビューにおいても、原文を尊重して「市」をそのまま残した箇所もある。

バンド紹介や作品レビューにおいて、「ジャンル名」は大まかなジャンル分けに留めている。「活動期間」は活動継続中ならば、「1992 ～」、すでに解散しているならば、「1992 ～ 2001」としている。「その他の作品」とあるが、リリースされているが、レビューをしていない作品を列挙した。

「レコード会社」については、各サイトの記載にばらつきが多く、特定できないものは自主制作とした。

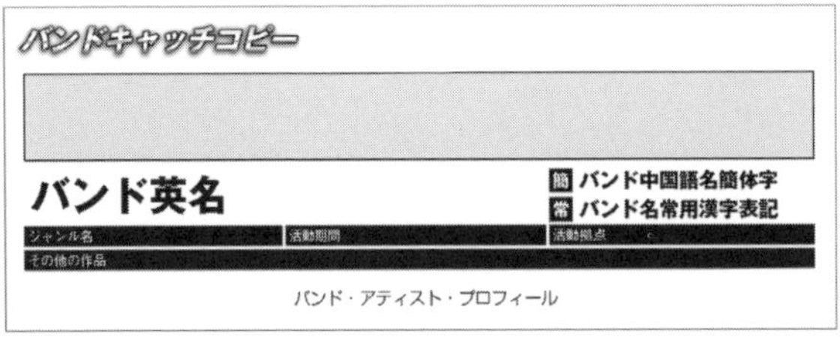

バンドプロフィール紹介及びレビューの項目

※バンド紹介における「その他の作品」の項目では、レビュー以外のリリース作品をリストアップしている。

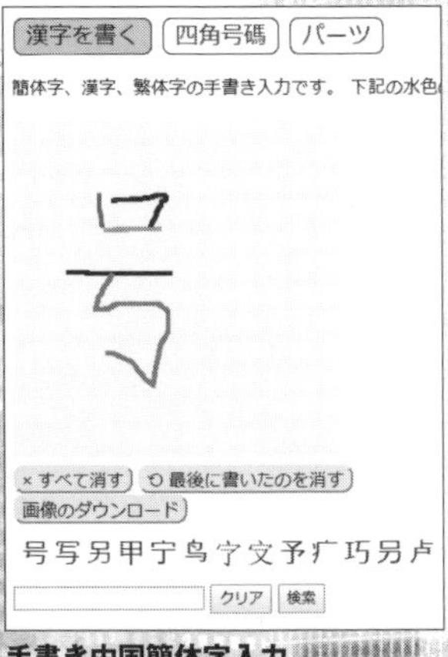

手書き中国簡体字入力

カーソルでなぞることによって、簡体字を入力できるサイト
https://www.qhanzi.com/index.ja.html

15 北京 1990 年代

47 北京 2000 年代

185 華北

217 東北

387 オムニバス

397 スプリット

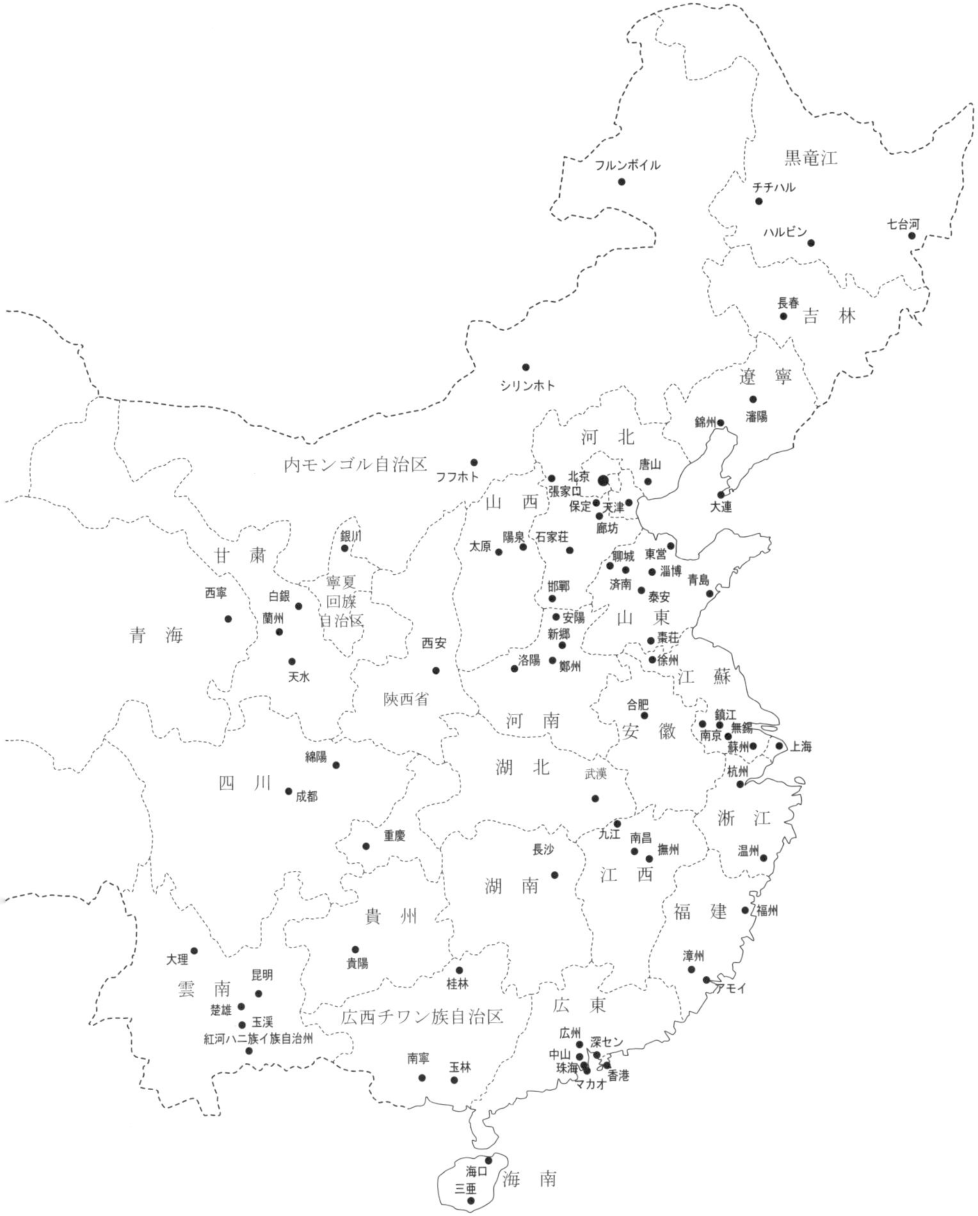
黒竜江
フルンボイル
チチハル
ハルビン
七台河
長春
吉林
遼寧
瀋陽
錦州
大連
シリンホト
河北
唐山
北京
張家口
保定
天津
廊坊
内モンゴル自治区
フフホト
山西
太原
陽泉
石家荘
銀川
甘粛
寧夏回族自治区
西寧
白銀
蘭州
天水
青海
聊城
東営
済南
淄博
青島
泰安
邯鄲
安陽
山東
新郷
棗荘
洛陽
鄭州
徐州
西安
陝西省
江蘇
合肥
鎮江
河南
安徽
南京
無錫
蘇州
上海
湖北
武漢
杭州
綿陽
四川
成都
浙江
九江
南昌
撫州
重慶
長沙
温州
湖南
江西
福建
福州
貴州
大理
貴陽
桂林
漳州
昆明
雲南
アモイ
広東
楚雄
玉渓
広西チワン族自治区
紅河ハニ族イ族自治州
広州
深セン
中山
珠海
香港
マカオ
南寧
玉林
海口
海南
三亜

中国音源試聴方法

中国産 HR/HM は、日本で一般的に利用されている SNS や動画サイト、ストリーミングサービスでは聴くことの出来るバンドや楽曲が限られる。最近では YouTube や Bandcamp に音源をアップするバンドやレーベルが増加しているが、まだまだである。中国産 SNS や動画サイト、ストリーミングサービスを利用すると、多くのバンドや音源を視聴することができる。代表的なのが中国版 Myspace とも言われる Douban(豆瓣)、中国版 YouTube の Youku（优酷网)、中国版 Twitter の Weibo（新浪微博)、そして無料音楽ストリーミングサイトの Xiami（虾米）である。しかしながら、単独のサービスを利用しても、すべてのバンドや楽曲が掲載されていることがないので、複数のサービスを利用すると、バンドや楽曲のおよそ 90%は視聴可能と思われる。その他にも Apple Music や Spotify を真似たようなストリーミングサイトが幾つか存在するが、使い勝手が悪かったり、中国以外では利用できなかったりするのでここでは挙げない。

その中でも、日本においても利用しやすいのが、Xiami と Douban である。しかし、スマホでのアプリ利用に関しては、中国の公民身分番号がなければ、利用できないこともあるので、PC での操作方法を解説する。日本においても利用しやすいとは書いたが、あくまで利用しやすい程度であって、日本的な慣習で利用したとしても、使いづらさを感じたり、思った通りにしっくりはこないこともあるので、柔軟に考えて利用して欲しい。

バンド自身が音源をアップしていることもあれば、ファンが勝手にページを作り、音源をあげているものもある。なかには、Xiami では、同名異グループの音源が混じっていたり、名前のよく似たバンドの音源が混じっていることもある。つまり、新曲だと錯覚し、視聴すると、まったく異なるジャンルの音楽が流れ、よくよく確認すると異なるバンドの音源であったと分かる。また、つい先日まで、視聴できた音源が突然何の説明も無く削除されていたりもする。例えば、温州出身の Aesthitics は、2018 年初頭まで 1st および 2nd アルバムが視聴できていたが、新譜収録予定のデモ音源が掲載されるとともに過去の音源が削除されている。バンドによっては、アルバムジャケットとアルバムならび曲名を掲載しているが、視聴不可としているのもある。ちなみに Xiami は、中国の歌手やバンドだけでなく、許諾を得ているのかは不明だが、中国以外の歌手やバンドの音源がアップされており、視聴可能なものもある。

2014 年 5 月頃に Xiami は、著作権尊重のため、2014 年 5 月 20 日付けで、中国国外に対するサービスの提供を廃止するアナウンスを行ったが、現在のところ、視聴回数に制限を設けるようになっただけで、閲覧および視聴は可能である。しかしながら、これがこの先にどのようになるのかはまったく未知数である。

Xiami 利用方法

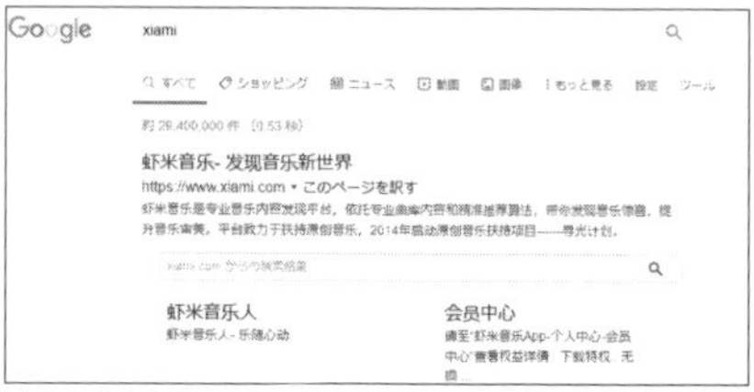

Xiami 利用法①

1：Google にて「Xiami」と検索すると、トップに画像「Xiami 利用法①」が表示されるので、クリックする。

Xiami 利用法②

2：クリックすると、画像「Xiami 利用法②」が表示される。

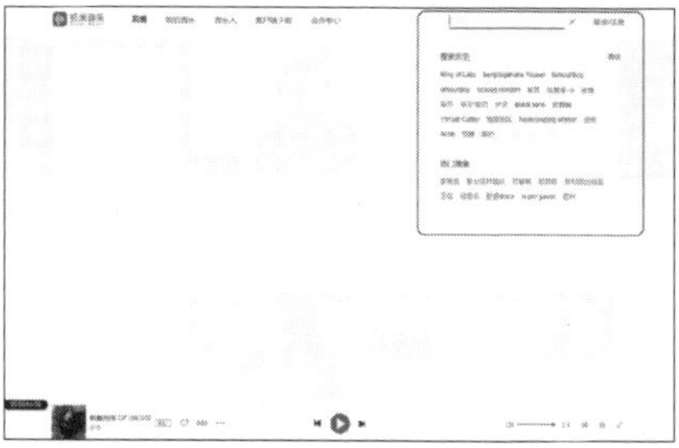

Xiami 利用法③

3：右上赤楕円部分にポイントを合わせクリックすると、画像「Xiami 利用法③」のように全体的に白っぽくなり、小窓が表示される。

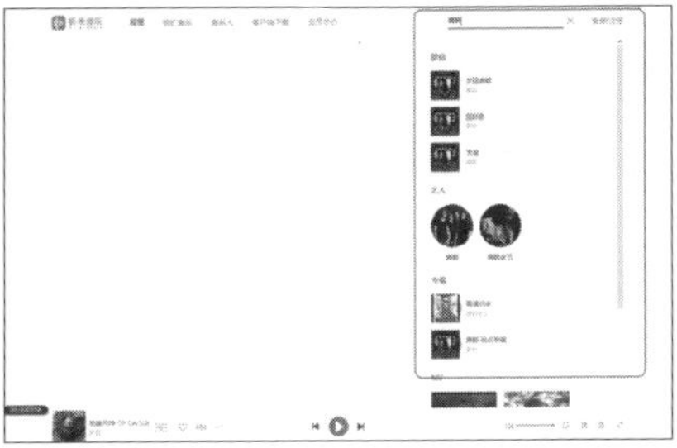

Xiami 利用法④

4：検索したいアーティスト名を入力すると、ここでは例として「唐朝」と入力。下記のように小窓が変わる。画像「Xiami 利用法④」

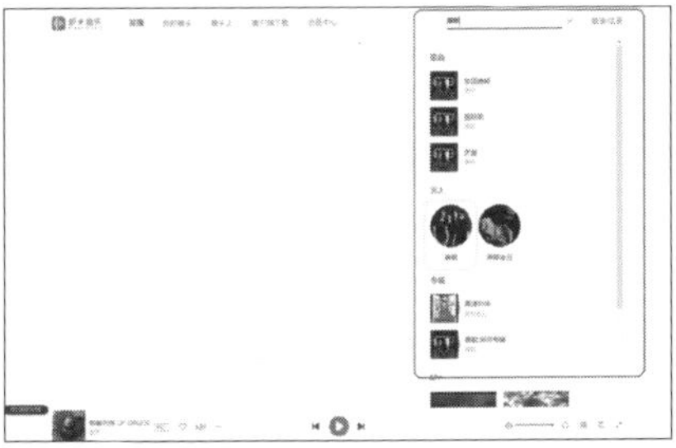

Xiami 利用法④ -2

5：黄色四角内の画像をクリックすると、画像「Xiami 利用法④ -2」

Xiami 利用法⑤

5：画像「Xiami 利用法⑤」に移動する。右側にアーティスト写真、その下に簡単なバイオグラフィーがある。中央部にバンド名がある。「热门歌曲」は人気の楽曲という意味で、楽曲ごとに表示されているので、聴きたい楽曲名をクリックすると再生する。また、アルバムや EP、シングルごとリリース済みの作品が列挙されているので、聴きたい作品をクリックすると、ここでは「唐朝」の 1st アルバム『唐朝』「Xiami 利用法⑤」の赤枠の画像をクリックすると、

Xiami 利用法⑥

6：画像「Xiami 利用法⑥」に移動する。右側にアルバムジャケット写真があり、その右側の赤枠内のアイコン「▷全部播送」をクリックするとアルバム全曲が 1 曲目から再生される。楽曲名をクリックすると画像「Xiami 利用法⑦」に移動し、歌詞が表示れる。ただし、アーティストにより、全曲再生不可もしくは一部再生不可に設定していることもあり、すべての楽曲を聴くことができないこともある。その場合に、歌詞が未掲載のこともある。

Xiami 利用法⑦

Douban 利用方法

画像①

1：Google にて「Douban」と検索すると、トップに画像①が表示されるので、クリックする。

画像②

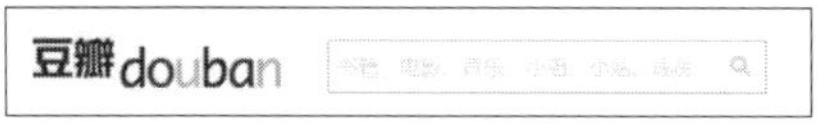

画像③

2：クリックすると、画像②が表示される。上部画像③部分の「书籍，电影，音乐，小组，小站，成员」に検索したいアーティスト名を入力する。ここでは、簡体字でなければヒットしないこともあれば、繁体字、常用漢字または英語名でもヒットすることもあるので幾つか試して欲しい。

画像④

画像⑤

3：アーティスト名を入力し、エンターをクリックすると、画像④に移動する。ここでは、「Troma Tumor」と入力した。「[音乐人] Troma Tumor」をクリックすると、当該ページ画像⑤に移動する。

画像⑥

画像⑦

4：上から写真やバンドプロフィールが掲載されているので、そのまま下にスクロールすると、Troma Tumor の音源が画像⑥のようにアップされている。「Troma Tumor 试听」の右の三角アイコンをクリックすると、別窓（画像⑦）が開く。開くとともに自動再生される。Troma Tumor の楽曲が 5 曲と、その下に過去に聴いた楽曲が順番に並んでいる。操作方法は Xiami やその他の音楽ストリーミングサイトと同様なので、操作して欲しい。

北京 1990 年代

北京は中華人民共和国の首都。中国ロックのゆりかごであり、中国で最もロック、そしてメタル、パンクが盛んな大都市。現在の北京市は人口約 2015 万人（2016 年 3 月）。面積 1 万 6810 km²（四国 4 県よりやや小さく北陸 3 県よりやや大きい）。2016 年度の GDP は約 2 兆 5000 億元（約 40 兆円）で中国第 2 の経済規模、1 位は上海市 2 兆 7466 億 1500 万元（約 45 兆 7500 億円）。ちなみに東京都のＧＤＰは 94 兆円。

1965 年から約 10 年間，毛沢東主導下で展開された政治・権力闘争の文化大革命時期は革命音楽と呼ばれる中国共産党を称える音楽しかなかったが、その文革が終了し改革開放政策に舵を切った 1970 年代末に、西側諸国よりロックを含めた様々なポピュラーミュージックが中国に入る。特に首都であった北京では通信社や新聞社が現地支局を開設し、現場責任者として西側諸国の人々が居住することになった。その中にロック好きな人間もいたこともあり、北京人にもロックが伝わることになった。

北京で最初に誕生したロック・バンドは 1979 年結成の万里马王とされる。以後、1983 年の大陆、1984 年不倒翁、七合板、1987 年の ADO などが活動を始める。この頃には 35 組のロック・バンドがいたようだ。「七合板」のボーカリスト＆トランペット奏者であった崔健がソロ活動を始め、1986 年に北京工人体育館で開催された百名歌手に出演し、テレビ放映もあったことから中国全土にロックが鳴り響いた。後に、崔健は中国ロックの父と称される。ハード・ロック／ヘヴィ・メタル・バンドとなると 1987 年結成の黑豹、そして、その初代ヴォーカリスト丁武が唐朝を結成する。彼らを含めた多くのロックミュージシャンは中国国内に吹いた新しい風に乗ってアンダーグラウンドであったが順調に活動を進めるが、1989 年 6 月 4 日に発生した天安門事件を期に、活動が一時期不可能になった。

やがて月日が過ぎ、1992 年頃になると活動が活発化し、黑豹と唐朝が揃ってデビューアルバムをリリースする。1994 年頃になるとアジア・カルチャー・ムーブメントが小さいながら人気となり、アジア諸国の様々なミュージシャンや映画など共に日本にもその情報が伝わることになる。しかしながら、1995 年に唐朝のベーシストであり北京ロックシーンのムードメイカーであった張炬が交通事故死することになり、中国ハードシーンの中核的存在であった唐朝の活動が不安定化する。1980 年代後期から 1990 年代全般の中国ロックに関しては、非常に優れたサイト『Chinese Rock Database』があるので詳しいことはそちらに譲るとして、多くのロック・バンドが日々切磋琢磨し活動していたが中国ハードシーンで作品を残したのは 23 組のバンドだけであった。

そして 1999 年頃なると日本より一足先に人気となっていた韓流ブームにより北京ロックシーンの活気が落ち込んでしまう。それでもロック好きな連中は多く、1998 年頃からパンク・ロックが盛り上がり、ハード・ロック／ヘヴィ・メタルは下火となる。しかし、アンダーグラウンドな人気はあり続け、2000 年代中頃に花開くことになる。

1990年代で売上No.1の第一世代を代表するロック・バンド

Again

簡 轮回
常 輪廻

Hard Rock	1988 ~	北京

2002年アルバム『我的太阳 (O Sole Mio)』

1986年に始まる中国ロック、その第1世代のバンドのひとつ。売り上げ枚数では他のロック・バンド／ロック·ソロアーティストを引き離し、中国のバンドNo.1を誇っている。中央音楽学院、上海音楽学院、解放軍芸術学院などのエリート音楽大学学生であった趙衛（ギター）、李強（ギター）、周旭（ベース）を中心に1988年に結成される。1991年末、初代ヴォーカル呉桐が加入すると、趙衛、李強、周旭、焦全傑（ドラム）の布陣になり、本格的に活動を始める。結成当初よりハード・ロックに中国伝統音楽を取り入れたサウンドを求め、独自スタイルを築く。

1993年には、宋時代の詞「永遇乐・北口古亭怀古」をロックアレンジした「烽火扬州路」が収録されたオムニバス・アルバム『摇滚北京』が発売される。同曲はバンドとしてだけでなく中国ロックとしての代表曲になる。香港でも流通し、早くも中国以外（当時）でも名前が知れ渡る。その後も頻繁にドラムが交代するも1995年1stアルバム『创造』、1997年にはプロデューサーに大友光悦、ミキシングに栗野敬三、マスタリングに宮本茂男が参加した2ndアルバム『心乐集』をリリース。翌年、2ndアルバムはJVCから日本盤も発売となった。

2000年は『创造』が『輪廻』とタイトル変更され、台湾でもリリース。2002年2月、中国民謡をロックカバーしたアルバム『我的太阳』が、3月には再び栗野敬三をレコーディングエンジニアに迎え、従来路線の音楽性となる3rdアルバム『超越』と作品を順調にリリースし、多くのイベントに参加したり、単独でのライブも成功する。2004年4月末、呉桐が脱退。脱退以後、ソロシンガーとして活動し、7枚のアルバムをリリース。8月には早くも女性ボーカリストとして呉遥が加入。2006年、 三度、栗野敬三をレコーディングエンジニアに起用して、4thアルバム『期待』リリースする。以後作品としてのリリースは12年間ないが、イベントやテレビ番組の出演を中心に活動をする。特に1990年代を彩った北京ロックの代表バンドが集うイベントには必要不可欠な存在として必ず登場する。2019年、メンバーを入れ替え、李強、石頭（ギター）、趙航（男性ヴォーカル）、周旭、尚巍となり、2年半ぶりにシングル『英雄赋』をリリースする。趙衛は2010年よりブルース色の強いハード・ロック・プロジェクトThe Walker Band（指行者）にて活動もしている。

A Again
A Creation

簡 轮回
簡 创造

常 輪廻
常 創造

Hard Rock | 北京
中国唱片上海公司 | フルレンス | 1995

英米ハード・ロックに中国民族音楽を取り入れ、ロックと中華文化の融合を目指したスタイルを作り上げた作品で、ハードな曲調が並ぶ前半５曲と落ち着いたバラードが並ぶ後半４曲で構成されたデビューアルバム。全体を通してブルースフィーリングの強いギターサウンドが特徴的。代表曲となる３曲目「烽火杨州路」は中国の伝統楽器の琵琶を導入し、宋詞「永遇乐・北口古亭怀古」を元にハード・ロック・アレンジした楽曲。このアルバムはほとんど宣伝活動も無かったにも関わらず、発売から２ヶ月の間で 20 万本（当時はカセットテープ）も売れる大ヒットとなる。2000 年には台湾盤が収録曲が１曲増え『輪廻』とタイトル変更され、発売される。

A Again
A A Collection of Happy Songs

簡 轮回
簡 心乐集

常 輪廻
常 心楽集

Hard Rock | 北京
中华文艺音像联合出版社 | フルレンス | 1997

日本の JVC と契約し、プロデューサーに大友光悦、ミキサーに粟野敬三といった日本人スタッフを起用して制作。２枚目にしてハード・ロック色が薄まり、若枯れしてしまった感があるが、民族楽器を多用し中国の独自色を全面に押し、ロックとバランスを取る事が出来るバンドへと成長する。アジア人ならば西洋生まれの音楽を、母国に合わすのにはどうすべきか、深く考えることが音楽性の変化を生み出すことになる。しかし発売当初、その年のヒットアルバムに入るが、ハードさを求めるファンから賛否両論、むしろ否定論が多かった。販売枚数も予想よりも不振であった。時代の流れとともに愛聴し続けると良さが際立ってくる作品だ。

A Again
A Beyond Again

簡 轮回
簡 超越轮回

常 輪廻
常 超越輪回

Hard Rock | 北京
中华文艺音像联合出版社 | フルレンス | 2002

前作 3rd アルバム『我的太阳（O Sole Mio）』では完全なる中国民謡のロックカバーを全力で行い、ますますファンから不信感を募らせてしまうほどの迷走を経て、よくやく４枚目にして原点ハード・ロックに回帰した作品。1st アルバムに関わっていた Mr.Children、LUNA SEA などのレコーディングを手がけた JVC のエンジニア粟野敬三が制作に再度関わった。民族的音楽要素を格段に減らした。1st アルバムでは乾いた空気感のあるアメリカン・ハード・ロック要素が強かったが、本作では湿った空気感のあるブリティッシュ・ハード・ロック色を強めている。オーケストラ楽団中国国家交響楽団と共演した楽曲も収録されている。

A Again
A

簡 轮回
簡 期待

常 輪廻
常 期待

Hard Rock | 北京
中国唱片上海公司 | フルレンス | 2006

呉彤（ヴォーカル）が脱退し解散状態に陥るが、数ヶ月して女性ボーカリスト呉遥が加入する。民族音楽的要素は格段に減り、もっともギターオリエンテッドなハード・ロック路線が強まった作品。バンドとして熟年の域に入り、演奏力に強かさと優しさがにじみ出てきている。ヴォーカルが女性に交替することで甘くなることなくハスキーで、ブルージーな声質によりさらに曲調に鋭敏さと深みが増している。三度、レコーディング・エンジニアに粟野敬三を起用し、また台湾で 25 年以上音楽制作の場で活躍するアメリカ人プロデューサー Keith Stuart を迎えて、細やかな音使いにも気を配っている。中国のクラシック・ハード・ロックの一つの到達点と言える。

中華圏全域で最も売れ中国 No.1 ロック・バンドの称号を得た

Black Panther

簡 黑豹
常 黑豹

Hard Rock	1987 ~	北京
2014 年シングル『兄弟』、2015 年 EP『尽余欢』		

1986 年に結成された前身バンド「沙棘艺术团」を経て翌年黑豹に改名。中華圏で最も売れた人気の高いバンドと称される。結成当初のメンバーには丁武（ヴォーカル & ギター のち唐朝を結成）やバンドリーダー李彤（ギター）等が在籍。翌年、メンバーを入れ替えて欒樹（キーボード）と竇唯（2 代目ヴォーカル）が加入。1990 年、趙明義（ドラム）を加え、メンバーが固定し、この頃に最初のオリジナル曲を発表、数組のバンドとともに地下コンサートを開催。1991 年、香港勁石公司と契約。8 月に 1st アルバム『黑豹』をリリース。現在でも代表曲とされるリーダートラック「Don't Break My Heart」は香港でも話題となる。1991 年 10 月、竇唯が脱退、欒樹が 3 代目としてヴォーカルも担当する。脱退した竇唯はソロアルバムを発表。1993 年 4 月、馮小波（キーボード）が加入、8 月に 2nd アルバムを『光芒之神』リリース。1994 年には日本の JVC と契約、『光芒之神』をリミックスして日本盤が発売となったが、同時期に欒樹が脱退、秦勇が 4 代目ヴォーカルとして加入。1995 年 4 月、チベットのラサで初のロックコンサート開催。1996 年 2 月、3rd アルバム『无是无非』がアジア地区で同時発売。初来日単独ライブも開催。

1997 年に全中国ツアー開催。1998 年 5 月、4th アルバム『不能让我的烦恼没有机会表白』がアジア地区で同時発売。9 月に再来日、複数のイベントに参加。10 月 8 日、北京奥林匹克中心体育场でコンサートを開き、観客動員数を記録。翌年 2 月ライブアルバムをリリース。その年末、馮小波脱退、恵鵬加入。数多くのイベントに参加し、バンドとしての貫禄を見せた。2004 年 7 月、5th アルバム『黑豹Ⅴ』を発売。2005 年 3 月、秦勇が脱退（当時は謎の脱退だったが、2015 年ソロとして活動再開の際、知的障碍者として誕生した息子と向き合うための脱退であったと説明）、新しく張克芃（5 代目ヴォーカル）が加入し、数多くのイベントに参加。また新曲のデモも制作するが徐々に活動が下火となる。2013 年結成 25 周年を機に 6 代目ヴォーカルとして 20 代の張淇が加入。5th アルバム『我们是谁／ Who We Are』を発表し、活動再開、テレビ出演も行う。シングルを 4 作品発売。余談だが、爆風スランプのファンキー末吉はまだデビューしていなかったこのバンドと出会い、その後ファンキー末吉と黑豹の両者の人生を大きく変えたと言われる。

A Black Panther / **簡 黑豹** / **常 黑豹**

A Black Panther / **簡 黑豹** / **常 黑豹**

Hard Rock | 北京

魔岩唱片 | フルレンス | 1991

結成時のメンバーの半数が去り、第2期黒豹となって発表した1stアルバム。李彤（ギター）、王文傑（ベース）、趙明義（ドラム）、巒樹（キーボード）、そして現在はソロとして活動する竇唯（ヴォーカル）を擁する布陣にて1991年に発表された中国最初のハード・ロック・アルバム。まさに正統派ハード・ロックなサウンドは、当時の北京の若者のロック熱を現している。香港・台湾で先に発売され、話題となったことが発端となり、中国本土でも正規盤売り上げ枚数150万枚を超える。海賊盤にいたってはその数倍とも言われた。収録曲「Don't Break My Heart」「无地自容」は現在でも彼らの代表曲となり、アルバムは中国ロックの金字塔となる。

A Black Panther / **簡 黑豹** / **常 黑豹**

A / **簡 光芒之神** / **常 光芒之神**

Hard Rock | 北京

日本盤：ビクターエンタテインメント、中国盤：中国音乐家音像出版社 | 1993

個々の楽曲は前作のように個性的なものがないが、全体的にはアメリカン・ハード・ロックに強い影響を受けて出来上がった独自スタイルにブリティッシュ・ハード・ロック色を加えて、オリジナリティをさらに高めた1993年発売の2ndアルバム。竇唯の脱退、巒樹（キーボード）がヴォーカルを務めることになり、さらに明快なメロディやリズム、ストレートでエモーショナルに仕上がっている。ハード・ロックに中国語が自然な形でマッチしており、欧米のそれとまったく遜色のない作品と言える。しかしこのアルバム発表後、第3期布陣も崩壊する。JVCと契約していたこともあり、日本盤では新加入した秦勇のヴォーカル再録音バージョンでリリース。

A Black Panther / **簡 黑豹** / **常 黑豹**

A / **簡 无是无非** / **常 無是無非**

Hard Rock | 北京

日本盤：ビクターエンタテインメント、中国盤：湖南文化音像出版社 | フルレンス | 1996

ヴォーカルに秦勇、キーボードに馮小波が加入し、黄金期と称されるメンバーが揃い、3年ぶりとなる1995年発売の3rdアルバム。本作は、前年（1995年）に唐朝のベーシストであり、中国ロック界全体のムードメーカーであった張炬がバイク事故で他界するという、中国ロック界最大の不幸な出来事を乗り越えて生み出された作品。仲間の1人が突然いなくなったことが各メンバーのロック少年としての原点を思い立たせ、ハートフルかつパワフルな楽曲が集まった意欲的な作風になっている。塞翁が馬ではないが、本作にて中国No.1ロック・バンドの称号も得る。張炬への追悼曲「放心走吧」は秦勇時代の代表曲とされる。リリース後、単独日本公演も実現する。

A Black Panther / **簡 黑豹** / **常 黑豹**

A / **簡 不能让我的烦恼没有机会表白** / **常 不能讓我的煩惱沒有機會表白**

Hard Rock | 北京

竹书文化 | フルレンス | 1998

全国60都市ツアーを開催し着実にファンを増やし2年ぶり、前作に引き続き同じメンバーで制作された1998年リリースの4thアルバム。歴代アルバムの中では最も地味と評価された作品であるが、黒豹らしいシャープなメロディが特徴的なハード・ロック路線を着実に推し進め、なおかつ新しい可能性を提示している。さらにソリッドでスピーディなギターワーク、よりエネルギッシュにシャウトし心から歌い上げるヴォーカルが際立っている。リズム隊も着実に、かつダイナミックな演奏力でバンドの屋台骨を支えている。そしてキーボードも繊細で味わい深い表現力を増しており、完成度の高い楽曲が並ぶ。李彤（ギター）が初めてヴォーカルを務める「祝福的歌」も収録。

A Black Panther

A

簡 黑豹　常 黑豹

簡 狂飙⇔激情 - 奥林匹克中心体育场大型演唱会现场版

常 狂飆⇔激情 - 奧林匹克中心体育場大型演唱會現場版

竹书文化	ライブアルバム	1999

Hard Rock / 北京

前年（1998 年 10 月 8 日）に北京奥林匹克中心体育场で行われたバンド最高潮の時、北京にて久しぶりに開催された大型ロックコンサートの状況を収めたライブアルバム。バンド結成 10 年周年で、すべてが最高の状態だった。鬼気迫るメンバー各々の爆発するエネルギー、バンドとしての一糸乱れぬケミストリー、会場スタッフの成功させようと燃え滾る熱意、そしてこの日を待ちに待った心高ぶる 3 万人ものファンとともに会場にいるすべての人々が、力の限りを出し切った。感動的な熱と汗が感じられる作品。代表曲を集めたベスト選曲となる 12 曲入りの本作は、中国ロック・ライブアルバムの最高名盤と評されている。

A Black Panther

A

簡 黑豹　常 黑豹

簡 黑豹V　常 黑豹V

Hard Rock	北京	
北京文联	フルレンス	2004

キーボードが恵鵬に交替し 4 年ぶりとなる 2004 年リリースの 5 枚目のアルバム。一部楽曲を海外レコーディングを行う等、大金を使い、制作された。その割には期待されていたサウンドを構築できておらず、メンバー交替が音楽性にもマイナス面にも捉えかねない変化を及ぼしている。ポップなインダストリアル風味なイントロから始まり意表を突かれる。全体としては黑豹らしいシンプルで明快なメロディが減少している。その分屈強なヴォーカルになりギターワーク、リズムワークも無機質ながらもエッジの効いた激しさを強調している。バラード曲もどことなく冷たさが感じられる。この後、秦勇脱退、新ヴォーカル加入となるも長期活動停滞期に入る。

A Black Panther

A Who We Are

簡 黑豹　常 黑豹

簡 我们是谁　常 我們是誰

Hard Rock	北京	
风华秋实	フルレンス	2013

結成 25 周年を機に 6 代目ボーカリストとして 80 后世代の張淇が加入し、活動再開する。台湾在住で中華圏で長年音楽活動をする Jamii Szmadzinski をプロデューサーに迎え、9 年ぶりとなる 2013 年リリースの 6th アルバム。本作は、若き血が老豹に新たな生命を吹き込み、前作の作風と黄金期の音楽性を融合させ、アルバム・タイトルが示唆するかのように、サウンド面でも中国ロック界に君臨するのは黑豹であると再び宣言している。新ヴォーカルの声質がキレのある男っぽい声質が前任者を忘れさせてくれるほど力強く、新生バンドとしての再出発に相応しく、古くからのファンにも新たなファンにもいい意味で期待を裏切り、躍動感があふれたアルバムになる。

A Black Panther

A True Color

簡 黑豹　常 黑豹

簡 本色　常 本色

Hard Rock	北京	
	フルレンス	2017

5 年ぶりとなり、結成 30 周年記念となる 2017 年リリースの 7 枚目のアルバム。多言は不要なほどシャープで暖かみのあるメロディに包まれたハード・ロックはまぎれもない彼らの原点であり、骨太なロックナンバーの健在ぶりを見せつけた王道黑豹サウンドここにあり。張淇による作詞作曲は 6 曲となり、バンドとして新たな局面ともなる。先行リリースされたシングル 2 曲もボーナス追加されている。リリース後、9 月には工人体育馆にて久しぶりのコンサートを開催し、貫禄ある演奏、若き新ボーカリストの躍動感あふれる姿をファンに見せつけ、中国ロック双璧のひとつ黑豹が元気なら唐朝もと、往年のファンに思わせる中国ロックの真髄を究めた。

中国初ガールズ・ロック・バンド紆余曲折するも今や大御所

Cobra

簡 眼镜蛇
常 眼鏡蛇

Hard Rock
1989～
北京

1989年5月結成。当初は洋楽や中国の歌謡曲のカバー・バンドとして活動していたが、1年ほどしてオリジナル作品を手がけるようになる。多数のイベントに参加するようになると徐々にオリジナル曲を演奏する機会が増える。しかし、音楽性に統一性が無く、不評であった。そこでメンバーチェンジを行い、王曉芳（ドラム＆ヴォーカル）、所以（ベース）、肖楠（ギター＆ヴォーカル）、虞進（キーボード＆コーラス）、林雪（サックス＆フルート）の布陣になり、音楽性が定まった。1994年には、1stアルバム『Hypocrisy』をドイツのインディーズ・レーベルから発売し、欧州ツアーを決行する。1995年5月にはメジャーとなる1stアルバム『眼镜蛇』をリリース。渡米しニューヨークの老舗ライブハウスCBGB等でライブも経験する。滞在時にはCNNから取材も受けた。アメリカのロックファンから注目を浴びたが、国内での販売数は伸びなかった。2000年に2ndアルバム『眼镜蛇Ⅱ』を発表するもメンバーの私生活面での大きな変化があり、活動停止する。2013年より王曉芳と肖楠を中心にメンバーを入れ替え、活動再開する。

A Cobra　簡 眼镜蛇　常 眼鏡蛇

A Cobra
簡 眼镜蛇
常 眼鏡蛇

Hard Rock
北京
中国唱片広州公司
フルレンス
1995

中国初の女性ロック・バンドの1995年リリースの1stアルバム。中国発売前にドイツでインディーズ・レーベルよりリリースされたり、1996年にはアメリカでも発売されていた。サックスの入るジャジーでソフトなハード・ロックなのだが、暗く儚げなところは英国プログレッシブ・ロックのようにも聴こえ、陰のあるメロディはAOR的とも言える。妖艶かつキャッチーな歌声はニュー・ウェイブのように感じることがあったり、乾いた声質はカントリーっぽい。詰め込みすぎているのにさっぱり味、バラバラなのに一本筋が通っている。あたかもとある国の国是、多様性の中の統一ではないが、当時の北京ロックの様式を女性の視点から描いた非合一の中の統合といえる不思議な音世界。

A Cobra　簡 眼镜蛇　常 眼鏡蛇

A Cobra
簡 眼镜蛇Ⅱ
常 眼鏡蛇Ⅱ

Hard Rock
北京
北京芸術音像出版社出版
フルレンス
2000

林雪（サックス＆フルート）が脱退し、4人編成となり5年ぶりの2ndアルバム。耳に残るブラス楽器による変わった印象のサウンドはなくなり、前作同様なんでもありな不思議な音世界に変わりはなく、一層ハードになった印象がある。親しみやすいメロディは歌謡ロックを思わせ、どことなく90年代香港ポップスの影、特に王菲（フェイ・ウォン）を引きずっている。湿り気のある蕭蕭たるギターとキーボードはニュー・ウェイブっぽさを強めさせているが、やはり1990年代北京の臭いが色濃く残っている。最初は地味に感じたベースが後半になり、意外と個性の強さに気づく。そろそろ再結成後の年齢を重ねた今の音源を聴きたくなる。

Chinese Bad Boys Rock'n Roll とは彼らのこと

The Face

簡 面孔

常 面孔

Hard Rock

1989 ~

北京

2016 年 EP『穹顶之下』、2018 年 シングル『英雄』『灿若星辰』、2019 年 シングル『战歌』『港湾』『过客』

1989 年、鄧謳歌（ギター）と欧洋（ベース）を中心に結成。イベント参加、オムニバスに楽曲提供する。初シングル曲『给我一点爱』が香港テレビドラマ主題歌に使用されるなど順調に活動するが、初代ヴォーカルが脱退し、一度解散する。中心メンバーは超載に一時的に在籍したのちに、1993 年コンテスト参加をきっかけに再結成となり、新たに晨輝（ヴォーカル）と胡偉（ドラム）が加入する。1995 年 1st アルバム『火的本能』をリリース。単独ライブやイベント参加で人気を上げる。故人となった張炬へのトリビュート曲として「习惯」を制作、多くの北京ロックミュージシャンとともに制作したオムニバス·アルバム『再见张炬』に収録した。これを最後に 1997 年頃活動を休止する。ヴォーカル晨輝はアルバム・リリースを含むソロ活動を開始し、他メンバーもそれぞれにおいてもソロ活動を行う。解散を発表していなかったが、ファンには解散したと思われていた。2006 年になると活動再開。紆余曲折あったが、2016 年暮れには 21 年ぶりとなる新曲『穹顶之下』を発表。

A The Face

A

簡 面孔

簡 火的本能

常 面孔

常 火的本能

Hard Rock | 北京

BMG | フルレンス | 1995

BMG の協力によって製作されたハード・ロック・バンドの 1st アルバム。本作は当時の北京ロックシーンを活気付けた作品であったが、LA メタルのヒット曲に中国語を載せただけと揶揄されることもあった。しかしながら当時の中国では未熟さが残りながらも非常に勢いのあるバッドボーイズ・ロックンロールタイプの音楽性は相当のインパクトを残した。海賊版を含めるとミリオンセラーになっている。竇唯、陳勁、高旗、秦勇、馮曉波など多くのゲストをコーラスに迎えているのも特筆すべき点であるが、欧洋（ベース）が渡英中であったため唐朝の張炬が代打として参加。しかし制作中事故により他界してしまうという、中国ロック界にとって別の意味でも記憶に残る作品。

A The Face

A Illusion

簡 面孔

簡 幻觉

常 面孔

常 幻覚

Hard Rock

海蝶（天津）文化转播有限公司 | EP | 2018

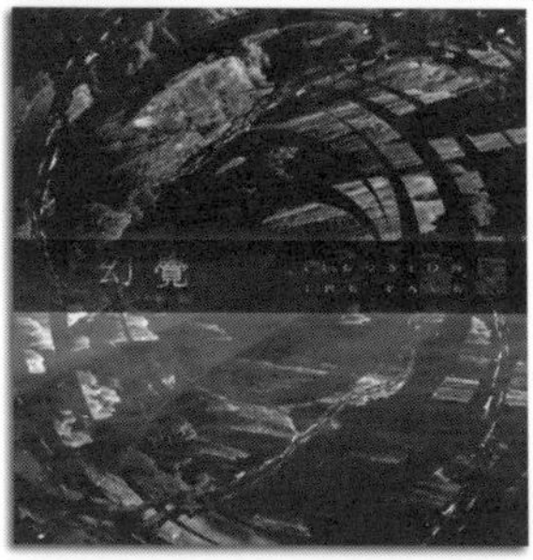

2006 年に復活、2007 年に『港湾』、2016 年に『穹顶之下』とシングルを発表していたが、不定期的な活動であった。水面下で色々あったようだが、ようやく本格的再結成へ進んだ元祖中国産バッド・ボーイズ・ロックンロール・バンドの 23 年ぶりとなる 3 曲収録 EP。90 年代にバンド解散後もメンバーそれぞれはロック・フィールドで音楽活動を継続していたこともあって 23 年もの空白を全く感じさせない。ゲームソフト『巅峰坦克』の主題歌として使われた『英雄』、心の叫びを綴ったパワーバラード曲「幻觉」、Guns N' Roses をたっぷりオマージュさせ、90 年代北京ロックの空気感を封入したポップなロックンロール曲「天空」を収録。

Mp3 での配信、メンバー死去など不遇に見舞われた第一世代

Iron Kite

簡 铁风筝
常 鉄風筝

Hard Rock	1992 ～ 2003、2012 ～	北京
2016 年 シングル『向命运开枪』		

結成は 1993 年初頭と古く、中国ロック第一世代に入る。虞洋（ギター＆ヴォーカル）が中心となり、活動を始める。派手さはないが、歌詞のメロディを大切にしたつぼを押さえた楽曲を揃えアルバムを制作するも、販売してもらえるレーベルがなく MP3.com に 3 作品をアップした。それ以外には初期中国ロックコンピレーション CD『中国火Ⅱ』に収録された「这个夏天」が話題になった程度で不遇な時代を送る。また非常にメンバーチェンジも多く、長い活動歴の中で 20 人程度の出入りがあった。 2002 年 4 月、ようやく正式なアルバムとして『这是我们的 [秘密]』がリリースされた。2003 年にはベーシスト孫澍が突然の病で亡くなり、虞洋がバンド活動にも疲れていたため解散となる。2012 年には虞洋とかつて在籍したメンバー 斌子（ベース）、暁旭（ギター）、田坤（ドラム）とともに再結成を果たす。2012 年 8 月に『城乡结合处（Slum Junction)』を発表すると様々なイベントに出演し、90 年代以上に活動を繰り広げる。2016 年 1 月には最新シングル『向命运开枪』を発表し、中国 13 都市に及ぶ全国ツアーを成功させた。

A Iron Kite
A

簡 铁风筝
簡 这是我们的 [秘密]

常 鉄風筝
常 這是我們的 [秘密]

Hard Rock	北京	
BadHead	フルレンス	2002

結成 10 年目にしての 1st アルバム。歌を大切にし、憂いのあるハード・ロック作品となる。楽器隊は決して地味ではなくヴォーカルが際立つようにしっかりとバックアップしている。Aerosmith や Bon Jovi のカントリーっぽいミドルテンポな楽曲からアメリカン的要素を間引いた雰囲気だが、中華的要素は全くない。彼らの音楽は中国ロック第一世代真っ只中の音楽性であり、1990 年代前半北京ロックの典型的な秩序のない様相が多分にあり、また懐かしく感じる。しかしながら彼らの代表曲である「这个夏天」が未収録となっており、旧来のファンをがっかりさせた。2003 年に孫澍（ベース）が亡くなったことで解散となってしまう。

A Iron Kite | **簡** 铁风筝 | **常** 鉄風箏

A Slum Junction | **簡** 城乡结合处 | **常** 城郷結合処

Hard Rock

视袭音乐 | フルレンス | 2012

9年の年月を経て再結成し、2012年にリリースされた2ndアルバム。本作は、往年のメロディを中心にした歌を大切にしていること、そしてサウンド的にも1990年代の独特な北京の熱気のある空気に包まれていることに変わりない。年齢を重ね、変わらないことに恥じることなく、人間的に熟成している旨みの詰まった作品だ。以前のように試行錯誤途中のおとなし目であった楽器隊がよりよく自己主張していることが良い効果を生み出している。アルバム全体としてメリハリがあり、自然と中国文化を表現している楽曲となっている。枯れない大人のハード・ロックを宣言し、中国でもロックは卒業するものではなく、一生涯のライフスタイルになることを示した作品。

A Iron Kite | **簡** 铁风筝 | **常** 鉄風箏

A | **簡** 时间之浪 | **常** 時間之浪

Hard Rock

自主制作 | フルレンス | 2016

4年ぶりになる2016年リリースの3rdアルバム。変わることのないシンプルなメロディ、記憶に残る歌詞と心温まる暖かい歌唱、安定的なパワフルなリズム、円熟味が生み出すチームワーク。酸いも甘いも経験した人間にしか創り上げることの出来ない一線を画す孤高の存在感が、一音一音に強く表れている。新しさはないが古臭さは微塵も感じられなく、濃い人生を歩み続けた漢の今の目線に焦点を合わせたサウンド。2010年代に入り中国でも活気付く、旧ロック世代のミュージシャンの再登場。1990年代北京の風を感じるハード・ロック・バンドの大御所たち黑豹、唐朝に続いて铁风筝が放つシーンを活気づけ、壮年に入った元ロックキッズを励ます名盤。

曲名を強制変更強いられた中国初の伝説デスメタル・バンド

Narakam

簡 冥界
常 冥界

Death Metal | 1992～1993 (as 死亡钟)、1993～2000、2002～ | 北京

2009 年 ボックスセット『Samsara 1993-2008』、2019 年 シングル『不朽 (The Immortalis)』

1993 年、中央美術学院の学生を中心に前身バンド死亡钟として結成され、翌年に冥界へ改名し、活動を始める。初期においてオムニバスに参加するも、レコード会社により曲名を強制変更されたり、またメンバーが一定しないこともあり、活動が停滞気味であった。当初はMetallicaを目指した音楽性であったが徐々にデスメタル・バンドへ変貌、中国初のデスメタル・バンドとして自他共に認知される存在となる。1998 年末からアルバム制作に入り完成もするが、その異常に過激な音楽的内容から、契約に手を上げるレコード会社がなかった。やがて活動も下火になり、2000 年には一度解散を決定する。

解散後も彼らを慕う者や音楽性を評価する者が多く、オムニバス CD『众神复活』に「恶梦再继续」が収録された。中国のメタル雑誌『重型音乐』にて特集が組まれたのを機に、過去作品を集め事実上の 1st アルバムとしてリリースした。それを契機としてサポートメンバーの力を借り、1 日限定の再結成を果たし、レコ発記念ライブを行う。ライブでのファンの根強い支持と再活動を熱望する姿を感じ取り、本格的に再結成する。ライブのメンバー 5 人にて活動再開する。

その後も幾度ものメンバー交代を経て、最初期から数えると 20 数人にも及ぶ人間が出入りするものの、イベント参加やライブ活動を積極的に行う。2006 年にはドキュメンタリー映画『Metal Headbanger's Journey』のアジア編制作のときにはライブアクトとして参加する。2007 年、ライブアルバム『暗火觉醒 / Awakening of Blind Fire』、2008 年、2nd アルバムとなる『瞬间燃烧 / Burning at Moment』をリリース。2009 年にはボックスセット『Samsara 1993-2008』が、2015 年に EP『战争经济』と順調に作品を重ねる。現在は結成当初のメンバーが 1 人もいない状態となっているが、北京エクストリーム・メタル界の重鎮として活動、Mort Productions 主催のイベントには欠かせないバンドとなり、2017 年には Doom Metal Festival にも参戦した。

A Narakam
A Hades

簡 冥界	常 冥界	
簡 冥界	常 冥界	
Death Metal	北京	
Mort Productions	フルレンス	2002

根強いメタルファンの要望により 1993 年から 1998 年までの間にデモとしてレコーディングした楽曲を収録し、事実上の 1st アルバムとして 2002 年にリリースされた。今でこそデスヴォイスで歌うバンドが星の数だけいる中国だが、彼らが活動を始めた頃、一体どれだけの人間が耳を傾けることができたのか。しかもネットも普及していない時代でもあった。スピードで押し捲るのではなくじわじわと重いリフ、ドゥーム・メタルのようなジンジンくるタイトなリズムで攻撃する。デモレベルだが、音質は悪いとは言えないだろう。しかし、正式にリリースを目的にした音源ではないため、音質面では、低音が軽めになっているのが致し方ない。

A Narakam
A Awakening of Blind Fire

簡 冥界	常 冥界	
簡 暗火觉醒	常 暗火覚醒	
Death Metal	北京	
Mort Productions	ライブアルバム	2007

中国を代表するデスメタル・バンドとして貫禄を見せた 2007 年リリースのライブアルバム。2007 年 4 月から 7 月にかけて MAO Livehouse Beijing 北京で行われた、複数のライブから新曲および未発表曲の 7 曲を選んだライブアルバムで、実質の 1st アルバム。録音を前提としたライブのためクリアな音質となっており、安定した演奏は素晴らしい。ただ、ライブアルバムなのに観客の歓声や MC がほとんどカットされており、会場の雰囲気が伝わってこないのが残念である。Testamentの「Down For Life」のカバー曲を含めた 8 曲収録。再結成後、長らく待たせているファンへのご挨拶となる作品。

A Narakam
A Burning at Moment

簡 冥界	常 冥界	
簡 瞬间燃烧	常 瞬間燃焼	
Death Metal	北京	
Mort Productions	フルレンス	2008

前 2 作品が過去作品の寄せ集めやライブアルバムであったので、本作が名実ともに初のスタジオ・フルレンスである。正統的なデスメタルであり、ルーツが一聴して分かるエクストリーム化したヘヴィ・メタルなサウンドだ。時間をかけて焼け焦がすようなデスヴォイスがゆっくりと攻撃を仕掛ける。両翼を担うギターの重いリフと滔々と美しく流れるギターソロ。正確に刻むリズム隊によって聴くものの心を一瞬にして完全掌握してしまう。翌年リリースの台湾盤には中国盤に星光现场でのライブ音源 5 曲がボーナストラックとして収録され、ジャケット変更されて発売された。

A Narakam
A The War Economies

簡 冥界	常 冥界	
簡 战争经济	常 戦争経済	
Death Metal	北京	
Mort Productions	EP	2015

CD2 枚と DVD2 枚がセットされた 15 周年記念ボックスセットをはさみ、7 年ぶりとなる 2015 年リリースの 5 曲収録 EP。新曲は過去既発曲より一段とスピードアップし、テクニカルでプログレッシブなギターリフとギターソロを基軸とした実験的な仕上がりになっている。カバー曲として Iron Maiden の「Aces High」と Faith No More の「Surprise! You're Dead!」が収録されており、本作の変化の原点を表している。単純な正統派デスメタルでない構築をしており、更なる変化を期待するサウンドになっている。

中国初のスラッシュ・メタルとして登場するも大衆ロックに変化

Overload

簡 超载
常 超載

Thrash Metal	1991 ～	北京
2006 年ライブアルバム『生命之诗 Unplugged 现场』、2011 年 LP『祖先的阴影』		

ハード・ロック・バンド呼吸のギター高旗がバンドを脱退後、1991 年秋に結成した中国初のスラッシュ・メタル・バンド。高旗はヴォーカルを務める。結成以来、メンバーが流動的で固定しない。一時期は面孔の鄧謳歌（ギター）と欧洋（ベース）が参加していた時に『祖先的阴影』をレコーディング、『揺滾北京』等、複数のオムニバスに収録、彼らの代表曲となる。1996 年 1st アルバム『超载』を発表。発表当初は話題となり、当時としては大変過激な音楽性にも関わらず 10 万枚を越えるヒット。1998 年には、オムニバス CD『中国火Ⅲ』に軽い感じのロックバラード「不要告别」が収録され、一般の音楽愛好者からは好評を博し、ロック・バンドとして成長していく。この後、スラッシュ・メタルのような先鋭的な音楽に対して理解を示すレコード会社もないため、大衆的なロックへと変化させ、バンド名を高旗 & 超载に改名。1999 年に 2nd アルバム『魔幻蓝天』、2002 年に 3rd アルバム『生命是一次奇遇』、2006 年に 4th アルバム『生命之詩』、2011 年にはスラッシュ・メタル時代に録音した曲を 12 インチ EP『祖先的阴影』として発表。

A Overload　**簡** 超载　**常** 超載

A Overload　**簡** 超载　**常** 超載

Thrash Metal	北京	
魔岩唱片	フルレンス	1996

1996年リリースの1stアルバム。発売当初は、中国最初のスラッシュ・メタル・アルバムとされ、人気を博していたのだが、今聴くとスラッシュ・メタル・テイストはほとんどない。どちらかというと陰のあるミドルテンポを中心としたヘヴィ・メタルである。技巧派ギタリスト李延亮と韓鴻賓の精緻な掛け合い、じっくり腰を据えたギターソロ、そして、中国 No.1 と評価されるドラムの王瀾の表情豊かなドラミングなどの演奏力が全体を引っ張り、艶のある高旗のヴォーカルが個々の楽曲を引き締めている。初期チャイニーズ・メタル史の中では重要な位置にあることは明らかなのだが、この後このようなメタル路線を踏襲できなかったのが残念でもある。

A Overload

A

簡 超载　**常** 超載

簡 魔幻蓝天　**常** 魔幻藍天

Hard Rock	北京
魔岩唱片	フルレンス / 1999

前作はメタルファンに好意的に受け入れられたが、音楽業界には不評だったため 1999 年リリースの 2nd アルバムでは音楽性を変化させた。ギターが李延亮の 1 人になり、ベースには面孔の欧洋が加入する。同時にバンド名表記も高旗 & 超載となった。ゲストキーボードとして黒豹の馮曉波が参加する。メタルの根幹は残しつつシャウトやスクリームを無くすことでレコード会社に最大限譲歩をし、メタルからメロディック・ロックになっている。程よくアレンジされたギターサウンドとタイトなリズムは言うならば、ジャパメタという歌謡メタルを通って完成した J-Rock のように、中国で完成した C-Rock のスタンダードの見本である。

A Overload

A

簡 超载　**常** 超載

簡 生命是一次奇遇　**常** 生命是一次奇遇

Hard Rock	北京
魔岩唱片	フルレンス / 2002

2002 年リリースの 3rd アルバム。本作は、高旗によるセルフプロデュースで、前作と同じ布陣に指南针の郭亮や黑豹の馮小波らをゲスト起用し、ロックのコアな部分ははっきりと残しながら、大衆受けするサウンドとして歌モノロックとしての姿勢で挑んでいる。軽快なロックンロールで始まるが、2 曲目はバラード。全体としてはさらにポップ化が進んだように感じられ、中国でロックの地位を上げようとする苦悩が窺い知れる。その中で好き勝手し放題できているのは中国ロック界最大の成功者だからかもしれない。次作ではアンプラグドライブアルバム、スラッシュ時代の音源をレコードとしてリリースする。

A Overload

A

簡 超载　**常** 超載

簡 生命之诗 - 高旗 & 超载乐队 Unplugged　**常** 生命之詩 - 高旗 & 超載楽隊 Unplugged

Hard Rock	北京
中国科学文化音像出版社	フルレンス / 2006

4 年ぶりとなる本作は、中国でも珍しいアンプラグド・ライブアルバム。2005 年 10 月 29 日、北京国家话剧院东方先锋剧场で開催された生命之詩 UNPLUGGED 専場演唱会をアルバム化した作品。1st アルバムから 6 曲、2nd アルバムから 5 曲、3rd アルバムから 5 曲、新曲 1 曲の合計 17 曲を 2 枚組で収録。黒豹から馮小波（キーボード）、ラップシンガー王錚、中国琵琶奏者の賈容など多くのゲストプレイヤーを迎え、代表曲を新たなアレンジで聴くことができる。ライブには、中国ロック界の大物歌手、鄭鈞、許巍らが来場、崔健、唐朝らがビデオで祝福メッセージを送るなど、華やかなコンサートであった。DVD も同時発売。

A Overload

A

簡 超载　**常** 超載

簡 祖先的阴影　**常** 祖先的陰影

Thash Metal	北京
Psychedelic Lotus Order	EP / 2011

初期スラッシュ・メタル時代の音源 2 曲をリマスタリングし、12 インチ・ヴァイナルレコード仕様、手書きによる通し番号付きで 139 枚限定発売。収録曲の「祖先的陰影」「破碎」は、過去にリリースされたコンピレーション・アルバム数作品に収録、彼らの代表曲とされていたが、自己の作品に未収録であった。リマスタリングされることで、若々しさ溢れ、荒々しい感情を吐き出した音源として蘇る。高旗と『Chinese Rock Database』管理人の香取義人によるライナーノーツも収録される。本作リリース後、作品発表はない。メンバー全員は、他の音楽活動を中心としており、ライブを行なう回数が少ないが、フェスティバルを中心にライブ活動する。

ハード・ロック低迷期パンクブームで目立たないままフェード

Polaris

簡 北极星

常 北極星

Hard Rock	1993 ~ 2003	北京

1993年6月、北京にて張立平（ヴォーカル＆リズムギター）を中心に結成された4人組ハード·ロック·バンド。『摇滚先锋』や『中国摇滚精华版（第一集）』『中国摇滚精华版（第二集）』等いくつかのオムニバス·アルバムに楽曲を提供する。当時ロックが演奏可能な場所が少ないこともあったが、その数少ない演奏スペースだった马克西姆餐厅（マキシマム）でライブを行うなど恵まれていた。1998年1月ようやく1st アルバム『北极星乐队』を発売する。ライブ活動出来る場所を持ち、音楽的にも実験的かつ意欲的な作品であったがリリース当時1990年代末期の中国ではハード・ロック／ヘヴィ・メタルの熱が冷め、パンク・ロックのムーブメントが勃興していた時代であったため、大きな話題とはならなかった。そのため販売数量も芳しくなかった。その後もメンバーの交代が頻繁にありながら地道にライブ活動を行う。2002年頃に 2nd アルバムの制作に入るも途中で頓挫し、まもなく解散している。時代に見放された悲運なバンドであったが、コアな中国ロックファンの記憶に留まる。

A Polaris

A

簡 北极星　常 北極星

簡 北极星乐队　常 北極星楽隊

Hard Rock		北京
中国音乐家音像出版社		1998

1990年代、数多くのロック・バンドのプロデューサーとして活動していた青山のプロデュース作品として1998年にリリースされた1st アルバム。中国ロックを大量生産し、良くも悪くもロック界に軌跡を残した青山が関わっただけに、ロックのツボを突いた音楽性だが、演奏も録音もすべてが雑に感じられる上、欧米や中国の有名楽曲をちょっと変えただけの借り物のフレーズがうるさく返されるだけで楽曲として何の印象も残らない。ロックシーンがパンクへ流れつつあった時代に、プロデューサーが好みを押し付けた残念な作品となっている。今でも音楽活動を継続するバンドメンバーの素質を見抜いていれば、もっと良い作品になったであろう。

アメリカ人も在籍していた中国産ヘヴィ・メタルの帝王

Tang Dynasty

簡 唐朝
常 唐朝

Heavy Metal	1988 ～	北京
2010 年 EP『沉浮』		

1988 年末、黑豹を脱退した丁武が張炬（ベース）ともにアメリカ国籍華人の Kaiser Kuo（郭怡広（ギター）のち春秋結成）とアメリカ人ドラム Sarpo（薩保）を誘い、結成。結成後試行錯誤するが、バンド運営が上手くいかず、また天安門事件が原因でアメリカ国籍の 2 人は帰国し、一度解散。翌年、丁武と張炬により再結成、白天使～時効のギタリスト老五（劉義君）と同じく時効のドラム趙年を加え、活動開始。台湾の滚石唱片と契約。この頃、一時的だが黑豹の 4 代目ヴォーカル秦勇の兄である秦琦もリードヴォーカルとして参加。

1992 年末、1st アルバム『唐朝』を発売。1993 年 2 月、ドイツ・ベルリンで開催された中国前衛文化月間に崔健、眼镜蛇、「一九８九」、王勇らとともに参加、ドイツ 4 都市を巡演。1994 年 10 月、福岡県にて開催された国際文化節に参加するため初来日。単独ライブやイベントに参加する。1995 年 5 月 11 日、ムードメーカーであった張炬が交通事故で他界。解散危機に陥るが時効～呼吸の顧忠が加入、活動を継続。しかし丁武と老五（劉義君）の溝が埋まらず、老五（劉義君）は脱退。老五（劉義君）はソロ活動と絵画作成を中心とする。ソロアルバムも 2 枚『雾中行集』（1997 年）『再度归来』（1999 年）を発表。1996 年初頭、Kaiser Kuo が中国に戻り、再加入。本格的に活動再開、ライブでは新曲を披露。1998 年、北京京文音像公司と契約、12 月、大友光悦プロデュースによる 2nd アルバム『演义』を発売。1999 年、在ユーゴスラヴィア中国大使館誤爆事件に対する意見相違を原因に Kaiser Kuo が脱退。铁风筝の虞洋（ヴォーカル＆ギター）が加入、多数のイベントに参加。2000 年、台湾限定 EP『演义 单曲纪念陈藏版』を発表。10 月には虞洋が脱退、陳磊（ギター）が加入。2002 年初頭、老五（劉義君）が復帰、丁武がヴォーカルに専念し、5 人体制となる。2008 年 6 月、結成 20 周年記念となる 3rd アルバム『浪漫骑士』を発売。2009 年 1 月、老五（劉義君）は再脱退し、4 人編成に戻る。2010 年ライブ会場限定 EP『沉浮』を発売。2013 年、4th アルバム『芒刺』を発表。2014 年にはニュージーランド公演、2016 年 11 月に香港公演を成功。陳磊は平行してソロプロジェクト八只手として活動。アルバム『爱在六弦中』（2006 年）、『岸』（2008 年）、『千年影人』（2012 年）の 3 作をリリース。2019 年、新たに Crack と面孔で活動する劉経緯と Mega Soul の付大龍の 2 人のギタリストが加入し、5 人体制となって再活動を始める。

A Tang Dynasty

簡 唐朝 / **常 唐朝**

A

簡 梦回唐朝 / 常 夢回唐朝

Heavy Metal	北京
魔岩唱片	フルレンス / 1992

1992年にリリースされた1stアルバムは、中国産ヘヴィ・メタル・アルバムとして最も知名度があり、金字塔となる作品。本作は冒頭を飾る神秘的な叙情的ギターソロ、幻想的な楽曲展開、リフとリズムはプログレッシブでありながら、中国独特の雰囲気が盛り込まれている。メタルの本質の荒々しさも強くあり、メロディも美しく雄大でダイナミック。スリル感溢れるヴォーカルは聴くものの鼓動を早くする。各曲に起承転結があり、またアルバム全体を通してもコンセプチュアルな起承転結があり、まったく退屈することがない。初期中国版には共産主義国家の第二国歌とされる「インターナショナル」のメタルアレンジが未収録であったが、再販される際に追加となる。

A Tang Dynasty

簡 唐朝 / **常 唐朝**

A

簡 演义 / 常 演義

Heavy Metal	北京
魔岩唱片	フルレンス / 1998

前作後、張炬の事故死によってバンド状態が良好ではなく、ギタリスト老五（劉義君）が脱退する。結成時のギタリスト、アメリカ国籍華人Kaiser Kuo（郭怡広）が戻り、顧中（ベース）が加入する。レコーディング·ディレクターとして大友光悦、ミキシング＆マスタリングに粟野敬三が参加して制作され、1998年にリリースされた2ndアルバム。Kaiser Kuo主導で制作されているのか、一段とプログレッシブな展開をする楽曲が中心。中華風味のRush、Dream Theaterと説明するのが早いが、Kaiser Kuo自身が アメリカ育ちなだけ中国臭くならないようギターリフ、ギターソロとヴォーカル・メロディがアレンジされ、バランスの取れたリズム展開。

A Tang Dynasty

簡 唐朝 / **常 唐朝**

A

簡 浪漫骑士 / 常 浪漫騎士

Heavy Metal	北京
京文唱片	フルレンス / 2008

Kaiser Kuo脱退、若手技巧派ギタリスト陳磊の加入、そして劉義軍の再加入と長期間音沙汰なかったバンドが10年ぶり、そしてバンド結成20周年記念となる2008年にリリースした3rdアルバム。本作は中華民族としての精神を高めること、古典詩の美しさを深く味わうことを独自の音楽スタイルで以てヘヴィ・メタルと民族音楽との融合を完成させた。長い経験から生まれる円熟味が味わえる唐朝の真髄を極めた作風。寡作でありながら名作しか作れない孤高のバンドによるチャイニーズ・メタル史上3基目の金字塔である。4曲目では女子十二楽坊がゲスト参加し、華やかな色を添えている。ジャケット絵は画家でもある丁武の作である。

A Tang Dynasty

簡 唐朝 / **常 唐朝**

A

簡 芒刺 / 常 芒刺

Heavy Metal	北京
星外星唱片	フルレンス / 2013

ライブ会場限定EP『沉浮』を挟み5年ぶりとなる2013年リリースの4thアルバム。本作は、再び老五（劉義君）が脱退し、残る4人にて制作される。アルバム・タイトルの『芒刺』とは、漢書の一節にある「芒刺在背（背中に棘がささり、いらいらと落ち着かない様子）」から取られ、5年の歳月の中でメンバー自身や社会の変化を表現したという。プログレッシブな側面は減少し、ヘヴィ・メタルな側面を押し出し、全面的に重量感が増し暗く重厚なサウンド。25年に及ぶ活動の中、決して順風満帆ではない、毎作高品質な作品を生み出せる底力が高いバンドであると実感させられる。本作リリース後、テレビ出演し、国内数十箇所と、フィジーとニュージーランドでライブを行った。

ファンキー末吉も関与した北京のハードロック大御所

The Paradise

簡 天堂
常 天堂

Hard Rock	1992～	北京

2010年 EP『皇城根』、2014年 ベストアルバム『20』、2015年 EP『有人说摇滚已经死了』、2015年 EP『星期天』、2016年 EP『北方之都』、2017年 EP『东直门天天向上』

1992年結成の前身バンド粉雾を経て、1994年レコード会社と契約、その際にバンド名を天堂とした。印象的なコーラスのあるアメリカン・ハード・ロック・タイプのサウンドであったが、同世代のバンドと比べると活動も音楽性も大変地味なバンドだった。ヴォーカル以外のメンバーチェンジが頻繁に発生するものの、解散することなく活動を継続。アルバムも1995年に1st『人之初』をリリース以来、1997年発表の2ndではヴォーカルの雷剛がソロ活動を開始し、バックバンドを天堂が担当することになり、アーティスト名義を雷刚与天堂として『幸福的花儿』を発売する。再びバンド体制に戻り1999年、3rd『一半一半』、2003年4th『天堂』、2010年5th『愛在揺滚的歳月』ならびに4曲EP『皇城根』、2012年には20周年記念ベストアルバム『20』と重ねる。2015年、2016年、2017年と続けてシングルを発表。一時期実験的にラップ唱法を取り入れたこともあったが、デビュー以来、彼らの真髄であるコーラスワークを中心とする楽曲に焦点を合わせ、ファンの希望に応えている。

A The Paradise　簡 天堂　常 天堂

A

簡 人之初　常 人之初

Hard Rock	北京	
红星生产社	フルレンス	1995

北京大御所ハード・ロック・バンドの1995年リリースの1stアルバム。Bon Joviの曲のサビ部分が、コーラス風に繰り返し出てくるので苦笑してしまう。雷剛のヴォーカルが彼らの醍醐味であると気づくことが出来るくらい素朴な雰囲気がある。一緒に歌ってしまう温かみがある。かつ素朴な歌メロにむしろ愛着を感じてしまう。楽器隊の方も演奏技術で押し込めようとするのではなく、ヴォーカルを際立たせるように控えめで実直な演奏で脇を固め、存在感は堂々たる仕事をしている。長年に渡って聴けば聴くほど味の出てくるバンドである。収録曲「赵家老哥」は代表曲。

A The Paradise
A

簡 天堂 **常 天堂**
簡 幸福的花儿 **常 幸福的花兒**

Hard Rock | 北京
红星生产社 | フルレンス | 1997

1997 年リリースの 2nd アルバム。前作の延長線上にあり、すでにマンネリズム化している。なのに完成された彼らの醍醐味は味わい深く、ヴォーカル雷剛は素朴な歌心があるアーティストだと気づく。日常の生活に流れているロックソング風な楽曲が並ぶ。基本としてはアメリカン・ハード・ロックタイプのバンドなのだが、この叙事的でメロディアスな歌唱方法からゲイリー・ヒューズ率いるイギリスの正統派ブリティッシュ・ハード・ロック・バンド TEN を思い出してしまう。活動年月の長さやメンバーチェンジの多さも TEN 同様なのも不思議と被っている。ギタリスト羊力の演奏も実直なブルースフィーリングを持った味わい深いサウンドを作っている。

A The Paradise
A

簡 天堂 **常 天堂**
簡 一半一半 **常 一半一半**

Hard Rock | 北京
红星生产社 | フルレンス | 1999

1999 年リリースの 3rd アルバム。本作でも基本となる素朴で暖かみのあるヴォーカルをメインに、いっしょに歌いたくなるメロディといった音楽性は変わらないのだが、各々の曲で実験を試みている。その分アルバムとしては統一感に欠ける仕上がりとなった。ファンクっぽいリフがある 2 曲目、ラップ歌唱に挑戦した 4 曲目、レゲエっぽい作風の 5 曲目、ロック風マーチングソングな 7 曲目、ミュージカルの最高潮場面のような 12 曲目など多彩な楽曲を並べている。なお、11 曲目は本作発売 3 ヶ月前に起きた NATO 軍による在ユーゴスラヴィア中国大使館誤爆事件に対するメッセージソングになっているが、リリースが事件後 3 ヶ月経ってしまったこともあり、話題にならなかった。

A The Paradise
A

簡 天堂 **常 天堂**
簡 信念 **常 信念**

Hard Rock | 北京
中信文化体育产业有限公司 | フルレンス | 2003

Judas Priest のようなメタルリフから始まり、今までとは異なる作風に期待を抱かせる 2003 年リリースの 4th アルバム。当時の流行に近づけようとして彼らなりに最もヘヴィ・メタルしているが、彼らの今まで通りのハード・ロック・スタイルがメインで、歌メロ中心であることは不変である。急進的な変化を部分的に取り入れてしまっただけに散漫なアルバムな印象が残る。4 曲目や 8 曲目や 10 曲目では行き過ぎてラップ・メタルになってしまっているのだが Limp Bizkit のようなどぎつさはなく、Aerosmith+Run-D.M.C. 的作風である。アコギによるスローバラードに始まり、パワーバラードへと発展する 9 曲目は素晴しい出来上がり。

A The Paradise
A The Paradise

簡 天堂 **常 天堂**
簡 天堂 **常 天堂**

Hard Rock | 北京
中国文采声像出版公司 | フルレンス | 2006

バンド名を冠した 2006 年リリースの 5th アルバム。彼らなりに確立したスタイルに留まらず、本作では思いつくことすべてを取り込み、自由な発想のもと多種多様な要素を発展させ、ハード・ロックに仕立てている。多彩なサウンドとなるが前作のような支離滅裂にならず、やはり歌を大切にするところに重点を置いたところには全くブレがなく、一貫した天堂らしさが滲み出したアルバムになっている。自分たちが心から楽しみ自信を深めた作品だ。プロデューサーに黒豹のキーボード奏者だった欒樹、アレンジャーにファンキー末吉を起用し、5 曲目ではドラムとコーラスに香港 No.1 ロック・バンド Beyond の Wing こと葉世榮（ドラム）が参加している。

A The Paradise
A

簡 天堂
簡 爱在摇滚的岁月

常 天堂
常 愛在摇滾的歳月

Hard Rock | 北京
糖衣文化 | フルレンス | 2010

2010 年リリースの 6th アルバムもライブで一緒に歌える歌メロ重視な姿勢が変わらない。印象的な二胡で盛り上げるハード・ロック・バラード曲の 1 曲目、ラップも御手のものにしたメロウなラップ・ロックな 3 曲目と 9 曲目、中国民謡を大胆に取り入れた 2 曲目と 4 曲目、ブルースフォーク的な 6 曲目、アルバム・タイトルの、しんみり心に染み渡るバラード 7 曲目、中国ハード・ロック王道様式美 8 曲目など多彩となり、ますます統一感が薄れているのだが、彼ら独特の素朴で暖かみある楽曲が並ぶ。あれこれやっているのにそれでもファンが離れないほどバンドの存在が大きくなったのは、バンドの変化をファンそれぞれの変化に重ね合わせ出来るほど両者が共に成長した証なのだろうか。

A The Paradise
A

簡 天堂
簡 有人说摇滚已经死了

常 天堂
常 有人説摇滚已経死了

Hard Rock | 北京
Streetvoice/ 迷笛音乐 | フルレンス | 2017

前アルバム・リリース後、精力的なライブ活動、シングルやベストアルバムのリリースがあったが、スタジオアルバムとしては 7 年ぶりとなる 7 枚目の結成 25 周年アルバム。北京のこと、遠方の地のこと、生活のこと、生命についてなどたくさんの思いを込め、バンド自身に、ファンに、風に、美しく残酷な世界に向けて発した楽曲となるとバンド自ら発する。25 年の月日に培った多彩な音楽性を天堂というバンドを通して独特の世界観を作り上げ、それでいて敷居のまったく高くないサウンドになる。歴代アルバムの中で最も統一感のある大人のハード・ロックに仕上がり、彼らの最大の長所である素朴で暖かい歌のメロディがアルバムを通して流れている。

日本人ドラマーも在籍し Fuji Rock にも出演したモンゴル族

Thin Man

簡 瘦人
常 瘦人

Rock&Roll/Hardcore	1993 ～ 1994、1997 ～	北京
2014 年 EP『世界舞台』、2015 年 EP『湖区』		

モンゴル族の戴秦を中心に 1993 年 10 月結成されたロックンロール・バンド。半年足らずの間に楽曲制作とライブ活動を順調に行うが、翌年 5 月に解散する。別バンドを経て戴秦は 1997 年6月にメンバーを一新して再結成。全国各地のイベントに参加。ライブでのパフォーマンスは大きな評価を得た。1999 年 8 月、1st アルバム『瘦人 1』リリース後、精力的にライブ活動を行い唐朝、黑豹に続く影響力の大きなバンドへと躍進。2000 年、2001 年と続けて FUJI ROCK フェスティバルに登場し、日本でも好評を得る。2002 年 2 月にはライブ VCD『希望』を、7 月には 2nd アルバム『北京梦』を発売する。2003 年には大幅にメンバーチェンジを行い、日本人ドラマー Hayato が加入した。2007 年 11 月には上海にて Linkin Park のライブの前座を務めた。2008 年 3rd『第七天』、2012 年 EP『一路向北』、2014 年シングル『世界舞台』、2015 年シングル『湖区』と作品を重ねる。 2010 年には久しぶりの来日ライブを行うものの活動が停滞し、Hayato が脱退する。

A Thin Man 　簡 瘦人　常 瘦人

A

簡 瘦人 1	常 瘦人 1	
Rock&Roll/Hardcore	北京	
嚎叫唱片 / 京文唱片	フルレンス	1999

中華圏の大人気プロデューサー張亜東を迎えて制作した 1999 年リリースの 1st アルバム。C-POP 界の女王の王菲（フェイ・ウォン）との仕事を高評価されていた張だけに本作も注目を浴び、その年のベストセラーアルバムになる。ハードにライディングするロックンロール曲、荒々しいハードコア曲、王道北京ハード・ロック曲、心静かに歌い上げるバラード……。ヴォーカル戴秦がモンゴル族ということで、モンゴル語曲もあり多彩な楽曲を収録。中国 No.1 ロックドラマーと称される王潤の押し引きの素晴しいテクニックも聴き所だ。当時北京在住の日本人留学生 3 名（『Chinese Rock Database』の管理人香取氏など）もコーラスで参加している。

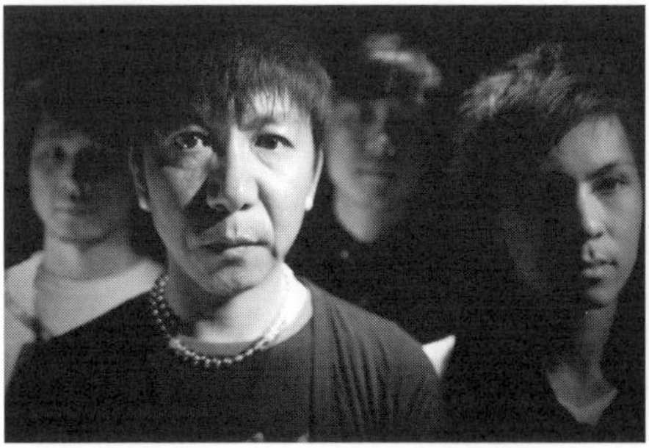

A Thin Man

A Bejing Dream

簡 瘦人 / **常 瘦人**

簡 北京梦（瘦人Ⅱ） / **常 北京夢（瘦人Ⅱ）**

Rock&Roll/Hardcore	北京	
嚎叫唱片 / 京文唱片	フルレンス	2002

2002 年リリースの 2nd アルバム。直前にはライブ VCD（VCD とは日本で普及しなかった録画規格）を発表。1 曲目からしてラップ唱法、DJ スクラッチや電子音などを導入し、ファンクっぽい楽曲に面食らってしまう。続く 2 曲目ではピコピコサウンドから壮大なパワーバラード曲。また、モンゴル音楽を多く取り入れていたり、古くから存在する楽曲を実験的なほどに再アレンジしていたりと、オリジナリティを高めた作風はライブバンドとしての本質を浮き彫りにしている。ジャケット写真における霧の中（実際は黄砂や工場煙）に佇む天安門の幻想的な姿と、アルバム・タイトル『北京梦』がアンバランスながら意味ありげに符合している。

A Thin Man

A

簡 瘦人 / **常 瘦人**

簡 第七天 / **常 第七天**

Rock&Roll/Hardcore	北京	
华谊兄弟	フルレンス	2008

符寧（ギター）と王瀾（ドラム）の脱退、郭智勇（ギター）と日本人 Hayato（ドラム）が加入して新編成となり 6 年ぶりに制作され、2008 年のリリースされた 3rd アルバム。プロデューサーに中国音楽界で最も高い人気を誇るポップス・ユニット羽泉の陳羽凡を迎え、幾度も振り出しに戻りながら作り上げた作品。色の濃い楽曲が並びながら、脂濃くない適度なハードにロックンロールを核としていることには変わりはない。バンドが影響を受けてきた音楽的素材のそれぞれの味を生かしストレートに突っ走り、強烈な情感を持って歌い上げる戴秦のヴォーカルが乗ることで、時には大草原で青空を体いっぱいに感じさせる楽曲。

A Thin Man

A

簡 瘦人 / **常 瘦人**

簡 一路向北 / **常 一路向北**

Rock&Roll/Hardcore	北京	
树音乐	フルレンス	2012

郭智勇（ギター）が脱退、周坤が加入し、5 年ぶりとなる 2012 年リリースの 5 曲収録 EP。中国ロック界においてトレンドを追うか自流を貫くか二者択一するなか、どちらに向いても失敗することが多いが、本作でも瘦人においては両方を上手くすり合わせて独自のハード・ロックンロールを作り上げる。5 曲目の後に秘密トラックが収録されている。本作リリース後、メンバー交代の多いバンドであるが、仨児（ベース）と Hayato（ドラム）が脱退するなど再度メンバーの交替が発生する。2015 年にはロックンロール、モンゴル音楽、中国音楽をミックスしたシングル曲を発表しているが、活動停止状態に。

唐朝にも在籍し「中国で最も偉大なギタリスト」と評された

Liu Yijun

簡 刘义军
常 劉義軍

Hard Rock	1985 ~	北京
1997 年 V.A『雾中行集』		

唐朝の 1st ならびに 3rd アルバム時期のギタリスト。中学生からギターを独学し、高校生でエレキギターに転向。卒業後北京に赴き、中国ロック第一世代のミュージシャンと交流。この頃入手した小林克己のギター教則本で練習に励む。1986 年、白天使を結成。Van Halen や Yngwie Malmsteen 影響下にあるテクニカルな演奏を特徴としたバンドであった。1989 年後半、唐朝に加入、1st アルバム『梦回唐朝』を制作。1992 年、アメリカ音楽雑誌『SPIN』に「中国で最も偉大なギタリスト」と称された。後進育成にも熱心であり、彼の元から韓鴻賓（元超载）など多くのギタリストが巣立つ。1996 年唐朝を脱退。翌年教え子と共にアルバム『雾中行集』を発表。1999 年にはソロアルバム『再度归来』を発表。2002 年初頭、唐朝に復帰し、中国ロックファンを歓喜させた。Paul Gilbert や Marty Friedman の北京ライブの際に共演し、貫禄のある姿を見せた。2009 年 1 月、唐朝を再度脱退。現在はギター講師をすると共に絵画制作も行っている。愛称として、老五と呼ばれている。

A Liu Yijun **簡 刘义军** **常 劉義軍**

A | 簡 再度归来 | 常 再渡帰来

Hard Rock	北京	
正视唱片	フルレンス	1999

1997 年には当時ギターを教えていた弟子 3 人と共に各々が制作した楽曲を収録したアルバム『雾中行集』をリリースしていたが、純然たるソロアルバムとして 1999 年にリリースされる。本作は、元唐朝の知名度があり、中国 No.1 の技巧派ギタリストとして、期待されたテクニカルでスリリングな奏法は全くなく、作曲家として才能を発揮している。ソングオリエンテッドなアルバムに仕上がり、ギターに関しては派手さはないが、要所を押さえた奏法になっている。音楽性としは民族音楽に接近し、実験性の高いツインドラムを試みている。一通り高い技術を習得した者がテクニカルさをひとまず脇に置き、ギター＋α を求めた作風で、コアなギタリスト向けの作品である。

黒豹２代目ヴォーカルで中国ロック界最高の孤高ミュージシャン

Dou Wei

簡 窦唯
常 竇唯

Progressive Hard Rock	1988 ～	北京

1999 年ベストアルバム『希望之光精选辑』、1999 年アルバム『幻听』、1999 年アルバム 我最中意的雪天』、1999 年アルバム『雨吁』、2001 年アルバム『梦』、2001 年アルバム『再续镜花缘（镜花缘记）』、2004 年アルバム『镜花缘记』、2004 年アルバム『八段锦』、2005 年アルバム『我们俩』、2006 年アルバム『东游记』、2006 年アルバム『后观音』、2008 年アルバム『五音环乐』、2008 年アルバム『李米的猜想 电影原声专辑』、2011 年アルバム『口音』、2011 年アルバム『迷走江湖』、2012 年 EP 2012 拍』、2013 年 EP 甜蜜十八岁』、2013 年アルバム『殃金咒』、2014 年アルバム『天宫图』、2015 年アルバム『天真君公』、2016 年アルバム『间听监』、2016 年アルバム『时音鉴』、2017 年アルバム『山水清音图』

1969 年北京生まれ。黒豹の２代目ヴォーカルとして 1988 年に加入し、1st アルバムを制作し、初期の活動において大成功をもたらす原動力となる。まさしく中国ロック界きっての鬼才ミュージシャンであり、名ヴォーカリストであった。当時はフォークロック歌手の張楚とパンク・ロック・シンガーの何勇とともに滾石唱片の魔岩文化（Magic Stone）レーベルからアルバムが同時発売されていたため、魔岩三傑と呼ばれていた。私生活面でも中華ポップス界の女王の王菲（フェイ・ウォン）との結婚と離婚、女優・写真家の高原との結婚と離婚、現在は元ファンであった女性と３度目の結婚、さらには激太りし外見がすっかり変わってしまうなど、ワイドショー的な話題に事欠かなかった。

しかしながら、音楽面では黒豹脱退後はバンド時代の明快なハード・ロックから大きく音楽性を大きく変化させ、ソロアルバム初期５作品あたりまでは Pink Floyd のような陰鬱なプログレッシブ・ロック、Bauhaus のような気だるいポスト・パンク～ゴシック・ロックとなる。以後も音楽性を変えながらも、旧知のミュージシャンを集め、ソロ・プロジェクト・バンドとして譯、不一定、暮良文王、FM3、不一様などの名義にて、映画サントラを含めアルバム 50 作近い作品を発表する。最近では歌のない環境音楽の様な中華伝統旋律を使用したヒーリング・ミュージック的なアルバムを多く制作している。しかし昔の幻影を追うファンからすると現在の音楽性はまったく理解不可能。作品は多く発表しているものの、かねてから寡黙な人間であると同時にメディアにも登場することが少なく、時折インターネット上に近況写真が載る程度となり、過去の人物となってしまっている。それでも初期の作品を好むファンも多く、フェイバリット・ミュージシャンとして名の挙がる事も多い。鬼才ヴォーカリストの復活と表舞台再登場を願って、ここではソロアルバム初期３作品を取り上げる。余談となるが前々妻王菲（フェイ・ウォン）との間にもうけた竇靖童（リア・ドウ）が、２人から受け継いだ才能と音楽性を感じられる歌手としてデビュー、日本盤のアルバムと EP の２作品もリリースした。

A Dou Wei

A

簡 窦唯

簡 黑梦

常 竇唯

常 黑夢

Progressive Hard Rock	北京
滚石唱片	フルレンス / 1994

黒豹を脱退し、ソロアルバム第一弾として 1994 年にリリース。大きな変貌に失望すると同時に、それ以上の驚きと賞賛を感じ得なかったファンも多くいた。古巣の音楽に未練もなく、新しい中国ロックの開拓へ向けたイノベーションと実験性にあふれた名盤。西洋のロックを基盤とするしかなかった時代に、独自の世界観をもって中国式に変革する。精神病看護学科に通っていたこともあり、心理学的思考を持つアーティストとして潜在意識や社会問題を独特な観点から捉えた非常に内向的なサウンドで、全体を通して鬱々たるメロディで構成される。1990 年代前半の北京の空気感とそこで生活している人々の複雑かつ、多層な心理状態を深くえぐり出している。

A Dou Wei

A

簡 窦唯

簡 艳阳天

常 竇唯

常 艷陽天

Progressive Hard Rock	北京
魔岩唱片	フルレンス / 1995

中国メディアではどんな質問をしても熟考し、言葉少なめにゆっくりと受け答えする朴訥で寡黙な人物と称されているように、音楽面でも同様に必要最小限の音と詞で以て作り上げられた芸術世界である。1995 年リリースの 2nd アルバムとなる本作は、竇唯が作り出す独特の内省的な歌詞と陰鬱なメロディは前作を踏襲。前作の行き過ぎた内観的な暗さからはいくばくか明るい雰囲気となるが、非常に独特な音作りになる。ロック界の鬼才と呼ばれる人間が描き出す世界観は発売当時としては、世の中からずれていたかもしれないが、今となれば聴く者の心にすんなり入り込んでくる感覚に陥り、普通の感性の持ち主の 20 年先を行く世界が表現されている。

A Dou Wei

A

簡 窦唯

簡 山河水

常 竇唯

常 山河水

Progressive Hard Rock	北京
魔岩唱片	フルレンス / 1998

もはやロックでもなく、現在に続くことになるヒーリング・ミュージックと化した 1998 年リリースの 3rd アルバム。中国ロック界の鬼才が中国音楽界の仙人となったターニングポイントとなる作品。20 年どころか 100 年先を行く感性の持ち主ではと思えるほど、尋常ではない構築力があり、聴き手に高い集中力を求めるもの。しかしながら、冷静に聴き深く思考すれば、当時、気が狂ったのは竇唯ではなく、ファンであったのではと再考させられる音楽の世界である。そう考えればかつてのロックヴォーカリストの幻影を追うのを止め、以後発売された 50 数枚に及ぶ今の彼の精神世界を表現した作品をすべてコレクションをしたいと思わせる音楽である。

A Ado
A I SAY WHAT I MEAN

簡
簡 我不能随便说

常
常 我不能随便説

Hard Rock | 北京
Rock Record | フルレンス | 1996

中国最初期にロック・バンド大陆を結成したマダガスカル人 Eddie、同じくロック・バンド七合板にいたサックス奏者劉元、民族楽器を学んだドラム張永光、ハンガリー人 Kassai Balazs らにより結成され、崔健のバックバンドとしても活動していた中国ロック界の古参バンドが解散後に台湾にてリリースしたアルバム。ブラス・ハード・ロック・サウンドにアフリカン・ミュージック、ジャズ、中華民謡などが様々なスタイルが合わさり、中国ロックの真髄とも言えるサウンドを構築する。バンド名はスワヒリ語のスラングで「兄弟たち、どうよ？」という意味。バンド解散後はそれぞれソロ活動を行っている。一度再結成の話題があったようだが活動していた様子がない。

A The Breathing
A The Breathing

簡 呼吸
簡 呼吸

常 呼吸
常 呼吸

Hard Rock | 北京
深圳激光节目 | フルレンス | 1990

在籍したメンバーが、今では中国ロック界を表舞台から裏舞台まで支えている大物となった奇跡のハード・ロック・バンドの 1990 年リリースの 1st アルバム。ヴォーカルを務めたのが CCTV の元女性キャスター蔚華であったのも、他のバンドとは一線を画す。全曲作曲に携わった高旗は後の超載での大活躍を予言するかのように絶妙なセンスを垣間見せ、そしてブルージーなギターサウンドも耳を捕らえる。色のあるキーボードやドラム、ベースが曲を引き締め、最大の特徴点というべき蔚華のロック然とした華やかな外見と、説得力の強いソウルフルな歌唱力も注目に値する。1994 年に蔚華が脱退し、解散してしまったのが中国ロック界の痛手とも言える。

A The Compass
A

簡 指南针
簡 选择坚强

常 指南針
常 選択堅強

Hard Rock | 北京
日本盤：PONY CANYON、中国盤：星碟文化 / 香港永声 | フルレンス | 1994

紅一点 羅琦がヴォーカルを務めるハード・ロック・バンドによる 1994 年リリースの 1st アルバム。羅琦が暴力沙汰に巻き込まれ左目失明、本作リリース直前の羅琦脱退とアクシデント続きであった。低音を基調とするヴォーカルと実直なギターワークとサックスの力強い演奏が印象的に織り成すブラス・ハード・ロック。のちに Rose and the Compass というバンド名にて日本盤もリリースされたが中国盤ではジャケ写真が異なる。この後男性ヴォーカルを入れ、2nd アルバムを発表して活動を続け、羅琦はソロ歌手として活動を続ける。収録曲「我没有远方」や「随心所欲」は中国ロックスタンダード曲として人気がある。

A The Compass
A

簡 指南针
簡 无法逃脱

常 指南針
常 無法逃脱

Hard Rock | 北京
北京文化艺术音像出版社 | フルレンス | 1997

羅琦（ヴォーカル）の脱退後、変則的にデビュー前に録音済みであった 2 作品の発表後、新ヴォーカル劉崢嵘が加入し、新布陣として 1997 年に発表された事実上の 2nd アルバム。個性的な前任ヴォーカルの致命的な脱退劇、そして男性ヴォーカルへの交代という苦難を乗り越えてリリースされた。あまりにも大きな変化であったため当時は見向きされずにいたが、歳月を経て聴き直すと前作同様、力強いブラスセクションが牽引するブルージーなハード・ロックで、その中に伝統音楽も交えた独特の世界観を持つ 1990 年代中国ロックを代表する高品質な作品であると再評価できる。起死回生の作品であったが、やはりヴォーカル交代が尾を引き、活動が下火になったのが惜しまれるバンド。

A Crown
A

簡 皇冠
簡 皇冠 1993-1996

常 皇冠
常 皇冠 1993-1996

Thrash Metal	北京	
PolyWater	Boxed set	2015

1993 年北京にて結成されたスラッシュ・メタル・バンド。当初はヴォーカル、ギター× 2、ベース、ドラムの 5 人編成であったが、1 年程してヴォーカルとギターが兵役のため脱退、残ったギターがヴォーカルを兼任し 3 人編成となる。スラッシュ・メタルへと分離していく最中のヘヴィ・メタルといった趣といった作風である。当時、北京ではハード・ロック／ヘヴィ・メタルが若者に人気だったが、スラッシュ・メタルはまだ受け入れる余地がなく、レコード契約を結ぶことが出来ず 1996 年には解散してしまう。元メンバー全員が音楽産業に従事していることもあり、オムニバス・アルバムに提供していた楽曲を 2015 年に 4 曲入り EP としてリリースした。

A The Wa Race
A

簡 佤族
簡 战士

常 佤族
常 戦士

Hard Rock		
中国音乐家	フルレンス	1997

中国初の大学生ロック・バンドとして 1988 年から活動開始したバンド青銅器を元に 1992 年に結成。メンバー全員漢族だが雲南の少数民族佤（ワ）族の熱狂的なファンであり、その質素であるが不撓不屈な精神と生命力に憧れ、そのままバンド名としたそうだ。1997 年リリースのアルバムは、90 年代前半の北京で隆盛を極め、独特な雰囲気があった中国産ハード・ロックを基に民族音楽を融合させた音楽性であった。時代背景から当時は前衛的なハード・ロックであったようだが（プログレという意味ではない）、他のバンドのような知名度を上げることができなかった。リリース後、活動拠点を変えたりメンバーを変えながら 2003 年頃まで活動していた。

A The White Angel
A

簡 白天使
簡 过去的摇滚 -1989 年版

常 白天使
常 過去的揺滾 -1989 年版 -

Hard Rock	北京	
天津星河音像	フルレンス	1989

のちに唐朝に加入する劉義軍や中国ロックの礎を築いた劉君利（ベース）、馮満天（ギター）、蔵天朔（キーボード）、程進（ドラム）など多くのミュージシャンが在籍していた 1980 年代後半の数年間のみ活動したハード・ロック・バンドが残したアルバム。オリジナル曲と共に Bon Jovi、Billy Joel などのカバー曲も収録される。専任ヴォーカルがいなかったため、蔚華や高旗などがゲスト参加。ロックがまだ根付いていない中国でロックをしたい人間が集まり、活動開始している。それぞれの音楽性が明確化すると共に解散する。解散から 6 年が経過した 1995 年になり、1989 年に発売されたアルバムが再版され、多くの人が彼らの存在を知ることとなる。

A Self Education
A IN 10

簡 自我教育
簡 －０年代

常 自我教育
常 一０年代

Hard Rock	北京	
九洲音像出版公司	フルレンス	2016

派、五月天（台湾のポップ・ロック・バンドではない）、「一九 8 九」、TOTO 等と初期北京ロック界の伝説バンドを渡り歩いてきた騂梓（ヴォーカル＆ギター）が 1991 年に結成したオルタナティヴ・ハード・ロック・バンド。解散～騂梓のソロ活動～再結成～再解散～別バンド結成～再々結成と紆余曲折してきた。ライブをメインに活動し、オムニバスへの数曲提供を除くとアルバムを残していなかったが、初のアルバムとして 2016 年リリースとなった結成 25 年目の作品となった。活動初期から崔健からも、またロックファンからも評価が高く、本作でも中国ハード・ロックを起点としながら長い音楽活動経験から生み出される、狂乱に満ちた孤高の世界観。

A

A

簡 李慧珍 ／ **常 李慧珍**

簡 在等待 ／ **常 未来を待ちながら～在等待～**

Hard Rock	北京	
日本盤：ホリプロ、中国盤：中国音楽家音像	フルレンス	1997

浙江省瑞安出身の女性ロック歌手。17 歳より歌手活動を始め上京する。1996 年に爆風スランプのドラマー･ファンキー末吉に出会い、彼のプロデュースの下にて制作され、翌年リリースされたアルバム。彼女は、これを機に大成功を収める。スピード感溢れながらメロウな楽曲を得意とするファンキー末吉のハード・ロック節が前面に押し出されている。バックを固めるファンキー末吉旧知の中国人ミュージシャンとの相性も良く、発展途上ではあるが、それに埋もれない小細工のない真っすぐな発声の力強いヴォーカルが聴ける。2000 年前後の一時期大病を患い、治療専念のため休業していたようだが、完治し再び精力的に音楽活動を継続している。

A

A Extracation

簡 晨辉 ／ **常 晨輝**

簡 解脱 ／ **常 解脱**

Hard Rock	北京	
Agent	フルレンス	1998

面孔のヴォーカリストがバンド活動を休止した翌年の 1998 年にリリースしたソロアルバム。台湾のテクノユニット Third Nova の全面協力のもと制作されている。面孔のような荒々しいヘヴィ・メタル色は薄れるが、ギターに超载の李延亮、ベースに元 Tomahawk の趙翌、ドラムには盟友の胡偉、キーボードには当時黑豹に在籍していた馮小波が参加していることもあり、北京の乾いた空気感が非常に強く出たサウンドとなっている。歌を大切にしたエモーショナルな楽曲が並び、実験性に富みながら飾り気のないハード・ポップなロックンロールで表現している。

A

A

簡 秦勇 ／ **常 秦勇**

簡 一起长大 ／ **常 一起長大**

Hard Rock	北京	
竹书文化	フルレンス	2013

2005 年に明確な理由を公表することもなく突然バンドを脱退、引退半ば状態だった黑豹の４代目ヴォーカルとして黄金期を支えた中国ロック界名シンガー秦勇が、８年の歳月を経てリリースする復帰作第一弾。全盛期に負けず劣らない力強い声を聴く事ができる。黑豹のセルフカバーを含め９曲を収録。この後、シングル『Be a Man』と映画主題歌「原谅我」をリリース。かつてファンを憤らせた突然の脱退の理由だが、それは生まれてきた子供に知的障害があることがわかり、一人の父親として全面的に子供と向き合って生活をしたいためだった。子どもがある程度成長し、自分の人生も大切にしたかったからと、テレビ番組に出演した際にコメントし、活動を再開した。

北京ライブハウス・レコードショップ紹介

つかの間の休日、海外旅行で観光地を巡り、美酒美食美男美女に酔いしれる。それだけでは満足しないのがメタルヘッズではないだろうか？　現地のメタル事情を知り、現地メタラーと友達になりたくなるのが性である。北京は首都そして政治の街だけはない。大きな荒波に揉まれながら、90年代より中国最大のロックシティとして発展し、現在ではメタルシティそしてパンクシティとしても世界にその名を発信し続けている。最近では、Iron MaidenやMetallicaのライブも記憶に新しいのでは。ここでは、そんなメタルシティBeijingのCDショップ、ライブハウス、ロックバーを紹介する。ちなみに中国でもライブハウスと表現している。ライブの文化や運営組織方法など最初に中国にもたらしたのが日系企業だったと言われている。

666

まず、北京のメタル聖地Rock Shop 666。最寄り駅の地下鉄8号線什刹海駅を下車し300mほど北へ歩くと元、明、清の時代に太鼓を鳴らして時間を知らせた旧跡鼓楼がある。右へ曲がり、鼓楼東大街通りを300 mほど歩いたところにお店がある。通りにはたくさんのショップが並ぶ。お店が通りに面しておらず細い路地を入ってすぐ左側にあるため、行きすぎてしまうことも。店舗面積は大きくはないが、CDはもちろん、メタルTシャツ、シルバーアクセサリーを販売している。また。北京で開催されるメタルライブのチケットの前売りもしている。Metallicaの北京公演の際は、Jamesが突然お店にやって来たりしていた。Taobaoでネットショップ667も展開している。

また、通りをもう少し歩けばガイド本にも載っている南鑼鼓巷があり、北京で一番古い大規模な元代の建築物の大門がある。南鑼鼓巷の通りは北側の鼓楼東大通りから南へ続き、地安門東大通りまで全長786メートルになり、多くの雑貨店や飲食店が並ぶ。周辺も基盤のような並び方をして古い住宅地として現在まで保存されている。コン・リーやチャン・ツィイーが卒業し、多くの俳優の卵が舞台や演技を学ぶ中央戯劇学院もそばにある。

MAO Livehouse Beijing

旧店舗は、鼓楼とRock Shop 666との間には道路向かい側にMAO Livehouse Beijingがあったが移転し、地下鉄五棵松駅近くの五棵松卓展ショッピングセンターに店舗を構える。週末に

666　CDショップ
北京市东城区鼓楼大街230-4号
http://www.xmusick.com/

MAO Livehouse Beijing　ライブハウス
北京市海淀区复兴路69号院2号136-G23
http://mao-music.com/

E&A Live House　ライブハウス
北京市东城区鼓楼大街206号院内B206

TEMPLE Bar and Live House　ライブハウス
北京市东城区鼓楼大街206号院内B202
https://www.Facebook.com/Temple-Bar-Livehouse-1632224007003961/

独音唱片　CDショップ
鼓楼大街东24-3(交道口南大街与鼓楼东大街交叉口西100米·路南)
https://site.Douban.com/indie-music/

福声唱片　CDショップ
北京市西城区冰窖口胡同德胜佳苑南門1-46号
https://site.Douban.com/freesound/

は様々なジャンルのロックライブが繰り広げられている。

独音唱片 indie music

鼓楼付近に旧店舗があったが、移転している。666から東に徒歩数分のところの同じ通りに面して店舗がある。とても狭い店舗だが所狭しとCDやDVD、LPが並ぶ。メタルだけでなく、通好みのあらゆるジャンルを取り扱っている。頻繁に利用する人にはポイントカードもある。旧店舗近くには、ライブが見られるバーBlue Stream Bar（藍渓）があったり、静かに呑めるバーも数ヶ所存在する。

その他、E&A Live HouseやTemple Bar and Live Houseある。什刹海駅から西へすぐには観光地にもなっている前海（什刹海公園）エリアがあり、湖を囲むように北京什刹海茶芸酒吧街が出来ている。地元ミュージシャンによる演奏が聴けるバーがたくさんある。

福声唱片 Free Sound Records

積水譚駅から徒歩10分の場所にCDショップ福声唱片 Free Sound Recordsである。ご夫婦2人で切り盛りされている小規模なお店で、メタル関連も充実しているが、様々なジャンルのCD、DVD、レコードが並んでいる。かなり年代もののレコードプレーヤーや真空管式スピーカーが展示されている。旧店舗があった平安里駅から新街口南街を北へ行くと、楽器街となっている。ギターなど西洋楽器店はもちろん二胡などの伝統楽器を扱うお店が並んでいる。

愚公移山

Iron MaidenやMetallicaなど超大物バンドとなると北京オリンピックのバスケットボール会場として使用された五棵松体育馆での開催であったが、中規模から下になると北京でライブする際に最も会場として使われるのが愚公移山。もちろん屋号は愚公山を移すの成語。場所は地下鉄5号線の張自忠路駅下車100mちょっとのところにあり、入り口横には大きな狛犬が鎮座している。850平方メートル、収容人数500～700人程度、5mあるステージを持つライブハウスとしては大きめの箱になる。

糖果 TANGO（旧・星光现场）ライブハウス

Megadethの北京ライブ会場として使われたのが糖果TANGOであった。収容人数は1500人とホールクラスとなる。星光现场（The Star Live）として渋谷O-eastをモデルに日系の運営チームを交えて2006年にオープン、2011年に改組しライブハウス、カラオケ、ナイトクラブが併設された複合娯楽施設糖果TANGOとして再スタートした。場所は地下鉄5号線と2号線が交差する雍和宮駅下車徒歩2分くらいの場所。

School 学校酒吧

糖果 TANGO の近くでパンク系のバンドのライブが見られるのが School 学校酒吧である。雍和宮駅より南へ歩き1本目の通りを西へ曲がり 300 mほど歩くと到着する。主にパンク系だが、他のジャンルのライブもある。坂田明、ピアニストの Giovanni Di Domenico、パーカッショニストの Mathieu Calleja らによるセッションライブが行われたのもここである。

Modern Sky Lab

パンクレーベルから出発した摩登天空 Modern Sky が運営するのが、Modern Sky Lab。地下鉄2号線と6号線が交差する朝陽門駅から徒歩 20 分ほどのところにある。メタル系はないがパンク系から中国音楽界有名歌手のライブが開催されている。

北京凹现场 livehouse

北京の中心天安門のすぐ南にあり、歩行者天国となっている前門大街近くにあるのが、北京凹现场 livehouse。地下鉄2号線と8号線(建設中)の前門駅下車南に徒歩 15 分くらい、鮮魚口街を東に曲がりすぐのところ。途中に北京ダックで有名な名門レストラン全聚徳前門店がある。メタルを含めた様々なジャンルのライブ会場となっている。

北京火星 Club

少し中心地から離れるが、京通快速路(ハイウェイ)通州ジャンクション附近、地下鉄八通銭高碑駅または伝媒大学駅から車で5分程度のところに北京火星 Club がある。様々なジャンルの音楽ライブの会場として使われている。

13Club

Ordnance のギタリスト劉立新が 2004 年末に開いたのが 13Club である。もちろんメタル系が中心のライブハウスである。北京語言大学付近の五道口にある。90 年代後半にはたくさんの海賊版 CD 店や裏両替所、日式豚カツ屋ばんり(中国語店名は『双马』。2015 年閉店)があったところだが、現在は景色が一変している。ライブハウス 13Club へは最寄り駅の地下鉄 13 号線五道口駅からは西へ道沿いに徒歩で 15 分くらいかかる。

Dot.Bar

北京にはたくさんのバーがあるが、メタル・ミュージシャンが経営するバーを紹介する。

愚公移山 ライブハウス
北京市东城区张自忠路3-2号
http://www.yugongyishan.com/

糖果TANGO(旧・星光现场)ライブハウス
北京市的城市和平路西街79号
http://www.clubtango.cn/

School ライブハウス
北京市东城区五道营胡同53号
https://site.Douban.com/club13/

北京 Modern Sky Lab ライブハウス
北京市东城区朝阳门银河SOHO D座B1层5-108
http://www.modernsky.com/

北京凹现场livehouse ライブハウス
北京市东城区前门大街步行街鲜鱼口美食街B6-103B

北京 火星CLUB ライブハウス
北京市朝阳区文化艺术大街1707号爱德院负1层火星CLUB
https://site.Douban.com/284730/

13CLUB　ライブハウス
北京市海淀区成府路蓝旗营车站下车
https://site.Douban.com/club13/

七麺町　居酒屋
北京市朝阳区农展馆北路1番街二层

NeverBeforeのギタリストShoが営むのがDot.Bar。こぢんまりとした清楚なお店で日替わりで店番をされており、Shoさんとは日本語でメタル談義が可能で、NeverBeforeの他のメンバーが店番している場合は英語でメタル談義が出来る。場所は、地下鉄14号線と1号線が交差する大望路駅下車北へ100mあたりにある左手ビルの2階にあった。残念ながら現在は諸事情により閉店。

もう一つ経営されている居酒屋七麺町が地下鉄棗営駅より徒歩10分程度のところに店を構えている。1階にコンビニがあり2階に日本式居酒屋数軒並んでいる。ちなみに北京のバーと言えば、かつて日本人に人気があり、静かな雰囲気でお酒とジャズが楽しめる場所であった三里屯にあるJazz-Yaだが、経営権がファンキー末吉から離れ、他社に譲渡されたため、現在はがらりと様相が変わり、普通の洋食レストランとして北京市内で数店舗展開している。

その三里屯バーストリートも入り口交差点西側にはユニクロなど多くの外資系店舗がテナントを構える商業ビルが建ち、この10年で一帯の再開発で一変している。バーなどかなりのお店も入れ替わり、静かな場所であったのに、ライブ演奏が漏れ聞こえる賑やかな場所に様変わりしている。

各ライブハウスはウェブやDoubanで情報発信しているが、日本のように丁寧かつ頻繁に更新しているわけでもない。ある程度下調べした上に、現地での情報収集が必要となり、時には会場当日突撃のようなエネルギーが必要である。また当局により突然中止されたりもすることもあり、その都度予定変更しなければならないフレキシブルさも必要だ。

Hard Rock Cafe

メタルファンが海外旅行先で必ず訪れるところと言えばHard Rock Cafe。北京にも1994年にB.B.キングがこけら落としして華々しく開店した。オープン当日、中国ロックの祖の崔健の入店阻

止トラブルがあった。今では大御所ミュージシャンとして扱われているが、当時は音楽を使った反体制運動家として当局から睨まれていたこともあり、Hard Rock Cafeが店舗を構えていたホテル側が、彼を原因とする暴動や扇動を恐れたため。入れろ入れないの押し合いがあったとされている。その北京店は20年目の2014年に閉店している。広州店も閉店している。現在中国にあるのは、上海、杭州、香港。そしてマカオにハード・ロック・ホテルがあるのみ。

北京 2000 年代

2000 年以後、経済力が上がり、社会が豊かになって、北京の街並みも一新する。豊かになるにつれ、文化活動も大きく賑わうようになる。SNS の登場も重なり、若者文化も活発化する。楽器を手にすることも容易になり、バンドを結成し、音楽活動を始める若者も増加。高校や大学では、許可を取った上、課外活動の一端として小さなコンサートも開催されるようになった。その中には、プロミュージシャンの道に進む者も増え、音楽産業が拡大する。90 年代に表舞台で活動していたロック・ミュージシャンが、音楽産業を支える会社を設立したことも産業拡大の要因の一つと言え、ロック・シーンやメタル・シーンも活発となる。バンドが増えるにつれて、CD などの作品も多くリリースされ、パフォーマンスする場として本格的なライブハウスが多く設立された。

2000 年以降の特徴として、ブロードバンドによるインターネットによって、あらゆる情報が国境を越えて行き交うことになったことがあげられる。世界のメタルシーンの情報が中国へ、中国のメタルシーンの情報が世界に流れるようになる。情報が多くなるにつれて、北京のメタルシーンがさらに盛り上がりを見せ、バンド数も増加する。そして、ご多分にもれず、ジャンルの細分化が始まる。

オリンピックを成功裏に終え、2010 年を越えると、経済力も世界第 2 位の規模となる。中国を政治面で牽引する北京も様々な面で大きなエネルギーを放出する都市へ発展。メタル・シーンも百花斉放のごとくバンド数もリリース作品も急増加する。Ego Fall や Silent Elegy のように来日ライブを成功させるバンドや、Die from Sorrow や Ritual Day、Zuriaake のように欧州最大のメタルフェス Wacken Open Air に登場。Tengger Cavalry や Voodoo Kungfu のように活動拠点をアメリカに移すバンドも現れる。

90 年代まで北京におけるメタルバンドの数が両手両足の指を超えるか超えないか程度だったのが、30 年の月日で 150 組を超えるようになり、リリース作品も年間数枚だったのが、月間数枚に増加。より一層、北京のメタルシーンが活況となる。

大きなエネルギーが渦巻く北京メタルシーンが 2020 年代どのように進化発展するを期待している。

来日経験あるダークな衣装まとったインダストリアル・メタル

A.J.K（Army of Jade Kirin）

簡 玉麟军
常 玉麟軍

Industrial Metal	2008 ～	北京

2016 年 シングル『Sweet Dreams』、2016 EP『为了纪念被面罩隔离的每一天』

美しさを表し、最古の漢字の一つとされる「玉」と強靭な意志と信念を表現し、古来より神獣と崇められ長寿を象徴する「麒麟」をバンド名に冠する。メロディを重要視し、オルタナティヴ要素を組み入れたインダストリアル・メタルを構築する。ヴィジュアル面でもダークさを強調した衣装でオーディエンスに衝撃を与える。ライブ中の MC では観客が一体となる優れた話術も人気。そのボーカリストの声質や歌唱法が Flatbacker の頃の山田雅樹に酷似するのが特徴的。2008 年 10 月に結成、翌年、袁琦（ヴォーカル & ベース）、呉彦澍（ギター）、申子俊（ドラム）、肖迪（サンプラー）の 4 人編成となる。2010 年 4 月 Mort Productions より 1st EP をリリース。2011 年には「出れんの !? サマソニ !? 中国大会」に出場した経験もある。2012 年に 2nd EP、2015 年には既発 EP2 枚をまとめたアルバムを発売。2016 年にはチェルノブイリ事故に触発された楽曲「为了纪念被面罩隔离的每一天」を発表。袁琦は ESP とベースエンドースメント契約をしており、時折来日しているようだ。

A A.J.K（Army of Jade Kirin） 簡 玉麟军 常 玉麟軍

A Rock Lady 簡 常

Industrial Metal	北京	
Mort Productions	EP	2010

4 曲収録 1st EP。バンドリーダーであるヴォーカル袁琦がもっとも好むインダストリアル・メタル、特に Marilyn Manson の音楽世界観を取り入れ、純然たる中国様式に昇華させている。表現される音楽より貪欲に日米欧の過激な音楽を吸収していることがありありと理解できる。本作 EP はホラー映画の始まりのようなイントロから始まり、無機質なギターリフ、非人間的に刻むリズムと心を冷やすキーボード音が全体に配され、そこに被さる非情なヴォーカルが乗ることで、より凶悪さを増幅させている。

A **A.J.K (Army of Jade Kirin)** **簡** **玉麟军** **常** **玉麟軍**

A **Party Fire** **簡** **常**

Industrial Metal | 北京

EP | 2012

新曲５曲に前作EP収録の「纯美信念」と「RockLady」のリミックスバージョンを追加した2nd EP。インダストリアルの要素が減り、ギターリフにロックンロールテイストが増加している上にギターソロにも力を入れている。タテノリとヨコノリが同時に進行する緩急ある楽曲構成で、キャッチーなMarilyn Mansonとも言える。ヴォーカル・スタイルにも変化があり、極端なガナリ声ではなくLemmy Kilmisterのようなコブシを利かせた歌唱を導入し、女性バックコーラスも時折加えて聴きやすくなっている。

A **A.J.K (Army of Jade Kirin)** **簡** **玉麟军** **常** **玉麟軍**

A **Army of Jade Kirin** **簡** **玉麟军** **常** **玉麟軍**

Industrial Metal | 北京

フルレンス | 2015

前EP2作からの５曲に新曲９曲を加えた初のアルバム。新曲はルーツに忠実でありながら、自らの立ち位置をしっかりと認識しており、サンプリングや無機質なギターフレーズ、電子音やノイズなどのデジタルな質感はソフトに残しつつ、ラジオ向けのキャッチーな楽曲が中心となる。その分、先鋭的なサウンドが減り、ポップになったといえるが、袁琦の独特な声質がゆえに粘着質が高く、またブレの無いサウンドがひどく中毒性を煽る。EPからのアグレッシブな楽曲と新曲のポップな楽曲のバランスがちょうど良い。

A **A.J.K (Army of Jade Kirin)** **簡** **玉麟军** **常** **玉麟軍**

A **簡** **我们** **常** **我們**

Industrial Metal | 北京

フルレンス | 2019

軸になるインダストリアル性、オルタナティヴ性はしっかりと保ちつつ、過去作品と比較すると暴力性や退廃性を薄め、ポストパンク、ゴシックロック要素を取り入れ、シンプルでポップな曲調。聴きやすい電子音をふんだんに盛り込み、80年代のロックアーティストが流行を取り入れ、ディスコチック路線となったかのようなエレクトロ・ヘヴィポップロックとでも呼べそう。キャッチーでダンサブルな要素も多く、この手の音楽を聴かないが少しばかりの刺激を求める層向けの入門編としてならば、割り切って聴けば楽しめるのでは。

水墨画の様な緻密な構成と格式高い文学調のプログレメタル

Black Diamond

簡 黑钻石

常 黒鑽石

Progressive Metal

北京

2000 ～

2000 年、李興華（ヴォーカル＆ギター）、李鉄（ベース）、小徐（ドラム）らによって結成された良い意味での歌謡曲性も持つプログレッシブ・メタル・バンド。2002 年に李凱稠（ギター）と孫陽（キーボード）が加入し、5 人編成となりレコーディングに入る。その楽曲「去」は CD 付き音楽雑誌『我爱摇滚乐』の 14 号に提供される。同時期にドラムが周昊に交代。北京を中心に数多くのイベントに参加。2005 年には再度ドラムが聶兵に交代し、コンピレーション CD『众神复活 4』に「你」を提供する。2006 年 11 月に 1st アルバムを発表し、12 月にはライブハウス愚公移山でレコ発ライブを行う。以後華北地区を中心に活動範囲を広げるものの、2008 年より 3 年間ほど活動は停止。ようやく 2011 年になり、EP『巴洛克 _ 被忘却的精神国』をはさみ、5 年ぶりに 2nd アルバムを発表していくつかのイベントに参加する。その後は目立った活動もなく、李興華の Weibo 上では楽曲制作を続けているが「諸事情により、超のろまな亀のような活動状態」とコメントしている。

A Black Diamond　**簡** 黑钻石　**常** 黒鑽石

A　**簡** 禅茶一味　**常** 禅茶一味

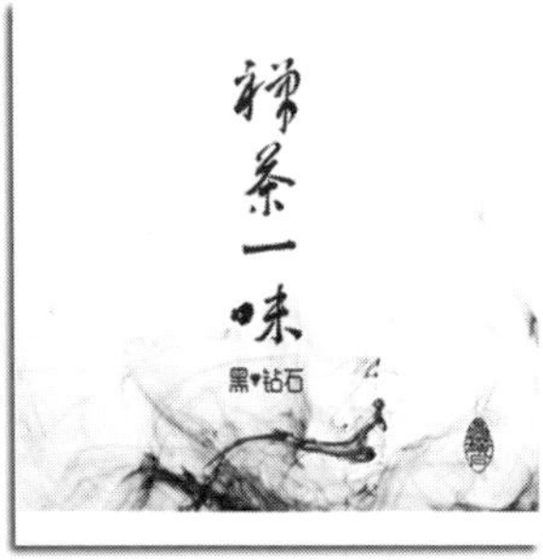

Progressive Metal	北京	
星外星唱片	フルレンス	2011

直前に EP『巴洛克 _ 被忘却的精神国』を発表し、5 年ぶりの 2nd アルバムとなる本作は、長き創作活動において変化することを厭わずプログレッシブ・メタルの殻を破って旅立つことで、新たな視野を持って制作された。テクニックをあからさまに押し出すことなく、水墨画のように全体の構成を緻密に計算し、滑らかでありながら力強さもある旋律と律動の濃淡で深い世界観を紡ぎ出している。収録 12 曲で流変する人生を 4 つの異なる心理状況に捉え、それぞれ独立しながら一つに収斂する楽曲の構成で、コンセプトアルバムとして成立している。

A Black Diamond　**簡** 黑钻石　**常** 黒鑽石

A Black Diamond　**簡** 黑钻石　**常** 黒鑽石

Progressive Metal	北京	
星外星唱片	フルレンス	2006

中国ロック第一世代の唐朝や超載といったバンドの直系的な音楽性で、若い世代による新しい解釈でもって中華プログレッシブ・メタルを再構築している。歌詞においても美、繊細、深さを併せ持つ中国文学から多くのインスピレーションを得て格式高く描写し、風格ある歌唱を確立する。専任キーボード奏者がいないが、Royal Hunt や Stratovarius のようなアレンジが楽曲に多彩さを与えている。6 曲目「我们」には中国メタルのレジェンド・バンド唐朝のヴォーカル丁武が参している。

ストリート文化を愛する 80 年世代のラップ・メタルが爆発

ChinaTown

簡 唐人街
常 唐人街
Rap Metal
北京
2011 ~

2008 年 4 月結成。メンバーは魏星（ヴォーカル）、郭雲龍（ギター）、呉洋（ギター）、白辰宇（ベース）、張興（ドラム）、王毅（サンプラー）。若者ストリート文化を愛するメンバーがメタルとヒップホップやエレクトロ・ミュージックを融合させたラップ・メタル。メロディを大切にした楽曲は聴くもののそれぞれの心の叫びと呼応する。前向きな歌詞、明快な曲調は「80 后」世代の爆発するエネルギーを体現する。『同根生』『金刚经』『明日航线』等のコンピレーション CD に参加し、数多くのイベント経験を積む。2012 年には映画『枫树结 33 号』の主題歌として「兄弟 没你不行」が使用される。また北京で行われた中国国際ファッションショー Cabbeen に登場し、その様子を収めた動画配信は視聴数 100 万回を超えた。2013 年 10 月に 1st アルバム『另一个我』をリリースし、年末から年始にかけ中国 6 箇所のツアーを成功させる。2016 年にはシングル『摇滚明星』と『我自己的路』を発表する。2017 年 8 月、魏星が脱退、10 月に居来が新ヴォーカルとして加入した。

A ChinaTown
A

簡 唐人街
簡 人来人往
常 唐人街
常 人来人往
Rap Metal
北京
北京狂喜文化传播有限公司
フルレンス
2016

およそ 3 年ぶりになる 2nd アルバム。さらなる成功のため思いっきりキャッチーになり、誰もが親しめる歌メロになっている。どの曲もサビは大合唱になりうる楽しく元気なパートに仕上がっている。それでいて日和ることなく重低音にこだわった攻撃的なギターリフ、耳を煩わせるサンプリングサウンド、ドラムとベースの自然と体を動かさせるリズムがバランス良く四位一体となり、独特な世界観へと構築している。歌詞においても初心を貫き、社会的洞察や批判も忘れることなく問題提起した言葉を選んでいる。

A ChinaTown
A

簡 唐人街
簡 另一个我
常 唐人街
常 另一個我
Rap Metal
北京
北京狂喜文化伝播有限公司
フルレンス
2013

Korn や Limp Bizkit に大きな影響を受けたニュー・メタル・バンドの 1st アルバム。中国には「快板（クァイバン）」というラップに似た伝統演芸が存在し、リズミカルな韻律に関しては日本語より中国語の方がラップに高い親和性あることもあり、一音一音が歯切れが良い。メタルとヒップホップやエレクトロミュージックを若者ストリート文化と融合させ、アメリカ勢のような過激性を薄めメロディを大切にした楽曲と前向きな歌詞は、消費者として購買力の高まった 80 后世代の爆発するエネルギーを体現している。

文芸兵から大出世バックバンド・スタジオ・ミュージシャン

Coollion Lee

簡 李延亮
常 李延亮

Heavy Metal	1993 ～	北京

2007 年 フルレンス『我让你摇滚』、2015 年 EP『云端』、2016 年 EP『一抹夕阳』

北京で活動する洛陽出身のギタリスト。高校生の頃にギターをはじめ、卒業後は文芸兵としてミュージシャンの道に進む。除隊後いくつかのバンドに参加したのち、1993 年超载に加入、バンドの屋台骨を支える。同時に有名歌手のバックバンドやスタジオ・ミュージシャンとしても活躍する。ポップシンガー艾敬や羽泉のサポートメンバーとして来日コンサートを支えた経験もある。60 年代 70 年代のクラシックロックや 90 年代のオルタナ系ロックを好み、ギタリストでは Joe Satriani や Carlos Santana を敬愛する。Kaiser Kuo が脱退した唐朝からも加入要請があったほど、当代中国ロック界では演奏技術に高い評価があったが、幅広い自らの音楽を追求するため、唐朝参加は断った。ソロ作品として、2001 年『火星滑雪场』、2003 年『Super Star』、2005 年『梨花又开放』、2007 年『我让你摇滚』といったアルバムを、2015 年『云端』、2016 年『一抹夕阳』とシングルも発表している。また、ギター教則本『吉他天才 - 李延亮弹吉他』も手がけた。

A Coollion Lee 簡 李延亮 常 李延亮

A

簡 火星滑雪场	常 火星滑雪場	
Heavy Metal	北京	
滚石唱片	フルレンス	2001

セルフプロデュースにてギター、ベース、プログラミング等すべてのレコーディングを本人が行った 1st ソロアルバム。中国では本格的オール・ギター・インストゥルメンタル・アルバムとなる。ど派手な演奏や超速弾きはないもののスリリングな展開を持ちながら、ダンサブルな楽曲やじっくりとした安定したギタープレイを聞かせる楽曲、しんみりと心落ち着かせるアコースティックギター曲など、色とりどりな楽曲が並ぶ。音楽雑誌『通俗歌曲』において 2001 年度 10 大ロックアルバムの 1 枚に選出され、ギターファンから高評価を受ける。

A **Coollion Lee**
A **Super Star**

簡 **李延亮**
簡

常 **李延亮**
常

Heavy Metal	北京	
京文唱片	フルレンス	2003

2nd ソロアルバムは過半数の曲をヴォーカル、ギター、ベース、プログラミングを自身で行いながら、キーボード奏者やゲスト・ヴォーカルを招いて制作。前作同様、テクニックを全面に押し出しスリリングな楽曲、物寂しいバラード曲、ダンサブルな曲など多彩なスタイルの画曲が収録されている。生ドラムではなくプログラミングなのが味気なさを感じさせるが、テクニカル・ギタリストとして本人にとっても、ギターインストマニアにも高品質な出来上がり。超载の「如果我现在」を李延亮アレンジバージョンとして再収録する。

A **Coollion Lee**
A

簡 **李延亮**
簡 **梨花又开放**

常 **李延亮**
常 **梨花又開放**

Heavy Metal	北京	
水木同创	フルレンス	2005

バンドスタイルで制作されているが、歌うことに目覚めたロックギタリストを中心にした 3rd ソロアルバム。本人によるヴォーカル入り曲は、エレキギターが心地よく挿入された、日本の 1980 年代の物語性のある歌謡ロックのような曲調。後半になるとインスト曲が多く、ポップなアコースティック曲やハイエナジーなプログレッシブ･メタルな曲、ラップ＋ポップなフュージョン風味な楽曲など色とりどり様々並ぶ。シューベルトの「Ave Maria」、バッハの「小フーガ ト短調」のロック・アレンジ曲も収録。

SM、スカトロ等を歌う中国グラインドコア界の教科書

Complicated Torture

簡 超复杂凌虐
常 超複雑凌虐

Grindcore	2006～2009	北京
2008 年 スプリットアルバム『Insulator』、2009 年 スプリットアルバム『brand』		

2006 年 2 月、龔岩こと谷輝（ヴォーカル & ギター & ベース）と王井（ドラム）らを中心に結成。音楽スタイルはグラインドコア。7 月、呂強（ヴォーカル）と劉佳（ベース）が加入し、谷輝はギターに専念。その後、王博洲（ギター）が加入し、5 人編成となる。13Club などの北京のライブハウスを中心に活動を行う。現在までに EP1 枚、アルバム 2 枚リリースしている他、谷輝のサイド・プロジェクトのひとつのワンマン・ブルータル・デスメタル・バンド Naked Incise 等とともにスプリット・アルバム『Insulator』『brand』も発売している。テーマは SM、レズ、フェチ、スカトロ、嘔吐、虐待、カニバリズムなど変態度の高い内容を扱っている。2009 年、谷輝の脱退にともない解散している模様。谷輝は同時に 7 ～ 8 組くらいのグラインドコアやブルータル・デスメタルのワンマン・バンドで活動もしている。その後、メンバーはフォーク・メタル・バンド Armor Force、グラインドコア・バンド Okarina of Otaku People や Rectal Wench など結成する。

A Complicated Torture　簡 超复杂凌虐　常 超複雑凌虐

A Complicated Torture　簡 超复杂凌虐　常 超複雑凌虐

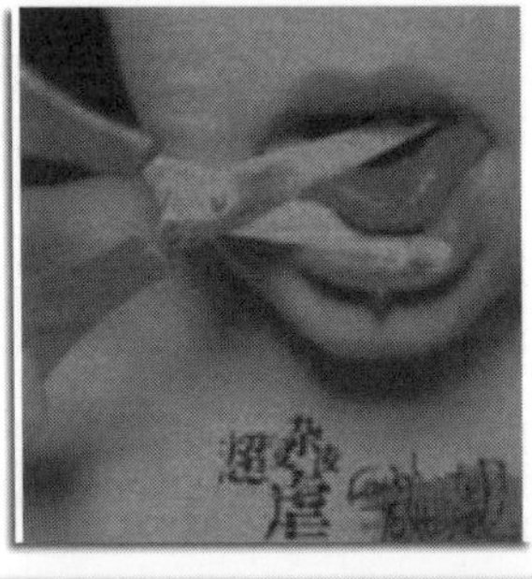

Grindcore	北京	
Bastard Productions	EP	2006

北京にも存在している Napalm Death や S.O.B、そして AxCx タイプのグラインドコア・バンドの 5 曲収録 1st EP。ご挨拶程度の内容だが、この手のジャンル説明の定型文で超弩級高速ドラム、ザクザクと切り込む殺人的なギター、血反吐まみれに絶叫するヴォーカル、意味不明なサンプリングアレンジと表現するのがピッタリなサウンド。簡潔に言うとバカ速い、バカ短い、バカうるさい、バカ変態歌詞のグラインドコア要素 4 拍子はそろい踏み。ただもったいないのは録音環境の悪さによるこもった音になっているところ。

A Complicated Torture

簡 超复杂凌虐

常 超複雜凌虐

A Maximum Grindcore

簡

常

Grindcore	北京	
Bastard Productions	フルレンス	2007

前作から 5 ヶ月あけての 42 曲も収録した 2nd アルバム。超弩級変態轟音の連続。音作りに真剣になるあまり曲名を付けることにエネルギーが行かず、2 曲目から 33 曲目は無タイトルになった怪作。サウンドはグラインドコア界定番のルールにもうひとつ大量の楽曲収録を加え、グラインドコア要素 5 拍子揃って、あとは前述定型文同等となるので省略……。

A Complicated Torture

簡 超复杂凌虐

常 超複雜凌虐

A Filth Bedlam Capriccio

簡

常

Grindcore	北京	
自主制作	フルレンス	2009

2 年ぶりになる不道徳なタイトルが 79 曲も並ぶ 3rd アルバム。前作リリース後メンバー交代ならびに音楽スタイルの変更があったらしいが、詳細不明なところであるもののド変態音楽なのは変わりない。グラインドコア界定番ルールの、大量の 79 種類もの目にするだけでも気分悪くなる不謹慎ワードを並べて、グラインドコア要素 6 拍子揃った。リリース後またもや音楽性の違いと、中国ではこの手の音楽の歴史が浅いだけにバンド自体も超短命で、解散する。

2003年からブルータル・デスメタル一筋で活動

Corpse Cook

簡 尸厨
常 屍厨

Brutal Death Metal	2003～	北京
2019年 シングル『Atrocity from Outer Space』		

2003年結成のブルータル・デスメタル・バンド。幾多のメンバーチェンジを行いながらライブ活動に専念する。このバンドに関わったのは現メンバーを含め16人。2007年コンピレーションCD『死夜肆』に楽曲提供。2009年になりインディーズ1st EP『Disembowelment』のリリースに漕ぎ着ける。2012年コンピレーションCD『Brutal China』に参加。メンバーは他バンドとの活動を平行させながら2014年1stアルバム『Hell Is Empty、and All the Devils Are Here』を発売する。現在のメンバーは Annihilation、Cave Have Rod、Lacerate、Hydrosyanik 等でも活動する Cook-Hor こと何斯堯（ギター）、Annihilation、Hydrosyanik で活動する劉佳沢（ヴォーカル）、Lacerate、Snow Funeral、Heavy Duty、Deathpact、元 Evilthorn、元 Septicaemia の李楠（ベース）の3ピースになっている。

A Corpse Cook　**簡** 尸厨　**常** 屍厨

A Disembowelment　**簡**　**常**

Brutal Death Metal	北京	
Limbogrind Productions	EP	2009

6曲収録のデビューEP。メンバーは李楠（ギター）、劉佳沢（ヴォーカル）、賈克（ベース）の3人。切れ味抜群なリフの嵐と地響きのごとく揺れるリズムワークは北京髄一純度120パーセント超ド直球なブルータル・デスメタル・サウンド。喉を鳴らして凄まじい低音を絞りだす猛獣ヴォーカルなのだが、ミックスに起因するのか、若干ヴォーカルが極悪轟音に引けを取ってしまっているところがマイナス点だ。エクストリーム・メタル界初期の秀逸作品であり、スタート地点でもある作品と言える。

A Corpse Cook 　**簡 尸厨** 　**常 屍厨**

A Hell Is Empty, All Devils Are Here 　簡 　常

Brutal Death Metal 　北京

Brutal Reign Productions 　フルレンス 　2014

編成も変わり劉佳沢（ヴォーカル）、李楠（ギター・ベース）、何斯堯（ドラム・プログラミング）となっての 1st アルバム。長年の豊富な活動経験がある 3 人のメンバーで出来上がった本作は、各自の音楽経歴よりオールドスクール・ブルータル・デスメタルからニュースクールまで幅広い。統一性に欠けるものの、全体を通して聴き入れるとメロディやギターソロのアレンジが中国エクストリーム・メタル界の歴史的発展が 1 つの流れとして編みこまれている。ホラー映画のサントラのようなサンプリングの導入は強烈な色付けをし、楽曲を鮮明にしている。

Corpse Cook インタビュー
回答者：李楠

Q：今までに外国のメディアからインタビュー受けたことはありますか？

A：ドイツの雑誌のインタビューならあります。

Q：では、あなたはたくさんのバンドに在籍していましたが、簡単に経歴を紹介してください。

A：北京で 2000 年にライブサポートとして結成したのがヘヴィ・メタル・バンドの Pelvic Fins です。大学生の頃で、ミュージシャンとしては失敗でした。

2001 ～ 2003 年にダークメタル・バンド Snow Funeral で活動していました。ボーカリスト鄭国威は Hollow を結成（2004 ～ 2006 年頃活動）、ギタリストの金厳は現 Heavy Duty です。

2003 年から現在まで活動しているのがブルータル・デスメタル・バンドの Corpse Cook（尸厨）。元ボーカリストの章明と元ベーシストの鄭丹は結婚していて、鄭丹は今は Abnormal Infected をやっています。

2008 ～ 2010 年にはデスメタル・バンド Septicaemia をやっていました。元ベーシストの賈克はオーストリアに住んでいます。元ドラムの馬月新は Spirit Trace（灵迹）にいます。

2010 ～ 2014 年にはロウ・ブラックメタル・バンド Evilthorn にいました。元ヴォーカルの李白はアメリカ留学中、元ドラムの魯焼帆は Narakam や Ego Fall にいました。

2010 年から現在までテクニカル・デスメタル・バンド Deathpact もやっています。

ギタリストの何斯堯は Hydrosyanik もやっていますし、ドラムの孔徳珮は Crack（裂缝）、Lacerate、Die from Sorrow にも在籍していて、最近では Scarlet Horizon のギタリストとしても活動しています。

2011 ～ 2016 年はスラッシュ・メタル・バンド Lacerate にいました。

ベーシストの王冲は The Metaphor にも在籍しています。

2011 年から現在までテクニカル・スラッシュ・バンドの Death Penalty（死刑）に在籍。

ヴォーカルの張宇は元 Heavy Duty、ベーシスト常旭は元 Corpse Cook、ドラムの柳鵬は元 Evilthorn(恶刺)。

2012 年から現在までヘヴィ・メタル・バンド Heavy Duty にいます。

ギタリスト金厳は元 Snow Funeral、ドラム王旭とギタリスト藩志鵬は Broken Halberd にも在籍中。

2014 年から現在までブルータル・デスメタル・バンド Abnormal Infected。

ベーシスト鄭丹は元 Corpse Cook、ドラムの趙天亮は現 The Hell Gates でもあります。

ライブでのヘルプは、暴动、冲锋、Ogenix、Silent Resentment、Ancestor（祖先）、Avalon、Black Lake などです。

Q：メタルに目覚めるきっかけとは何だったんでしょうか？　それから、最初に買ったアルバムは何？

A：子供の頃、故郷の昌平（注：北京市北部の行政区）では、情報格差がひどすぎてヘヴィ・メタルに触れることなんて極わずかでした。当時買えたのは中国の唐朝とアメリカの Guns N'Roses の CD だけでした。でもとても気に入っていて当時の自分はパワーがみなぎった音楽に思えました。興奮させる曲調やワイルドな態度が私が求めていたヘヴィ・メタルそのものだったのです。

Q：関わっているバンドのメンバーそれぞれはどんな音楽が好きなのでしょうか？　一例を挙げてください。

A：私と一緒にやっているメンバー達はいろいろな音楽趣向を持っています。基本的にはそれぞれ幅広く音楽を聴いていますが、ポストロックやサイケデリック、クラシックロックからエクストリーム・メタル系のブルータル・デスメタル、ファスト・ブラックメタル（注：高速黒金属）、シンフォニック・メタル、グラインドコアまで何でもです。例を挙

げるとPink Floyd、Metallica、Megadeth、Mr.Big、Slayer、Iron Maiden、Arch Enemy、Cannibal Corpse、Suffocation、Disgorge、Devourment、Anoxia、Origin、Obscura、Archspire、Rings of Saturn、Mayhem、Emperor、Dimmu Borgirなどなど、まだいっぱいありますね。

Q：バンド名はどこから取ってきたのでしょうか？

A：私が結成したり関わったりしたバンドではバンドのテーマとして表現したい内容をバンド名として付けています。しかし実際は隠喩的であったり、直球的であったりもします。例えばSepticaemiaはCrackやEvilthornと比べると遠まわしな表現になっています。だいたいバンド名の多くは社会のひどい仕打ちや人間性の批判を表現していたり、流血だったり暗黒だったり自然や神秘的な力などのテーマを表現していたりします。

Q：中国ロックの第一世代のミュージシャンと比べればあなたたちは、中国の音楽情報、世界の音楽情報を簡単に得ることが出来るようになったと思いますが、メタルに関してはどうでしょうか？　何か違いはあるのでしょうか？

A：若い頃は情報インフラが未発達で、手に入れられることは本当に少なかったです。2、3枚のアルバムを何度も繰り返して聴くなんてしょっちゅうでした。2000年を越えたあたりから情報インフラが整い出して、私もむさぼり求めながらたくさんのアルバムを聴きまくり、学んだものでした。

中国のロック第一世代のミュージシャンは、世界の音楽情報を収集したくてもできず、ほとんど想像で自分自身が良いと思う音を作っていたと思います。逆に家庭に好条件が揃っていて、世界中の音楽情報を収集できた人もいました。あの時代のロックミュージシャンの作品には脱構築的な楽曲を目にする事もありますし、純粋に自由闊達なものもあり、音色の感性を追求したものもありますね。

Q：あなたにもっとも影響を与えたバンドを教えてください。

A：初期はMegadethの影響が大きかったです。音楽的なものでは誰もが認めるところです。緻密でいながらクリエイティブかつ躍動感あるリフの構造、ナイフのようなリズム感、歌と歌の間のリズムやテンポがすべて異なっています。暗く不道理で暴力的ですが、躍動感にあふれる歌詞であったり。最も惹かれたのはどのギタリストも才気煥発で、彼らの長所が様々に異なっていたところです。特に日本に住んでいるMarty Friedmanはもっとも私に影響を与えています。

デスメタルとブラックメタルにはずっと入れ込んでいて、このスタイルのバンドの多くから影響を受けています。例えばCannibal CorpseやSuffocationの残虐なサウンドスタイル、リダクションによって作られる音の壁を何重にも重ねてトリッキーで邪悪なリダクションするソロパートの部分。OriginやInternal Suffering（特にMakoto在籍時）のようなファスト・ブルータル・デスメタルは私の大好物です。今ではArchspire、Vale of Pnath、Beyond Creation、Rings of Saturnといった楽曲の立体感が付いて、直線的ではなく塊のように感じますね。

ブラックメタルに関しては、あまり熱心に聴いてはいません。このジャンルの中のシンフォニック・ブラックメタルだけは好きなのですが、たぶんそれは子どもの頃からクラシック音楽に親しんでいるからです。ブラックメタルは私にとって音楽的背景や文化的シンボルとして必要です。クラシック音楽のクワイヤー・ハーモニーのような楽曲構成は私の美学と一致しています。交響曲のように、パートの間に絡み合う多重ハーモニーをブラックメタルで再現したいと思っています。ブラックメタル的な邪悪さが奮い立たせる壮大な表現力が可能になると思います。そういう意味ではEmperorは私の心の中での帝王的存在と言えます。

Q：今一番気に入っているのはどのバンドでしょうか？　あと、人生観を変えたアルバム5枚を教えてください。

A：今一番気に入っているのはドイツのObscuraです。

人生観を変えたアルバムは次の5枚；

- **ヴィヴァルディ『四季』＝絵画のような感じでまさに神がかり！**
- **唐朝『梦回唐朝』＝まさにヘヴィ・メタルへの入り口**
- **Guns N' Roses『Appetite For Destruction』＝神作！**
- **Emperor『Anthems to the Welkin at Dusk』＝神作！**
- **Psyopus『Our Puzzling Encounters Considered』＝狂気！**

Q：メタルファン以外の普通の人たちのメタルに対するイメージはどのようなものでしょうか？

A：普段接している普通の人達のメタルに対する見方は、地球上の人間が月を見るのとそう変わらないと思います。メタルは大多数の国民にとって新鮮なもので、普通の人の理解は表層的かもしれません。つまり外見から区別しているでしょうね。人間の認識能力は不十分で、良いとか悪いといった評判や基準は、しばしば無理解から生じているかもしれません。しかし私もたくさんの開明的な人に出会いましたし、30年前にやり出した頃から比べて少しずつ理解を得ている様に感じます。音楽は世界のすべての人々の遺産であり、誰でも楽しむことができることだと信じてます。

Q：あなたたちの周りのメタルシーンはどうでしょうか？

A：私の住んでいる北京は一線都市だから（注：一線都市とは北京、上海、広州、深センなど政治や経済で重要な地位を占める大都市のこと）。中国文化の中心地だし、ここでのメタルシーンの雰囲気は他の都市に比べれば相当良いはずです。いろんなスタイルのバンドがたくさんあり、毎日どこかのライブハウスで何らかのライブをしています。メタルは他の音楽に比べれば小さなマーケットですが、他の２線、３線都市に比べれば状況は良い方です。

Q：今後の活動予定は何でしょう？

A：ほとんど毎週どこかでライブしています。年間数十回のライブをやっています。今のところ私は４つのバンドで活動していて、予定がいろいろあり、ライブやら作詞やらレコーディングやらで忙しいのです。

Q：ライブはいつもどこで演っているのでしょう？

A：北京ではメタルヘッドがよく集まるライブハウスがいくつかあり、私もよく出没しますが、例えば、13Club、MAO Livehouse Beijing、愚公移山、Modern Sky Lab、来福 livehouse とかがあります。他の街にもライブしに行く事もありますが、それぞれの街にはそれぞれのライブハウスがあるのです。

Q：歌詞はどのような事をテーマにしているのでしょう？

A：批判や暗黒、未知なる物やファンタジーだったり、時には人類の堅持する精神を宣揚したりです。人間性の暗部を批判したり、自然と宇宙を賞賛したり、独立した思考を促進し、自己の精神、人間精神、時間と空間の統合を堅持し、この世で生き残るための価値観を呼びかけたりしています。

Q：中国のどのバンドがお勧めでしょうか？

A：難しいですね。お勧めするとしたら蘭州出身のフォーク・ドゥーム・メタル・バンドの伏羲です。伏羲は同世代のバンドの中で正統的に中華民族の根底の魂の声を描き出しています。しかも音楽構造や音楽性、楽器の使い方が他のどのバンドより先進的でした。シンプルに聴こえてそうでもなく、彼らの音楽を聴くと黄土高原に背を向けて天を仰ぎ見、人間と自然が格闘してきた偉大な中華民族の姿を思い浮かべてしまいます。

Q：では、日本についてですが、日本のイメージはどのようなものでしょうか？

A：日本はとても美しい国であり、美しい文化を持つ国ですね。一度行ってみて日出る国を感じてみたいです。私自身は日本の歴史や文化を少しは理解しているつもりですが、今まで縁がなく、行く機会がありません。いつかきっと訪問したいと思っています。

Q：日中両国は二千年を超える友好関係があるのに、不幸な一時期があったり、今でもたくさんの問題を抱えています。将来両国はさらに良好な関係を築けると思いますか？

A：あの時代の歴史はとても遺憾に思っています。中日両国は同意しているところもあれば、合意しがたい矛盾も抱えています。両国が足並み揃えて改善していく必要があるし、両国がそれぞれ自国の問題だと再考する必要があると思います。その方が政治的な駆け引きを繰り広げるよりマシだと思います。われわれに必要なのは安定と平和であり、文化的な交流を促進することでより良くなっていくと思います。私は将来良好な関係が築ける日がやってくると信じています。

Q：日本のメタルで好きなバンドはいますか？

A：日本の音楽の水準はアジアの中でも大変高いし、素晴らしいバンドも多いと思います。Loudness、X JAPAN、Galneryus、Animetal、Sound Horizon 国王陛下といったロック／メタル・バンドは特に気に入っています。あとは玉置浩二、尾崎豊、小田和正、久石譲、尾浦由紀、澤野弘之、浜崎あゆみ、稲葉浩志、Syu、大村孝佳、円城寺慶一など非凡な才能を持つ歌手や音楽家も大変気に入っています。自分自身が求める音楽を追求する姿勢が好きで、自己の目標に向かい不断の努力を惜しまず、その努力も深遠なものです。エクストリーム・メタル・バンドとはライブで共演しています。Defiled、Hydrophobia、Desecravity、Infernal Revulsion、Rest In Gore などです。彼らは自らの音楽の理想の為に努力を惜しんでいないと思いました。

Q：では、メタル以外で好きな音楽はあるのでしょうか？

A：メタル以外では普通の流行の音楽だったり、インスト音楽、ダークウェーヴとか軍楽隊等を聴いています。メタル以外の想像力が養われると考えているからです。実際にこういった音楽から多くのインスピレーションを受けています。

Q：もし自分自身で自分のバンドにインタビューするとしたらどの様な事を聞きますか？

A:バンドメンバーには「俺達って最高の音楽をやっていると思うか？　俺達のメッセージがより多くに人に届くかどうか？」と質問してみると思います。そして回答はみんな「YES」だと確信しています。

Q：インタビュー受けて頂きありがとうございます。最後に、日本の読者へひと言。

A：日本の皆さん、こんにちは。日本のメタルファンの皆さんが中国のメタルファンともっと交流して欲しいと思っています。中国にもたくさんの素晴らしいアーティストがいるし、メタルマニアもいっぱいいます。音楽に国境はないので、両国民のメタルファンには共通点がたくさん見つけられるだろうし、お互いのライブに出演してもっともっと交流して、ヘヴィ・メタルを楽しみたいですね。

Corpse Cook とメンバーが関連する Abnormal Infected にも追加でインタビューしてみた。

Abnormal Infected インタビュー
回答者：Nicki

A：Abnormal Infected のヴォーカル Nicki です。
Q：今まで外国のメディアからインタビューを受けたことはありますか？
A：ありません。これが初めてです。ありがとうございます。
Q：ではバンドはいつどこで、どのように結成されましたか？ また、音楽性やメンバーに変化はありましたか？ バンドメンバーの紹介をお願いします。
A：2013 年に北京であるライブを見終わった後に、スラミング・ブルータル・デスメタル・バンドをやろうと思ったのです。それからのメンバー探しです。様々な理由で今のところ私達のバンドはメンバーが固定してないのですが、バンド自体はスラミング・ブルータル・デスメタルを基本にして、新曲では色々と変わったことを試しています。
ヴォーカルは私 Nicki、Abnormal Infected が初めてのバンドで、バンド内では音楽経歴が少ないです。
ギターは李楠。2003 年頃から色々なメタル・バンドを経験しています。ブルータル・デスメタルからスラッシュ、ブラックメタルまでスタイルは様々。今はエクストリーム・メタル界で数え切れないくらいの経歴を持つミュージシャン。
ベースは鄭丹。2000 年頃からベースを学び始めました。当時は大学生で友人のほとんどがギターをやっていて、ベースが少なかったからなのです。先生に付いて勉強するお金もなかったので、大量の教材を買ってきて独学で始めました。それから Black Wing や Corpse Cook 等のバンドにて活動していました。言わせてもらいたいのですが､私達のベーシスト鄭丹は女性なのです。しかも彼女はデスメタル界ではもう 10年を越える経歴の持ち主なんです。
ドラムは趙天亮。1999 年から打楽器を勉強し始めて、2002 年からは陸勲に師事（注：陸勲は中国音楽学院考級委員会考官、中国鼓手联合会副主席であり、ドラム教材も執筆。また子曰、The Verse といったバンドでも活動。海外交流や後進育成にも熱心に取り組む）しました。そして縁があって George Kollias に学び、大きな自信となりました。2001 年頃には桀咒というバンド（注：2000 年代前半に活動していたメタル・バンド。ヴォーカル以外メンバーが一定せず、最終的に解散する）に参加していました。
Q：メタルに目覚めるきっかけとは何だったのでしょうか？ それから、最初に買ったアルバムは何でしょう？
A：高校生の頃、友人とよく行っていた本屋の棚に AC/DC、Marilyn Manson、Metallica、Korn 等のアルバムが置いてあったのですが、それがどんな音楽なのかも知らなくて、もちろん聴いたこともない音楽でした。のちのちそんなバンドでは私の趣味では満足できなくなっていきました。それでメタルショップ 666 へ行くようになって、Vulvectomy のアルバム『Post Abortion Slut Fuck』を買ったら、もうドツボにはまって気に入ってしまったのです。
Q：バンドメンバーはそれぞれどんな音楽が好きなのでしょうか？ 一例を挙げてください。
A：私はニュースクールのブルータル・デスメタルが好きで、Devourment、Cerebral Incubation、Cerebral Bore、Rest In Gore、Vulvectomy などのスラミング・ブルータル・デスメタル・バンドが大好物。
ドラムの趙天亮はオールドスクールな方を好んでいて、Cradle of Filth、Fleshgod Apocalypse、Dimmu Borgir、Arch Enemy、Mayhem、Cannibal Corpse 等を好んでいます。
ベースの鄭丹が今好んで聴いているのはコア系のバンドで、Whitechapel、Suicide Silence、Adept、Eskimo Cowboy 等が好き。彼女は KNOTFEST を見るため訪日し、Crossfaith や Crystal Lake を気に入ったみたいです。Crystal Lake のアルバムを買って帰ってきました。
ギターの李楠はポストロックからサイケデリック、クラシックロック、それにエクストリーム系のテクニカルなブルータル・デスメタル、ファスト・ブラックメタル（高速黒金属）まで何でも聴いています。Metallica、Megadeth、Slayer、Devourment、Disgorge、Dimmu Borgir とかですね。
Q：バンド名の由来は何でしょうか？
A：その時はずっと Deicide を聴いていて、彼らの歌詞で偶然見つけたんです。それで Abnormal Infected（中国語名は異常感染）と付けたのです。
Q：中国ロックの第一世代のミュージシャンと比べればあなたたちは、中国の音楽情報、世界の音楽情報を簡単に得ることが出来るようになったと思いますが、メタルに関してはどうでしょうか？
A：そうですね。今は確かにたくさんのメタルに関する情報があり、メタルファンにとっては良い環境になっています。けれど情報が多くなりすぎてかえって間違った情報も増えてきています（笑）。なので、この様な状況になると、いい音楽とか素晴らしいアーティストがどこにいるのかわからなくなって、見つけづらくなってきていると思います。
Q：あなたたちはどんなバンドや音楽に影響を受けているのでしょう？

A：ブルータル・デスメタル以外では基本的にはインダストリアルメタルなんかの強烈なリズムがある音楽ですかね。
Q：今現在、好きなバンド、人生観を変えたアルバムを５枚教えてください。
A：今一番お気に入りなのが、Rest In Gore。
人生観を変えたアルバム５枚は；
Cerebral Bore『Maniacal Miscreation』
Rest In Gore『Culinary Buffet of Hacked Innards』
Vulvectomy『Post-Abortion Slut Fuck』
Genitorturers『Blackheart Revolution』
Cerebral Incubation『Gonorrhea Nodule Mastication』
Q：一般人にとってメタルはどう受け止められているのでしょうか？
A：誰でも自分の好みではないものに対してはまったく理解することはないと思います。したがって否定的な評価しかありません。別にこれが悪いことでもないと思います。好みはそれぞれありますし、同じものを好む必要もないし、メタルの表現する方法はダイレクトだから、ピュアなファンだけに支持してもらっているとも言えます。普通の人が（メタルを）受け入れることが出来ないのは仕方がないことでしょう。
Q：あなたたちの周りのメタルシーンはどうでしょうか？
A：北京は他の都市に比べれば、メタルシーンの雰囲気は良い方で、色々なスタイルのメタル・バンドを見ることが出来るし、ライブも多いです。
Q：いつもどの辺りでライブしているのでしょうか？
A：メインは北京のライブハウスでやっており、他の都市からお呼びがかかれば、その都市に行っています。（2016年）は第２回臺灣死亡金屬音樂節 Taiwan Death Metal Fest に参加しました。
Q：歌詞ではどんな事を扱っているのでしょうか？
A：音楽自体はエクストリーム・メタル様式に則っており、聴衆へは人間性、社会問題、暴力、犯罪といったことをメッセージとして表現しています。個人的には韓国や日本の映画が好きで、『黄海（邦題：哀しき獣）』や『バトル・ロワイアル』などの現実問題を突きつけたテーマの映画が好きです。それから殺人事件の真実や犯罪心理学の本もよく読んでいて、犯罪に至った人がその時に行動する上での心理変化を想像し、そこからインスピレーションを受けて、作詞しています。
Q：中国で他にお薦めのバンドはいますか？
A：よき友人でもある Impure Injection を薦めます。彼らは中国では数少ないグラインドコア・バンドで、Agathocles、Impetigo、Repulsion などのクラシックバンドに影響を受けています。
Q：日本についてはどう思いますか？
A：日本には2015年に遊びに行っていて、どこもナイスな印象でした。まず環境保護の点では、自己の責任を守って、ゴミは散らかさず、分別していますよね。コンビニの出入り口でゴミを放り捨てたら、困らせてしまいました……。人々は優しかったし、新宿でうろうろしている内に迷子になっちゃって、デパートの店員さんに尋ねたら、彼らは英語もわからなかったのですが、勤務時間にも関わらず、目的地まで連れて行ってくれたのです。ほんとうに温かい心を感じました。
Q：日中両国は二千年を超える友好関係があるのに、不幸な一時期があったり、今でもたくさんの問題を抱えています。将来両国はさらに良好な関係を築けると思いますか？
A：それは政治であって政治家のゲームでしかないと思います。彼らは市井の民衆の願いを代表なんかしていません。したがって両国の人間がもっともっと交流を深めていけばきっと良い関係が築けると思います。
Q：日本のメタルで好きなバンドはいますか？
A：日本のバンドで好きなのは、Rest In Gore! 彼らのスタイルはほんと好きなんです。最初聴いた時はアメリカのバンドかと思ってしまっていて、あとで日本のバンドだって気づいたんです。それに気づいた瞬間、インスピレーションが湧き、私が目指すべきスタイルに影響を与えました。Rest In Gore は好きを超えて崇拝と言っても良いくらいです。彼らは私達にとってスラムの神様だよ。
Q：メタル以外で好きな音楽はあるのでしょうか？
A：私の趣味は広くて、何でも聴いていますよ。Koko Taylor、Etta James、B.B.king、Freddie King、Rick James 等のトラディショナルなブルースやファンクが好きだし、ワールドミュージックも好きです。安室奈美恵や中島美嘉、Beyonce 等の流行の音楽やラップも聴いています。音楽のジャンル分けって、たぶん聴く側の選択だけかもしれません。そのジャンルの音楽を聴くことを選んだのではなく、他のジャンルの音楽の価値を否定しているだけなのではないかと思うこともあります。
Q：自分自身に質問するとしたら？
A：バンドメンバーに聞くとしたら「もし好きなことが出来ない生活になったらどうする？　ある日バンド活動を止めなければならなくなったらと考えたことある？」ですかね。
バンド活動止めたら、個人個人の生活に追われるのかなと思います。
Q：インタビューを受けて頂きありがとうございます。最後に、日本の読者へひと言。
A：早く皆さんにお会いして、日本でライブしたいですね。

少数民族伝統音楽も導入したメロディック・ブラックメタル

Curse Rampant

簡 咒疟
常 呪虐

Black Metal	2009 ~	北京

2009 年年末、海洋（ギター）と成雲（ヴォーカル）によって結成されたプリミティブ・ブラックメタル·バンド。2010 年 5 月李輝（ギター）と永超（ドラム)、雷子（ベース）が加入する。このメンツが揃ったところでライブ活動を開始する。続いて Dying Art Productions と契約し、半年におよぶレコーディングを行い、8 月に 3 曲入り 1st EP『Curse Rampant』をリリース。10 月には CD 付き音楽雑誌『我爱摇滚乐 103 号』に EP より「撒旦的面具」が収録される。11 月には海洋と永超が脱退。2011 年 3 月、分裂した化骨池より劉夢洋、張在軍が加入。新陣営となりスラッシュ・メタル的アプローチが加わりさらに暴力的にフルスピードアップする。2012 年に一度解散するが、2017 年に 雷子、時嘉、汐滕、張在軍の 4 人編成にて再結成。少数民族の伝統音楽を導入したメロディック・ブラック・デスメタルに移行するとともに中国語バンド名を暮霭と改め、新たな作品の制作を進めている。

A Curse Rampant **簡 咒疟** **常 呪虐**

A Curse Rampant 簡 咒疟 常 呪虐

Black Metal	北京	
Dying Art Productions	デモ EP	2010

2009 年末に結成されたブラックメタル・バンドによる 3 曲入り EP。コープス・ペイントを施したメンバーであるが、数少ない情報の中から見よう見まねで作り上げた感が強くある。収録曲もミドルテンポで特徴のないオーソドックスな様式と、比較的優しいが攻撃性のある展開を見せる 1 曲目。ヴォーカル以外は 80 年代ジャパメタのような明瞭なギターリフとリズムワークで貫かれている 2 曲目。リズム展開が 90 年代中国ロックの鬼才竇唯のような暗く気だるい楽曲にうなり声で歌う 3 曲目。的が絞られていない内容になっている。

ツインギターと高速バスドラムが生み出す美しき暴虐メロデス

Dark Haze

簡 霾晦
常 霾晦

Melodic Death Metal	2008 ～	北京

バンド名霾晦の霾は天地之幽冥を、晦は万物之凋謝を意味している。2008 年北京にて孫若曦（ヴォーカル）、李成龍（ギター）、陳野（ギター）、李萌（ベース）、佟年（ドラム）によって結成される。翌年より北京のライブハウスを中心に本格的に活動を始める。コンピレーション CD 参加、大小さまざまなロックフェスティバル参加を経て 2011 年に EP『天霾地晦』を発表。2014 年 1st アルバム『尘世繁花（Rest of the Flower)』リリース。ドラムが李家豪に、ベースが賈克に交代。2015 年 2nd EP『日暮·月沐（Nightfall Moonshine)』発表と順調に活動を続ける。Carcass や At the Gates の北京公演の前座経験もある。李と孫は Eternal Wings のメンバーでもある。賈克は Evilthorn、Ibex Moon、Deathpact にも在籍し 元 Corpse Cook、元 Skeletal Augury、元 Wrath of Despot、元 Septicaemia、元 Raging Mob である。

A Dark Haze

簡 霾晦　常 霾晦

簡 天霾地晦　常 天霾地晦

Melodic Death Metal	北京	
自主制作	EP	2009

パワフルかつ重厚に疾走する楽曲に、北欧メロデス的な叙情的なツインギターが編み出すアグレッシブなリフと美しいソロ、力強く的確な高速ダブルバスドラが基盤となって、際立ったメロディが耳を捉える。絶望、不満、悲しみ、残酷な運命にまみれた世の中に立ち向かっていくように導くコンセプチュアルで緩急自在な展開を見せる。少々荒々しく丁寧さに欠けるヴォーカルが気になる点だが、信頼の置けるプロデューサーに出会え、レコーディング・プロダクションを向上させると、より良い変貌の可能性がある力量である。

A Dark Haze
A Rest of the Flower

簡 霾晦
簡 尘世繁花

常 霾晦
常 塵世繁花

Melodic Death Metal	北京	
中国科学文化出版社	フルレンス	2014

5年ぶりとなる本作はフルレンス。ベーシストが亡くなるアクシデントがあったが、賈克を得ることで苦境を脱して前作で提示した路線を推し進め、幅広い構成になる。メロディを際立たせ、聴きやすさに重点を置いたアレンジされたギターワークと、安定感が増したリズムセクションが進歩の度合いを感じさせる。ただ少し頼りないコーラスが楽曲の良さを減少させている。前作同様かなりいい所まで出来上がっているが、わずかながら惜しいと感じさせる。もう少しメリハリの利いたプロダクション、激しさと美しさが同居するアレンジが欲しいところ。

A Dark Haze
A Nightfall Moonshine

簡 霾晦
簡 日暮月沐

常 霾晦
常 日暮月沐

Melodic Death Metal	北京	
自主制作	EP	2015

5曲収録EPとなる本作はほぼ1年ぶりの作品となる。前作までの同一路線上になるが、全体的にメランコリックになり、陰を引くようになっている。短期間で制作されているもののギターのアレンジは多角化し、懐深い才能を見せる。しかしながらやはり今作でも気になるのが、あともう一歩突き進めていないところ。ヴォーカルとコーラスの両者が宙ぶらりんな状態が続いているところである。最後の曲ではアコースティックギターを前面に押し出して新たな一面を覗かせ、そのエンディングには次作に期待が持てる。

A Dark Haze
A Forbidden City

簡 霾晦
簡 禁忌之城

常 霾晦
常 禁忌之城

Melodic Death Metal	北京	
Infected Blood Records	EP	2017

Dark Haze 流のメロディック・デスメタル・スタイルを貫く4曲収録3rd EP。ミドルテンポを中心とした楽曲が緻密な音作りにてなされ、美麗なメロディック・デスを絶妙な泣きのギターとアレンジでツインギターハーモニーが心の琴線に触れ、じっくり聴かせる。ただ、前作まで感じられた物足りなさを補おうとする姿勢があるが、それがかえって丁寧すぎるほどに感じられる。十分な力量を持つバンドだけに、客観的に見る外部プロデューサーに委ねるのが望ましいと感じさせる。

Wacken 中国大会優勝者でヨーロッパツアーも敢行

Die from Sorrow

簡 郁
常 鬱

Melodic Death/Power Metal、Metalcore	2001 ～	北京
2015 年 シングル『异海之王』、2019 年 シングル『失控的游戏』、シングル『逆时针旋转』		

2001 年結成。2003 年末にメンバーが劉斌（ヴォーカル＆ギター）、張瑞欣（ギター）、王燁（ベース）、王楠（ドラム）となり、本格的にライブ活動を開始する。2006 年春、王燁が脱退、王希洋が加入。その後、劉丹（キーボード）が加入する。2009 年夏、1st EP『日落伊甸园（Sunset Eden）』をリリース。2011 年にはドイツ Wacken Metal Festival 中国地区優勝者として Wacken Open Air に登場。ドラムが孔徳珮 に交代し、1st アルバム『Journey of Sadness』を 2012 年 12 月にリリース。ベースが元 Crack の谷勝軍、キーボードに劉沛鑫に順次交代する。シングル『异海之王』を 2015 年に、2nd アルバム『Lord of the Alien Seas』を 2016 年に発表する。2018 年、中国各地のフェスティバルに参加し、8 月には再びドイツ Wacken Open Air に出場、その後、小規模欧州ツアーを敢行した。

A Die from Sorrow 　簡 郁 　常 鬱

A Sunset Eden 　簡 日落伊甸园 　常 日落伊甸園

Melodic Death/Power Metal、Metalcore	北京	
Mort Productions	EP	2009

下積みライブが長く本作 1st EP は結成 8 年目となる 2009 年にリリースされた。パワー・メタルに近いメロディック・デスメタル。1 曲目開始とともにスリリングなリフと疾走するドラムが緩急絶妙な展開を見せ、華々しいギターソロが壮麗さを加えている。フックのあるメロディが全編に流れて程よいスピード感が心地よく感じる。自己主張が少ないキーボードも、要所要所で入り込むサウンド効果が煌びやかである。4 曲あっという間に聴き終えてしまい、物足りなさを感じるが次作品に期待が持てる。

A Die from Sorrow

A Journey of Sadness

簡 郁

簡

常 鬱

常

Melodic Death/Power Metal、Metalcore	北京
新汇集团上海声像出版社有限公司	フルレンス / 2012

ドラムが交代、3 年ぶりとなり 1st EP を継承する本作はフルレンスとしてリリース。前作は初作品でもあったため 4 曲全部が勢い重視の作風だったが、神秘的なオープニング SE から始まり、10 曲収録の 50 分程度の時間の中でバラエティに富んだ楽曲を揃えながらオリジナリティを発揮している。メタルらしいヴォーカルの轟く歌唱は心を突き刺し、戦闘的なギターワークに脳が痺れる。ボトムを支える堂々たるリズム隊、メロディックに攻撃するキーボードもバンドに沿いながら自己主張をし、完成度の高い作品に仕上がる。

A Die from Sorrow

A Lord of the Alien Seas

簡 郁

簡 异海之王

常 鬱

常 異海之王

Melodic Death/Power Metal、Metalcore	北京
中国科学文化音像出版社有限公司	EP / 2016

ベースとキーボードが交代。5 曲収録 EP。シンプルだがスピード感のあるメロディアスなリフを軸にメロディラインがより一層鮮明となり、一聴しただけで Die from Sorrow 流のサウンドが脳裏に刻まれる。美醜のハッキリした緊張感のある美旋律、ヴォーカルの咆哮も安定した力強さがあり、泣きのギターソロ、ギターとキーボードとの掛け合いも素晴らしい。最ボトムを支える安定したハイスピードなドラミングも聴きどころ。収録曲が 5 曲だけの短い EP だが、今後のさらなる跳躍が期待出来る内容がふんだんに詰め込まれている。

笛、古筝等、伝統楽器導入した中国プログレメタルの最高峰

Dream Spirit

簡 梦灵
常 夢靈

Heavy/Folk Metal	2005 ～	北京
2015 年 EP『朝歌（Ancient Poems)』、2016 年ライブアルバム『破暁（Rising)』		

霊峰泰山のお膝元泰安市にて 2005 年に結成される。ヘヴィ・メタルと中国伝統音楽の融合を試みた唐朝や春秋の音楽性をさらに深化させるべく、笛、古筝、琵琶等の伝統楽器を数多く導入し、古来より伝わる伝統民謡の旋律をも大胆に取り入れた音楽創作に没入する。

2008 年にはヴォーカルの曹洪順が独り北京へと移り住む。そこでの生活が儘ならない中バンド再編成に取り組む。2011 年になりようやくベースに李萌（Dark Haze や Spirit Trace にも在籍)、石家荘からやって来た Megadeth 狂のギタリスト谷旭、プログレッシブ・メタル・マニアのドラム彭蓮璟、山西省出身で正規の音楽教育を受けてきたキーボード奏者王曦、もう 1 人のギタリスト李時嘉が揃い、バンドとして名実共に形となる。6 人が集うことで音楽性に化学変化が起き、民謡、伝統楽器の音色を練り合わせ、目標としていたバンドサウンドを作り上げた。この頃より現在まで月に 1 ～ 2 本のライブや各地でのフェスに参加する。2014 年春 1st アルバム『江山(Mountains and Rivers)』をリリース。2014 年5月3日、愚公移山で開催された Painkillerfest に登場。トリの Orphaned Land とともに好印象を残す。

李時嘉が脱退し、元 Deep Moutains、The Devil Inside としても活動する王宝が加入する。突然の李萌の死によりサポート・ベーシストとして Evilthorn 他の賈克を伴い 2015 年、中国地区 Metal Battle 大会に参加。そして中国のメタル・バンドとして快挙となるドイツでの Ragnarock ならびに Wacken の両フェスに登場する。同時に EP『朝歌（Ancient Poems)』も発売し、波に乗る。帰国後ベーシストに Suffocated の劉錚が加入。年が明け 2016 年 3 月に欧州での演奏を収めたライブアルバム『破暁（Rising)』をリリース。2nd アルバムの制作に入る。アルバム完成前に泰安時代に制作されていたデモ音源をまとめ『逐途』としてリリースもされる。2017 年 7 月末ようやく 2nd アルバム『将・军』の発売となる。2018 年 1 月には初来日ライブを行った。

A Dream Spirit | **簡** 梦灵 | **常** 夢霊

A

簡 江山	**常** 江山
Heavy/Folk Metal	北京
自主制作	フルレンス / 2014

飛躍する新世代のフォーク・プログレッシブ・メタル・バンドによる1st アルバム。中国産のプログレッシブ・メタルを聴いたことが無いものでもそれがいかなる音なのかと思いつくのは、二胡や古筝を用いた中国民謡の独特なメロディが、大河のごとく時にゆったり時に激しく流れるイメージだからであろう。それをそのままストレートに表現した雄大で美しい世界観に彩られたオープニング SE から始まる。繁栄と戦争、栄華と貧困、統一と分裂を繰り返した中国の歴史を音楽で表現した一大メタル絵巻の第一章が始まる。

A Dream Spirit | **簡** 梦灵 | **常** 夢霊

A

簡 逐途	**常** 逐途
Heavy/Folk Metal	北京
Infected Blood Records	フルレンス / 2016

本作は 1st アルバム・リリース以前（2007 年から 2010 年頃まで）に制作した数々のデモ音源を一枚にまとめた 12 曲入り未発売音源集。全曲とも北京進出以前の楽曲であり、メタルシーンが極小な山東省泰安時代に制作されており、現在の姿からすると微細な部分に関しての演奏技術や作曲技術はまだまだ未成熟なところがあり、経験不足なところも感じるものの、最初期から完成形に近い状態だ。ニューアルバムとしてリリースしたとしても初期デモ作品とは考えられないほどの、すでにハイクオリティな出来栄えである。

A Dream Spirit | **簡** 梦灵 | **常** 夢霊

A General Triumphant

簡 将.军	**常** 将.軍
Heavy/Folk Metal	北京
Painkiller	フルレンス / 2017

オペラ座の怪人のテーマ曲を思わす壮大な SE から始まり、すべてが圧巻の一言である。誇張なく 2017 年度中国メタルの最高傑作の一品。音楽は世界を変えないが、人の心に変容をもたらすように中国嫌いの人もコレを聴けば、中国の印象がガラリと変わる。メタル嫌いな人にもメタルに対する印象が激変するであろう。起伏に富み、悠然とした旋律にあふれ、力強くも優しさの湧き出る音楽叙事詩である。もちろん中国通の人にも新たな中国に出会え、ディープなメタルファンにとっても新たなマストアイテムとなるであろうメタル一大絵巻である。

A Dream Spirit | **簡** 梦灵 | **常** 夢霊

A Warriors of Heaven's Descend

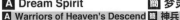

簡 神兵	**常** 神兵
Heavy/Folk Metal	北京
自主制作	EP / 2019

2018 年初頭の初来日ライブや前作アルバムから日本でも多くのメタルファンに注目され始め、2019 年には、Wacken Open Air に再登場し、勢いがますます加速する中、４曲収録 EP をリリース。１曲目は４曲目のインスト版。ファンには期待通りの中華フォーク・メタルを濃縮したサウンドに仕上がる。本作は、聴いているだけでワクワク感が止まらない楽しいメロディが満載となり、聴き終わった後も延々と頭の中でリズムとメロディが鳴り響く。たった４曲なのがさみしいところで、再来日にも期待したい。

Dressed to Kill

簡 刀锋边缘
常 刀鋒辺縁

Heavy Metal	2013 ~	北京
2019 年 Demo『Rehearsal Demo』		

ブルースを基盤とするハード・ロック・バンド Systematic Ratt として 2012 年に結成。翌年末 Dressed To Kill に改名、それとともに音楽性もヘヴィ・メタルへと変容する。Iron Maiden、Judas Priest、Ozzy Osbourne、Grim Reaper などのコピーを繰り返し、技術を磨き、加えて Angel Witch、Blitzkrieg なども好んでいることもあり、オリジナル曲制作においても NWOBHM 直球の B 級品マニア垂涎なサウンドが出来上がる。中国メタルシーンにはなかった音楽性で、新たな潮流を生み出す可能性のある希少な存在と評価を受ける。しかも、1st アルバムリリース時、メンバー全員まだ 20 代前半の若い世代である。バンド名の由来は映画監督ブライアン・デ・パルマの作品『 Dressed to Kill（邦題：殺しのドレス)』からである。メンバーは、鉄碩（ヴォーカル）、苗力（ギター）、楊富文（ギター・Ancestor、TumourBoy にも在籍）、郝宸希（ベース）、張亦弛（ドラム・TumourBoy にも在籍）の 5 人。

A Dressed to Kill　**簡** 刀锋边缘　**常** 刀鋒辺縁
A A Night in Trance　**簡**　**常**

Heavy Metal	北京	
Heavyroad Records	EP	2017

Steve Harris そのままなベースライン、王道ツインリードギターによるリフ攻撃と目頭を熱くさせるメロディックなソロ、体を揺さぶる疾走感がたまらないドラム。そしてやはり熱量高いアグレッシブなヴォーカルはつぼを押さえた古典的なヘヴィ・メタル。 Iron Maiden、Judas Priest 等ブリティッシュ・メタル直影響下のサウンド。古臭さを感じさせない若い血による創造性にあふれた新世代正統派ヘヴィ・メタル。EP を聴き終えてもワクワク感がとまらない。早期のアルバム・リリースを願ってしまう。

唐朝参加の名に恥じない超絶ギタリストのソロプロジェクト

Eight Hands

簡 八只手
常 八只手

Heavy Metal	2002 ～	北京

唐朝に 2000 年から参加している陳磊が 2002 年に結成したソロ・プロジェクト。河北省唐山出身。音楽一家で育ち、幼少より揚琴とヴァイオリンを学ぶ。12 歳の頃、兄の影響でギターを始め、高校生でバンド活動を開始。20 歳になると上京する。2002 年 4 月に行われたソロギター・ライブが好評であったため同年 7 月、八只手を結成する。2004 年にはコンピレーション CD『吉他中国 1』に楽曲が収録される。2006 年に 1st アルバム『爱在六弦中 ／ Love from Six』リリース、2008 年には 2nd アルバム『岸 ／ Rivage』リリースとコンピレーション CD『吉他中国（貳）』に楽曲提供する。2012 年に 3rd アルバム『千年影人』を発表している。その間、様々なイベントにも参加している。Steve Vai、Marty Friedman、Paul Gilbert 等の北京公演の際はゲスト・ギタリストとして共演し、その高い演奏技術はギターヒーローとしての認知度を高める。

A Eight Hands
A Love from Six

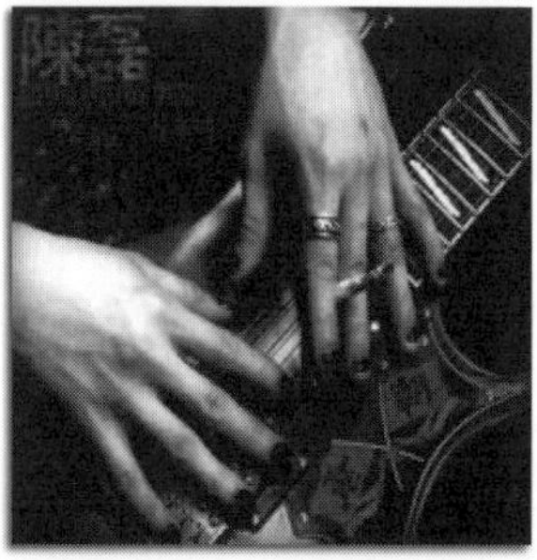

簡 八只手
簡 爱在六弦中

常 八只手
常 爱在六弦中

Heavy Metal	北京	
Mort Productions	フルレンス	2006

全曲インストで構成された本作はメインバンドである唐朝から離れ、ソロ・プロジェクトとして自由な発想で作曲を試みている。早弾きなどの技術一辺倒に陥ることなくバンド・アンサンブルを重要視し、個々には多彩となるが全体としてはまとまり有る作品に仕上がる。中東風、ジャジィースタイル、ポップなロックンロール、もの悲しい中華風、フュージョン的な曲など才能豊かで、鮮やかな音楽的引き出しがあるギタリストだと分かる。6 曲目はテクニカル・ギタリスト真骨頂なシャープでスピード感ある楽曲である。

A **Eight Hands**

A **Rivage**

簡 **八只手**

常 **八只手**

簡 **岸**

常 **岸**

Heavy Metal	北京	
Rock Empire	フルレンス	2008

2年ぶりのソロ・プロジェクト第2弾インストアルバム。本作は前作とは打って変わり速弾きを中心にテクニカルな奏法を押し出している。ソロアルバムというよりバンド作品としての仕上がりに感じる。音楽面としては1stアルバム同様の多彩な楽曲を取り揃えている。中国色を全面に押し出した楽曲あり、中国からさらに西域の砂漠地帯へ旅しているかのような旋律あり、またブルージーなスタイルもあり、かなり実験を試みた楽曲あり、バラエティに富んでいる。唐朝のギタリストとしての責務を脇に置き、リラックスしたテクニカルな奏法が楽しめる。

A **Eight Hands**

A

簡 **八只手**

常 **八只手**

簡 **千年影人**

常 **千年影人**

Heavy Metal	北京	
糖衣文化	フルレンス	2012

ソロ・プロジェクト第3弾アルバム。「農業メタル」と評されているようだが、その通りに土臭い香りがする演奏に華北平原の乾燥した空気感がたっぷりと含まれている。メインバンドより離れリラックスした雰囲気の中、肩の力を抜きながら余すことなくテクニカルな演奏を繰り広げる。さすが当代中国メタルを代表するギタリストであることを証明している。今作では陳磊自身が歌っている楽曲やアコースティック曲も収録している。唐朝でも、ソロ・プロジェクトでも長年音沙汰がなく、技巧派ギタリストの次なる音源を待つ人は多い。

寒々しく叙情的な中国ブラックメタルシーン最高峰

Evilthorn

簡 恶刺
常 悪刺

Black Metal	2001 ～ 2010、2010 ～	北京
2002 年 Demo『Evilthorn』、2016 年 シングル『Start Kill』		

2001 年、元 Harrfluss のヴォーカル李超により結成されたブラックメタル・バンド。メンバーチェンジを繰り返しながら数多くのイベントに参加し、デモ制作する。2007 年に 1st EP『战争 · 瘟疫 (War-Plague)』をリリースし、2008 年にはコンピレーション CD『众神复活 5』に楽曲提供する。 2012 年頃、李超が一時期バンドを離れていたが、2014 年には戻り 2nd EP『淫恶大屠杀 （Lewd Massacre)』を発表した。2015 年に 3rd EP『白色绝望（White Despair)』をリリースする。2016 年ようやく 1st アルバム『Restart to the Evil Walking』を発表した。現在のメンバーは、李超、翟孝軍（ギター）、賈克（ベース）、柳鵬（ドラム）の４人。 ベース賈克は Ibex Moon、Dark Haze、Deathpact にも在籍し、Corpse Cook、Skeletal Augury、Wrath of Despot、Septicaemia、Raging Mob といったバンドにも在籍していた。

A Evilthorn　簡 恶刺　常 悪刺

A War-Plague　簡 战争・瘟疫　常 戦争・瘟疫

Black Metal	北京	
Mort Productions	EP	2007

直前にオムニバス『众神复活 5』に楽曲提供してからリリースされたイントロインスト曲を含む 4 曲収録 1st EP。初期ブラックメタルのプリミティブな残忍さを持ち、若干おとなしいと感じることもあるが、暗黒世界の優等生的な曲展開が聴ける内容は好感が持てる。寒々しい叙情を含み、キーボードがいないシンプルな Cradle of Filth といったような世界観に近く、ミステリアスな雰囲気がある。ミドル～スローテンポで絶叫と朴訥と語るような歌声を使い分けるヴォーカルが神秘性を増幅させている。

A Evilthorn / **簡 恶刺** / **常 悪刺**

A Lewd Massacre / **簡 淫恶大屠杀** / **常 淫悪大屠殺**

Black Metal	北京	
Mort Productions	EP	2015

7年も空けての2nd EP。今作も4曲収録と少ないが、シンプルな構成は前作の同路線上にあり、Darkthrone 直系タイプとなる冷たい悲哀旋律のロウ・ノイジーなブラックメタル・スタイル。ミステリアスな導入部の1曲目が、ホラー映画のクライマックスのようだ。ミドル～スローテンポで真綿で首を絞められるかのようにじわじわとくる暴虐性に聴覚を痺れさせられる。続く3曲でも緩急の付いたメリハリある展開を聴かせる。激しさの中にも、牧歌的な陰鬱があるギターの叙情性に心惹かれる。

A Evilthorn / **簡 恶刺** / **常 悪刺**

A White Despair / **簡 白色绝望** / **常 白色絶望**

Black Metal	北京	
Mort Productions	EP	2015

前作より1年も経たずに出た4曲収録の3rd EP。本作も前作と同一路線上なのだが、ブラスト入りの激しい疾走感があると思えば、急にスローダウンして重々しく退廃的感覚を覚えるが、叙情的なギターとのコンビネーションがよりダイナミックな緩急ある展開を織り成す。中低音にスクリームするガテラルヴォイスが迫力たっぷりで、ひしひしと伝わってくる。楽曲にミステリアスと深淵さを増幅させる、程よいシンセによる効果音も寒々しさを強調する。2曲目ではネオフォーク・グループ Bloody Woods の安娜（ヴォーカル）がゲスト参加する。

A Evilthorn / **簡 恶刺** / **常 悪刺**

A Restart to the Evil Walking / **簡** / **常**

Black Metal	北京	
Mort Productions	フルレンス	2016

16年目にして初のフルレンス。オールドスクールでありながらブラックメタル・セカンドウェーブ特有の多岐に渡る要素を組み合わせ、より苛烈な方向へ進むことで形容しがたいユニークな作品となる。李超（ヴォーカル）の魂の絶叫から発せられる、止まらない冷気にまとわり付く攻撃的で重々しいギターリフ、吹き荒れる直線的なドラムは荘厳でありながら暗鬱かつ冷酷な空気感を作り出している。近年リリースされたオールドスクール・ブラックメタル・アルバムの中ではもっともモダンな代表作品といえる。

Evilthorn インタビュー
回答者：翟孝軍

Q：今までに外国のメディアからインタビューを受けたことはありますか？
A:以前、『Transit Magazine』（スイスのウェブ系メタル誌）からインタビューされたことがあります。
Q：では、バンドはいつどこで、どのように結成されましたか？　また、音楽性やメンバーに変化はありましたか？　バンドメンバーの紹介をお願いします。
A：バンドの他のメンバーはすでに脱退しています。バンドとして大きく3度のメンバーチェンジがありました。2001年に北京にて結成。私自身は2003年に加入しました。2008年には一度脱退しており、2011年に復帰しています。音楽的にはプリミティブなブラックメタルからブラック・デスメタルまで至り、最近ではインダストリアルな要素もあるブラックメタルとなっています。メンバーが固定していない分、スタイルも様々になっています。中国でエクストリーム・メタルをやるのはほんとうに難しいです。
Q：メタルに目覚めるきっかけとは何だったので

しょうか？　それから、最初に買ったアルバムは何？

A：11 歳の時にテレビで偶然に唐朝の「梦回唐朝」の MV を見たんです。それに完全にノックアウトされました。当時は何がロックで何がヘヴィ・メタルかなんてもまったく分からなかったけれど、ただ流行していた歌とはまったく違っていると感じたのを覚えています。それから音楽雑誌などでそれがヘヴィ・メタルだと分かりました。なので、最初に買ったメタルアルバムは唐朝の『梦回唐朝』です。

Q：バンドメンバーそれぞれはどんな音楽が好きだったのでしょうか？　一例を挙げてください。

A：私や元メンバー達はそれぞれ聴いてきたスタイルが似通ったもので、ブラックメタルは言うに及ばず、スラッシュ・メタル、デスメタル、ヘヴィ・メタルを全般的に聴いています。

私（翟孝軍ギター＆ヴォーカル）は Mayhem、Emperor、Satyricon、Slayer、Megadeth、King Diamond、W.A.S.P、Death、Gorgoroth 等です。

徐洪凱（ギター）は Carpathian Forest、Tsjuder、Urgehal、Infernal War、Slayer、Raped God 666、Violator、Destruction。

z.j（ドラム）は Watain、Kroda、Carpathian Forest、Omnia、Kampfar、Northland、Manegarm。

郭博文（ベース）は Sepultura、Overkill、Vektor、Exarsis、Fastkill。

Q：バンド名の由来は何でしょうか？

A：バンド名は初代ヴォーカリストと初代ギタリストによって付けられました。意味は邪悪な茨です。

Q：中国ロックの第一世代のミュージシャンと比べればあなたたちは、中国の音楽情報、世界の音楽情報を簡単に得ることが出来るようになったと思いますが、メタルに関してはどうでしょう。何か違いはあるのでしょうか？

A：聴くことの出来るメタル・バンドが更に多くなってきていると思います。昔は音楽雑誌や友人を通して情報を得ていましたが、今はネットがすべてになっています。

Q：どんなバンドや音楽に影響を受けているのでしょうか？

A：アグレッシブでイーヴルなファッキングさがあるやつですね。

Q：好きなバンド、人生観を変えたアルバムを５枚教えてください。

A：一組だけバンドを選ぶなんて難しすぎますね。まるで左右の手をどちらか選べって言われているようです。

- **唐朝『梦回唐朝』**
- **Slayer『South of Heaven』**
- **Morbid Angel『Domination』**
- **Emperor『In the Nightside Eclipse』**

• **Satyricon『Volcano』**
Q：メタルファン以外の普通の人たちにとってメタルはどういうイメージなのでしょうか？
A：中国の大きなマーケットで受け入れられているのは、流行曲とロックだけです。メタルに関して言えばまったくダメです。原因はたくさんあると思いますが。
Q：あなたたちの周りのメタルシーンはどうでしょうか？
A：北京は中国の首都だし、中国ロックの誕生地なので、メタルシーンの雰囲気は悪くはないです。
Q：では、あなたたちのバンドの活動予定についてはどうでしょうか？
A：メンバーが不安定なので、ここ2年くらいは何も活動していません。
Q：いつもはどの辺りでライブしているのでしょう？
A：多くはライブハウスです。
Q：歌詞はどのようなことを描いていますか？
A：主に反人間主義の思想から創作しています。現代の虚栄社会についてです。それは浄化されるべきです。
Q：中国でお薦めのバンドは誰でしょう？
A：唐朝と超載です。最初に中国にヘヴィ・メタルをもたらしたのが彼らです。
Q：日本にはどの様なイメージを抱いていますか？
A:私自身は80年代生まれだから、当然アニメ、ゲーム。電化製品、それとアダルトビデオです。
Q：日中両国は二千年を超える友好関係があるのに、不幸な一時期があったり、今でもたくさんの問題を抱えています。将来両国はさらに良好な関係を築けると思いますか？
A：普通の人の最大の関心事はやはり衣食住の充実だと思っています。野心的な政治家や軍事戦略家が何かトラブルを起こしているように見えますね。
Q：日本のメタルで好きなバンドはいますか？
A：子どもの時はLoudnessを聴いていたことがあります。北京でGxSxD、Fastkill、Sighのライブを見たことがあります。彼らは本当にクールですね。
Q：メタル以外で好きな音楽はあるのでしょうか？
A：個人的にはブルースを好んでいます。とても落ち着くからです。
Q：自分自身にインタビューするとしたらどういう事を聞いてみますか？
A：恐らく音楽的なスタイルやテーマ、バンドの状態などでしょう。
Q：インタビューを受けて頂き、ありがとうございます。最後に、日本の読者へひと言。
A：インタビューしてくれてありがとうございます。これからも音楽や文化面でたくさん交流したいです。もう一度ありがとう。

女性ヴォーカルが妖艶なインダストリアル・ゴシックメタル

Fall In Sex

簡 秋天的虫子
常 秋天的虫子

Industrial Gothic Metal	1998 ～	北京
2012 年 フルレンス『白乐章』、2015 年 シングル『浄土』、2017 年 シングル『山谷里』、2018 年 シングル『往昔』		

1998 年、北京迷笛音楽学校の学生であったヴォーカル櫻子とギター牛奔を中心に結成。当初は Fall Insects と英名表記されていたため、中国語名が秋天的虫子となる。メンバーが音楽的にもヴィジュアル的にも Marilyn Manson を特に好むことから、徐々に奇抜なメイクをするようになる。2001 年 1st アルバム『狂人日记』を黑豹の元キーボード奏者の小波のプロデュースの下で制作し、5 月にリリースする。このころは外見のインパクトだけが強く、中身が伴っていないとされながらも華北地区をメインにライブ活動を続ける。2003 年には活動を休止する。4 年を空けてライブ活動を再開する。奇抜なメイクは潜め、作曲に軸を移す。2009 年に 2nd アルバム『龙树』を発表する。以後もライブ活動をメインとし、2011 年に『黑乐章』、2012 年に『白乐章』を発表する。この 2 枚は対を成すコンセプチュアルな内容となる。2015 年に『浄土』、2017 年に『山谷里』、2018 年 6 月に『往昔』のシングル 3 作品をリリース。また、ヴォーカル櫻子はインドのミュージシャンとコラボした『慈・慧・力・法音』を発表している。

A Fall In Sex **簡 秋天的虫子** **常 秋天的虫子**

A

簡 狂人日记 / 常 狂人日記

Industrial Gothic Metal	北京	
中国唱片深圳公司	フルレンス	1998

まず、ジャケット写真に写るメンバーのヴィジュアルに頭を抱えてしまう。内容は元黑豹のキーボード奏者の馮小波をプロデューサーに迎えて無駄なくきっちり作られているのだが、メンバーの作曲能力、演奏技術や表現方法が未熟なため、頭の中にある音楽と出来上がった音楽に乖離があるようでいまひとつ感を感じる。唯一評価するならば、冷たく刹那的な紅一点ヴォーカル櫻子の声質がこのバンドの音楽性にぴったりと合い、非常に独特な暗く冷徹で過激な世界観を作り上げ、バンドの要の存在であること。

A **Fall In Sex** | **簡** **秋天的虫子** | **常** **秋天的蟲子**

A | **簡** **龙树** | **常** **龍樹**

Industrial Gothic Metal	北京	
Paramusic	フルレンス	2009

5 年間活動休止ののち、以前は学生バンドに毛が生えただけだったが、人間的にも変化し本作では表現力や演奏技術に大きな飛躍がある。奇抜なヴィジュアルもなくなり、独自の冷徹な世界観の中でビョークのような幻想的なウィスパーヴォイスで歌われる。延長線上にあるように思えるが、表層的にはインダストリアル・ロックから少し離れ、アンビエントやミニマルウェーブと言える不可思議でダークな世界観に呑まれる。2012 年に『白乐章』とタイトル変更し、次作と対を成すコンセプト作として 2012 年再販される。

A **Fall In Sex** | **簡** **秋天的虫子** | **常** **秋天的蟲子**

A | **簡** **黑乐章** | **常** **黒楽章**

Industrial Gothic Metal	北京	
树音乐	フルレンス	2011

前作ではロックそのものから離れてしまっていたが、本作では基盤となる冷酷さは変わらず一徹していて、インダストリアル風味なゴシック・ロック／メタルな雰囲気に仕上がっている。鬱々とした気だるいギターのメロディと淡々と叩く無愛想なドラム、語りかける夢幻的なヴォーカルで聴く者をいたぶりつけているかのように、滔々と音と時が流れていく。ベースとキーボードも体温が下がる旋律に寒気を覚え、肉体以上に精神まで冷やす神秘性に溢れる。

「中国のMetallica」と称されるミドルテンポなスラッシュ

Filter

簡 滲透
常 滲透

Thrash Metal	1999 ～	北京

孟雷（ギター）を中心に 1999 年 5 月に結成されたスラッシュ・メタル・バンド。「中国の Metallica」と称され、スラッシュ・メタルを機軸とし、デスメタル、スピード・メタル、ブラックメタル等多彩なメタルの様式を飲み込み、独自のメロディアスさや緊張感溢れるリズムワークに発展させる。活動初期にはヘヴィ・メタル・バンド面孔のベーシスト欧洋とデスメタル・バンド Tomahawk の張彦青（ギター）が参加していたこともある。2002 年、孟雷、張凡（ヴォーカル＆ギター）、孫剴（ベース）、佟曉濤（ドラム）となり、ライブ活動を本格化させる。2005 年 12月に 1st アルバム『古墓狼（Tomb's Wolf）』を発表する。その後もメンバーチェンジをしながらライブ活動に専念している。2010 年より次作の準備に取り掛かり、「勇士」など数曲が完成している。現在のメンバーは、孟雷、張凡とメロディック・デスメタル・バンド鉄浮屠にも在籍する馮驥（ドラム）、羅蛟（ベース）の 4 人編成。リーダーでもある孟雷は北京師範大学信息科学与技術学院日本語学科を卒業している。

A Filter 簡 滲透 常 滲透

A Tomb's Wolf 簡 古墓狼 常 古墓狼

Thrash Metal	北京	
R.H.C 国际联合唱片	フルレンス	2005

Black Album ～ Road ～ Reload 期のミドルテンポに展開するモダンなスラッシュ・メタルに仕上がっている。収録 10 曲各々においては様々なギターリフやギターソロなどアイデアが練られ、スラッシュ・メタル独特の世界観を踏襲している。各曲はつぼを押さえた楽曲となっているのだが、曲展開にメリハリがなく一本調子なところがあり、アルバム全体としては緩急の少ない、無難な構成に落ち着いてしまっている。1st アルバムであるにも関わらず、ここまで勢いの無い内容だと物足りなさを感じるのは否めない。

モダンさを追求し最終的にデスコアに至った北京体育大学生達

Four Five

簡 肆伍
常 肆伍

Thrash/Metalcore/Melodic Death Metal	2004 ～	北京

楊寅（ヴォーカル）が在籍した前身バンドを元に北京体育大学の学生が中心となり、2004 年に結成。当初は枠としてメタルというだけだったのだが、世界中の様々な様式のメタルに接し、モダンな要素や音楽理念を日々模索し続け、独自のスタイルへと練り上げて最終的にデスコアに到った。この頃のメンバーは楊寅、張旭（ギター）、劉炬燃（ギター）、旭日（ベース）、郭佳龍（ドラム）の 5 人編成。无名高地酒吧や 13Club を拠点にライブを行い、演奏力を向上させるとともにデモ制作に勤しむ。各地でのイベント参加を経て 2010 年 2 月に 1st アルバム『孕育生命的不只是母体』をリリース。2011 年年末 EP『No Leader』を発表すると中国 3 大ロックフェスといわれる迷笛音乐节、草莓音乐节、长江音乐节に立て続けに登場した。2014 年 3 月になると中国有名レーベル Modern Sky と契約を結ぶこととなった。2016 年 1 月には 2nd アルバム『穿越黑暗』をリリースする運びとなる。 2017 年のメンバーは、楊寅、張旭、郭佳龍、阿迪亜（ギター）、孫雷（ベース）となっている。

A Four Five　**簡** 肆伍　**常** 肆伍

A Four Five　**簡** 肆伍　**常** 肆伍

Thrash/Metalcore/Melodic Death Metal	北京	
自主制作	EP	2009

5 曲収録の EP。古いゲーム音楽のような SE から始まる。後に見られる完成されたオリジナリティはなく、90 年代北京ロック、ヘヴィ・メタル、スラッシュ・メタル、ハードコア、メタルコア、ニュー・メタル、インダストリアル・メタルなど様々なサウンドを取り入れながら実験を繰り返している。その結果、まとまりあるスタイルに落ち着いたと言える。雑多ではあるが、楊寅のヴォーカル・スタイルには高い表現力が備わっており、安定した歌唱を聴かせる。

A Four Five

A

簡 肆伍

簡 孕育生命的不只是母体

常 肆伍

常 孕育生命的不只是母体

Thrash/Metalcore/Melodic Death Metal	北京
嚎叫唱片	フルレンス / 2010

デスコアとされているようだが、そこまで重たいリフや不協和音はなく、スラッシュ・メタル〜メタルコア〜メロディック・デスメタルと範囲の広い音楽性を持つ。微かに歌詞が聞き取れるデスヴォイスでメロディのある歌い方をしているし、明快ギターリフと激しいがどぎつくないドラミングには疲労感を感じることはない。アコースティックギターによるソロパートや弾き語りまで出てくることもあり、一筋縄では説明しきれない。一方でバンドとして、整合感のある不思議なサウンド。

A Four Five

A No Leader

簡 肆伍

簡

常 肆伍

常

Thrash/Metalcore/Melodic Death Metal	北京
嚎叫唱片	EP / 2011

約一年ぶりの４曲収録 EP。音楽性の幅広さが特徴のバンドなので、変化球を期待してしまった。ところが著名台湾人プロデューサー方無行が関わることで、順当に音楽性を絞り込んで直球どストライクなデスコアで勝負している。とはいってもどこかで聴いたようなリフやリズムに占められており、独自性はまだ薄い。安定した演奏力があり、有望なものの発展途上段階である。バンド基盤を確立するために制作されたのだろうか。前作と次作をつなげる位置づけである。

A Four Five

A

簡 肆伍

簡 穿越黑暗

常 肆伍

常 穿越黒暗

Thrash/Metalcore/Melodic Death Metal	北京
摩登天空	フルレンス / 2016

およそ４年の月日をかけ前々作の多様性と前作の直球デスコアを真摯に融合させている。本作の試みであるシンセを導入したシンフォニックな展開、簡潔明瞭でメロディックなギターソロ、ドラマティックなリズムワーク、そしていくつもの表現力と暴虐性を増した多彩なヴォーカル・スタイル、また時折入るクリアヴォイスでのメロディックな歌唱、壮大な楽曲構成とすべてが目覚しい進化を遂げており、オリジナリティを確立。シンフォニック・ブルータル・デスコアとも表現可能な前衛的な音楽性を提示している。

FourFive インタビュー
回答者：楊寅

Q：今まで外国のメディアからインタビューを受けたことはありますか？
A：ありません。
Q：では、バンドはいつ頃、どこで、どのように結成されて、今までにどのような変遷があったのでしょうか？　またメンバーの紹介をお願いします。
A：2004年にヴォーカルの楊寅とリードギタリストの張振赫の二人が大学生の頃に組んで、半年くらいしてドラムの郭佳龍が加入しました。ベーシストとセカンド・ギタリストが何回も交代しており、ベースは最初は戚貴明で、それから喬偉で、ギターが王帥でした。一番最初にメンバーが固定したのが、ベースに彭亮にギターに趙龍となった時です。2010年にまたベーシストが旭日、ギタリストには劉炬燃になり、2013年にまたまた交代、ベーシストは孫雷になり、ギタリストが阿迪亜になったのです。楊寅、張振赫、郭佳劉はオリジナル・メンバーということです。音楽性は好みと技術でゆっくり変化していきました。
Q：ヘヴィ・メタルを好きになったきっかけとは何でしょう？　一番最初に買ったアルバムはどのバンドのどのアルバムだったのでしょうか？　なぜそれを買おうと思ったのでしょう？
A：最初に買ったのは友達の薦めでMetallicaのブラックアルバムでした。
Q：メンバーそれぞれはどんなバンドが好きなのでしょう？
A：私（楊寅）はKorn、Stonesour、Whitechapelで、張振赫（ギター）はEmmure、Green Day、Chimairaを好んでいます。郭佳龍（ドラム）はParkway Drive、Hatesphereが好きで、阿迪亜（ギター）はKorn、Emmureが好きで、ラップミュージックなんかも聴いています。孫雷（ベース）はブルータル・デスメタルを一番好んで聴いているし、最近はデスコアなんかもいいと思っているみたいです。
Q：中国語バンド名「肆伍」の由来は何でしょうか？
A：肆も伍も中国の方块字文化（漢字文化のこと）から取り入れました。肆は漢数字四の大字で、伍は漢数字五の大字のことです（注：大字《ダイジ》とは漢数字の「一・二・三・四・五」などの代わりに使う「壱・弐・参・肆・伍」などの漢字のこと。また、四は死と発音が同じで声調が異なる字、五は無と発音も声調も同じ字のこともあり、ダブルミーニングでもある）。
Q：中国ロックの第一世代の人たちに比べると、いろいろな音楽情報が簡単に得られる時代になりましたが、ヘヴィ・メタルに関してはどうでしょうか？
A：もちろん同じです。インターネットさまさまですね、どんなときでも新しい情報をゲットできるのですから。
Q：どんなバンドに影響を受けてきましたか？
A：Kornの感情的でリズミカルなところと、Whitechapelの素晴らしいアレンジ力、Parkway Driveのパワフルでメロディアスな部分に、Hatesphereのスピード感でしょうか。あとはパンク・ロック特有の美意識もあると思います。
Q：今、一番お気に入りなのはどのバンドでしょうか？
A：Kornはたぶん自分たちの世代のメルクマール的なバンドだと思います。あとたくさんいますが、Kornほどの存在感はないですね。
Q：普通の中国人はメタルに対してどういう印象を抱いているのでしょう？
A：良いわけないでしょう。単なるうるさい音楽で、わけの分からない音楽だと思っているでしょうね。
Q：今の北京のメタルマーケットの雰囲気はどうでしょうか？
A：北京はずっといい感じです。
Q：今のところFour Fiveはどんな活動をメインにしているのでしょう？
A：ニューアルバムに向けて制作活動に入っており、あとはミニツアーの計画も練っています。
Q：いつもどこでライブしているのでしょう？
A：全国各地で行われるフェスやもちろんライブハウスをメインにしています。
Q：バンドとしてどんなことをメインにして作曲や作詞をしているのでしょう？
A：感情豊かに躍動感溢れるようなリズミカルな曲が好きで、歌詞面では人間の内面的なことが多いと思います。人生の矛盾についてです。
Q：中国でお薦めのバンドは誰でしょう？
A：お薦めは特にないですね。どのバンドもセンスがまったく違っているので。
Q：日本のバンドのイメージはどうでしょうか？
A：日本人ミュージシャンはプロフェッショナルだと思います。パフォーマンスもテクニックもとても優れています。
Q：日中両国は二千年を超える友好関係があるのに、不幸な一時期があったり、今でもたくさんの問題を抱えています。将来両国はさらに良好な関係を築けると思いますか？
A：日本が中国を侵略したことを認めれば、両国の関係はすぐ良くなると思います。歴史は過去のことなので、正確に文書化される必要があると思います。けれど、政治的要因が若者の文化交流に

影響することはないと思っています。
Q：では、日本のメタル・バンドで好きなのはどのバンドでしょうか？
A：Crossfaith が好きです。中国に何度も来ており、ライブも見たことがあります。パフォーマンスがすごく格好いいですし、なにしろ音楽が良いと思います。
Q：メタル以外で好きな音楽はありますか？
A：いろいろな音楽が好きです。バンドが多すぎてどれかを挙げろと言われても難しいです。音楽そのものが好きなので、ジャンルとかは気にしていません。
Q：インタビューで自分自身にはどういう質問をしてみますか？
A：聞くとしたら、「将来、どんな風に自分たちの音楽がなっているのか？」ですね。それで、答えは、「わからない、心の趣くままに」です。
Q：最後に、日本の読者へひと言。
A：日本の皆さん、中国のロックを聴いてください。Four Five をよろしくお願いします。ライブで会えたら、うれしいです！

北欧産メロデスから影響受け東方ニュー・エイジ・メタル標榜

Frosty Eve

簡 霜冻前夜
常 霜凍前夜

Melodic Death Metal | 2004 ～ | 北京

2018 年 シングル『冬月拾柒』

前身バンド Bier-Of-Fogy を経て、2003 年末、郝昕（ギター）と任多（ギター）を中心に結成されたツインリードギター&キーボードを擁する北欧メロディック・デスメタル・スタイルのバンド。2005 年後半、元 Black Wings の苗振中（ヴォーカル）が加入、数度のメンバーの交代を経ながら 6 人編成となり、无名高地酒吧や豪运酒吧などの北京のライブハウスを拠点に活動する。2006 年には CD 付き音楽雑誌『我爱摇滚乐 50』や『通俗歌曲 VOL.313』に楽曲が収録される同年年末リリースのオムニバス･アルバム『众神复活 4』に曲が収録される。2007 年には Vision Divine の北京公演の前座を務める。同年年末に 1st EP『垂死的梦境（Dying Dreamland)』をリリース。年が明けると Mao Livehouse Beijing や 13Club にてライブを行うとともにイベントに参加をした。2008 年 3 月リリースのオムニバス・アルバム『众神复活 5』に楽曲が収録される。2009 年 5 月リリースのオムニバス・アルバム『众神复活 6』に楽曲収録、同年年末 1st アルバム『极夜（Polar Night)』がリリースとなるとともに北京 13Club でレコ発ライブを敢行。

全国ツアーを行いつつメンバー交代もあったが、2011 年に 2nd EP『次世寒武纪（Neocambrian)』、2012 年に 3rd EP『嘲笑悖论 (Paradox of Ridiculing)』、2013 年に 2 枚組ライブアルバム『孑然･玖叹 (Live In Shanghai MAO)』、2014 年に 2nd アルバム『心像领域 (Domain of Imago)』を立て続けに発表。

しかし、2015 年 10 月ツアー終了後、メンバーが相次いでバンドを去る。苗振中、郝昕、任多の 3 人となり、活動休止状態に陥る。2018 年 4 月になりシングル『冬月拾柒 (Seventeen)』、6 月には東方ニュー・エイジ・メタルを掲げたシングル『凌岚･凋卉 (Arashi . Keiskei)』が発表となった。現在、メンバーは任多が脱退し、苗振中、郝昕と陳曦（ベース）、豆広（ドラム）が再加入しバンド体制を整えながらアルバム制作に入り、2019 年、3rd アルバム『凝華』をリリース。

A Frosty Eve | **簡 霜冻前夜** | **常 霜凍前夜**

A Dying Dreamland | **簡 垂死的梦境** | **常 垂死的夢境**

Melodic Death Metal	北京	
Mort Productions	EP	2007

初作品4曲収録EP。1曲目は鬱々たる語り&哀しげなインスト。4曲目はMegadethの「Symphony of Destruction」の独自アレンジなカバー曲なので実質2曲。2曲目はスラッシーなギターリフが特徴的でスピーディな展開で陽気な雰囲気があるメロディック・デスメタル。3曲目はNWOBHM的ツインリードギターにシンフォニックなキーボードが華やかに絡み合い、暴悪なヴォーカルが猛り立つChildren of Bodom型メロディック・デスメタル。彼らの出発点として核になる音楽が詰まっている。

A Frosty Eve | **簡 霜冻前夜** | **常 霜凍前夜**

A Polar Night | **簡 极夜** | **常 極夜**

Melodic Death Metal	北京	
Mort Productions	フルレンス	2009

ほぼ2年ぶりとなった本作はフルレンスとなる。メロディック・デスメタルというよりはギターのセンス、ドラムやベースの音使いからルーツにNWOBHMやジャーマン・メタル、北欧メタル辺りの音楽性を強く感じる。強いて言うなればデスヴォイスの入るメロディック・パワー・メタルといったところ。その延長にあるイエテボリサウンドがエッセンスとして加わる。影響の元となる音楽を独自カラーに染めており、かっこいい。なのだが時折もたつくような部分もあり、改善点が残る。

A Frosty Eve | **簡 霜冻前夜** | **常 霜凍前夜**

A Neocambrian | **簡 次世寒武纪** | **常 次世寒武紀**

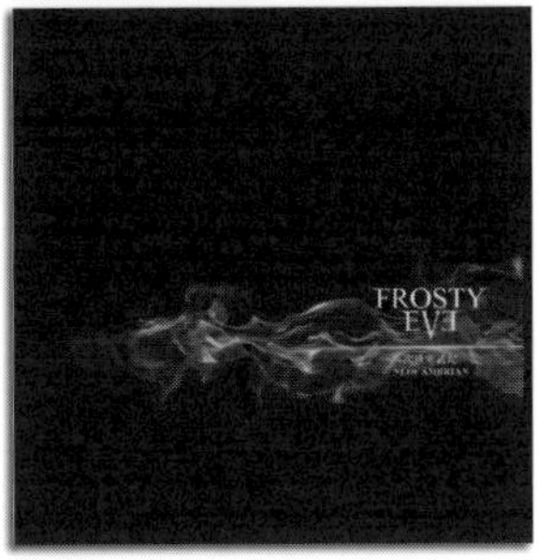

Melodic Death Metal	北京	
自主制作	EP	2011

未来を題材にした古い映画にあるようなロボットと博士と弟子（?）の会話から始まるイントロで幕を開ける5曲収録EP。実質新曲は2曲目と3曲目の2曲となる。2曲目は明朗ツインギター&シンフォニックなキーボード、晴れ晴れしいコーラスとデスヴォイスとクリーンヴォイスを歌い分けるSonata Arctica × Children of Bodomな様式。3曲目はタイトル「北緯66.34」通りに北極圏の白夜の心情を歌うのアコースティックギターをメインにしたバラード。4曲目と5曲目はそれぞれ2曲目と3曲目のインストバージョン。

A Frosty Eve | **簡 霜冻前夜** | **常 霜凍前夜**

A | **簡 嘲笑悖论** | **常 嘲笑悖論**

Melodic Death Metal	北京	
Mort Productions	EP	2012

6曲収録EPだが実質新曲が2曲の収録となる。1曲目はインストゥルメンタル曲となり、80年代的ヘヴィ・メタル・ギター・フレーズと英国ニュー・ロマンティックなキーボードフレーズが共存する不思議な楽曲。2曲目は彼らの持ち味を十二分に発揮したマーチングソング風ジャーマン・メタルなメロディック・デスメタル。残りの楽曲は、3曲目がArch Enemyのカバー曲。4曲目は1st EP収録曲のエレクトロニカ・リミックス版。5曲目は台湾の人気アイドルユニットS.H.Eのカバー曲。6曲目は2曲目のインストゥルメンタル版。

A **Frosty Eve**

A

簡 **霜冻前夜** **常** **霜凍前夜**

簡 **孑然・玖叹 Live In Shanghai MAO** **常** **孑然・玖叹 Live In Shanghai MAO**

Melodic Death Metal	北京	
Mort Productions	ライブアルバム	2013

Megadeth の「Symphony of Destruction」 と Arch Enemy の「Nemesis」のカバーを含む Mao Livehouse Shanghai での 14 曲収録ライブ音源（イントロ～２曲目は１曲としてカウント）。彼らの音楽的熱意と安定した演奏力の高さと躍動感溢れるライブパフォーマンスの良さが遺憾なく発揮され、生の姿を実況生中継的に満足できる内容だ。音だけでも素晴しいライブと分かるが、映像があればもっと良さがわかり、楽しめるのだろうと思わせる音源である。

A **Frosty Eve**

A **Domain of Imago**

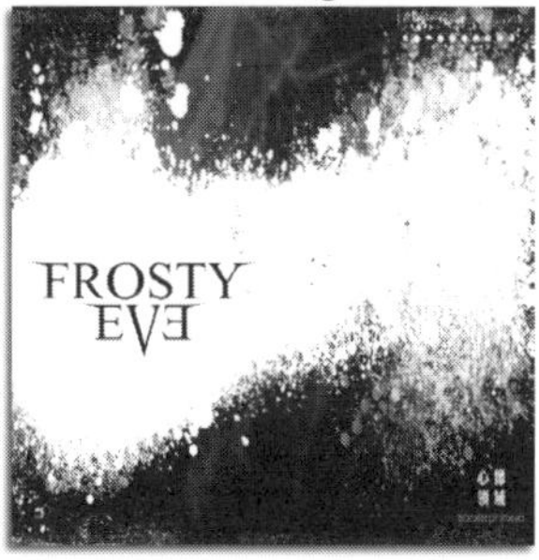

簡 **霜冻前夜** **常** **霜凍前夜**

簡 **心像领域** **常** **心像領域**

Melodic Death Metal	北京	
Mort Productions	フルレンス	2014

結成 10 年目となり以前に増して綿密に制作された。展開激しいツインギターによるリフ、メロディックに攻めたり、ブルージーに引き込んだり絶妙なギターソロ、息の合ったタイトなリズム隊、全体を俯瞰しながら表現力が増したヴォーカル、華やかなキーボードの音色。すべてがバランス良く、一気に三段階駆け上った構成になっている。インスト曲７曲目は彼らのルーツが垣間見える興味深い展開をする。ラスト曲 10 曲目にてバンド史上初めて中国伝統音楽のメロディを大胆に導入し、新たな展開を予感させる。

A **Frosty Eve**

A **Arashi・Keiskei**

簡 **霜冻前夜** **常** **霜凍前夜**

簡 **凌岚・凋卉** **常** **凌嵐・凋卉**

Melodic Death Metal	北京	
Mort Productions	EP	2018

新体制になり東方ニュー・エイジ・メタルを標榜した初作品。新曲２曲とインスト１曲を含む３曲 EP。ドラマティックな正統派ヘヴィ・メタルを下敷きにしたメロディック・デスメタルを基盤に、美しく穏やかなメロディを全編に散りばめ、ミュージカルのような静と動を巧みに交差させた壮大な展開を図り、情熱的に盛り上げる。その艶やかな旋律の中に、冷たく感情的なデスヴォイスが悲鳴を上げ、美と獣が混ざり合った凛とした空気感を醸成する。聴き終わった後の清涼感が今までにない感覚になり、心地よさが残る。実質２曲だが、次作アルバムでは、大きく深化させるだろう予兆を感じさせる。

A **Frosty Eve**

A **Freezing The Orient**

簡 **霜冻前夜** **常** **霜凍前夜**

簡 **凝华** **常** **凝華**

Melodic Death Metal	北京	
Mort Productions	ベストアルバム	2019

中華的美旋律をふんだんに取り込んだメロディック・デスメタルを追求した集大成となる結成 15 周年再録ベストアルバム。繊細でいてダイナミック、美しくありながらドラマティックな構成を残し、今までの枠組みに囚われるだけでなく、新たな実験を模索。以前にも増して変化に富み、一言ではとらえがたい表情を生み出したサウンドを再構築する。心に響く Frosty Eve 流王道メロデスを華麗に疾走しながら、次の時代を生き抜く新たな音楽イメージを加えることで、バンドが持てる力を凝縮、昇華させた完成度の高い作品。

最高学府北京大学出身者によるメロディック・パワー・メタル

Frozen Cross

簡 冰封十字
常 氷封十字

Melodic Power Metal	2003 ～ 2010	北京

中国最高学府北京大学の学生を中心とした前身バンドを基に Nightwish のコピーバンドとして 2003 年に結成されたメロディック・パワー・メタル・バンド。当初は大学生のため学業優先によりメンバーが一定しないことも多かった。周振宇（ギター）と劉欣（キーボード）の 2 人が中心となり、ツインリードギターとキーボードが織り成す美旋律に女性ソプラノ・ヴォイスが華を添えた音楽性で、デモ制作を行う。2007 年 10 月に中国初の女性ヴォーカル・メタル・コンピレーション CD『Valkyrie's Prediction』に楽曲提供する。翌年 3 月、メタルコンピレーション CD『众神复活 5』に楽曲提供を行い、同年 10 月に 1st アルバム 『冰封天堂（Frozen Heaven)』を発表した。 現在、何建航（ヴォーカル）、周振宇（ギター）、劉欣（キーボード）、孟嘉（ベース）、梅瑋（ドラム）を擁する体制だ。

A Frozen Cross 　簡 冰封十字 　常 氷封十字

A Frozen Heaven 　簡 冰封天堂 　常 氷封天堂

Melodic Power Metal	北京	
Mort Productions	フルレンス	2008

クラシックの対立法をダイナミックに導入し、ツインギターとキーボードのパワフルでメロディックな旋律が織りなし、急速展開する。その中から発せられる天使のような美しいソプラノ・ヴォイスが楽曲全体を牽引する。まさしく中国版 Nightwish なのだが、Tarja 時代のように豪壮なオペラ様式の歌唱方法でもなく、また Anette Olzon や Floor Jansen のようにポップな歌唱方法でもなく、アジア的歌謡をルーツに持ち、心地よさと美しさを感じる安定した歌唱スタイルである。新曲完成アナウンスが 2010 年夏にあったが、続報がない。

Hell Savior

簡 地藏冥王
常 地蔵冥王
Heavy Metal
2008 ～ 2011、2013 ～ 2015
北京

2008 年 12 月、游昀叡（ヴォーカル & ベース）、郝天（ギター）、張天然（ギター）、趙陽磊（ドラム）により結成されたオーソドックスなヘヴィ・メタル・バンド。時代に関係なく米英欧産の有名メタル・バンドに影響を受けたサウンドをメインに反戦、人と自然、信仰、人間性といったテーマを歌詞にしている。2009 年にドラムが李政に交代。11 月末、北京 13Club でライブを行った際に 1st EP『地藏冥王 (Hell Savior)』をリリースする。同年 11 月末にモンゴル族である張天然がペイガンフォーク・メタル・バンド Tengger Cavalry を結成するとともに Voodoo Kungfu にも参加するため脱退する。2010 年、再度ドラムが劉昊川に交代し、1st アルバム『Keep Running for Metal』をリリースする。2011 年に一度解散となるが、2012 年に活動再開する。2015 年には游昀叡がスラッシュ・メタル・バンド Blood of Life を結成することとなり、活動休止状態に。そのまま正式解散を公表した。

A Hell Savior
A Keep Running for Metal

簡 地藏冥王
簡 为金属而狂奔

常 地蔵冥王
常 為金属而狂奔

Heavy Metal | 北京
自主制作 | フルレンス | 2010

ルーツを大切にする心を蘇らせる迷盤である。まったく変化も進化もなく、今まで通りピュアな直球路線を気持ちいいほど実直に踏襲している。使い古された垢抜けないサウンドをメンバーが楽しんでいる姿が目に浮かび、聴く者は歓喜の涙が溢れ出す素晴らしい B 級ポンコツメタルの最高峰に仕上がっている。Judas Priest の「Breaking The Law」の脱力しすぎのカヴァー曲の 8 曲目と前作 EP 収録の 3、4、5、6 曲目を含む全 8 曲入りアルバム。

A Hell Savior
A Hell Savior

簡 地藏冥王
簡 地藏冥王

常 地蔵冥王
常 地蔵冥王

Heavy Metal | 北京
Dying Art Productions | EP | 2009

メタル馬鹿ポンコツを好むマニア向け。1980 年代 B 級ヘヴィ・メタル～パワー・メタルのヘタレ空気感満載な曲が 8 曲も収録。NWOBHM とジャーマン・メタルを足してずいぶん希釈したかのような、弩ストレートすぎるリフとソロ。熱く疾走する向こう見ずなリズム隊。そして頼りなく声量が小さいヴォーカルと、やる気の無いなおざりなコーラスが混ざる。この手のタイプの音楽を愛好する者を感動させるサウンド。今は重鎮となった游昀叡と張天然の、若かりし頃の原点となる作品で、貴重な作品だ。

北京エクストリーム・エリートが組んだブルータル・デスメタル

Hyonblud

簡 血腥高潮
常 血腥高潮

Brutal Death Metal	2003～2004 (as Cervical Erosion)、2004 (as Gorgasm)、2004～	北京

メロディックブラックメタル Ritual Day のメンバーでもある裴磊（ベース）と張末（ギター）が同時期に活動していた前身バンドを基に中国最速ドラマーと称される孫克を引き入れ、2004 年に改名する形で誕生したブルータル・デスメタル・バンド。北京を中心に中国各地でライブ演奏を行う。コンピレーション CD『血流中国』や『众神复活 3』に曲が収録された他、Death の Chuck Schuldiner に捧げるトリビュート・アルバム『Unforgotten Past - In Memory of Chuck Schuldiner』にも参加した。2006 年 1 月に初デモ作『Promo 2006 』を発売する。その後のライブ活動していく中でヴォーカルが将興⇒常雲虎（Septicaemia のヴォーカル）⇒王冕⇒庄雨（Regicide のヴォーカルでもある）に交代していく。2012 年になり EP『Hyonblud 2012 EP Promo』が発売され、同年 11 月に結成 8 年目にして 1st アルバム『Chaos From World Orgasm』がリリースされた。

A Hyonblud 簡 血腥高潮 常 血腥高潮

A Chaos from World Orgasm 簡 常

Brutal Death Metal	北京	
AreaDeath Productions	フルレンス	2012

複雑な展開をするウルトラブルータルに押しまくるガチンコなリフと超高速ツーバスにブラスト全速全開のドラム、うねりまくるベース、そして残忍酷薄なガテラル・ヴォイスによる超ハイクオリティなブルータル・デスメタル・サウンドを聴かせる。押しまくるだけでなく、ピアノから始まる 3 曲目のような首根っこをつかまれ引きずり込まれたうえ、心臓を突き破る急転直下な展開を見せるのもある。ワールドクラスの高い完成度を見せ付ける。9 曲目は Slipknot のカバー曲。解散していないが、各本業バンド多忙のため、活動停止中。

粉骨砕身する数少ないエッジのある正統派トゥルー・メタル

Iron Blade

簡 裂刃
常 裂刃

Speed/Power Metal	2001 ～	北京

1990年代後半よりバンド活動を行っていた張昊（ギター）と趙銘輝（ベース）が中心となり、張耒（ギター）と郭志剛（ドラム）を誘って2001年4月に結成してパワー・メタル・バンド。同年6月に董雪松（ヴォーカル）が加入、7月になりバンド名をIron Blade（裂刃）と決定した。同時期にドラムも佟曉濤になる。ゆっくりとしたペースだが豪运酒吧を拠点にライブ活動を続け、楽曲制作に力を入れる。2006年発売のコンピレーションCD『众神复活2』、2009年発売の『众神复活6』に楽曲を提供し、正統派ヘヴィ・メタル・バンドが少ない中国にあってエッジのあるトゥルー・メタル・サウンドで独自の地位を築いた。しかしその後ベースとドラムが脱退したため活動停止となる。2008年にギターの張耒も脱退してしまうが、一世代下の年齢になるものの、より正統派メタルを好む李磊（ギター）が加入し、活動再開する。現編成3人でアルバム制作に入り、ようやく2014年5月にバンド名を冠した1stアルバム『Iron Blade』を完成させた。

A Iron Blade 簡 裂刃 常 裂刃
A Iron Blade 簡 裂刃 常 裂刃

Speed/Power Metal	北京	
中国科学文化音像出版社	フルレンス	2014

正統派ヘヴィ・メタル・バンドによるデビューアルバム。唐朝や超載といった初期中国産メタル・バンドが音楽性の底辺にあり、そこへJudas Priest、Megadethなどの欧米レジェンドの影響を多大に受けている。ミドルテンポな展開をする楽曲を中心に存在感あるテクニカルなリフが牽引し、中低音ヴォーカルがメロディをしっかりと歌い上げる。7曲目はライブ中盤にくると会場がぐっと一体感が強まる展開があるアコースティックバラード、5曲目はJudas Priestの「Breaking The Law」のカバー。

本格派ハリウッド・バッド・ボーイズ・ロックンロール

Jacky Danny

簡 杰克丹尼
常 傑克丹尼

Hard Rock'n Roll
2013 ～ 2014
北京

60 年代 70 年代の英米のクラシック・ロックや 80 年代ハリウッド・バッド・ボーイズ・ロックンロールに多大な影響を受けたメンバーが集まり、2010 年に結成されたハード・ロック・バンド。2012 年以後は、ベースが不在でメンバーが李博（ヴォーカル）、将中旭（リードギター）、信飛（リズムギター）、王梓繁（ドラム）の４人に。MAO Livehouse Beijing を拠点にライブを行い、近年中国のハード・ロックシーンでまったく見られなかった、欧米に深く根付くロックンロールタイプの音楽性は新鮮だった。その存在は瞬く間に口コミで広がる。まさしく「酒香不怕巷子深（意味：良い酒は奥まった路地で売っていてもいい香りがするので、広告を出さなくても自然とお客さん→客が来る。商品が良ければ宣伝しなくても消費者は求めに来ることの例え）」であると高く評価される。2013 年 1 月に自主制作 1st アルバム『Jacky Danny』、同年５月には前作品から４曲ピックアップし、新曲を追加した EP『Zip Up』をリリースしている。

A Jacky Danny / **簡** 杰克丹尼 / **常** 傑克丹尼
A Jacky Danny / **簡** 杰克丹尼 / **常** 傑克丹尼

Hard Rock'n Roll / 北京
The Virgins Production / フルレンス / 2013

冷たいビールよりジャックダニエルのストレートが似合うサウンド。レイドバックしたギターがヘヴィに奏でるブルース・ハード・ロック・バンドによるデビューアルバム。Free や Faces などの英国風の枯れた感じではなく Guns N' Roses にアメリカ南部の土臭いサザン・ロックの雰囲気を持つ音使いをしている。リフもソロもドライヴィングするドラムもアメリカンな雰囲気が強い。アクセル・ローズを思わす特徴的な高音から変幻自在に曲調に合わせ、低音域まで幅広く使い分ける歌唱もアメリカンな雰囲気を強める。

A Jacky Danny / **簡** 杰克丹尼 / **常** 傑克丹尼
A Zip Up / **簡** / **常**

Hard Rock'n Roll / 北京
自主制作 / EP / 2013

前作より４ヶ月でリリースとなった５曲収録 EP。サザン・ロック色は薄まり AD/DC から Aerosmith 等のオーセンティックなハード・ロックから L.A メタルな 80 年代な元気いっぱいサウンドを聴かせる。これほど良き香りがし、ストロングな味がするにも関わらず、40 箇所に及ぶ全国ツアー最終日をもって解散した。真に残念であるが、李博（ヴォーカル）と信飛（ベース）は元メンバーとともに Rosewood Bullet を結成、他の新旧メンバーの多くも音楽活動を継続している。

エクストリーム・メタル界人脈図の頂点に凄腕が集中

Lacerate

簡 撕裂
常 撕裂

Thrash Metal	2007 ～	北京
2011 年 EP『征途』、2013 年 EP『Unholy Holocaust』		

2007 年 1 月結成の女性ヴォーカル＆ツインギター編成スラッシュ・メタル・バンド。米ベイエリア・スラッシュに影響を受け、激しさの中にメロディが流れる楽曲を得意とし、13Club などを中心にライブ活動をする。3 代目女性ヴォーカルとなる白綾が 2008 年に加入。2 月に 1st デモ『征途』を完成。2011 年 6 月、1st アルバム『王者再临 (Return of the King)』をリリース。メンバーは王冲（ベース）、孔徳珮（ドラム・元 Martyrdom、Crack、Die from Sorrow に在籍中）、周桐（ギター）、李楠（ギター・元 Evilthorn、元 Septicaemia、Corpse Cook、Snow Funeral、Heavy Duty、Deathpact にも在籍中）、白綾であった。2013 年に周桐が脱退し、Annihilation、Cave Have Rod、Corpse Cook、Hydrosyanik 等に在籍する Cook-Hor こと何斯堯が加入。男性ヴォーカル周磊となり、4 月にデジタルシングル『Unholy Holocaust』をリリース。

A Lacerate
A Return of the King

簡 撕裂 **常** 撕裂
簡 王者再临 **常** 王者再臨

Thrash Metal	北京	
天启唱片	フルレンス	2011

ベイエリア直系のサウンドを持つスラッシュ・メタル・バンドの 1st アルバム。リリース当時、白綾（女性ヴォーカル）は 20 代前半だがストロングで凶暴なヴォーカルを取る。同時に複数のバンドで活動し、そのすべてが主役級でもあるギタリスト李楠のプレイはテクニカルな演奏で、リフもソロも非常に聴き応えがある。この後、白綾が脱退したのは残念であり、現在は何をしているのか気になるところだが、2017 年リリースのシングル『Unholy Holocaust』では新加入の男性ヴォーカル周磊のスタイルも良い方向性である。

J-Rock に近いラップ歌唱と歌メロ配分したミクスチャー系

Left Right

簡 左右
常 左右

Nu Metal
2005 ~
北京

2005年、鄭仕偉（リードギター）と付晨雷（ベース）を中心に結成され、張顧衛（ヴォーカル）、周坤（ギター）、楊增（ドラム）が加入し、本格始動したニュー・メタル・バンド。メンバー全員が音楽学校を卒業しており、知識や理論などに精通している。MAO Livehouse Beijing や星光现场などでライブハウスや北京 MIDI 音乐节、北京草莓音乐节などのフェスティバルに出演することで経験を積んだ。パワフルな楽曲と優れた詩的歌詞が結びつき、独特のスタイルを築く。YAMAHA 主催 Asian Beat2005 アジア新人バンド大会中国地区決勝戦にも出場経験がある。ギタリストの交代やキーボード奏者が一時的に在籍するなどバンド体制に実験を試みることもあった。 2008年1月初 EP『向热血与青春致敬』リリース後、In This Moment の北京公演の前座、および2度に渡り全国ツアーを行う。2012年9月アルバム『末时代』を発売し、10月より再び全国ツアーを開始する。翌年秋まで続き24都市を回り、途中11箇所ものフェスティバルに出演した。

A Left Right
A

簡 左右 　**常** 左右
簡 向热血与青春致敬 　**常** 向熱血与青春致敬

Nu Metal	北京	
声音丛林	EP	2008

6曲収録のデビュー EP。パワーで押し付ける欧米タイプのニュー・メタルではなく、どちらかというとそれに影響を受けながらも、繊細なメロディを前面に打ち出し、綿密な音作りをしているミクスチャー系の J-Rock に近い。語りかけ勇気付けるようなラップ歌唱パートと背中を押してくれるメロディックな歌メロパートの独特な配分が心地良い。またよく計算され、丁寧なバックアップがなされる楽器隊がヴォーカルを盛り立てている。強い感染力をもったパワフルでメロディアスな音楽性は、若者世代への希求性が強くある。

A Left Right
A

簡 左右 　**常** 左右
簡 末时代 　**常** 末時代

Nu Metal	北京	
声音丛林	フルレンス	2012

前作 EP より約3年半ぶり。香港のロック・バンド Beyond のカバー曲を含む14曲を収録。西洋風の刺々しいニュー・メタルではなく、ラウドに攻めながら、アジア的歌謡のメロディーを大切にする。一般大衆にも受け入れられそうな歌謡センスをもったラウド・ロックと言える。歌謡と付けたが、弱々しいのではなく、ロック本来が持つパワフルなリズムや切り刻むようなリフがあり、バランスある楽曲である。悲しくも心強くさせてくれるパワーバラード曲8曲目も美曲である。時折入る伝統楽器による中華的旋律も、このバンドの独自性を強めている。

ステージでガソリンを撒き、ドラム缶を叩くニュー・メタル

Liquid Oxygen Tin

簡 液氧罐头

常 液氧罐頭

Nu Metal

2001～

北京

2008年　EP『灰蓝色』、2009年EP『誓言』、2014年EP『一切都不重要』、2018年 シングル『痛苦杀死我』、2019年 シングル『情歌』『生命之门』『观念』『谢谢你曾融化过我』『最终你将会成为谁』

2000年7月、北京迷笛音楽学校出身のメンバーを中心に結成されたニュー・メタル・バンド。パーカッション奏者やドラム缶を叩くメンバーがいるなど、7人編成で型破りである。メタル、ハードコア、ラップ、インダストリアル、ノイズ、テクノなどあらゆる音楽を飲み込み、ステージではガソリンを撒き放火するなど、北京屈指の危険極まりないライブパフォーマンス（消火器を持ったスタッフが横で待機）をすることで大きな話題となる。翌年解散するも2002年再結成する。基本的なメンバー構成に変わりないが、脱退と再加入を繰り返すメンバーが多い。2005年10月に1stアルバム『这一切变化无常』、2008年12月にEP『灰蓝色』、2009年09月にEP『誓言』、2012年5月『十年之氧』、2014年4月に『一切都不重要』と作品を順調に重ねる。 現在の主要メンバーは、張宇（ヴォーカル）、胡家瑞（ギター）、宋揚（ベース）、呉京桐（ドラム）となっており、2016-2017深圳迷笛跨年フェスティバルに参加した。

A Liquid Oxygen Tin

A

簡 液氧罐头　**常 液氧罐頭**

簡 这一切变化无常　**常 這一切変化無常**

Nu Metal	北京	
星外星音乐	フルレンス	2005

Korn影響下に、アジア的メロディやリズムを大胆に導入したニュー・メタル・バンドの1stアルバム。初回リリース時はアルバム名がバンド名と同じであったが、再発時にジャケットとともに変更された。大胆さ以上に実験性の高いことに挑戦。張宇（ヴォーカル）はJonathan Davis以上に引出の多い声質で、攻撃一方だけでなく誘い寄せるような歌唱を披露。打楽器の取り入れ方や伝統的旋律の持ち込み方が秀逸である。ジャズを学んでいた胡家瑞（ギター）の予期不能なリフや、独特の間の取り方も素晴らしい。

A Liquid Oxygen Tin

A

簡 液氧罐头　**常 液氧罐頭**

簡 十年之氧　**常 十年之氧**

Nu Metal	北京	
自主制作	フルレンス	2012

前作にも増して中華的旋律とジャズ的奏法を取り入れたニュー・メタルとなり、趣のある面白い作品に仕上がる。特異なリズムセクションは顕在するが、泣き叫ぶような異様なヴォーカル・スタイルが減り、ラップ歌唱はあるものの、メロディを歌いこむ歌中心の音作りとなっている。また、女性ヴォーカルをゲストに迎えるなど実験的なサウンドとなり、いくぶんポップな方向性になっている。あえて言うならば、ニュー・メタル＋C-Popにジャズ的エッセンスを加えたラウド系歌謡ロックと表現する方がしっくりくる。

環境保護や食品安全を訴える大量消費社会批判ニュー・メタル

Lose Control of Logic

簡 逻辑失控
常 邏輯失控

Thrash/Nu Metal
2003～
北京

北京にて周淼（ヴォーカル）・賴今栄（ギター）・龔小楽（ギター）・楊濤（ベース）・楊顥（ドラム）の5人により2003年6月に結成された。スラッシュ、ハードコア、ニュー・メタル、インダストリアル・ノイズ、ダンスミュージックと多彩な音楽に影響を受けたニュー・メタル。ステージで観客に衝撃を与えているので、力強いリズム感によるステージ・パフォーマンスで観客に衝撃を与えている。歌詞においても食品安全、環境保護、終わることのない大量生産・大量消費・大量廃棄システムに対する批判など社会問題を取り上げ、猛省するよう促している。地元ライブハウス豪运酒吧を拠点に北京で活動しながら、2007年にはベースが陳亜南に交代し、2008年1月、1stアルバム『孤独给我们力量』を発売。活動領域も天津、華北に広げる。賴今栄は2006年からRitual Dayにリードギターとしても活動するようになる。その後も迷笛音乐节や草莓音乐节など各地のフェスティバルに出演し、存在感を示す。2012年4月に2ndアルバム『你所谓的爱是榨干我的理由』をリリース。2013年全国5都市を回るツアーを成功させた。

A Lose Control of Logic　**簡** 逻辑失控　**常** 邏輯失控

A　**簡** 孤独给我们力量　**常** 孤独給我們力量

Thrash/Nu Metal	北京
嚎叫唱片	フルレンス / 2008

一聴するとニュー・メタルなのだが、軸となるアプローチ方法がオーソドックスなヘヴィ・メタル。スピード感と重量感を兼ね合わせたリフ、順当にやってくるソロパート部分などはブリティッシュ・メタル～スラッシュ・メタルの感触がある展開をみせる。ハードコア的ラップヴォーカル・スタイルがバンドを結束させ、勢いを増長させている。恐れ気もなく随所に入れ込んでくる強気なインダストリアル・ノイズ的サンプリングが特異な世界を作り、時折入るシュラプネル風シュレッドギターに驚かされる。

A Lose Control of Logic　**簡** 逻辑失控　**常** 邏輯失控

A　**簡** 你所谓的爱是榨干我的理由　**常** 你所謂的愛是榨乾我的理由

Thrash/Nu Metal	北京
京文唱片	フルレンス / 2014

6年半ぶりとなる2ndアルバム。作風として前作の延長線上にあり、多彩な歌唱スタイルを取り入れ、より図太くなったヴォーカルがバンドの中心で存在感を増してバンドサウンドをさらにしっかりと固める。メリハリのあるスラッシュ・メタル風なギターアプローチも楽曲を引き締める。本作ではインダストリアル・ノイズ的サンプリングは取り入れず、映画サントラを思わすオーケストラゼーションや街のにぎやかな騒音を導入し、ダイナミックさを追求するとともに生活臭が漂うニュー・メタルに仕上がる。

ヴォーカルが韓国人や台湾人だったプログレッシブ・メタル

Mirage

簡 海市蜃楼
常 海市蜃樓

Progressive Metal	1999 ～ 2011	北京

1999年に首都師範大学音楽科卒業の王亜東（ベース）を中心に結成された5人編成プログレッシブ・メタル・バンド。結成まもなくは演奏力もなく、音楽的知識もわずかであり、なおかつ中国各地から集るメンバーのためそれぞれの生活条件が異なっていたため、活動も不安定であった。やがて王以外がバンドを離れてしまい、解散状態に陥る。

2000年、王亜東は王張昆（ドラム）と、顧錯（ギター）とともに活動を再開。何人ものミュージシャンとセッションをしながらメンバーを選定し、同時に楽曲制作を行う。2001年、王亜東、顧、大梁こと梁承光（ドラム）、王菁（キーボード）となり、ヴォーカルレスのままライブ活動に入る。このころにはテクニカルなプログレッシブ·メタルを目指すとともにフュージョンの要素も感じられる音楽性になる。2002年6月、韓国人ヴォーカリスト金悟空が加入。2003年、キーボード奏者が李楽軍に交代し、ライブ活動に本腰を入れるとともにバックバンドとして姜行恒や許巍といったソロアーティストのライブサポートを務める。2005年12月リリースのオムニバス·アルバム『众神复活4』に楽曲が収録される。2007年から制作に入っていたアルバムが2009年10月ようやく1stアルバム『海市蜃楼』としてリリース。その後も地道に活動をするも、音沙汰なしになる。

2015年、もう1人のキーボード奏者の亮亮と台湾人女性ヴォーカルJoyceこと万永婷が加入、6人編成になりEP『湖光山色』がリリースとなった。しかしまもなく自然消滅となる。大梁と亮亮は2011年に結成したインストゥルメント・プログレッシブ・メタル・バンドDemon Huntersをメインに活動する。インタビューはバンド後期の主導権を握った大梁に申し込んだ。彼は、現代音楽大家の曹平やDom Famularo、徐德昌、姜永正に師事した経験があり、演奏技術面だけでなく音楽理論にも造詣が深い。また、バンド活動とともにMeinl、Vic Firth、Aquarian、Kirlin Cables、Cympadのスポークスマンを務めるほか、多くのアーティストのレコーディング、ライブに参加する。ドラム教室鼓音焼梁工作室も運営する。

A Mirage
A Mirage

簡 海市蜃楼 常 海市蜃楼
簡 海市蜃楼 常 海市蜃楼

Progressive Metal	北京	
嚎叫唱片	フルレンス	2009

中国メタル界において Rush および Dream Theater 影響下のプログレッシブ・メタルを志した最初のバンド。結成 9 年目にしての 1st アルバム。本作では韓国人金悟空がヴォーカルとして参加。中国語歌唱において韓国人特有の訛りは比較的少ない。力作であるが部分的にはギターやキーボード、コーラスがシンプルなところがあり、もうひとひねりが欲しい。しかしながら全体としては高い演奏技術をもっており、今後の活動に関心を持てる内容となっている。彼らの音楽性を端的に表現した代表的な作品に仕上がっている。

A Mirage
A

簡 海市蜃楼 常 海市蜃楼
簡 湖光山色 常 湖光山色

Progressive Metal	北京	
新索音乐	EP	2015

ヴォーカルが台湾女性 Joyce に交代し、プログレッシブ・メタルからプログレッシブ風味のあるメロディック・メタルになり、趣が前作とはかなり変わる。中華圏でこの手のタイプは少ないが、台湾の Seraphim に近い。中国語歌詞ではネイティブ・チャイニーズ発音のためしっかりと歌われている。かわいくもあり、かっこいい声質と信頼と安定の楽器隊が奏でるサウンドは日本人にとってアン・ルイス的歌謡メタル路線にも聴こえる。すでに解散しており、大梁（ドラム）は Demon Hunters を結成する。

Mirage インタビュー
回答者：大梁

A：こんにちは。私は Mirage のドラム大梁です。バンド創設者のひとりでもあります。ちょうど北京に戻ったばかりなのですが、インタビューしてくれてありがとうございます。一つ一つ答えていきたいと思います。

Q：今まで外国のメディアからインタビューを受けたことはありますか？

A：海外のメディアからのインタビューはありませんが、国内のはたくさんあります。雑誌『Modern Sky』や楽器雑誌、テレビ局からなどです。

Q：では Mirage はいつ頃、どこで、どのように結成されて、今までにどのような変遷があったのでしょうか？　またメンバーの紹介をお願いします。

A：1999 年に北京にて結成し、最初期のメンバーは中国各地出身だったので、メンバーチェンジも多くありました。メンバーが安定した頃の布陣は、ベーシストに王亜東、ギタリストに顧鍇、そしてドラムに私、キーボード奏者に王菁で、みんな北京人。それから 2000 年に韓国出身の金悟空が加入しました。最初からプログレッシブ・メタルを前提にしていて、メンバー全員が Rush や Yes を好んでおり、もちろん Dream Theater の影響は大きいです。バンドネームはベーシスト王亜東のアイデアで、実験的で掴みどころの無い音楽という意味を持たせました。2002 年に初めてツアーをした後、キーボード奏者王菁が脱退し、映像業界の方へ進みました。それから新しく入ってきたのが河南省洛陽出身の李楽君です。2008 年になってファーストアルバム『海市蜃楼』をリリース。その後、バンドの発展のためにマネージメント会社のヴォーカル交代や音楽スタイルの変更等の要請があったので、また韓国出身の尹汝圭をヴォーカルに迎えて短期間一緒にやってみたのですがあまりしっくりせず、制作上においてのけんかも増えてきてしまいました。2010 年に台湾出身の女性ボーカリスト Joyce 万永婷が新加入し、2015 年にセカンドアルバム『湖光山色』をリリースしました。しかし、バンドの展望や私生活などの原因で活動停止してしまいました。今は別のプログレッシブ・メタル・バンドをやっている私以外は、基本的に音楽活動もバンド活動もやっていません。

Q：音楽性を説明してください。

A：最初は音楽スタイルにこだわらず多くの

心情を表現したかったこともあり、Dream Theater や Rush の曲をたくさんコピーしていました。活動後半の楽曲制作においても Dream Theater の影響はかなり大きいです。

Q：ということはメンバー全員多大な影響を受けたバンドというのは？

A：ええ、Dream Theater。

Q：メンバーそれぞれがメタルに目覚めるきっかけとは何だったのでしょうか？

A：それは判らないですね。

Q：では初めて購入したアルバムとは何でしょう？

A：最初は The Doors のベストアルバム、それから Rush の『2112』。これは私の音楽の考え方を根本的に変えてくれました。

Q：人生観を変えたとも言うべき大好きなアルバム５枚を教えてください。

A：

- **Rush『2112』**
- **Rick Wakeman『The Six Wives of Henry VIII』**
- **Yes『The Yes Album』**
- **King Crimson『1969 In the Court of the Crimson King』**
- **Dream Theater『Scenes from a Memory』**

Q：中国ロックの第一世代のミュージシャンと比べればあなたたちは、中国の音楽情報、世界の音楽情報を簡単に得ることが出来るようになったと思うのですが、メタルに関してはどうでしょうか？　何か違いはあるのでしょうか？

A：メンバーはみんな 1970 年代生まれで、私自身は 1977 年生まれなのですが、あの時代は音楽情報を得ることは容易ではありませんでした。海賊版カセットや CD くらいしかありませんでした。それからインターネットの発達でたくさんの音楽に出会える機会が増えました。ヘヴィ・メタルに関しても情報を得る方法がたくさんありますが、入ってくる情報は少ないです。まだ世界からは遠いですね。

Q：私が北京留学してた 20 年前に中国人の友達何人かにヘヴィ・メタルを聴かせたら、眉間にしわを寄せて「うるさいだけだ」とか「コレは音楽じゃない」だとか言われてしまいました。今は随分と変わっていると思うのですが、あなたたちの周りにいるメタルファン以外の普通の人たちはメタルに対してどんなイメージを持っているのでしょうか？

A：今は国内のヘヴィ・メタルも多様化し、発展してきていますが、普通の人々にはまだ受け入れられておらず、ひどいメロディやアレンジ不足なバンドが多く、問題だと思っています。しかし世界中と交流が増えていって、たくさんのバンドが中国でライブをするようになっています。これはとても良いことなので、たくさんの人がメタルを気に入ってくれるといいなと思っています。

Q：では、当面の活動というのはどのようなものでしょうか？　２枚目のアルバムを出してから数年経ちましたが。

A：ありません。

Q：初代の韓国人ヴォーカリスト金悟空の脱退原因ならびに新ボーカリストの台湾出身 Joyce はどのような経緯で加入しましたか？　彼女は台湾在住時代にバンドはやっていたのでしょうか？

A：金の脱退原因はバンドが成長するためにというマネージャーの要望だったのです。私たちは望んではいませんでした。

Joyce は台湾でいくつかバンドをやっていたこともあり、アルバムもリリースしていたようです。作詞においての文化的側面やアーティスティックな部分が素晴らしくて、セカンドアルバムでは大きな貢献をしてもらいました。

Q：歌詞のテーマはどういったものでしたか？

A：歌詞に関しては Joyce にしか解らないですね。

Q：現在の中国のメタルシーンではデスメタルやニュー・メタル、フォーク・メタルといったジャンルのバンドが多くて人気がありますが、あなたたちのような欧州風のメロディック・パワー・メタル・バンドは少ないですね。この状況はあなた達にとってどうでしょうか？

A：バンド結成から今まで、私自身はプログレッシブ・メタルだけが好きなのですが、北京ではプログレッシブ・メタル・バンドが一番多かった時でもたった３組しかいませんでした。それから私たちだけになって、そして私独りだけがこのスタイルをやり続けているみたいです。私の今やっているバンド Demon Hunters も２枚アルバムをリリースしています。もっとプログレッシブに推し進めたヴォーカルレスなバンドにしました。プログレッシブ・メタルはミュージシャンには高度なテクニックやハーモニーが要求されるのですが、この手のバンドのライブでは盛り上がりません。だいたい多くは熱く盛り上がろうとライブを見に来ているので、まじめに音楽を聴いていません。

Q：中国のバンドでお薦めはどのバンドでしょうか？

A：個人的には中国のバンドで好きなのは痛苦的信仰です。ヘヴィ・メタルからフォークに変わっていったのですが、ビジネス的にも大成功しているし、音楽も素晴らしいです。アレンジ力も細やかで、他のバンドの作品と比べると先進的な感じがします。

Q：ロックミュージシャンはバンド活動だけでは生活費を稼ぐことが難しいかと思いますが、音楽

活動以外にどんな仕事をしているのでしょうか？
A：私自身はずっとプロのミュージシャンとして活動しています。バックミュージシャンをやったり、楽器を教えたり、あとは音楽フェスでステージ・ディレクターなんかもしています。Mirageの後半は問題があり、バンド活動からは高収入は期待できず、活動停止してしまいました。

Q：日本のイメージはいかがですか？
A：まず、私は日本人ミュージシャンをとても尊敬しています。真面目でよく努力しているし、プロフェッショナルです。ただ別の面では、かつての戦争による中日両国の不仲なところで、一部の日本のところは好きになれません。わかってくれると思いますが。

Q：日中両国は二千年を超える友好関係があるのに、不幸な一時期があったり、今でもたくさんの問題を抱えています。将来両国はさらに良好な関係を築けると思いますか？
A：両国関係はより良くなると思います。しかし政治については良好な関係は難しいとも思います。日本側は依然として政治家の問題がありますし、分かりますよね？

Q：話題を変えて、日本のメタル・バンドに好きなバンドはいますか？
A：Casiopeaが日本のバンドの中では好き。ドラムの神保彰氏はまったくもって日本を超えた存在に感じます。

Q：では、メタル以外ではどうでしょうか？
A：いろいろな民族音楽が好きです。たとえばケルトミュージックだったり、ルーマニアの音楽だったり、今までの自分になかったフィーリングを感じることができるからです。

Q：中国ではマーケットが小さいのに、なぜこのようなスタイルのプログレッシブな音楽をやり続けているのでしょうか？
A：このスタイルの音楽はバラエティに富んだもので、音楽的な変転も多いです。私はずっと追求したいと思っています。追求する過程にも面白さがあるのです。私のやり続けることに期待して欲しいです。

Q：インタビューを受けて頂き、ありがとうございます。最後に、日本の読者へひと言。
A：こちらこそありがとうございます。日本の皆さん、興味を持って頂ければ、私のヴォーカルレスなニューバンドDemon Huntersを聴いてみてください。

北京発の日本風居酒屋を父に持つ日中ハーフのストーナー

Never Before

簡
常

Stoner Metal	2011 ～	北京
2017 年 ライブアルバム『Fall for 15 Years Live 917』		

2011 年結成。中国最初のストーナー・メタル・バンド。初期にはスウェーデン人とイタリア人が在籍。現在は閔焔（ヴォーカル）、Sho（リードギター）、牛東（ベース）、Damon Dai（リズムギター）、馬凌軒（ドラム）となっている。ストーナー、ドゥーム、スラッジ、サザンロック、サイケデリックなどから多大な影響を受けている。2013 年 EP『活体悪性麦秆瘤 ／ Evil Straw Warts Live』、2015 年にアルバム『King of Worms』を発表している。2017 年 5 月蘇州で開催された太湖 MIDI フェスティバルに出演した際、ファンキー末吉がピンチヒッターとしてドラムを演奏している。なお、リードギター Sho は音楽活動の傍ら北京市内の一等地で妹、バンドメンバーとともにバー Dot.Bar を経営している。余談だが日中ハーフの Sho の父親は北京で最初に日本風居酒屋兆治をオープンさせて日本人駐在員から愛され、また数々の伝説を残した故・田端秀臣氏である。

A Never Before
A Evil Straw Warts Live

簡 活体恶性麦秆瘤
常 活体悪性麦稈瘤

Stoner Metal	北京	
Mort Productions	EP	2013

ライブ音源 4 曲収録となる 1st EP。結成当初より欧米での活動を視野にしているため全英詩で、作曲においてもアレンジにおいてもあえて中華風味は排除している。本作では、まだほんの僅かだがバンドとしてまとまり感に欠けているとも感じられるが、ストーナー・メタルの古典を踏まえたグルーヴ感と厚いディストーションがかかった荒々しさに聴き応えがある。曲数が少ない事が唯一残念なところ。あと 2 曲くらいは聴いていたいと思わせるレベルで、次作品に期待が持てる内容である。

A Never Before　簡　常

A King of Worms　簡　常

Stoner Metal	北京	
自主制作	フルレンス	2015

近縁的ジャンルであるドゥーム・メタルに接近し、Black Sabbath～Cathedral 路線を踏襲する。安定感が増したヴォーカルがバンドとしての結合力を強くし、存在感を高めている。また、ギタリストの趣向範囲の広さもあり、70 年代初頭的英国ブルース・ロック～ハード・ロック、ジャズ的アプローチを試みることでギターサウンドの懐の深さと引き出しが増え、楽曲を鮮やかさにする。バンドの本質を高めるリズム隊の確かな技術も素晴らしく、若々しい丁寧な仕事をしている。本作から数年が経ちライブで培った次が楽しみである。

Never Before インタビュー
回答者 Alex

Q：日本や欧米の雑誌媒体からインタビューを受けたことはありますか？

A：覚えている限りではないですね。中国以外のメディアのインタビューは初めてです。

Q:それは光栄です。では、バンドはいつどこで、どのように結成されましたか？　また、音楽性やメンバーに変化はありましたか？　バンドメンバーの紹介をお願いします。

A：結成は 2011 年、ギタリストの Sho とボーカリストの私を中心にして活動を始めて、2012 年の中頃に本格始動するようになりました。その前に Sho と Alex はハードコアパンクな Last Chance of Youth というバンドをやっていたのですが、バンドに嫌気が差していたころで、もっと面白いバンドをやろうと思い始めていたのです。もっとトラディショナルな面を強調したバンドを。

Q：メタルに目覚めるきっかけとは何だったのでしょうか？　それから、最初に買ったアルバムは何でしょうか？

A：一番最初に聴いたロックはハード・ロックやヘヴィ・メタルで、Metallica、Testament、Guns N' Roses 等のバンドを聴いていました。最初に買ったアルバムは Mr.Big の『Lean into it』です。別に理由はないのですが、ただかっこいい音楽で、彼らがクールに見えたのです。

Q：バンドメンバーはどんな音楽が好きなのでしょう？　バンドを挙げてください。

A:今は好きな音楽ジャンルはたくさんあり、ロックやヘヴィ・メタルだけでなく、レゲエもジャズもよく聴いています。めちゃくちゃ好きなバンドを挙げれば、Black Sabbath、Black Flag、Led Zeppelin、The Clash、The Door、Deep Purple、Down、Darkthrone、Sleep、Mastodon、King Crimson、Motörhead、The Mars Volta、Burzum、Enslaved、Refused、人間椅子、Cream、Jimi Hendrix、The Cramps……といっぱいあります。

Q：バンド名の由来は何でしょうか？

A：Deep Purple の曲 Never Before からです。

Q：中国ロックの第一世代のミュージシャンと比べればあなたたちは、中国の音楽情報、世界の音楽情報を簡単に得ることが出来るようになったと思うのですが、メタルに関してはどうでしょうか？　何か違いはありますか？

A:確かにそうですね。今のファンやミュージシャンは十何年前や 20 年前に比べたら、いとも簡単に世界中から色々なジャンルの音楽ニュースを得ることが出来るようになりました。専門雑誌もあったり、この 2 年くらいはネット上にスレッド形式のサイトがあって、どのニュースもほぼ同時的に入ってきます。それぞれの趣向にあった音楽をすぐ見つけられるのですが、もちろん弊害もあります。私たちやもっと若い世代がファーストフード化したニュースを読み、それをそのまま取り込んでしまっていることで、未来がどうなるのか私も分かりません。

Q：一番影響を受けたバンドやサウンドは何でしょうか？

A：Never Before のサウンドに影響を与えているのは 60 年代のサイケデリックロックや 70 年代初期のメタルとヘヴィブルースですね。それに 80 年代から 90 年代にかけてのグランジやストーナー、スラッジ、ドゥームとかもです。具体的に言ったら、Black Sabbath、Deep Purple、Jimi Hendrix、Cream、Soundgarden、Down、Sleep とかのバンド。

Q：人生を変えたアルバムや好きなアルバムを 5 枚教えてください。

A：5 枚は少なすぎて難しいですね（笑）

1、Metallica の 1991 年作の『Metallica』。1995 年に本当の意味で初めてヘヴィ・メタルを聴いた CD で、メロディのパワーがとてつもなく耳を捉えたと言ったらいいのでしょうか。も

ちろん多くの人はこの時からMetallicaを嫌いになったかもしれませんが、私自身がメタルそしてMetallicaを愛してやまなくなった理由です。
2、Black Flagの1984年作の『My War』。
Black Flagのこのアルバムが好きなのは、もはやハードコアというだけで好きではありません。重苦しく捻じ曲がっていて近寄りがたく、特に攻撃的なのにインスピレーションを感じるところです。音楽的知識に影響をもたらし、実際多くの音楽知識が表現方法に変化をもたらしました。このアルバムは後の世代の数知れないほどのハードコアパンクやポストハードコア、ドゥーム・メタルに大きく影響しています。
3、Black Sabbathの1970年作『Black Sabbath』。
中国人の出会ったロックミュージックはロックの発展や時代変化とともに出会ってきたのではありません。私もこのアルバムを聴く前にエクストリームな音楽をたくさん聴いていたし、その音楽の中にある「邪悪さ」はどこからきたのかも知っていたのですが、このアルバムを初めて聴いたとき1曲目のイントロからして身震いがしました。B級映画やホラー漫画のように感じたのです。たぶん私は邪悪さのあるこの種のエンターテイメントが好きかもしれないですね（笑）。
4、Motorheadの1980年作の『Ace of Spades』。歌詞、イメージ、ミュージック、ロックンロールがすべて揃っています!! Lemmy万歳!!
5、Downの1995年作『NOLA』。
1997年にカセットテープを見つけてきて初めて聴きました。その時はPanteraのボーカリストの別バンドとはまったく知らなくて、ただこのアルバムの大ファンでした。これがどのジャンルのアルバムだとかも知らなかったのです。それでも今日まで一番聴いたCDのひとつと言えます！　私にヘヴィブルースやストーナーロック、スラッジメタルの美しい扉を開いてくれたのです。私も自分で「Temptation's Wings」「Lifer」「Hail the Leaf」「Stone the Crow」「Bury Me in Smoke」なんかの歌を自分で作れたらなと思います。
Q：普通の人たちのメタルに対するイメージはどうでしょうか？
A：実際、今の中国でのメタルコミュニティは小さいというか……。ヘヴィな音楽が気に入っているのはとても小さなグループと言えるでしょう。普通の人はメタルに対する評価はポジティブなものではなく、多くの人にとってうるさいだけで、意味も無く、暴力的で、そこ浅い音楽と思われています。しかし私に言わせたら、どうでもいいことで、私は自分がメタルを好きなだけです。他からどう見られようと、全然気にしません。人間は元々馬鹿だし、馬鹿が多いもので、気にも留めて

いません。

Q：あなたの周りのメタルシーンの現状はどうでしょう？

A：私の理想とするシーンには程遠いですが、この国のなかでは一番良い雰囲気だと思います。ピュアなメタルライブは毎月いくつも演っているし、アンダーグラウンドなレーベルがライブを開催したり CD を出したりもしています。しかしもっとプロフェッショナルな運営方法が必要ですね。

Q：いつもどこら辺でライブをしているのでしょうか？

A：中国の大小様々なフェスと各都市にはライブハウスがあるのですが、基本的には地下フロアのライブです。

Q：では、どんなことを歌詞にしているのでしょう？

A:自由、虚無主義、サイケデリック、即興で作ったり、お酒、女、マリファナ、俺たちの生活とかです。

Q：中国のバンドでお薦めは？

A：いません！　Never Before だけです !!

Q：日本の印象はどうでしょうか？

A：私は日本が大好きで、毎年日本へ音楽フェスを見に行ったり、旅行したりしています。大学で日本史を学んだのですよ。日本の戦国時代が好きで、織田信長が好きです。それに日本映画や音楽も好きだし、日本食の大ファン。それから、日本の秩序の保たれた公共、自然環境、公共施設、近代的なデザインなどを楽しんでいます。

Q：日中両国は二千年を超える友好関係があるのに、不幸な一時期があったり、今でもたくさんの問題を抱えています。将来両国はさらに良好な関係を築けると思いますか？

A：もちろんだんだん良くなってきていると思います。政府の言うがままだったり過激に扇動されてしまう若い世代もだんだん減ってきて、自分の脳みそで考える人が増えてきています。誰も憎しみの中で生きたいとは思いません。私は中日両国の若者の現状が同じようであると信じています。当然両国関係は徐々には良くなっていくだろうと信じています。もちろんまだ馬鹿はたくさんいますが、やつらはいっこうに何も変えようとしないだけですね。

Q：日本のメタル・バンドでお気に入りはいますか？

A：人間椅子ですね。彼らの音楽や表現方法は日本の伝統文化と Black Sabbath の素晴らしいぶつかり合いで、彼ら独自の感じで日本やアジアの独自の表現方法が出来上がっています。彼らは私のアイドルの一組ですね。

Q：メタル以外で好きな音楽はありますか？　どんな点に惹かれますか？

A：パンクとかハードコアやレゲエが好きで、私の成長段階のどこかで何らかの影響があります。音楽や生活方法等。それと人や社会への関わり方なども。

Q：質問を付け足すとしたら何でしょう？

A：あなたのインタビューは素晴らしかったです。私にバンドのことや私自身のことで考えていたことを話す機会を頂きました。自分に聞くことはないかな。ありがとう。

Q：では、日本の読者にひとこと。

A：最後まで読んでくれてうれしいです。このような形で知り合えてうれしいし、Bandcamp で私たちを支持して欲しいです。早く日本に行ってライブしたいし、そうなったら私たちにとっても忘れ難い経験になるだろうと信じています！

端麗秀麗ゴシックサウンドの湖上に浮かぶメロディック・メタル

Nightingale

簡 夜莺
常 夜鶯

Melodic Metal	2004 ～	北京
2019 年　EP『楼兰』		

2004 年、梅明陽（ギター）を中心に結成された紅一点メロディック・メタル・バンド。バンド英名の由来は人名からではなく、中国語バンド名の方のよく透る声で鳴く小鳥サヨナキドリから英訳。翌年、劉睿（ベース）、孫芸博（女性ヴォーカル）が加入。2006 年になり王東（ドラム）が加入し、ライブ活動を本格化させる。メロディックな音楽性を基に様々な音楽性に展開し、日々の生活の小さなことからインスピレーションを得て、一曲一曲それぞれに物語や感動などのテーマを描き出す。2009 年にアルバム『湖中的倒影』を発売する。その後、劉睿と孫芸博が甲冑を結成するため脱退するとバンドとして崩壊する。ドラムに Tarot Saint の郭偉、ヴォーカルに張彦楠が加入して建て直しを図るも一定せず。周楊子（ヴォーカル）、梅明陽、李欣（ベース）、郭威（ドラム）と揃うとライブ活動を再開する。2016 年 2nd アルバム『月光的舞蹈』。2018 年からのメンバーは、盧傲（ヴォーカル）、梅明陽、姜海強（ベース）、王東（ドラム）。

A Nightingale　**簡** 夜莺　**常** 夜鶯

A　**簡** 湖中的倒影　**常** 湖中的倒影

Melodic Metal	北京	
自主制作	Demo	2009

耽美的ゴシック・メタルでもなく、豪壮なメロディック・メタルでもなく、光陰併せ持った歌謡ロックサウンドで、例えるならばメタル化した The Cranberries や中国で例えるならメタル・バンドに加入した王菲（フェイ・ウォン）といったところ。孫芸博（ヴォーカル）の歌心を大切にした儚い歌声を、より華やかにさせるように梅明陽（ギター）が楽器隊を名脇役的存在に徹しさせている。李慧珍や羅琦に通じる 90 年代的中国女性ロックボーカリストの系譜に繋がる。その歌唱からは長年の中国ロックファンにとっては安心感を感じる。

A Nightingale | **簡 夜莺** | **常 夜鶯**

A Moonlight Dance | **簡 月光下的舞蹈** | **常 月光下的舞踏**

Melodic Metal	北京	
自主制作	フルレンス	2016

周楊子（ヴォーカル）が加入し デモとしてリリースされていたアルバム『湖中的倒影』をアレンジ・再録し、新曲「月光下的舞蹈」と「祈祷与信念」2曲、インスト版2曲を追加、一部収録順を入れ替えた上にアルバム・タイトルも変更し、正式なアルバムとしてリリース。正式音源となり音圧、ミックス状態も良くなり作品として見栄えあるものになる。新曲は雰囲気の異なる2曲で、アコーディオンを使ったケルティック色を強めた曲と演歌色の強いシンフォニックな曲で、他とは毛色が異なるが、全体を華やかにさせている。

A Nightingale | **簡 夜莺** | **常 夜鶯**

A Forever night | **簡 永夜** | **常 永夜**

Melodic Metal	北京	
自主制作	EP	2018

2曲収録EP。3代目ヴォーカルとして盧傲が加入。パワフルな歌唱法だった前任者とは声質がまったく異なり、儚さを感じさせながらも声量のあるタイプ。EPタイトルは収録曲それぞれ曲名の一文字から取っており、「Never Ever Part 永不分离」は、2014年に失踪したマレーシア航空MH370便乗客乗員の家族へ向けた、悲しみと希望を歌った荘厳なピアノとオーケストラから始まるゴシック・ポルカ・メタル・バラード。「夜行眖野」はファンタジーを題材にしたソプラノ・ヴォイスが印象的なシンフォニック・パワー・メタル。

Nuclear Fusion-G

簡 核聚变 -G
常 核聚変 -G

Industrial Metal
2004 ～
北京

2004 年 7 月、李子維（ヴォーカル）を中心に結成されたインダストリアル・メタル。テーマに宇宙、未来、原子力を掲げ、メタル、ダンスミュージック、テクノ、サンプリング、クラブミュージック等多種多様な音楽を導入する。地元北京のライブハウス无名高地酒吧や豪运酒吧でライブ活動を開始し、バンド体制を整える。また、早くから各地で開催されているフェスティバルに出演し、全国的知名度を向上させていく。2005 年夏に台湾のオムニバス CD『暴动年代』に曲が収録される。2007 年 9 月に初 EP『Nuclear Fusion-G』を発売。 2013 年 8 月に 1st アルバム『核程』を発売し、精力的にイベントに参加した。また、2014 年に公開されたツイ・ハーク監督による香港映画『タイガー・マウンテン～雪原の死闘～（原題：智取威虎山)』に「光」が起用され、同曲がシングルとしてもリリースされた。現在のメンバーは、李子維（ヴォーカル、シンセサイザー、サンプリング）、陳強（ギター）、張超（ベース）、張文博（ドラム）となっている。

A Nuclear Fusion-G　簡 核聚变 -G　常 核聚変 -G

A Nuclear Fusion-G　簡 核聚变 -G　常 核聚変 -G

Industrial Metal	北京	
自主制作	EP	2007

テクノロジー・ファンタジーをテーマにし、Ministry や Rammstein に影響を受けた重低音リズム、ダンスミュージック、サンプリング、DJ スクラッチなど多数の要素を組み込んだ近未来幻想的なヘヴィ・エレクトロ・サウンドを構築しようとするインダストリアル・メタル・バンドの 5 曲収録 1st EP。影響元の音楽性を消化した、可もなく不可もない。アレンジ不足な部分が多く、流用されたフレーズも多く耳にすることもあり、まだまだ没個性的。バンドの原点サウンドとなる作品。

A Nuclear Fusion-G　簡 核聚变 -G　常 核聚変 -G

A　簡 核程　常 核程

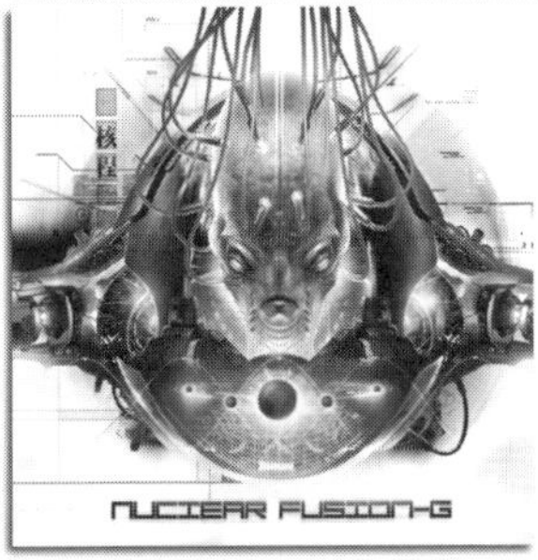

Industrial Metal	北京	
麦爱音乐	フルレンス	2013

前作 EP 収録 5 曲も再アレンジ再録した 1st アルバム。霞がかかったような作風だった前作に対して、インダストリアル・メタルの様に無駄な音が一切無い。緊張感のある音、冷酷な雰囲気、ハードコア的咆哮、メロディを綺麗に歌い上げるスタイル。囁くようなスタイルと様々な歌唱様式を使い分け、グルーヴ感あるヴォーカルが要となっている。ヘヴィかつ安定感のある楽器隊の演奏力は抜群で、特に Rammstein のように冷徹に一貫するリフは圧巻である。

「中国の Pantera」と呼ばれ、アイロニカルな政治的歌詞

Ordnance

簡 军械所
常 軍械所

Thrash/Groove Metal	1999 〜	北京

軍需工場のことを中国語で軍械所と表現する。劉立新（ギター）により 1999 年に結成されたスラッシュ・メタル・バンド。「中国の Pantera」と呼ばれ、The New Wave of Chinese Power Metal の旗手と称される。パワー、ヘヴィネス、スピードすべてが中国 No.1 のサウンドが中国全土でファンを開拓する。痩人のメンバーとして活動し、フジロックにも出演したことのある日本人ドラマーの Hayato が一時期在籍していたこともある。現在のメンバーは、劉立新、鐘浩（ヴォーカル）、陳亜南（ベース）、周浩（ドラム）、紀雲飛（ギター）の 5 人。リーダーでギタリストの劉立新は Dean とエンドースメント契約しており、北京にあるライブハウス 13Club のオーナーでもある。2005 年アルバム『斗争 ／ Struggle』、2008 年アルバム『Rock City』、2011 年 EP『成为公民 ／ Becoming a Citizen』、2014 年アルバム『Tear Down This Wall』と作品を重ねる。

A Ordnance 簡 军械所 常 軍械所

A Struggle 簡 斗争 常 闘争

Thrash/Groove Metal	北京	
RHC International Records	フルレンス	2005

スラッシュ／グルーヴ・メタル・バンドによる 1st アルバム。リフにおいてもリズムワークにおいても Pantera の強い影響下にあるが、若干 BPM を落とし、オルタナティヴ・メタルやニュー・メタル的な要素を加味したミドルテンポでストレートかつメロディアスなパワー・メタル路線である。CD ではコンパクトすぎる曲が並んでいるかとも感じるが、ライブにおいて彼らの安定したパワフルな演奏力が本領を発揮できるのではないだろうか。意外とこの手のスタイルが少なかった、中国のメタルシーンではその将来を期待されていた。

A Ordnance | **簡 军械所** | **常 軍械所**
A Rock City | 簡 | 常

Thrash/Groove Metal | 北京
自主制作 | フルレンス | 2008

反政府的歌詞が含まれ、収録曲タイトルそのものがそれを暗示させるので、発売後 1 年程して公安より公的メディアでは放送禁止通達が出た、いわくつきの 2nd アルバム。前作では Pantera のモノマネと揶揄されてもしかたなかったが、その影響下から完全に脱している。バンドの核となる多様でありながらシンプルである音楽性を引き継ぎ、NWOBHM、ハードコア、スラッシュ・メタルなど多方面からの影響を感じさせる。幅広さと奥深さのあるリフやリズムワークに進歩があり、今までにないヴォーカル・スタイルにもチャレンジする。

A Ordnance | **簡 军械所** | **常 軍械所**
A Becoming a Citizen | **簡 成为公民** | **常 成為公民**

Thrash/Groove Metal | 北京
Dime-Records | EP | 2011

前作に起きたことに対する皮肉なのか共産主義国家において第二国歌といわれる『インターナショナル』のオーケストラをイントロに採用した 5 曲収録 EP。収録曲タイトルもアンチテーゼ的である。作曲面でも演奏面でもこれまでの延長線であり、実験的要素も含まれた作品となっている。昔に比べたら中国はずいぶんと変わってきていると言われるが、中国であることに変わりなく、たとえアートにおけるアイロニカルな言動であっても、これほどあからさまな態度は彼らの行く末を心配にさせる。

A Ordnance | **簡 军械所** | **常 軍械所**
A Tear Down This Wall | 簡 | 常

Thrash/Groove Metal | 北京
自主制作 | フルレンス | 2014

前作路線を推し進め、スラッシーなリフが増加し、スピードアップした展開となる。同時にメロディアスさも強調させた 3rd アルバム。今作も全曲において皮肉混じりの政治的発言を含む歌詞であり、そのことに誇りを持っているようにも感じられる。6 曲目の曲タイトルならびにアルバム·タイトルとなる『Tear Down This Wall』は 1987 年ドイツ·ベルリンにおいてアメリカのレーガン大統領がソ連に向けて発した言葉から採用され、収録全曲タイトルもまたしても彼らのアティテュードを貫く言葉を選択している。

Ordnance インタビュー
回答者：劉立新

Q：日本や欧米の雑誌媒体からインタビューを受けたことはありますか？
A：军械所／ Ordnance として 2009 年に読売新聞、BBC、オーストラリアの ABC からのインタビューを受けたことがあります。
Q：では、バンドはいつどこで、どのように結成されましたか？　また、音楽性やメンバーに変化はありましたか？　バンドメンバーの紹介をお願いします。
A：バンドは北京で 1999 年にギタリストの劉立新によって結成されました。作品ごとにメンバーチェンジがありました。スタイル的にはグルーヴ・メタルにハードコアな要素を取り入れています。現メンバーは、ドラムが周浩、ベースが陳亜南、ギターに一凡と私。ヴォーカルは前任者が脱退してからまだ相応しい後任が見つけられていません。
最初に買ったのは黑豹や唐朝といった中国のメタル・バンドでした。メタルという音楽そのものやテクニカルな部分に引付けられました。歌詞にも共感したし、彼らの長髪や服装がクールに思えた

からです。

Q：バンド名の由来は何でしょうか？

A：軍械所とは中国の軍隊内にある機関のひとつで、私が元いた場所の名前です（注：軍需工場のこと）。

Q：中国ロックの第一世代のミュージシャンと比べればあなたたちは、中国の音楽情報、世界の音楽情報を簡単に得ることが出来るようになったと思いますが、メタルに関してはどうでしょうか？何か違いはありますか？

A：そうでしょうか？　旧世代のバンドは打口帯（注：1990 年代頃、欧米で CD やカセットテープなどをわざと一部破損させ、商品価値を無くし、ゴミとして処分されるものを中国へ持ち込み、音楽ソフトとして販売していたもの）に頼るしかなかったけど、今はインターネットがありますし。

Q：今、どんなバンドがお気に入りでしょうか？

A：Pantera、Black Sabbath、Lamb of God、Soilwork、Hatebreed、Lionheart、Terror……等。

Q：いつもどこでライブしていますか？

A：ライブバーが多いです。

Q：歌詞のテーマは何でしょうか？

A：世間の事件に関することで自分自身がどう感じたかといった社会問題の批判です。

Q：日本のイメージはどうでしょうか？

A：素晴らしいし、学ぶ価値があると思います。

Q：日中両国は二千年を超える友好関係があるのに、不幸な一時期があったり、今でもたくさんの問題を抱えています。将来両国はさらに良好な関係を築けると思いますか？

A：国民同士が交流することで国家や民族の束縛を乗り越えることが出来ると思っています。中日両国の敵は中共と日本軍国主義者です。

Q：メタル以外に好きな音楽はありますか？

A：ハードコア。ハードコアのリズム感が好きです。

Q：日本の読者にひとことお願いします。

A：Bandcamp で試しに聴いて欲しいです。私自身は中国政府（共産党文化部）の教育を受けているからその影響があるとは思います。しかし民主主義についての楽曲を書いたこともあるし、インターネットでつながり合えることでたくさんの情報を得ることが可能になり、それ以前の誤解や考え方に間違いがあったことが分かりました。この場を借りて日本の皆さんに感謝の意を表したいです。

中国戯曲学院出身パーカッション教師がギターヒーローに

Powell Young

簡 歌斯
常 歌斯

Heavy Metal	1997 ～	北京

本名は楊長勇、北京で活動するギタリスト。中国戯曲学院で二胡とパーカッションを学び、卒業後学校に残り、パーカッションの教師となる。ギターを始め、ロックを聴き始めたのは 20 代と遅いが音楽家としてのキャリアが豊富であったため瞬く間に習得する。那英、劉歓、孫国慶などの流行ポップス歌手のレコーディングやコンサートに参加し、自らもバンド活動をすることになった。岡林信康の中国コンサートでゲスト出演したこともある。ソロ活動を始めると 1997 年には 1st アルバム『我不会忘记最初』を発表する。また、同年発売となる亡くなった唐朝のベーシスト張炬へのトリビュート CD『再见张炬』に曲を提供。評価は高いが、この頃は玄人好みの音楽であったために、あまり売れなかった。Paul Gilbert、Jeff Kollman、Andy Timmons、Marty Friedman 等と共演しロックフィールドに活動の域を伸ばす。ギターオリエンテッドな作風となる 2nd アルバム『2065 舞指如歌 ／ 2065 Flying Fingers』、3rd アルバム『The Melodyism』を発表している。

A Powell Young 　**簡 歌斯** 　**常 歌斯**

A I Won't Forget the Past 　**簡 我不会忘记最初** 　**常 我不会忘紀最初**

Heavy Metal	北京	
中唱广州公司	フルレンス	1997

ソロデビューとなる本作はインナーに自ら書いてあるように非商業的なフォークロック風となり、ジャズや民族音楽の要素を加えた作曲家として制作されたアルバム。マルチプレーヤーなギタリストが歌をメインにしようと作り上げた典型的な作風。演奏技術に長けているが、歌唱力がおぼつかなく、歌に合わせるようにギターは比較的遠慮がちにプレイしているどっちつかずなものになっている。出発点として当時の心情を描いて書き留めていた楽曲を、1 枚のアルバムに記録するために作成されたようである。

A Powell Young | **簡 歌斯** | **常 歌斯**

A 2065 Flying Fingers | **簡 2065 舞指如歌** | **常 2065 舞指如歌**

Heavy Metal	北京	
中国唱片深圳公司	フルレンス	2002

5年ぶりとなる2ndアルバム。非商業的フォークロック作品から、有名海外ギタリストとの共演を経験することでギターオリエンテッドなインストゥルメントな作風。自己主張の激しいテクニカルな演奏はないものの、大学での長い音楽教師の経験に裏打ちされた巧みな技術と、引き出しの多い音楽性で彩り豊かな名曲に仕上っている。経歴から様々なフレーズや演奏方法を収録した、後進ギタリストへの教科書的アルバムのように作成された趣もある。のちに2曲のボーナストラックを追加し、台湾や欧米でも流通した。

A Powell Young | **簡 歌斯** | **常 歌斯**

A The Melodyism | **簡** | **常**

Heavy Metal	北京	
糖衣文化	フルレンス	2010

Steve Vai のようなトリッキーなプレイはないが、Joe Satriani や Neil Zaza のような、超ハイテク演奏でギターに歌わせるタイプのギタリストによる8年ぶりとなる3rdアルバム。ギターへの探究心は衰えることなく、ブルージーなフィーリングを持つ曲、フュージョン色の強いテクニカルな曲、早引きをメインとする曲とバラエティに富み、緻密に計算されたプレイが聴ける。10曲目での女性高音域チベットフェイク声とエレクトリックギターの共演は鳥肌が立つスリリングさがある。

A Powell Young | **簡 歌斯** | **常 歌斯**

A | **簡 响琴山** | **常 響琴山**

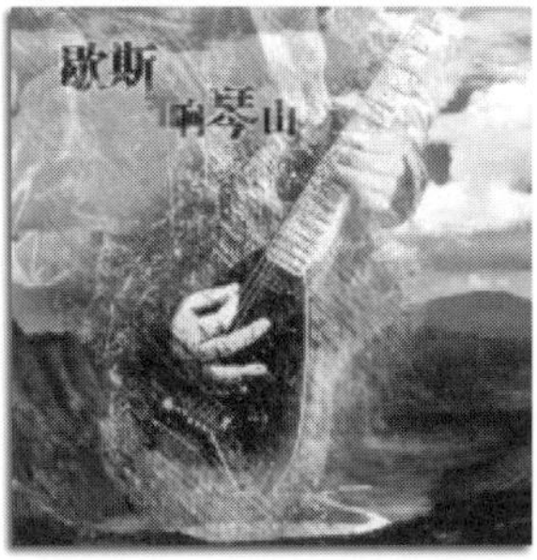

Heavy Metal	北京	
糖衣文化	フルレンス	2014

ブルースやフュージョンに接近した前作であったが、4thアルバムでは疾走感と躍動感のあるハード·ロック·インストゥルメントに仕上がっている。ロックでノリのいい曲、ダーティーな中東風の曲、シャッフルのリズムが気持ちいい曲、ギターが泣き、素晴らしいパワーバラードと相変わらず多種多様な音楽性を惜しみなく、テクニカルにキャッチーにそしてメロディアスに披露している。最もスリリングな展開をする10曲目で終わる反則的な構成である。なお、9曲目は1stアルバム収録曲のロックバージョンの再録。

1990年代北京を継承した常に変化を求めるハードロッカー

Pulse

簡 脉搏
常 脈搏

Hard Rock	1996～	北京

1996年、音楽的素養があり、演奏技術のあったメンバーにより結成されたハード・ロック・バンド。メンバーは顧剛（ヴォーカル）、顧偉（ギター）、王洧澄（ギター）、孫軍（ベース）、杜建新（ドラム）であった。ほどなくして『摇滚工厂』『摇滚极限』『非常摇滚』などのオムニバスに楽曲が収録され、知名度を上げる。以後、メンバー交替があったり、アルバム制作の準備に時間をとるなど、3年ほど水面下での創作活動に入る。ようやく1998年夏に1stアルバム『盲点』をリリース。幅広い音楽性を持つメロディアスでポップでキャッチーなメタルに仕上がる。2002年11月に発売された2ndアルバム『那个世纪之孤独英雄』では前作の延長線ではあるが、新世紀に相応しいバンドとしての風格を構築し、成熟した音楽を見せた。Mort Productionsより2009年6月発売された3rdアルバム『爱谁. 谁』では中国語バンド名を脉搏から脉乐团に改め、長いキャリアから醸し出されるアダルトな雰囲気で、落ち着いたハード・ロックに仕上がっている。

A Pulse　**簡** 脉搏　**常** 脈搏

A　**簡** 盲点　**常** 盲点

Hard Rock	北京	
Mort Productions	フルレンス	1999

ソウルフルに心をこめて歌いこむヴォーカルと、しっかりと安定した演奏で楽曲に艶やかさをもたらすギター、きっちりと仕事に没入する職人肌的リズム隊、華を添えるキーボードの心地よさは、良い意味でも悪い意味でも黒豹や零点などの1990年代前半の北京ハード・ロックを継承している。良い意味というのは耳にするだけで北京の街風景や人々の生活が浮かんでくるほど音が生き生きしているということ。悪い意味とはロック本来の乱雑さ猥雑さが足りなく、優しすぎるサウンドになったと感じるところである。

A Pulse
A One Hero

簡 脉搏 **常 脈搏**

簡 那个世纪之孤独英雄 **常 那個世紀之孤独英雄**

Hard Rock	北京	
先迹音乐	フルレンス	2002

21 世紀に入り中国においてもハード・ロック/ヘヴィ・メタルの多様化、先鋭化が進行する中で、歌詞を大切にする暖かみのあるヴォーカル・スタイルと、親しみのあるギターの演奏でシンプルかつ力強いハード・ロックを守り続けている貴重なバンドの 2nd アルバム。実直に自らの音楽性を守りながら、今作ではソウルフルな歌だけでなく、喜怒哀楽を表現する色艶あるロックギターを楽しめるアレンジ、キーボードやヴァイオリンによる気持ちよいアシストなど、アンサンブルに新たな挑戦も飄々と行い、彼らなりのゴールに辿り着いている。

A Pulse
A

簡 脉乐团 **常 脈楽団**

簡 爱谁．谁 **常 愛誰．誰**

Hard Rock	北京	
Mort Productions	フルレンス	2009

ヴォーカルが張洪軍に交替し、なおかつ中国語バンド名義も脉搏から脉乐团に変更が行われ、7 年ぶりのリリースとなる 3 枚目のアルバム。声質もずいぶんと変わり、ポップな雰囲気を持つヴォーカルになり、全体的にはソウルフルなハード・ロック色が薄まり歌謡ロックといった方向性になっている。それでも歌心を大切にするヴォーカルと、優しいギターの音色が音楽性の中心にあることには変わりがない。音楽ビジネスの荒波を乗り越えた大人のハード・ロックの趣があり、ゆったりとした姿勢で聴くサウンドになっている。

スラッシュから正統派メタルに進化し超載と常に比較対象

Purple Halo

簡 紫环
常 紫環

Heavy Metal	1995 ～	北京

1995 年 1 月に徐寧（ヴォーカル & リードギター）を中心に結成された正統派ヘヴィ・メタル・バンド。結成当初はスラッシュ・メタル・バンドとして活動開始したが、徐々に正統派メタルの音楽性に移る。イベント参加やワンマンライブをするが、1996 年夏、徐寧がギタリストとして鉄风筝へ加入のため、一度バンド解散となる。1998 年夏、再び徐寧が中心となり再結成。メンバーを一新し、徐寧（ヴォーカル）、林光卓（ドラム）、姚瀾（ギター）、金龍（ギター）、魏星（ドラム）となる。イベント参加やオムニバス CD『阶段音乐特辑一』への楽曲提供を経て、2002 年 7 月に 1st アルバム『海』が発売となった。スラッシュ・メタル色の強い音楽性や徐寧のハイトーンヴォイスが超載の高旗に似ていることもあり、超載と比較された。徐寧と姚瀾以外のメンバーが一定しなかったこともあって、2005 年あたりを最後にして解散しているようだったが、2017 年冬より活動再開、北京・天津を中心にライブをメインに活動する。

A Purple Halo
A The Sea

簡 紫环
簡 海

常 紫環
常 海

Heavy Metal	北京	
PoloArts	フルレンス	2002

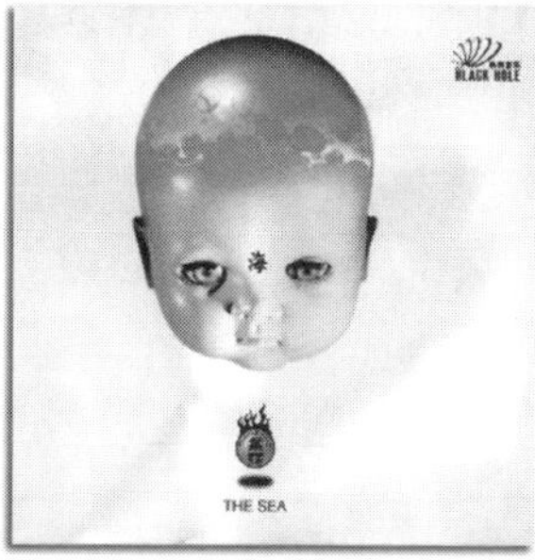

スラッシュ・メタルやロックンロールの影響も感じるオーソドックスなヘヴィ・メタルでキャッチーなメロを持つ側面もあるバンドによる 1st アルバム。1990 年代前半の中国ヘヴィメタルの路線を順当に踏襲しており、楽曲としての完成度は高い。しかし、当時は個性的なバンドが多く、そのような状況下では、音楽的に素晴らしくとも、メンバー全員が控えめなところもあり、陰に潜んでしまった感がある。影響を受けたバンドを素直に解釈し、真正直に生み出された個性的なオリジナル曲が並んでいる。

デス声とクリーン・ヴォイスを巧みに使い分ける美人ヴォーカル

Purple Hell

簡 紫冥
常 紫冥

Melodic Death Metal/Metalcore	2011 ～	北京

2011 年、李哲（ギター）を中心に紅一点ヴォーカル楊波、郭夢琪（ベース）、鉗子（ドラム）、孫鵬（ギター）により結成されたメロディック・デスメタル・バンド。程なくしてドラムが雷震霄になる。様々な音楽からインスピレーションを得て、どのジャンルにも偏ることなく、バンド独自のカラーを強めたメロディック・デスメタルを確立する。2013 年 6 月 1st EP『Purple Hell』を発売。同年年末に 1st アルバムからの先行シングル『Mum with sword』をリリース。2014 年、ギターの孫鵬が脱退、日を経ずして馬銀が加入。同年 7 月に 1st アルバム『触生』をリリースする。9 月には Mort Production と契約。3 度に及ぶ全国ツアーを敢行したのち、2016 年 6 月に 2nd アルバム『疾人宴』を発売。リリース後、結成 5 周年であったため、精力的に各地でライブ活動を行う。2018 年初頭、フロント女性ヴォーカルが張之綺に交代。6 月に EP『肆』を発売。収録曲「纵生」の MV を公表する。新布陣となり、精力的にイベントを中心にライブ活動を行う。

A Purple Hell　簡 紫冥　常 紫冥

A Purple Hell
簡 紫冥
常 紫冥

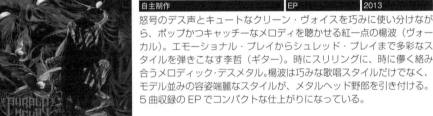

Melodic Death Metal/Metalcore	北京	
自主制作	EP	2013

怒号のデス声とキュートなクリーン・ヴォイスを巧みに使い分けながら、ポップかつキャッチーなメロディを聴かせる紅一点の楊波（ヴォーカル）。エモーショナル・プレイからシュレッド・プレイまで多彩なスタイルを弾きこなす李哲（ギター）。時にスリリングに、時に儚く絡み合うメロディック・デスメタル。楊波は巧みな歌唱スタイルだけでなく、モデル並みの容姿端麗なスタイルが、メタルヘッド野郎を引き付ける。5 曲収録の EP でコンパクトな仕上がりになっている。

A Purple Hell
A

簡 紫冥 / **常** 紫冥
簡 触生 / **常** 触生

Melodic Death Metal/Metalcore	北京	
Mort Productions	フルレンス	2014

前作に比べるとクリーン・ヴォイスパートが減り、より凶暴で猛々しく重たくなった 1st アルバム。同時にギターがよりメロディックでスリルある展開を繰り出す。また激しさだけでなく、5 曲目のように新たな試みとして民謡的メロディを用いた哀しいアコースティック・ギターをメインにしたインストゥルメント曲、そして続く 6 曲目では 5 曲目を引き継ぎながら中盤よりメロディック・フォーク・デスメタル的に発展し、激流の中に飲み込まれる。Iron Maiden の「The Evil That Men Do」のカバー曲も収録。

A Purple Hell
A

簡 紫冥 / **常** 紫冥
簡 疾人宴 / **常** 疾人宴

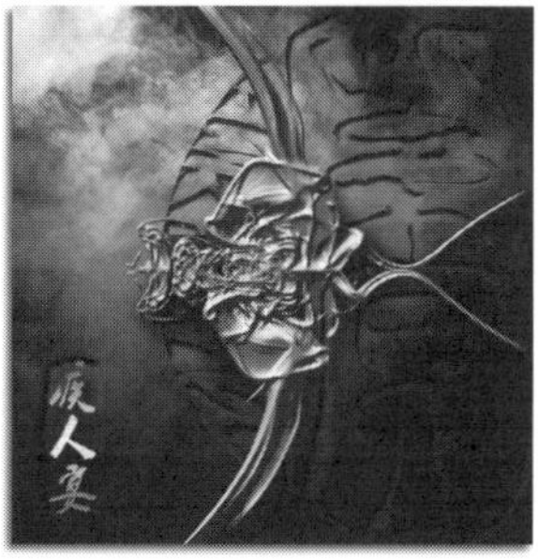

Melodic Death Metal/Metalcore	北京	
自主制作	フルレンス	2016

2 年ぶりになる 2nd アルバム。シンプルなリフを特徴としたスラッシュ・メタル中心だった前作より、音楽性をメロディック・デスメタル、ジャーマン・メタル、ブリティッシュ・メタルと周辺へ拡張させながらも、自らの薫りはさらに色濃く漂う。その要となるのが美人ヴォーカル楊波である。前作まであったクリーン・ヴォイスを一切使わずデス・ヴォイスのみで全編を通し、さらなる攻撃的な歌唱を聴かせ、押し引きし合うツインギターの叙情性が攻撃性を強める。U.D.O のカバー曲「Recall the Sin」を含む 9 曲を収録。

A Purple Hell
A

簡 紫冥 / **常** 紫冥
簡 肆 / **常** 肆

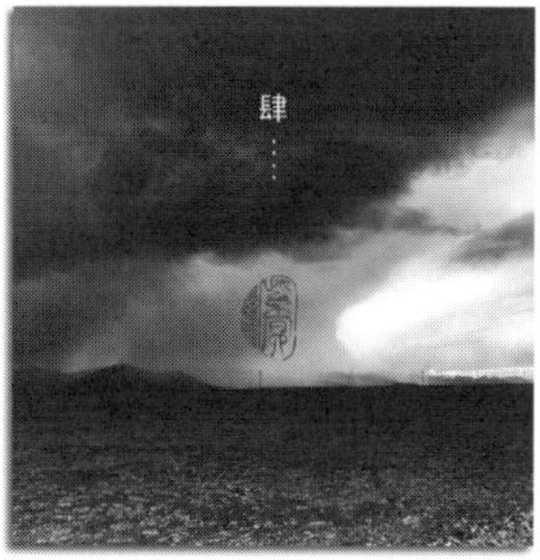

Melodic Death Metal/Metalcore	北京	
自主制作	EP	2018

女性フロントシンガーが、習近平夫人の彭麗媛など多くの有名音楽家を輩出した名門大学の中国音楽学院声楽歌劇学部卒業の張之綺に交代。ヴォーカル・スタイルは前任者と同系の Angela Gossow 型スタイルにはなるが、より鬼気迫る声質で勢いのある歌唱。楽曲を牽引するツインギターによる激しいリフ展開と、スリリングなソロの掛け合いも良いアレンジとなっている。5 曲収録の EP であり若干の物足りなさを感じるものの、美人新ボーカリストの未知数な可能性を十分に堪能でき、今後の展開に期待が持てる。

在中国のアメリカ人やドイツ人含むスラッシュ・メタル

Raging Mob

簡 国际联合敲击军团

常 國際联合敲擊軍团

Thrash Metal	2005 ～ 2013	北京

2005 年 9 月、アメリカ人ギタリスト David Hemmer、ドイツのスラッシュ・メタル・バンド Assassin の元ヴォーカル Robert Gonnella と中国人メンバーにより結成。スラッシュの荒々しいスピード感、ハードコアパンクのストレートさにメロディックさを融合させた音楽性は、中国では独特であった。2007 年からライブ活動を始め、メタルイベントにも多く参加。その演奏力は北京のロックファンに強い印象を与えた。同年年末よりアルバム制作に入り、ドイツにてミックスダウンする力の入れようであった。2008 年年末にようやく 1st アルバム『Raging Mob』が発売、レコ発ライブの熱さは中国ロック界の新たな経典と評価される。しかしメンバーの脱退で活動が停止する。2010 年に新たなメンバーで活動再開する。バンド原点である熱情と勢いを掲げ、天津 13Club で復活ライブを行う。Robert が帰国、中国人メンバーにより再出発するが、中心人物がいなくなって求心力がなくなり、活動停止となる。

A Raging Mob　簡 国际联合敲击军团　常 國際联合敲擊軍团

A Raging Mob　簡 国际联合敲击军团　常 國際联合敲擊軍团

Thrash Metal	北京	
Mort Productions	フルレンス	2008

ドイツのスラッシュ・メタル・バンド Assassin の元ヴォーカルである Robert Gonnella が日本短期留学終了後にさらに中国短期留学に行っていた時代に活動していた Kreator 直系のザクザクなクランチリフを刻む攻撃的なスラッシュ・メタル。バンドの唯一のアルバム。ルーツが垣間見えすぎる大変素晴らしい B 級路線が、色褪せることなく全力疾走で駆け抜け、汗臭さに文句も言えない 10 曲を収録。Robert はドイツ帰国後、地元にて名前が微妙に似たバンド Raging Rob を結成している。

モデル並みの美人刺青師を擁するフロリダ式デスメタル

Ready To Die

簡
常

Death Metal | 2007～ | 北京

2007 年、刺青師でもある女性ヴォーカル藍藻を擁するオールドスクールなフロリダ式デスメタル・バンドとして結成。2008 年より地元にてライブ活動を開始。最大の特長である藍藻のモデルのようなスタイルに似つかわない地獄から喚くようなヴォーカルだ。粘着質な鄒寅峰のギター、正確なリズム隊が残忍で変態的な歌詞に結合し、独特の時間と空間を演出する。ライブ活動を順調に行うも翌年、原因不明の解散を発表する。2011 年晩夏となったころドラムの郭鵬とベースの劉璠璵が再結成に動き、元メンバーとともに活動再開し、以前より増して残虐なデスメタルを演奏するようになる。2011 年年末に初 EP の制作を開始。2013 年 4 月 24 日、Obituary の北京ライブのオープニングアクトを務め、その際に EP『Ready To Die』が配布された。2016 / 2017 深圳迷笛跨年音乐节（年越しフェスティバル）に出演し、大きな喝采を得た。

A Ready To Die

簡　常

A Ready To Die

簡　常

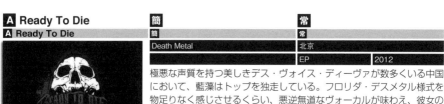

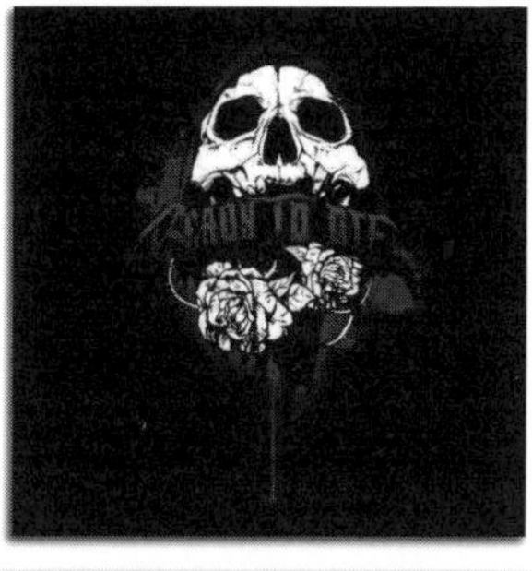

Death Metal | 北京

EP | 2012

極悪な声質を持つ美しきデス・ヴォイス・ディーヴァが数多くいる中国において、藍藻はトップを独走している。フロリダ・デスメタル様式を物足りなく感じさせるくらい、悪逆無道なヴォーカルが味わえ、彼女の圧倒的な存在感がバンドの独特な雰囲気を出すことに成功している。3 曲収録の 1st EP。もっと浸りたいと感じるサウンドだが、あっという間に聴き終えてしまう曲数に不満が残る。ネット上にも公表された楽曲は少ない。早くフルレンスを聴きたい気分に駆られる。

琵琶演者在籍し『Terrorizer』も期待したブラックメタル

Ritual Day

簡 施教日
常 施教日

Melodic Black Metal | 2000 ～ | 北京

2001 年 Demo『Demo』、2004 年 EP 『Ritual Day』、2014 年 コンピレーションアルバム『Moon Daughter』、2016 年 シングル『Souletons Bead』、EP『Yamantaka Madness』

2000 年 8 月に農永（ヴォーカル＆ギター）、張鑫（リードギター）、裴磊（ベース）、李洋（ドラム）によって結成された中国初のブラックメタル・バンド。活動開始直後、幸運にも中国で初のヘヴィ・メタル専門誌『重型音乐』の第 1 号発売記念ライブに参加、1000 人近くの観客の前で演奏する機会を得る。さらに幸運に幸運が重なり、イギリスの雑誌『Terrorizer』の記者 Andras Steppet から最も希望が持てるヘヴィ・メタル・バンドと評され、欧米にも名が知れ渡る。

2003 年 3 月に 1st アルバム『Sky Lake』が発売され、欧州、アメリカ、台湾、香港でも配給された。2004 年夏にはフランス Legion of Death Records より特別編集版ヴァイナル EP を発売。国内では無数のライブを繰り返し、Edenbridge と Visions of Atlantis の深圳ライブと Napalm Death の北京ライブにおいて前座を務める。2009 年末には、未発表音源とライブ音源を収録した『All the Resistance Comes from the Body Yearning for Freedom』を発売。裴磊は 2004 年、Hyonblud（血腥高潮）を結成する。メンバーが、農永（ヴォーカル＆ギター）、裴磊（ベース）、張末（ギター、Hyonblud にも在籍）、郭鵬（ドラム）となり、2013 年 7 月に『Sky Lake』、2015 年 6 月に『Moon Daughter』、2016 年 5 月に『Souletons Bead』を Stress Hormones Records よりヴァイナルシングルとしてリリース。同年 9 月には EP『Yamantaka Madness』を、2017 年年明けに『魔心经／ Devila Grantha』をリリースする。10 月に欧州でリリースとなった中国産メタル・バンド 8 組 13 曲を収録したオムニバス・アルバム『Beast Reign the East』に 2 曲を提供する。

同年年末より翌年初春まで、中国琵琶奏者として Empty Eyes の女性ヴォーカル曹琼と、バックコーラスとして Silent Elegy の李暁宇を加えた特別編成で、フェスティバル参加を含めた欧州ツアーを敢行。帰国後もリードギタリストが鄒寅峰に交代するが、MIDI などフェスティバルを含め、精力的にツアーを継続する。

A Ritual Day
A Sky Lake

簡 施教日 **常 施教日**
簡 天湖 **常 天湖**

Melodic Black Metal | 北京
Mort Productions | フルレンス | 2003

ドイツ（Morbid Records）、アメリカ（Nuclear War Now Productions）、台湾（揺滾帝国 / 狂嘯唱片）、香港（Trinity Records）で配給され話題となり、当時の中国ブラックメタル界の先端を走っていた 1st アルバム。高速ブラストビート一本調子にならず、変幻自在で多彩なリズムワークを中心に趣向を凝らしたリフ、冷たさと暖かさを兼ね備えるソロが鎖のように締め付ける。さらに脳髄に深く突き刺さるグロウルヴォーカルは、孤高の地位に至らしめる最高要因である。

A Ritual Day
A All the Resistance Comes from the Body Yearning for Freedom

簡 施教日 **常 施教日**
簡 所有的反抗来自向往自由的身体 **常 所有的反抗来自向往自由的身体**

Melodic Black Metal | 北京
Mort Productions | ライブアルバム | 2009

2004 年にライブ録音された 8 曲に初期デモ音源 6 曲を追加した変則的ライブアルバム。大変緊張感溢れ、充実したライブであったことが垣間見える作品である。以後ライブでは演奏されない曲もあり、躍進を始める出発点であった当時において、強烈なエネルギーの塊を噴出させている。3 曲目、4 曲目、6 曲目、7 曲目は 1st アルバム、1 曲目と 2 曲目は Frostmoon Eclipse とのスプリット・アルバムに収録。5 曲目と 8 曲目は未収録作品だが、8 曲目は Slayer の「Raining Blood」のオマージュ的に、あのリフだけを繰り返すだけの楽曲。

A Ritual Day
A Devila Grantha

簡 施教日 **常 施教日**
簡 魔心经 **常 魔心経**

Melodic Black Metal | 北京
自主制作 | フルレンス | 2017

スタジオアルバムとしては 14 年ぶりになった 2nd アルバム。前年にリリースとなったシングル曲と EP 収録曲も収録されている。これを聴けば、中国産メタルに対するイメージががらりと変わるであろう。変幻自在な旋律と拍子を織り込んだブラックメタルにアジアの神秘的要素や宗教的怪奇的要素が加わり、説明不可能な唯一無二の世界観にスケールアップして、奈落の底を描いたサウンドとなる。誤解を招くかもしれないがインド系シンガポール人を中心とするメタル・バンド Rudra に似た独特な雰囲気がある。

A Ritual Day
A Weak Light of Silence

簡 施教日 **常 施教日**
簡 暗夜微光 **常 暗夜微光**

Melodic Black Metal | 北京
自主制作 | EP | 2019

前作リリース後には、新加入のギタリスト鄒寅峰とともにゲストヴォーカルに Silent Elegy の李暁宇、ゲスト琵琶奏者に Empty Eyes のヴォーカル曹琼を帯同させた欧州ツアーを敢行。本作は、そのラインナップで制作された光と闇、創造と破壊をコンセプトとする 3 曲収録 EP。オーソドックスなブラックメタルのスタイルを中心に、激流の中に琵琶による伝統的な美旋律を華麗に織り交ぜ、グロウルヴォイスをメインとした破壊的闇の中、しなやかなソプラノ・ヴォイスが創造的光を差し込む。万物自然を鋭利に描く。

ビリビリ動画で注目を浴びた新世代ヴィジュアル系バンド

Scarlet Horizon

簡 绯色地平线
常 緋色地平線

Deathcore	2016 ～	北京

2018 年 EP『Roche's Prophecy』、2019 年　フルレンス『7』

ZeRO（ヴォーカル）、曜（ヴォーカル＆ギター）、覚（ベース＆バンドリーダー）、亜弥（ドラム）の 4 人にて 2016 年 1 月 15 日に結成されたヴィジュアル系デスコアバンド。中国版ニコニコ動画の嗶哩嗶哩（ビリビリ）の生放送をはじめ、Nocturnal Bloodlust に肉薄しながら、アンビエント、Djent、エレクトロニカなどのサウンドを取り入れた音楽性を作り上げ、中国では数少ない新生代のヴィジュアル系バンドとして注目を浴びる。ヴォーカルが界に交代し、8 月には 1st EP『Unstoppable』をリリース。翌年夏、もう 1 人のギタリスト Aotsuki が加入し、2nd EP『Mist』をリリース、初の 6 都市ツアーも敢行。Aotsuki が脱退し 4 人編成に戻り、2018 年 3 月、シングル『Roche's Prophecy』をリリース。秋のツアー最終日を以てヴォーカル界が脱退。なお、EP2 作のジャケットはイラストレーター鏡海イサナによるもの。

A Scarlet Horizon
A Unstoppable

簡 绯色地平线
簡

常 緋色地平線
常

Deathcore	北京	
Chaser Records	EP	2016

2016 年に結成されたばかりのヴィジュアル系デスコア・バンド。活動開始半年程度で作り上げた 3 曲収録のデビュー EP。Nocturnal Bloodlust フォロワーとも言えるメタルコアやラウド・ロックなどをベースに、様々な音楽的要素を織り交ぜた煌びやかで激しいサウンドを特徴とする。儚いメロディのピアノインスト曲から始まり、急転直下の激しいサウンドへと突き進む。本作リリース後、ヴォーカルが交代した模様。リーダーでベーシストの覚（サトリ）は日本語ができ、アメブロや Twitter で情報発信している。

A Scarlet Horizon **簡 緋色地平线** **常 緋色地平線**

A Mist 簡 常

Deathcore	北京
Chaser Records	EP 2017

前作よりおよそ 1 年ぶりの 6 曲収録 EP。ヴォーカルが悪鬼と天女が混在する声質を持つ界に交代。久しぶりにイントロのインスト曲を一聴するだけで、大売れする予感が湧き上がる。緻密に作られた楽曲は、鮮やかさを感じさせ、邪悪な魅力と華麗な誘惑を合わせ持つ。デスコアの基本を押さえた前作の荒々しさを継承し、優れたバランス感覚で音楽性を広げている。聴くだけで彼らの美しく残忍な霧の中に包まれてしまう。

Scarlet Horizon インタビュー
回答者：覚、界、曜、亜弥

Q：日本や欧米の雑誌媒体からインタビューを受けたことはありますか？
覚：ないです。以前に中国とロシアのファン達からインタビューしてもらったことがあるだけ（注：本インタビュー後、日本のネットラジオに出演している）。
Q：では、バンドはいつどこで、どのように結成されましたか？　また、音楽性やメンバーに変化はありましたか？　バンドメンバーの紹介をお願いします。
A:2016 年 1 月 15 日に北京で結成しました。当初は別々のバンドにいて練習スタジオでよく会っていたのです。皆知り合ってから長いし仲も良かったですね。ただ私だけバンドに属してはいなかったのです。今の Scarlet Horizon につながるようなバンドのアイデアを曜と前ヴォーカルの ZeRO に伝えました。それで皆も興味を持ち、バンドをやってみようとなったのです。その後、メンバーの交代があり、アルバムを作ったメンバーに落ち着きました。
バンド名の Scarlet Horizon とは、「すべてが消え失せても天空に美しくも不合理な真紅が浮かび上がる」と言う意味を込めました。
メンバーは、界（ヴォーカル）、曜（ヴォーカル&ギター）、覚（ベース&バンドリーダー）、亜弥（ドラム）の４人です。
Q：バンドの音楽性を説明してください。
覚：Scarlet Horizon はまったく新しい試みをしているかもしれません。ヴィジュアル系のスタイルを取り入れて、ヘヴィ・メタル的な要素もたくさん取り入れています。エクストリームなデスコア要素もあり、メロディック・メタルな面もあります。私たちは多彩な面をミックスしてファンに届けたいし、メンバー自身がいろいろな可能性にチャレンジしたいと思っています。
Q：メンバーそれぞれはどのようなバンドに最も影響を受けているのでしょうか？
覚：界は Thy Art is Murder、覚は Slipknot、曜は Meshuggah、亜弥は Breakdown of Sanity に影響を受けています。
Q：メンバーそれぞれがヘヴィ・メタルに目覚めるきっかけはいつ頃でどうしてなのでしょう？
界：高校生の時ギターを習っていて、地元の楽器店に曜が制作した Chang（シンバルメーカー）のポスターを見たんです。それに偶然、曜と私は同姓で、それから曜に憧れるようになったのです。そうして自分自身がやりたいことがヘヴィ・メタルだと気付いたのです。
覚：小学校からピアノをやっていて、中学生になったらジャズのドラム講師と出会ったのです。この先生が私に Yoshiki の映像をたくさん見せてくれました。当時は「すごい」と思っていたし、あんな激しい音楽をやってみたいとも思うようになりました。
曜：中学の時からヘヴィ・メタルが好きで、大学に入ったらすぐに学校主催のコンサートに学生として出演しました。それからバンドに入って楽器を練習することになりました。
亜弥：高校生のころ、学校の先生のコンサートに参加することになって、そのライブに出ることがすごいクールなことと思えたので、楽器の練習を始めました。このライブでヘヴィ・メタルが大好きになりました。
Q：メンバーそれぞれ初めて買ったアルバムは何ですか？
界：Suffocation『Souls to Deny』
覚：浜崎あゆみ『A Best』
曜：Michael Jackson『Dangerous』
亜弥：周杰倫『八度空間』
Q：人生を変えたアルバム５枚を教えてください。
界：Astronoid『November』
Chon『Grow』
Modern Day Babylon『Travellers』
Humanity's Last Breath『 Ocean

Drinker』
Chelsea Grin『Ashes to Ashes』
覚：Slipknot『Iowa』
Gackt『雪月花 The end of silence』
Nocturnal Bloodlust『ZeTeS』
Arch Enemy『Rise of The Tyrant』
MIYAVI『What's My Name?』
曜：Meshuggah『Catch 33』
Abysmal Torment『Epoch of Methodic Carnage』
Devourment『1.3.8』
Cryptopsy『Once Was Not』
Humanity's Last Breath『Ocean Drinker』
亜弥: Lamb of God『Ashes of the Wake』
Cradle of Filth『Nymphetamine』
Sopor Æternus & the Ensemble of Shadows
Pantera『Cowboys from Hell』
Lonely China Day『哀傷』

Q：中国ロックの第一世代のミュージシャンと比べればあなたたちは、中国の音楽情報、世界の音楽情報を簡単に得ることが出来るようになったと思いますが、メタルに関してはどうでしょうか？何か違いはありますか？

覚：随分と昔は海賊版 CD とか、海外旅行に行った友人からもらうしかありませんでしたが、確かに変わってきています。昔の中国ロックは受身なところばかりで、みんなそういう風に思っていたと思うのですが、今はインターネットの発達で便利になり、世界の最新の音楽をいつでも探して聴けるようになりました。10 年前みたいに欲しい CD を半年待たなければならないということももう無くなりました。ゆっくりした進歩ですが、今では中国メタルもトップレベルに並んでいるのではないでしょうか。

Q：私が北京留学していた 20 年前に中国人の友達何人かにヘヴィ・メタルを聴かせたら、眉間にしわを寄せて「うるさいだけ」だとか「コレは音楽じゃない」と言われてしまいました。今は随分と変わっていると思いますが、あなたたちの周りにいるメタルファン以外の普通の人たちは、メタルに対してどんなイメージを持っているのでしょう？

A：好きな人は自然と好きになるのですが、普通の人はメタルに接することが無かったら、たぶんずっと受け入れがたい音楽なんだろうかなと思います（笑）。でも、中国人は新しいことを試すのが好きだし、新しい音楽を好きになる若者は増えていますよ。

Q：歌詞にはどのようなことを取り上げているのでしょう？

覚：「Mirage」は事実を基にした大変悲しい物語として描きました。2016年に中国で誰もが驚愕した殺人事件なのですが、殺人犯が残忍な奴で、たぶんホラー映画でさえ有り得ないほどの恐ろしさでした。しかも被害者はロック好きなお嬢さんだったのです。このニュースを聞いたときはすごく驚いたし、悲しみもしました。その時ちょうど新曲を作ろうとしていた時だったので、心情を歌詞にしてみたのです。

「Devil Possessed」は楽曲に登場する人物が、一見センシティブなのに、実はパワフルな少女で、自分の守りたいことを自分ですべて守ろうとし、自分の感情にまっすぐな子についてです。その女の子の心情を通して歌詞を表現しました。

「Lullaby　抛弃与被抛弃，杀害与被杀」は放棄することと放棄されること、殺害することと殺害されることについて。中絶という現象がよく見られるようになりました。人間の暗黒な面を体現していますね。この曲の歌詞では対話方式を用いることで、希望が暗い側面に現れます。

「Waiting for Down」は自我を突破することについてです。この歌で描いたのはバンド自身のこと。皆さんはミュージシャンの一部に安易な方へ流れるのを見たことがあると思いますが、Scarlet Horizonは現状に満足することなど決してないという事を思い起こさせ、そしてひとつひとつ乗り越えていくことを歌詞にしました。

「White Mist」は七つの大罪についてです。つまり「暴食」。人類の原罪、暴食や過食はすべてを飲み込むでしょう。

Q:現在、ライブはどこでやっているのでしょう？

覚：メンバーはみんな北京に住んでいるので、今までのライブはすべて北京でしかやっていません。これからは色々な都市を廻っていけたらと思っています。

Q：北京は1990年代から中国のロックシーンを牽引するマーケットがあった都市で、今でもたくさんのライブハウスやバーがあり、たくさんのロックファンがいます。バンドとして好条件が揃っていますが、バンドの数が多いこともあり、活動する上で難しいところもあるのではないでしょうか？

覚：困難なところはあり、バンドの進行を妨げる要因は様々あります。しかし乗り越えられない、解決できないということはなく、メンバーでいつも解決方法を探っています。一番大切なのは率先して自分自身で行うことではないでしょうか。

Q：現在の中国のメタルシーンではデスメタルやニュー・メタル、フォーク・メタルといったジャンルのバンドが多くて人気がありますが、あなたたちのような欧州風のメロディック・パワー・メタル・バンドは少ないですよね。この状況はあなたたちにとってどうでしょうか？

覚：たしかに少ないです。今、中国のヴィジュアル系バンドで現役活動中なのは数バンドくらいです。しかし、その実情は私たちに何の影響もありません。ヴィジュアル系だけでなくヘヴィ・メタルでも好きな人はたくさんいると思うし、私たちは音楽とファンのためにステージに上がるわけですし、バンドの数とかジャンルとかは気にしていません。

Q：中国のバンドでお薦めはありますか？

界：指人兒（Finger Family。北京出身、女性ヴォーカルによるポップパンクバンド）。国内のバンドで一番最初に出会っているし、国内のバンドでは一番好きです。

覚：Von Citizen（広州出身。Djent系のスタイルのプログレメタル・バンド。直近では日本人ギタリストIchikaがゲスト参加した楽曲を発表）。中国の若い世代のバンドで、とても良くて新しいジャンルのバンドです。とてもメロディアスでいてスタイルも奇抜。メンバーが友人なんです。

曜:Duskystar（北京出身。デスコアバンド）。亜弥のもうひとつのバンドで、北京ではテクニカル派のデスコアバンドで、楽器隊はものすごく手強いです。

亜弥：Massacre of Mothman。香港出身で中国でもとても人気のあるデスコアバンド。よく北京ライブしに来るので、いつも対バンしています。ライブはすごい衝撃的で、雰囲気や演奏技術もインターナショナルなバンドとも引けをとらないと思います。

Q：ロックミュージシャンはバンド活動だけでは生活費を稼ぐことが難しいかと思うのですが、音楽活動以外にどんな仕事しているのでしょうか？

界：エクストリーム・スポーツ

覚：自営業

曜：クリエイター

亜弥：楽器教師

Q：日本の印象はどうでしょうか？

界：日本の映画やテレビ文化は好きで、日本への憧れもあるし、日本製の楽器も使いたいと思っています。

覚：良いですね。日本の音楽や歴史、そしてマナー面も好きで、それが日本語の勉強するきっかけだったし、日本語がわかる分、日本のこともたくさん理解していると思っています。

曜：はい。日本のアニメ文化とアイドル文化が好きです。

亜弥：日本の職人による工芸品やデザインには興味があります。また日本の環境にも憧れがあります。

Q：日中両国は二千年を超える友好関係があるのに、不幸な一時期があったり、今でもたくさんの問題を抱えています。将来両国はさらに良好な関

SCARLET HORIZON 『WASTED』 TOUR 2017

11/12 北京 乐空间 YUE SPACE
12/02 上海 万代南梦宫未来剧场
12/03 南京 欧 拉艺术空间
12/15 兰州 蓥 LIVEHOUSE
12/16 西安 迷蝶 LIVEHOUSE
12/17 太原 BOO LIVEHOUSE

预售 80 ADV
现场 100 DOOR
VIP 150（每场限量50张）

VIP特权：优先入场│摄影会│场刊免费领取│海报免费领取
注：演出当天需按顺号依次入场

係を築けると思いますか？

覚：良好な関係を願っており、そのために懸命に努力にする必要があると思います。

覚と曜がよく中日合作の仕事に携わることがあるので、きっとこれから仕事を共にすることが増えてくると思っています。

Q：日本のメタルで好きなバンドはいますか？

界：BABYMETAL。あんな可愛い子たちがトップクラスのメタルと融合しているのに、好きにならない理由なんてないでしょう。

覚：Nocturnal Bloodlust。このバンドから大きく影響を受けています。彼らこそが私にバンドをやろうという勇気と行動力をくれたのです。

曜：Abstracts。Soundcloud で 彼 ら のギタリストと知り合って長いこともあり、趣味もよく似ていると思います。お互いの音楽を聴き、また学びあいながら音楽創作しているのです。

亜 弥：Her Name in Blood。 最 初に聴いたときは日本のバンドだとは気づかなかったのですが、大好きです。日本のバンドでもすごい奴らがいるってわかったのです。

Q：では、メタル以外で好きな音楽ってありますか？

界：マスロック。

覚＆曜：アニソン。

亜弥：Post-Rock。

Q：あと自分たちに質問してみたい事はありますか？

界：「問：君はなぜ Scarlet Horizon に加入したのか？ 答：ただギターが弾きたかったから」

覚：「問：バンドのリーダーをするのって何かいいことがあるの？ 答：まったくない。まるでどこかのスタッフをやっているみたい。」

曜：「問：バンドマンなのにラブライブの CD とかグッズに浪費して後悔してないの？ 答：まったくなし（真剣です）。

亜弥：「問：ガンダム OO-PG が 7 年も未完成だけどどうするつもりなの？ 答：わからん、また話す（意味不明）」

Q：インタビューを受けて頂き、ありがとうございます。最後に、日本の読者へひと言。覚は日本語が出来るようなので、日本語でもメッセージを下さい。

覚：みなさんこんにちは。私たちは中国の Scarlet Horizon で す。 今 回 が 初 めての日本からのインタビューでした。私たちはまだ若いバンドなのでこのインタビューを通じて、Scarlet Horizon のことをもっと知ってもらえたらと思います。全世界に私たちの音楽が聴いてもらえるようになってほしいし、私たちの考え方も知ってほしいから努力を続けます。きっとどこかで会えたらいいですね。

【以下、ベーシスト＆リーダー覚による日本語メッセージ（原文そのまま）】

はじめまして、日本！
スカホラのベーシスト、サトリです。
われわれは他のバンドと同じように音楽のため、ファンのためそしてインタビューを読んでるあなたのためわれわれの道を貫く、音楽を作っています。これからの未来は分かんないけどいつか何処かできっとあなたに会えると信じています。

その時はまたよろしく〜

覚

Septicaemia

簡 败血症
常 敗血症

Brutal Death Metal
2008 ～
北京
2009 年 EP『Zombie Symphonic of Arrmagedon)』、2014 年ベストアルバム『Septicaemia』

Hyonblud、Ritual Day、Narakam、Regicide、Vomit、Corpse Cook、Evilthorn、Ibex Moon、Dark Haze、Deathpact、Raping Corpse to Sacrifice the Moon、The Dark Prison Massacre など離合集散を繰り返しながら、そのほとんどのバンドが活動中というカオス状態の北京·天津のエクストリーム・メタル界の猛者により 2008 年結成されたブルータル・デスメタル・バンド。数度メンバーチェンジを繰り返しながらライブの場数を踏む。2008 年 10 月 7 日には MAO Livehouse Beijing での Defiled と Hydrophobia のライブの前座を務めた。現メンバーは裴磊（ベース）、王亜楠（ドラム）、王輝（ギター）、常雲虎（ヴォーカル）、張武強（バック・ヴォーカル）。各メンバーそれぞれが複数のバンドを掛け持ちしながら活動する。最新作は 2014 年にリリースされた過去 EP3 作より抜粋した曲と、Vomit と Megadeth のカバー曲を収録したベスト盤になる。

A Septicaemia　**簡** 败血症　**常** 敗血症
A 404　**簡** 404　**常** 404

Brutal Death Metal | 北京
Limbogrind Productions | EP | 2008

常雲虎（ヴォーカル）、李楠（ギター）、田羽（ギター）、賈克（ベース）、馬躍新（ドラム）らの北京エクストリーム・メタル界の猛者が集ったブルータル・デスメタル・バンドの 1st EP。ホラー映画の始まりのような心臓を締めつけるイントロ曲から始まり、2 曲目では平和なアコギから重々しく複雑なリフと不快極まりないガテラルヴォイスが襲い掛かってくる。3 曲目～ 4 曲目も聴く側の精神力を試すがごとく、非人道的なまでに繰り広げ続けられる無慈悲なブラストビートによって聴覚を強打される。1 作目からして最高品質に仕上がっている。

A Septicaemia　**簡** 败血症　**常** 敗血症
A Dead Bodies Everywhere　**簡**　**常**

Brutal Death Metal | 北京
Divine Massacre Records | EP | 2010

メンバー交替し、常雲虎（ヴォーカル）、王輝（ギター）、裴磊（ベース）、王亜楠（ドラム）、張武強（バック・ヴォーカル）らの布陣で制作された 3 枚目となる EP。ギターとベースが入れ替わったが、新しいメンバーも猛者に変わりなく、殺人サウンドによりいっそう磨きがかかる。鼓膜を破りかねないくらい重々しく乱射するドラム、不整脈を誘発しかねないリフ、思考能力を奪う残虐ガテラルヴォイスが次々と襲い掛かる。Megadeth の楽曲と天津エクストリーム・メタル界の父母 Vomit のカバー曲を含む 7 曲収録。

山岳地帯の貴州から北京に殴りこみをかけたニューメタル

Sick Pupa

簡 病蛹
常 病蛹

Nu Metal

1999 ~

北京

2018 年 シングル『格式化』、2019 年 シングル『这不是我』『这一切并未结束』

1999 年貴州省貴陽出身メンバーを中心に北京にて結成。Korn に強い影響を受けたハードコア的アプローチのニュー・メタル・バンド。中心となる王珂（ヴォーカル）以外は入れ代わりが多いのだが、早くから中国各地でエネルギッシュでアグレッシブなステージを繰り広げる。結成翌年の年末には北京にて日本のパンクバンド Tomorrow や Rotary Beginners と共演する機会を持つことができた。熱い活動姿勢により国内外の媒体に取り上げられたが、1st アルバム『放开我』をリリースするのが 2002 年夏とずれ込んだ。以後もメンバーが激しく入れ替わりながら、精力的に全国を廻る。2010 年頃には東京出身の重田真佑がベースを一時期担当していたこともあった。2nd アルバム『就是现在』を 10 年ぶりになる 2012 年に発表した。2016 年秋に行われた中国ツアー時のメンバーは、王珂、徐凱（ギター）、李全（ベース）、張愷（ドラム）、坦克（サンプラー）であった。2018 年 6 月にはアルバム先行シングル『格式化』を発表する。

A Sick Pupa

A

簡 病蛹 / 常 病蛹

簡 放开我 / 常 放開我

Nu Metal	北京
普涞文化	フルレンス / 2002

欧米のニュー・メタル、ラップ・メタルの教科書的バンドから多くの影響を受け、精一杯消化しようとしている。中国ではこの種の音楽のオリジネーターであると自負しているようだが、暗中模索の段階。思いついたアイデアをすべて詰め込み、たくさん実験的なことに挑戦している。バンドとしての強い意気込みは感じるのだが、如何せん単調な楽曲が並んでおり、アルバムとしては疲労感が残る。オリジナリティがまだ確立されておらず、まだまだスタート地点といえる仕上がり。

A Sick Pupa

A Right Now

簡 病蛹 / 常 病蛹

簡 就是现在 / 常 就是現在

Nu Metal	北京
树音乐	フルレンス / 2012

メンバーチェンジを繰り返しながらライブを主軸に活動しており、10 年ぶりとなる 2nd アルバム本作は、さらに多様な音楽を飲み込んで前作からはかなりの変化を遂げて独自の音楽性を築く。前作のように終着点のない詰め込みすぎが逆効果になり、散漫であったが、今回は詰め込み過ぎているのだが、明確なゴールを目指して不可思議にも統一感がもたらされている。ルーツにも忠実で、どこかで聴いた事がある様なフレーズをうまくアレンジしている。ただ、6 曲収録なのが物足りなさを感じさせる。

4オクターブ持つソプラノヴォイスのシンフォニック・メタル

Silent Elegy

簡 赛琳特
常 賽琳特

Symphonic Metal	2013～	北京
2016年 シングル『Never Gone』		

2011年1月4日、北京にて結成されたシンフォニック・メタル・バンド。メンバー交代しながら、2013年に、美しさと実力を兼ね備え、4オクターブ近くの広い音域を持つソプラノ・ヴォイスを誇る現ヴォーカルの李暁宇が加入する。北京のライブハウスを中心にイベント出演や各地のフェスティバル参加など本格的にライブ活動に入る。欧州産シンフォニック・メタル・バンドに引けを取らない壮大なスケールの演奏、クラシカルな交響とヘヴィ・メタルの融合、澄み切った優美なソプラノ・ヴォイスが響き渡るサウンドを作り上げて、2016年5月、1st アルバム『Gone with the Wind』をリリース。2017年11月、Screaming Spirit FEST に出演のため初来日、圧倒的なパフォーマンスで観客を魅了する。帰国後は音源制作を行いながら、各地のフェスティバルに参加する。現在のメンバーは、李の他、劉璠璵（ベース）、沈潤（ギター）、王麒崴（キーボード）となっている。

A Silent Elegy 簡 赛琳特 常 賽琳特
A Gone with the Wind 簡 常

Symphonic Metal	北京	
中国科学文化音像出版社	フルレンス	2016

2013年に結成された美しき紅一点ヴォーカル李暁宇を擁するゴシック風味もあるギター、ベース、ドラム、キーボードを含む5人編成による Nightwish タイプのシンフォニック・メタル・バンドによるデビュー作。なにより李の儚げな外見と美しいオペラスタイルの歌唱に惹きつけられる。キーボードによる壮麗なオーケストラゼーションとギターの煌びやかな演奏との掛け合いも良い。すべてにおいて少々肩に力が入っている感じがあり、曲展開が固くなっているのが否めない。2017年10月の初来日ライブでは最高のパフォーマンスを披露した。

Silent Elegy インタビュー
回答者：王麒崴

Q：日本や欧米の雑誌媒体からインタビューを受けたことはありますか？
A：外国のインタビューを受けたことがあるけれど、日本からは初めてです。
Q：では、バンドはいつどこで、どのように結成されましたか？　また、音楽性やメンバーに変化はありましたか？　バンドメンバーの紹介をお願いします。
A：Silent Elegy は 2013 年に北京にて結成しました。もうその時にはメンバー各々は 12 年くらいの知り合いだったので、新バンドをやり始めただけだったのです。ジャンルとか音楽性とかはまったく決めていなかったのですが、メンバーが好むジャンルに落ち着くようになり、女性ボーカリストによるメロディック・メタルとなりました。結成当初、メンバーはキーボード奏者の私、王麒崴とベーシストの小雨（劉璠瑛）だけで始めたのです。その後は何度もメンバー交代があり、ようやく 2014 年 3 月になり、現ボーカリスト李暁宇が加入することになりました。彼女は美しさと実力を兼ね備えたソプラノ歌手で、4 オクターブもの広い声域を持っています。ドラマーの朱帥は 2016 年中頃に正式に加入しました。彼はリズム感が素晴らしく、ステージでのパフォーマンスも大変優れたドラムで、もちろん、基本的なスキルも間違いないテクニックを持っています。最後に加入したのが、現ギタリストの学文で、2016 年末に加入しました。そして全国 36 都市を廻るツアーを成功させたところです。
Q：メタルに目覚めるきっかけとは何だったんでしょうか？　それから、最初に買ったアルバムは何？
A：最初にメタルを聴いたのは中学の時で、クラスメイトとアンダーグラウンドなライブを見にライブハウスに行ってみたのです。それで歪んだ音やリズムに魅了されました。それから運よく音楽フェスティバルに行くことができ、そこでライブを見れたのですが、その時にようやくメタルが自分のいるべき場所だとわかったのです。最初に買ったメタルアルバムは Guns N' Roses でした。しかし当時はネット環境も良くなく、知っているバンドも少なかったので、ただ人気のあるバンド数組しか知りませんでした。海外のアルバムを買うのも難しかったですしね。
Q：バンドメンバーそれぞれはどんな音楽が好きなのでしょうか？　一例を挙げてください。
A：主に好きなのはメタル全般、あとは人気のあるポップスも聴くことはありますけど。お気に入りのバンドは、Deathstars、Amaranthe、Sirenia、Epica、Theatre of Tragedy、Liv Moon、Xandria、Within Temptation、Evanescence、X JAPAN 等ですね。
Q：バンド名の由来とは何ですか？
A：この名前にしたのは私たち、ダークアートが好きなので、Silent と Elegy の二つの単語がとても私たちの音楽やスタイルに合っているし、大きな幻想的な空間を感じると思ったからなのです。
Q：中国ロックの第一世代のミュージシャンと比べればあなたたちは、中国の音楽情報、世界の音楽情報を簡単に得ることが出来るようになったと思うのですが、メタルに関してはいかがでしょうか？
A：メタルも同じだと思います。現代に生まれたのはとても幸せだと感じますね。好きなときに好きな音楽を聴くことが出来るという状況はバンドにとっても作品やスタイルをアピールするのに役立っています。
Q：あなたたちはどんなバンドや音楽に影響を受けているのでしょうか？
A：Silent Elegy 結成以来、私はシンフォニック・メタルにとても注目していて、ほとんどがクラシック交響曲を基本としながら、メロディック・メタルとクリアで美しい女性ヴォーカルを取り入れ、強いコントラストを作り上げています。オーケストラを導入するのも音楽に叙事詩的荘厳さを強める為です。
Q：現在、好きなバンドや、人生観を変えたアルバム 5 枚教えてください。
A：最も好きなのはないかもしれませんが、好きなのはこの 5 枚でしょうか。
•Nightwish『Tales from the Elvenpath』
• Deathstars『The Perfect Cult』
• Amaranthe『Amaranthe』
•Within Temptation『The Unforgiving』
• X JAPAN『Trance X』
Q：メタルファン以外の普通の人たちのメタルに対するイメージはどのようなものでしょうか？
A：普通の人がメタルを受け入れるにはまだ少し時間がかかるかもしれませんが、メタルを聴く人は徐々に増えてきていますね。
Q：あなたたちの周りのメタルシーンはどうでしょうか？
A：北京は中国の文化の中心地だから、比較的雰囲気はいいほうです。中国のほとんどのバンドが北京出身ですしね。ライブの機会も多いし、新しいバンドにとっても助かることです。
Q：いつもどの辺りでライブしているのでしょうか？
A：ほかのバンドと同じですよ。ライブハウスや音楽フェスだとかです。
Q：歌詞はどのようなことを歌っていますか？

A：大部分は主にやはり「愛」という恒久不変なことを主題にしています。
Q：中国のお薦めのバンドはいますか？
A：中国には良いバンドがたくさんいますが、Barque of Dante、Black Kirin、Zuriaake の３組を薦めます。彼らのアレンジ力は本当に素晴らしいです。興味持って頂けたら、是非探して聴いてみてください。
Q：日本についてはどう思っていますか？
A：街は綺麗で、人の素養が高いです。生活のスピードが早くて、環境も良いです。古い建築物が良く保存されています。
Q：日中両国は二千年を超える友好関係があるのに、不幸な一時期があったり、今でもたくさんの問題を抱えています。将来両国はさらに良好な関係を築けると思いますか？
A：歴史での過ちは記憶していくべきことですが、盲目的に過去を見るべきではないと考えます。というのもすべての戦争が特定の時代に特定の環境と人間の影響の下で起きるのものだからです。現在は社会も発展し、未来を見ながら、間違ったことが起きないように努力する必要があると思います。音楽には国境なんて関係ありませんし、音楽を通して両国が交流できればと望んでいます。
Q：日本のメタルで好きなバンドっていますか？
A：日本のメタルで好きなのは Liv Moon。アレンジがとても良い上に、日本的な要素もあるのが素晴らしいです。聴いてすぐにアジアのメタルだなと分かります。バンドのメンバーは好きなミュージシャンばかりだし、特にキーボード奏者とギタリスト（西脇辰弥と大村孝佳）がお気に入りです。
Q：では、メタル以外で好きな音楽はあるのでしょうか？
A：いつもは流行っているポップスやクラシックを単純に好きで聴いていますね。
Q：自分自身に対しての質問はありますか？
A：この問いは考えたこと無かったですね（笑）長いこと考えてみましたが、どう答えたらいいのかわからないです。
Q：インタビューを受けて頂きありがとうございます。最後に、日本の読者へひと言。
A：また日本でライブが出来たら、その時は会場で会いましょう！

英国グラムの影響受け、朝日新聞で紹介されたヴィジュアル系

Silver Ash

簡 银色灰尘
常 銀色灰塵

Hard Rock	1999 ～	北京

2011 年　EP『Pretty But Evil』

凌（本名：王小北、ヴォーカル）を中心に中国初のヴィジュアル系ハード・ロック・バンドとして 2000 年初頭に結成。日本のヴィジュアル系的な外見と英国グラムロックやサイケデリック、ゴシック・ロック的な音楽性を合わせ持ちメロディを重要視したスタイル。凌、Lucy（ギター）、Nancy（ギター）、虹（ベース）、楨（ドラム）が揃うと本格的にライブ活動へ入る。

2001 年夏に 4 曲入り 1st シングル『风琴』をリリースするが Nancy がすでに脱退していた。2002 年 1 月に 1st アルバム『Silver Ash』をリリース、前後するように Lucy が脱退する。すぐに玥が加入する。2002 年 7 月末には朝日新聞朝刊一面に掲載され、日本でも話題を呼ぶ。10 月、新体制でのライブを初の映像集作品『羽翼之祈愿篇』としてリリース。2003 年の初め、5 曲収録 2nd シングル『Never End』を発表、昨年に引き続き全国ツアーを精力的に継続するが SARS により、中止となる。同年年末ベースが玉に交代。2004 年春先に一時期バンド名を Toy に改名するも活動停止。2004 年 5 月、改名前にレコーディングした EP『蝶变』が発売となった。翌年バンド名を戻し、活動再開するとともに未発表デモ集『～未尽集～』を発売。2005 年 7 月リリースの崔健トリビュート・アルバム『谁是崔健 !?』に参加。同年年末、キーボード奏者として白鳥が加入。2006 年には北京にて La'Cryma Christi、2007 年には RIZE、Gram ∞ Maria といった日本のバンドと共演する機会を得る。

この頃より凌と白鳥が The Wings を結成するなどメンバーの課外活動が増え、Silver Ash としての活動が減る。2009 年に凌のカナダ留学を理由に再度活動停止。2013 年にはメンバー居住地が北京とバンクーバーと離れているものの活動を再開する。2013 年『Reborn』、2015 年『Crazy Sexy Cool』と今までの雰囲気とは異なる音楽性を持つシングルをリリースしている。2018 年 6 月に EP『Dead or Alive』をリリース。現在は凌、玥、Cain（ベース）、楨、白鳥の 5 人編成。

A Silver Ash | **簡 银色灰尘** | **常 銀色灰塵**

A | **簡 风琴** | **常 風琴**

Hard Rock	北京	
嚎叫唱片	EP	2001

中国初のヴィジュアル・ロック・バンドのデビューEP。無難にメロディ重視の歌モノといった楽曲が並ぶ。楽器隊に耳を傾けるとヴィジュアル系と同等にメタルに影響を受けていることが十分に分かる。ミドルテンポに歌い上げる1曲目、パイプオルガンから始まる儚く寂しいバラード曲2曲目、hideのソロ活動の影響下にある3曲目、ギタリスト中心の哀しくメロディアスな4曲目。ハード・ロック／ヘヴィ・メタル、そしてパンクとロックのマーケットが拡大してきた中、とりあえず彼らのスタート地点を切り取った感じである。

A Silver Ash | **簡 银色灰尘** | **常 銀色灰塵**

A Silver Ash | **簡 银色灰尘** | **常 銀色灰塵**

Hard Rock	北京	
嚎叫唱片	フルレンス	2002

EPから3ヶ月しての1stアルバム。日本のヴィジュアル系もそうだが、彼らも歌メロやバンドの奇怪な世界観を重要視する。とはいえ、自己中心的ナルシストすぎる変なファルセットを使うことはなく、正確な音程での歌唱である。アルバムということもあり、ヴィジュアル系だけなくハード・ロック、サイケデリック、ゴシックと影響を受けた音楽を十二分に取り入れながら多彩な曲風を取り揃えている。なかでもギタリストLucyのハード･ロック然とした趣向が強く出ているので、ヴィジュアル系を苦手とする人にもお勧めできる。

A Silver Ash | **簡 银色灰尘** | **常 銀色灰塵**

A Never End | **簡 永不结束** | **常 永不結束**

Hard Rock	北京	
嚎叫唱片	EP	2003

ギターがLucyから玥に交替し、前作から2年ぶりになるカラオケを含む5曲収録EP。ブロステップで始まる1曲目に面食らうが、今までの延長線にある歌メロを大切にした楽曲が並ぶ。バラード曲ばかりが並んで少々退屈するのだが、ヴォーカルがゆっくりと歌い上げる中、新ギタリストも前任者同様に好き勝手に弾いている。バンドとしてまとまりのある不思議な構成である。本当にギターが好きなギタリストだけがこのバンドに適任であることが分かる。5曲目はX JAPANのバラード曲を下敷きにしたような佳曲。

A Silver Ash | **簡 银色灰尘** | **常 銀色灰塵**

A Out of Control | **簡 蝶变** | **常 蝶変**

Hard Rock	北京	
嚎叫唱片 / 京文唱片	EP	2004

Toyとバンド名を改めていた期間中にSilver Ash名義で発売となった6曲収録ミニアルバム。Silver Ashらしい歌モノ中心にしながらギターが個性的に奏でる楽曲には変わりないのだが、この頃のバンド内のゴタゴタした状況だけでなく、SARS問題で国内どころか国際的に大揺れとなっていたことも心理的に関係したのか、これからの活動に迷いがある。あたかもバンド終焉に向かっているかのように個性を出し切れていない楽曲で、全体的に弱々しく、どこか霞がかかっているサウンドとなっている。

A Silver Ash

A

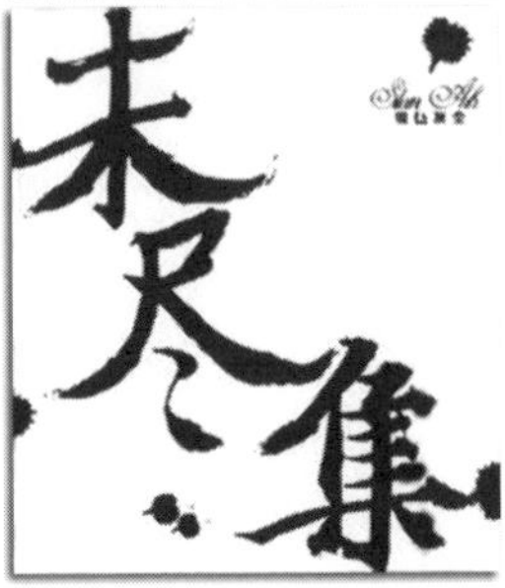

簡 银色灰尘 | **常 銀色灰塵**

簡 未尽集（嚎叫 / 京文版） | **常 未尽集（嚎叫 ／ 京文版）**

Hard Rock	北京	
嚎叫唱片 / 京文唱片	フルレンス	2005

バンド側の全面了解を得ずレコード会社側が勝手にデモ曲や未発表曲を寄せ集め、リリースした VCD 付きアルバム。内容はメロディを歌い上げるヴォーカルと派手さは無いものの、聞き惚れてしまう二人のギタリストコンビが Silver Ash らしさを作り上げている。本作を以てレコード会社の契約を終了、バンドとしての活動停止し、2013 年まで眠りに就く。本作は、のちにオフィシャル・ファンクラブ「Pluma」内で 3 曲（内 1 曲は日本語歌詞）を追加して再リリースとなる。

A Silver Ash

A

簡 银色灰尘 | **常 銀色灰塵**

簡 银色灰尘 live 专场 | **常 銀色灰塵 live 專場**

Hard Rock	北京	
代亜文化	ライブアルバム	2017

2013 年以後、シングル曲は発表済みであったが、スタジオ・アルバム発表前に、再結成後として初の作品がライブアルバムとなった。中国ヴィジュアル系ロック・バンド第一人者としての貫禄と実力を十二分に見せ付けたライブ。ナルシストすぎる変なファルセットを使うことはなく、メロディやバンドの世界観を重要視する姿勢はかつてと変わらず、往年のスタイルを正々堂々と圧倒的な存在感を示す。結成 20 周年に向けた助走が始まったバンドケミストリーを音の一つ一つに感じることが出来る。

A Silver Ash

A Dead or Alive

簡 银色灰尘 | **常 銀色灰塵**

簡 | **常**

Hard Rock	北京	
太声文化	EP	2018

再結成後の初スタジオ作 5 曲収録 EP。再結成後リリースされていたシングル曲「Pretty but Evil」、ライブで反響の良かった「Breaking」、初期名曲「Seduction 〜惑」、未発表曲「Nobody」をそれぞれ再アレンジ、再レコーディング、再ミックスした楽曲と、中仏混成ダンス／エレクトロニック・グループ简迷离 (Gemini) との共同作業で制作し、今までとはまったく毛色の異なるヘヴィだが、ダンサブルなポップさを持つ楽曲に仕上がった「Reborn」を収録。

元唐朝、Baiduの重役職も在籍する中国産プログレメタル

Spring Autumn

簡 春秋

常 春秋

Progressive Metal/Folk

2000 ～ 2016

北京

2004 年　Domo 『Spring and Autumn』

唐朝を再脱退したKaiser Kuo(中国語名:郭怡広／ギター)が楊猛(初代ヴォーカル&ギター)、寇征宇(ギター)、李波(ベース)、欧剣雲(ドラム)とともに2001年結成。アメリカ育ちのKaiser Kuoの趣向を反映したプログレッシブ・メタルに中華伝統音楽を取り入れたサウンド。デモを完成させ、北京を中心に多数ライブを行う。ドラムが超載の刁磊に交代、キーボードに李猛が交加入して2006年に1stアルバムを発売。北京を含め各地でのライブを行う。2010年にはアンプラグドライブを敢行。2016年5月に解散を決め、ラストライブを行う。メンバーは、Kaiser Kuo、刁磊、李猛、寇征宇(ギター／Suffocated)宋揚(ベース／The Last Successor)、劉斌(ヴォーカル／Die from Sorrow)であった。10月に2枚目の作品となるライブアルバムを発売。Kaiser Kuoはカナダの人類文化学者サム・ダン制作のメタル・ドキュメンタリー映画『グローバル・メタル』の万里の長城でインタビューシーンに登場、また百度の重役職を務めていた。

A Spring Autumn

A Spring and Autumn

簡 春秋 / **簡** 春秋

常 春秋 / **常** 春秋

Progressive Metal/Folk	北京	
RHC International Records	フルレンス	2006

中国産プログレッシブ・メタルの最高傑作と称される本作は中華伝統音楽とプログレッシブ・メタルが高い抽象度で融合されている。唐朝、超載、Suffocatedといった北京メタルシーンの名うてのプレーヤーが顔を合わせたこともあり、多大な期待を寄せられたが、ハイテクでありながら意外とあっさりしたプログレッシブ・メタルに終始している。5曲目はメタルドキュメンタリー映画『グローバル・メタル』の中国編において万里の長城でのインタビューシーンのBGMとして使用されたため、耳にした方も多いのでは。

A Spring Autumn

A

簡 春秋 / **簡** 最后壹页

常 春秋 / **常** 最後壱頁

Progressive Metal/Folk	北京	
RHC International Records	フルレンス	2016

ライブにて本格的に活動再開と思いきや解散を発表する。本作は2016年5月31日に行われた解散ライブを収録したCD & DVD2枚組アルバムである。CDには未収録音源6曲と1stアルバムから1曲のアコースティック・バージョンの合計7曲を収録。DVDには1stアルバムから残る8曲と2004年のデモトラックに収録されていた「一江春水向东流」、超载のカバー曲「九片棱角的回忆」と未収録音源1曲の合計11曲の映像が収められている。また、豪華ブックレット付き限定版が330セットも発売された。

キャリア 20 年を超える男臭い正統派デスメタル

Suffocated

簡 窒息
常 窒息

Thrash Metal/Death Metal	1997 ～	北京
2019 年　シングル『黎明之下』		

劉錚（ヴォーカル＆ベース）、寇征宇（リードギター）を中心にパンク・ロック隆盛だった 1997 年に結成された正統派デスメタル・バンド。2001 年には、メタル・オムニバス CD『众神复活』に曲が収録される。Narakam や Ritual Day など北京エクストリーム界の中心バンドとライブを頻繁に行う。2004 年には Death の Chuck Schuldiner に捧げるトリビュート・アルバム『Unforgotten Past - In Memory of Chuck Schuldiner』に参加。2006 年ようやく 1st アルバム『逆风飞扬』が発売となった。2004 年 2nd アルバム『纷扰世界』をリリースし、この頃から日本でも名前が知られるようになる。2015 年に 3rd アルバム『危险旅程』がリリースされる。2017 年は、結成 20 周年記念となるアルバム『身躯就是最坚硬的金属』のリリースした。数回メンバーチェンジしているが現在は、劉錚、寇征宇、呉鵬（ギター）、呉剛（ドラム）の４人である。春秋や Regicide や Dream Spirit といったバンドにも名を連ねている（いた）。

A Suffocated　　**簡 窒息**　　**常 窒息**

A Dead Wind Rising　　**簡 逆风飞扬**　　**常 逆風飛揚**

Thrash Metal	北京	
RHC International Records	フルレンス	2006

Testament や初期 Sepultura などの影響下にあるスラッシュ・メタル・バンドの 1st アルバム。本作はマスタリングをドイツ Mega Wimp Sound で行う。春秋にも在籍した寇征宇（ギター）の匠なリフとソロをフィーチャーし、Dream Spirit の一員としても活動する劉錚（ヴォーカル）は Chuck Billy をさらに荒々しく攻撃的にさせたスタイル。 収録曲ラストはゲームソフト『The House of The Dead II』の BGM の「Ending Theme」のインストカバー。

A Suffocated
A World of Confusion

簡 窒息 **常 窒息**

簡 紛扰世界 **常 紛擾世界**

Thrash Metal	北京
Pilot Music	フルレンス / 2010

4 年ぶりの 2nd アルバム。制作期間に十分な時間があったにも関わらず、全体としては散漫な印象を受け、なおかつ国内ミックスが仇だったのか各パートに微妙なズレを感じる。しかしながら、それがかえって塞翁が馬のごとく前作よりパンクのような荒々しさと重々しいスリリングな不協和音を生み出し、耳を惹きつける。まさにこのバンドならではのオリジナリティを生み出している。バンドとして過渡期で、これから深化していく事を予想させる作品である。

A Suffocated
A Perilous Journey

簡 窒息 **常 窒息**

簡 危险旅程 **常 危険旅程**

Thrash Metal	北京
Pilot Music	フルレンス / 2015

5 年ぶりの 3rd アルバム。デスメタルやスラッシュ・メタルだけに留まらず、その源流となる古今東西のヘヴィ・メタルをも取り込み、すべてを消化吸収。幅広い音楽性を内包させ、独自に発展昇華させた仕上がりになっている。特にリフにおいてはおもわずニヤリとしたくなる展開が続出し、通が喜ぶフレーズには拳を振り上げたくなる。完成度が高いアルバムとなった。物足りなさがあるとすれば、日本も同じだが録音環境におけるこの手の音楽を理解する人と、その感性とマーケットを拡大させる大きな意思ではないだろうか。

A Suffocated
A

簡 窒息 **常 窒息**

簡 身躯就是最坚硬的金属 **常 身軀就是最堅硬的金属**

Thrash Metal	北京
自主制作	フルレンス / 2017

デビュー 20 周年となる 4th アルバム。一介の北京産デスメタル・バンドから長年の経験を経て、名実共に中国を代表するメタル・バンドへと登りつめ、すべてのエネルギーを注いだ力作。ギターワーク、リズムワーク、コーラスワークと全てにおいてパワーみなぎる男臭いバイタリティと恍惚とする躍動感が、バンドの最高な状態を表している。特に燎原の火のごとく空気感を瞬く間に変えてしまう血気あふれるコーラスワークには、圧巻のひと言である。もちろん彼らしいシンプルで突き刺さるリフも健在である。

モンゴリアンBIGの一角を占めるシャーマニック・ペイガン

Tengger Cavalry

簡 铁骑
常 鉄騎

Melodic Death/Folk Metal | 2010～2019 | 北京⇒ニューヨーク

Ego Fall、Nine Treasures とともにモンゴリアン・メタル BIG3 のひとつ。Hell Savior～Voodoo Kungfu と活動してきた Nature Ganganbaigal〔張天然（中国名）／甘根白格勒（モンゴル名漢訳）〕が 2010 年北京にて立ち上げたプロジェクト。彼は北京生まれ北京育ちのモンゴル族である。モンゴル伝統楽器を使い、モンゴル民謡とヘヴィ・メタルを融合させ、チベット仏教とシャーマニズムなどをコンセプトに扱い、宗教観や歴史、神話などをテーマとするシャーマニック・ノマディック・ペイガンメタル。Tengger（テングリ）とはアジア北方の遊牧民族のモンゴル語やチュルク語系諸言語において「天上世界」もしくは「天上神」「運命神」「創造神」を意味する概念、中国史における「天」概念と非常に類似する。

結成後すぐデモ『Tengger Cavalry』を発表したのち 1st アルバム『血祭萨满 ／ Blood Sacrifice Shaman』リリースする。ドイツのメタル雑誌『Legacy』、イギリスのメタル雑誌『Terrorizer』『Metal Hammer』に掲載されたり、CNN のインタビューを受けるなど早くから注目される。拠点をニューヨークに移し、ニューヨーク大学で音楽理論を学ぶと同時に現地在住者であるアメリカ人 2 人のイギル奏者（※イギルは馬頭琴に似たロシア連邦トゥバ共和国の伝統弦楽器）とドラム奏者、ロシア人ベーシスト、中国モンゴル族の馬頭琴奏者らとともに Tengger Cavalry を再組織し、活動再開。2015 年にはカーネギーホールでコンサートを開催し、盛況であった。映画音楽作曲学位を得、大学を卒業するとアメリカにて大規模なツアーを実施し、多くのファンと交流する。

結成 7 年と短い間ながら、現在まで多くのアルバム 12 枚（再販含む）、EP3 枚、シングル 13 枚（デジタル配信含む）、ライブアルバム 3 枚をリリースする。また、ソロアーティストとして民謡アルバム『To Where Tengger Leads Me』を発表し、リンカーン・センターでコンサートを開く。2019 年 6 月、Nature Ganganbaigal が急逝する。享年 30 歳。

A Tengger Cavalry
A Blood Sacrifice Shaman

簡 铁骑 **常 鉄騎**
簡 血祭萨满 常 血祭薩満

Melodic Death/Folk Metal	北京⇒ニューヨーク	
Dying Art Productions	フルレンス	2010

Nature の思想・信念を元に描き出した音楽の具現化への第一弾。ネット系音楽メディア Noisey でのインタビューで語っているように「ヴァイキング・メタルやケルティック・メタルはあるのにモンゴリアン・メタルはなぜないのか？」を出発点とする。スラッシーなリフと躍動感に溢れるリズムに、ホーミーや民謡の旋律を強引につなげた状態で、完成度は高くない。しかし卓越した世界観はこの地点ですでに現れている。2015 年に米レーベルより一部変更して『Blood Sacrifice Shaman』として再リリース。

A Tengger Cavalry
A Cavalry Folk

簡 铁骑 **常 鉄騎**
簡 常

Melodic Death/Folk Metal	北京⇒ニューヨーク	
Dying Art Productions	フルレンス	2011

2nd アルバムは 2 枚組になる。エクストリーム・メタル側の『鬼騎』とアコースティックロック側の『明咒』とテーマ分けされる。ヴァイキング・メタルやケルティック・メタルを深く取り入れ、モンゴルスタイルに染め上げる。多くの実験を行った多彩な作風だ。『鬼騎』には Ego Fall と Arch Enemy のカバー曲、『明咒』には Hell Savior のカバー曲が収録されている。2012 年に米レーベルより『鬼騎』がリマスターされ『Sunesu Cavalry』としてリリースされる。

A Tengger Cavalry
A Black Steed

簡 铁骑 **常 鉄騎**
簡 黑骏 常 黒駿

Melodic Death/Folk Metal	北京⇒ニューヨーク	
Dying Art Productions	フルレンス	2013

前作まではソロ・プロジェクトであったが、3 作目にしてバンド形態となる。9 曲 34 分あまりのコンパクトな作品となり、モンゴリアン・メタルの一つの到達点となる。リラックスした雰囲気が漂いながら力強い楽曲が並び、ホーミーや馬頭琴などモンゴル伝統楽器・歌唱の美しいメロディがエクストリームなメタルにバランスよく交じり合う。同年、一部楽曲を入れ替え『The Expedition』として発売。2016 年に内容を一部変更し、『Cavalry in Thousands』としてデジタル配信される。

A Tengger Cavalry
A Ancient Call

簡 铁骑 **常 鉄騎**
簡 远古呼唤 常 遠古呼喚

Melodic Death/Folk Metal	北京⇒ニューヨーク	
Metal Hell Records	フルレンス	2014

モンゴル伝統音楽とエクストリーム・メタルの独特な融合を中核として、本作では、馬頭琴だけでなく、もうひとつのモンゴルの伝統弦楽器であり、隣国カザフスタンにも古来から伝わる楽器「ドンブラ」を大フィーチャーする。奇抜でありながら激しく美しいサウンドになる。スリリングな楽曲と穏やかで心休まるフォークロア楽曲が挟まれている。Eluveitie、Ensiferum に匹敵する音楽的完成度を成し遂げた作品である。 2016 年に内容を一部変更し『Hymn of the Earth』としてデジタル配信される。

A Tengger Cavalry | **簡 铁骑** | **常 鉄騎**

A Die on My Ride | **簡 战死征途** | **常 戦死征途**

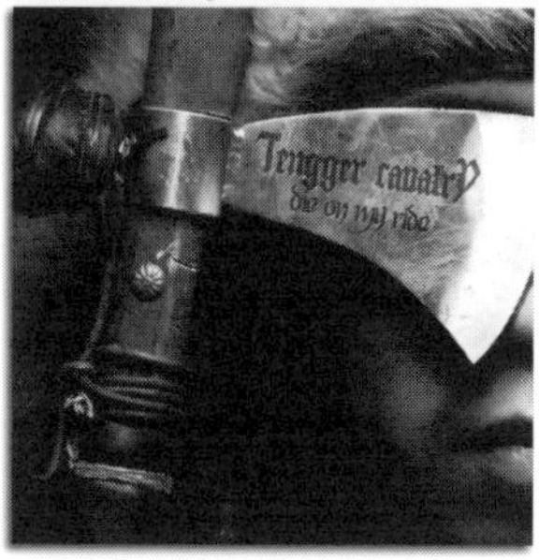

Melodic Death/Folk Metal	北京⇒ニューヨーク
自主制作	フルレンス 2017

多種作品をリリースしているため、正式に何枚目になるかは不明だが3年ぶりとなるアルバム。ニューヨークでの生活も安定し、創作活動に奥深さが加わり、唯一無二なホーミー・メタル・ヴォイスにより神秘性を高め、独自のモンゴリアン・メタルを確立する。馬頭琴はもちろんカザフスタンのドンブラも使用しながら中央アジア遊牧民族的雰囲気を大いに感じさせ、モンゴル伝統民謡の旋律が勇敢な戦士の強さ、郷愁を感じさせる暖かさ、様々な感情を言葉が解らなくとも自然と心の奥底から隆起させてくる。

A Tengger Cavalry | **簡 铁骑** | **常 鉄騎**

A Chamber Music | **簡** | **常**

Melodic Death/Folk Metal	北京⇒ニューヨーク
自主制作	フルレンス 2017

2017年度2枚目のアルバム。本作はエクストリーム・メタル・サイドではなくフォーク・サイドの音源。一般的に思い描かれるモンゴル民謡を基にした躍動感にあふれ、感情豊かなサウンドとなり、アルバム・タイトル通り室内音楽として楽しむ方向性で作られている。じっくりと腰を落ち着け目を閉じ、心を落ちつかせ優雅に聴く作品。モンゴル民族としてまた内モンゴル人として伝統文化を継承発展させていく意欲が強く、慎重に音楽と大自然と対話して聴きこむべきサウンド。

A Tengger Cavalry | **簡 铁骑** | **常 鉄騎**

A Cian Bi | **簡 鲜卑** | **常 鮮卑**

Melodic Death/Folk Metal	北京⇒ニューヨーク
Ward Records/Napalm Records	フルレンス 2018

日本盤はWard Records、インターナショナル盤はNapalm Recordsからのリリースとなった最新アルバム。最重量級なヘヴィネスに、馬頭琴やホーミーなどモンゴル民族音楽の要素を多彩に盛り込み、モンゴリアン・メタルの中でも孤高なサウンドを築いた結成8年目の集大成作品。現活動拠点のニューヨークにおいて諸事情により解散を選択したようだが、これまでにも幾度もの危機を乗り越え、不死鳥のようにバンドを蘇らせたように日を置かずにメンバーを一新し、再び活動を始めることになる。

A Tengger Cavalry | **簡 铁骑** | **常 鉄騎**

A Northern Memory | **簡** | **常**

Melodic Death/Folk Metal	北京⇒ニューヨーク
自主制作	フルレンス 2019

前作『Cian Bi』リリース後、いきさつは不明だが、いったん解散状態となるものの、もとよりソロプロジェクト色の濃いバンドであったため、活動再開する。モンゴル帝国以前のモンゴルを含んだ遊牧民族の歴史をエクストリーム・メタルとモンゴル伝統音楽の融合を通じて世界に広めたいNature Ganganbaigalの意思は変わっていない。神髄となる部分はさらに深化させ、サウンド面では歴代作品の中でも聴きやすくなり、今まで以上にソフトな路線となる。マニア層ではない聴衆の耳にも届く楽曲となる。

A Tengger Cavalry

A Northern Memory (Vol. 2)

簡 铁骑	**常 鉄騎**
簡	常
Melodic Death/Folk Metal	北京⇒ニューヨーク
自主制作	EP / 2019

シベリアから中国東北部、中央アジアまで広範囲に広く混在するトゥバ、モンゴル、カザフなど遊牧諸民族の儀式音楽からインスパイアされた5曲収録インストゥルメンタルEP。純然たるメタル作品ではなく、2017年作『Chamber Music』と同様フォーク・サイドの音源。学術研究用として収集され、消えゆく貴重な文化に、現代都市文化の中でも生き続けるように魂を入れたかのような地に足の着いた作品。しかし、再スタートを切り、2作品をリリースしたところで、Nature Ganganbaigalが突然逝去してしまう。

中華旋律、笛子、二胡、中国琵琶を取り入れたプログレメタル

The Last Successor

簡 末裔
常 末裔

Progressive/Power Metal	2002 ～	北京
2019 年 シングル『归途』		

2002 年 10 月に結成される。中国的旋律に強く影響を受け、笛子、二胡や中国琵琶など多様な伝統楽器を導入している。スラッシュ的リフによりフォーク・メタル的な間延びした気だるさはなく、一風変わったプログレッシブ・パワー・メタルである。当初は適任ヴォーカルが見つけることが出来ず、流動的であったが、2003 年 5 月に宋洋が加入し夏炎（ギター）、宋楊（ベース）、牛力（キーボード）、陸達（ドラム）の 5 人編成にて本格的に活動開始する。2004 年 8 月には台湾のメロディック・パワー・メタル・バンド Seraphim の北京ライブにおいて前座を務めた。メタル・オムニバス CD『众神复活 3』『众神复活 5』『众神复活 7』に参加する。メンバーチェンジが発生するも地道にライブ活動を行い、ようやく 2010 年になってバンド名を冠した初アルバム『末裔』を発表する。この時のメンバーは、宋洋、李悦（ギター）、孫宝森（ギター）、宋楊、牛力、李宝（ドラム）であった。元メンバーの炎夏は中国の音楽界でギタリストとして高い評価があり、多くのミュージシャンと活動を共にしている。

A The Last Successor　簡 末裔　常 末裔

A The Last Successor　**簡** 末裔　**常** 末裔

Progressive/Power Metal	北京	
麦爱音楽	フルレンス	2010

結成 8 年目にしての 1st アルバムになる。全体を通して緩急取り混ぜたスリリングな展開が細部まで練られ、伝統楽器の美しい音色が随所に挿入されている。歌詞面においても神話、自然、神秘といったテーマが重要視され、歌メロディも中国語本来が持つ美しい旋律を失うことなくメタルに合わせ、過激に昇華させている。5 曲目収録「又见茉莉花」の MV では伝統画法墨絵や切絵を用いた美しい映像に仕上がっている。初回限定版として木箱ケースもリリースされる。解散を公表していないが、その後動向が聞かれない。

香港映画の主題歌も提供したグルーヴ感のあるデスメタル

Tomahawk

簡 战斧
常 戦斧

Heavy Metal/Hardcore	1992 ～ 1996、1998 ～	北京

結成は 1992 年初頭と早く、香港映画の主題歌に楽曲が使用されるなど好調なスタートであった。しかし、ドラムが一定せず安定した活動が難しく、レコード契約に結びつく事がなかったため、1996 年頃休止状態に。1998 年から再活動を始めると楽曲制作をメインとしながらライブも時々行うようになった。2000 年からは北京でのライブ活動をメインに活発化させる。この時のメンバーは、張燕青（ヴォーカル & リズムギター）、郭智勇（リードギター）、劉暁康（ベース）、朱正力（ドラム）であった。2001 年 5 月に 1st アルバム『死城』を発売。北京を中心に各地でライブを行う。2002 年ベースが張新偉に交代、2003 年前半、蒋一輝（キーボード）が加入し、音楽性をデスメタルからグルーヴ感のあるヘヴィ・メタルへと変化させながら活動を続ける。ドラムが数度交代することもあったが、多くのイベント参加ならびに全国ツアーを開催する。2013 年 EP『隔离』、2016 年 2nd アルバム『深海』とリリースを重ねる。2018 年はフェスティバル参加を含め、精力的にライブを行う。

A Tomahawk | **簡 战斧** | **常 戦斧**

A Dead City | **簡 死城** | **常 死城**

Heavy Metal/Hardcore	北京	
京文唱片	フルレンス	2001

活動歴も長い北京エクストリーム・メタル界を代表するバンドの一つ。デビューアルバムとなる本作品は、オリジナリティが固まる以前の楽曲を寄せ集めたかのようにオーソドックスなヘヴィ・メタルに試行錯誤しながらハードコアとの統合を目指している。しかしながら中途半端なラップ歌唱があったり、未熟な部分がまだまだある。発売当時はバンド側もメタルファンもエクストリーム・メタルに関して前例がなかったため、激化するメタルミュージックに関しては互いに暗中模索な時期であったので、このような仕上がりでも高評価であった。

A **Tomahawk** | **簡** **战斧** | **常** **戦斧**

A **Isolation** | **簡** **隔离** | **常** **隔離**

Thrash Metal | 北京

自主制作 | EP | 2013

12 年ぶりの作品は 6 曲収録 EP。毛色の全く異なるインストオープニング曲で始まるため戸惑うが、全体としては原点であるスラッシュ・メタルに主軸を戻すとともによりグルーヴ感を強める。ヴォーカルが交代したのかと思うほどヴォーカル・スタイルが大きく変わり、音楽性も例えていうなら Metallica meets Pantera に Disturbed を彩り飾ったものとなる。無理やり三者をくっ付けたのではなく、良いバランスでブレンドし、化学変化を起こした楽曲となる。6 曲目は 4 曲目のアコースティック・ギターによるヴォーカルレス版。

A **Tomahawk** | **簡** **战斧** | **常** **戦斧**

A | **簡** **战斧 1992-1994** | **常** **戦斧 1992-1994**

Thrash Metal | 北京

Stress Hormones Records | EP | 2014

香港にて 1994 年香港リリースの『神揺第一章・極楽揚州路』と 1995 年リリース『神揺第二章・別再躲蔵』の各オムニバス・アルバムにそれぞれ収録されていた「天葬(往世)」と「报应 」の 2 曲を 12 インチヴァイナル EP にして再発。活動休止以前の楽曲で、Crown や超载などの 1990 年代前半の北京ヘヴィ・メタル/スラッシュ・メタル然としている。さらにエクストリーム化しようと手さぐりで実験したサウンドではあるが、迷いがある音にも、すでに彼らの原点となる核心がある。

A **Tomahawk** | **簡** **战斧** | **常** **戦斧**

A **Deep Ocean** | **簡** **深海** | **常** **深海**

Nu Metal | 北京

摩登天空 | フルレンス | 2016

一風変わったヘヴィ・エレクトロニカ・サウンドなインスト曲から始まる 4 作目。 飾り程度の色付け Disturbed 風味から本格的に Disturbed 色を高濃度に取り入れた作風で、純然たるスラッシュ・メタル色は薄まった。ほぼニュー・メタル〜オルタナティヴ・メタルへ変化する。また、シンフォニックなオーケストラゼーションを導入したメタルコア風な楽曲や、イントロを発展させたエレクトロニカ・ニュー・メタル風格な楽曲もあり、幅広い面白い展開をする。予測不可能な変化を続けるバンドである。

A **Tomahawk** | **簡** **战斧** | **常** **戦斧**

A **Belief** | **簡** **逆行** | **常** **逆行**

Groove Metal | 北京

Rock Records | EP | 2019

90 年代に黑豹や唐朝が在籍した台湾のレーベル Rock Record と契約し、リリース。スラッシュ・メタルの枠に収まらない方向性は前作同様だが、前作のような現代ヘヴィネスな要素はなくなる。シングルカットされた「逆行」に代表されるように、歌謡メタル的な展開をする中に、クラシック・メタル的なフレーズが突然出てきたり、厳めしいラップ歌唱があったと思うと穏やかなサックス演奏が入り、そのあとに語り掛けるような歌唱で終幕するという暗中模索、新市場に向けての実験的なサウンドが展開される。予測不可能な幅の広さがバンドカラーが定着したとも言える。

宗教風のステージングのエクストリーム・フォークメタル

Voodoo Kungfu

簡 零壹
常 零壹

Extreme/Folk Metal	1998～2003 (as Masturbation)、2003～2012、2013～	北京⇒ロサンゼルス

2010年　ライブアルバム『Voodoo Kungfu with the Traditional Folk Orchestra』

ハードコア・バンド自慰～デジタル・ハードコア・バンド恣慰と活動を続けてきた李難（ヴォーカル）が2003年にバンドを改組して活動を開始する。バラモン教、チベット密教、道教、古代シャーマンなど東洋宗教・東洋哲学を深く研究し、また武術からもインスピレーションを得ている。今までの音楽経験からハードコアにも通じる過激さも持ち合わせたエクストリーム・フォーク・メタルへと辿り着く。舞台には御札や御守りを掛け、神像を置き、李難は坊主頭の頭皮や体中にお経らしき謎の文字を書き、宗教色が濃いステージングである。数え切れないほどのメンバーチェンジがあり、Ego Fallの朝洛朦やTengger Cavalryの張天然（Nature Ganganbaigal）なども一時期在籍していた。2012年に全国ツアー終了後に一度解散させ、2013年学業のため李難はアメリカへ渡り、バークリー音楽学院で声楽を学ぶ。同時にバンドを再結成する。現在は李難、Murv（ベース）、William（ドラム）、Joseph（ギター）Yasutaka（ギター）、Ian（Orchestra）で、L.Aを拠点に活動している。

A Voodoo Kungfu　**簡** 零壹　**常** 零壹
A Voodoo Kungfu　**簡** 零壹　**常** 零壹

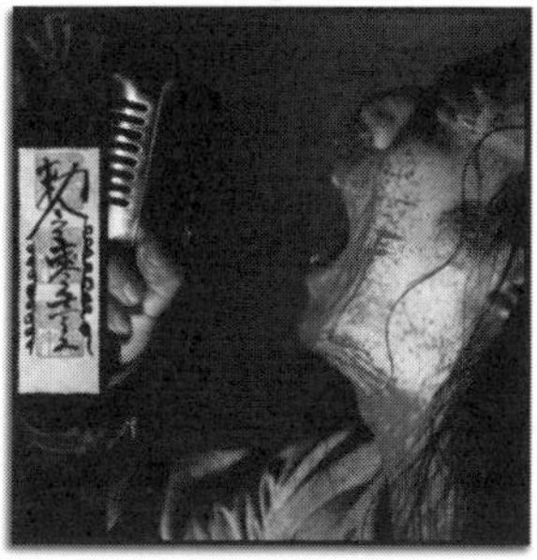

Extreme/Folk Metal	北京⇒ロサンゼルス	
飛行者唱片	フルレンス	2008

カテゴライズ不能な非常にユニークで新タイプのメタルである。形態は異なるが、参考になるのはインド系シンガポール人によるヴェーディック・メタルを掲げるRudraであろう。あえて表現するならタオ・メタルなのだろうか。道教音楽的呪文、密教音楽的マントラ、モンゴリアンホーミー、カンフーの使い手のような奇声、ハードコア由来の咆哮を使い、八変化する李難のヴォーカル・スタイルが陰鬱で、グロテスクな世界観を作り上げる。カバー曲としてEurythmicsとBob Marleyの代表曲を取り上げている。

A Voodoo Kungfu | **簡 零壹** | **常 零壷**

A Dark Age | **簡 黑暗世界音乐** | **常 黒暗世界音楽**

Extreme/Folk Metal	北京⇒ロサンゼルス
自主制作	フルレンス / 2011

VCD 付きライブアルバムを挟み、3 年ぶりの 2nd アルバム。ひとまず順調に駒を進め、タオ・メタルの東洋神仙的深淵な重金属世界へ入り込む。聴いているだけ呪術にかけられて映画 Dr.Strange 的異次元世界に連れて行かれるかのような錯覚を覚え、脳と心が変容させられた感覚に陥る。カバー曲として Slayer の代表曲を取り上げている。解散、移住、再結成と紆余曲折があったが、アメリカではライブを継続しているようだ。チェロ奏者 Tina Guo が参加したアルバムのリリースが待たれる。

A Voodoo Kungfu | **簡 零壶** | **常 零壷**

A Celestial Burial | **簡** | **常**

Extreme/Folk Metal	北京⇒ロサンゼルス
自主制作	フルレンス / 2019

前作より 9 年ぶりで、北京よりロサンゼルスに居を移してからの初アルバム。2018年にWhisky A Go Goで共演したTina Guoをゲストチェロ奏者に迎えた「Man of Determination」も収録する。道教の深淵な部分と人間が心の奥底に持つグロテスク部分を混濁させた世界観をエクストリームに発展させたカテゴライズ不能、表現不可能な唯一無二、ぶっ飛んでいると言うしかない。楽曲を因数分解すれば、古今東西様々な音楽からの影響を感じるが、合わさることで常識を突き抜けた現代最新鋭ヘヴィネスな展開をする。

蒲羽 bass

スラッシュ・メタル・バンド Crack のベーシスト**蒲羽**はヴァイオリン奏者宮本笑里に似ていてお嬢様っぽい雰囲気がある。最近ではアメリカで活動する Voodoo Kungfu にも加入した。

YouTube の『bass 蒲羽』で彼女のベース演奏動画を視聴することができる。BABYMETAL のカバー曲では、ハードコアパンク顔負けの腕の入れ墨を披露。しかし下半身はミニスカート。一方で中国の新年を祝う曲のメタルカバーでは、伝統的な中国ファッションに身を包み、スラッピングベースを演奏。ツンと澄ましたクールな表情にもあどけなさが残り、チャーミング。今後日本でもメタルアイドルとして人気が出る可能性大。

【蒲羽】cover Baby Metal/ KARATE
https://www.youtube.com/watch?v=Lkxbno_IX_A

【蒲羽】改编中国传统过年曲目《恭喜发财》
https://www.youtube.com/watch?v=4snT8QpuaTc

メタラーとパンクス評価の高い2000年代最重要バンド

Yaksa

簡 夜叉
常 夜叉

Punk Metal	1995 ~	北京

2006年　EP『Keep on Fighting』、2016年　EP『舞悟』、2017年　シングル『夕陽下』『Circle Pit』

結成は1995年四川省自貢だが1997年に北京で活動開始する。アルファベットバンド表記は夜叉の北京語発音のYeChaではなくサンスクリット語発音のYaksaを採用。当初はパンクシーンで登場したが、メタル要素が多く、メタルとパンクのイベント両方に登場し、両者のファン層より支持された。1999年より本格的なライブ活動に入り、日本のハードコアバンドQP-Crazyと共演する。メンバーが胡松（ヴォーカル）、姜傑（ギター）、肖陽（ギター）、姜龍躍（ベース）、遅功偉（ドラム）、王楽（DJ&サンプラー）となり、2000年12月には1stアルバム『自由』が発売された。メンバー交代しながら、2003年2ndアルバム『发发发』、2006年1st EP『Keep on Fighting』、2010年『You Aren't the Loser』、2011年2nd EP『转山』、2015年4thアルバム『暗流』、2016年3rd EP『舞悟』、2017年シングル『夕陽下』、『Circle Pit』をリリース。2012年にはドイツWacken Open Airの舞台に立つ。

A Yaksa　　**簡** 夜叉　　**常** 夜叉
A Freedom　　**簡** 自由　　**常** 自由

Punk Metal	北京	
嚎叫唱片 / 京文唱片	フルレンス	2000

Yaksaの登場が中国ロック界に新世代バンドの登場を促進し、再び活気溢れるシーンを勃興させ、2000年代最重要バンドとなった。ハードコア、パワー･メタル、ラップ･メタルをエンジン全開に融合させた。重低音を効かせ、硬質なリズムで煽ることで、斬新なサウンドを作り上げ、停滞していたロックマーケットをリブートさせた。その発火点になる1stアルバムはタイトルが表すように、メタルやハードコアの良き部分を継承している。旧世代の発想に囚われず、新思考でアグレッシブかつフルスピードでエネルギッシュだ。

A Yaksa | **簡 夜叉** | **常 夜叉**

A Fxxk!Fxxk!Fxxk! | **簡 发发发** | **常 発発発**

Punk Metal	北京	
嚎叫唱片 / 京文唱片	フルレンス	2003

東洋的雰囲気をまとった楽曲やテクノっぽい展開をするパートを含む楽曲、スクラッチを多用したDJ風な楽曲など野心的な実験作が多く、創作活動に並々ならぬエネルギーを注入した2ndアルバム。ライブ感を重視したサウンドで、1stアルバム収録曲と混じって演奏されると違和感はない。しかし前作と比較するとビートを強調するあまり、シンプルすぎる音作りで単調に感じる事もある。音も軽くどもっているのが否めない。それでも前作が高い評価を得ていた事もあり、本作に対しても期待が高まり、かなりの販売枚数を記録したようである。

A Yaksa | **簡 夜叉** | **常 夜叉**

A You aren't the loser | **簡** | **常**

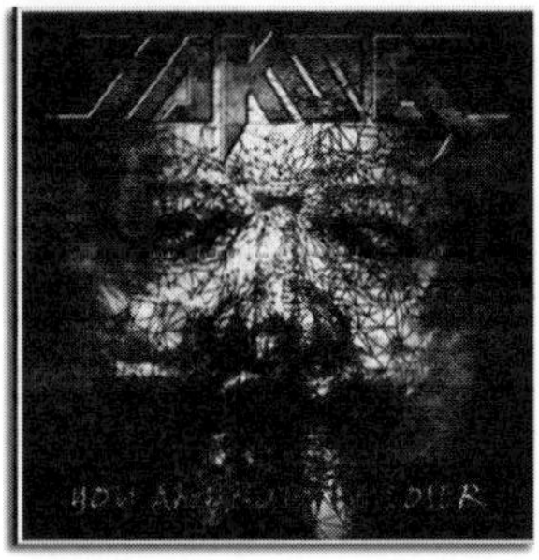

Punk Metal	北京	
自主制作	フルレンス	2010

EP『Keep on Fighting』を挟み、7年ぶりになる3rdアルバム。前作EP収録曲6曲目、9曲目、12曲目、13曲目を含み、1stアルバム路線を踏襲したメタルコア〜ニュー・メタルの間を行き交いながら、ザクザクとしたクランチーなリフと重低音を強調するリズム隊でまとめる。オーソドックスなヘヴィ・メタル的ギターソロを挟み色付けする。向こう見ずな1stアルバムとは異なり、アグレッシブでありながらじっくり作りこまれ、円熟味が出てきた。バンドとしてのオリジナリティを完成させている。本作品より3曲、2曲目、5曲目、8曲目のMVが制作された。

A Yaksa | **簡 夜叉** | **常 夜叉**

A | **簡 转山** | **常 転山**

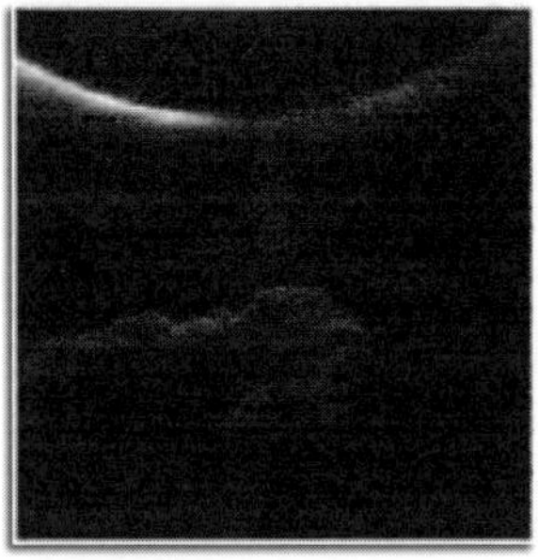

Punk Metal	北京	
自由路唱片	EP	2011

1年半ぶりの作品は6曲収録EP。内面的な精神状態を探索した、実験的な取り組みをしている。方向性があちこちに散った作品で、楽曲の輪郭がぼやけ気味である。アコースティックなフォークソング風、寒気のするインストレゲエコア風、気だるいインダストリアルコア風、ラップコアからのバラードへ移り、またラップコアに戻る3部構成のような楽曲。落ち着いたアコースティックギターによるロックバラード風。最後のボーナストラックは5曲のヴォーカルレス版。

A Yaksa | **簡 夜叉** | **常 夜叉**

A The Hidden Stream | **簡 暗流** | **常 暗流**

Punk Metal	北京	
摩登天空	フルレンス	2016

結成20年を迎えるに当り、中国著名ロックレーベルModern Skyと契約を交わし、4年半ぶりとなる13曲収録の4thアルバム。拡散するサウンドであった前作EPの延長線上となり、一部楽曲を除き初期のような重低音を効かせた非常に押しの強いメタルコア〜ニュー・メタル・サウンドはすっかり消える。全歌モノ中心となったDisturbed影響下のハード・ロックなサウンドとなる。若干Pink Floyd的展開な動きをみせる箇所が出てくることもあり、不思議なバンドで、今後どのような変化が起きるのか予測不能である。

A The AK-47

A

簡 出发

常 出発

Industrial Metal / 北京

大连音像出版社 / フルレンス / 2005

2000 年 10 月に結成されたインダストリアル・メタル・バンド。幾度もメンバーチェンジがあったようだが、現在は張智勇（ヴォーカル）、舒亦舟（ギター）、厳顥鐘（ベース）、方智康（ドラム）、Ziff（サンプラー）の 5 人。中国語の性質なのかは分からないが、滝つぼで修業する僧侶が読経するかのようなヴォーカル・スタイルに冷酷な印象を受ける。そこから生み出される独特の奇妙なメロディが心地良い。全体的にはこジャレた雰囲気が漂い、こぢんまりとまとまり、若干あっさり感を感じてしまう。

A The AK-47

A

簡 无法停下

常 無法停下

Industrial Metal / 北京

北京文化艺术音像出版社 / フルレンス / 2008

およそ 3 年ぶりの 2nd アルバム。前作同様インダストリアル、エレクトロニカ路線を踏襲しながら、デスメタル、スラッシュ・メタルなど幅広く他ジャンルの音楽を導入した多彩な顔を持つ楽曲が並ぶ。その分いくばくかはインダストリアルの冷酷さがなくなり、若干ポップになった感もある。聴きやすさを念頭に置き、様々な歌唱法を導入したヴォーカル・スタイルも強烈なグルーヴ感が漂う。今までとは違ったエネルギーを爆発させている。ジャケットの靴を題材とした印象的な絵はアディダスのデザイナーに依頼し、作成してもらった絵。

A AK

A

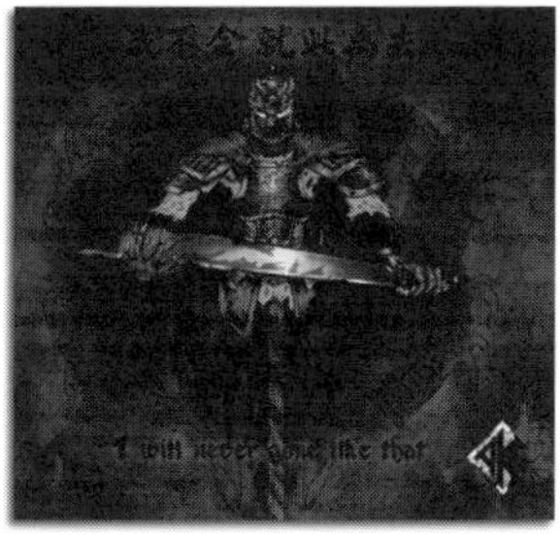

簡 我不会就此离去

常 我不会就此離去

Industrial Metal / 北京

树音音乐 / フルレンス / 2016

2016 年に、バンド名を AK と改める。5 年半ぶりの 3rd アルバムは、前作までとは全く異なるほどかなりの音楽性の変化を起こす。インダストリアル、エレクトロニカといった要素は味付け程度になされているだけとなり、デスメタル、スラッシュ・メタル、メタルコアを抱合したブルータルなニュー・メタル化し、グルーヴ感が増す。むしろ音楽性の転換がバンドの更なる躍進をもたらすこととなり、アルバム・タイトル曲を含め 2 曲の MV を制作する力の入れ様。またリリース後、大規模なツアーも実施するなど好循環が生まれたようである。

A AK

A Another Power

簡 另一种力量

常 別一種力量

Industrial Metal / 北京

自主制作 / フルレンス / 2017

これまで音楽性の変遷が大きくあったバンドであるが、本作は既発楽曲の 6 曲収録となるアンプラグドアルバムとなる。テーマを「音楽の美は純粋な心と積日累久を基にする」とし、原曲からは大きくアレンジされ、ボーカリストのラップ歌唱はアコースティックギターに合わせソフトな歌唱。ヴォーカルとともにギターも歌っているような演奏である。様々な演奏スタイルを貫禄がありながら、重圧感のないプレイをする。ラップが苦手な人ならば、ギターサウンドだけを聴いていても良いくらい、アレンジ能力が優れている。

A Ancestor
A Age of Overload

簡 祖先	常 祖先
簡 超负荷时代	常 超負荷時代
Thrash Metal	北京
Mort Productions	EP / 2017

結成は山西省大同だが、2008 年に上京する。スウェディッシュ・スラッシュ・メタル・バンド Protector のカバー曲も収録した結成 10 年目となる 6 曲収録 EP。ベイエリア・スラッシュ・メタル直球のクランチーなリフを特徴としドッシリとした野太い吐き捨て型ヴォーカルが威勢よく暴れ、疾走するだけでなく地に足が着いた演奏力が魅力的。元メンバーに本著で紹介したバンドに在籍するものが多く、現メンバーの楊富文（ギター）は天津拠点の Dressed to Kill にても活動、2016 年に Ancestor に加入し、掛け持ちする。

A Ancestor
A Lords of Destiny

簡 祖先	常 祖先
簡	常
Black Metal	北京
Awakening Records	フルレンス / 2018

ベースが張錦亮から李晗に交代しての 1st アルバム。前作 EP を遥かに凌駕する仕上がり具合。耳にこびりつくハードコアスタイルの勢い重視な吐き捨てヴォーカル、切れ味鋭いリフを中心にして流麗なソロも紡ぎだすギターと重低音響かすベースの音作りがなされる。スピード一辺倒に頼らず、メリハリのついて疾走感あふれるパワフルなドラム中心となり、楽曲構成にスラッシュ・メタルの要素を詰め込んだかっこよさがある。これをひっさげ中国 22 都市ツアー、シンガポールへ遠征。日本にも来て欲しいものだ。

A Anduril
A Soul Alchemist

簡 重铸之剑	常 重鑄之剣
簡 炼魂师	常 煉魂師
Melodic Power Metal	北京
Infected Blood Records	EP / 2017

Purple Hell のドラム雷震霄と元 Black Lake のリードギタリスト乜飛を中心に結成されたジャーマン・メタル／北欧メタル型のツインリードギター＆キーボードを含む 6 人編成バンドによる 2 枚組合計 8 曲収録デビュー EP。鷹揚なメロディを主体とするメロディック・パワー・メタル。ゴシックテイストやクラシカルなテイストもあり、バンド内部としての目指す所は明確であるが、客観性の乏しさがあり、技術が追いついていない部分と、若干不安定なヴォーカルがマイナス点と感じる箇所がある。

A Armor Force
A

簡 圣殿骑士	常 聖殿騎士
簡 放逐	常 放逐
Folk Metal	北京
Infected Blood Records	EP / 2015

2013 年結成のフォーク・メタル・バンドによる EP。欧州フォークミュージック楽器とキーボードが奏でる物悲しいメロディと孤独感を積み上げたダミ声にまとわりつく無機質なギターの音色、淡々とリズムを刻むドラムとベースが冷たい大地の香りを感じさせる 1 曲目。それに続く 2 曲目は同じ楽曲構成だが、冷たい大地を踏みしめ希望のない未来に絶望し、男が過去を振り切って旅立つ足音に熱さが感じる。3 曲目は、つかの間の旅の休憩地で休息と享楽が体と心にエネルギーを充填するかのような、心地いいテンポが繰り出される。

A Armor Force
A Watchman of Facabion

簡 圣殿骑士 **常 聖殿騎士**
簡 法卡比恩守望者 **常 法卡比恩守望者**

Folk Metal	北京
Infected Blood Records	フルレンス / 2017

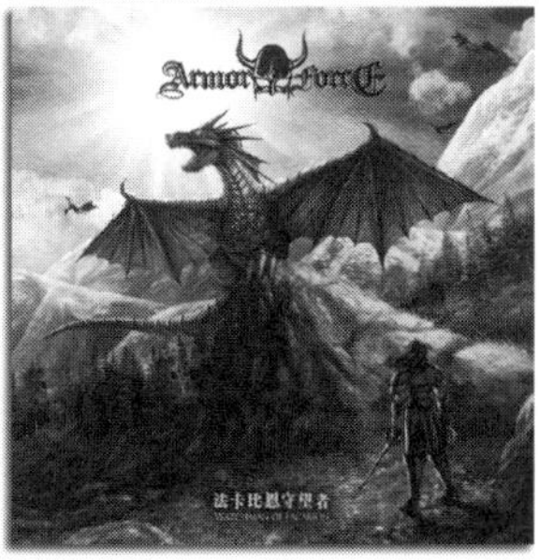

前作 EP より 2 年、初アルバムとなる本作は一大叙情コンセプト作『夏坤坦大陆』3 部作の第 1 部となり、既発シングル・EP よりの楽曲を含め 10 曲 70 分に迫り、40 ページに及ぶ付属ライナーノーツ付き大作である。欧州トラッド・フォーク・ミュージックを下敷きにした音楽性を踏襲発展させながら、人類の英雄 LEO の誕生と成長をファンタジックに描き出す。前作までは人生の「負」の部分にスポットを当てた叙事詩であったが、本アルバムでは人生の「正」そして「正負の間」も描き、物語の全体像を見せ始めた。

A Asthenia
A Still Lifes

簡 虚症 **常 虚症**
簡 **常**

Post-Black Metal/Shoegaze	北京
Kill the Light Productions	フルレンス / 2014

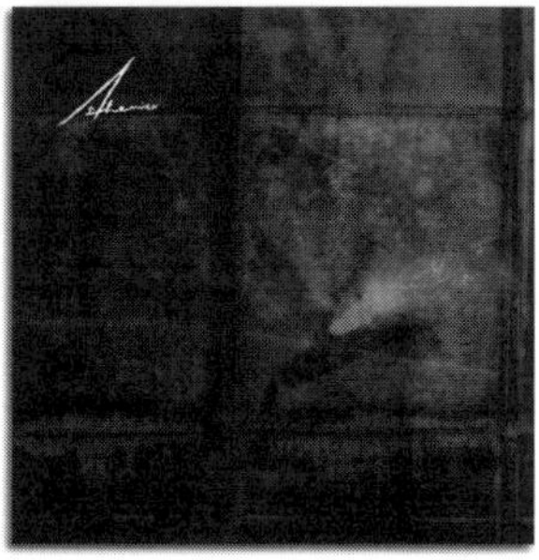

北京の名門精華大学生により 2014 年結成のブラックゲイズ·バンド。シューゲイズとブラックメタルの交差点では悪魔と取引するのだろうか？　先駆者フランスの Alcest が敷いた線路の一つが中国まで伸びてしまった。ギターが深く歪んでいるのに叙情的な演奏、背筋を凍らせてしまうささやきと鼓膜を突き破るスクリーム。三つ巴となり、美しく構成されているのに心に不協和音を生み出す。美味なのにあと味が悪い。静かなのに過激、もう聴きたくないと思わせるのにずっと聴いてしまう。矛盾ばかりの劇音。

A Asthenia
A Nucleation

簡 虚症 **常 虚症**
簡 **常**

Post-Black Metal/Shoegaze	北京
Pest Productions	フルレンス / 2017

3 年ぶりとなる本作アルバムは前作を踏襲しながら、ダブルペダルによるブラストビートを止め、絶望と唯美主義の狭間の奥深い谷間に繊細ながらも感受性の高く、そして荒涼とした世界観を描く。ハードコア、シューゲイザー、ポストメタル的趣向を混ぜ込みながら、混沌とするブラックゲイザーの漆黒世界へ聴衆を誘い、不気味さをもたらすような寒気と狂気を感じさせるトレモロリフ。その世界観はメタルの範疇に入るのかどうかをも思念するが、むしろメタルをさらに拡張させるであろう世界観ともいえるのでは。

A Atomic Prophecy
A Nebula

簡 原子预言 **常 原子預言**
簡 **常**

Progressive Metal/Djent	北京
Infected Blood Records	EP / 2018

中央民族大学生により結成。ヴォーカル、ギター×2、ベースの 4 人編成。Douban 上にはまだ学生とあり、学業の間に制作、録音したため、音楽的そして作品的には未完成であると書いてあるが、まったくそのようなことはない。非常に複雑なリズムパターンを多用した作曲能力、細かい小技を披露する演奏技術、とりわけメロディアスなギターがふんだんに盛り込まれたパートには聴きごたえがある。なおかつ、比較的聴きやすさに重点をおいたアレンジ力には大きく光るものがある。足りないものといえば経験だけである。

A Bad Mamasan

簡 坏妈妈桑 / 常 壊媽媽桑

A Jeanine the Wolverine

簡 / 常

Thrash Metal	北京	
自主制作	フルレンス	2011

北京在住欧米人（アメリカ、フランス、スウェーデン）による多国籍 3 ピース・バンド。前年のカバー曲を含むライブアルバム『Metal Doesn't Say Sorry』に続いて発表されたフルレンス。オリジナル 11 曲を収録。誰もが知る欧州大御所ヘヴィ・メタル・バンドから影響を受けたのが即理解できるほどクラシック・メタルを忠実に守った楽曲である。英語ネイティブがヴォーカルなので、パワフルな中に良い具合に手抜きしているのも好印象である。2017 年 5 月に 2 人が帰国のため活動停止する。

A Black Lake

簡 黑湖 / 常 黒湖

A Fight Battle War

簡 / 常

Melodic Death Metal	北京	
Kill the Light Productions	EP	2014

2008 年に結成された前身バンド叛教徒を経て 2013 年に現バンド名に改めたツインギター＆キーボードを擁する 6 人編成メロディック・デスメタル・バンドによる 4 曲収録 1st EP。楽曲構成が欧州バンドの有名曲を切り貼り繋げメロデス・アレンジした感があり、デスヴォイスというよりただのガナリ声に聴こえてしまうマイナス点が非常にもったいない。作曲、アレンジ、アンサンブルの鍛練があると良い方向を向くのではと思えるほど、各々の演奏技術の素養が非常に高く、それだけに残念である。

A Black Mint

簡 黑薄荷 / 常 黒薄荷

A Rock Your Life

簡 摇滚你的生活 / 常 搖滾你的生活

Hard Rock	北京	
自主制作	フルレンス	2015

泥臭いハイトーン・ヘッドヴォイスで Brian Johnson を彷彿とさせて、同時に東アジア人っぽさも残した歌謡曲風のヴォーカル・メロディと AC/DC 風のキャッチーかつインパクトの強いリフをかき鳴らし、飾り気のないリズムセクションは、けれん味ない紋切型ハード・ロックンロールといったところ。リスペクトたっぷりにときどき名リフをそのまま流用した楽しさも聴ける。Los Crusher や Jacky Danny のようなアメリカンな要素はなく、英国的な陰影ある雰囲気に包まれたシンプルなロックンロール曲やバラード曲が収録される。

A Black September

簡 黑九月 / 常 黒九月

A You Are the Next One

簡 下一个就是你 / 常 下一个就是你

New Metal	北京	
嚎叫唱片 / 京文唱片	EP	2003

2000 年に牛牧（ヴォーカル）を中心に結成されたニュー・メタル・バンドのデビューアルバム。2001 年にはメンバー交代により Tomahawk の郭智勇（ギター）が加入し、本作を完成させる。90 年代北京ハード・ロックを引きずりながら、ハードコア、インダストリアルなどの要素をミックスし、特に当時中国で潮流となり始めていたニュー・メタルスタイルのサウンドを取り入れ、ラップ歌唱を中心にシンプルなリズムワークとノーマルに歌唱するヴォーカルパートが心地よく織り成すキャッチーなスタイル。

A **Bliss Illusion**
A

簡 **虚极** **常** **虚極**
簡 **往生 EP** **常** **往生 EP**

Shoegaze/Folk/Post Black Metal	北京	
Kill The Light Productions	EP	2016

伝統楽器の笛簫奏者を含む６人編成によるエクストリーム・メタルと、シューゲイザーと中華民謡の融合を果たした音楽性を主体とするバンド。本作はライブ会場のみで配布された 1st EP。３曲 30 分あまりだが、1990 年代中国にてロックと中華民謡の融合を目指した音楽を作ったアーティスト王勇の世界観を継承している。仏教と道教の共通する概念「心を空っぽにして静けさを保ち続けていると、世の万物がどんどん生み出され、また元の姿へ戻っていく様」をテーマにした悠久なる狂気の深淵に沈むサウンド。

A **Bliss Illusion**
A

簡 **虚极** **常** **虚極**
簡 **2017 作品集** **常** **2017 作品集**

Shoegaze/Folk/Post Black Metal	北京	
Kill The Light Productions	EP	2017

深圳で行われたライブでの来場者プレゼントとして配られた３曲収録 EP。一部デスヴォイスがある程度でメタル要素が減り、シューゲイザー的な要素が増え、むしろ環境音楽的とも言える音楽性である。ヘヴィさがなく、若干無味乾燥に感じられるが、前作同様の世界観を引き継いだ、大河の雄大な流れのような展開の中に、笛簫による儚くフォーキッシュな演奏がノスタルジックな雰囲気を醸し出す。心地よく全体的に高いレベルにまとまった３曲合計 20 分あまりの構成。ゆったりしていながら全編を通して緊張感のある楽曲だ。

A **Bliss Illusion**
A **Shinrabansho**

簡 **虚极** **常** **虚極**
簡 **森罗万象** **常** **森羅万象**

Shoegaze/Folk/Post Black Metal	北京	
Infected Blood Records	フルレンス	2018

既発 EP からの７曲が再収録の全 11 曲収録の初アルバム。長年の中国ロックファンからすると、このサウンドは竇唯や王勇が 1990 年代前半に提示したロックと中華伝統文化を融合させる世界観を引き継いだものに聴こえる。それにデスメタルやシューゲイザーなどの新世代エクストリーム・ミュージックを本格的に導入させている。伝統楽器がデスヴォイス、重低音サウンドと融和している。温故知新で以てパラダイムシフトをもたらしている。ある種、宗教的な多次元的世界観を作り上げている。

A **Bliss Illusion**
A **Leave·Abhassara-Deva**

簡 **虚极** **常** **虚極**
簡 **离・极光净天** **常** **離・極光浄天**

Buddhist Post-Black Metal	北京	
自主制作	シングル	2019

仏教音楽から多大なインスピレーションを得、シューゲイズやポスト・メタルの流れを汲んだ６人組ポスト・ブラックメタル・バンド。16 分近くあるもシングル曲。最初の方は、トレモロリフを使った女性による穏やかなハミングが心地よいイージーリスニングなメロディーが滔々と流れ、７分 30 秒を超えたあたりから、読経のような男性による朴訥とした語りが入る。９分ごろから泣き叫ぶようなデスボイスが悲しく喚き歌う。極楽浄土から地獄に至る仏教の世界観を描いたかのような、そして三千大千世界を体験できるかのような音楽絵巻である。

A Bob Blockhead Quartet

簡 | **常**

A Bob Blockhead Quartet

簡 | 常

Crossover/Thrash Metal	北京
TIC Records	フルレンス / 2017

2017年、初秋突然現れたクロスオーバー／スラッシュ・メタル・バンドによるデビューアルバム。最長でも2分22秒、最短6秒、平均1分半台の爆走する楽曲17曲を詰め込んでいる。時折オマージュのように出てくるクラシック・メタルやパンク／ハードコアのスタンダード曲等から切り取ったかのフレーズ。ロックマニアにはたまらない。汗臭くて男臭い、そして酒が似合うサウンドである。17曲目のJudas Priest × BABYMETALな楽曲は反則技、卑怯すぎる面白い楽曲。

A Broken Halberd

簡 断戟 | **常 断戟**

A

簡 乱世狂思 | 常 乱世狂思

Thrash Metal	北京
Infected Blood Records	EP / 2018

Andurilのヴォーカル肖一塵がベースとして参加する2014年結成のスラッシュ・メタル・バンドの5曲収録デビューEP。ベイエリア・スラッシュの影響の基、スピードとパワーにこだわり、デスメタルやブラックメタルの要素も加え、スクリーミングとグロウリングを使い分けるヴォーカル、ツインリードギターによるリフはオールドスタイルのクランチでザクザクと聴かせ、こだわりのソロの掛け合いが聴き所。

A Cave Have Rod

簡 穴有棍 | **常 穴有棍**

A

簡 大棍巨穴系列 | 常 大棍巨穴系列

Death Metal/Grindcore	北京
自主制作	EP / 2011

Annihilation、Corpse Cook、Lacerateといったバンドにも名を連ねるギタリストCook-Horこと何斯堯が参加の2011年結成のグラインドコア4人組バンド。現時点での単独作品は本作である2011年作の2曲EP『大棍巨穴系列』のみ。韓国グラインドコアChristfuckとのスプリット作品などあるが、Doubanに多くの曲をアップしている。カートゥーン叙事詩グラインドコアとも名乗り、咆哮轟くグロウルヴォーカルにアニメのような幼い声質の叫びが時折まとわり付く。

A Cavia porcellu

簡 豚鼠 | **常 豚鼠**

A

簡 大逃杀 | 常 大逃殺

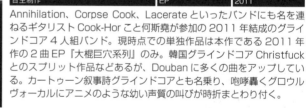

Deathcore/Grindcore	北京
Limbogrind Productions	EP / 2012

メンバー6人とも変態ビデオ作品シリーズ『ギニーピッグ』を特に好んでいるというデスコア／グラインドコア・バンドによる3曲収録1st EP。ビデオシリーズよりそのような俗悪で変態的嗜好をサウンド面や歌詞面に反映しているそうだが、その変質を期待して聴くと意外にもこの手のジャンルのわりにはソフトな耳障りだ。アップダウンは激しいが、全体的にはロウ～ミドルテンポなロックンロール然としたスピード感でゆったりしている。歌詞も公表されていない上、グロウルヴォイスなため、内容がわからない。

A Crack
A You Are Always in the War

簡 裂缝 **常 裂縫**
簡 你一直在战争中 **常 你一直在戦争中**

Thrash Metal | 北京
自主制作 | EP | 2011

ザクザククランチーなギターリフと耳を魅了するギターソロ、速度超過気味なドラム、バンドを底固めする屈強なベース、そして雄健で傲慢不遜なヴォーカルとまさしくベイエリア・スラッシュ直系である。その高純度スラッシュ・サウンドは、高い破壊力とスピードで襲いかかる。直系であるものの元の元である NWOBHM からの影響は見えてこない。初作品でもあるので奥深さは必要なく、ここで重要になるのは勢いと力強さ。両要素は十二分に兼ね備えている上、次の段階を感じさせる安定さも持ち合わせている。

A Crack
A Metal Rites

簡 裂缝 **常 裂縫**
簡 金属礼 **常 金属礼**

Thrash Metal | 北京
自主制作 | フルレンス | 2015

4年ぶりとなる初のアルバム。ベイエリア·スラッシュを忠実に継承し、前作からの間に大きく進歩しているのが如実に分かる。バンドオリジナリティーを確立し、多彩な表現力が増している。アグレッシブに殺気立ったヴォーカル。テクニカルと同時にシンプルかつザクザクと刻まれるクランチーなリフが全編を突っ走る、高純度スラッシュに仕上がる。ギターリフが楽曲をよりダイナミックに、よりドラマティックにしている。プロダクション面においても飛躍的に向上しており、明確な起承転結のある構成でもって彼らの世界へ引っ張り込まれる。

A Crack
A Battlefield diary

簡 裂缝 **常 裂縫**
簡 战地日记 **常 戦地日記**

Thrash Metal | 北京
Infected Blood Records | EP | 2017

最新音源になる 2nd EP。3 曲収録。1 曲目は導入部イントロ。新曲 2、3 曲目は Crack の世界観を余すことなくダイナミックに作り上げて、スラッシュ・メタルの攻撃性を活かしながら、ヘヴィでグルーヴィーなスタイルが特徴を強める。なお且つギターリフそしてソロにアグレッシブな迫力が増す。実質 2 曲と少ないが、聞き惚れるという言葉が相応しく、2017 年度の中国メタルの最高傑作の一つに挙げられるかもしれない。本作から加入した、力強くも妖艶な演奏スタイルの女性ベーシスト浦羽の美しさに惚れてしまうメタル漢も多いであろう。

A The Curse
A The Curse

簡 咒语 **常 呪語**
簡 咒语 **常 呪語**

Death Metal | 北京
World War Now Productions | EP | 2014

2001 年頃から 2014 年頃まで活動していたオールドスクール・デスメタル・バンドの 2 曲収録 1st EP。Obituary、Death、Carcass、Overkill、Metallica、Sepultura、Pantera、Arch Enemy、Children of Bodom 等に影響を受けたようだが、活動後期には Suffocated のドラム呉剛が参加していた。ドラムが固定することがなく、また方向性がまとまらなかったこともあり、この収録曲 2 曲のみしか発表してない。

A Dagon Power

A Dagon Power

簡 大红袍 / **常 大紅袍**

簡 大红袍 / 常 大紅袍

Metalcore | 北京

Mort Productions | フルレンス | 2011

北京迷笛音楽学校の卒業生により 2010 年結成されたメタルコア・バンドによる 1st アルバム。小学校からの同級生なので、言葉にしなくとも息が合い、その点で他のバンドに対しても優位だと主張する。サンプリング担当もおり、Korn タイプの音楽性ではあるものの、中国マーケットに合わせキャッチーなメロディラインを作り上げ、ギターやドラムなどロックの醍醐味とも言えるパートは、ややおとなし目に配置されている。それでも大衆的な音楽を好むロックファン層へは十分アピールする轟音である。

A Deathpact

A Reincarnation Of Asura Road

簡 死亡契约 / **常 死亡契約**

簡 轮回修罗之道 / 常 輪回修羅之道

Brutal Death Metal | 北京

AreaDeath Productions | フルレンス | 2018

ヴォーカル & ギターの李楠をはじめ全メンバーが北京メタル界において著名バンド複数にて同時活動、その数合計 12 組。エクストリーム界の巧者が揃った 4 人組ブルータル・デスメタル・バンドの結成 8 年目の 1st アルバム。その技術、経験、熱情に裏打ちされたスピード感、バイオレンス感、ヘヴィ感を追求したブルータル・デスメタル・サウンドを完膚無きまで作り上げる。粘りの強いスローなパートと不気味にも耳をとらえるメロディーが相乗効果的に緊迫感を高めている。疾走感に干渉するように現れるフレーズが音空間を拡張させる絶妙なバランス感覚もポイント。

A DeathPenalty

A

簡 死刑 / **常 死刑**

簡 占领人类世界 / 常 占領人類世界

Black Thrash Metal | 北京

酒吞文化 | フルレンス | 2017

ベイエリア・スラッシュに大きな影響を受けた 4 人編成スラッシュ・メタル・バンドによる結成 9 年目の 1st アルバム。スラッシュ特有の荒々しいスピード感を堅持し、ブラックメタルの陰鬱さ、デスメタルの横暴さ、プログレッシブ・メタルの技巧的かつ幻想的なサウンドをスラッシュ・メタル内に投影したテクニカルかつエクストリームな方向性を見出す。1 枚目の作品としては及第点であるが、考えすぎなところや詰め込みすぎなところが、北京サウンドの気質である豪快さが減少しているように感じられる。

A Deliriant Butcher Logic

A Deliriant Butcher Logic

簡 妄想屠杀逻辑 / **常 妄想屠殺邏輯**

簡 妄想屠杀逻辑 / 常 妄想屠殺邏輯

Grindcore | 北京

Bastard Productions | EP | 2007

河北省邯鄲出身のメンバー 3 人により結成されたグラインドコア・バンド。結成時期は不明だが 6、7 年かけて本作を完成させた模様。音楽性を純粋な「新瓶装老酒（新しい瓶装だが年代物の酒）」と自称し、オールドスクールなグラインドコアを追求する姿勢があるのだが、ヒステリックなギターサウンドに今ひとつガテラル感が不足するヴォーカル、激烈に突っ走るが重みのないドラム、ベースにおいては他の音に追いやられてしまっている支離滅裂な作品。ライブを一度行っている程度でその後の動向は不明。

A Demogorgon | **簡 飞狐** | **常 飛狐**

A Demogorgon | 簡 飞狐 | 常 飛狐

Atomosphelic Black Metal	北京
Pest Productions	EP / 2016

Demogorgon（メタル雑誌『极端音乐』『金属乐界』の発行者、Bloodfire（Zuriaake 他 ）、Bloodsea（Zuriaake）、Thorns（ 元 Resurrection）、Schtarch(Rupture ／ Holyarrow)と中国メタルシーンを 20 年間牽引してきた猛者が集まりスタートしたダーク・アンビエントなアトモスフェリック・ブラックメタル・プロジェクト・バンド。長年の経験に裏打ちされたテクニックと、引き出しの多い音楽性が一体となった奇跡の一枚。

A Demon Hunters | **簡 猎魔人** | **常 狩魔人**

A 1 | 簡 1 | 常 1

Progressive Metal	北京
W.I.P	EP / 2014

2011 年結成のヴォーカルレスのインストゥルメンタル・プログレッシブ・メタル・バンド。ギター、ベース、キーボード、ドラムによる 4 人編成。4 曲収録の初 EP。各楽器奏者はテクニカルな奏法で演奏するが、特定の楽器奏者に偏ることなく各パートのバランスが良い。バンドアンサンブルも素晴らしい。全体的にミドルテンポ構成となるが、その結果が功を奏したのか収録曲「太阳风暴」は中国摇滚榜（中国のロックヒットチャート）の 242 期で 1 位を獲得、しかも歌のない音楽として初の 1 位獲得であった。

A Demon Hunters | **簡 猎魔人** | **常 狩魔人**

A The Fifth Day | 簡 | 常

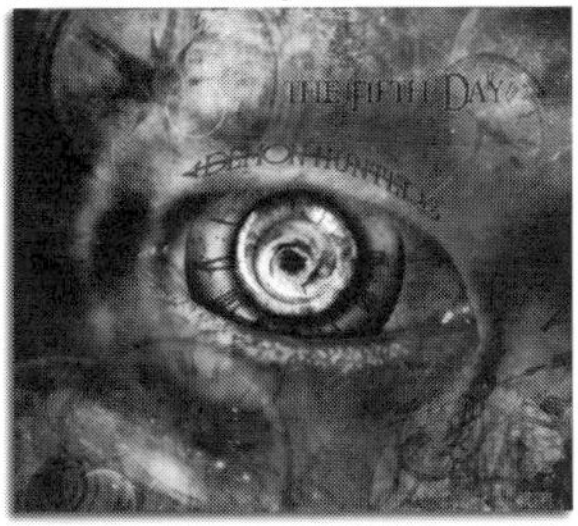

Progressive Metal	北京
自主制作	EP / 2017

ロックヒットチャート 1 位獲得で、自信をつけて放った 3 年ぶりの 2nd アルバム。70 年代英国ハード･ロック、英国プログレッシブ･ロックから、21 世紀型プログレッシブ･メタル、オルタナティヴ･ロック、そして最近の超絶技巧派ギタリストまで多彩な音楽を取り込んでいる。ヴォーカルレスな体制が生み出す自由奔放な展開。それでいて散漫にも難解にもならない。一見分かりやすいが謎だらけな世界観は、まるでサルバドール・ダリの絵画のようである。

A Dengel | **簡** | **常**

A Dengel | 簡 | 常

Gothic Metal/Rock	北京
Dying Empylver Productions	EP / 2007

2005 年結成のヴォーカルとキーボードが女性のゴシック・メタル・バンド。バンド名は「Devil」と「Angel」を合成した造語で、悪魔と天使の 2 面性の統一を表現している。ヨーロッパのゴシック・メタルやシンフォニック・メタルに影響を受けている。朴訥と中高音で歌われるヴォーカルがもの寂しげに語りかけ、哀愁漂うギターソロ、鮮やかなキーボード・サウンドが世界観を作り上げている。ただ、ドラムとベースの個性が強すぎてうるさく感じることも。本作発表後ヴォーカルが交代した模様だが、その後の活動は不明。

A Devils at the Crossroads　簡 路口恶魔　常 路口悪魔

A Moonshine XXX　簡 月光　常 月光

Rock'n'Roll/Stoner/Punk/Heavy	北京
嚎叫唱片	フルレンス　2013

2010年12月、北京在住のフランス人 Joris Zylberman（ギター＆ヴォーカル）、同じく Cedric "Sadako" Lebaillif（ドラム）、ブラジル人 Marco Benitez（ベース）により結成。中国に来る以前より様々な音楽活動を行っていたこともあり、音楽的趣向性も幅広い。クラシックハード・ロック、パンク、メタル、ブルース、ストーナーといったサウンドをミックスさせた音楽性。バンド名の由来は Robert Johnson の故事からである。

A Dinkumoil　簡 真相　常 真相

A Metal Weld　簡　常

Heavy Metal	北京
Dying Art Productions	フルレンス　2010

NWOBHM を継承する 2007 年結成のトリオ編成の正統派ヘヴィ・メタル・バンドによる 8 曲入り 1st アルバム。ぐいぐいスピードで攻めたてるギターは実直であり、無駄を排除した質実剛健な音質で、現在の時間軸を忘却させるくらい疾走する。NWOBHM マニアも納得できるバンドが中国にもおり、高品質な楽曲を持つバンドがいることが分かる作品。この後、Crucifixion のカバーを含む 8cmEP『Underground NWOBHM Bands』と他バンドとのスプリットアルバムをリリース。

A Dinkumoil　簡 真相　常 真相

A Dinkum Oil　簡　常

Heavy Metal	北京
Kurong Music	EP　2018

ギターに元 Tumour Boy の張弛、女性ベーシスト Bin が加入し、4人体制となってリリースされた 2 曲収録の 10 インチヴァイナル EP。ドタバタなドラミング、ハラハラさせるほど先走りするベース、シンプルイズベストなリフまみれのギター、使い古されたロックメロディを歌うヴォーカルから繰り出され、必要最低限の音数はただ楽しみながら一発取りにも思えるような録音に聴こえる。あえてチープで投げやりなサウンドに落とし込んだかのような作品であるが、ビールが似合うその音の汗臭い熱量は半端ない。

A Dragon 9　簡　常

A　簡 公羊 -13 魑魅魍魉　常 公羊 -13 魑魅魍魎

Heavy Metal/Rock & Roll	北京
自主制作	フルレンス　2007

杜智昊と白龍の2人のボーカリストを中心に結成。一度は解散となるが、すぐさまその2人で再活動開始の運びとなる。コープス・ペイントを施しているが、ブラックメタル的なところはいっさいなく、ヘヴィ・メタル、ロックンロール、メロディック・デスメタル、ニュー・メタル、グランジに変なサンプリングも入れ、何でもありの姿勢でまったく統一感はないが、楽しいパーティーサウンドを作る。学生期間中のお遊びバンドな体裁であるが、しっかりと音作りはなされており、聴くに堪える内容である。学業卒業とともに解散している様子。

A Dressed to Kill | **簡 剃刀边缘** | **常 剃刀辺縁**

A Midnight Impulsion | **簡 午夜躁狂** | **常 午夜躁狂**

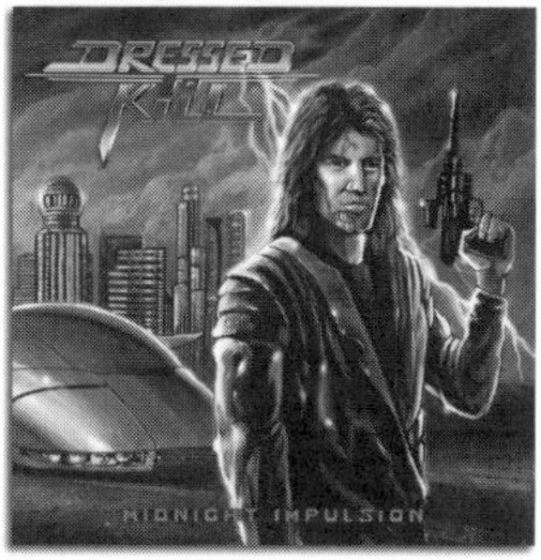

Heavy/Speed Metal	北京	
Areadeath Productions	フルレンス	2019

前作 EP『A Night in Trance』より 2 年半ぶりとなり、メンバーチェンジ後、新ボーカリストとして楊策が、新ギタリストとして陳韋克（Toxic Waste にもほぼ同時加入）が加入。北京出身の若きそして熱き正統派ヘヴィ・メタル・バンドが満を持してリリースする 1st アルバム。ツインリードギターによるソロの掛け合いやザクザク刻むリフ、じっくりと聴かせる安定感の高いリズム隊、ハイトーンに歌い上げるボーカルはどこを切ってもレトロな展開なのに、新鮮に感じる 80 年代黄金期のヘヴィ・メタルを全力で熱量高くプレイする。

A DuskyStar | **簡 暗星** | **常 暗星**

A The Mechanical Deity | **簡 机械神明** | **常 機械神明**

Deathcore	北京	
自主制作	EP	2017

2015 年結成。北京でそれぞれ音楽活動をしていたメンバーが集まり、始動させた 5 人編成のデスコアバンド。Suicide Silence に多大な影響を受け、宇宙と宗教という大きなテーマを掲げ、科学と自然を結合させる壮大な物語を描く。殴りつける様なリフを主体としてグルーヴィーな曲調と重低音を強調した音作りがなされる。極重極厚なサウンドの中に表情豊かなハイピッチなスクリームをするヴォーカル。全編に暴虐性、憎悪、攻撃性があるなかに素晴らしいメロディラインも全編に散りばめられている。

A Electric Lady | **簡 电妞** | **常 電妞**

A Queen of Electricity And Her Coming Kingdom | 簡 | 常

Stoner/Doom/Psychedelic	北京	
Catalyst	フルレンス	2016

2010 年 10 月に結成されたサイケデリックやストーナーロック色の強い紅一点ヴォーカル・ヘヴィ・ロック。前年に 1st シングル『Space Lady #48』を発表し、半年ぶりとなる作品は 8 曲入りアルバム。メンバーが生まれるはるか昔に隆盛を極めたグルーヴ感漂うサイケな 60 年代風ギターリフに、リバーブの効いた浮遊感のあるヴォーカルラインが特徴的な音が、今の中国の若者に奏でられていること自体が驚きである。しかも幼い顔つきのヴォーカルなのだが、渋い声質なのも特筆したい。

A Emitter | **簡 发射器** | **常 発射器**

A Living Poor | **簡 一败涂地** | **常 一敗涂地**

Hard Rock	北京	
自主制作	EP	2014

グラインドコア系のバンド名に思えるが、4 人組ハード・ロック・バンドの 5 曲収録の 1st EP。例えるならばあたかもコウリャン酒とテキーラを割ったかのようなきつい酒。90 年代北京ハード・ロックを継承しながら英米クラシック・ハード・ロックをも詰め込んだアルコール度数の非常に高く男臭いサウンド。4 曲目にその特徴が色濃く出ている。5 曲目はオーケストレーションも入っていて Aerosmith へのオマージュに聴こえる。2016 年夏を最後に活動停止しているようだが、4 曲目のようなスタイルでもっと突き詰めて欲しい。

A Ephemerality | **簡 朝生暮死** | **常 朝生暮死**

A Ephemerality | **簡 朝生暮死** | **常 朝生暮死**

Melodic Death Metal	北京	
自主制作	EP	2017

結成5年にして初のアルバムとなるメロディック・デスメタル・バンドの作品。紅一点Tiinaがヴォーカルを務める。Arch Enemyをはじめイエテボリ・サウンド影響下というのは安易すぎて説明不足だろう。北欧系とは異なる優しい民族調ベースの音楽をデスヴォイスと上手く融合させ、トラディショナルなブリティッシュ・メタルやジャーマン・メタルにも通じる音も組み合わせて深いサウンドを生み出している。独特なメロディは、中国語バンド名に使われている成語にはならない個性的サウンド。

A Equal Temperament | **簡 平均律** | **常 平均律**

A Equal Temperament | **簡 平均律** | **常 平均律**

Melodic Heavy Metal	北京	
自主制作	EP	2011

オーソドックスなスタイルの正統派メロディック・メタル・バンドによるデビューEP。90年代王道中国ハード・ロックを色濃く感じさせ、優しいメロディーラインによる心地良く歌心あふれるヴォーカルとツインリードギターによるハートウォーミングな掛け合いソロが素晴らしい。この手のタイプのバンドが少ない中で健闘する姿が良い。ギターリフ・オリエンテッドな作風でもある、前へ前へと押し迫る5曲目のような力強い楽曲もある。硬軟併せ持つバンド。新曲制作に入るアナウンスがあったが続報がない。

A Eternal Wings | **簡 永恒之翼** | **常 永恒之翼**

A Battlefield Within | **簡** | **常**

Death/Thrash Metal/Metalcore	北京	
自主制作	EP	2012

ロック専門音楽学校の北京迷笛音楽学校の学生を中心に2009年に結成されたイエテボリ型のメロディック・デスメタル・スタイルのツインギター体制のバンド。演奏力、アレンジ、ヴォーカルレベルはどれもすばらしく高得点なのだが、先人が作り上げた教科書通りなところがある。全体的にはまだ模倣の段階から完全に抜け出しきれておらず、オリジナリティが未成熟である。ただ楽曲の中には小さく光るものを感じられることもあり、個性を発揮できる環境を整えると、その鋭利で俊敏な音世界に将来性を感じる。

A Eternal Wings | **簡 永恒之翼** | **常 永恒之翼**

A | **簡 悟** | **常 悟**

Death/Thrash Metal/Metalcore	北京	
自主制作	EP	2013

着実に一歩一歩前進していることが窺える。前作での模倣感は消え、オリジナリティ確立に一筋の光が見え始めている。リフの展開が多様になり、メロディ構成の練り方に個性が表れる。リズムワークもより安定し、バンドとしてまとまりのあるサウンドを作り上げている。フルレンスで聴いてみたいと感じさせてくれる。本作リリース後、全国9都市ツアーを成功させたが、残念ながらギタリスト二人が脱退、2017年に新ギタリスト加入し、シングル『沦陷』を発表後、ライブメインに活動している。

A Ethnic Purity
A Ethnic Purity EP

簡 种族纯化 / **常 種族純化**

簡 种族纯化 EP / 常 種族純化 EP

Nu Metal	北京	
Bastard Productions	EP	2006

2005 年半ばに 5 人編成にて結成され、翌年には一部メンバーが交代する。その夏にリリースとなった 4 曲収録の 1st EP。この 2000 年代前半に中国で登場した多くのニュー・メタル・バンドに共通する Korn フォロワーなサウンドにプラスアルファの何かを付け加えようとする音楽性。激しさやパワフルさも感じ、なおかつ多くの試みを実行しているが、どの楽曲もオリジナリティのある完成形とは言い難い仕上がり。本作リリース後に頻繁にライブをしていたが、2 年ほどの活動期間で以て解散となる。

A Euthanasia
A Euthanasia

簡 / 常

Progressive Metal	北京	
自主制作	EP	2009

Devon（ヴォーカル＆ギター／本名：劉洋）とニュージーランド人 Brett（ヴォーカル＆ギター）により 2005 年結成されたオリエンタル・プログレッシブ・メタル・バンド。中東風のメロディを導入したプログレッシブ・メタルな 4 曲とテクノリミックス 4 曲を収録した初 EP。イスラエルの Orphaned Land やトルコの Almora に近い音楽性だが現地出身でない人間がやっているだけに、少々浅く感じるのは仕方が無い。のちに Brett の友人 Liam が加入した模様だが、その後の情報がなく活動状況不明。

A The Falling
A From Ωmega Back To Δlpha

簡 堕天 / **常 堕天**

Metalcore	北京	
自主制作	フルレンス	2013

インディーズにてすでにアルバムデビューしていたニュー・メタル・バンド人魚が改名し、2006 年 6 月 6 日に誕生、7 年目にしての 1st アルバム。リフやリズムワークは昨今世界中で席巻する典型的なメタルコアで、トランス・メタルまでは行かないが、サンプラーを導入し、ツインギター体制をとるスピード感あふれるメタルコアを主軸にしている。パワフルかつメロディアスなヴォーカルラインを重視。的確なリズムワーク、コーラスとのバランスにも気を配り、細やかな作業が世界を席巻するポテンシャルを秘めている。

A From Next In
A From Next In

簡 / 常

Southen Rock/Hardcore/Metal	北京	
自主制作	EP	2014

結成当初はスクリーモを基盤とするバンドであったが、メンバーの好みである NWOAHM に影響を受けながらハードコア的サウンドに変化する。バンド再編した 2013 年頃には、メタルコアやブルースも好んでいたこともあり、アメリカン・サザン・ハード・ロックでありながら、ハードコア的でもある奇抜な音楽性を確立する。本作は 3 曲＋デモ盤収録の 1 曲からなるデビュー EP。中国語歌詞がサザン・ロックに英語のように違和感なく乗る。中国北部の人間がアメリカ南部的な音使いを奏でている不思議さがある。

A Funeral
A The Road Leading to the End

簡 葬礼 | **常 葬礼**

Black Metal	北京
Cold Woods Productions	EP / 2013

2008年10月結成のブラックメタル・バンド。オーソドックスなブラックメタルを基盤にCeltic Frost、Mayhem、Slayer、Venom等オールドスクールなスラッシュ・メタルに強い影響を受けている。2009年3月に自主制作1st EP『Funeral Apocalypse』を発表。4年ぶりとなる本作は4曲収録EPとなる。スピード感たっぷりなスラッシーリフを基にルーツを忠実にしながら、極悪な空気が漂うエクストリームな展開。もう少し曲数が欲しいところ。

A Hard Candy Revolution
A Hard Candy Revolution

簡 硬糖革命 | **常 硬糖革命**

簡 硬糖革命 | **常 硬糖革命**

Alternative Metal	北京
海島路人	フルレンス / 2017

ゆるめなリズムセクションが心地いいクラシック・ロック風味なサウンドにレイドバックした、ゆったりなメロディを女性ボーカリスト晴子（Qingzi）が歌い上げる。パンクやグラム・ロックからファンクまで多くの影響も包み隠さず、すべてをマイペースに進行する図太さもありながら、バンドの要となるQingziの毒身たっぷりな声質、突然ポップな曲調になったりするところはThe Pretty RecklessやParamoreへの中国からの回答とも言える。そんな彼らのデビューアルバム。

A Heavy Duty
A

簡 重兽 | **常 重獸**

簡 为了心中的骄傲 | **常 為了心中的驕傲**

Heavy Metal	北京
自主制作	フルレンス / 2015

バンド名をJudas Priestのアルバム『Defenders of The Faith』収録曲名から取った2009年に結成のNWOBHM本流なヘヴィ・メタル・バンド。クランチーなギターリフとスピード対メロディが7対3なギターソロ、暴走するパワフルなリズム隊、恫喝するかのような勇ましく唯一無二の存在感があるヴォーカル、暑苦しいコーラスは、まさしく拳を振り上げ頭を振りたくなる直球スタイルである。収録曲が4曲と少ないが、満足できる内容である。

A Heavy Duty
A Sacrifice

簡 重兽 | **常 重獸**

簡 死磕 | **常 死磕**

Heavy Metal	北京
自主制作	EP / 2017

制作中の2ndアルバムより先行EP。新曲2曲にTwisted Sistersの「We're Not Gonna Take It」のカバーを加えた3曲収録。前作の熱さと力強さを引き継ぎながら雄大なメロディラインを感じさせ、強力なディストーションを武器にしたギタープレイ。自然に拳を上げたくなるリズムワーク、ブレイブリーな声質でトゥルー・メタルよろしく強く美しいヴォーカル・スタイルを極める新曲とロンドン・パンクなアレンジをしたカバー曲。次作に期待を持てる内容となっている。

A Hell Gates　簡 地狱之门　常 地獄之門

A Hell Gates　**簡 地狱之门**　**常 地獄之門**

Death Metal	北京	
自主制作	EP	2015

オールドスクールな若きデスメタル・バンドによるデビューEP。たった3日間だけでレコーディングを行い、シンプル&ストレート&ヴァイオレントなサウンドに仕上げたという。言葉通りにスラッシュ的なメリハリあるフレーズを主体としたシンプルなリフと、ロックンロールにも通じる軽快なストレートなリズムワーク、グラインドコアのグロウルヴォイスのごときヴォーカルのヴァイオレンスさを併せ持つ。心地よさと不快さの境目を綱渡りする、絶妙なバランス感覚が若いエネルギーとして噴出している。

A HentaiMaid　簡 变态少女　常 變態少女

A Matryoshka　**簡 套娃**　**常 套娃**

Progressive Deathcore	北京	
自主制作	シングル	2017

バンド名がグラインドコア系ではあるが、男性ヴォーカル、男性ギター、女性ギター、女性ドラムからなる2016年結成のプログレッシブ・デスコア・バンドによるデビューシングル。この手の音楽性の先陣 Born of Osiris や Veil of Maya 影響下のサウンドで、尖ったギターリフを中心にしたテクニカルな要素が強い。まだシングル曲なので、独自の世界観を形成していない。

A Honey Gun　簡 糖果枪　常 糖果槍

A 240km/h　**簡 时速 240**　**常 時速 240**

Hard Rock'n Roll	北京	
	フルレンス	2007

1999年結成。21世紀版中国産都市型ハード・ロックンロール・バンドのデビューアルバム。キャッチーなメロディ、記憶に残る歌詞、軽快なリズム、憧れのアメリカを匂わす異国情緒たっぷりの雰囲気があり、日本でよくある表現でいうなら、洋楽を聴かない人間がよく使う「洋楽っぽいサウンド」に当てはまる。だが、その洋楽をたっぷり聴いた人間からすると洋楽っぽさは感じず、アジア的土着の薫りが強いサウンドに聴こえる。道具だけが洋楽であるものの、湧き出てくる音世界は現代中国を表現したサウンド。

A Huckster　簡 大神棍　常 大神棍

A Bless Your Mother　**簡 你妈福**　**常 你媽福**

Alternative Metal	北京	
自主制作	フルレンス	2018

六筒（ヴォーカル）なる人物によるファニー・メタルを自称するメタル・プロジェクト。Death Penalty、Heavy Duty 等の李楠（ギター）、Once N For All の張星（ミキシング&マスタリング）を起用し、制作されたアルバム。スラッシュ・メタルなクランチーなギターリフやドスの効いたヴォーカルや奇怪な裏声を効かしたヴォーカルを満載にする。中国のいたるところで耳にする街の音楽や普通の生活上に流れるメロディを突っ込み、音数の多いリズムワークで前衛アート的なサウンドだ。

A I.A!

A Bury Alive All Your Past

簡	常	
簡	常	
Groove Metal/Metalcore	北京	
Kill the Light Productions	EP	2014

前身バンド Burn in Desire を経て 2014 年 5 月に結成されたメタルコア・バンド。5 曲収録 EP。I.A! は it's alive ! の省略形。ドイツの Seventribe あたりに近く、適度な硬さと金属質を感じさせるリフとアグレッシブに猛進しながらグルーヴィな展開を見せるリズム隊、メロディアスながら力がこもる印象に残るヴォーカルは、この手のタイプが少ない中国で異彩を放ったスタイル。インスト曲 5 曲目ではメタルコアだけにとどまらない、新たな予感がするパートに溢れている。

A Illusion

A Invincible

簡 幻世狂想	常 幻世狂想	
簡 乱世无双	常 乱世無双	
Symphonic Power Metal	北京	
RHC International Records	フルレンス	2006

2002 年前身バンド幻觉より改名し、誕生する。Nightwish、Rhapsody of Fire、X JAPAN、Symphony X 等の影響下にあり、その路線を踏襲している。多彩な様式を導入して盛り沢山になっているのだが、若干まとまりの無さを感じる。ヴォーカルも 4 人が務めて豪華さをアピールしているのだが、それぞれを判別できるほどの個性が少なく、残念度が高い。やりたいことに出来ることが追いついていない。侯珺碩（キーボード）はオーストラリアに移住し、Parallel Truth を結成する。

A Iyan

A Sonin Muqir

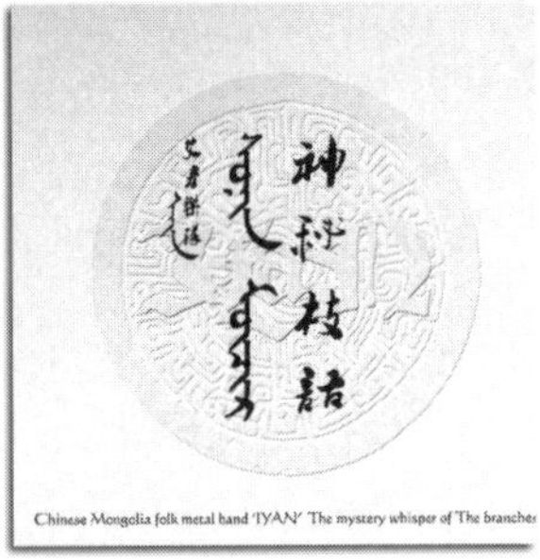

簡 艾彦	常 艾彦	
簡 神秘枝语	常 神秘枝語	
Folk Metal	北京	
自主制作	EP	2015

北京出身の那秦と王新の 2 人によるモンゴリアン・フォーク・メタル・プロジェクト。制作中のアルバムからの先行 3 曲収録 EP。バンド体制を整えられず、2 人で録音制作となる。アルバムのイントロとアウトロになる楽曲は馬頭琴を使用したモンゴリアン・フォークを中心にアジアの伝統音楽を導入。落ち着いた雰囲気のプログレッシブなヴォーカルレス・フォーク・メタルと言えよう。韓国のピアニスト／作曲家のイルマの代表曲「River Flows in You」の伝統楽器を用いたモンゴリアン・メタルのアレンジ・バージョンも収録。

A The Lifeless

A Persona

簡 濒死	常 瀕死	
簡 形象	常 形象	
Melodic Death Metal/Metalcore	北京	
自主制作	EP	2012

ハードコア由来の激しく吐きつけるヴォーカルを中心に添える 5 人編成メロディック・デスメタル／メタルコア・バンドによる 5 曲収録 EP。まだまだオリジナル・サウンドを確立しているとは言い難いが、勢い重視のスタイル。迫力あるヴォーカル、重量感のあるリズム隊、各所に流麗なツインリードギターによる絡み合うソロを挟み個性を発揮。次につながればより良いサウンドを確立していたであろうが、ドラムとヴォーカルがハードコアバンド Chaos Kills the Pain に加入したため、解散した。

A Long Haul | **簡 远途** | **常 遠途**

A

簡 启程 / 常 啓程

Glam Metal | 北京

自主制作 | EP | 2013

メタル＝高速 BPM ＋デスヴォイスが基準の中国若年メタル層だが、その中で数少ない正統派ロック・クラシック・サウンドを奏でる 6 曲収録デビュー EP。90 年代北京ハード・ロック／ヘヴィ・メタルの不器用なサウンドに、80 年代アメリカン・グラム・メタルのキャッチーすぎるほどのメロディが合わさった中国でしか生まれえないようなスタイル。Quiet Riot や Twisted Sister が好きな感じを受ける。でも、バドワイザーではなく燕京ビールが似合うサウンド。

A Los Crasher | **簡 不速之客** | **常 不速之客**

A Junkies on the Balcony

簡 / 常

Hard Rock'n Roll | 北京

自主制作 | EP | 2012

2010 年結成。グラム感たっぷりのハード・ロックンロール・バンド。7 曲収録 1st EP。空気感も出で立ちも 80 年代 L.A サンセット・ストリートそのままなバッドボーイズ。中国感が皆無で、パンクもグラムもパーティー・ロックも適度に取り込み、軽快かつアメリカンなロックンロールを奏でる。それどころかそれらのルーツとなる音楽まで覗かせ、ソウルフルでブルージーな表現にも親しみが持てる。7 曲目のアコースティックギターを中心にしたバラードは Guns N' Roses か Skid Row かと思わせる。

A Los Crasher | **簡 不速之客** | **常 不速之客**

A All Those Memories

簡 / 常

Hard Rock'n Roll | 北京

自主制作 | EP | 2013

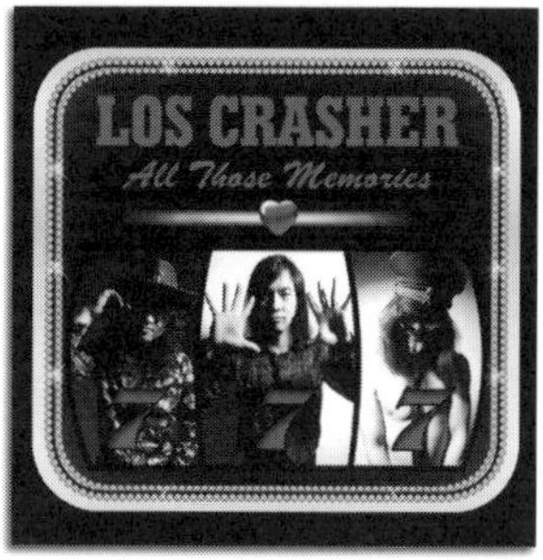

1 年半ぶりの 6 曲収録 2nd EP。中国人がオリジナリティ溢れるアメリカン・ロックンロールを作ることに対して疑問はあると思うが、それは不問である。下敷きとなるであろう曲があれこれ頭をかすめるが、どの楽曲もパクリではないオリジナリティにあふれる。北京の夜を熱くさせる simple is best なビール片手に踊りたくなるアメリカン・パーティー・ロックンロール。4 曲目のバラードもまったく中国の片鱗も見せず、洋楽バラード好きな日本人にも受け入れられる心に響く。

A Los Crasher | **簡 不速之客** | **常 不速之客**

A Game Face

簡 / 常

Hard Rock'n Roll | 北京

Vigör Records | フルレンス | 2017

新ボーカリストとして Kubin が加入し、1 年の制作期間を経ての初アルバム。前作までの中国臭皆無さを 100%踏襲した骨太でリッチな躍動感、力強いグルーヴ感、テンションを急上昇させる速度感。耳に残るキャッチーなメロディあり、乾いた風を感じさせるドライブの BGM に最適な楽曲あり、一息つかせてくれるバラードもあり、一気に最後まで聴ける芳醇なパーティー・ロック・アルバムである。ジャケットは 19 世紀アメリカ画家キャシアス・マーセラス・クーリッジの「ポーカーをする犬」シリーズをアメコミ風にアレンジしたもの。

A **Los Crasher**
A **Coz I'm Like No Other**

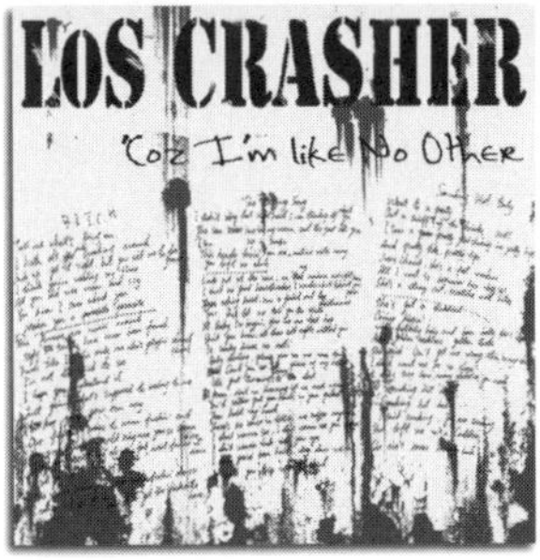

簡 **不速之客**	**常**
簡 **我不是谁**	**常** **我不是誰**
Hard Rock'n Roll	北京
自主制作	EP / 2018

前作後、40 ヵ所を廻るライブツアーを敢行し、休むことなく新曲制作に入る。一年足らずでリリースされた 5 曲収録 EP。一片の中国臭もないアメリカン・ハード・ロックンロールはさらに磨きがかかり、ワールドクラス級の楽曲を揃えた。バンド・バイオグラフィーによると、Motörhead 型スピード・パンク・メタルな曲、古き良き黄金時代のロカビリー風の曲、ソウルフルなヴォーカルと聴けるバラード曲、エモーショナルな泣きのギターインスト曲、そして、Hanoi Rocks のカバー曲「Taxi Driver」が収められる。

A **Lynne Gong**
A **10 Dimensions**

簡	**常**
簡 **十维**	**常** **十維**
Progressive Metal	北京
北京东方影音公司	フルレンス / 2018

武漢出身、北京で活動する美形人妻ギタリスト。2010 年からポップ・ロック・バンド Aspirin で活動を開始。解散、結婚後一度は音楽の道を諦めるも一念発起し活動再開、そして 10 年越しの念願が叶い 1st ソロアルバムをリリース。現代中国最大のヒット作 SF 小説『三体』を基にしたコンセプト作。米国、中国、ベラルーシ、ノルウェー、スペイン、オーストリアからゲストボーカルを迎え、シンフォニックにヘヴィに鮮やかに未来世界を描く。テクニカルなリフとクラシカルなソロを織り交ぜながら、複雑なリズムワークを多用するプログレッシブ・メタルを展開する。

A **Mega Soul**
A **Mega Soul**

簡 **万重**	**常** **万重**
簡 **万重**	**常** **万重**
Nu Metal	北京
中国科学文化音像出版社	フルレンス / 2014

2012 年に王争偉（ドラム・ロックレーベル King-Kong Production 設立者の 1 人）と元 Yaksa の王楽（ベース）により結成されたバンドの 1st アルバム。ざっと聴くと表面的には 80 年代全般のヘヴィ・メタルだが、ミクスチャー系ラウド・ロック〜ニュー・メタルあたりの音楽性を下敷きとしている。要所要所に飛び出してくるリフやメロディが古くも新しさを感じさせるスタイルで、もし Korn が 80 年代にデビューしていたらと思わせてくれるサウンドに仕上げている。

A **Mega Soul**
A **Mega Soul II**

簡 **万重**	**常** **万重**
簡 **万重 II**	**常** **万重 II**
Nu Metal	北京
三辰影库音像出版	フルレンス / 2018

前作の 80 年代色はなくなり、Korn + Disturbed タイプのモダン・ヘヴィネスとなる 2nd アルバム。ある種オーソドックスでダイナミックな展開で、全体的に躍動感に溢れ、アグレッシブな曲はよりアグレッシヴに、メロウな曲はよりメロウである。ハイテンションなまま、ずっしりとしたリフ主体の重厚なギターサウンドや、力強いドラム、ボトムを支えるベースラインに、テンション高く武骨に男らしいヴォーカルがヘヴィ一辺倒ではなく、時にメロディアスに聴かせるツボを心得て安定感よく歌いあげる。

A The Metaphor | **簡 隐喻** | **常 隱喩**

A The Metaphor | 簡 隐喻 | 常 隱喩

Death/Thrash Metal	北京	
Dying Art Productions	フルレンス	2009

2006年結成。Slayer、Dark Angel、Possessedの影響下にある。EP『Evil Rulz』から2ヶ月あまりでリリースされた1stアルバム。オールドスクール・スラッシュ・メタルを主軸としながらブラックメタルやデスメタルまで拡張する。その音楽性をブルータル・スラッシュと表現する。演奏や歌唱に粗っぽさが残っているが、芯がしっかりとしている。Morbid Saintの「Beyond the Gates of Hell」のカバー曲も収録。

A The Metaphor | **簡 隐喻** | **常 隱喩**

A The City of Pathos, A Saint of Shame | 簡 | 常

Death/Thrash Metal	北京	
Soul Cleanliness Production	EP	2013

間にライブアルバム『Strike Back』とスプリット・アルバムを挟み、4年ぶりになる作品は4曲収録EPだ。前作で心配なポイントだった粗雑さが、ライブで培った経験により演奏技術が向上し、メリハリのあるリフタイトなリズム隊なので、安心して聴ける。1曲目についてはこのバンドの見本市とでも言えるもので、彼らの引き出しの多さが理解できる面白い楽曲である。Nirvanaの代表曲「Smells Like Teen Spirit」のカバーも収録されているが、曲数の少なさが作品自体の良さを半減させている。

A Nerve Resistance | **簡 神经抵抗** | **常 神経抵抗**

A | 簡 门开了 | 常 門開了

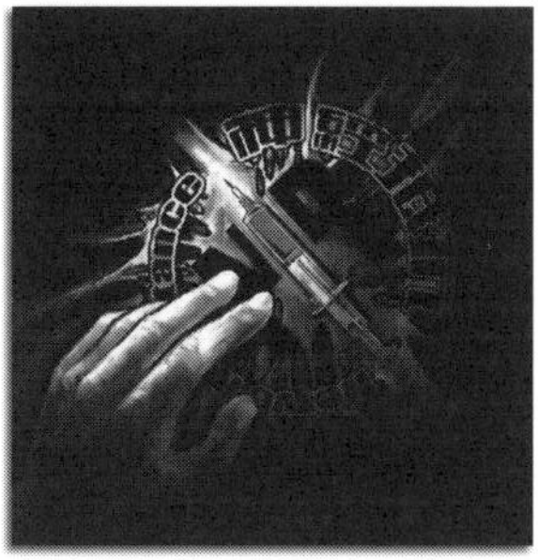

Nu Metal	北京	
中国科学文化音像出版社有限公司	フルレンス	2014

2009年結成。ライブ中はアノニマスや映画『13日の金曜日』のジェイソンのようなマスクを被り、パフォーマンスをする。音楽的にもSlipknotに近いが、4人編成ということもあり、ミニマムな音数の中で激烈。スラッシュ・メタル寄りになったKornのようなサウンドに加え、聴き応えがある歌メロを重要視したメロディーが乗っかる。また同時にDisturbedのようにソリッドなギター・リフをバスドラとシンクロさせたバッキングに、エネルギーの高いヴォーカルが威勢よく歌い、厚みのある楽曲だ。

A Nerve Resistance | **簡 神经抵抗** | **常 神経抵抗**

A Mask Men | 簡 面具人 | 常 面具人

Nu Metal	北京	
黄海数字出版社	フルレンス	2016

ジャケットにバンド名が記載されずアルバム・タイトルなので、一見ではNerve Resistanceの作品とはわからない。前作同様歌を重視していることに変わりなく、さらにキャッチーさを加味したポップな作風。聴きやすさを全面的に押し出す中で楽器隊はしっかりと主張している。一般大衆へもアピールするような、うるさく感じさせないロック風のアレンジがなされている。Creedのようなオルタナティヴな歌モノヘヴィ·ロックを中国において提示した、独特の風格をもつバンドである。

A No Soul In Sight | 簡 | 常

A 22 | 簡 22 | 常 22

Metalcore/Melodic Hardcore	北京	
Chaser Records	EP	2018

良質なバンドを送り出す Chaser Records からデビューした５人組メタルコア・バンドの４曲収録 EP。ここ数年に登場する新生代メタルコア・バンドによくあるあれこれ詰め込み型ではあるが、核になっているのは正統派ヘヴィ・メタル・サウンド。メロディにも重きを置いたアプローチによる演奏にモダンなヘヴィリフ。デスヴォイス、ラップ歌唱を交えながらメロディック・ハードコアの叙情感も取り込み、手数の多いドラミングのプログレッシブ感が相互に作用することで、新世代の感性があふれるスタイル。

A Perditism | 簡 | 常

A The Sign of Total Genocide | 簡 | 常

Primitive Black Metal	北京	
Psychedelic Lotus Order	EP	2012

1st デモ時はバンド名を Perdition と表記していたブラックメタル・バンドの既発デモより『The Sign of Total Genocide』とそのバージョン違い、Mantas の「Legions of Doom」と Kreator の「Tormentor」のカバー曲、デモ曲「Hymns of Perdition」のリハーサル音源の計５曲を収録したヴァイナル EP。 激悪な音質で、タイトル曲は典型的なプリミティブなサウンド。ヴォーカルの発声が異様で動悸を覚える。

A Purgatory | 簡 炼狱 | 常 煉獄

A | 簡 | 常

Melodic Death Metal	北京	

雲南省昆明にも同名ブラックメタル・バンドが存在するが、こちらは北京拠点の女性ヴォーカル＆女性ヴァイオリン奏者が在籍するメロディック・デスメタル・バンド。2002 年の結成後、地元のみの活動を行っていたが、メンバーの離脱により 2007 年に一度活動停止に陥る。超宇鵬（ギター）と呂玥（ベース）以外のメンバーを入れ替え、2016 年に活動再開。作品は未発表だがライブをメインに活動しており、初期音源にヴァイオリンを加え、再アレンジされた楽曲にて 10 曲程度のレコーディングを行っている模様。

A Ramblin' Roze | 簡 放荡罗泽 | 常 放蕩羅沢

A Old Time Revival | 簡 | 常

Heavy/Hard/Stoner Rock	北京	
自主制作	EP	2019

Led Zeppelin、Black Sabbath、Lynyrd Skynyrd、Mountain、The Rolling Stones、The Allman Brothers と 70 年代古き良きハードサウンドを奏でる５人組ハード・ロック・バンドによる５曲収録デビュー EP。ようやく中国でもクラシック・ロックを好む者が第一線に登場した感じである。最初の一曲を聴けば、すぐにでも北京に飛んでライブを観たいと思わせる音の深み、熱量、衝撃のすべてを兼ね備えている。行くことは出来なくても早くフルアルバムを聴きたくなる人は多いはず。

A Rectal Wench
簡 直肠嫖妓 / 常 直腸嫖妓

A Mr.Meat's Steakhouse
簡
常

Grindcore | 北京
自主制作 | フルレンス | 2011

Rotten Roll Rex のスタイルを目指すグルーヴィー・ゴアグラインド＋オールドスクール・ホラームービー＋ポルノビデオを活動指針とする４人組覆面グラインドコア・バンドの 1st アルバム。ガテラルヴォイスとヒステリックヴォイスの２種類を使い分ける意味の分からない歌唱方法に、軽いスネアドラムが耳障りに鳴り響く。エクストリーム・メタルには似つかわしくない、グラインドコアとは思えないギター、隠れてしまっているベース音とカオスなサウンド。Gut ならびに SXRXOXM のカバー含む 14 曲収録。

A Regicide
簡 弑主 / 常 弑主

A Extreme Intent Fatal Effect
簡 极端意识 致命效应
常 極端意識 到命効応

Brutal Death Metal | 北京
Mort Productions | フルレンス | 2006

2002 年に結成のブルータル・デスメタル・バンドの 1st アルバム。頻繁にライブをするも紆余曲折が多く、本作は完成していたが突然の解散を発表したのちに１年ほどしてからリリースされた。スピードを若干抑えめにしているが、手加減のないブルータルさを核にした高品質な作品。少しこもった音なのが気になる点だ。メンバー全員が他のデスメタル系バンドとの掛け持ちのため、どのような区別があるのかはわからないが、そのほとんどが高品質な作品を発表しており、北京のデスメタル・シーンの奥深さがにじみ出ている。

A Regicide
簡 弑主 / 常 弑主

A Spiritual Immolated
簡 殉葬真我
常 殉葬真我

Brutal Death Metal | 北京
Mort Productions | EP | 2009

前作リリース後、エクストリーム・メタル・ファンからも高く評価されており、再活動の要望も出ていたため、４年ぶりに再結成となった。ライブ音源６曲に新曲３曲を加えた９曲収録の EP。新曲は前作の延長線であるものの、スピードを控えることなく、かなりブルータルにこだわった激烈なサウンド。ライブ音源６曲は再結成直後のライブにも関わらず生々しく荒々しい息の合った音、圧倒的なテンションと演奏技術の高さが素晴らしく、ファンと熱い呼応戦が充実したライブ当日であったことが分かる録音。

A Renegade
簡 变节者 / 常 変節者

A Renegade
簡 变节者
常 変節者

Thrash Metal | 北京
自主制作 | EP | 2013

2011 年６月結成のツインリードギター体制の５人組スラッシュ・メタル・バンドによる EP。３曲と少なく、バンドとしての全体像を把握出来ないが、尖ったギターリフと勢いのあるリズム隊を特徴とするオーソドックスなスラッシュ･メタルがベースにある。そしてメロディック･デスメタルからニュー・メタルに到る様々なエクストリーム・メタルのスタイルを取り入れ、変化の多い楽曲を組み立てようとしているが、力不足なところを感じる。2016 年を最後に最新の動向が見当たらず、不明。

A Rosewood Bullet | **簡 玫瑰木子弾** | **常 玫瑰木子弾**

A The Tributes | 簡 | 常

Hard Rock	北京	
自主制作	フルレンス	2015

元 Jacky Danny の李博（ヴォーカル＆ギター）が初期 Jacky Danny メンバーとともに結成。前バンドを踏襲する音楽性。本作は Skid Row、Chuck Berry、The Beatles、The Rolling Stones、Guns N' Roses、Led Zeppelin の代表曲計 7 曲を遊び心たっぷりにアレンジしたカバーアルバムだ 。他にも Douban にアップされているデモ音源があり、ブルースを基盤としたクラシックロックの醍醐味を羽振りよく聴かせてくれる。

A S.A.W | **簡 鋸** | **常 鋸**

A Kill Something EP... | 簡 | 常

Nu Metal	北京	
自主制作	EP	2007

2005 年結成。ヴォーカル、ギター× 2、ベース、ドラムの 5 人編成。5 曲収録する本作は 2007 年の全国ツアーの際に会場販売された 1st EP。スラッシュ・メタルやメタルコア、オルタナティヴなど多極化したメタルを一つに内包させた 2000 年以降に登場した Trivium や Bullet for My Valentine のようなヘヴィ・メタル・バンド。まだこの頃はラップを取り入れたニュー・メタル的要素が強いこともあり、独自性を模索している途中といったところである。

A S.A.W | **簡 鋸** | **常 鋸**

A Young Rebel | **簡 年轻 . 反抗** | **常 年軽 . 反抗**

Nu Metal	北京	
戴姆唱片	フルレンス	2010

1st アルバム。前作にあったラップを導入したニュー・メタル的要素が影を潜め、スラッシュ・メタルに根ざしたモダンな 21 世紀型ヘヴィ・メタルに焦点を合わせる。憂いのあるイントロ曲から始まり、2 曲目から一気にボルテージを上げ、ハードコア由来の咆哮するヴォーカルが明快で力強さがあるギターリフが交錯する。パワフルでスピーディな展開の中で、安定したリズム隊が破壊力を強めた楽曲を矢継ぎ早に展開させる。また、新たな方向性としてデスラッシュ的に推し進めた楽曲もある。

A S.A.W | **簡 鋸** | **常 鋸**

A Keep Burning | **簡 继续燃烧** | **常 継続燃焼**

Nu Metal	北京	
自主制作	EP	2016

前作から 6 年ぶりとなり、プロデューサーに Yaksa（夜叉）のギター黄涛を迎え制作された 5 曲収録の 2nd EP。重くうるさく荒々しく、Yaksa にも類似するヘヴィ・メタルの構築美とパンクの破壊美を統合した楽曲はさらに深みがあり、内省的。独特な共鳴感を生み出している。ヴォーカルは今まで以上に力強くかつ繊細に咆哮し、躍動感溢れるギターリフと立体的なリズムワーク。新時代を切り開いたサウンドに仕上がっている。

A Constitution
A ...nstitution

簡 瘢痕体质 　**常 瘢痕体質**

簡 瘢痕体质	常 瘢痕体質	
Nu Metal	北京	
中国科学文化音像出版社有限公司	フルレンス	2014

2000 年頃に遼寧省錦州出身メンバーによって結成され、かつては瀋陽で活動していた。紆余曲折しながら、メンバー交代も多く苦難続きだったが、2007 年以後はメンバーも定着、それと共に北京に拠点を移し活動を開始する。本作は苦節 14 年目にして初のアルバムとなる。Korn に大きく影響を受け、Jonathan Davis 影響下のヴォーカル・スタイルではあるものの、ポップなメロディと爽快なリズムワークを活かし、耳あたりが良い。またソフトなプログレ的展開もあり、変化球の効いたオルタナティヴ・メタル路線である。

簡 吓死宝宝 　**常 嚇死宝宝**

簡	常	
Horror Metal	北京	
...nfected Blood Records	フルレンス	2018

...エロマスクを被る 4 人組ホラー・メタル・バンドによるデビュー・...ルバム。サウンドや歌詞はもとより、衣装や舞台道具にも恐怖を感じ...るようなコンセプトだ。その中心となるのが、ある男の子と西洋人...つわる悲しく恐ろしい物語。音楽面では覆面バンドとして名が挙...lipknot のようなラウドロックでもなく、Man With A Misson...ニュー・メタルでもなく、アメリカンホラー映画に起用される...楽に、肌寒いピアノの効果音に先導され、ヘヴィな音使いにし...タルの雰囲気。

A In... 　**簡 ...精** 　**常 戦場ケ原妖精**
A In... 　**...幻想** 　**常 牢不可破的幻想**

	北京	
	EP	2012

...ストとして Hydrosyanik、ドラムとして Die From Sorrow、Lacerate、Crack、Deathpact に在籍する孔德珮が Senjougahara Yousei と名乗り、活動する東方メタル・ソロプロジェクト。5 曲収録の本作は日本の同人サークル上海アリス幻樂団のカバーアルバムとなり、孔は全楽器を演奏する。本作後、中華ボーカロイド入りのオリジナルシングル作品『Luotianyi』『Dream Generator』『The Moth』『ΣCIOS1O И』の 4 作を発表。

A Seventh Army 　**簡 第七军** 　**常 第七軍**
A The Artificial God

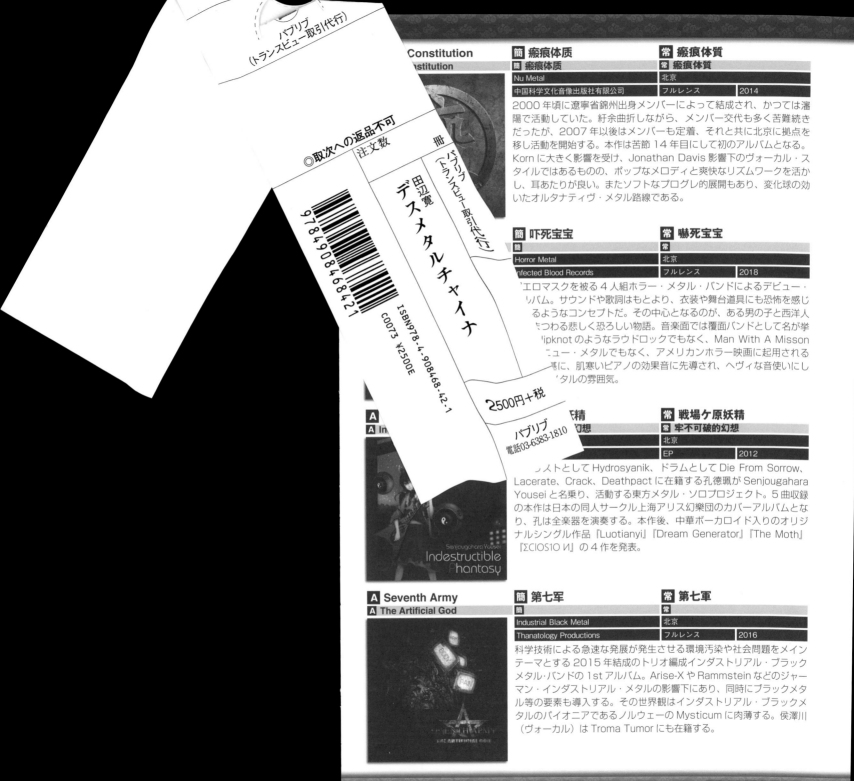

簡	常	
Industrial Black Metal	北京	
Thanatology Productions	フルレンス	2016

科学技術による急速な発展が発生させる環境汚染や社会問題をメインテーマとする 2015 年結成のトリオ編成インダストリアル・ブラックメタル・バンドの 1st アルバム。Arise-X や Rammstein などのジャーマン・インダストリアル・メタルの影響下にあり、同時にブラックメタル等の要素も導入する。その世界観はインダストリアル・ブラックメタルのパイオニアであるノルウェーの Mysticum に肉薄する。侯澤川（ヴォーカル）は Troma Tumor にも在籍する。

A Silent Resentment　簡 寂静的幽怨　常 寂静的幽怨
A Death Is Utopia　簡 死亡乃乌托邦　常 死亡乃烏托邦

Gothic Doom/Death Metal　北京
Divine Massacre Records　フルレンス　2009

2007 年結成の女性ヴォーカル、女性キーボード、ギター×2、ベース、ドラムの 6 人編成、ドゥーム要素を取り入れながら、時折男性デスヴォイスも混じるシンフォニックなゴシック・メタル・バンド。本作は 2009 年のデビューアルバム。冷たく悲しげなヴォーカルによるスローな歌唱が醸し出す陰鬱な雰囲気が、幻想的世界観を形成している。ヨーロピアンな冷酷で叙情的なサウンドの 1 曲目では、一部ドイツ語歌詞で歌われている。12 曲目はドイツのゴシック･インダストリアル･ユニット Mantus の中国語カバー曲。

A Silent Resentment　簡 寂静的幽怨　常 寂静的幽怨
A Fall from Heaven　簡 陨落凡尘　常 隕落凡塵

Gothic Doom/Death Metal　北京
Mort Productions　フルレンス　2014

5 年ぶりとなる 2nd アルバム。女性ヴォーカル、キーボードが脱退し新たな女性ヴォーカルが加入、男女ツインヴォーカル・ツインギター体制となる。インダストリアル・メタルに接近したゴシック・メタルで、前作とは異なる新しい風格が漂う。男女による幻想的でシアトリカルなヴォーカルの掛け合いがキャッチーかつドラマティックに発展している。円熟味を増したツインギターによるメロディックな展開と安定感が抜群に向上したリズム隊により、楽曲が華麗に盛り上がる。残念ながら 2015 年初春を最後に活動状況の更新がなく、解散した模様。

A Skeletal Augury　簡 骸骨占卜　常 骸骨占卜
A Victory of the Holocaust　簡　常

Thrash/Black Metal　北京
Pest Productions　フルレンス　2009

北京エクストリーム・メタル界の名手が 2008 年に結成したブラックメタル・バンドによる 1st アルバム。Bathory や Sabbat のような初期ブラッケンド・スラッシュ・メタルの直系影響下にあり、冒頭に昔のホラー映画のナレーションのサンプリングから始まりファストでスラッシーなリフとドラムが生み出すサウンドは生々しい。ホラーやサタニズムを好んでいる事もあり、歌詞にもそういった内容を反映している。ブラックメタル特有の甲高く叫ぶヴォーカルが、サウンドの中に渦巻く不安感を増大させている。

A Skeletal Augury　簡 骸骨占卜　常 骸骨占卜
A Bless of Destroyed, Raped, Dismembered Flesh　常

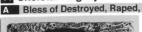

Thrash/Black Metal　北京
Pest Productions　フルレンス　2014

北京エクストリーム・メタル界人事異動がこのバンドにも発生し、他の著名バンドからギター、ベース、ドラムが加入しての 2nd アルバム。メンバーの過半数が代わったが、時間も予算も取れているので、作曲においても制作においても細部までしっかりと作りこまれている（ジャケットの絵も音楽性を表すように凝っている）。前作よりギターもリフやソロに凝り、ドラムの手数も多めのテクニックでカオス感たっぷりなプログレッシブなブラッケンド・デスメタルに仕上がっている。すべてが随分向上し、聴いてて気持ち良さがある。

A Skyfire / **簡 天火** / **常 天火**

A Skyfire / **簡 天火** / **常 天火**

Thrash/Death Metal	北京	
自主制作	フルレンス	2015

2006 年結成の化骨池が 2012 年にヴォーカル以外を一新させるとともに、改名して誕生したデスラッシュ・メタル・バンドのデビューアルバム。ヴォーカル＆ギター、ギター、ベース、ドラムの４人編成。アグレッシブなギターリフを中心に、良く練られたギターソロがメロディアスに展開する。ヴォーカルは低音で吐き捨てるタイプで存在感がある。全体的にメロディック・デスメタルのようにスピードで押しまくるスタイルではなく、無駄なものを削ぎ落としたミドルテンポなスラッシュ・メタル風で、じわじわと押し上げてくるスタイルである。

A Skyfire / **簡 天火** / **常 天火**

A Tombstone Town / **簡 墓碑镇** / **常 墓碑鎮**

Thrash/Death Metal	北京	
自主制作	EP	2018

３曲収録 EP。暴力、戦争といったカラーを前面に押し出すことをバンドの活動理念としている。残酷な現実を収録曲のテーマとしており、最初から飛ばしまくった、疾走感あふれる切れ味鋭いデスラッシュを披露。そこに時折メロディアスなフレーズやソロが入る。ただ、残念なのが、アルバムに先だってリリースされた３曲という曲の少なさが、コンパクトな印象を持たせる事。

A Snow Funeral / **簡 雪葬** / **常 雪葬**

A Snow Funeral / **簡 雪葬** / **常 雪葬**

Thrash/Black Metal	北京	
Autumn Floods Productions	EP	2013

バンド英名が Funeral、中国語名が葬なのでブラックメタルと予想させる。しかし速いテンポのドラムと、音を強めに歪ませたトレモロピッキングが、Sabbrabells や Crowly といったサタニズムをテーマとする 80 年代ジャパメタ・バンドを彷彿とさせる。その上にブラックメタル的うなり声ヴォーカルが歌っているかのようである。バンドそのものは１年余りの活動で数回ライブを行ったのみ。本作は解散後かなり時間が経ってからリリースされた４曲収録デモ音源集。

A Spirit Trace / **簡 灵迹** / **常 霊跡**

A Spirit Trace / **簡 灵迹** / **常 霊跡**

Black Metal	北京	
自主制作	EP	2004

アラブ音楽、フラメンコ、ヴァイキング、クラシック等多様なスタイルをミックスし、パワフルで深遠な世界観を描くシンフォニック・ブラックメタル。2002 年に馬克（ヴォーカル＆ギター）と馬月新（ドラム）を中心に結成。翌々年馬克（ヴォーカル＆ギター）、朱艶（女性ヴォーカル）、曹瑞（リズムギター）、呂月（ベース）、馬月新（ドラム）の布陣で本作 EP をリリース。ライブ活動を継続するも 2007 年に一度解散する。馬月新は Corpse Cook、Septicaemia、Black Wings などを渡り歩く。

A Spirit Trace | **簡 灵迹** | **常 霊跡**

A The War of Sin | **簡 原罪之战** | **常 原罪之戦**

Black Metal	北京	
Mort Productions	フルレンス	2015

中心メンバー馬克（ヴォーカル＆ギター）と馬月新（ドラム）の二人により 2011 年にメンバーの再編成·再結成がされる。11 年ぶりのリリースで、解散前の多様なジャンルを吸収した音楽性を継承している。叙事詩的世界観を残しながらシンフォニック・ブラックメタルからアトモスフェリック・ブラックメタルに軸足を移す。ミドルテンポな Chthonic といったような展開で、中国バンドの中では最も取っ付きやすい。亮亮（キーボード）はプログレッシブ・メタル Mirage にも在籍した。

A SRRX | **簡 尸肉人穴** | **常 屍肉人穴**

A SRRX | **簡 尸肉人穴** | **常 屍肉人穴**

Grindcore	北京	
Hepatic Necrosis Productions	フルレンス	2013

2012 年結成の死于寂静（ギター・ベース・ドラム・サンプリング）と Zquagmire（ヴォーカル）によるグラインドコア・ユニットの 1st アルバム。楽器演奏のほうは生ブラストビートでなく単調なドラムマシーンで、弦楽器もチューニングを下げた重低音もなく、非常にあっさりとした演奏。ただ一番の特徴である耳にするだけで嘔吐しそうになる汚らしいガテラルヴォイス、あえぎ声、叫び声、すすり音、その他 SE は最低の一言。どこかの映画やアニメからサンプリングでとってきた日本語や、英語のセリフがやばく聞こえる。

A SRRX | **簡 尸肉人穴** | **常 屍肉人穴**

A | **簡 恶心世界** | **常 悪心世界**

Grindcore	北京	
自主制作	フルレンス	2015

2 年 8 ヶ月ぶりの 2nd アルバム。前作を踏襲するあっさりとした汚らしいリズムと汚れたギター演奏、そしてどこから取ってきたかわからないサンプリング音源が被さっている。そこへ史上最低の悪臭漂うガテラルヴォイスが乗ってしまった事で、汚物劇物音楽が繰り出される。危険度指数を表現するなら、我慢しても 3 曲目で胃の中のものが逆流、6 曲目で思考能力がストップ。通して全 26 曲聴くことは不可能な不浄不潔不敬なサウンド。こんな音を作る奴は実際に精神構造がやばい奴らにしか思えない。

A SRRX | **簡 尸肉人穴** | **常 屍肉人穴**

A Cannibal Boys | **簡 肉食少年** | **常 肉食少年**

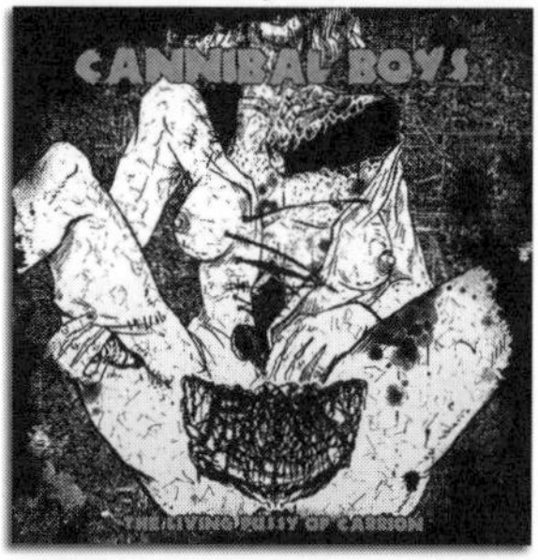

Grindcore	北京	
乐之巢唱片	フルレンス	2016

前作より 1 年経たずリリースとなった 3rd アルバム。本作からやっとエクストリーム・メタルっぽいリフやリズムが出てくる。ジャケット絵から想像してもっとえげつなく、一音聴くだけでモドシソウになる音や汚物の塊的ガテラルヴォイスを期待してしまう。しかし、変なイントロ曲の女性悲鳴音を除いて、サンプリングは無く、至極まともなデスヴォイスによるミドルテンポな楽曲の正統派デスメタルである。時にスラミング・デスメタル的要素を見せる。Obituary の「Redneck Stomp」のカバー曲入り。

A Stale Corpse | **簡 陈尸** | **常 陳屍**

A Sounds of Prison | **簡 狴犴之声** | **常 狴犴之声**

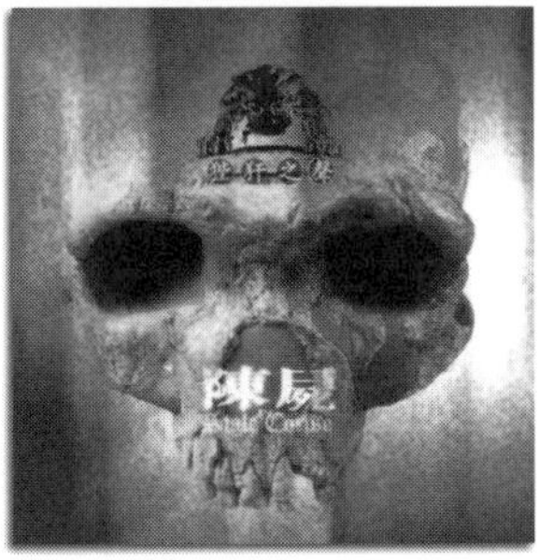

Brutal Death Metal	北京	
So Rock! Records	フルレンス	2000

1998 年結成当初はパワー・メタルであったが試行錯誤の後、ブルータル・デスメタル化する。デモ音源『来自地下二层的声音』発表後本作をリリース。Morbid Angel、Cannibal Corpse、Vader の影響下にあるのだが、まだまだ血肉とはなっておらず、完成度としては低レベル。しかし中国産デスメタルとしては最初期に発表され、2000 年当時の北京メタル界を代表する作品として資料的価値の高い作品である。宋揚（ベース）、牛力（キーボード）は The Last Successor を結成する。

A Stinky Humans Abuse to Subsist | **簡** | **常**

A Plight | **簡** | **常**

Sludge Metal	北京	
Dying Art Productions	フルレンス	2019

Tractor や Electric Lady でも活動する白昊宸（ギター）も参加する4人組スラッジ・コア／ドゥーム・メタルの 1st アルバム。華北平原の乾燥地帯が放つ瘴気をたっぷり吸い込み、粘り強く腰のある冷涼な空気が漂うサウンド。Black Sabbath が生み出し Eyehategod が紡いできた重々しくひたすら繰り返されるダークなリフが前面に出ている。そしてハードコア・パンク由来の重厚感たっぷりな絞り出すような激しいシャウトヴォーカルが激しいグルーヴ感満載で、相乗効果で迫力を生み出している。Eyehategod のカバー曲も含む。

A The Sweet Escape | **簡 甜蜜大逃亡** | **常 甜蜜大逃亡**

A Underworld travel | **簡** | **常**

Electronicore	北京	
太声文化	EP	2013

５人組エレクトロニコア・バンドの５曲収録デビュー EP。めまぐるしく変化する展開のなかで、静かな高揚感が高ぶり、激しいながらプログレッシブでメロディが充実したサウンド。浮遊感あふれるダンサブルなシンセサウンドを全面に押し出し、時にパンキッシュに、時にメタリックに変貌し、はたまたエモと前後脈絡なく好き勝手に動き回る。疾走パートから横ノリ、モッシュパートから縦ノリと、とにかく急がしい展開。ヴォーカルもクリーントーンでメロディアスに歌い、また、スクリームそしてシャウトへ自由度の高い歌唱をする。

A The Sweet Escape | **簡 蜜桃** | **常 蜜桃**

A Party Time | **簡** | **常**

Electronicore	北京	
太声文化	EP	2015

バンド中国語名を蜜桃に変更し、The Falling の王昱天、Four Five の楊寅、ヒップホップグループ Dragon King の孫旭、女性タトゥーアーティスト黄淼をゲストヴォーカルに迎えての５曲収録 2nd EP。これほどまでに自由にやってしまうかと感じるほど脈絡をまったく無視している。ガーリーな歌声が出てきたり、煽りまくるラップが出てきたり、パリピー感たっぷりな浮遊感のあとに、後頭部を延髄斬りされたかのようなキラキラピコピコ音があれば、急転直下ザクザクギターリフが激しく鳴る。

A Tarot Saint　簡 塔罗圣徒　常 塔羅聖徒

A Tarot Saint　簡 塔罗圣徒　常 塔羅聖徒

Thrash Metal/Metalcore	北京
自主制作	EP　2010

2007 年結成で中国では珍しく Motörhead のような爆走型のハード・ロック／ヘヴィ・メタルの範疇に入るバンドのデビュー EP。Lemmy のようなしゃがれた声質ではないが、力強いガラガラヴォーカルが引っ張る押し重視の楽曲だ。1990 年代の中国ロックの伝統を踏まえたリフが繰り出される楽曲が 5 曲収録されている。4 曲目においてはドラムのフレーズとリフの展開がダウナーにかつスリリングに変化するロックンロールな曲で美味である。趣の異なる 5 曲目は超载の 3rd アルバムからのカバー曲。

A Tarot Saint　簡 塔罗圣徒　常 塔羅聖徒

A 2012　簡 2012　常 2012

Thrash Metal/Metalcore	北京
嚎叫唱片	フルレンス　2012

前作延長線上にありながら、2010 年以後の高い人気のメタルコアやハードコア的手法を導入し、細やかなリフやリズムを使いながらバンドとしての生存範囲の拡張を狙った 1st アルバム。環境が変化するなか、試行錯誤しながらすべてを己の血にしてしまう Guns N' Roses のごとくオリジナリティに昇華させている。ただ躍動感のある郭偉（ヴォーカル）の声質に好き嫌いが出るタイプである。その郭偉はかつて Nightingale のドラムであったが、リズム感の取り方に変化があり、面白い。

A Tarot Saint　簡 塔罗圣徒　常 塔羅聖徒

A I Will　簡 我愿意　常 我願意

Thrash Metal/Metalcore	北京
飞行者唱片	フルレンス　2016

アメリカン・ハード・ロックを基本にしながら、色々試行錯誤した後に到達するサウンド。演奏や歌唱力は安定しているものの、毒のない歌モノ中心の構成となった 2nd アルバム。結成 10 年目となる本作は、人生の要となる長くも感じ短くも感じる 10 年間に起きた出来事を振り返りながら、未来に馳せる気持ちで制作したという。ファンへの返礼歌としても制作されており、彼ら自身の区切りとなる新たなスタート地点として次の目標へ進む作品。

A Tearful Eyes　簡 泪眼　常 淚眼

A Let My Name Be Your Nightmare　簡　常

Symphonic Metal	北京
自主制作	EP　2015

Sombor（ギター、デスヴォーカル）と Eden（ベース、女性ヴォーカル、中国琵琶）2 人を中心としたシンフォニック･デスメタル･プロジェクトによる 7 曲収録 1st EP。最初期にはプリミティブ・ブラックメタルとして始まり、徐々にゴシック・メタル、シンフォニック・メタルへと移り、現在に至る。中心人物 2 人は修士号と博士号を持つ才人才女の模様。作曲、編曲、演奏、歌唱がまるで学術論文のように整合性が取れており、美しいシンフォニックサウンドである。その分、とっつきが難しいかもしれない方向性。

A Tearful Eyes
A When My Life Is Gone

簡 泪眼
簡
常 淚眼
常

Symphonic Metal	北京	
自主制作	EP	2015

前作よりわずか４ヶ月でリリースされた４曲収録 EP。本作では気難しさは減少している上に、さらにシンフォニック性を高めた作品となり、Tarja 在籍時の Nightwish に迫るサウンドを確立。Tarja のような本格的過ぎるオペラには押し付けがましく感じるところがあったが、Eden のヴォーカル・スタイルはアジア的歌謡曲のメロディで、程よい心地よさを感じる。美しい歌唱も完璧な演奏も心地いいのだが、知性が高い楽曲スタイルには不思議と不安感がよぎり、完璧主義者的孤独感もサウンドの中に流れる。

A The Three Quarters Dead
A

簡 肆分之叁死
簡 凯斯鲍尔
常 肆分之參死
常 凱斯鮑爾

Heavy Metal	北京	
自主制作	フルレンス	2016

四川省成都にて結成され、現在は北京を拠点にするヘヴィ・メタル・バンド。まだ若いながら往年の英米正統派ヘヴィ・メタルに強く影響を受け、メンバー全員が四川音楽学院卒業であることから音楽的素養も高く、軸のはっきりとした音楽性と演奏技術を持つ。ギタリスト二人が引っ張る安定したロック・クラシック風なリフやソロを堪能できる。古いタイプのヘヴィ・メタルをやっているだけではなく、ヴォーカルにおいてはメタルコア的要素も取り入れるなど、現在の潮流もしっかりと導入し、サウンドに活かしている。

A Tiě Fútú
A Tiě Fútú

簡 铁浮屠
簡 铁浮屠
常 鉄浮屠
常 鉄浮屠

Melodic Death Metal	北京	
Mail 唱片	EP	2008

Filter の羅蛟（ベース）と馮驥（ドラム）が 2007 年結成したメロディック・デスメタル・バンドの 1st アルバム。デスヴォイスで歌う正統派ヘヴィ・メタルが突然ノーマル声で歌い上げたり、練りに練ったギターソロがあったり、キーボードによる内助の功のような耳に残るフレーズがあり、盛り沢山なサウンド。良い意味でなんでもあり中国産メタルの典型的サウンドで、中国メタルマニアにはたまらない音楽である。なお、バンド名は 12 世紀頃華北から山東、東北、沿海地方まで支配した金王朝の民族女真族の重装騎兵のこと。

A Toreador
A Toreador

簡
簡
常
常

Gothic Metal	北京	
Dunkelnacht	EP	2008

2006 年結成。Lacrimosa 影響下にあるチェロ奏者を含む男女ツインヴォーカル、ギター×２、ベース、ドラム、キーボードの８人編成によるゴシック・メタル・バンドのデビュー EP。中華圏で人気の高い Lacrimosa を北京の若者が解釈し、再構築させたサウンド。彼らなりのやりたい音楽をイメージしているようだが、Lacrimosa とはまだ大きなギャップがあり、完成度としては模倣の段階である。Lacrimosa の人気が高い割に、このタイプのバンドが少ないこともあり、今後の活動も注視したい。

A Toreador

A My Soul's Dark

簡

常

Gothic Metal	北京
自主制作	EP 2011

これまでのLacrimosa的ゴシック・メタルの延長線となる音楽性ではあるが、一部メンバーを入れ替え、シンフォニック性も増した2nd EP。前作から3年の時間に演奏技術を上げてイメージと技術が一致し、哀しい場面、攻める場面、穏やかな場面、心沈む場面とメリハリのある展開が各曲に含まれている。丁寧な音作りがなされており、収録7曲すべて映像が浮かぶ繊細で耽美な音世界を作り上げて、大きく前進した作風だ。椅子と人間が合体した姿のジャケットが重々しく、思考を重ねるかのようなサウンドを暗示している。

A Tractor

A Sexy Big Butt

簡 拖拉机

常 拖拉機

Heavy Metal/Punk	北京
Dying Art Productions	EP 2011

NWOBHMの流れにあった元Dinkumoilの李嘉翔（ベース、ヴォーカル）がElectric Ladyの孫午飯（ドラム）、白総（ギター）を誘い、2010年に結成されたMotörhead直系の荒々しいロックンロールを奏でる。李のヴォーカル・スタイルは若々しいLemmy Kilmisterを巧みにコピーしている。音楽趣向が近い孫も白も、60年代後半から70年代初頭のブリティッシュロックを踏襲したフレーズを好んで使っている。アルバムを聴きたい気持ちが強く出てくる。

A Troma Tumor

A Troma Tumor

簡

常

Technical Brutal Death Metal	北京
Thanatology Productions	フルレンス 2015

悪名高いアメリカB級映画会社Tromaの諸作品にインスピレーションを受け、Seventh Armyのヴォーカル侯澤川と様々なメタル·プロジェクトに関与してきたTerrorabysmこと劉家仁（ギター）が、2013年に結成したブルータル・デスメタル・バンドの1stアルバム。基盤となるブルータル・デスメタルをよりエクストリームに昇華させる。意外にもHM王道的リフやソロを連結させるギターサウンドがグロウルヴォイスに合い、時折東洋的サウンドエフェクトにより、神秘的雰囲気を醸し出す。

A Troma Tumor

A The Chaos God

簡

常

Technical Brutal Death Metal	北京
Thanatology Productions	EP 2016

B級ホラー映画音楽路線ブルータル・デスメタルであるものの、前作より若干ミドルテンポで、じわじわ攻撃し、最後には危険な状態に陥るサウンドといえる。ヴォーカルは寒気を覚えるより、低音グロウルヴォイスで、全曲あらゆるパートにギターのルーツが如実に表現されている。表のB級サウンドと裏の正統的サウンドが表裏一体となり、なかなか面白い。5曲収録のEPで、4曲目が一瞬デスメタル·ソラミミかと思ったが、面白いことに全編歌詞がナチュラルな日本語グロウルヴォイスで歌われている。

A Troma Tumor

A The Genesis

簡	常
簡	常
Technical Brutal Death Metal	北京
Thanatology Productions	フルレンス 2017

サウンドとテーマは前作を踏襲し、混沌の神が舞い降りた最後の審判の日を描く。その神との交錯とぶつかり合いを描き出し、混沌の神の物語の最終局面を冷酷に表現する。1st アルバムからサウンドと歌詞を多く引用しながら、激化する演奏と、より病的かつプリミティブなデスヴォイス歌唱に、さらにサウンドは残酷性を強める。慈悲も思いやりもまったく介在しないコンセプトアルバムとして仕上がる。Pink Floyd の「Good Bye Blue Sky」のカバー曲含む 8 曲収録。

A TumourBoy

A Noise.Beer.Love

簡 肿瘤男孩	常 腫瘤男孩
簡	常
Thrash Metal	北京
Mort Productions	EP 2016

2014 年結成。Sete Star Sept、Fastkill や Onslaught などの海外バンドが北京でライブする際にオープニングアクトを務めた経験もある。Sepultura、Vio-lence、Anthrax などから影響を受けた正統派スラッシュ・メタル・バンド。4 曲収録 EP。オリジナル曲 2 曲は真面目すぎるほど真剣に王道スラッシュスタイルを貫いている。Slayer の「Mandatory Suicide」と Sepultura の「Refuse Resist」のカバー曲のライブ音源を収録。

A TumourBoy

A Damaged System

簡 肿瘤男孩	常 腫瘤男孩
簡	常
Thrash Metal	北京
Mort Productions	フルレンス 2016

パンクの影響が見え隠れし、NWOBHM の香りを強く残す 80 年代後期ベイエリア型王道スラッシュ・メタルで、近年のスラッシュ・リバイバルの特徴も兼ね備えている。北京スラッシュシーンの成長株的な存在で、そのビッグウェーブに乗ろうとする熱さと毒性とゆるさを持った若き世代。前作EPから半年足らずでリリースされた1stアルバム。スラッシュ入門編的でシンプルなリズムでありながら、暑苦しいザクザククランチーなリフや、汗したたるソロパートが個性的で大変聴きやすい。

A TumourBoy

A Fatal Extermination

簡 肿瘤男孩	常 腫瘤男孩
簡	常
Thrash Metal	北京
AreaDeath Productions	EP 2017

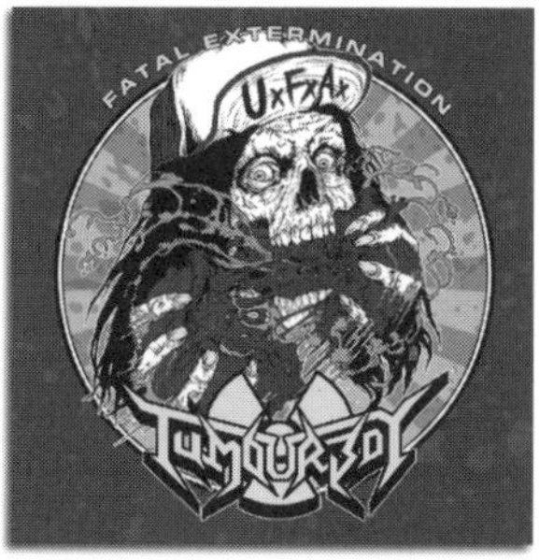

1 年と経たずにEPをドロップ。2曲の新曲と3曲のライブ音源を収録。新曲はプログレッシブ・メタルを思わすおかずの多いドラミング、リードベーシストのようなパンキッシュなベースライン、メタリックなリフを応酬するギターサウンド、バラバラな楽器隊をまとめる若い頃のポール・ディアノのような吐き捨てるようなヴォーカルが熱すぎるサウンドを作り上げ、聴いているだけで頭を振り、こぶしを握ってしまう。ライブ音源は BPM をさらに速め、握ったこぶしを天に突き上げたくなる激熱さ。2nd アルバムを期待させる。

A TumourBoy
A Condemned to Extinction

簡 肿瘤男孩 / **常 腫瘤男孩**

簡 / 常

Thrash Metal	北京	
Area Death Productions	フルレンス	2018

前作 EP 収録の新曲 2 曲も含む 2nd アルバム。これまでと同様、中国産若手スラッシャー中核バンドがフルスロットルに疾走し、クランチーにザクザク刻まれるリフ、狂った咆哮が炸裂する。12 曲が疾風のごとく過ぎ去り、怒涛の中で清々しく愉快痛快な汗臭いサウンドを感じさせ、同時に NWOBHM 的な隠し味も見つけられて美味である。1980 年代映画『Scarface』に使用された Paul Engemann の「Push It to The Limit」のスラッシュ・メタル・カバーも収録。

A Twisted Machine
A Twisted Machine

簡 扭曲的机器 / **常 扭曲的機器**

簡 扭曲的机器 / **常 扭曲的機器**

Mixture Metal/Nu Metal	北京	
嚎叫唱片 / 京文唱片	フルレンス	2001

現在では北京を代表するミクスチャー／ニュー・メタル・バンドのデビューアルバム。Rage Against The Machine の影響を受けたハードコア・バンドとして結成された。当初は 4 人組であったがレコ発ライブよりツインヴォーカル・スタイル、キーボード奏者が加入し、6 人体制になった。音楽性からファッションまで独自性にこだわっており、まだまだ借り物的なサウンドだ。ハードコア由来の強烈なリズム感とヒップ・ホップ由来の煽動力、メタル由来のスピード感で以て自己の内心的世界観を表現する。

A Twisted Machine
A Twisted Machine II

簡 扭曲的机器 / **常 扭曲的機器**

簡 重返地下 / **常 重返地下**

Mixture Metal/Nu Metal	北京	
嚎叫唱片 / 京文唱片	フルレンス	2003

オリジナル・ヴォーカル王曉鷗（ゲスト参加している）が脱退し、シングル・ヴォーカル体制 4 人組に戻る。Yaksa の胡松など多くのゲストを迎えて制作された 2nd アルバム。メッセージ性のある歌詞で、よりラップ色が強く煽りまくるサウンドとなったが、強烈なリズムや扇動するスピード感を潜めてしまう。声質とバンドサウンドにまだ溝があったため、期待度の大きさの割に前作の唯一無二な衝撃的存在感が薄れてしまった上に、こもった音質で出来栄えに疑問が残る。それでもリリース当時は高評価となったらしい。

A Twisted Machine
A Being

簡 扭曲机器 / **常 扭曲機器**

簡 存在 / **常 存在**

Mixture Metal/Nu Metal	北京	
嚎叫唱片	EP	2006

4 曲＋インスト版 1 曲収録の EP。もう 1 人ギタリストを加え、5 人体制となり、また中国語バンド名から「的」を省き「扭曲机器」となった。無理にラップ歌唱をすることなく、よく言えば苦みの強い、悪く言えば雑味の増えたロックヴォーカル色の強い梁良のスタイル。強烈なリズム感、煽動力、スピード感の三位一体のバランスが良くなり、バンドサウンドとして完成度が上がる。2 曲目のパワーバラードもこなせるようになり、新たな一面も出来上がった。アメリカン・ハード・ロックを感じさせるギターソロも良い。

A Twisted Machine | **簡 扭曲机器** | **常 扭曲機器**

A XXX | **簡 三十** | **常 三十**

Mixture Metal/Nu Metal	北京
飞行者唱片	フルレンス 2009

前作発表後、全国ツアーやイベント参加でライブ中心の活動をすることで、より多くの収穫を得て完成させた 3rd アルバム。30 代を迎えるにあたり、主体的な考えを持つようにと自戒を込め、アルバム・タイトルにも論語にある数字を選ぶ。商業的にもバランス感覚の優れた楽曲が揃い、他のミクスチャー／ニュー・メタル・バンドには聴かれないハード・ロックなギターサウンドと時に咆哮するラップヴォーカルが不思議なマッチを起こしている。アルバム・タイトル曲はピアノが先導する熱いバラード曲で、新機軸のスタイルも提示した。

A Twisted Machine | **簡 扭曲机器** | **常 扭曲機器**

A Lost In Beijing | **簡 迷失北京** | **常 迷失北京**

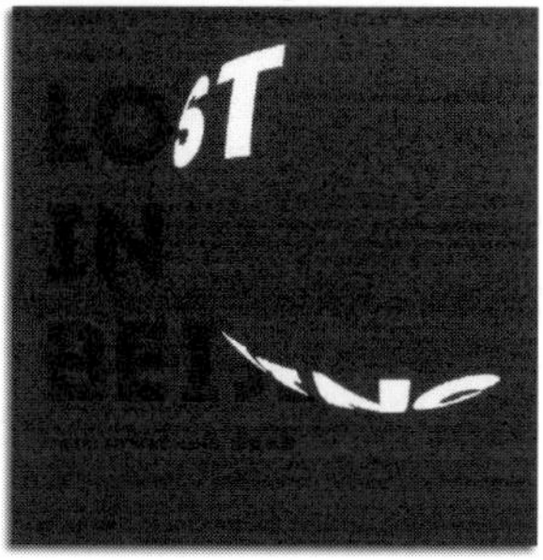

Mixture Metal/Nu Metal	北京
飛行者唱片	フルレンス 2016

一言で言い表せないニュー・メタルだが、このバンドも長い活動の中から多くの糧を得て多種多様なサウンドを作るようになり、説明困難な音楽性に辿り着く。重低音でグルーヴィーにうねる楽曲、扇動するヒップ・ホップ型の楽曲、熱く歌い上げるメロディアスな楽曲、陽気でポップでキャッチーな楽曲など多彩。それぞれ楽曲同士は統一感がなく、バラバラな様式だが、四分五裂した楽曲を一つの軸の下にまとめ上げているのがアメリカン・ハード・ロック風味な若干レイドバックしたギターサウンドだ。

A The Uncrowned | **簡 奉天** | **常 奉天**

A Only Forward | **簡 勇往直前** | **常 勇往直前**

Melodic Electronicore	北京
证明工作室	フルレンス 2015

遼寧省瀋陽で結成され、2013 年に北京に拠点を移した 5 人組メロディック・エレクトロニコア・バンドによるデビューアルバム。メンバーには、林海（ヴォーカル）は朝鮮族、張海天（ギター）は満州族、Rouman Kharyukov（ギター）は高麗人（朝鮮系ロシア人）とアジアの王道楽土を掲げた満洲国に関係した民族が在籍、その首都であった奉天をバンド名に掲げる。Crossfaith に近いサウンドでエレクトロニカを大胆に織り交ぜ、ドラマティックかつキャッチーなメロディーが独自の世界観を造りあげる。

A Velvet Road | **簡 丝绒公路** | **常 絲絨公路**

A On The Road | **簡** | **常**

Hard Rock'n Roll	北京
自主制作	EP 2011

2007 年結成。6 曲収録デビュー EP で、Guns N' Roses、Ratt、Mötley Crüe、Skid Row……等、あの時代のあのあたりのバンドを満遍なく吸収したアメリカン・ハード・ロック・タイプである。呉海洋のギターリフとソロはスラッシュ＋ウォーレン・デ・マルティーニを思わせ、金暉（ヴォーカル）は張りあげる高音カナキリ声と色気ある渋い中低音を使い分けており、アクセル・W・ローズと世良公則が共存している不思議なスタイル。もちろんドライブに最適なリズムワークが楽曲をホットにさせる。

A Velvet Road | **簡** 丝绒公路 | **常** 絲絨公路

A | **簡** 青春是把上了膛的枪 | **常** 青春是把上了膛的槍

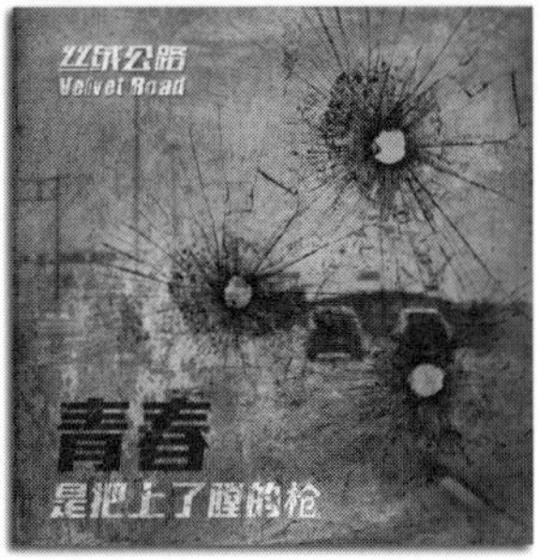

Hard Rock'n Roll	北京	
嚎叫唱片	フルレンス	2013

2nd アルバムの本作もあちらこちらの著名楽曲から、上手に歌メロやリフを拝借しているのに、パクリっぽさを感じさせず、思わずニヤリとさせられる。ややブルージーなフィーリングが増えたギターサウンド、少し前にドライビングするリズム隊、より良くガンガンとバンドを引っ張るヴォーカルと、巧みなアレンジでバンドサウンドを上手いこと聴かせる。カリフォルニアのハイウェイには合わないかもしれないが、今も延伸され続ける中国の片側 4 車線 5 車線の高速道路をぶっ飛ばしながら、大音量で聴いてみたい。

A Velvet Road | **簡** 丝绒公路 | **常** 絲絨公路

A | **簡** 勇往直前 | **常** 勇往直前

Hard Rock'n Roll	北京	
京東唱片	EP	2015

アメリカン・ハード・ロックはフレーズにしてもメロディにしてもリフにしても出し尽くした感があるなかで、いかに独特な強烈な香りを醸し出すかが重要かもしれない。Velvet Road には 80 年代中頃の L.A サンセットストリート全盛の頃のテレビを通して世界中に拡散させていた眩しい音の匂いと、1990 年代後半の変わり始めた北京のほこり臭さが合わさった変な刺激臭がする。アメリカンだけどチャイニーズな 5 曲が収録された EP。ひょっとすると中国とアメリカは意外にも似ている者同士かもしれない。

A Victorious War | **簡** 胜战 | **常** 勝戦

A Fight for Victory | **簡** 为胜利而战 | **常** 為勝利而戦

Progressive Metal	北京	
R.H.C. 国際連合	フルレンス	2007

付剣（ギター & ヴォーカル）、王暁冬（ギター & ヴォーカル）、趙殿龍（ギター）、穆鈞（ベース）、国建偉（ドラム）により 2004 年に結成されたツインヴォーカル&トリプルギターの変則的体制のプログレッシブ・メタル・バンド。多彩なギターソロやリズムワークを取り入れ、複雑な展開を志し、ヴァイキング・コーラスを入れながらパワフルなヴォーカルにより楽曲に力強さを与えているのは面白い。しかし、少々音楽に一体感がなく、付け焼き刃的に感じさせる消化不良な部分がある。王暁冬は超載でベースを担当していた。

A VirusBase | **簡** 病毒库 | **常** 病毒庫

A Running | **簡** 跑 | **常** 跑

Kungfu Metal	北京	
自主制作	EP	2013

自称カンフー・メタル・バンドによる 4 曲収録デビュー EP。フォーク・メタル、インダストリアル・メタル、ワールドミュージック、エレクトロニカなど類似点のない様々な音楽を取り入れ、モダンなリズムに支えられた楽曲。パーツは実にバラバラであるが、一つにまとまると不思議に楽曲として統合されている。強引さを一切感じさせず、程よくまとめられている。ハードコア由来の咆哮するパート、ラップパートと男の優しさと力強さを感じるメロディを歌い上げるパートの 3 種類の歌唱方法で歌い分ける。

A VirusBase | **簡 病毒库** | **常 病毒庫**

A Fight To Win-Fighting In The Ring | **簡 打擂台** | **常 打擂台**

Kungfu Metal	北京	
自主制作	フルレンス	2016

2 曲収録 2nd EP『矩阵／ Matrix』を挟んで初のアルバム·リリース。カンフーとヘヴィ・メタルの融合という点では Voodoo Kungfu と類似性があるが、こちらはカルト的要素がなく、幅広い聴衆にアピールできるサウンド。例えるならマニア受けするカンフー映画ではなく、ゴールデンタイムにもテレビ放送しやすいジャッキー・チェン主演のアクション映画と言える。SE に映画劇中サウンドトラックに流れそうな音楽を使用し、1 つ 1 つの曲の中にドラマ性を持たせ、聴く者を楽しませる。

A Wrath of Despot | **簡 暴君之狂怒** | **常 暴君之狂怒**

A Black Tomb | **簡 黑色墓地** | **常 黒色墓地**

Black Metal	北京	
Mort Production	EP	2007

2002 年に結成。初期には北京エクストリーム・メタル界人脈に繋がるメンバーが出入りし、初期ノルウェージャン・ブラックメタルのプリミティブさや、シンプルさの中に凶暴さを潜ませるスタイルをそっくり北京に移植させたヴォーカル、ギター× 2、ベース、ドラムの 5 人編成ブラックメタル・バンド。本作 EP は収録曲 3 曲のみのため大きな特徴がまだなく、輪郭程度の風貌しか判別できないが、非常に安定した演奏力があり、楽曲構成も整っている。2010 年には Marduk の北京公演の前座を務めている。

A Source Code | **簡 源代码** | **常 源代碼**

A Forced Life | **簡 钢轨余生** | **常 鋼軌余生**

Thrash Metal	北京	
Infected Blood Records	EP	2016

2013 年結成。1990 年代中国ヘヴィ・メタルを継承したスラッシュ・メタル・バンドによる 4 曲収録 1st EP。なおかつオルタナティヴ・メタル的要素もあったり、2010 年代のリバイバル・スラッシュやレイドバックさせたクラシック・ハード・ロックの範疇にもあるような要素もあり、雑多な印象も受ける。あのリフやこのリフ、あそこのリズムを迷うことなく堂々とお手の物にし、パクリ上等なほど。ただヘタウマなのか、単なる下手なのかわからないが、オリジネーターがむしろ喜ぶかもしれないクサイやり方に感銘を受ける。

A | **簡 郭铁军** | **常 郭鉄軍**

A | **簡 耶洛音人** | **常 耶洛音人**

Heavy Metal	北京	
中国文采声像出版公司	フルレンス	2003

元Silver Ashのギタリスト(ステージ名はLucy)によるソロアルバム。1 年余りの在籍であったが、幼少の頃からクラシックギターを始めていた。クラシックの影響が強く、ソロアーティストとなった。テクニック至上主義に走らず、じっくりと地に足を着けたギター奏法とオーケストラのスリリングな狂宴が聴ける。曲名が第 1 号楽章から第 11 号楽章とだけの、ルーツに根を下ろしたコンセプチュアルなインストゥルメンタル作。アルバム全体がリンクしており、SF 小説的な構成を持つ。

A
A

簡 杨扶摇 **常 楊扶揺**
簡 时空画廊 **常 時空画廊**

Heavy Metal	北京	
中国科学文化音像	フルレンス	2017

新世代ギタリストによるデビューアルバム。ただ単に若手ミュージシャンというだけなく、Heaven のギター羊力の子であり、中国ロック界初の 2 世ミュージシャンである。派手さはないが、技巧を凝らし、丁寧な音作りがなされる。日本や欧米にも 2 世ロックミュージシャンはたくさんいるが、親を超えて大成した者は皆無と言っていいほど見当たらない。そんな中、中国から登場した楊には期待したい。しかし本作の内容的には、親の七光りでアルバム制作出来たような雰囲気もあり、これからの努力次第で大きく化けて欲しい。

A
A

簡 游海洲 **常 游海洲**
簡 偏执狂 **常 偏執狂**

Heavy Metal	北京	
中国科学文化音像	フルレンス	2011

Steve Vai、Joe Satriani、Eric Johnson、Neil Zaza、Paul Gilbert、Yngwie Malmsteen、Marty Friedman といった超絶ギタリストの人気が非常に高い中国であるが、まさしく彼ら全員から影響を受けた新世代のギタリスト。速弾きやエキセントリックな奏法が満載だが、まだ借り物のフレーズといった印象が拭えない。スーパーギタリストへの道はまだまだ遠く、中国の超絶ギタリスト劉義軍や陳磊の随分と後塵を追っている。

A
A

簡 游海洲 **常 游海洲**
簡 道 **常 道**

Heavy Metal	北京	
中国科学文化音像	フルレンス	2014

2 年半ぶりとなる中国新世代ギタリストによる 2nd アルバム。前作では影響を受けた音楽をすべて詰め込みすぎた散漫なところがあったが、本作では幾分かは整理され、本人がもっとも得意とする速弾きをメインとした楽曲だ。それでも余分なところも多々あり改善点も多い。ライブ経験がなく宅録の可能性が高いかもしれない。Douban、Weibo と Xiami に音源がアップされ、時折ショップでも CD も販売されているが、本人の詳細情報が少なく、面が割れていなく、謎のギタリストだ。

A Alaksana
A Alaksana

簡 无相 **常 無相**
簡 无相 **常 無相**

Folk/Industrial Metal	北京	
Infected Blood Records	フルレンス	2018

Seventh Army の舒聖童（ギター＆ヴォーカル）によるワンマン・プロジェクト。虚极の水樹（ヴォーカル）、Nower の張経天（ヴォーカル）、DuskyStar の李維安（ヴォーカル）、Ephemerality の緹娜（ヴォーカル）、Armor Force の毀怜（ヴォーカル）、DeathPenalty の胡暁旭（ベース）、Dashengun の六筒（ヴォーカル）がゲスト参加。Seventh Army のインダストリアルさを残しながら、近現代の機械工業的な音と古から続く民謡的な音の相反する要素を一体化させ、いくつもの顔が姿を現し、消えていくストーリー性のあるサウンドを作る。

中国メタル年度別地域別作品リリース数（レビュー作品）統計

レビューした中国のメタル系作品の年度別地域別における 2019 年 12 月末までのリリース作品を調査対象としたリリース統計を取ってみるとこのようになった。デスメタル／ブラックメタル／グラインドコア系ワンマン・プロジェクトは 2019 年 12 月末までにリリースされたアルバム以外は基本的に 1 アーティスト 1 作品、オムニバス・アルバムはハード・ロック／ヘヴィ・メタル中心の作品を取り上げ、ロック全般にメタル・バンドが参加しているオムニバス・アルバムは取り上げていないこともある。したがって正確な数字は変わってくるのだが、表を見ると単年ごとの比較では少し増減はしてはいるものの、10 年単位で見ると大きな増加傾向が見られた。

地域別で見るとやはり北京一極集中であることは明白であるが、その他の地域も北京の増加に比例して増加傾向が見られる。近年では外国バンドが中国ライブ・ツアーを行うことが増えてきていることもありファンベースの拡大が見込まれる。また、その反対に中国のバンドが海外ライブ・ツアーを行ったり、海外レーベルより作品がリリースされるバンドもいる。2020 年代にはどのような数字が現れるのか予測が付かない。2020 年代中頃には全世界のメタルファンが注目するバンドが中国から登場しているかもしれない。ちなみにだが、日本国内のメタル系バンドのリリース作品数は雑誌等にある程度名前が登場するアーティストだけでも、ここ 5 年間で各年度およそ 100 ～ 200 作品程度となっている。

リリース年度	北京	華北	東北	華東	華中	華南	西南	西北	ワンマン&レコプロ	オムニバス	スプリット・アルバム	中国年度別合計
1989	1	0	0	0	0	0	0	0	0	0	0	1
1990	1	0	0	0	0	0	0	0	0	0	0	1
1991	1	0	0	0	0	0	0	0	0	0	0	1
1992	1	0	0	0	0	0	0	0	0	1	0	2
1993	1	0	0	0	0	0	0	0	0	1	0	2
1994	2	1	0	0	0	0	0	0	0	2	0	5
1995	5	1	0	0	0	0	0	0	0	1	0	7
1996	3	0	0	0	0	0	0	1	0	1	0	5
1997	7	1	0	0	0	0	0	0	0	1	0	9
1998	4	2	0	1	0	0	0	0	0	1	0	8
1999	6	1	0	0	0	0	0	1	0	0	0	8
2000	3	1	0	1	1	0	0	0	0	0	0	6
2001	6	0	0	0	0	0	0	0	0	1	1	8
2002	9	1	0	1	0	0	2	0	1	0	0	14
2003	8	3	0	1	1	0	0	2	0	2	1	18
2004	3	2	1	0	0	0	1	0	1	2	2	12
2005	6	2	1	0	2	0	2	0	1	1	2	17
2006	11	1	1	1	1	1	0	3	3	2	1	25
2007	13	1	0	3	1	0	3	0	8	3	3	35
2008	15	2	1	4	1	2	0	0	6	2	2	35
2009	19	4	5	1	1	1	3	4	6	2	5	51
2010	14	8	2	3	1	2	2	3	6	1	1	43
2011	19	4	7	0	1	0	3	3	8	3	1	49
2012	18	3	5	7	5	1	1	2	9	4	2	57
2013	26	7	5	10	3	4	3	3	8	1	6	76
2014	26	7	2	11	5	4	4	3	11	3	7	83
2015	27	11	7	5	2	7	2	2	7	3	4	77
2016	30	5	5	13	8	6	3	2	11	1	1	85
2017	30	9	5	9	4	9	1	1	8	5	2	83
2018	23	6	1	10	4	5	5	4	18	1	4	81
2019	17	8	4	19	7	7	6	2	23	2	6	101
合計	355	91	52	100	48	49	41	36	135	47	51	1005

レビューセクション分けによるバンド／アーティスト数と音源数

	バンド／アーティスト数	音源数
北京 1990 年代	15	60
北京 2000 年以降	146	285
華北（北京以外）地域	49	85
東北地域	27	50
華東地域	61	87
華中地域	29	36
華南地域	29	46
西南地域	28	45
西北地域	30	41
ブラックメタル／デスメタル／グラインドコア系ワンマン＆レコプロ	82	91
オムニバス・アルバム		45
スプリット・アルバム		43
合計	496	914

一般的な中華人民共和国地域分け・22 省級行政区、5 自治区、4 直轄市。香港・マカオの 2 特別行政区と台湾はのぞく。

省別バンド数（解散済み含む）。ブラックメタル / デスメタル / グラインドコア系ワンマン・バンドやレコーディング・プロジェクトはまとめて別欄。

東北地域	26	黒龍江省	2	吉林省	10	遼寧省	14						
華北地域	215	北京市	166	天津市	14	河北省	11	山西省	3	河南省	9	内モンゴル古自治区	12
華東地域	63	上海市	29	江蘇省	10	山東省	16	浙江省	8				
華中地域	30	安徽省	3	江西省	8	湖北省	14	湖南省	5				
華南地域	27	福建省	4	広東省	18	海南省	1	広西チワン族自治区	4				
西南地域	25	重慶市	6	四川省	8	貴州省	1	雲南省	9	チベット族自治区	1		
西北地域	28	陝西省	13	甘粛省	8	青海省	1	新疆ウイグル自治区	4	寧夏回族自治区	2		
ワンマン&レコプロ	82												
合計	496												

華北

華北地区は、中国中北部、黄河の中・下流域の位置し、華北平原とおよそ重なる。古来より中原の地とよばれ、政治・文化の中心であった。北京市、天津市、河北省、山西省、河南省、内モンゴル自治区の２直轄市、３省、１自治区がある。

天津

華北地域の東部、渤海湾に面した小さいな直轄都市、北京の東側にあり、交通インフラに優れた港湾都市として発展する天津市。2016 年度の人口が 1562 万人、面積 11760 km²、GDP １兆７８８５万元（約２８兆６１６０万円）。19 世紀後半から 20 世紀前半までは外国の侵略を受け、英、仏、独、米、日など９カ国の租界が存在。現在、天津に残る租界建築群はその時代のなごり。1984 年、中国最初の国家レベルの開発区の一つとして天津経済技術開発区が誕生し、国内外の巨大企業が存在する、工業及び貿易の拠点として飛躍的な発展を遂げる。メタルに的を絞っても北京と比較すると数の上では少ないが、デスメタルを中心に個性的なバンドを輩出する。

河北省

北京と天津を囲むように華北地域の東部に位置する河北省は、地形の半数は山地で、鉱物資源、石炭、油田と地下資源が豊富にあり、鉄鋼業が盛んである。2016 年での人口は 7424 万人、面積 18 万 7700km²、GDP3 兆 1827 億 9000 万元（約 54 兆 1074 億円）となる。レビューに紹介したバンドは石家荘、廊坊、邯鄲、保定の４都市をそれぞれ拠点にしている。石家荘は河北省の省都。廊坊は北京と天津に接し、一部分が北京と天津にはさまれる形で飛び地となっている。邯鄲は、河北省南部に位置し、電子産業などが盛ん。保定は河北省の旧省都であり、現在でも河北省最大の都市でもある。

山西省

山西省の省都は太原。面積 15 万 6800 km²、2016 年度の人口 3681 万人、GDP1 兆 2928 億元（約 20 兆 6848 億円）。辺鄙なイメージが選考する山西省だが、高速鉄道が通った現在では北京から３時間程度で行ける場所だ。山西省出身のバンドは省都太原と陽泉から２組だけ。太原は山西省中部に位置し、黄河文明の頃から交通の要所として栄え、歴史上の多くの重要都市として商業・金融・鉱業・工業の一大中心地となった。陽泉は太原の東側に位置し、こちらも歴史書に古くから記載された都市である。

河南省

河南省は中国北東部に位置し、面積は 16 万 7000 km²、2016 年度の人口は１億 7880 万人、GDP は４兆 160 億元（約 64 兆 2560 億円）。中国の中心である中原の地であり、中国８大古都のうち、殷の都安陽と鄭州、東周から長く都が置かれた洛陽、宋の都開封の四大古都がある。一億人の人口を突破した初の省。河南省を出身とするバンドは４組。鄭州、新郷、安陽からである。鄭州は河南省中央部やや北に位置する。省都であり、3500 年前の殷王朝の都邑があった都市。新郷は鄭州の東北に位置する。安陽は河南省最北部に位置する都市。甲骨文字が出土した殷墟がある。

内モンゴル自治区

内モンゴル自治区は、中国領土の北沿に位置する自治区、首府はフフホト。北はモンゴル国・ロシア連邦と接している。面積は、日本の約３倍の 118 万 3000km²。現在は漢民族移入によって漢民族が人口の 80%以上を占めているが、モンゴル族は約 400 万人ほどおり、モンゴル国よりも多い。2016 年度の人口は約 2500 万人、GDP が１兆 8632 億元（約 29 兆 8112 億円）。2008 年頃には GDP の伸び率が中国トップになる。内モンゴル出身のバンドはフルンボイル、シリンホト、ハイラル、フフホト出身の 12 組。すべてがモンゴル族というわけではなく、漢族やその他少数民族もいる。

グランジから馬頭琴モンゴリアン・メタルコアの先鋒に

Ego Fall

簡 颠覆M
常 顛覆M

Folk Melodic Death Metal/Metalcore	2000 ~	内モンゴル自治区ハイラル
2019年　フルレンス『Never Ends』		

内モンゴル自治区ハイラル出身のメタルコア・バンド。前身となるグランジ・バンド潜意识が結成されたのが2000年。2004年に颠覆Mと改名し、音楽性もグランジからメタルに進化。メンバー交替するとともに現在のスタイルを確立する。活動初期においては同地区出身のフォークロック・バンドHanggai（杭盖）とも人脈が繋がる。 多くのイベント参加をするとともに、CD付き雑誌『我爱摇滚乐44』や『通俗歌曲VOL.327』、オムニバス・アルバム『众神复活4』に楽曲を提供。

2008年ようやく1stアルバム『蒙古精神 ／ Spirit of Mongolia』をリリース。各地でのイベント参加やワンマンライブを行い、2010年9月、2ndアルバム『Inner M』、2013年5月、3rdアルバム『Duguilang』2014年6月、EP『Jangar』をリリース。2015年には2度来日し、ライブを行う。2016年には台北にてSlipknotのライブで前座を務めた。モンゴル民謡のメロディを重用し、伝統歌唱ホーミー、伝統楽器馬頭琴をふんだんに取り入れている。モンゴル伝統音楽を基調としつつ、サンプリング担当者がいるため、冷徹なインダストリアル風味も取り入れられている。ベース兼馬頭琴奏者兼ホーミー歌唱の潮洛蒙はカナダの人類文化学者サム・ダン制作のメタルドキュメンタリー映画『グローバル・メタル』の中国編にて、インタビューを受けている。また同じ内モンゴル出身のバンドTengger CavalryとNine Treasuresとともにコンピレーションアルバム『Mongol Metal』も発表している。2014年以降は各地でのライブをメインに活動をしながら、3Dゲーム『我叫MT2』へ楽曲提供、アルバム先行シングル『鹰的誓言』を発表する。2017年、Megadethの香港公演の前座を務める。

A Ego Fall | **簡 颠覆 M** | **常 顛覆 M**

A Spirit of Mongolia | 簡 蒙古精神 | 常 蒙古精神

Folk Melodic Death Metal/Metalcore	内モンゴル自治区ハイラル
Mort Productions	フルレンス / 2008

チンギス・ハーンがあっという間にユーラシア大陸を席巻したかのように、モンゴリアン・メタルを瞬く間に全世界に知らしめるきっかけとなった原点的アルバム。メタルコア的ギターリフを基盤に、モンゴル民謡オルティンドーのメロディや、伝統楽器馬頭琴を導入したパート、ホーミー、モンゴル三味線トプシュール、口琴アムンホールを大胆に導入した。時折ダンサブルなデジタル風味サンプリング音源をミックスさせたメロディック・デスメタルにも聴こえる。モンゴル精神は角界だけでなくメタルの世界にも衝撃をもたらした。

A Ego Fall | **簡 颠覆 M** | **常 顛覆 M**

A Inner M | 簡 | 常

Folk Melodic Death Metal/Metalcore	内モンゴル自治区ハイラル
Dime-Records	フルレンス / 2010

Inner M つまり内モンゴルをアルバム・タイトルに掲げ、2 年ぶりの 2nd アルバム。1st アルバムが各方面で高い評価だったので、モンゴル民謡のメロディや伝統楽器馬頭琴、そしてホーミー等民族歌唱をふんだんに取り入れ、デジタル風味もより強くなった独自のモンゴリアン・メタルコアへと昇華させる。デラックス版にはボーナスとしてデモトラック 4 曲が追加収録されている。モンゴル風味を排除した力強いメタルコア曲もあったり、大草原に似合うアコースティック･ギター･ロックバラードもあったり、幅の広い作風。

A Ego Fall | **簡 颠覆 M** | **常 顛覆 M**

A Duguilang | 簡 | 常

Folk Melodic Death Metal/Metalcore	内モンゴル自治区ハイラル
自主制作	フルレンス / 2013

ギターの片割れとドラムが交代し、3 年の歳月を経てリリースした 3rd アルバム。馬頭琴など伝統楽器などを使用しながらモンゴリアン・メタルコアから大きく音楽性を拡大させ、他の追従を許さないモンゴリアン・ノマド・フォーク・メタルへと開花する。本作にてオリジナリティが完成した。女性モンゴリアン・コーラスを採用した面白い曲があり、多様性もある。アルバム・タイトルは清朝末期から中華民国初期にかけて内モンゴルのイフ・ジョー盟一帯で発生した、モンゴル族の民衆による反政府運動ドゴイラン（独貴龍）運動のこと。

A Ego Fall | **簡 颠覆 M** | **常 顛覆 M**

A Jangar | 簡 | 常

Folk Melodic Death Metal/Metalcore	内モンゴル自治区ハイラル
自主制作	EP / 2014

1 年ぶりの作品は 4 曲収録 EP。またもドラムとギターの片割れが交代している。歴史に名を残す遊牧騎馬民族の多くは馬から離れたり、他民族に吸収されてしまった。モンゴルでは都市化した街に住む者も多くなったものの、どの様な生活であっても馬を心のよりどころにし、民族の伝承を大切にする。騎馬民族で果てしない大地を闊歩していたことを思い出させてくれる楽曲が並ぶ。モンゴル族オイラート部の英雄叙事詩であり、中国少数民族三大叙事詩のひとつとして有名なモンゴル民謡のメタルカバーが収録される。

A Ego Fall | **簡** 颠覆 M | **常** 顛覆 M

A Mask | **簡** | **常**

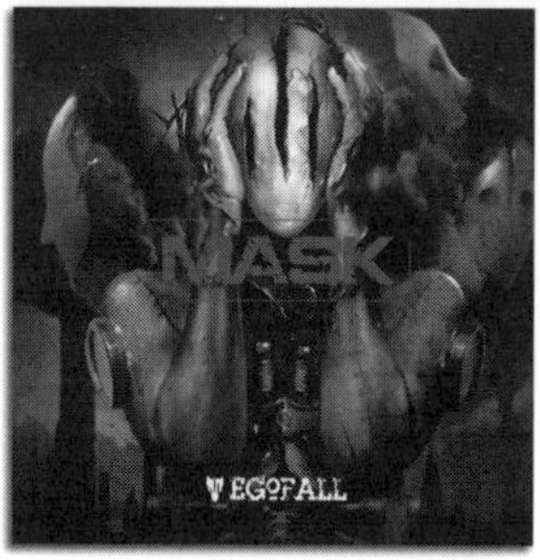

Folk Melodic Death Metal/Metalcore | 内モンゴル自治区ハイラル

自主制作 | EP | 2018

前作リリース後、国内においても海外においても多くのライブを行い、賞賛されるとともに、バンドの意図とはかけ離れた様々な批評をされてきた。本作は、いかなる評価であっても、みずからのサウンドを突き進めるために、一度バンドの核を成す原点的音楽性に戻った作品。バンド曰く音楽の意義は音楽の形式より重要。インスト曲を除きモンゴル色を前面に出すことなくアクセント程度に抑え、キャッチーなメロディあふれたヘヴィ・メタル。歌心を大切に歌唱力を中心に添えた4曲収録EPとなる。

Ego Fall インタビュー
回答者：潮洛蒙

Q：今まで外国のメディアからインタビューを受けたことありますか？

A：たくさんあります。その中でも最初にインタビューしてくれたのが『Young Guitar』誌で、たぶん中国のバンドとしては初めてだったと思います。

Q：では、バンドはいつどこで、どのように結成されましたか？　また、音楽性やメンバーに変化はありましたか？　バンドメンバーの紹介をお願いします。

A：私達は2000年に内モンゴル自治区のハイラルで結成しました。当時のメンバーは全員ハイラル出身だったのですが、それからギタリストが一度交代し、ドラムは4度も交代しています。最初期のメンバーは、于超（当初キーボード、2003年からヴォーカル)、王斌（ヴォーカル)、孫博日（ギター)、潮洛蒙（ベース・馬頭琴・モンゴリアンフルート・ホーミーヴォイス)、王楊(ギター)、劉世偉（ドラム)、阿黒査（サンプラー）でした。現在は、于超（ヴォーカル)、孫博日（ギター)、李兆良（ギター)、潮洛蒙（ベース・馬頭琴・モンゴリアン・フルート・ホーミーヴォイス)、朱師（ドラム／ Silent Elegyと兼任）になっています。音楽性ではバンドの変化においてメロディを重要視するようになってきています。将来的には多彩なスタイルのある作品を作り出していきたいと思っています。今の多くのバンドは外見的なスタイルだけで中身が伴っていません。メロディのない音楽は音楽と言えないですね。

Q：メタルにはどのようなきっかけで目覚めたのでしょうか？　それから、最初に買ったアルバムは何でしょうか？

A：ヘヴィ・メタルは80年代当時の若者の心情を表していて、その頃は義侠心の強いやつばかりで、誰もがヒーローになりたがっていました。しかもヘヴィ・メタルはロックの中でも最も血が沸き立つ音楽ジャンルだったと思います。当時の中国ロックはパンクではありませんでした。私たちはビート・ジェネレーションというわけでもなく、明確な目標を持っていたし、一生懸命に生きていました。私達はあのような頽廃的なことを好んではいませんし、彼らは「それこそがロックだ」と思っていたかもしれませんが、そんな仮の姿は笑えるし、幼稚だと感じていました。つまり頽廃的で反抗的なホルモンがなくなれば、もとどおり仕事に就いて通勤、そして結婚して子育てという風になります。ある奴は音楽を止めたのに、後々になってマーケットが良いと感じて、またロックを再開したりします。堂々とした立派な理由も付けて。そして「永遠にあきらめることはできない」と主張したり……。お笑いですね。本当にロックを愛しているなら、一度たりとも投げ出すべきではありません。

私が最初に買ったのはPanteraの『Cowboys From Hell』でした。このアルバム・タイトルが気に入っていました。

Q：メンバー各自がどのような音楽を聴いているのか教えてください。

A：私たちが聴いている音楽は幅広く、実際ヘヴィ・メタルそのものは私たちの嗜好の中では比率は低いです。たとえばEDM、ポップス、ファンク、フォークなども聴いていて、最近よく聴いているのが、Albert King、Cut Copy、Disturbed、Five Finger Death Punch、In Flames、Humbert Humbert、Avenged Sevenfoldなどです。あとはレジェンダリーなバンドは全部好きです。Slipknot、Metallica, Kornなどは言うまでもないでしょう。

Q：バンド名の由来は何でしょうか？

A：Ego Fall（颠覆M）というのは新しい音楽を創造し続け、自己を乗り越え続けていきたいという思いの表れです。

Q：中国ロックの第一世代のミュージシャンと比べればあなたたちは、中国の音楽情報、世界の音楽情報を簡単に得ることが出来るようになったと思いますが、メタルに関してはいかがでしょう

か？

A：ネット時代になり、リスニング・チャンネルは色々と増えたし、活動の場も大きくなりました。こんな風に事実となっています。

Q：あなたたちはどんなバンドや音楽に影響を受けているのでしょうか？

A：Nightwish。民族的な要素を融合していきたいと思ったのは彼らからなんです。もちろんフォーク・メタル・バンドはたくさんいますが、素晴らしくそして記憶に残るメロディを持っていたのがNightwishでした。それからKillswitch Engageも。彼らのリフは今まで聴いてきた中で、最も素晴らしいと感じています。一聴すればすぐKillswich Engageだと分かります。今みたいにBring Me the Horizonのようなのがいなかったこともあります。ほとんどが同じようなものです。Killswitch Engageは彼ら独自の音楽的表現力を持っています。単に音符やリズム感だけでなく、彼ら独自のスタイルやアティテュードによるものです。もちろんいわゆるロックなアティテュードではなくて、本当の音楽的アティテュードのことです。

Q：今現在、好きなバンドや人生観を変えたアルバム５枚教えてください。

A：今よく聴いているのがFive Finger Death Punchです。人生観を変えた５枚は；

・Nirvana『Nevermind』
・Korn『Issues』
・Pantera『Cowboys From Hell』
・Linkin Park『Hybrid Theory』
・Rage Against The Machine『The Battle of Los Angeles』

５枚ってほんと少ないですね。ただ初期に聴いていたものを並べただけになります。この５枚のアルバムは私がギターを学び、自らバンドをやろうと決めたものなのです。実際、その後、私を驚かせるバンドがどんどん増えています。私たちメンバーそれぞれ影響を受けてきたのは異なっていますが、この５枚がEgo Fallの基本を作っています。

Q：一般人の間ではメタルはどのように受け止められているのでしょうか？

A：たぶん色々な理由で受け入れがたいところがあるのでは。メタルには多くのスタイルがありますが、ある一部分だけのジャンルが世界的に受け入れられていることもありますし、中国でもより良い広報手段があればもっとヘヴィ・メタルが受けいれられる音楽になるのではと考えています。多方面での努力が必要となるでしょうけど。ヘヴィ・メタルの美しいメロディをたくさんの人に受け入れてもらうのはそれほど難しくないですが、スクリーミングを解ってもらうことは難しいと思います。なので良いイメージはありません。

自分が好きならばそれで良いことだと思いますけどね。

Q：あなたたちの周りのメタルシーンはどうでしょうか？

A：今までずっと北京は中国ロックの中心地だったので、ヘヴィ・メタルに関してもシーンは悪くはありません。悪くもなっていないし、良くもなっていないってところかもしれませんが。新しいバンドが現れ、古いバンドが解散していく。安定しているバンドは安定しながら活動を続け、フェスやツアーを精力的に廻っています。中堅パワー・メタル・バンド達の多くは足を止めていませんね。

Q：いつもはどの辺りでライブしているのでしょう？

A：中国のあちらこちらに飛んでライブをしていますよ。

Q：歌詞は何について歌っていますか？

A：私たちの音楽は今まで形式的にはヘヴィ・メタルに囚われておらず、やりたいことはまだまだたくさんあります。ヘヴィ・メタルをさらに高いところへ昇らせ、さらにインターナショナルな存在になりたいと思っています。

最初の３枚のアルバムではモンゴルのヒーローや歴史について描いています。４枚目では現代の都市に生きるモンゴル人の信仰の欠如と草原環境の破壊についてでした。今制作中のニューアルバムでは私たちの望む人間と自然との共存、そして人生における信仰の意義についてです。

Q：中国でお薦めのバンドは？

A：Suld です。彼らも内モンゴル自治区出身の新しいバンドです。とても可能性を秘めています。私たちはそれぞれ、世界に内モンゴルを理解してもらおうと、内モンゴルヘヴィ・メタルを広げようとがんばっています。

Q：日本にはどのような印象を抱いていますか？

A：２度日本ツアーをしているのですが、とても良かったです。道路はきれいだし、完璧に保護された古跡があり、日本民族の要素がいたるところに見受けられました。発達した現代的なところと伝統的なところが共存しあっています。たくさんのバンド仲間と出会えたし、メタルファンも素晴らしく、ツアー中全会場に参戦する人もいました。良き友人にもなりましたよ。

Q：日中両国は二千年を超える友好関係があるのに、不幸な一時期があったり、今でもたくさんの問題を抱えています。将来両国はさらに良好な関係を築けると思いますか？

A：国家と国家の関係は複雑です。でも個人と個人の間の関係はシンプルであるべき。未来に向けて平和を望んでいます。

Q：日本のメタルで好きなバンドはいますか？

A：Metal Safari が好きです。だいぶ前に共演したことがあり、印象がすごく残っています。全体的な素養も高かったです。その当時は外国のハイレベルなバンドのライブを見る機会が少なかったので、それだけで多くの勉強になりました。

Q：メタル以外で好きな音楽はありますか？

A：台湾のフェスで見たファンキーなバンド。とても気に入りました。バンド名を覚えていないのですが、ベーシストが可愛いかったです。Kenken でしょうかね。音楽が血液に流れているミュージシャンのように感じました。日本からのバンドだったか。

Q：自分にインタビューするとしたら何を聞きますか？

A：「お酒大好きかな？　どんなくらい飲める？」答えは「大好き。ずっと飲み続けているよ」

馬リズムが基本の全メンバー・モンゴリアン・フォークメタル

Nine Treasures

簡 九宝
常 九宝

Folk Metal	2010 ～	内モンゴル自治区ハイラル
2014 年　ライブアルバム『走唱・西北 内蒙九宝楽隊専場』、2019 年　シングル『Bodhicitta』		

2010 年北京にて全員モンゴル族により結成されたフォーク・メタル・バンド。伝統楽器や古来から伝わる民謡のメロディを大胆に導入し、神話や母なる草原を民族の言葉で描写することで現代社会が忘れかけたモンゴル精神や民族の魂を呼び覚ます。雄大で堂々たるヘヴィ・メタルに昇華させている。彼らのロゴマークにも伝統的モンゴル文字を使用している。2011 年後半より全国各地、台湾、モンゴル、欧州遠征を含むフェスティバル出演や単独ライブを 200 回以上こなす。その忙しい活動の中、レコーディングを行い、現在までに『十丈铜嘴』『Nine Treasures』『走唱西北内蒙古九宝乐队专场』『你与我』といった作品を毎年のように発表している。また同じ内モンゴル出身の Ego Fall と Tengger Cavalry とともにスプリット CD『Mongol Metal』もリリースしている。現在のメンバーは、敖瑞峰（ベース&バックヴォーカル）、丁凱（ドラム）、Askhan Avagchuud（ギター&ヴォーカル）、Saina（バラライカ）、朝克（馬頭琴）。

A Nine Treasures
A Arvan Ald Guulin Hunshoor

簡 九宝
簡 十丈铜嘴

常 九宝
常 十丈銅嘴

Folk Metal	内モンゴル自治区ハイラル	
Mort Productions	フルレンス	2012

モンゴル伝統楽器を使い、モンゴル民謡とメタルを融合させた点では Ego Fall と同じだが、その結実点となる音はまた違ったモンゴリアン・フォーク・メタルを提示する。一聴すると北欧ヴァイキング・メタルに近く感じるが、あちらは海の上の民族であり、こちらは馬の上の民族なので疾駆する馬のリズムが基本的。 Metallica の「For Whom the Bell Tolls」のカバー曲を除いてすべてモンゴル語で歌われているため、一種独特の雰囲気のある世界観を作り上げる。

A Nine Treasures | **簡 九宝** | **常 九宝**

A Nine Treasures | **簡 九宝** | **常 九宝**

Folk Metal	内モンゴル自治区ハイラル	
Totemism Productions	フルレンス	2013

1stアルバムの延長線にあり、際立った変化はないが、美しい民族的ハーモニーと力強いリズムが聴ける 2nd アルバム。相撲で見る躍動感のある力士の映像や、教科書に記載されている歴史事項でしかモンゴル文化に出会うことが無かったが、このアルバムを聴くとよりモンゴルに関心が湧く。メタルとモンゴル文化と音楽を丁度よい感じにミックスさせている。他のモンゴリアン・メタル・バンドと比較すると最もモンゴルを感じる音使いをしており、羊肉を食べながらモンゴリアン・ウォッカのアルヒか馬乳酒をあおって、聴いてみたいものだ。

A Nine Treasures | **簡 九宝** | **常 九宝**

A Galloping White Horse | **簡** | **常**

Folk Metal	内モンゴル自治区ハイラル	
自主制作	EP	2015

1 年ぶりの作品は新曲 2 曲＋ライブ音源 3 曲を収録する EP。モンゴリアン・フォーク・メタルの完成形である。新曲は、再生するとモンゴル大草原の青々した香りと土臭い風が漂い、躍動感に溢れ、馬と共に生活する人々のエネルギーが充満した空気が現れる。なによりもバンド自身が楽しんでいることが、モンゴル語が解らなくとも音を通じて心にダイレクトに伝わってくる。この後、昨年行われた北京麻雀瓦舍でのライブを収録したライブアルバム『走唱西北内蒙古九宝乐队专场』をリリースする。

A Nine Treasures | **簡 九宝** | **常 九宝**

A Wisdom Eyes | **簡 灵眼** | **常 霊眼**

Folk Metal	内モンゴル自治区ハイラル	
飞行者唱片	フルレンス	2017

フルレンスとしては 3 年ぶりになる。Nine Treasures なりの完成形のモンゴリアン・フォーク・メタルに一点の曇りもなく我が道を進んでいる。中毒性の高いカザフスタンのインストゥルメント・フォーク・メタル Ulytau を思い出させるが、モンゴリアン・メタルも聴き続けていると中毒になる。某テレビ局番組の常連になりそうなほど、モンゴル語が日本語に聞こえることがある。最後にバンド名はチンギス・ハーンがオノン川のほとりで掲げた、九つの房飾りの白旗に由来している。

内モンゴル出身、商業路線でロッカーから侮蔑され大麻で逮捕

Zero Point

簡 零点
常 零点

Hard Rock	1989 〜	内モンゴル自治区フフホト

1998年　ベストアルバム『最好的零点』、2001年　ライブアルバム『北京世紀演唱会』、2004年　ライブアルバム『零点工体演唱会』、2019年　ライブアルバム『我还爱着你 2017 专辑庆功演唱会』

1989年、内モンゴル自治区のフフホトで結成され、メンバーチェンジを繰り返しながら、翌年〜翌々年にかけ、メンバーが北京に活動の場を移す。周曉欧（ヴォーカル）、大毛（李瑛）（ギター）、王笑冬（ベース）、朝洛蒙（キーボード）、二毛（李小俊）（ドラム）とヴォーカルだけが漢族、楽器隊がモンゴル族の布陣で1995年末に1stアルバム『别误会』を発表し、ポップセンス溢れるキャッチーなハード・ロック・バンドとして大ヒットする。その勢いのまま1997年に2ndアルバム『永恒的起点』、1998年には3rdアルバム『每一夜每一天』とベストアルバム『最好的零点』を発表し、大成功をもたらす。1999年に4thアルバム『00:00:00』をリリースすると、黒豹アルバムの総販売数を超え、人気面で中国No.1の地位を得る。しかしながら商業路線を突き進みすぎたことが、北京のロッカー達から侮蔑されていた。2002年、5thアルバム『没有什么不可以』、2003年に6thアルバム『越来越』と発表し、実力・名実共に頂点を極めた。

大成功の裏側で2004年4月、青島でのコンサート終了後、大毛と朝洛蒙が麻薬使用で警察に逮捕され、それが原因で4月14日を以て脱退した。その後ライブサポートは、Funky末吉や韓松が務めることもあった。3人編成となり、2005年7thアルバム『风雷动』を発表。7月、大毛と朝洛蒙がバンドに復帰し、メンバーは本来の5人に戻る。ライブを行うもメンバー間の士気が下がり、活動休止状態、そして周暁欧の脱退。2009年初頭、哈達（ヴォーカル）と大猛（ドラム）が加入するも再び大毛、二毛、朝洛蒙が麻薬使用で逮捕され、バンドが崩壊する。

時が経ち、2015年麻薬から足を洗った大毛はメンバーを一新して完全復活、盟友ファンキー末吉の力添えもあり、活動再開する。その後はシングル2枚とアルバム2枚をリリース。現在のメンバーは大毛、朝洛蒙、薛暁光（ヴォーカル）、段絲梨（SARA）（女性ドラム）、楊海東（ベース）である。リーダー大毛の性格上、今後の活動は二転三転未知数である。※キーボード奏者は朝洛蒙で、Ego Fallのベーシスト&馬頭琴奏者は潮洛蒙で別人である。

A Zero Point

A

簡 零点 / **常 零点**

簡 别误会 / **常 別誤会**

Hard Rock	内モンゴル自治区フフホト
中唱上海	フルレンス / 1995

制作期間がたった 2 ヶ月であったにも関わらず、発売するやすぐに人気を呼び、15 万枚の売上を記録することになる 1st アルバム。同世代のバンドの中でもとても耳に親しみやすいキャッチーなメロディのあるハード・ロックと、心に響くロックバラードを主体としたサウンド。ロックが荒々しいだけの音楽でなく、美しさや優しさを兼ね備えた音楽である事を中国で証明した傑作だ。収録曲「送亲哥」はモンゴル伝統民謡のロックカバー。また、ビクターエンタテインメントがこのアルバムの海外販売権を獲得し、日本でも発売された。

A Zero Point

A

簡 零点 / **常 零点**

簡 永恒的起点 / **常 永恒的起点**

Hard Rock	内モンゴル自治区フフホト
京文唱片	フルレンス / 1997

2nd アルバムにして、バンドの進むべき道を決定した。誰からも親しみを持ってもらえ、なおかつ、カラオケでも定番として歌えるメロディック・ハード・ロック路線を突き進む。発売当時はバラードやミディアムテンポのロックソングが多く、大衆的ヒットもしたシングルも収録していた。硬派なロックファンからするとナヨナヨしく感じ、ロック非認定する向きもあったが、メロディックなハード・ロックがいけないことはなかった。90 年代中葉中国の音楽マーケットで流行に流れたのではなく、彼らが流行を作ったと言える。

A Zero Point

A

簡 零点 / **常 零点**

簡 每一夜 每一天 / **常 每一夜 每一夜**

Hard Rock	内モンゴル自治区フフホト
京文唱片	フルレンス / 1998

立て続けに大ヒットを飛ばし、自信をつけたバンドだけが出来る自由奔放さ。軸がずれることなく更なる高みに挑んだ 3rd アルバム。円熟さを増し、落ち着いた AOR 風味なハード・ロックで、未来に希望を持つと同時に憂いも持つ、まだまだ発展途上のハード・ロック。アルバム全体としてはバラード〜ミドルテンポなハード・ロックのシンプルな構成なのだが、息の合ったメンバーによりケミストリーが向上している。ヴォーカルの伸び伸びした歌唱と楽器隊の個性が十分に発揮された会心の作である。

A Zero Point

A

簡 零点 / **常 零点**

簡 00:00:00（零点零分零秒） / **常 00:00:00（零点零分零秒）**

Hard Rock	内モンゴル自治区フフホト
喜洋洋	フルレンス / 1999

ベスト盤をはさみ、レコード会社も移籍してからの 4th アルバム。購入者には抽選で零点オリジナル商品が当たるなど、レコード会社の精力的なプロモーションもあり、16 万枚も売り上げ、大成功した。キャッチーなハード・ロック路線には変わりは無いものの、どちらかといえばロックファン向け。いかにも一般大衆受けをさらに狙った最大のヒット曲となるバラード「爱不爱我」を収録していたり、口ずさみやすいポップなロック歌謡曲もあり、牙も毒もまったくない作風になっている。その効果もあり、またもや大ヒットアルバムとなった。

A Zero Point

A

簡 零点 **常 零点**

簡 没有什么不可以 / 常 没有甚麼不可以

Hard Rock / 内モンゴル自治区フフホト

天中文化 / フルレンス / 2002

ライブ盤『2001 北京世纪演唱会』をリリースして、またもやレコード会社を移籍する。良く言えば零点王道のキャッチーなメロディックロック路線を踏襲しながら、新たに当時中国で人気であったテクノのような電子音楽を導入し、中心ファン層となった一般大衆から飽きられないように試行錯誤している。悪く言えばこのころから中国ロックファンの中では名が挙がることがまったくなくなり、ロック・バンドとしての地位から消滅した。CBA（中国のバスケットボールリーグ）の主題歌に 5 曲目が起用された。

A Zero Point

A

簡 零点 **常 零点**

簡 越来越…… / 常 越来越……

Hard Rock / 内モンゴル自治区フフホト

保利唱片 / フルレンス / 2003

解散危機を乗り越えてリリースされた 6th アルバム。プロデューサーにファンキー末吉、エンジニアに栗野敬三を迎え、レコーディング。アメリカ・ロサンゼルスにて Wyn Davis によりミキシングされた意欲作。バンドとして名実共に頂点を極めた作品である。心機一転の心情を表現した「从零开始（ゼロから始める）」からスタート。メロディを大切にする原点とロック本来のダイナミックさを取り戻したメロディック・ハード・ロックな楽曲が並ぶ。人気テレビドラマ『情定爱琴海』の挿入歌「你的爱给了谁」も収録。

A Zero Point

A

簡 零点 **常 零点**

簡 风雷动 / 常 風雷動

Hard Rock / 内モンゴル自治区フフホト

保利唱片 / フルレンス / 2004

主要メンバーが不在のまま残された 3 人で制作した 7th アルバム。前作に引き続きファンキー末吉が参加。日本より Junxion の桜田政人も 6 曲でギターで参加。アメリカより Wyn Davis を招聘し、レコーディングに挑む。毛沢東の詞からアルバム・タイトルを採用し、3 人体制でありながら大きく力を入れた。内容はカバー 9 曲とオリジナル 1 曲で構成されている。カバー曲には有名民謡曲や歌謡曲が彼らなりのメロディック・ハード・ロック風味にアレンジされている。また、森進一の「襟裳岬」のカバーも収録。

A Zero Point

A

簡 零点 **常 零点**

簡 多么爱你，你知道吗 ?! / 常 多麼愛你，你知道嗎 ?!

Hard Rock / 内モンゴル自治区フフホト

乐动时代 / フルレンス / 2014

絶え間ない紆余曲折、大きすぎる浮き沈み、バンド崩壊そして旧友との再会と結成 25 年周年。艱難辛苦を舐めたものの、前作から 10 年ぶりになる 8th アルバム。中心人物が戻ってきたもののヴォーカルが交代、ドラムに 17 歳女性が加入する。発表作品の中ではもっともエキサイティングな作風で、中心人物が反省したのか開き直ったのかわからないが、とてもパワフルな「相信我（俺を信じろ）」から幕を開ける。往年のメロディックなハード・ロックに回帰した全曲意味深、かつ自らへの人生譚を含んだタイトルが並ぶ。

A Zero Point	**簡 零点**	**常 零点**
A	**簡 我还爱着你**	**常 我還愛着你**

Hard Rock	内モンゴル自治区フフホト	
亿格艾科技	フルレンス	2016

ゲストに Living Colour の Will Calhoun を迎え、また、多くの中国トップミュージシャンとコラボする韓国の著名マスタリング・エンジニア全相彦、中国有名プロデューサーの関天天、ミキサーに再び Wyn Davis を起用し、バンド史上最大の大掛かりなレコーディングとなる。零点王道の得意技でもある流行を取り入れながら、バンドとしての核心部分であるシンプルなメロディック・ハード・ロックに昇華したサウンドに仕上がる。2018 年に入り、シングル 4 作品をリリースし、今までにない活発な活動。

A 641
A

簡 陆肆壹 / **常 陸肆壱**

簡 是谁在 / **常 是誰在**

Metalcore	天津
星外星音乐	フルレンス / 2005

天津出身。2003年3月結成。ラップ・メタル〜ニュー・メタルの中堅バンド。数回のメンバーチェンジを経て楊宇（ヴォーカル）、沈岩（ギター）、于彬（ギター）、呂哲（ベース）、丁子威（ドラム）のラインナップでリリースした1stアルバム。当時、中国ではこの手のスタイルを標榜するバンドが多く登場し、荒々しい音を誇ることもあった中、少々パワー不足気味の落ち着いた作風である。翌年にはタイトルを一部変更して『是誰在?!』として再販される。

A 641
A Broken

簡 陆肆壹 / **常 陸肆壱**

簡 / **常**

Metalcore	天津
自主制作	フルレンス / 2015

ライブ活動は継続的に行われていたが、作品発表となるとおよそ10年ぶり。本作2ndアルバムでは、メンバーも許諾（ヴォーカル）、沈岩、丁子威（ギター）、王斌（ベース）、夏晨宇（ドラム）と大幅に入れ替わり、メタルコアに主軸を移したサウンド。メンツを変え、音楽性に変遷があっても中心人物である沈岩の目指すところなのか、繊細で品のある音使いであることは変わっていない。過激性を拡大するあまり、独自性を失わないよう、あえて一歩引いた音楽性にすることで、数多くあるバンドと差別化している。

A Autopsia
A Autopsia

簡 解剖 / **常 解剖**

簡 解剖 / **常 解剖**

Death Metal	天津
Rotting Development Productions	EP / 2010

天津にて2005年初頭、武耀飛（ギター）を中心に結成される。無機質かつ残忍な音像が限りなく続く、ブルータル・デスメタルど真ん中を突っ走るサウンドが特徴。天津メタルシーンの中核におり、Cuntshredder、Raping Corpse to Sacrifice the Moon、Brainwashed等のバンドと人脈に通じる。数度のメンバーチェンジ後、現在は武のほか楊博軒（ドラム）、劉楊（ヴォーカル）、林毅（ベース）の４人編成にて2010年に本作を1st EPをリリースする。

A Brainwashed
A Rehearsal Demo

簡 / **常**

簡 / **常**

Thrash Metal	天津
自主制作	デモ / 2009

2007年結成。楊昆（ベース）、元Autopsiaの胡浩（ドラム）、XX（ヴォーカル）、孫晨（ギター）、張海澄（ギター）の５人編成による天津を拠点としていたスラッシュ・メタル・バンド。King of Tianjin Meatbunlic Thrash Metalと評されていた。リハーサル時にレコーディングされただけの８曲と、ライブ音源１曲を集めて、地元のみでインディーズ販売された作品。ライブ活動も少なく、また情報発信も皆無で、リリース前後にはすでに解散している模様。

A Coprolagnia
簡 粪便性淫乐 **常 糞便性淫楽**

A Shit Extractor of Kitty Crasher

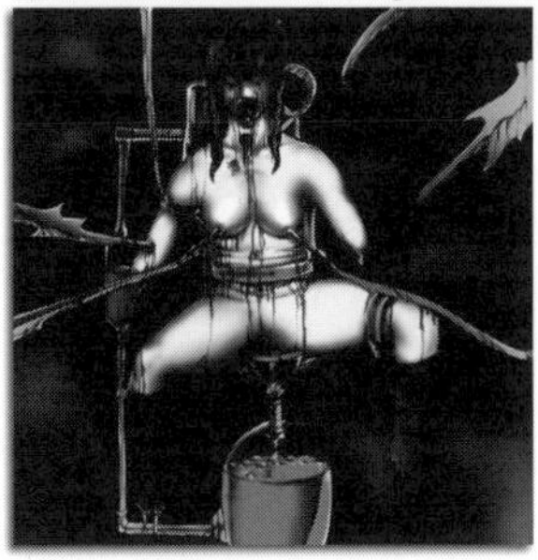

Grindcore	天津	
Limbogrind Productions	EP	2007

pscs（ヴォーカル）、asa（ギター）、hebe（ドラム／プログラミング）の 3 人組のノイズ・グラインド／ポルノ・ゴア・バンドの 1st EP。高速打ち込みマシーングラインドにグチャグチャ下水道ヴォイスに、何も考えていないシンプルなフレーズ。どこかから取ってきたアイドル声等の SE サンプリング音。未処理の酷い悪臭が漂う生ごみのような汚物音。Napalm Death や Last Days of Humanity、Plasma、Cock and Ball Torture のカバー曲を含んだ合計 17 曲収録。

A Cuntshredder
簡 阴道撤裂者 **常 陰道撕裂者**

A Vomit into Bitch's Ass

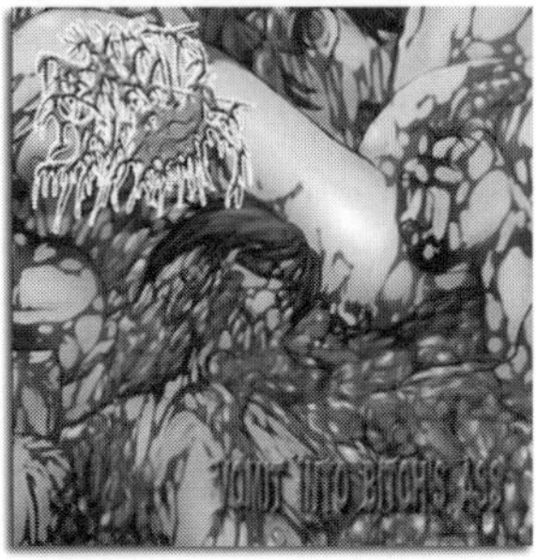

Brutal Death Metal	天津	
自主制作	デモ	2005

2002 年春、天津にて結成。結成当時メンバーが学業優先のため一度解散する。2004 年 5 月、張武強（ギター）が Vomit の王凱歌（ヴォーカル＆ギター）の協力の下で活動再開。Devourment、Disgorge をリスペクトするメンバーにより制作された 2 曲をまずネットで公開し、好評を得た。数度のメンバー交代の後、2005 年初頭に張武強、裴寧（ヴォーカル）、林毅（ベース）となると、ブルータル・デスメタルとグラインドコアを併せ持つ本作 9 曲収録デモを発表。後に裴寧と林毅が Autopsia へ加入する。

A The Dark Prison Massacre
簡 暗狱戮尸 **常 暗獄戮屍**

A Secret of Black Silk Stockkings

Brutal Death Metal	天津	
Divine Massacre Records	フルレンス	2010

Devourment に影響を受けた 2005 年 3 月結成の天津出身のスラミング・デスメタル・バンド。人脈図上では Raping Corpse to Sacrifice the Moon や Cuntshredder と繋がり、一時期はフランスのメロディック・デスメタル・バンド Psygoria の Sadako が 2007 年頃までヴォーカルとして参加、ツインヴォーカル体制であった。本作は 2008 年発表デモ作品に続く 9 曲収録アルバム。日本語ス〇トロプレー音声がサンプリングされており、嘔吐しそうになる。

A The Dark Prison Massacre
簡 暗狱戮尸 **常 暗獄戮屍**

A A Blood Clot Ejaculation — **簡 血块潮吹 Plus** — **常 血块潮吹 Plus**

Brutal Death Metal	天津	
Mort Productions	フルレンス	2015

ヴォーカルが許擇獄の一人となり、鴉瘟（ベース）、河祭（ギター＆ドラム＆プログラミング）の編成にて5年ぶりにリリースされた 2nd アルバム。前作から自らの音楽性である暴虐性と狂気の塊を押し進め、オリジナリティを確立。殺気立ちながら無機質な殺戮的サウンドが空気を血に染める。8 曲目は Abominable Putridity のカバー曲、9 曲目は Deicide のカバー曲である。限定 200 枚のみ豪華特別版として Remix バージョン 4 曲やインストバージョン 2 曲が収録されている。

A The Dark Prison Massacre | **簡 暗狱戮尸** | **常 暗獄戮屍**

A Deformity of Human Consciousness | **簡 畸形人类意识** | **常 畸形人類意識**

Brutal Death Metal	天津	
Pathologically Explicit Recordings	フルレンス	2017

前作より 1 年半ぶりとなる 3rd アルバム。ヴォーカルがグゥボォッガァピァな阿鼻叫喚ガテラルだが、演奏面では安定し、聴きやすくなるとともに、より重く、より遅くなる。それでいて中国琵琶や古筝がおかずに使われていたり、伝統演芸相声の大家の馬三立の音声や英語ニュース、ロシア語ニュースをサンプリングしていたりとたくさんの遊び心がある。Korn の「Faget」のカバー曲と、中国パンクの始祖とされるパンク・ロック・シンガー何勇の「Crematory」のカバー曲を含む全 10 曲収録。

A Died on Valentine | **簡 Sy 情人节** | **常 Sy 情人節**

A | **簡 心境之湖** | **常 心境之湖**

Melodic Death Metal	天津	
自主制作	EP	2016

Children of Bodom フォロワーなメロディック・デスメタル・バンドによる 4 曲収録 1st EP。ギターによるクラシカルでテクニカル、またはエモーショナルなリードやソロプレイ、キラキラ感高いキーボード演奏を展開。まさしくフォロワーなサウンドであるが、ただの物まねではなく、スラッシュ・メタル的な要素やスピード・メタル的要素を加え、デスヴォイスを用いたラップ歌唱やコーラスを導入し、似て非なるバンドを演出させている。全編を通してデスヴォイスでなく、ノーマルヴォイスによる歌唱もあり、方向性にブレを感じる。

A Nightmare | **簡 梦魇** | **常 夢魘**

A Nightmare | **簡 梦魇** | **常 夢魘**

Progressive Metal	天津	
魔笛音乐	フルレンス	2006

1998 年結成。天津出身。唐朝や超载などの 90 年代北京ハード・ロック／ヘヴィ・メタルの路線を継承する。メンバーが一定せず、2004 年に一度解散をするが、翌年にはメンバーをほぼ一新させ、再結成する。中国メタルクラシックの雄大な世界観を作り出している。新世代のプログレッシブ・メタル・バンドとして丁寧な音作りにこだわり高品質。しかし時代性を間違えた音作りとなった感じもあり、10 年早いか、あるいは遅かったならば、実績も評価されていたのでは。

A Raping Corpse to Sacrifice the Moon | **簡 祭月奸尸** | **常 祭月奸屍**

A Raping Corpse to Sacrifice the Moon | **簡 祭月奸尸** | **常 祭月奸屍**

Black Metal	天津	
自主制作	デモ	2003

天津出身。Pantera 直系だった前身バンドが Dark Funeral、Enthroned、Marduk などブラックメタルの影響下にある音楽性へと変化するに至り、バンド名も改めて 2003 年 3 月に誕生。同年 8 月に本作 4 曲収録 EP をリリース。いたって普通のブラックメタルな仕上がり。2 曲目は Dark Funeral のカバー曲。Autopsia や The Dark Prison Massacre へと人脈図が繋がる天津エクストリーム・メタル界の中堅バンド。

A Raping Corpse to Sacrifice the Moon | **簡 祭月奸尸** | **常 祭月奸屍**

A LiveDemo | **簡 祭月奸尸** | **常 祭月奸屍**

Black Metal	天津	
Black Happiness	デモ	2014

江西省南昌の2マン・ブラックメタル・プロジェクト Astrolatry のアルバム『Consciousness is the Most Black Metal』の付属品として付いていたライブアルバム。バンド側も管轄外となり、いつどこでどのように録音されたのかも不明で、曲名もローマ数字のみの表記。Xiami では試聴可能。音質は低音は薄いが割とクリアである。バンド自体はすでに解散し、中心メンバーは The Dark Prison Massacre として活動中。

A Sewer Reproduction | **簡 下水道繁殖** | **常 下水道繁殖**

A Worms Sucking Cankered Armpit | **簡** | **常**

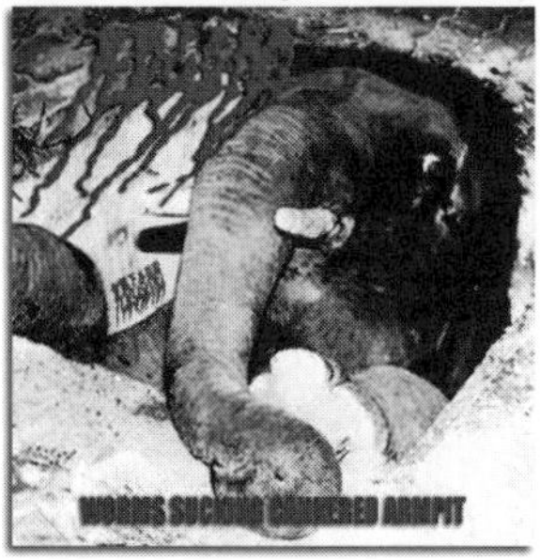

Goregrind	天津	
Hepatic Necrosis Productions	EP	2013

2013 年初頭、天津で連れション仲間がとあるトイレで結成に至った3ピース・グラインドコア・バンド。激烈下品な音楽性で、バラバラな演奏を息ピッタリに合わせた奇人変人なサウンド。だが、どうしたものか天津人の血がそうさせるのか、ガツガツもせず不快感もなく、垢抜けたサッパリとした轟音。天津人を一言で表す言葉「知識足りて常に楽しく」をグラインドコアで演奏する。知性的な土地柄とされるが、収録曲「Fucking PRC Core」と表記されるタイトルはいったいどういうことなのか。

A Single Winged Angel | **簡 单翼天使** | **常 単翼天使**

A Single Winged Angel | **簡 单翼天使** | **常 単翼天使**

Gothic Metal	天津	
天津 POGO 团	EP	2014

2008 年 4 月結成。天津では珍しいシンフォニック・ゴシック・メタル·バンド。小四(ヴォーカル)、超暁磊(ギター)、李同領(ギター)、郭慶文(ベース)、方羽(ドラム)、超陽(キーボード)の 6 人編成。紅一点ヴォーカル小四こと李思思のソプラノ・ヴォイスと、デスヴォイスを使い分ける歌唱方法が特徴だ。小四は足が悪く、車椅子に乗り、ライブ活動を行う傍ら、天津ロックコミュニティ POGO の代表も務め、メイクアップ・スタイリストやネイリストとしても活躍する才色兼備な女性である。本作は 5 曲収録 EP。

A Song of Chu | **簡 楚歌** | **常 楚歌**

A | **簡 炎凤** | **常 炎凰**

Melodic Groove/Folk Metal	天津	
Mort Productions	フルレンス	2016

ノルウェー人留学生の Geir Nevjen(ギター)(中国名:高耀威)と楊天光(キーボード)を中心に 2006 年に結成。天津出身。メタル・オムニバス『众神复活 5』に楽曲提供後、天津を離れるメンバーや Geir Nevjen の帰国が重なり、解散状態になる。2014 年に中心人物 2 人が天津に戻り、活動を再開する。中国民謡とメタルを究極に統合させたスタイルを作り上げ、1st アルバムを完成させる。Geir Nevjen、楊天光、韓盟(ヴォーカル)、孟祥偉(ギター)、王驍兵(ベース)、紅一点の蒋娜(ドラム)の 6 人編成。

A Urethral Fracture

簡 尿道断裂 / **常 尿道断裂**

A Urethral Fracture

簡 尿道断裂 / 常 尿道断裂

Grindcore	天津	
Hepatic Necrosis Productions	フルレンス	2013

残戮(ヴォーカル)、DER 哥(ヴォーカル)、大文(ギター)によるノイズ・グラインドコア・バンドの 1st アルバム。Xiami 内の自己紹介に「我々は音楽でも、バンドでも、グラインドコアでも、何者でもない。ただ奇怪な音を発しているだけ」とあるように雑音、騒音、グロウルヴォイスの嵐。中には普通なサンプリング音に奇声が乗るだけのぐちゃぐちゃな音の泥水洪水。暴力的な音を通り越し、単なるクレイジーな音。Last Days of Humanity の「Born To Murder The World 」のカバー曲も収録。

A Vomit

簡 呕吐 / **常 嘔吐**

A

簡 忍受 / 常 忍受

Death Metal	天津	
自主制作	デモ	1999

天津エクストリーム・メタル界の父母である王凱歌(ヴォーカル&ギター)と詹喜梅(初代ドラム、のちにベース)夫妻が 1990 年結成のグランジ・バンド新闻小组をルーツに、グラインドコア・バンド土胚墙を経て 1994 年 Vomit となる。天津市凹凸唱片文化発展中心を設立してライブの企画やアルバムの制作、後進育成を行い、地元音楽業界の最重要人物として活動。Vomit としての作品は 1999 年作『忍受』と 2003 年作『感恩』のデモのみ。天津のドラマー全員が修行したと言われている。2009 年頃まで時折ライブをしていた模様。

A Bad Tailor

簡 坏裁缝 / **常 壊裁縫**

A Aardvark

簡 土豚 / 常 土豚

Drone/Sludge Metal	河北省唐山	
Dying Legion	EP	2019

PKZDSF(ボーカル)、NUTT(ベース)、THUNDERBEAT(ドラム)ら河北省唐山出身の 3 人によるドローン/スラッジ・メタル・バンドの 5 曲収録 EP。結成年度はどこにも記載されていないが、Tencent Video に 2017 年 10 月にイベント『2017 渤海声场唐山站』での映像がアップされている。ルーツをあれこれ探索するのが楽しい展開をする 1,2,4 曲目がスラッジ・メタル楽曲と、聴いていて辛い展開をする 20 分を超えの 3 曲目と 16 分を超えの 5 曲目がドローン楽曲とスタイルの異なる楽曲をプレイする。

A Deep Rainbow

簡 深虹 / **常 深虹**

A

簡 金属江湖 / 常 金属江湖

Hard Rock	河北省唐山	
雷漫唱片	フルレンス	2010

香港・マカオ・台湾から著名プロデューサーを迎え、制作を行った 6 人組ハード・ロック・バンドの 1st アルバム。バンドプロフィールにはニュー・メタル、ポップス、ファンク、ヘヴィ・メタル、中華伝統音楽を融合させたサウンドとしているが、バンド名から推測できるように Deep Purple や Rainbow からの影響を多大に感じさせ、キャッチーなポップス感に中華伝統音楽を取り入れたサウンドになっている。さらに風味付け程度にニュー・メタルやファンクを加えた大人のハード・ロックな作風だ。

A Eternal Power

A The End of Darkness

簡

簡

常

常

Power Metal	河北省廊房	
Infected Blood Records	EP	2010

2013 年北京にて陳明（ギター＆ヴォーカル）、李超（リードギター）、丁鵬（ベース）、謝正（ドラム）、大壮（キーボード）により結成されたメロディック・パワー・メタル・バンド。疾走感溢れるツインリードギターとキーボードと躍動感溢れる意欲ある楽曲が揃う。ヴォーカルががなるタイプのため、好き嫌いがはっきり分かれそうだが、バラード曲では力強く歌い上げる姿が頼もしい。北京を中心に華北地区を中心にて月に 1 ～ 2 回程度コンスタントにライブ活動を行っている。現在は北京から車で 1 時間程度南東に位置する街の河北省廊坊を拠点にしている。

A Excited Insects

A Hell Raiser

簡 惊蜇

簡

常 驚蟄

常

Thrash Metal	河北省邯鄲	
Dying Art Productions	EP	2010

日本では「邯鄲の夢」の故事によって有名な河北省南部に位置する都市邯鄲出身の唯一の 4 人組オールドスクール・スラッシュ・メタル・バンド。任浩（ギター）を中心に 2009 年冬結成。メタル砂漠な土地柄、安定した活動が出来ないにも関わらず、また幾度ものメンバーチェンジが発生したにも関わらず、意地と執念で結成より 1 年ほどで作り上げた 4 曲収録 EP である。メタルに飢える若者によるガレージ感たっぷりの、勢いにまかせたザクザクリフとドコドコドラミングが奏でる汗臭い B 級感溢れるスラッシュ・メタルである。

A Excited Insects

A Fucking Thrash

簡 惊蜇

簡

常 驚蟄

常

Thrash Metal	河北省邯鄲	
Dying Art Productions	ライブアルバム	2013

前作 EP リリース後、ヴォーカルとドラムが交代。2011 年の Hellfire Club でのライブを収録したライブアルバム。ただただシンプルなリフに、ズコバコ叩くドラムと、肺活量が追いついていないヴォーカル。ガレージ感たっぷりな所は変わっていない。オリジナル曲はどこから拝借してきたのかはすぐ分かるし、つぎはぎだらけな展開はまさしく愛すべき B 級ポンコツスラッシュである。Metallica の「No Remorse」のカバー曲も収録。 スタジオアルバムではどのような変化球を投げてくるのか首を長くして待ちたい気持ちも出てくるが、音沙汰がない。

A Hot and Killed

A Tora!Tora!Tora!

簡 肆佰贰拾枪

簡 虎！虎！虎！

常 肆佰弐拾槍

常 虎！虎！虎！

Metalcore	河北省保定	
Extreme Studio	EP	2013

河北省保定にて 2011 年結成されたモダンメタル～メタルコアを取り入れた重低音メインに奏でるバンド。李鵬程（ヴォーカル）、劉洋（ギター）、辛鑫（ギター）、徐嘉澤（ベース）、尹少博（ドラム）の編成にて制作された 4 曲収録 EP。ハードコア由来のヴォーカルを中心に絡み合う楽器隊の演奏で、強烈さを生み出す。2016 年ドラムが李宝に交代。サンプラーに叶晨が加入し、バンド名も The Fearless（无畏）と変え、音楽性もモダン・メロディック・デスを自称する。アルバムに先駆けデモ作品を公開する。

A Norcelement
A Flame in Darkness

簡 天行健 / **常 天行健**
簡 在黑暗中创造光明 / **常 在黑暗中創造光明**

Melodic Death Metal	河北省廊坊	
Mort Productions	フルレンス	2009

前身バンドを経て、2003 年結成。河北省廊坊を拠点とするメランコリックな展開を繰り広げるメロディック・デスメタル・バンドによる 1st アルバム。Death や Obituary、Slayer などの影響を受けている。ヴォーカルだけが力みすぎるあまり、こもった音になっているが、演奏面では伝統的旋律を基調としたリフとソロを導入し、中国色のあるギター奏法をアピール。また、力任せなスピード一辺倒だけに留まらず、プログレッシブな面も持ち合わせたリズム隊がボトムを支える。2013 年に一度解散する。

A Norcelement
A

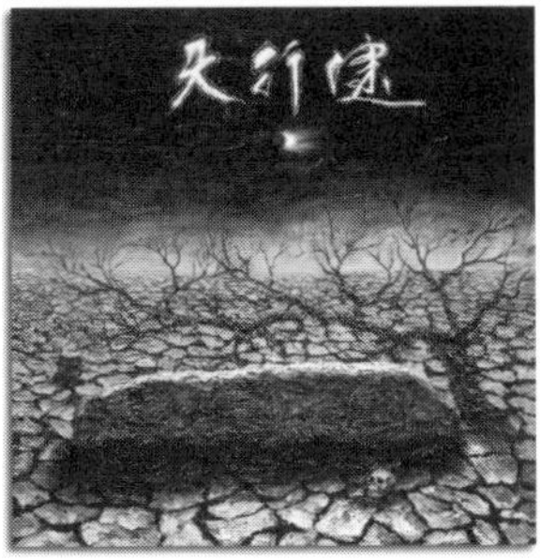

簡 天行健 / **常 天行健**
簡 在光明中制造黑暗 / **常 在光明中制造黑暗**

Melodic Death Metal	河北省廊坊	
	フルレンス	2017

孫輝（ヴォーカル & リズムギター）以外はメンバーを一新させ、活動再開する。8 年ぶりとなる 2 枚目のアルバム。前作のタイトルを訳すと「暗黒の中で創造する光明」だったが、今作はそれと対になるタイトル「光明の中で暗黒を製造」で、コンセプトアルバム仕上げになる。音楽性も前作を踏襲しながら、ブルータルさも感じさせ、エクストリーム化する。さらに先鋭化したプログレッシブ・デスメタルになる。特にヴォーカルが、ハードコア〜グラインドコアの歌唱スタイルを研究したかのように残忍性が増している。

A Peaceful Age
A Black Lotus

簡 和平年代 / **常 和平年代**
簡 黑莲 / **常 黒蓮**

Metalcore	河北省承德	
自主制作	シングル	2015

結成当初はデスメタル・バンドだったがメンバーの交代とともにメタルコア〜ニュー・メタルに変化させた 4 人組バンドによるアルバムからの先行 1st シングル。ミドルテンポを中心にした攻撃性の強い楽曲であるが、他には聴かれない中毒性の高いアレンジがなされ、ギターサウンドやメロディが印象に残る。女性ヴォーカルをゲストに迎え、妖艶なバックコーラスもあり、緩急剛柔のあるストーリー性が高い楽曲。2017 年末の予定でアルバム『1990』のリリース・アナウンスがなされているが、続報がない。

A RenZhi
A Relic of Disobedience

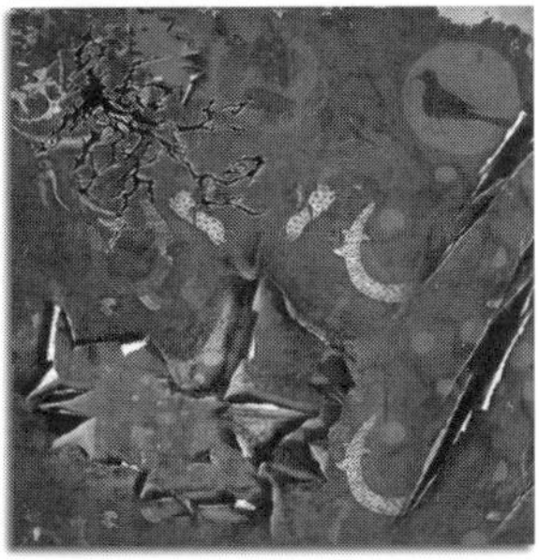

簡 人彘 / **常 人彘**
簡 忤逆的遗物 / **常 忤逆的遺物**

Technical Brutal Death Metal	河北省石家荘	
Limbogrind	EP	2010

河北省の省都石家荘にて付家宇（ヴォーカル）、王傑凡（ギター）、元 Corpse Cook の黄凱（ドラム）により 2006 年結成。Disgorge に影響を受けたブルータル・デスメタル・バンド。2016 年 6 月に黄凱と付佳宇の 2 人によるバンド人彘と王傑凡のワンマン・プロジェクト人彘に分裂し、同名バンドが誕生するという、やっかいなことになる。彘とは豚のことで、人彘（じんてい）とは『史記』によると前漢高祖の死後、呂后が高祖の愛妾の戚夫人の手足を切り、目をえぐって耳を焼き、厠に入れて人彘とあざ笑った故事に由来する。

A Rock Home Town | **簡** 相対论 | **常** 相対論

A | **簡** 呼救 | **常** 呼救

Alternative Metal/Nu Metal	河北省石家荘
食草堂文化	フルレンス	2009

2002年にパンク・ロックバンド调味剤として結成、メタルへ移行した2004年にRock Home Townに改名。音楽性変更後も紆余曲折しながら、音楽スタイルを先鋭化する。2007年年末、地元企業のイメージキャラクターになったことで、バンド名を食草堂＆相対论に再改名する。Korn+Disturbedなオルタナティヴ・メタル／ニュー・メタルのサウンドで、そのまま2バンドのリードシンガーを足して2で割ったヴォーカル・スタイルを披露。アップテンポからメロウなテンポまで捲くし立てる曲やバラード曲も収録。

A Rock Home Town | **簡** 相対论 | **常** 相対論

A | **簡** 琥珀 | **常** 琥珀

Alternative Metal/Nu Metal	河北省石家荘
大福音楽	フルレンス	2011

邵庄（ヴォーカル）以外、全メンバーが脱退。新メンバーを加入させ、バンド名もRock Home Townに戻しての2ndアルバム。サウンド面でも大きな変化を遂げた。ポップ·パンク的な甘いキャッチーなメロディと、メタルコア由来の強烈なブレイクダウンといった要素を混ぜ合わせた楽曲を展開する。最も変化の大きい点はヴォーカル・スタイルが、メロディを歌い上げるロック・ヴォーカル・スタイルになったこと。女性ゲストヴォーカルを迎えた楽曲では、どことなく初期北京ロックを思わすメロディ・センスの良さが堪能できる。

A Rock Home Town | **簡** 相対论 | **常** 相対論

A | **簡** 重新开始 | **常** 重新開始

Alternative Metal/Nu Metal	河北省石家荘
盛騰衆楽	フルレンス	2015

前作3rdアルバム『在你身后』では2ndアルバム以上に一般大衆にも受け入れられる普通のロックアルバムであったが、本作4htアルバムではアルバム・タイトルが示す通り1stの頃のサウンドを彷彿とさせる内容。1stアルバムのような独りよがりでどこに向いているのか分からないものに回帰していない。しかし、一定のロックシーンを意識したヘヴィーさとポップさを兼ね備えている。歌唱方法も感情をぶつけるようなヴォーカル、ラップ歌唱、荒々しく躍動感溢れるロックヴォーカルなどの複数のスタイルを歌い分ける。

A | **簡** 人鬼殊途 | **常** 人鬼殊途

A | **簡** 人鬼殊途乐团 | **常** 人鬼特途楽団

Alternative Metal	河北省保定
鑫宇唱片	フルレンス	2010

中国ロック界で言うなれば竇唯の初期作と民謡ロックグループ二手玫瑰（Second Hand Rose）をミックスし、そこにオルタナティヴ・ロックやインダストリアル、サイケデリック、ニュー·ウェーブ、ゴシック、デス、ダーク・ウェーブ、ヘヴィ・メタル、ノイズ・ミュージックなどあらゆるジャンルを受け入れ、独特な進化を遂げて奇奇怪怪に先鋭化したオルタナティヴ・メタル・サウンド。もはやメタルなのかわからないが、メタルしか受け皿がない異様なサウンド。

A

A

簡 人鬼殊途 **常 人鬼殊途**

簡 人鬼殊途 常 人鬼殊途

Alternative Metal | 河北省保定

暗之花 | フルレンス | 2011

薄気味悪く根暗になったハード・ロック期の Duran Duran と言えば良いのか、竇唯がハード・ロックに回帰したらこのような作品になるであろうサウンド。およそ 1 年ぶりとなる 2 枚目のアルバム。暗くなければ大衆受けするメロディやリズム感があるのだが、気を滅入らすような暗さが全体を覆い、厭世的な雰囲気に包まれる。前作にあったように多種多様な音楽の暗黒な部分や、数々の辛酸甘苦を味わったことが、音使いから滲み出しているのだが、その真意がまったくつかめない音楽世界が描かれる。混乱するが 1st アルバム名は『人鬼殊途乐团』、2nd アルバム名は『人鬼殊途』である。

A

A

簡 人鬼殊途 **常 人鬼殊途**

簡 黑暗之音 常 黒暗之音

Alternative Metal | 河北省保定

暗之花 | フルレンス | 2012

3rd アルバム。作風はアトモスフェリック・ブラックメタル～ブラックゲイザーの雰囲気があるサウンドに移る。雰囲気というより造語だが「負陰気」と記す方がしっくりくる。この暗さと重い空気感が流れるサウンドは、竇唯と王勇の音楽世界を好むフォロワーがロックと中国伝統文化を融合させ、2010 年代に蘇らせた音楽のような方向性を持つ。ザクザク無機質に刻むギターリフと、冷たさだけのシンセアレンジ、ヒステリックになったかと思えば、暗くブツブツ不快に語りかけるようなヴォーカル・スタイルが気持ち悪い。

A

A

簡 人鬼殊途 **常 人鬼特途**

簡 奏响死亡与毁灭的乐章 常 奏響死亡与毀滅的楽章

Alternative Metal | 河北省保定

暗之花 | フルレンス | 2013

デス・シンフォニックをコンセプトにした 4th アルバム。もうハード・ロックでもヘヴィ・メタルでもないのだが、薄気味悪いヴォーカル・スタイルは変わりない。腐食しながら深化したブラックゲイザー的アプローチからゴシック的世界観を持ったサウンドになる。例えるならば洗練されていないドンヨリ曇った奇奇怪怪な The 69 Eyes といったところか。全編に渡って響きがもたつくのに、引き込まれるドラムのリズム感に竇唯を感じたり、魑魅魍魎のように描かれるメロディは中国男性版の戸川純と感じたりもする。

A

A

簡 人鬼殊途 **常 人鬼特途**

簡 仇恨 常 仇恨

Alternative Metal | 河北省保定

暗之花 | フルレンス | 2014

根幹となる方向性としてのコンセプトは当初からの黒暗、抑圧、抑鬱、邪悪と変わらないが、5 枚目のアルバムでも楽器や演奏方面でのサウンドコンセプトを変化させる。薄気味悪いヴォーカル・スタイルを継続させながら、牙の抜かれたインダストリアル・メタル。それどころかロックでもない冷徹なリズムのデジタルサウンドの様だ。竇唯的リズム感がこのバンドの個性でもあったが、本作ではドラムマシーンを使用。過去 4 作品と比べると同一延長上にあるが、まったく新しい異質な雰囲気をまとっている。

A

A

簡 人鬼殊途 | 常 人鬼殊途

簡 负面 | 常 負面

Alternative Metal | 河北省保定

暗之花 | フルレンス | 2017

Ministry、Nine Inch Nails のようなパンク、メタルの攻撃性とアトモスフェリック･ブラックメタル～ブラックゲイザーの陰鬱性、ゴシック･ロック、ダーク・ウェーブの不安定で冷たくとげとげしい音。EDM 的にじわじわ焦らせるフレーズが鳴り響き、高揚感を得られる音。そして初期の竇唯の内省的サウンドが交じり合ったかのような、これまでの集大成といえる作品。非常に粘着性の強い世界観を表現しており、脳と心にこびりつき、離れないジャンルレスな音楽である。

A

A

簡 魇殁之灵 | 常 魘歿之霊

簡 最后一个张北人 | 常 最後一個張北人

Atmospheric Black Metal/Blackgaze | 河北省張家口

自主制作 | フルレンス | 2015

河北省張家口にて 2015 年、大飛（ヴォーカル＆ギター）、貝貝（ギター）、劉粒砂（ベース）、棍児哥（ドラム）により結成された 4 人組アトモスフェリック・ブラックメタル・バンドの 1st アルバム。 幾つものトレモロリフを叙情的にかき鳴らすギターワーク、寒々しく漆黒な世界を感じさせる阿鼻叫喚ヴォーカル、弱々しくもタメを効かせるドラミング、程よくうねる低音を響かせるベースが織り成す非常にシンプルな形式。バンドアンサンブルは、一貫して人間の暗部を描くように神秘的に展開する。

A

A

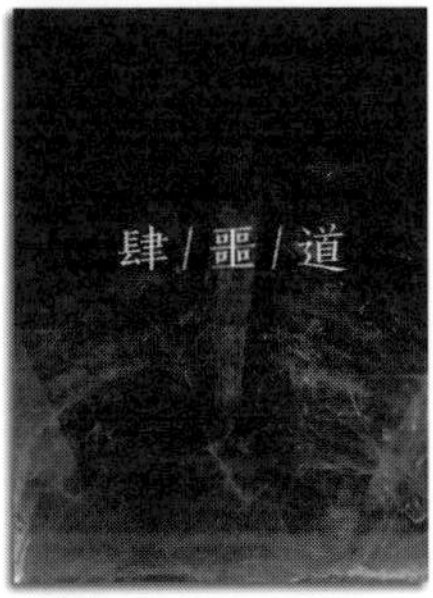

簡 魇殁之灵 | 常 魘歿之霊

簡 肆噩道 | 常 肆噩道

Atmospheric Black Metal/Blackgaze | 河北省張家口

自主制作 | フルレンス | 2017

極限まで危険に至らしめるノイジーなトレモロギターリフ、非人間的な高速ブラストビート、断末魔の叫び声のごとくヒステリックに喚くヴォーカルが渦巻く 2nd アルバム。劣悪な音質、そこに込められた殺気等、ブラックメタル的美学が揃ったチープな音が淡々と繰り返される。無感情無慈悲なフレーズに、精神の奥深いところから狂気と病的興奮を呼び起こされ、無意識のまま静かにゆっくりと血液を抜かれ、同時に肉体も魂も凍結させる。果てには生きたまま氷人形にされてしまう、虚無的危険性をはらんだサウンド。

A

A

簡 魇殁之灵 | 常 魘歿之霊

簡 黄良坡 | 常 黄良坡

Atmospheric Black Metal/Blackgaze | 河北省張家口

自主制作 | フルレンス | 2018

アトモスフェリック・ブラックメタルとシューゲイザーがせめぎ合ったブラックゲイザーに接近した 3rd アルバム。非人間的な高速ブラストビートはなくなり、最低限のリズムだけで細かい手数で揺れまくるドラミングは焦燥感を煽る。相変わらず不穏なギターの響きで悪魔的、異教的、冥界的雰囲気がしっかり形成され、絶叫しながら時折、素で語りかけるヴォーカルは寂寞感しかない。女性クワイアーが入る事でより一層不安感を強調させる。

A Snowsedim
A

簡 雪沉 常 雪沈
簡 乌木集 常 烏木集

Death Metal	山西省太原
Infected Blood Records	フルレンス / 2017

2015 年、山西省の省都太原にて結成された 5 人編成バンド。過去に Douban 等にアップされていた音源をアレンジし、リミックスを行った上に未発表曲も追加してリリースした初のアルバム。中国の伝統的哲学と思想、伝統文化を探求しながら、過去を振り返り、未来の研究を描くことをテーマにしている。伝統楽器を使用して、民謡の旋律を多用したメロディアスなサウンドを強調。なおかつエクストリームなサウンドも同時にあり、非凡なバランス感覚を持つフォーク・デスメタル・スタイル。

A Snowsedim
A Dawning on Me

簡 雪沉 常 雪沈
簡 朝闻夕死 常 朝聞夕死

Death Metal	山西省太原
Infected Blood Records	フルレンス / 2018

山紫水明の眺めに飽きることがないよう墨の濃淡だけで鮮やかな風景と奥ゆかしい古人の心情を表現する山水画のごとく音として紡ぎだし、現代中国人の精神にも潜む深層心理をメタルを通して豊かに描写させる。伝統楽器を多用し、伝統演劇の歌唱法を随所に用いながら、ミドルテンポを中心とした王道メタル的リフとリズムセクションを展開する。フォーク・デスメタルの様式を取っているが、春秋や Dream Spirit 等のスピードとテクニックを競うメタル然とした楽曲というよりは、王朝歴史を題材とする映画やドラマのサウンドトラックとしても使えそうだ。奥深しい起承転結のある一大叙事詩的音楽絵巻としても楽しめる楽曲である。

A Taotie
A Cutting Flesh

簡 饕餮 常 饕餮
簡 脔割 常 脔割

Death Metal	山西省陽泉
Ing Records	EP / 2004

山西省陽泉にて 2002 年に結成されたオールドスクールなデスメタル･バンド。饕餮(とうてつ)とは中国神話の怪物。体は牛か羊で、曲がった角、虎の牙、人の爪、人の顔などを持つ。「饕」は財産を貪る、「餮」は食物を貪るの意であり、何でも食べる猛獣というイメージである。転じて、魔を喰らうという考えが生まれ、後代には魔除けの意味を持つようになる。EP タイトルも切り刻むという意味で、なおかつジャケット写真が残酷。不謹慎きわまりないバンドである。すでに解散している模様。

A Yǔ bì
A Yǔ bì

簡 瘐毙 常 瘐斃
簡 瘐毙 常 瘐斃

Thrash Metal	山西省太原
自主制作	フルレンス / 2015

山西省の省都太原にて 2004 年に結成、幾多のメンバーチェンジを経てレコーディング自体は随分前に行われていたが、11 年目にしてリリースとなった 1st アルバム。オーソドックスなベイエリア・スラッシュ的なリフもありつつ、同時に昨今のニュー･メタル的なリフもある。全体的には中国で最近増えている Korn や Disturbed のヴォーカル・スタイルを参考にした歌モノヘヴィ・ロックの雰囲気があるサウンド。なお、バンド名ならびにアルバム・タイトルの「瘐斃」とは獄中にて、飢えと寒さで死にいたらしめる古代に行われた刑のこと。

A Black Invocation | **簡 黒色祈祷** | **常 黒色祈祷**

A Black Invocation | **簡 黑色祈祷** | **常 黒色祈祷**

Black Metal	河南省鄭州
红石水唱片	フルレンス / 2011

河南省の省都、鄭州にて 2001 年冬に宋風（ギター）と王珅（ベース）が中心となり結成。ライブ活動を開始するも状況が悪く、活動停止。中心メンバーが別のデスメタル・バンドで活動を始める。2006 年、曽振華（ギター）を誘い、活動再開。戦争をテーマとする高速プリミティブ・ブラックメタルから、戦争と災害やファンタジー関連を楽曲テーマとするメロディック・ブラックメタルへと変化。2009 年、オムニバス CD『生命启示录之一』と『死夜 伍』に楽曲が収録されたのに続き、1st アルバムのリリースとなる。

A Black Invocation | **簡 黒色祈祷** | **常 黒色祈祷**

A Black Invocation II | **簡 黑色祈祷Ⅱ** | **常 黒色祈祷Ⅱ**

Black Metal	河南省鄭州
Mort Productions	EP / 2016

DVD 作品『堕坠入深渊』をはさみ、5 年ぶりとなる 6 曲収録 EP。結成 15 周年になり、バンドメンバー曰く、力作と称する本作は、無限の深みへと誘う極限の声が、暴虐的音楽空間を呼び起こすサウンドと表現する。全体的にはコンパクトな楽曲が並ぶものの、前作を発展させた。絶望的で深淵な世界に誘うグロウルヴォイスがサウンドの中心に鎮座し、リズム隊は変にスピードやパワーに偏ることなく、細やかな演奏に徹する。不協和音を奏でる弦楽器隊とともに陰湿暴虐な世界観を描く。現在は水面下での活動が中心となっている模様。

A Guardians of The Night | **簡 守夜者** | **常 守夜者**

A No Sin of Sin | **簡 无罪之罪** | **常 無罪之罪**

Melodic Death Metal	河南省鄭州
自主制作	シングル / 2008

結成は 2003 年。河南省鄭州で活動するギター× 2、キーボード× 2、ベース、ドラム、ヴォーカルの 7 人編成のシンフォニック・パワー・メタルやプログレッシブ・メタル路線にデスヴォイスが乗るサウンド。本作は PV 付きのシングル。ツイン・リード・ギターにキーボードを多用し、煌びやかな展開を繰り広げた Children of Bodom 路線的メロデスといえる。しかしデスヴォイスを除くと、パワフルなメロディが満載の Sonata Arctica 的メロパワスタイルである。

A Guardians of The Night | **簡 守夜者** | **常 守夜者**

A Viciousness | **簡 恶嗔** | **常 悪嗔**

Melodic Death Metal	河南省鄭州
Mort Productions	EP / 2017

およそ 10 年ぶりのリリースとなる 2 曲収録 EP。前作リリース後、まもなくしてメンバーの脱退があり、活動停止状態が続いていた。2017 年に大村孝佳、X JAPAN、GYZE をフェイバリットに挙げ、ロリータファッションを好む女性ギタリスト Misaki Ohmura（ステージ名）が加入し 6 人編成となり、活動再開。前作を踏襲したメロディック・デスメタルだが、日本人好みの泣きのメロディやギターソロ等が増し、表情豊かな作風となっている。

A Incremate
A Tyrannously Massacre

簡 焚葬 / **常 焚葬**

Brutal Death Metal	河南省新郷	
BrutalReign Productions	EP	2019

Cannibal Corpse、Obituary、Cryptopsy の影響下にある重量感＆重厚感＆スピード感を全面的に押し出した 5 人組正統派デスメタル・バンドによる 1st EP。ライブ音源 3 曲含む 9 曲収録。時に曲中のスロー･パートを挟みながら、生々しく絡みつくようなギターリフに、ダーティな吐き捨てヴォーカル、そしてファストは徹底的に速く、ミドルは強力に重くしっかりとしたメリハリを感じるドラム、実直な職人の技巧のごとく安定したベースが一体となっている。正統派の威厳を保ちつつも時代に応じたモダンな要素を取り入れている。

A Lost Temple
A Driven To Be Evil

簡 失落神殿 / **常 失落神殿**

Thrash Metal	河南省鄭州	
Mort Productions	EP	2018

Destruction、Kreator、Sodom や Sepultura といった欧州や南米のスラッシュ・メタルや NWOBHM をルーツとする 4 人組オールドスクール・スラッシュ・メタル・バンドのデビュー EP。前のめり気味にドライブするリズムとザクザク感がたまらないクランチーなギターリフが全編に散りばめられ、スリリングでメロウなギターソロがここぞというところに挟みこまれる。熱々にシャウトするヴォーカルも良い。4 曲収録だがライブが熱くなりそうな楽曲である。

A Obsession
A Savage Rules

簡 着魔 / **常 着魔**

Black Metal	河南省鄭州	
Pest Productions	フルレンス	2018

結成は 2004 年と古いが、諸事情により活動停止していた。2016 年になってから活動を再開した。万物の法則と自己の魂をテーマとするブラックメタル･バンドの 1st アルバム。2017 年にオムニバス『Black Battle Corps Ⅲ』と『众神复活 10』に楽曲提供を行ったのみであった。2018 年ようやくデビューアルバムとなる。ブラックメタル第二世代から影響を受けたスタイルを踏襲しつつ、速くシンプルなブラストビートを使いながら、荘厳で憂鬱な雰囲気を持つプログレッシブ・サウンドを作る。

A Platypus
A

簡 鸭嘴兽 / **常 鴨嘴獸**

簡 末葬 2 现场 / **常 末葬 2 現場**

Funeral Doom Metal	河南省邯鄲	
Human Recycle	ライブアルバム	2019

女性ベーシスト＆ボーカリストを擁する重く、虚ろなサウンドを奏でるドゥーム･メタル･バンドのデビュー作品。3 曲収録のライブアルバム。カセットテープのみの発売。多くの女性ボーカルのドゥーム・メタルでは、瀟洒となりゴシック・メタルっぽさを感じさせるが、Platypus の場合はねっとりと、どろどろと薄気味悪く、黒魔術的なサウンドで真っ暗な地下世界へと誘われていく。男性デスヴォイスも時折り絡み合い、恐怖の度合いを強めるが、特筆すべきは女性ヴォーカル。音程を外しただ歌っているだけだが、男には出せない恐怖を感じさせる。

A Sudden Death

A

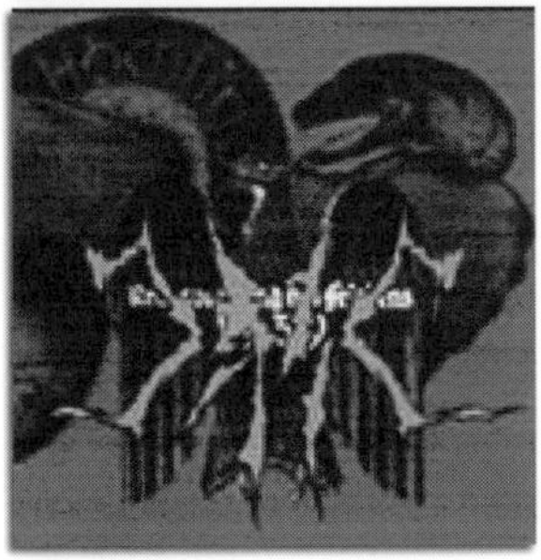

簡 猝死 | **常 猝死**

簡 猝 MCDR | **常 猝 MCDR**

Grindcore/Death Metal	河南省鄭州
自主制作	EP / 2003

河南省鄭州にて 1999 年に結成されたグラインドコア～ブルータル・デスメタルの境目を領域とするバンドのデビュー４曲収録 EP。本作は北京にて制作され、関係者だけに配布された。リリース後、メンバー間の音楽性の違いにより、バンドは一度解散する。2005 年６月にベースが交替し、活動を再開する。非公式に『2003 Demo ＋ 2006 Live』（2011 年）や『Disemboweled Engorgement』（2013 年）がリリースされた以外に公式音源はないが、コンスタントにライブ活動を続けている。

A Why Lazy

A Precipitation

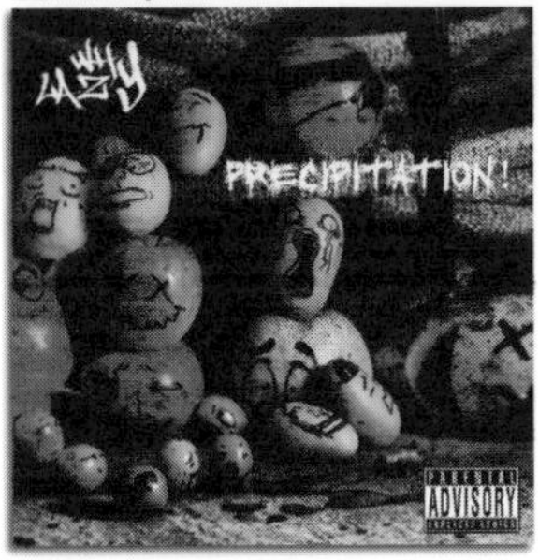

簡 | **常**

簡 沉淀反应 | **常 沈澱反応**

Nu Metal	河南省鄭州、新郷、安陽
Mort Productions	EP / 2011

2007 年末に河南省は鄭州、新郷、安陽と異なる出身地のメンバー５人により結成されたニュー･メタル･バンドの５曲収録 1st EP。ニュー･メタルを基軸に、様々な実験を繰り返すことでメタルコアやポスト･ハードコアといった音楽性も吸収した。クリーンヴォイスによるキャッチーな歌メロとハードコア的ストロング・ヴォイスを使い分け、楽曲にメリハリをつける。世界的に潮流しているスタイルのリフも聴きやすく、また縁の下の力持ち的に楽曲を盛り上げるリズム隊に好感が持てる。

A Black Blessing

A Black Blessing

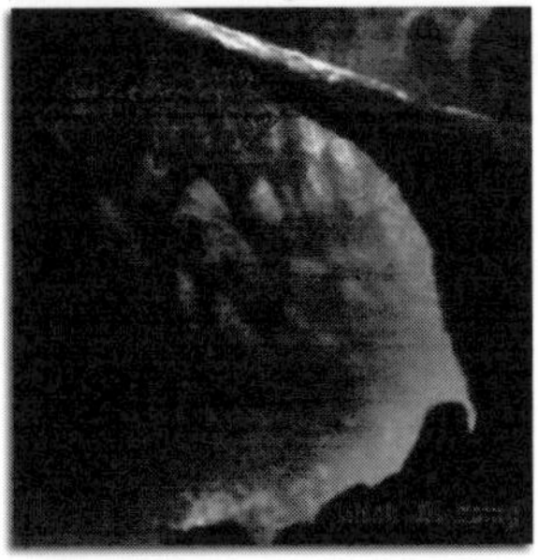

簡 黑色祝福 | **常 黒色祝福**

簡 黑色祝福 | **常 黒色祝福**

Death Metal	内モンゴル自治区フルンボイル
Kill the Light Productions	EP / 2014

内モンゴル自治区フルンボイル出身のメロディック・デスメタル・バンドの唯一の EP。2001 年 10 月に結成され、地元や北京でライブを行っていたが、2005 年には解散している。音質が良くないが、ミドル～スローテンポ中心にリフとソロがバランスよく配置され、ドスの効いたヴォーカルが中心にいるデスメタル･スタイル。メンバーは張亮（ヴォーカル）、王雪冬（ギター）、孫志亮（ギター）、王超（ベース）、呉坤（ドラム）であった。本作は解散後ずいぶんと経ってから、メンバーが記念品としてリリースしたようである。

A Bleeding Wound

A Reborn

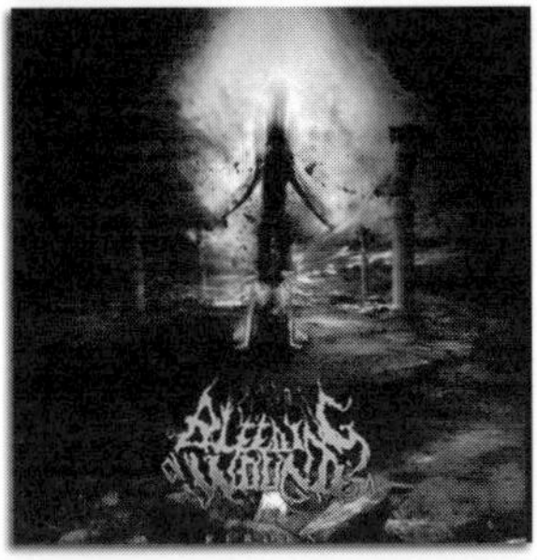

簡 不愈之伤 | **常 不癒之傷**

簡 | **常**

Death Metal	内モンゴル自治区フフホト
自主制作	EP / 2015

世界的潮流となる様々な音楽を合体させようとするのは人間の性で、内モンゴルより登場したプログレッシブ・デスコアと Djent を融合させた新世代の５人組バンドによる初 EP。テクニカルでプログレッシブな楽器隊の演奏力に、バイオレントに吐き捨てるタイプのヴォーカルが勇ましく咆哮する。完成度としてはまだ１＋１＝２の世界観といえるが、出来ることとやりたいことが一致したときに、より大きく発展する可能性を持つ。会社経営者や Ernie Ball の代理人としての顔を持つメンバーもいる。

A M-Survivor

A

簡 幸存者 / 常 幸存者

簡 立方体 / 常 立方体

Metalcore	内モンゴル自治区フフホト	
Mort Productions	フルレンス	2009

内モンゴル自治区の首府フフホトにて 2006 年に Saina（ギター）、Ashan（ギター）、Tangkes（ベース）、Gadili（ドラム）、Sudul（ヴォーカル）の 5 人全員モンゴル族により結成されたメタルコア・バンド。モンゴル的音楽要素は一切皆無で、2010 年以降世界で流行するメタルコアそのものである。ほぼ全曲でモンゴル語で歌われているため（メタルコア的デスヴォイスのため聞き取れないのだが）、言語そのものが持つ抑揚が、独特な歌唱メロディになっていることが特徴である。

A Nower

A Nower

簡 诺尔 / 常 諾爾

簡 诺尔 / 常 諾爾

Metalcore	内モンゴル自治区シリンホト	
自主制作	フルレンス	2012

モンゴル語で湖の水の意味する言葉をバンド名に持つ、内モンゴル自治区シリンホト出身の全員モンゴル族によるメタルコア・バンド。2008 年初め結成。中国初のモダンメタルを掲げる。2009 年より数百ヶ所にも及ぶ様々なイベントに出演することでライブ経験を積み、多くのファンを獲得したのち、2012 年 7 月、バンド名を冠する本作 1st アルバムをリリースする。現在は北京を拠点とする。モンゴル色を全面に押し出さず、力強いリフと明快なメロディを基本とするフレーズが特徴的。

A Nower

A NOW WE ARE

簡 诺尔 / 常 諾爾

簡 / 常

Metalcore	内モンゴル自治区シリンホト	
Infected Blood Records	フルレンス	2018

元 Black Kirin の張経天をヴォーカルに迎え、6 年ぶりの作品。6 曲収録 EP。ジャケットには前作同様、モンゴルの軍神のシンボルマーク、トライデントをデザインに使用する。本作でも、モンゴル色は皆無で、シンプルだが力強いリフと明快なメロディを基本とするフレーズが特徴で、メタルコアに収まらない新世代メタルのサウンドを提示する。また、ギターソロにも前作に増して色艶のあるフレーズを挟み込みこむことで、怒涛の咆哮とともに楽曲にはっきりとした起承転結を設ける。先行シングルとして発表されていた『Emotion』では、メタルコアには数少ないバラード調の穏やかな楽曲も収録し、サウンドの幅を広げる。

A Pig Cage

A Screaming Pig in China

簡 猪笼 / 常 猪籠

簡 在中国尖叫的猪 / 常 在中国尖叫的猪

Death Metal/Grindcore	内モンゴル自治区ハイラル	
Flesh Sclerosis Productions	フルレンス	2018

アメリカにオウムをヴォーカルにしたデスメタル・バンド Hatebeak がいたが、こちらは、Maihem を名乗る人物がすべての楽器を演奏し、ヴォーカルには本物の豚を迎えたデスメタル／グラインドコア・プロジェクト。もちろん豚の声はサンプリングで寄せ集めた音声。豚声系ガテラルヴォイスと表現されるだけに、本物の豚声ガテラルヴォイスを期待すると、意外とあっさりとした豚の鳴き声ヴォイスであり、聴くに堪えないことはない。演奏の方もブラストビートも高速ピッキングリフも少ないこともあり、極悪糞サウンドを期待すると肩透かしである。バンド中国語名にある「猪」は中国語では「豚」を意味し、中国語では「猪」を「野猪」と表現する。

A Pagan | **簡 异教徒** | **常 異教徒**

A Pagan | **簡 异教徒** | **常 異教徒**

Melodic Death Metal | 内モンゴル自治区フルンボイル

Kill the Light Productions | フルレンス | 2015

内モンゴル自治区フルンボイルで 2003 年、呂強（ヴォーカル）と陳壮（ベース）により結成された。メンバーの変遷と音楽性が変化するにつれ、2004 年にメロディック・デスメタルに落ち着き、バンド名を Teen Spirit、圣体艺术を経て、Pagan と改める。2006 年にレコーディングを行い、完成するも未発売、活動を停止する。呂強が北京に移住、Complicated Torture に加入、2013 年には Armor Force を結成。Pagan は解散を公表しておらず、元メンバーが完成済みアルバムを 2015 年末に発売したのが本作である。

A Rekindle The Fire | **簡 R 组织** | **常 R 組織**

A Rekindle The Fire | **簡 R 组织** | **常 R 組織**

Symphonic Metal | 内モンゴル自治区フフホト

自主制作 | EP | 2017

女性ソプラノ・ヴォイス・シンガー秦卿を擁する 6 人組シンフォニック・メタル・バンドの 3 曲収録デビュー EP。結成間もないこともあり、楽曲の中には Nightwish などの有名楽曲を切り貼りさせたかのようなフレーズを想起させる。まだまだ模倣の段階といえるが、Silent Elegy、Single Winged Angel、Mysterain の後に続く、美声を響かせるシンフォニック・メタルを生み出すポテンシャルを秘めている。

A Suld | **簡 战旗** | **常 戦旗**

A Unplugged Demo | **簡** | **常**

Folk Metal | 内モンゴル自治区

自主制作 | EP | 2014

Nine Treasures の結成時期のメンバーであった白斯楽（ヴォーカル&ギター）を中心に、馬頭琴奏者を含むモンゴル族 5 名で 2014 年に結成されたモンゴリアン・フォーク・メタル・バンド。『重生』と同時に発売された 4 曲収録アンプラグド EP。アコースティックギターによる演奏で、メタルというよりもモンゴル民謡に影響を受けたフォーク・ロックである。美しいメロディが聴ける女性ヴォーカルを起用した楽曲や、Bon Jovi のあの曲みたいなベース音で構成されたモンゴル語曲などが収録される。

A Suld
A

簡 战旗　**常** 戦旗
簡 重生　**常** 重生

Folk Metal	内モンゴル自治区	
自主制作	フルレンス	2014

アンプラグドアルバム『Suld Unplugged Music』と同時に発売された 1s アルバム。やはり Bon Jovi などのアメリカン・ハード・ロックを好みとするのだろうか、ブルージーなフィーリングを下敷きにしてモンゴル民族音楽的アプローチをする。まだここでは頭に描いた音楽を出し切っておらず、実験段階の仕上がりである。それでも演奏技術や歌唱力に問題は無く、将来性も感じられる。高品質なバンドが多く登場するモンゴリアン・メタルの中でも、その最前線に並ぶバンドであることは間違いない。

A Suld
A

簡 战旗　**常** 戦旗
簡 摩天骑士　**常** 摩天騎士

Folk Metal	内モンゴル自治区	
Totemism Productions	フルレンス	2015

本作は『重生』をアレンジし直し、再録音したアルバム。同時に 2 曲を追加。再度アレンジを行った分、不完全であったアプローチがより良い方向性に向かう。音はソリッドになり、下地となるアメリカンな空気感もどことなく持ち合わせ、Ego Fall、Nine Treasures、Tengger Cavalry と同様にモンゴル伝統音楽、モンゴル語詩を大胆にそして鮮やかに導入しながらも、それらとはまったく異なる方向性を示したモンゴリアン・ハード・ロックを完成させる。

A Suld
A The Memory of Nomadism

簡 战旗　**常** 戦旗
簡 记忆　**常** 記憶

Folk Metal	内モンゴル自治区	
Totemism Productions	フルレンス	2017

チンギス･ハーンの母親名をタイトルにしたシングル『诃额仑』を挟み、リリースされた 2nd アルバム。ジャケットに目のない馬が草原を駆ける姿がメタファーとして使われ、記憶の中にだけに留められてしまい、今となっては失われつつあるモンゴルの自然や遊牧文化をコンセプトにしている。馬頭琴をフィーチャーし、躍動感のあるリズムやギターフレーズ、どこまでも響く伝統歌唱を基にしたヴォーカルが一体となり、モンゴリアン・ハード・ロックを奏でる。聴いているだけで、大草原を駆け巡る馬上の勇敢な戦士になれる力強いサウンド。

A
A

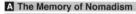

簡 腾格尔与苍狼　**常** 騰格爾与蒼狼
簡 腾格尔与苍狼　**常** 騰格爾与蒼狼

Hard Rock	内モンゴル自治区フフホト	
中国音乐家音像出版社	フルレンス	1994

中国音楽学院、天津音楽学院で学び、中央民族歌舞団の団員として活動したのちソロ歌手としてデビューし「天堂」や「传说」といったヒット曲を持つ内モンゴル出身の騰格爾（テンゲル）が北京ロックに感化され、結成したハード・ロック・バンド。バンドとして唯一のアルバムとなる本作はモンゴル民族音楽とロックを融合した作風。暗中模索だがモンゴリアン・ロックの第一人者として大きな功績を残した作品である。現在は北京を拠点にソロ活動と平行しながら、メンバーをその時々で交代させ、継続的に活動を続け、数度来日もしている。

音楽関連用語、音楽ジャンル名、バンド名・ソロアーティスト名の中国語名一覧

日本や韓国からの外来語は中国語の発音をすることが多いのだが、非漢字圏からの外来語の言葉を中国語に訳すときの手法は３つある。①意訳。意味を照らせ合わし翻訳する。②音訳。中国語の近い音で表現する。③前２つの方法を同時に使う。例えば、①テレビは电视、パソコンは电脑、インターネットは互聯網など、②ではコーラが可楽、ソファーが沙発、カラオケが卡拉 OK となる。③では、ボーリングが保龄球、T シャツが T 恤となる。人名は通常は音訳だが、聖書に出てくる名前では各国で発音が異なっていても同じになる。デビットはダビデで大卫、ポールはパウロで保罗、ジョンはヨハンで约翰となる。都市名も基本音訳だが、一部意訳もある。また、最初に中国語訳される際は、中国、台湾、広東語圏の香港からいくつかのバージョンが出てくることもあり、一本化されるまである程度時間がかかることもある。今では中華圏でも CD 店がめっきり減り、店頭でこういった言葉を見かけることもなく、日常会話でもそのままの英語発音でなされることが多い。それでもネット社会となった今では英語圏だけでなく、中華圏のウェブサイトを閲覧することが増加している。その様な時にお役に立てれれば幸いだ。最後に一本化されるまで時間がかかると述べたが、一つ変わった変遷を経た言葉を紹介する。それはドラえもんだ。かつては意訳で小叮当（叮当は鈴のこと）や机器猫（機械猫）などが使われていたが、現在では哆啦 A 梦と音訳が使われるようになった。

楽器編	中国語訳簡体字	中国語訳繁体字
Guitar	吉他	吉他
Acoustic guitar	木吉他	木吉他
Electric guitar	电吉他	電吉他
Guitarist	吉他手	吉他手
Bass	贝斯、低音結他	貝斯、低音結他
Bassist	贝斯手、低音結他手	貝司手、低音結他手
Drums	鼓	鼓
Drummer	鼓手	鼓手
Keyboard	键盘	鍵盤
Keyboard player	键盘手	鍵盤手
Vocal	主唱	主唱
Sampling	电音编程采样	電音編程採樣
Synthesizer	合成器	合成器
Amplifier	放大器	放大器
Microphone	话筒、麦克风	話筒 麥克風
Pick	吉他拨子	吉他撥子
Drumstick	鼓棒	鼓棒

ロック編	中国語訳簡体字	中国語訳繁体字
Blues Rock	布鲁斯摇滚	布魯斯搖滾
Dark Wave	暗潮	暗潮
Folk Rock	民谣摇滚	民謠搖滾
Glam Rock	华丽摇滚、闪烁摇滚	華麗搖滾、閃爍搖滾
Gothic Rock	哥特摇滚	哥特搖滾
Grunge	垃圾摇滚	垃圾搖滾
Hard Rock	硬摇滚	硬搖滾
Industrial Rock	工业摇滚	工業搖滾
Progressive Rock	前卫摇滚	前衛搖滾
Psychedelic Rock	迷幻摇滚	迷幻搖滾
Punk	朋克、庞克	朋克、龐克
Rock'n Roll、Rock	摇滚	搖滾
Post Rock	后摇滚	後搖滾
Visual Rock	视觉系	視覺系

メタル編	中国語訳簡体字	中国語訳繁体字
Alternative Metal	另类金属	另類金屬
Atmospheric Black Metal	氛围黑金属	氛圍黑金屬

Bad Boys Rock'n Roll	坏孩子摇滚	壊孩子揺滚
Black Metal	黑金属	黑金屬
Blackgaze	自赏黑	自賞黑
Brutal Death Metal	残酷死亡金属、残忍死亡金属	残酷死亡金屬 、残忍死亡金屬
Death Metal	死亡金属	死亡金屬
Deathcore	死核	死核
Djent	短い単語かつ新ジャンルのため中国語訳がまだ出来ていない	
Doom Metal	厄运金属	厄運金屬
Electronicore	电子核	電子核
Folk Metal	民谣金属	民謠金屬
Glam Metal	华丽金属	華麗金屬
Grindcore	碾核	碾核
Gothic Metal	哥特金属	哥特金屬
Hair Metal	头发金属	頭髮金屬
Hardcore Punk	硬核朋克	硬核朋克
Heavy Metal	重金属乐	重金屬樂
Industrial Metal	工业金属	工業金屬
Melodic Death Metal	旋律死亡金属	旋律死亡金屬
Melodic Power Metal	旋律力量金属	旋律力量金屬
Metalcore	金属核	金屬核
Neo-Classical Metal	新古典金属	新古典金屬
Nu Metal	新金属	新金屬
Pop Metal	流行金属	流行金屬
Power Metal	力量金属、能量金属	力量金屬、能量金屬
Punk Metal	朋克金属	朋克金屬
Sludge Metal	泥浆金属	泥漿金屬
Speed Metal	速度金属	速度金屬
Symphonic Black Metal	交响黑金属	交響黑金屬
Symphonic Metal	交响金属	交響金屬
Technical Death Metal	技术死亡金属	技術死亡金屬
Thrash Metal	激流金属、敲击金属	激流金屬、敲擊金屬
Viking Metal	维京金属	維京金屬

その他音楽ジャンル編	中国語訳簡体字	中国語訳繁体字
Blues	布鲁斯	布魯斯
Cantopop	粤语流行	粵語流行
Classical	古典音乐	古典音樂
Country	乡村、美国白人乡村音乐	鄉村、美國白人鄉村音樂
Dance Music	舞蹈音乐、流行舞曲	舞蹈音樂、流行舞曲
Electropop	电音流行	電音流行
Funk	放克	放克
Hip Hop	嘻哈、说唱	嘻哈、說唱
J-Pop	日本流行	日本流行
Jazz	爵士	爵士
K-Pop	韩国流行	韓國流行
Mandarin Pop	国语流行	國語流行
Opera	歌剧	歌劇
Pop	流行	流行
R&B	节奏布鲁斯	節奏布魯斯
Reggae	雷鬼	雷鬼
Soul Music	黑人灵魂乐	黑人靈魂樂
Soundtrack	原声	原聲
Techno	科技舞曲、电子合成音乐	科技舞曲、電子合成音樂
Western Pop	欧美流行	歐美流行

バンド名・ソロアーティスト名編	中国語訳簡体字	中国語訳繁体字
AC/DC	AC/DC 乐队	AC/DC 樂隊
Aerosmith	空中铁匠乐队、史密斯飞乐队	空中鐵匠樂隊、史密斯飛船樂隊
Black Sabbath	黑色安息日乐队	黑色安息日樂隊
Bon Jovi	邦·乔维乐队	邦·喬維樂隊
Celtic Frost	凯尔特霜冻乐队	凱爾特霜凍
Children of Bodom	博多之子	博多之子樂隊
Cradle of filth	污秽摇篮乐队	污穢搖籃樂隊
Death	死亡乐队	死亡樂隊
Deep Purple	深紫乐队	深紫樂隊
Def Leppard	威豹乐队、戴夫·莱帕德乐队	威豹樂隊、戴夫·萊帕德樂隊
Dream Theater	梦剧场、梦剧院	夢劇場、夢劇院
Elvis Presley	猫王（なぜ猫王なのか中国人に聞いた事があるが、中国人もわからないと言っていた。）	貓王
Gary Moore	加利·摩尔、盖瑞·摩尔	加利·摩爾、蓋瑞·摩爾
Guns N' Roses	枪炮与玫瑰乐队	槍砲與玫瑰樂隊
Iron Maiden	铁娘子乐队	鐵娘子樂隊
Jeff Beck	杰夫·贝克	傑夫·貝克
Jimi Hendrix	吉米·亨德里克斯	吉米·亨德裡克斯
Joe Satriani	乔·塞奇尼	喬·塞奇尼
Judas Priest	犹大牧师乐队	猶大牧師樂隊
Kiss	吻乐队	吻樂隊
Korn	科恩乐队、崆乐队	科恩樂隊、崆樂隊
Led Zeppelin	齐柏林飞船乐队	齊柏林飛船
Loudness	响度乐团	響度樂團
Marduk	玛杜克乐队	瑪杜克樂隊
Marilyn Manson	玛莉莲·曼森	瑪莉連·曼森
Megadeth	大屠杀乐队	大屠殺樂隊
Metallica	金属乐队	金屬樂隊
Mr.Big	大人物乐队、大先生乐队	大人物樂隊、大先生樂隊
Neil Zaza	尼尔·莎莎	尼爾·莎莎
Nine Inch Nails	九寸钉乐队	九寸釘
Ozzy Osbourne	奥兹·奥斯朋	奧茲·奧斯朋
Pantera	豹乐队乐队	豹樂隊、潘特拉樂隊
Paul Gilbert	保罗·吉尔伯特	保羅·吉爾伯特
Queen	皇后乐队	皇后樂隊
Rage Against the Machine	暴力反抗体制乐队、暴力反抗机器乐队	暴力反抗體制、暴力反抗機器
Rob Zombie	罗布·僵尸	羅布·殭屍
Santana	桑塔纳乐队	桑塔納樂隊
Scorpions	蝎子乐队	蝎子樂隊
Sepultura	埋葬乐队	埋葬樂隊
Skid Row	穷街乐队	窮街樂隊
Slayer	杀手乐队	殺手樂隊
Slipknot	活结乐队	活結樂隊
Steve Vai	史帝夫·范	史帝夫·藩
The Beatles	甲壳虫乐队、披头士乐队	甲殼蟲樂隊、披頭士樂隊
The Doors	大门乐队	大門樂隊
The Rolling Stones	滚石乐队	滾石樂隊
The Who	谁人乐队	誰人樂隊
Van Halen	范·海伦乐队	藩·海倫
Yngwie Malmsteen	英威·马尔姆斯汀	英威·馬爾姆斯汀

東北

東北地区は、遼寧省、吉林省、黒龍江省の３省となる。東北３省は、清王朝時代において満族である皇帝一族愛新覚羅家出身地として保護される。戦前の「満洲国」時代には日本から多くの移民が居住し、日本との歴史的な結びつきは深い。漢族（山東省を中心とする）が大量にこの地に移住したのもこの頃であった。

遼寧省

遼寧省は南西部は遼東半島を境に海域が分かれる黄海と渤海に面し、南東部は朝鮮民主主義人民共和国と接する。省都は瀋陽、他の主要都市として大連がある。面積は 14 万 5900km²。2016 年度の人口は 4382.4 万人、GDP は 2 兆 7235 億元（約 43 兆 5760 億円）。満族、モンゴル族、回族、朝鮮族、シベ族など 43 の民族が住む。遼寧省出身バンドは瀋陽、錦州、大連の３都市から９組。瀋陽は清王朝の故地であり、現在でも瀋陽故宮が残り観光スポットとなる。錦州は多くの観光地があり、『ワイルド・スワン』の舞台となった都市。大連は、遼東半島の最南端にあり、遼寧省では省都の瀋陽に次ぐ大都市である。

吉林省

吉林省は、面積 18 万 7400 km²、省都は長春。東でロシアと接し、南東で朝鮮民主主義人民共和国と接する。東側では海抜 1000m を越す山岳地帯がそびえ、西に向かって低い丘陵地帯が続く。2016 年度の人口は 2733 万人、GDP は 1 兆 4886 億元（約 23 兆 8000 億円）。吉林省出身のバンドは 10 組、すべてが長春を拠点とする。1932 年から 1945 年までは「満洲国」の首都とされ、新京と呼ばれた。現地にゆかりのある岸信介や朴正煕などの政治家、そして森繁久彌、浅丘ルリ子、山口淑子など多くの芸能人が戦後日本と韓国にてそれぞれ活躍する。

黒龍江省

黒龍江省は、南で吉林省、西で内モンゴル自治区に接し、中国の最北東部に位置する。北部でアムール川（黒竜江）、東はウスリー川をはさみロシアと国境を接する。面積は 46 万 km² で、省都はハルビン。2016 年度の人口は 3799 万人、GDP は 1 兆 5386 億元（約 24 兆 6176 億円）。防疫給水を主任務としながら生物兵器の研究・開発機関であった日本の関東軍 731 部隊関東軍防疫給水部本部があった。黒龍江省出身のバンドは省西部、内モンゴル自治区と接するチチハルを拠点にする１組。チチハルは少数民族の言語ダウール語で「辺境」または「自然の牧地」を意味しており、街は清朝時代に黒竜江地区の中心地として繁栄する。ハルビンが省都となった現在でも都市圏人口が 1000 万人を超える省内第二の大都市である。

オーストリアの名門レーベルに所属のブラック・スラッシュ

Acherozu

簡 冥葬
常 冥葬

Black/Thrash Metal	2010 ～	遼寧省瀋陽

2017 年シングル『Fangs』、2019 年　フルレンス『萬劫之海』

2010 年夏、遼寧省瀋陽にて謝天昊（ヴォーカル）を中心に結成。2012 年にバンド英名を古代ギリシャ語の冥界の河に由来する Acherozu とし、中国語名を冥と「zu」に発音が近くてインスピレーション的に良い「葬」（発音は Zang）をつなげ、冥葬とした。メンバーチェンジを繰り返しながらライブをメインに活動する。2015 年 6 月、謝、方舟（ドラム）、高澧（ギター）、葉之陽（ギター）、趙盈（ベース）の 5 人編成にて 1st アルバム『Uncrowned King』をリリース。2016 年、女性ベーシスト張聡聡が加入。2017 年 4 月にギタリストが王曦になり、4 人編成にてシングル『Fangs』をリリース。この曲はオムニバス・アルバム『Black Battle Corps III』にも収録される。その後もメンバー交代があり、現在は、謝、張、斉星宇（ギター）、馬德佳（ドラム）となり、オーストリアの Talheim Record と契約した。2019 年、ベーシストが張聡聡から劉宗鑫 へ交代し、2nd アルバム『萬劫之海 / Vendetta Ocean』をリリース。

A Acherozu　　**簡 冥葬**　　**常 冥葬**

A Uncrowned King　　**簡 無冕之王**　　**常 無冕之王**

Black/Thrash Metal	遼寧省瀋陽	
Thanatology Productions	フルレンス	2015

謝天昊（ヴォーカル）を中心に瀋陽にて 2010 年に結成。東北地方を中心としたライブ活動を行いながら、幾度もメンバーチェンジを繰り返す。ツインリードギターを擁する 5 人編成で 1st アルバムをリリース。オールドスクールなスラッシュ・メタルを基盤にブラックメタル的リフを取り入れた荒々しいスピード感が特徴的だ。本作リリース時点では謝天昊、王曦（ギター）、方舟（ドラム）、紅一点の張聡聡（ベース）を擁する 4 人編成となっている。2017 年 4 月にニューシングル『蛇牙／Fangs』をリリースする。

Acherozu インタビュー
回答者：謝天昊

Q：日本や欧米の雑誌媒体からインタビューを受けたことはありますか？
A：いいえ、中国以外では初めてです。たぶん、Acherozu にとって海外に向けての初のインタビューです。
Q:それは光栄です。では、バンドはいつどこで、どのように結成されましたか？　また、音楽性やメンバーに変化はありましたか？　バンドメンバーの紹介をお願いします。
A：結成は 2010 年、遼寧省瀋陽市鉄西区で、そのときはまだ 16 歳でした。ブラックメタルが大変好きだったので、自分はギタリストとして、高校の友人やネットで知り合ったドラム奏者とともに Acherozu を結成しました。
Q：メタルに目覚めるきっかけとは何だったんでしょうか？　それから、最初に買ったアルバムは何？
A：人生で始めて買ったメタルの CD は海賊版で売られていたMorbid Angelの『Gateways to Annihilation』、それから In Flames、Emperor、Gorgoroth、Kreator なんかを聴くようになりました。彼らは私の音楽的ルーツのバンドなのです。自分の作曲活動の中でもっとも影響を受けたのは Cradle of Filth と Desaster ですね。
Q：メンバーはどんな音楽が好きで、どんなバンドがお気に入りなのでしょうか？
A：ギターの王曦はブルースがお気に入りです。女性ベーシストの張聡聡はちゃんとした音楽教育を受けていて、古いロック、ジャズ、クラシックなんかを好んでいます。新ドラムの馬徳佳は何でも聴いています。ポップスからエクストリーム・メタル、スラッシュからニュー・メタルまで何でも好きみたいです。だからあらゆるスタイルに適応できるようになったのでしょう。バンドの中でブラックメタル好きなのは私だけかな。中国でバンドをやってたら、だいたいが同じだと思います。
Q：バンド名の由来は何でしょう？
A：一番最初は Ghostdom Funeral と名づけたのですが、長すぎると思ったので 2011 年に Acherozu と変えました。英語の「Acheron(アケローン川。ギリシャ神話に登場する川。古代ギリシャ神話におけるステュクスと同一視され、地下世界（冥府）への分岐点と信じられていた)」と中国語の「葬」の発音の Zang を合体させた言葉なんです。でも中国語名はそのまま「冥葬」としています。
Q：中国ロックの第一世代のミュージシャンと比べればあなたたちは、中国の音楽情報、世界の音楽情報を簡単に得ることが出来るようになったと思いますが、メタルに関してはどうでしょうか？何か違いはありますか？
A：中国のネット状況はこの数年ですごく進歩してきましたが、国の政策でいくつかの海外のサイトなんかはシャットアウトされています。しかし、私たちが海外の音楽文化の情報を得ることに関しては全く影響はありません。著作権について色々問題が改善されないこともありますが、アーティストにとっては好ましくないことだったとしても、ファンにとってはありがたい事かもしれませんし。いつでも音楽サイトや音楽アプリで国内外の音楽を楽しめるし、もちろん無料です。おかげでロックファンの知識水準が高まったかもしれません。しかしこのあたりの著作権関連のことは日本に学ばなければならないと思っています。
Q：一番影響を受けたバンドは誰でしょう？
A：一番好きなのはさっきも話しましたが、Desaster と Cradle of Filth です。
Acherozu の活動の中で私にものすごい影響を与えていると思います。
Q：バンドの音楽性を説明して頂けないでしょうか。
A：中国のファン達は、私達 Acherozu のことを中国版 Desaster と言っています。この点は自慢できることではないと思いますが。作曲に当たって音楽性とか音楽のカラーを真似るとかはしておらず、ただ、心の底から湧き出る自分の大好きな音楽が作品になっているだけだと思っています。
Q：現在は欧米スタイルのスラッシュ・ブラックメタルを演っていますが、以前あなたは満洲族と仰っていました。将来的にはモンゴル族のバンドみたいに自身のルーツである伝統音楽や文化をメタルに融合させたいと思いますか？
A：機会があれば満洲族の伝統的なものを入れたいと思っています。例えば、次のアルバムのコンセプトとして日清戦争について描こうと思っているのですが、民族的な要素を加えるかもしれません。期待して頂ければと思います。
Q：今はどのバンドがお気に入りなのでしょう？
A：ポーランドの Mgla とか日本の兀突骨に注目しています。特に兀突骨のアルバム『因果応報』は大阪にいる友人が送ってくれたのですが、カーステでエンドレスで再生しちゃっていますね。
Q:人生を変えたアルバム５枚を教えてください。
A：人生を変えたアルバムは；
Desaster『Hellfire's Dominion』
Cradle of Filth『Dusk and Her Embrace...The Original Sin』
Dissection『The Somberlain』
Gorgoroth『Quantos Possunt ad Satanitatem Trahunt』
Marduk『Rom 5:12』

ですかね。

Q：メタルファン以外の普通の人たちにとってメタルに対するイメージはどうなのでしょう？

A：全体的にはあまり良くないと思います。中国の普通の人にとっては男の子が突然髪を伸ばし始めてメタルを演りだすなんて理解しがたいと思いますし、仕事でも日常生活でも変な印象を持たれてしまいますね。差別を受けるということまではありませんが。中国人の保守的な価値観では、メタル文化や衣装は理解し難いでしょう。北京や上海などの大都市ではそんなことはないでしょうけど。

Q：瀋陽のメタルシーンの現状はどうなのでしょう？　メタルファンは多いですか？

A：環境はとっても悪いと思います。マーケットが無いと言っても過言ではありません。ライブ動員数は徐々に増えてきていますが、大衆受けするのが好まれているので、状況は良くないですね。ミュージシャンにとってメインストリームに乗れなかったら死活問題に関わりますからね。頑固すぎては生きていけませんが、私にとっては大したことではありません。Acherozu の今後の計画については、はっきりとしたものはありません。オールドスクールでダイハードな音楽を続けていくのか、好きではなかったとしても大衆受けする曲を書いていくのかは、今まで考えたことありません。自分にとってバンドの音楽は良ければそれでいいのです。一番大切なのは楽しいこと、そうでしょ？

Q：次は今現在の活動状況についてですが、今は何をしているのでしょうか？

A：Acherozu は活動再開し始めたばかりで、結成 7 年目で、第 3 期のメンバーとなっています。新メンバーとしっくりくるように時間をかけています。それから次作アルバムに向けて準備をしているところです。あとは大型のフェスに出演できればと思ってます。

Q：ライブは主にどの辺でしているのでしょう？

A:大体が中国東北３省でやっており、北京で演ったのがかなり前ですね。

Q：では、どんなことを歌詞にしているのでしょう？

A：1st EP では中国の神話での戦争をテーマにしており、戦いの神様蚩尤（しゆう）に敬意を表して歌詞を書きました。次のアルバムでは 1894 年に起きた日清戦争について深々と描いています。

Q：中国のバンドでお薦めは誰でしょう？

A：北京の The Metaphor をお勧めします。彼らは私にとっての中国ブラック・スラッシュ・メタルのアイドルです。しかし結構長い期間活動していません。前にライブを見たのが 2011 年でした。忘れられないライブのひとつです。あとは長春のニュー・メタル／メタルコア・バ

ンドのInstitutional Crush（制度瓦解）です。エクストリーム・メタルではありませんが、彼らのライブを見て育ったようなものなので。しかし彼らもかれこれ10年近く活動していません。成都のシンフォニック・ブラックメタルWiderFahren（降臨）も素晴らしいです。瀋陽から成都は離れており、ライブは見たことがありません。彼らも長いこと活動していないみたいです。ほんとに歳月人を待たずですね。昔憧れたバンドがほとんど活動やめてしまいましたからね……再び活動してくれればいいのですが。そうそう、山東省の済南のHellwardは大好きです。リーダーのBloodfireはZuriaakeとかMidwinterとかVarunaとかYn Gizarmとかの様々なプロジェクトやバンドを演ってるのですが、以前ネットでやりとりしたことはあるんです。いろんなこと教えてもらいました。

Q：日本の印象はどうでしょうか？

A：私自身日本の文化にとても影響を受けています。まず、熱狂的な日本の歴史ファンです。『真・三国無双』や『戦国無双』等のKOEIのPCゲームが大好きでしたし、戦国時代の織田信長は尊敬に値すると思います。堺雅人が主演した『真田丸』もずっと見ていましたし。それから北野武は私にとってのアイドルです。主演作や監督作は全部観ています。三池崇史の作品も好きだし、あとは、高橋ヒロシの『クローズ』シリーズとか、宮下英樹の『センゴク』シリーズとか、三浦建太郎の『ベルセルク』なんかの漫画もめちゃくちゃ好きです。自分の一番の夢はいつかAcherozuのライブを日本で演ることです。

Q：日中両国は二千年の関係があり、一時期の不幸な歴史もあり、今でもたくさんの問題が山積していますが将来、両国は良好な関係を築けると思いますか？

A：私は日本が大好きです。しかし歴史は歴史です。事実は事実としてあり、悲惨な歴史や暗黒の歳月は後代の人々が心に留めて、そこから教訓を学ぶ必要があるでしょう。平和と豊かさがあってこそ音楽が誕生するのではと思います。この点は日本人も私と同じ考えだと思います。

Q：日本のメタル・バンドでは誰が好きですか？

A：エクストリーム・メタルを聴く前にちょっとの間、ヴィジュアル系ロックにはまっていました。特にX JAPANです。彼らは中国でもとても人気があります。SighやSabbat、Crossfaith、さっき話した兀突骨とかが好きな日本のバンドです。日本のバンドは楽曲アレンジ面でとても細やかな部分があり、中国のバンドが学ぶべき点だと思います。

Q：バンド以外では何しているのでしょうか？

A：バンド以外のメンバーの生活のことでしょうか？　私は二つ仕事を掛け持ちしています。昼間は音楽を教え、夜は洋食レストランでハンバーグを作っています。あと今は、ちょっと投資して商売を始めようとしています。こんなくらいで他の趣味とかはありません。時間があったら、友人と喫茶店に行ったり、ご飯を食べたり、お酒を飲んだりするのがいつもの気晴らしですかね。ベーシストとギタリストはまだ大学生で、ドラムは今のところ決まった仕事をしておらず、家で本を読んだり勉強してたりドラムを練習したりしているのですが、実のところ私も彼が家で何を研究しているかよく分かりません。

Q：もし自分自身にインタビューするとして、どんな話題を聞いて、もうひとりの自分は何と答えると思いますか？

A：この質問はとても難しいですね（笑）　私自身は矛盾した人間なので、どうやったら自分の考えに対処できるのか全く分かりません。もし分かったらあなたにお伝えしたいと思います。

Q：日本の読者にひとことお願いします。

A：中国のメタルにもっともっと注目して欲しいですね。

京劇も取り入れた南京事件テーマのアルバム出した長春メタル

Black Kirin

簡 黒麒
常 黒麒

Melodic Death/Folk Metal | 2012 ～ | 吉林省長春

2014 年シングル『投名』、2014 年シングル『沁园春·雪』、2015 年 EP『妈妈』 、2015 年『Box Set 黄河』、2015 年シングル『世仇』、2016 年ライブアルバム『Live in Shen Zhen B10』、2017 年シングル「忘川」

2012 年吉林省長春にて当時高校生であった方森（ギター）により結成された、中国伝統民謡をルーツにするメロディック・デスメタル・バンド。 当初は方のワンマンバンドであり、The Samans や Northern Stream などの地元バンド仲間の手助けにより、音源を制作する。2013 年、1st EP『南京』、2014 年には『投名状』と『沁园春·雪』の 2 枚のシングル、2015 年に、2nd EP『妈妈』、カセットテープ Box Set『黄河』、そしてシングル「世仇」を発表する。 同年年末にリリースされた 1st アルバム『哀郢』にて正式にバンド形態となる。メンバーは方森、張経天（ヴォーカル）、槐偉（ベース）、王宝新（ギター）、杜思総（ドラム）、かおり（花旦・ジャケット写真のみの登場）の 6 人。

2016 年に 2nd アルバム『箫韶』とライブアルバム『Live in Shen Zhen B10』を発売。年末になると張経天が脱退（Nower へ加入）。2016 年末に新ヴォーカルとして台湾のシンフォニック・ブラックメタル・バンド Anthelion のボーカリスト Code が加入、伝統楽器奏者や秦腔や花旦といった京劇などの伝統演劇で、高亢激越で歌う俳優など多くのゲストを迎えた 4th アルバム『Nanking Massacre ／金陵祭』を発表。Code はアルバム 1 枚の制作と北京愚公移山でのライブ 1 回切りを以て脱退。時を経ずして Obscure Dream、Dirty Creed、Dying Mirage などで活動する Filth こと張江楠が加入。現在のメンバーは方、槐（Ephemerality、Skeletal Augury にても活動）、杜、呉鵬（ドラム・Suffocated、Massmurder にても活動）、Filth の 5 人。ちなみに花旦とは京劇など伝統劇において、女形の元気のよい若い娘役のことであるが、『中国抗日ドラマ読本』の著者岩田宇伯氏がブログにて、自らの調査により Encyclopaedia Metallum に掲載されている花旦役としてのかおりは Φnality Blast のヴォーカルかおり嬢ではないことが発覚したと、書かれている。

A Black Kirin 簡 **黒麒** 常 **黒麒**

A 簡 **南京** 常 **南京**

Melodic Death/Folk Metal	吉林省長春
Cold Woods Productions	EP / 2013

方森（ギター）が高校卒業前後に、長春メタルシーンを代表することとなる Nihility、Northern Stream、Cross などの面々とともに制作した 1st EP。中国の伝統音楽と北欧ブラックメタルをミックスさせたフォーク・ブラックメタル。古筝や二胡による壮麗な音色とギターが奏でる雄大なメロディが潤沢に盛り込まれた楽曲がメイン。京劇の男形と女形が掛け合うようにデスヴォイスと女性（？）高音ヴォイスが重なり合い、ドラマティックな世界観を盛り立てている。

A Black Kirin 簡 **黒麒** 常 **黒麒**

A 簡 **哀郢** 常 **哀郢**

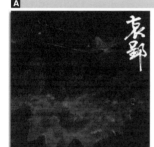

Melodic Death/Folk Metal	吉林省長春
自主制作	フルレンス / 2015

正式メンバーで制作した 1st アルバム。チャイニーズ・オペラ・メタルと表現できる音楽性を確立し、二胡の演奏をフィーチャーしたオリエンタルな音色に、ずっしり重いギターのサウンドが溶け合う。しっとりとした曲、エクストリームな曲など多彩な楽曲を取り添える。本作でも京劇女形の妖艶な高音ヴォイスとデスヴォイスが交互に掛け合う楽曲が楽しめる。「観劇」を中国語で「聴戯」と表現し、「京劇は耳で聴くもの」とも言われる。日本盤リリースのアナウンスがあったが、発売中止となった。

A Black Kirin 簡 **黒麒** 常 **黒麒**

A 簡 **簫韶** 常 **簫韶**

Melodic Death/Folk Metal	吉林省長春
Pest Productions	フルレンス / 2016

フォーク・メタルの面白いところは、世界各地に古来より根付く民謡や楽器が、現代の電子楽器によって、極端に過激化することだが、同時にアンプラグドで演奏するとネオ民謡になる。本作は、前作『哀郢』制作以前よりあったアイデアを具現化したアンプラグドアルバム。歌なし伝統楽器を含めた楽器演奏だけのスタイル。中華圏では若年世代が伝統楽器をギターやピアノ等の西洋楽器と分け隔てなく親しんでいることが多いが、若い世代が現代に紡ぎだした新伝統音楽といえるのでは。

A Black Kirin 簡 **黒麒** 常 **黒麒**

A Nanking Massacre 簡 **金陵祭** 常 **金陵祭**

Melodic Death/Folk Metal	吉林省長春
自主制作	フルレンス / 2017

台湾の Anthelion より Code（ヴォーカル）が加入し、2 枚目のフルレンスとなる。フォークアルバムを含めると通算 3 枚目のアルバム。本作直前にはシングル『忘川』をリリース。多彩な伝統楽器を使いながらチャイニーズ・オペラ・メタルを完成させている。エクストリームなサウンドへ大きな前進を果たした作品。香港の Evocation から Tomy（ヴォーカル）がゲスト参加。アルバム・タイトル『金陵』は南京の別名であり、同タイトルにて南京事件80年を追悼した交響合唱曲も制作。

映画音楽制作者によるテクノとフォークメタル原始宗教の融合

The Samans

簡 萨满
常 薩満

Industrial/Electronica/Gothic/Folk Metal	2007 ～	吉林省長春

中国語バンド名の萨满はシャーマンを意味し、中国東北地方に根付く原始宗教のこと。映画音楽の制作をしていた王利夫（キーボード）によるテクノユニット Manchuhead が、日本のアンダーグラウンドのミュージシャンとの仕事を機にメタルに関心を持ち、The Samans を 2007 年に結成する。テクノミュージックの要素を残し、インダストリアル・メタルやニュー・メタルの容貌で、フォーク・メタル的にも展開する。2008 年秋頃に現メンバーとなる王利夫（ヴォーカル）、高亜鑫（サンプラー）、任智超（リードギター）翟暁宇（リズムギター）、斉驥（ベース）、紀成林（ドラム／パーカッション）が揃う。2009 年『Weltreich』、2011 年『Khan』、2012 年『Whalesong』、2013 年『Lionheart』と 4 枚のアルバムをリリースしている。2014 年以後は作品の発表は無いが、継続してライブ活動を行っている。王利夫は 2016 年から Black Kirin にサンプラーとして参加している。

A The Samans 簡 萨满 常 薩満

A Weltreich 簡 常

Industrial/Electronica/Gothic/Folk Metal	吉林省長春	
自主制作	フルレンス	2009

ドイツ語で「世界帝国」を意味する言葉をアルバム・タイトルに冠した 1st アルバム。そのタイトルが示すとおり、ドイツロックのリズムを強調した、エレクトロニカとハード・ロックをミックスした音楽で、特に影響を受けているのが Rammstein。インダストリアル・メタルを核としフォーク・メタル、ゴシック・メタル、オルタナティヴ・メタルなどの多様なスタイルを取り入れた楽曲が収められている。Kraftwerk のカバー曲「Showroom Dummies」も収録されている。

A The Samans

A Khan

簡 萨满 **常** 薩満

簡 常

Industrial/Electronica/Gothic/Folk Metal	吉林省長春
自主制作	フルレンス 2011

2 作目はインダストリアル・メタルの要素が減少し、ゴシックテイストが増え、中国民謡に根付くフォーク・メタルや欧州ゴシック・メタルの要素も加わったメロディック・デスメタルに軸が移った。ミドルテンポを主体とする Children of Bodom のようになる。さらに曲によってはドゥーム・メタルの雰囲気のものがあったり、王利夫が元々映画音楽に携わった経験から、壮大なメロディが紡ぎ出されたりと、様々な展開を聴かせる。9 曲目は J- ポップ+中国民謡+デスヴォイスの奇異を狙った曲である。

A The Samans

A Whalesong

簡 萨满 **常** 薩満

簡 鲸歌 **常** 鯨歌

Industrial/Electronica/Gothic/Folk Metal	吉林省長春
自主制作	EP 2012

5 曲収録 EP だが内 3 曲はインスト作品。今作では一段とフォーク・メタル、さらにはヴァイキング・メタルへと移る。海から 500km 離れた内陸の顕著な四季のある都市育ちなのだが、Korpiklaani や Turisas のような屈強な海の男の臭いがプンプン漂う。これからも変化が続くであろうことが 5 曲 16 分程度と短い中に詰め込まれている。2 曲目 Whalesong はゲストとして幼少の頃の事故で障碍を負ったミュージシャン許順哲が、アコースティックギターで参加している。

A The Samans

A Lionheart

簡 萨满 **常** 薩満

簡 狮心 **常** 獅心

Industrial/Electronica/Gothic/Folk Metal	吉林省長春
自主制作	フルレンス 2013

過去 3 作で多彩な The Samans 流メタルを実験してきたが、4 作目でようやく着地点を見つけた様だ。デスヴォイスやシンプルなギターリフがあるものの、エクストリーム・メタルというよりは、中国から離れ、ケルティック・フォーク・メタルのフレイバーを強め、中世ヨーロッパを題材として、起承転結激しく戦いの続く物語を描いた映画のサウンドトラックのようである。

A Barbaric Chieftains　**簡 蛮头**　**常 蛮頭**

A Barbaric Chieftains　**簡 野蛮头领**　**常 野蛮頭領**

Nu Metal/Metalcore	遼寧省大連	
自主制作	フルレンス	2015

2007 年結成の大連出身。ニュー・スラッシュとメタルコアに共通する最もピュアで、最もストレートで、最もダイレクトな部分を融合させた 3 人組バンドの 1st アルバム。聴きやすさにポイントを合わせた重低音サウンドである。それでいて様々なリフを緩急とりまぜながら、矢継ぎ早に展開する。ガラガラ声で力強く説き伏せるように殴りかかる、筋肉質なヴォーカル、ノーマルヴォイスによる語りかける優しさもあるヴォーカルを歌い分けたメリハリある楽曲が並ぶ。バンド名とアルバム名の中国語と英語の名称が対照になっていないが、中国側サイトの表記をそのまま記載した。

A Bolt Blood　**簡 血矛**　**常 血矛**

A Bolt Blood　**簡 血矛**　**常 血矛**

Black Metal	遼寧省瀋陽	
自主制作	EP	2019

Crazy Warship が 2018 年に開始したワンマン・エクストリーム・メタル・プロジェクト The Craze を前身にする。楽曲制作時 Black Relics(ボーカル)がゲスト参加。そのまま加入し、Bolt Blood と改名。2019 年 3 月に、シングル『战争屠噬』を発表。4 月には F が加入して本作 3 曲収録 1st EP をリリース。Extreme Blood Metal を称する。無骨なドラミングから始まり、気性の激しい高速リフとヒステリックな咆哮が絡み合いながら、邪悪に疾走するブラックメタル。

A Bolt Blood　**簡 血矛**　**常 血矛**

A Goetia　**簡**　**常**

Black Metal	遼寧省瀋陽	
Hungry Baby Records	EP	2019

前作 EP から 5 ヵ月でのリリースとなる本作は、結成後一年の間の異なる時期に 4 度に渡りレコーディングされた Demo 音源 6 曲を収録。内 3 曲は前作 EP 収録曲。Demo レベルのため、粗く汚らしく、曇った劣悪音質ではあるが、プリミティヴな演奏でブルータルさを表現した暗く無骨なブラックメタルをプレイしている。ドカドカと勢いがあり、荒々しい轟音につつまれた生々しさの溢れ出した演奏と、気が触れたかのようなグロウルボイスによるけたたましい絶叫ががんじがらめになり疾走する。Crazy Warship、Black Relics、F の 3 人の素性がまだ公表されていない。

A DeadSoul　**簡 死灵**　**常 死霊**

A　**簡**　**常**

Melodic Death Metal	遼寧省大連	

大連では最古参で、最重要となるメロディック・デスメタル・バンド。ニュー・メタル・バンド Joker が分裂し、2003 年結成（もう片方は TuWei となる）。幾度もメンバー交代がありながら活動するが、中心メンバーであったギタリストの自殺により、2008 年解散。2015 年に再結成。オムニバス・アルバム『死夜肆』に楽曲を提供しているが、オリジナル作品は未発表で、Douban 上に公表しているのみ。過去の楽曲はシンフォニックでありながら、豪壮にはならずポップさを持ち合わせる。バンド人脈では Thallus ともつながる。

A Dissident | **簡 异论** | **常 異論**

A | 簡 困兽 | 常 困獸

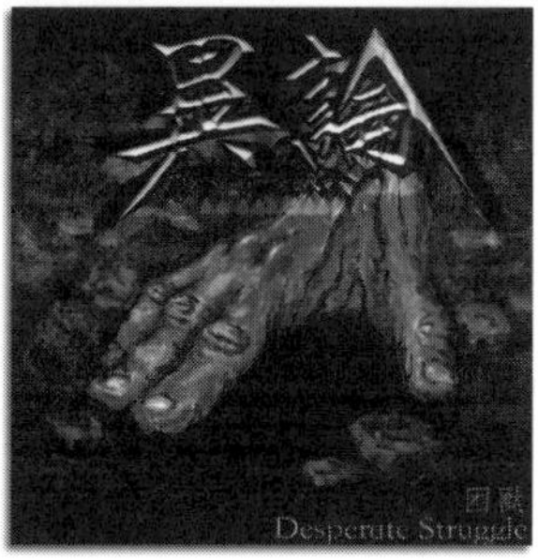

Thrash Metal	遼寧省瀋陽
反作用力	フルレンス / 2014

前身バンドを経て 2011 年に結成された瀋陽のスラッシュ・メタル・バンド。郭顕明（ヴォーカル&ギター）、馬天論（ギター）、田玉昊（ドラム）、老翔（ベース）の 4 人編成。正統スラッシーなリフを中心に、スピーディに攻めながら、パワフルなヴォーカルが追い立てるだけでなく、美しいメロディのあるギターソロにも力を入れ、ミドルテンポな楽曲を中心にした多彩な 10 曲を収録する。郭は地元でバーを経営しているほか、他の 3 人は芸術音楽系の大学にて、教鞭を執っていたり、研究者として生活している。

A Dissident | **簡 异论** | **常 異論**

A | 簡 饕餮 | 常 饕餮

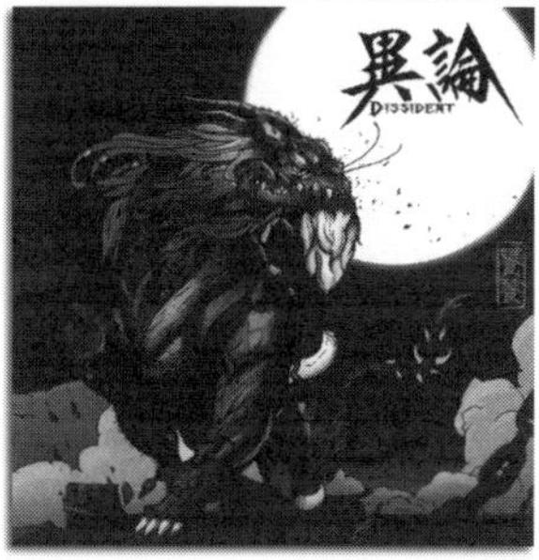

Thrash Metal	遼寧省瀋陽
反作用力	フルレンス / 2016

前作を踏襲しながらも、さらに禍々しく狂気に満ちたヴォーカルとスラッシュクランチーなリフワーク、ベースラインがギターと競い合い、リード楽器のように絡み合う。そして前のめりなドラムワークが聴きどころ。同時に長年中華メタルを聴き続ける者からすると、どことなく 1990 年代中国ハード・ロック／ヘヴィ・メタルを臭わすギターソロやコーラスワークにも思わずニヤリとしてしまい、なかなかのポテンシャルを感じさせる逸材。

A Edge | **簡 刀锋** | **常 刀鋒**

A Chinese Education | 簡 素质教育 | 常 素質教育

Thrash Metal/Crossover	遼寧省瀋陽
Kill the Light Productions	EP / 2014

中国全土の大学生メタル・バンドによるオムニバス・アルバム『Metal Movement』に参加したこともある瀋陽のスラッシュ・メタル・バンドの 6 曲収録 1st EP。ハードコア・パンクを色濃く残しながらも徹頭徹尾クランチーなザックザクのリフ、何も考えていなさそうな、能天気で下手っぴな吐き捨てヴォーカル、若さだけでただただ猪突猛進していく安定感の無い疾走感は、まさに初期ベイエリア型スラッシュ・メタル。全曲 2 分未満のハイエナジーな汗臭い B 級ポンコツスタイル。マニアならば必聴盤のひとつ。

A Frozen Moon | **簡 冻结的月亮** | **常 凍結的月亮**

A Frozen Moon | 簡 冻结的月亮 | 常 凍結的月亮

Black Metal	遼寧省錦州
声音花園	EP / 2005

Mayhem の曲名から名づけられた遼寧省錦州出身のブラックメタル・バンド。2001 年より活動開始。2003 年頃ヴォーカル范博を中心にメンバーを一新するも、兵役に行くメンバーにより活動休止。2005 年 1 月に本作 1st EP 発売し、元々あった煌びやかさに加えダークさやプリミティブな要素も加わる。現在は范博、李波（ギター）、趙凱（ギター）、張開（ドラム）、常亮（ベース）、張希（キーボード）の 6 人。Mayhem のカバー曲入り。張開はスラッシュ・メタル・バンド Punisher の一員でもある。

A **Frozen Moon**
A Legend of East Dan

簡 **冻结的月亮** **常** **凍結的月亮**
簡 东丹传奇 **常** 東丹伝奇

Black Metal	遼寧省錦州	
Pest Productions	EP	2018

13年ぶりになる4曲収録EP。作品タイトルにある東丹とは10世紀前半に存在した契丹国の封国の一つ（現在の中国東北地方沿岸部からロシア沿海州あたり）。前作でのプリミティブなブラックメタルに中国的な民謡っぽさのあるサウンドや、中央アジアからアラブを感じさせるサウンドを取り入れ、エクストリーム・メタルに軸を残しながら、フォーク色、ペイガン色を濃厚に出したミドルテンポな楽曲を中心に展開をする。しかしながら、再出発として勢いづくため早急にリリースした雰囲気がある。アレンジに関しては練りが浅く、整合性がとれておらず、物足りなさを感じる。現行のサウンド路線は悪くなく次の一手を期待してもよい内容だ。

A **Graze The Wind**
A

簡 **牧风** **常** **牧風**
簡 血月 **常** 血月

Gothic Symphonic Metal	遼寧省瀋陽	
反作用力	フルレンス	2015

2014年結成の女性ボーカリストが在籍する瀋陽出身5人組ゴシック・シンフォニック・メタル・バンドの1stアルバム。メロディック・デスメタル、パワー・メタルにも音楽性を求めながら、リズム隊に若干インダストリアル・メタル的なところがある。ただ、ぼんやり聴いているとほぼAnette Olzon在籍時のNightwishのコピー曲に思えるほど、そのままトレースし、気持ち程度に中国風の旋律を付け加えたようなサウンド。2016年にヴォーカルが別の女性に交代し、バンド名をAnthem（頌歌）と改めた。

A **The Last Whisper**
A Blade No Dust

簡 **末世轻语** **常** **末世軽語**
簡 战刃无尘 **常** 戦刃無塵

Vocaloid Metal	遼寧省瀋陽	
自主制作	EP	2017

2017年夏より活動を始めた天外なる人物を中心としたボーカロイド・メタル・ユニット。4曲収録だが、原曲、ボーカロイドバージョン、インストバージョン、ボーカロイド・インストバージョンとなっており、実質1曲。中国にも多くの日本アニメのファンやボーカロイド好きがおり、東方メタルに関心を抱く者もいる。欧州フォークのメロディがあったり、デスヴォイス、女性によるノーマルな中国語歌唱パートによる中華POP風味ありと、中二病×ヘヴィ・メタル×中国とした音楽性である。

A **Punisher**
A Public Servants

簡 **判官** **常** **判官**
簡 **常**

Technical Thrash Metal	遼寧省錦州	
Dying Art Productions	Demo	2011

2010年8月、遼寧省錦州にて結成。ツインリードギター体制5人組スラッシュ・メタル・バンドによる4曲収録1stデモ。AnnihilatorやPanteraの影響を受けた重低音かつクランチーリフをメインにしたサウンド。キャッチーでテクニカルな演奏を基にし、中国風のメロディを随所に入れながら、爆走感あふれるデモ音源ではあるが、正式なミックスがなされ、音質をクリアにすると高品質な作品としてリリース可能なほど完成度が高い。一部メンバーがFrozen Moonと重なる。

A Punisher
A Harmonik Hell

簡 判官 **常 判官**
簡 河.蟹.地.狱. **常 河.蟹.地.獄.**

Technical Thrash Metal | 遼寧省錦州
自主制作 | Demo | 2012

ヴォーカルが杜凡に交代。歌唱スタイルには大きな違いはなく、エネルギッシュなヴォーカルがアグレッシブに攻め、爆走チューンでありつつ凄く聴きやすいメロディアスなスラッシュ・メタル。切れ味のあるクールなギターワークには王道スラッシュを継承した計算高さがあり、1980 年代後半のスラッシュシーンにフラッシュバックしたようなスピードチューンが満載。Metal Church の「Start the Fire」のカバーも収録した 4 曲収録 2nd デモ。前作と同様、デモ音源とは感じられないほどの完成度を誇る。

A Punisher
A Battle of Grace

簡 判官 **常 判官**
簡 恩典之战 **常 恩典之戦**

Technical Thrash Metal | 遼寧省錦州
Kurong Music | フルレンス | 2015

Annihilator と Pantera と初期ベイエリア・スラッシュが融合したような低音を響かすサウンド。テクニカルかつパワフル、そしてハイスピードで、リフもソロもメロディックかつシャープに奏でるギター。緊張感漂うベースとドラムは攻撃的にボトムを的確に支え、バンドの顔であるヴォーカルはソリッドでアグレッシブにハイトーンにスクリームする。1 曲 1 曲にストーリー性のある展開があり、その世界観に引きつけられる。メンバーそれぞれミュージシャンとしての能力が高く、バンド状態が最高である今を表している。

A Punisher
A Lost in the Maze of Nightmare

簡 判官 **常 判官**
簡 迷失在梦魇中的迷宫 **常 迷失在夢魘中的迷宮**

Technical Thrash Metal | 遼寧省錦州
Mort Productions | EP | 2017

2 年ぶりの作品は 5 曲収録 EP。Punisher 流ハイテクニカルそしてハイスピードでありながらメロディックなスラッシュ・サウンドを推し進める。Dream Theater のようなプログレッシブ・メタルな側面に加え、NWOBHM 的なギターソロも導入して多面的展開を聴かせる。しかし詰め込みすぎにはならず、一筋縄には行かないヘヴィ・メタル・サウンドを作り上げている。ラスト曲で提示されるアコースティックギターを軸にしたフォークスタイルのパワーバラードが、またもう一つの顔を見せてくれる。

A Thallus
A

簡 苔藓 **常 苔蘚**
簡 圣战 **常 聖戦**

Melodic Death Metal | 遼寧省大連
Mort Productions | EP | 2004

1998 年結成の大連出身のツインギター体制 5 人組メロディック・デスラッシュ・メタル・バンド。2003 年に自主制作 EP『罪证』を発表。本作は 2nd EP。リフやドラミングにスラッシュ・メタルやブラックメタル的アプローチもあり、ヴォーカル・スタイルもどちらかと言えばブラックメタル的である。時折りおかず程度にプログレッシブ・メタル的リフや NWOBHM 的叙情的ギターソロを挟みこんできたりと、あれこれ多彩なメタルを取り込み散漫気味であるが、一本筋が通ったエクストリーム様式美がある。

A Thallus
A Sell My Soul

簡 苔藓　常 苔蘚
簡 出卖灵魂　常 出売霊魂

Melodic Death Metal	遼寧省大連	
Mort Productions	フルレンス	2009

バンドリーダー李金（ギター）以外は頻繁に入れ替わり、結成 12 年目にして初のアルバム。多様すぎた前作 EP から音楽性を絞り込み、高速で過激なだけでなく、極上メロディを前面に押し出したスマートな構成。テクニカルな高速リフと高速ドラミングを核にし、スリリングでメロディックなソロをぶちかます。ハスキー気味の強烈なヴォーカルが全力疾走する。デスラッシュ・バウンド・サウンドを身上とする AION のメジャー期のサウンドをシンプル＆コンパクト化して、ツインギター化した音楽性である。

A Tuwei
A

簡 突围而出　常 突囲而出
簡 当天边露出胜利的曙光　常 当天辺露出勝利的曙光

Melodic Death/Thrash Metal	遼寧省大連	
自主制作	EP	2008

遼寧省大連のバンド。前身バンドを経て 2003 年 6 月結成されたメロディック・デスメタルの 7 曲収録 1st EP。メンバーの音楽性の違いにより一旦解散するが、すぐにメンバーを入れ替え、活動を再開する。古典的メタルの素養を持ちながら、スピード感あるリフとメロディックなソロが魅力的に展開する。プログレッシブ・メタル的側面やファンクな側面もある。タイトルに抗日的な言葉が並んでおり、反日的歌詞を採用している。再度解散している模様。許家博（ヴォーカル）は Thallus へ加入する。

A Visceral Suture
A Visceral Suture

簡 内脏缝合　常 内臓縫合
簡 内脏缝合　常 内臓縫合

Death Metal	遼寧省瀋陽	
BrutalSlamGuttural Productions	EP	2011

瀋陽出身。2002 年結成。Cannibal Corpse や Deicide に強く影響を受けたブルータル・デスメタル・バンド。活動歴はさほどなく、2003 年に 4 曲収録デモ音源と Naked Incise や Excruciate らとスプリット CD を発表していたのみ。学生バンドであったため、数年で卒業と共に解散する。本作 3 曲収録 EP は BrutalSlamGuttural Productions によりリマスターされ、発売されたもの。お手本どおりの純然たるミドルテンポ中心のデスメタルなサウンド。

A
A Unknown World

簡 诡车　常 詭車
簡 未知世界　常 未知世界

Symphonic Metal	遼寧省瀋陽	
自主制作	フルレンス	2017

瀋陽出身。2015 年結成。メンバー 7 人全員（ヴォーカル、ギター× 2、ベース、キーボード、ドラム、サックス＆リリコン）が音楽大学を卒業したゴシック・メタル・テイストの強いシンフォニック・メタル・バンドのデビューアルバム。紅一点ヴォーカリスト陳鏡羽の儚くも、美しく優しさにあふれたポップな歌唱が最大の魅力で、男性デスヴォイスがからみ付く。豪華絢爛さはないが、微に入り細に入った落ち着いたアレンジがなされており、新鮮さを感じさせながら、懐かしさも覚えさせてくれるサウンドである。

A Abscond | **簡 潜逃** | **常 潜逃**

A Milestone | **簡 里程碑** | **常 里程碑**

Hard Rock	吉林省長春	
VPOGO 音乐文化厂牌	EP	2015

結成当初はグランジ色が強かったが、アメリカン・ハード・ロックやヘヴィ・メタル色を強めながら、メロディアスさをキーポイントにサウンドを作り上げた５人組バンドの初EP作。５曲＋カラオケ２曲の収録。アメリカンなサウンドを求めながら、黑豹や轮回といった1990年代北京ハード・ロックの遺伝子も受け継ぎ、新世代の感性で以て2010年代の時代性にバージョンアップした正統派中国産ハード・ロックなスタイル。

A Abscond | **簡 潜逃** | **常 潜逃**

A Dust | **簡 尘埃** | **常 塵埃**

Hard Rock	吉林省長春	
VPOGO 音乐文化厂牌	EP	2016

一年と経たずにリリースした４曲収録の2nd EP。前作を引き継ぎながらニュー・メタル、メタルコアからトラップやダブステップといったエレクトロニカ的なサウンドも取り入れることで、さらに幅を広げた実験性の強い作品。雑多にジャンルを導入し、闇雲に急拡張したわけではなく、彼らなりのアメリカン・ハード・ロックと中国クラシック・ハード・ロックを基盤としながら、暖かみと激しさある歌唱を中心に新たなサウンドを融合させた。シンプルなアレンジで、安心して聴いていられる。

A Faster Alcoholics | **簡 酒鬼撸更快** | **常 酒鬼擼更快**

A S.O.D's Waste | **簡** | **常**

Thrash/Crossover	吉林省長春	
Kill The Light Productions	フルレンス	2017

S.O.D、M.O.D、S.O.B、M.O.B、D.R.I、Iron Reaganなどを好み、酒とパンク・ロックとスラッシュ・メタルを雑然とミックスさせたクロスオーバーと自ら表現する。2017年元旦に結成された張清（ドラム＆ヴォーカル）、李雨軒（ベース）、胡盛洋（ギター）による３ピーススラッシュ・メタル・バンド。５月に早くも1stアルバムをリリースとなった。Motörhead+ベイエリア・スラッシュな爆走型極悪ロックンスラッシュ。Burzumの「War」のカバーも収録。

A Flamingstream | **簡 炽潮** | **常 熾潮**

A If Blood Roils... | **簡** | **常**

Thrash Metal	吉林省長春	
Dying Art Productions	EP	2013

同時期に解散した２バンドが合体し、2008年長春にて誕生したスラッシュ・メタル・バンド。ヴォーカル、ギター×２、ベース、ドラムの５人組。ベイエリア・スラッシュに影響を受けたオーソドックスなスタイル。2011年５月には長春で行われた小林信一のライブで前座を務めている。2012年７月に正式解散。本作は活動中にレコーディングされていた楽曲を集め、2013年年末にリリースしたEP。Repulsionの「Black Breath」やVenomの「Black Metal」のカバーも収録。

A Nihility

簡 虚空 ／ 常 虚空

簡 枉死城 ／ 常 枉死城

Blackened Death/Melodic Death Metal	吉林省長春	
Cold Woods Records	EP	2012

2009 年結成。ヴォーカル、ギター× 2、ベース、ドラム、キーボードを擁する 6 人体制のブラックメタル・バンド。長春のエクストリーム系バンドを集めたオムニバス CD『北国之春―长春独立音乐年鉴』と『硬碰硬』に参加した後の 5 曲収録 1st EP。初期北欧ブラックメタルのプリミティブで冷酷な世界観を導入しているが、東北人の資質の直線的で豪放、そして純朴さが、極悪になりきれていない。劉天奇（ギター）、崔禹（ヴォーカル）、艾克（ドラム）は Black Kirin の 1st EP 制作に参加。

A Northern Stream

簡 北川 ／ 常 北川

簡 拾叁 ／ 常 拾叁

Melodic Death Metal/Metalcore	吉林省長春	
自主制作	フルレンス	2015

Nihility の劉天奇（ギター）、崔禹（ヴォーカル）によって 2015 年に結成されたサイドプロジェクト的バンド。メタルコア～メロディック・デスメタルの境界線を行き交いながら、グルーヴィーなリズムワーク、メロディアスでダークなギターソロがあり、軽快でありながら陰影さも兼ね備えている。ヴォーカルがブラックメタルとデスメタルのいいとこ取りした歌唱スタイルであるのも特徴的だ。この後『生若地狱死难逃』『彼岸』『乌鸦』等のシングルを発表している。

A Nuclear Bomb

A New Territory

簡 牛客帮 ／ 常 牛客帮

簡 新界 ／ 常 新界

Alternative Metal	吉林省長春	
自主制作	フルレンス	2016

デスヴォイスを中心にエレクトロ・ポップ風キュートな歌声や、ささやきヴォイスを織り交ぜながら、ザクザクギターリフにピコピコシンセが洪水のように流れ込み、脳みそをかき混ぜる。メタルコア＋エレクトロニカ＋ニューロマンティック＋J-ロック＋ポップパンクの女性ヴォーカル Eva 率いるエレクトロニコアバンドによる 1st アルバム。まったくもって日本人には着地点が見えてこない、盛り沢山なサウンドだが、大変おもしろく、癖になる音楽だ。ちなみにバンド中国語名は英語名の音訳である。

A System Collapse

A Pray

簡 制度瓦解 ／ 常 制度瓦解

簡 祈祷 ／ 常 祈祷

Nu Metal/Metalcore	吉林省長春	
Mort Productions	フルレンス	2006

結成当初はメンバー全員が高校生で、2000 年代前半中国東北部のエクストリーム・メタルを好むキッズに大きな影響を与えたニュー・メタル～メタルコア・バンドによるライブ会場で販売された 1st アルバム。冷酷なインダストリアルなサウンドが全面に押し出され、切れ味のあるギターリフがのっかかる。まるでマシーンのようにリズムを正確に刻むリズムワークと、聴く者の心地を悪くしながらも、耳を離すことができないヴォーカルの声質が、癖になる。

A System Collapse　**簡 制度瓦解**　**常 制度瓦解**

A Insist　**簡 坚持**　**常 堅持**

Nu Metal/Metalcore　吉林省長春

Mort Productions　EP　2008

北京に拠点を移し、1 年半ぶり 2 枚目の作品となる 5 曲収録 EP。ルーツを隠すことなく、メンバーが聴いてきた音楽を満遍なくあからさまに混ぜ合わせ、同時に聴きやすさを重点に置き、リフやソロにフックがあり、メロディセンスを感じる。リズムワークもマシーンっぽさがなくなる。生音によるリズミカルな打法で、聴く者を自然と揺らすテクニックを持っている。解散したのが悔やまれるほど素晴しい作品で、再活動が期待されるのが理解できるサウンドである。

A　**簡 魇**　**常 魘**

A　**簡 信仰**　**常 信仰**

Crossover/Thrash Metal　吉林省長春

自主制作　フルレンス　2010

秦浩燃（ヴォーカル）によって 2008 年結成、以後短い間に数度のメンバーチェンジがあった。2009 年に現在のメンバーの 5 人編成でバンドが安定するとライブ活動を開始した。ハードコア、スラッシュ・メタル、メロディック・デスメタルの融合を目指す。聴きやすさにポイントを置いた楽曲を中心に、重低音を響かすリズム隊と小刻みなギターリフが楽曲をタイトに締める。個性的な咆哮するヴォーカルを際立たせる楽曲構造。時折ノーマルヴォイスで歌い上げる部分は心が熱くなる声質を持つ。

A　**簡 魇**　**常 魘**

A　**簡 斗战胜佛**　**常 闘戦勝仏**

Crossover/Thrash Metal　吉林省長春

自主制作　フルレンス　2011

2nd アルバム。歌メロとギターリフに重点を置いたメロディック・デスメタルを基本にしながら、メタルコアへ分岐しようとする迷いと自信と理想が入り乱れたサウンド。方向性的は In Flames に近く良い路線なのだが、過去と未来を両方並びたてようとしたアレンジが逆効果で、不安定な状況となった。アルバム・タイトル通りにならず、名前負けした仕上がり具合に感じられる。アルバム・タイトル『斗战胜佛』とは天竺に到着した『西遊記』の三蔵一行が仏や菩薩になり、名称が変わった孫悟空のことで、賢明、勇敢、野生を表現する。

A　**簡 魇**　**常 魘**

A 12.21　**簡 12.21**　**常 12.21**

Crossover/Thrash Metal　吉林省長春

Mort Productions　フルレンス　2012

3rd アルバム。前作のような迷いも吹っ切れ、自信を付けたメタルコアに変貌したサウンド。スラッシュ・メタルを感じさせるザクザク感のあるギターリフがあったり、ツーバスを用いた激しいドラミングもあることで印象に残る。押し引き激しい展開を進め、きっちりと固めた音世界を作り出す。好き嫌いが分かれそうなところであるが、ヴォーカル・スタイルがデスヴォイスによるラップ歌唱とメロディを歌い上げるノーマルヴォイスを使い分けるタイプとなって、世界的潮流を作るスクリーモへも急接近した、メタルコアの雰囲気もある。

A **Lava**
A **The Road To Dreamland**

簡 **岩浆** **常** **岩漿**
簡 **幻境之路** **常** **幻境之路**

Thrash Metal/Melodic Death Metal	黒龍江省ハルビン	
自主制作	フルレンス	2016

ハルビンにて 2013 年結成の 5 人編成バンド。リーダー兼ギタリストの個人スタジオ Bandhome にて完成させた 1st アルバム。スラッシュ・メタルを基盤にしながらメロディック・デスメタルに接近を試みている。さらにニュー・メタルやインダストリアル・メタルのエッセンスをポイントに加えながら、熱気と冷気を共存させた楽曲構成をしっかりと押さえ、地に足が着いたストレートなサウンドになっている。

A **Leukaemia**
A **Leukaemia**

簡 **白血病** **常** **白血病**
簡 **白血病** **常** **白血病**

Black Metal	黒龍江省チチハル	
Helvete Production	フルレンス	2009

Hyena により 2008 年に創設されたプロジェクト。当初はワンマン体制。本作は結成より書き溜められた楽曲を 1 枚にまとめた作品。自ら低レベルで技術もなく楽しむだけのバンドと公表しているが、全楽器、ヴォーカルを独り（おそらくドラムは不在でドラムマシーン）でこなし、高品質プリミティブなブラックメタルである。唐朝もカバーした共産国家の第二国歌ともいわれる「インターナショナル」のブラック･メタル･バージョンも収録。本作以後多数作品を発表しており、情報が混乱しているものの、判明したものだけをレビューする。

A **Leukaemia**
A

簡 **白血病** **常** **白血病**
簡 **进化 / 灭绝** **常** **進化／滅絶**

Black Metal	黒龍江省チチハル	
Helvete Production	EP	2009

3 曲収録 EP。新曲（？）2 曲は独りだからとことん突き詰めて「百鍛千練」しているが、独りだけ残念な状態。激烈なブラストビートや金切声等の排他的手法が活き活きとしているが、全体的に霞みがかかり、それが返って狂気の全てが一つの病的な歪みに凝縮される。Hyena 自身はとても器用で才能を持った人間だと感じさせる。Goatmoon の「Alone」のカバー曲がほぼ完全コピー状態で収録されているが、いかんせんワンマン制作なだけに、エネルギーが不足している。趣味だから仕方が無いのだが。

A **Leukaemia**
A

簡 **白血病** **常** **白血病**
簡 **抗日歌曲** **常** **抗日歌曲**

Black Metal	黒龍江省チチハル	
Helvete Production	EP	2009

EP『単一模式』（実質はアルバム『白血病』に新曲 1 曲を追加）をはさみ、歌詞も抗日に関する内容を羅列したビジネスライクな抗日愛国デプレッシブ・ヒストリック・フォーク・ブラック・メタルの様相を呈する 4 曲収録 EP。力の抜けたグロウル・ヴォイスで歌われるが、歌詞はほぼ聞き取り不可能。チャルメラや琵琶、二胡など伝統楽器も使い、古いプロパガンダ映画からのサンプリング音源などを使った一風変わったサウンド。ヴォーカル以外は、ブラック・メタル的なところも無く、酒場を盛り上げるフォークソングのようでもある。

A Leukaemia

A

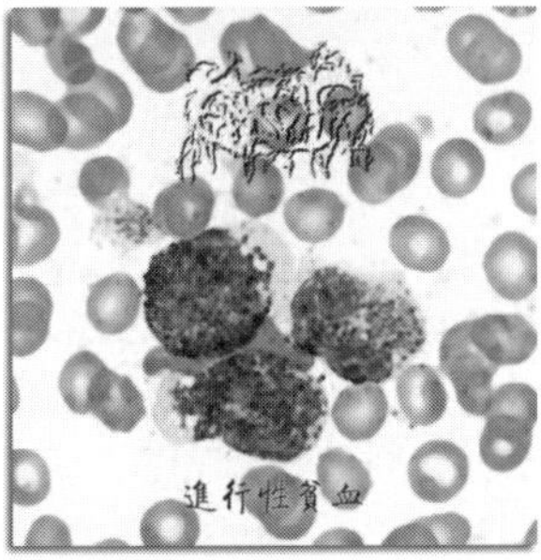

簡 白血病 | **常** 白血病

簡 进行性贫血 | **常** 進行性貧血

Black Metal | 黒龍江省チチハル

Helvete Production | フルレンス | 2010

アルバム『白血病』から6曲、EP『进化 ／ 灭绝』から3曲、EP『单一模式』から1曲を選曲し、品行方正なブラックメタルな新曲1曲とTaake「Marerittet」の器用貧乏なカバー曲を収録した12曲入りのアルバム。ファストなドラムと嗚咽のような厭世的なヴォーカルが、絶望感と寂寥感と虚無感に満ち溢れた世界へ誘い、メランコリーなメロディが冷徹な暴力性を感じさせる。黒龍江省第二の大都市といえども、内モンゴル寄りの端っこの街で、独りでメタラーが楽しむだけの娯楽音楽なのは仕方がない。

A Leukaemia

A Devour Demo

簡 白血病 | **常** 白血病

簡 | **常**

Black Metal | 黒龍江省チチハル

Helvete Production | EP | 2011

短いインターバルでリリースされた、中華民族アイデンティティーも忘れていない折り目正しいブラックメタルな新曲「吞噬」とLinkin Parkの「Don't Stay」の 尻切れトンボ なブラック・カバー2曲収録EP。美しく冷たい叙情メロディを奏でるギター、暴虐性溢れるリズム、身を切り刻む絶叫ヴォーカルなど、趣味の武器を明確にしつつ、懐古趣味的なクラシックで時代遅れなサウンドではあるが、趣味も継続は力なりで2曲とも本人が楽しんでいるのがにじみ出ている。

A Leukaemia

A

簡 白血病 | **常** 白血病

簡 向敌人宣战 | **常** 向敵人宣戦

Black Metal | 黒龍江省チチハル

Helvete Production | EP | 2011

3曲収録EP。ドラムマシーンの人間味のない演奏がかえって冷酷なブルータリティを増幅して、定石通りな暗澹たるブラックメタルに仕上がっている。たった3年ではあるが、趣味ブラックメタルも脂が乗り、ずいぶんと旨味のある音に仕上がった。絶叫ヴォーカルも板に付き、演奏力も安定する。中国東北部の極寒な冬の無慈悲な吹雪を想像でき、度数50度以上の白酒といっしょに頂戴したくなる。収録曲「暴力反抗」のイントロに、どこかから取ってきた中国語ではない言語の演説が空耳っぽく聴こえてしまい、面白い。

A Leukaemia

A

簡 白血病 | **常** 白血病

簡 增殖失控 | **常** 増殖失控

Black Metal | 黒龍江省チチハル

Helvete Production | フルレンス | 2012

『Devour Demo』からのオリジナル曲1曲と新曲8曲を収録した2枚目のアルバム。狂った社会の無秩序な発展が、人としての生活に悪影響をもたらしていることを比喩した作品となっているようである。鬱的な絶叫や病的感覚が生み出すメロディとリフ、中国最北に篭もり切った音創り。悲愴かつ孤独な内なる感覚と大きく開ける平原が目の前にある外なる感覚が渦巻く絶望感をじんわりと滲み出させたサウンド。趣味を超越したHyena流の高品質ワンマン・ブラックメタル道を突き詰めた、ウィットに富んだ無風流な作品。

A Leukaemia

A

簡 白血病

簡 吞噬 . 世界末日病毒密码 -959607603

常 白血病

常 吞噬 . 世界末日病毒密碼 -959607603

Black Metal | 黒龍江省チチハル

Moves Restlessly | フルレンス | 2013

Moves Restlessly との契約の際、レーベルから提案された既発曲ベスト盤。『Devour Demo』から 2 曲、『进行性贫血』から 1 曲、『白血病』から 3 曲、『增殖失控』から 1 曲の計 7 曲が収録。Leukaemia の代名詞という楽曲を並べ、躁鬱、絶叫、孤独、悲壮、絶望的な環境であっても人知れず趣味を謳歌し、世界に散らばる同属マニアとのコミュニティの形成が可能ということを論証した作品。959607603 という数列は Hyena が夢の中で見た、世界滅亡の日に頭に浮かんだ数字だ。

A Leukaemia

A The Spirit Tablet

簡 白血病

簡

常 白血病

常

Black Metal | 黒龍江省チチハル

Moves Restlessly | EP | 2013

EP『动脉输液』をはさみ、2012 年 10 月より Vautour（ギター）が加入し、二人体制となり制作され、Moves Restlessly よりリリースされた 4 曲 EP。バンド感が高まり、2 人の才能が溶け合い、勢いが増した作品。リリース翌月、収録曲「幸运者」と Suicide Silence のカバー曲を収めた EP『幸运者（Lucky（To Mitch Lucker）／ Unanswered)』を自主レーベル（Helvete Production ）から発売。この後の動向情報がなく、活動状況が不明である。

中国メタル美女特集

張聡聡

Eva

蒲羽

前左：霍然、前右：潘赫

全世界からメタル・バンドを集めると何組になるのかはわからないが、世間一般的にイケメンと呼ばれる男性メタル・ミュージシャンはあまり多くないかもしれない。しかしながら、美人女性メタル・ミュージシャンとなると欧州はもちろんのこと、南米美女大国 3C（コロンビア、チリ、コスタリカ）にも多いであろう。我が日本でも 70 年代より、カルメン・マキが、80 年代よりは浜田麻里、SHOW-YA の寺田恵子など美しさと歌唱力そして実力を兼ね備えた女性ボーカリストが登場した。2010 年以後、Aldious の登場により多くのガールズ・メタル・バンドが群雄割拠することとなり、日本のかっこいいが老齢化の激しいメタルシーンに音楽だけでなく美しさも投じ、シーン全体が活気づいた。

さて、隣国中国ではどうかというと、少なからず女性メタル・ミュージシャンがいる。ファン・ビンビンやヴィッキー・チャオ、ディルラバなどの映画女優には及ばないかもしれないが、結構美人が多い。メイクと撮影が大変上手なのかもしれないが………。そんな中国重金属美女を 27 組のバンドより 38 人をご紹介する。

個々をご紹介する前に、楽器パート別では、ヴォーカリストが20人、ベーシストが2人、ドラムが1人、キーボード奏者が7人、コーラスが1人、ヴァイオリン奏者が1人、ギタリストは2人であった（内1名はヴォーカルとキーボードを兼任）。これはやはりメタルに限らずロック・バンドでは女性が担当するのがヴォーカルもしくはキーボードになってしまう点は世界共通とも言える。そして全員女性ロック・バンドといえば90年代に登場したCobraがいるのだが、彼女たちはパンク色の強いハード・ロック・バンドでしかもサックス奏者がいたという変わった編成であった。パンク・バンドやポップ・ロック・バンドでは全員女性というバンドが登場している。ジャンル別でいうと、NightWishやEpicaに影響を受けたゴシック・メタルやシンフォニック・メタル、もしくはArch EnemyのAngela Gossowに影響を受けたメロディック・デスメタル、スラッシュ・メタルがほとんどである。あとはプログレッシブ・メタルや歌謡曲調の歌メロをもつヘヴィ・メタルがわずかにいるだけである。

東北・北京・華北

東北より、瀋陽出身Acherozuのベーシスト**張聡聡**。細身、色白、長い黒髪、長い脚まさしく東北美人の典型で、一見おとなしそうには見えるが自己主張が強いと言われているので怒ると……。さらに北に目をやると、長春出身Nuclear Bombのヴォーカル**Eva**は女優波瑠に似たお淑やか美女。

北京からは14名。おおらかで頭が切れるといわれる北京美人を一言で言い表すのは難しいくらい多種多様である。スラッシュ・メタル・バンドCrackのベーシスト**蒲羽**はヴァイオリン奏者宮本笑里に似ていてお嬢様っぽい雰囲気だ。最近ではアメリカで活動するVoodoo Kungfuにも加入した。ゴシック・メタルDengelのヴォーカル**霍然**とキーボード**潘赫**、どちらもキュートな美しさがありながら両者異なる美がある。メロディック・パワー・メタル・バンドFrozen Crossからは、ヴォーカル**何建航**がしっかりものの姉、キーボード**劉欣**がぬけめない妹のような美人姉妹のように見える。シンフォニック・パワー・メタルIllusionでコーラスを担当する**曽黎**は瀬戸朝香のようなほんわかタイプだ。プログレッシブ・メタルMirageからはヴォーカル**万永婷**、彼女は台湾出身で、林志玲の妖艶さと小Sこと徐熙娣の清楚さを合わせ持っている。メロディック・ヘヴィ・メタルNightingaleのヴォーカル**周楊子**は元Aldiousのボーカリスト、そして現在Raglaiaやソロでも活動するRAMIをゴージャスにした雰囲気で、なんとピアノ検定9級（中国の資格など検定試験は1級

中央左：何建航
中央右：劉欣

曽黎

万永婷

周楊子

小虎

小楠

楊波

李暁宇

左から２人目：馬研

藍藻

小四

蒋娜

Moli

中央：陳茗詩

中央：陳潔珺

曾犀利

から始まり級数が上がるにつれて数字が大きくなる）を持つ。北京の方の Purgatory からはヴォーカル**小虎**とヴァイオリン**小楠**。両者とも本名未公表で愛称なのだが、片や黒髪、片や茶髪であるものの２人ともギャルのような活発さを感じさせる。メロディック・デスメタル Purple Hell のヴォーカル**楊波**は左側頭部はなんと刈り上げ状態のセミロングヘアーなイケメン系お姉さまで、右上腕の全体に施されたタトゥーも眩しい。シンフォニック・メタル Silent Elegy からはヴォーカルの**李暁宇**。女優顔とも言っていいほど端整な顔つき、歴史ドラマに主演していたとしても不思議ではない。ゴシック・ドゥーム・メタル Silent Resentment からはヴォーカルの**馬研**。あとから加入したのにもうすでに男衆を下僕にしてしまったような姐御肌を醸し出している。オールドスクールなデスメタル Ready To Die のボーカリスト**藍藻**。ファッション雑誌の表紙を飾りそうな美人モデルな出で立ち。

さて、次はお隣天津からは２名。ゴシック・メタルシングル Winged Angel のヴォーカル**小四**（本名非公開）。本稿でも記したが足が不自由だがマルチな才能を発揮する才色兼備な女性。そして、グルーヴ・フォーク・メタル Song of Chu のドラム**蒋娜**。中国メタル界唯一の女性ドラムは黒髪ロングヘアーな清楚な美人さん。

上海・杭州・福州

お次は南に移動して上海へ。かつてアジアの魔都と呼ばれた都市からは８名。・メタルコア Before The Daylight からはヴォーカル **Moli**。一時期は真っピンクに染めていたセクシーレディ。首元、左腕、左太ももの華やかなタトゥーは男殺しのエロさが半端ない。スラッシュ・メタル Blood of Life のヴォーカル**陳茗詩**は学術研究員と言えそうな知的美人のオーラをまとっている。非常に激しい歌を披露するので、ギャップ萌だ。そして、メロディック・ブラックメタル Terminal Lost のキーボード奏者**陳潔珺**。丸顔でおっとりしていそうで実は芯があってプライドが高く、仕事もバリバリこなす上海キャリアガールの典型と言える。そして全員女性ガールズ・メタルコア・バンド MustBeRed の５人。出身地はそれぞれでヴォーカル**曾犀利**、ギタリスト **Red 瑞徳**とベーシスト **Journey** の３人が上海、ドラム**淇鈺**が広州、**Ani** が香港で、５人ともスタイリッシュでスレンダー体型。

杭州湾大橋を渡り龍井茶で有名な杭州へ。October Capricorn のヴォーカル**銭艶艶**は、ボーイッシュで快活な雰囲気だ。

更に南下して福建省の省都の福州からはメロディック・ブラックメタル Lunar Eclipse のヴォーカル**唐博**。若いのに肝っ玉かーちゃん感がすごい。反論は出来なさそう……。

広州・成都・昆明

もっと南へ行ってみよう。食は広州にありで日本では有名な広東省の省都より３名。広州は美人がいないとかささやかれる街だが、シンフォニック・ブラックメタル Dark Ring からは神秘的な妖艶さを纏うキーボードの**王蘇研**とクリッとした目がキュートな美女ヴォーカル**崔芳僑**。そして、シンフォニック・パワー・メタル Mysterain からヴォーカルの**龐悦**。南方の出身なのに北方の顔つき、章子怡（チャン・ツィイー）に似た目鼻立ちがくっきりしているのが特徴だ。マカオの接する街珠海のメロディック・デスメタル・バンド Soutlaid の**婉嫻**は大女優コン・リーに似た気品ある美しさを纏う。

こんどは北上して四川盆地へ。三国志がお好きな方には有名、でなくても激辛料理の故郷四川省の省都成都よりブルータル・デスメタル Pythonic Curse のキーボード**侯書楣**。さすが美人の宝庫、四川辣妹という言葉があるほど、かなり情熱的でストレートな性格らしいが、写真からそれが滲み出している。

お次は雲貴高原から。プーアル茶の原産地雲南省省都昆明より Catching String のヴォーカル**范紫潇**。どことなく少年のような雰囲気で、ちょっと不思議な感じがある点が魅力的な小柄な女性だ。ようやく最後の街、雲南省楚雄イ族自治州楚雄からゴシック・メタル Close to Abyss のヴォーカル**葉芸臨**は、小柄で童顔な美少女だ。

まとめ

足早に 35 名の中国重金属美女をご紹介してきた。レビュー紹介した他バンドの中にも女性メンバーが在籍しているのもあったが、写真がなく紹介することができなかった。また、中国は多くの人口を抱え、100 万人以上の都市は 142 カ所１千万人都市が６都市もあるにも関わらず、ここで紹介した美人は 11 都市からのみ。新華通訊社による「中国で美女が最も多い都市は？上位 10 都市ランキング調査」では１位大連、２位重慶、３位成都、４位蘇州と杭州、５位長沙、６位南京、７位上海、８位北京、９位香港、10 位広州となる。メタル美女はこれら 11 都市中５都市からの出身者しかいない。いやこのランキング以外の都市にも美女はたくさんいるはずだし、中国政府の民族識別工作により 55 に分けられた少数民族にも美人はたくさんいる。これからの中国・メタルシーンに期待値は高い。

追記

執筆最終段階となり新たに見つけた３組を紹介する。ガールズ・メタル・バンド核土豆女

Red 瑞徳

Journey

淇鈺

Ani

銭艶艶

左端：唐博

王蘇研

崔芳僑

子として上海で活動していた**曹玉菲**もバンド解散後はソロ活動をしており、ポップなメロディを主軸にエッジの効いたギターサウンドが入った音楽を制作しており、EP『自由』を発表している。彼女もMustBeRedのメンバーと同様スタイリッシュだ。そして北京で活動する癒し系の**Lynne Gong**は変わった経歴で、元々医療業界で働いていたが、音楽家としての夢を追求するため、2012年よりRhapsody of Fireに一時期在籍したTom Hessに師事した経験があり、現在はギター講師をすると共にFractal DimensionやBubble Theoryといったプログレ・メタル・プロジェクトをスタートさせている。

美女メタラー候補として湖北省武漢の本書出版時点では、小学生の**YO YO**ちゃんを挙げておく。演奏技術と音楽的才能をつけると共に是非10年後に成長してから、日本のLi-sa-Xとギターバトルをしていて欲しい。

2018年、浙江衛星テレビが放送するオーディション番組「中国好声音2018」に登場したのが、打包安琪。湖北省武漢出身の看護師の**黄安琪**（デスヴォイス）と湖南省湘潭出身の音楽教師の**刘安琪**（アニメ声）の2人から結成されたメタル・ディーヴァ・デュオ。中国版和楽器バンドの『嗨的国乐团』の「权御天下」や周杰倫の「威廉古堡」のメタルアレンジ曲「尼古拉斯狂想曲」を披露し、中国全土に声を響かした。残念ながら、途中敗退し、解散することになるが、それぞれソロ活動を開始する。グループ名は、中国でレストラン等で料理を持ち帰りする際によく使うの表現「打包」に二人の名前の安琪をくっつけたのと、Double Angelの音訳のダブルミーニング。

2018年に入りラップミュージックに規制が入ってしまった中国ではあるが、ヘヴィ・メタルに関してはミュージシャンだけでなく、レコード会社やイベント会社、楽器店などでヘヴィ・メタルに関わる人が多く、ビジネスとして小さいながらもマーケットが発展する時代となった。いつしかフィンランドのように主要輸出品目になるのだろうか。

龐悦

婉娴

侯書楣

左：范紫潇

葉芸臨

曹玉菲

Lynne Gong

YO YO

打包安琪 左：黄安琪 右：刘安琪

華東

華東地区は上海市、江蘇省、山東省、浙江省の 1 直轄市 3 省からなる。中国経済を牽引する国際都市上海、および上海周辺の華東地域はきわめて高い購買力を有する消費者が育ち、経済発展も目覚しい。

上海市

上海市は、中国最大の都市であるとともに世界有数の大都市でもある。同国の商業・金融・工業・交通などの中心の一つ。面積は、6340 万 km²。2016 年度の人口は 2419.70 万人、GDP は 2 兆 7466 億元（約 43 兆 9456 億円）アメリカのシンクタンクが 2017 年に発表した総合的な世界都市ランキングにおいて、世界 9 位と評価される。上海出身のバンドは 27 組。中国最大の経済を誇る都市そしてかつて Jazz City として名を馳せた都市にしては少なく感じるが、中国ロック・中国メタル＝北京であった時代が長かったため、上海を地元に活動するロック・メタル・ミュージシャンが育たなかった。1990 年代に活動していたのがたった 1 組だけ。2000 年代に入り、学生バンドが登場しその内のいくつかがアルバムデビューとなる。2010 年を過ぎてからバンド数の増加傾向が見られ、ライブハウスの誕生などもあり、ロック／メタルシーンが形成され始める。

江蘇省

江蘇省は東側は黄海に面する。省南部は長江下流デルタ地帯に入り、かつては豊かな農業地帯であったが、近年は工業地帯として大発展する。省都は南京で、面積は 10 万 2658km²。2016 年度の人口 7998.6 万人、GDP7 兆 6086 億元（約 121 兆 7376 億円）で、広東省、山東省に次ぐ国内第 3 位。江蘇省出身のバンドは鎮江、南京、徐州、蘇州からの 6 組。鎮江は西南部、長江下流南岸に位置し、長江と大運河とが交差する位置にあり、北宋のころから商業都市として栄えてきた。南京は古代より様々な王朝の都として栄え、中華民国国民党政府時代の首都でもあった。徐州は北西部にあり、古代より各地の軍勢が争奪する地であり、各地の商人が集まる地でもあった街。前漢王朝の始祖劉邦の出身地でもある。蘇州は古くから絹織物で発展し、現在でも上海市に隣接する地の利もあり、省の経済的中心である。

山東省

山東省は、15 万 6510 km²、省都は済南。半島部分が渤海と黄海に突き出し、遼東半島と相対する。2016 年度の人口は 9946 万人、GDP は 6 兆 7008 億元（約 107 兆 2128 億円）。山東省出身のバンドは泰安、淄博、青島、済南の 4 都市から 13 組。13 組ではあるが青島拠点 6 組は数人のメンバーを中心にしたプロジェクトに近い派生バンドの傾向がある。泰安は工業活動産業であり、鉱業資源が豊かである。青島は家電メーカーハイアールやハイセンスの本拠地。済南は中国有数の鉄鋼メーカー済南鋼鉄があり、現在は保険、情報技術、通信、観光など、高度なサービス業やハイテク産業に力を入れる。淄博は省中央部に位置し、陶磁器の都（陶瓷之都）・絹織物の里（丝绸之乡）として有名である。

浙江省

浙江省は、華東地区中部に位置し、東は東シナ海に面する。省都は杭州。面積は 10 万 1800 km² 。2016 年度の人口は 5590 万人、GDP は 4 兆 6484 億元（約 74 兆 3744 億円）。ミネラルウォーターの娃哈哈や IT 企業アリババの本社が杭州にある。中国のユダヤ人と異名を持つ温州商人の街 温州は省南東部にある。浙江省出身のバンドは 6 組。4 組が杭州、2 組が温州となっている。

日中英語使用し、成功を目前に解散したヴィジュアル・メタル

Lilith

簡

常

Visual Metal	2012 ～ 2017	上海

2016 年　EP『Arcadia (Japanese Ver.)』、ライブアルバム『Lilith Live Selection』、EP『Rebirth- 歸來 -』

2012 年、鏡華（ヴォーカル）と楽（ドラム）を中心に結成。同年、日本育ちの凛（ギター）が加入、翌年修羅（ベース）が加入し、ライブ活動と音源制作に入る。ヴィジュアル系ロック・バンドに影響を受けながら、世界中にある音楽的要素をミックスさせ、日中英語と 3 ヶ国語を駆使して独自の世界観を作る。上海で開催された音楽フェスやアニメフェスに参加したり、単独公演も成功させ、着実な歩みを進める。日本のヴィジュアル系バンドの上海公演の前座を務めて国外にも知名度を上げる。2016 年 5 月には長期の制作期間を経て完成した初アルバム『圆梦中华 -Genuine to the Core-』をリリース。その直後 2016 年 7 月 9 日から日中で放送が開始されたアニメ『一人之下 the outcast』の主題歌も担当。年が明けて 2 月には来日ライブを成功させ、大きな期待が寄せられた。ロックマーケットが拡大し続ける中国だが、ヴィジュアル系マーケットが未成熟のため、残念ながら 2017 年 4 月の上海ライブを以て解散。凛は再び日本で、ヴィジュアル系バンド Affective Synergy の活動を再開させた。

A Lilith

簡　常

A Over the World

簡　常

Visual Metal	上海	
Grows Independent Music	EP	2013

北京出身の Silver Ash 以来、中華圏としては久しぶりの登場となるヴィジュアル系ロック・バンドによる 3 曲収録デビュー EP。もちろん Deep Purple ～ Rainbow ～ Uli Roth と連なる様式美ヘヴィ・メタルの一連の流れを彼ら自身直接影響を受けていない。しかし本人達は意識していなくとも 90 年代ヴィジュアル系と 2000 年代メタルコアを通して先祖返りを起こし、2010 年代上海に産声を上げ温故知新的なハードでメロディアスなサウンド。

A Lilith
A Fenice

簡	常	
簡	常	
Visual Metal	上海	
Grows Independent Music	EP	2013

前作よりたった半年足らずでリリースされた４曲収録 2nd EP。過激すぎず、ポップすぎず、最低限のダイナミックな演奏と歌を大切にした楽曲が並ぶ。早くも進むべき道を明確に表現しており、楽曲的にもアティテュード的にも熱く勢いがある。外見だけではなく中身が詰まったバンドであることがストレートに伝わってくる。1980 年代、1990 年代、2000 年代、2010 年代とそれぞれ彩ったロックやヘヴィ・メタルを、香り豊かにブレンドした贅沢な若々しい風味を持つ。

A Lilith
A Galassia

簡	常	
簡	常	
Visual Metal	上海	
Grows Independent Music	EP	2014

またもや半年と短期間で仕上げた２曲収録 EP。ヴィジュアル系への風当たりが強い中、前進しようとするメンバー間のケミストリーが最大限に発揮することができた。今までの中では、最もヴィジュアル系ロックを体現しており、エネルギーの強いミディアムテンポのロックチューンと、幻想的なパワーバラードと、バンドの二つの側面を表現している。次なる段階へ離陸した瞬間を切り取った楽曲として、バンドには充実感が溢れ、核となる２曲である。

A Lilith
A Arcadia

簡	常	
簡	常	
Visual Metal	上海	
Grows Independent Music	EP	2014

リリースサイクルが異常に短く、６曲収録 EP を完成する。１曲目がハウスミュージックあるいは、エレクトロミュージックのような楽曲から始まるのにはびっくりする。しかし、彼ららしい様々な時代のロックやヘヴィ・メタルをバランスよく消化吸収し、バンドの方向性がブレることなくオリジナリティに昇華している。そのドラマティックな音楽の上に、力強くも耳に優しい歌が乗り、独特な風格が出来上がる。収録曲「Arcadia」は日中で放送されたアニメ『一人之下 the outcast』のオープニングテーマである。

A Lilith
A Genuine to the Core

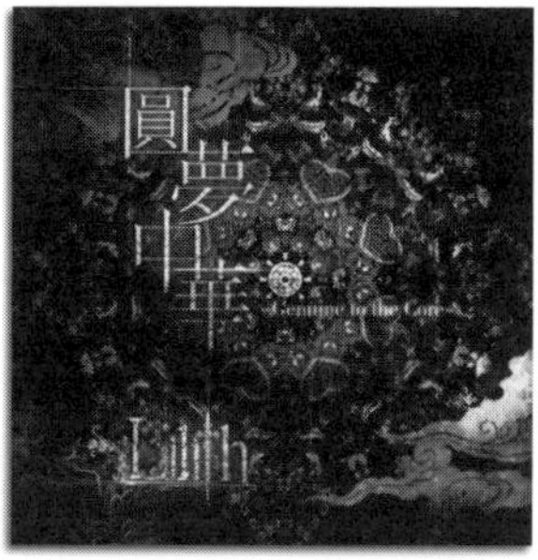

簡	常	
簡 圓梦中华	常 円夢中華	
Visual Metal	上海	
Grows Independent Music	フルレンス	2016

１曲収録 EP『Mr.Frxxk』をはさみ、長期制作期間を経て完成した初アルバム。既発作品にも収録済みの３曲を含め、合計 14 曲収録。今までの音楽性を踏襲し、メロディアスさを強調させ、ライブやレコーディング経験をフィードバックさせながら、メンバー４人が膝を突き合わせた。細部まで手を抜かず、じっくりと作りこまれた集大成であり、ようやくスタート地点に立った作品となる。完成度が高く、非常に素晴らしい作品と言え、激しい曲から幻想的な曲まであり、中国語が解らない人でも中国語の響きを新鮮に感じることが出来る。

A Lilith

A Dragon Heir

簡	常
簡 盘龙舞凤	常 盤龍舞鳳

Visual Metal	上海	
Grows Independent Music	EP	2016

『Arcadia』の日本語バージョンを収録した 6thEP に続き、2016 年末リリースのラスト EP となる 3 曲を収録した作品。古箏から始まる幻想的な中華旋律で幕を開けるインスト「召」、Lilith の世界観を前面に押し出したハードなメロディアス・ロックチューン「盘龙舞凤」につなげ、そしてお別れの挨拶のごとく儚いバラード「天上宫阙」に辿り着き、5 年の短き活動を終焉する。ようやく日本でも知名度が上がってきて、日中を股にかけて活動できる時が来たのに解散してしまう。

日本人社員統括するメンバーもいるシンフォニック・ブラック

Screaming Savior

簡 惊叫基督
常 驚叫基督

Symphonic Black/Extreme Metal	2001 ~	上海
2011 年 EP『永战之海』、2019 年 シングル『惊极幻见』		

陳潔珺（ギター）と張毅（ベース）を中心に 2001 年 2 月、上海にて結成される。最初期においては、Metallica や Alice in Chains のコピーバンドとして活動をしていたが、結成当初、一時的に在籍していた老唐（ヴォーカル）の趣向により Lacrimosa や Nightwish 等のゴシック・メタルやシンフォニック・メタルの影響を大きく受け、音楽性の転換を図る。この頃には適宜ライブを行っていたが、まだメンバー全員が学生だったためメンバーの出入りが多く、思うように活動が出来なかった。

2004 年に張毅が手を負傷したのを理由として脱退してしまい、中心人物の一人を失う。すぐに後釜ベーシストを招聘、オリジナル楽曲だけでのライブができるようになったが、バンド運営が困難となり、2005 年初頭解散する。

2006 年、張毅の手が完治したことにより彼の主導の下、陳潔珺とともに再結成を果たす。音楽性もより先鋭的なシンフォニック·ブラックメタルへと変貌する。しかしながらメンバーが一定しない状況が続き、陳潔珺が Screaming Savior 解散中にキーボード奏者として加入していた Terminal Lost も活動不安定な状態であったため、話し合いの下で吸収する形となり、バンド体制を整える。この後もメンバーを変えながら、2009 年 9 月リリースのオムニバス・アルバム『死夜 伍』に楽曲が収録され、10 月に 1st アルバム『Eclipse of the Dark Lunar』がようやくリリースされた。上海を拠点にライブ活動を行い、2011 年 10 月に EP『永战之海 / Ocean of Asura』、2012 年 1 月に 2nd アルバム『宙海 / Infinity』、2016 年 10 月に 3rd アルバム『千面无容』をリリース。Terminal Lost は再度分離する形で再結成する。2017 年はライブを中心に全国を廻る。2018 年 8 月に Evoken de Valhall 企画イベントに参加し、東名阪を廻るため初来日する。

最新のメンバーは、楊誠（ヴォーカル）、陳潔珺、馮忠亮（ギター）、張毅、Mark Kough（ドラム）、田申（キーボード）である。2019 年から中国語バンド名を惊极に変更した。

A Screaming Savior **簡 惊叫基督** **常 驚叫基督**
A Eclipse of the Dark Lunar **簡 暗月 蚀** **常 暗月 蝕**

Symphonic Black/Extreme Metal	上海	
Mort Productions	フルレンス	2009

結成 9 年目にして初アルバムとなり、主に 2007 年以降に創作された 9 曲を収録。Chthonic の音楽性に近いといえるが、さらにキーボードを多用。ド派手なパートやしっとりと聴かせるパートなど、洗練されたメロディを織り交ぜることで荘厳さと暴虐さを強調し、悲哀な世界観を前面に押し出す。やはり上海人の合理的気質と洗練されたものを好む気質が大きく出ていることもあり、端麗な構成で緻密に作り上げられている。1 枚目からしてこの完成度の高さは今後の活動に大いなる期待を抱かせる。

A Screaming Savior **簡 惊叫基督** **常 驚叫基督**
A Infinity **簡 宙海** **常 宙海**

Symphonic Black/Extreme Metal	上海	
Mort Productions	フルレンス	2012

唐朝のカバー曲も収録された先行 EP『永战之海 / Ocean of Asura』を 2011 年秋にリリースして本番となる 2nd アルバム。映画音楽のような威風堂々としたイントロで早々に引き込まれる。荘厳に奏でるキーボードを中核に、洗練された美しいメロディが光り、デスヴォイスが疾走し、女性ソプラノコーラスが儚く入り込む。時折入る二胡の音色がアクセントとして物悲しさを強める。安定感のあるリズム隊も重厚感を出す。翌年タイトルを『Infinity』と変更し、海外版がリリースされる。

A Screaming Savior **簡 惊叫基督** **常 驚叫基督**
A Semblances of the Void **簡 千面无容** **常 千面無容**

Symphonic Black/Extreme Metal	上海	
Mort Productions	フルレンス	2016

4 年ぶりの新作。前作では圧倒的なキーボードの存在感に押され気味だったギターやリズム隊がしっかりと個性を発揮し、華やかなキーボードとの相乗効果でドラマティックに盛り上げ、美麗な暴虐さを披露する。ストリングス静寂パートからの超絶ドラマティックなギターパートへなだれ込む展開は圧巻で、静寂なソロパートではリラックスした美しいメロディを奏でる。また、中華メロディを用いたパートも増え、独特の風格を醸し出してる。中華民国時代が舞台の映画で乱闘シーンに起用されていても違和感がないほど、シネマティックな展開も感じさせる。

Screaming Savior インタビュー
回答者：陳潔珺、張毅、Mark Kough、楊誠

Q：今まで外国のメディアからインタビューを受けたことはありますか？
陳潔珺：欧米からのインタビューはたくさんありますが、日本からはたぶん初めてです。
Q：では、バンドはいつどこで、どのように結成されましたか？　また、音楽性やメンバーに変化はありましたか？　バンドメンバーの紹介をお願いします。
張毅：みなさんこんにちは。私は張毅といいます。Screaming Savior のベーシストです。2001 年に私と現在は脱退しているもう 1 人のギタリストと前身バンドで当時人気のあった曲を演奏して注目はされていました。そしてピアノ教室でギタリストの陳潔珺と知り合いました。全員ヘヴィ・メタルが大好きだとわかったのです。それでこのバンドを始めて現在に至っています。結成してからずっと「ひ弱で楽しいだけの流行の音楽など追わずに、最高にパワフルなヘヴィ・メタルを追求する」という信念でやり続けています。

ほかのバンドと同じで大学生のころから始めたわけですが、Metallica や欧米バンドのカバーから始まり、一時期は女性ソプラノボーカリストとNightwish のようなスタイルになった時もありました。しかし 2004 年くらいに解散してしまいました。その原因というのも私が仕事中に手を火傷してしまったので、一年ほど何も出来なかったからなんです。2005 年には回復したので陳潔珺とこのバンドをリニューアル再結成することになりました。その時から徐々に現在のスタイルへとなっていきました。ある意味、ロジック的なことは破綻しているかもしれませんが、怪我を起因とする解散が再結成の機会を与えてくれたのかもしれません。メンバーはまったく同意しないでしょうけど（笑）。バンド名は結成時、かっこいい響きのある名前が欲しかったからです。再結成した時もこの名前以外考えられませんでした。実を言うと、今までこのバンド名が原因である宗教団体から警告されたことがあります。それでも止めない理由は長年気に入っているからです。バンド名こそが我々が表現しようとする観点を端的に言い表していると考えています。バンド結成以来、今までに在籍したメンバーは 25 人を超えています。私と陳潔珺、それとキーボード奏者の田申がオリジナルメンバーです。ボーカリストの楊誠はバンド再結成時に加入し、2016 年、ドラムのMarkが加入しました。2017年に入り、ギタリストとして魏英軒が新しくメンバーになりました。いつも私たちが冗談で、「今までいたことのあるメンバーで 11 対 11 のサッカーゲームが出来るね」って言っています。審判いれても十分間に合っていますし。

Mark：こんにちは。ドラムの Mark Kough です。

Q：では、バンドの音楽性を説明お願いします。

陳潔珺：我々はシンフォニック・ブラックメタル・バンドで、メイン・ソングライターとしてクラシックの交響曲のファンでもあり、ヘヴィ・メタルのファンでもあるので、その両方を融合させたシンフォニック・ブラックメタルが必然的な選択肢でした。そして同時に中国的な要素も導入しています。

Q：メンバーの皆さんはどのようなバンドから影響を受けていますでしょうか？

張毅：もちろん Emperor！　Iron Maiden！音楽的なターニングポイントとしては、2 組います。ひとつはヘヴィ・メタルに出会ったといえる Metallica。もうひとつがロックにどのように交響曲を使うかを教えてくれたLacrimosa。

Q：メンバーそれぞれがメタルに目覚めるきっかけとはなんでしょうか？

張毅：一番最初は唐朝から始まっているのですが、それから私自身のメタル魂の目覚めは三段階になっています。まず第一段階は友人のバンド練習を見学したとき。練習していたのは Metallica の『For Whom The Bell Tolls』だったのですが、すごく気に入ってしまったことを覚えています。そこから外国のいろいろなメタル・バンドを聴くようになりました。第二段階は友人から薦められて買った In Flames の『Colony』、聴いてみたら身震いしてしまいました。そこから欧州のメタルにはまってしまいました。第三段階はネットサーフィンしている時に偶然聴いた Emperor の「Inno a Satana」。これで私の嗜好が固まって今に至っています。

私はいつだったか記憶が定かではないのですが、祖父の自動車人身事故の際にフロントガラスを突き破って飛び出して以来、記憶が全部なくなってしまったのです。だから覚えているのはずっとメタルを聴き続けているって事だけです。

高校のとき最も聴いていたのが Bon Jovi でした。私たちの世代のほとんどが黒豹や唐朝から始まっています。当時は、「おー、中国人にもこんな素晴らしいメタルが作れるんだ」と感じて、「じゃあ、俺たちもやってみよう」といった類の話。でも実際私自身にも問題があり、私が作りたい音楽と巷で人気のある音楽がまったく違っていたし、ものまねだけじゃなくて違った見方から自分の考える厳密な音楽を表現したかった。

Q：メンバーそれぞれが最初に買ったアルバムとは何でしょうか？

陳潔珺：最初に買ったのは唐朝の『梦回唐朝』！私を導いてくれましたね。あとはやはり、たぶん Iron Maiden。私の兄たちはたくさんいろいろなカセットテープを持っており、ずっと聴いていました。私自身は CD 世代を飛び越えてカセットテープから MP3 に直接進化しています。ただ覚えているのは兄がずっと Chicago を聴いていたことくらい。当時、兄の部屋ではずっとフルヴォリュームでかかっていたのです。

Mark：唐朝の『梦回唐朝』。

Q：今現在、好きなバンドや人生観を変えたアルバム 5 枚教えてください。

陳潔珺：最も好きなアルバムとするなら、Emperor、Anorexia Nervosa、Opeth のアルバムですが、私の人生観を変えるというには不十分。音楽全体として人生観を大きくひっくり返したのは、中学生の頃に音楽の授業で聴いたベートーベンの交響曲第 5 番運命でした。聴いた時は本当に心底身震いがしました。この時から交響曲にぞっこんになってしまいました。もちろん私自身の心の中では Emperor が生存するアーティストの中では最大の音楽家と思っています。でも、ストレートに言うならば自分の人生に最も影響力が大きいのが Emperor でなくてベートーベンとマーラーになります。

Mark：ランキングは出来ないですね。言ったとおり Iron Maiden が一番。最新アルバムが一番です。

- **The Police『Every Breath You Take』**
- **Pantera『The Great Southern Trendkill』**
- **Igor Stravinsky『Rite of Spring』**
- **Slayer『God Hates Us All』**
- **Sepultura『Chaos AD/Roots』**

私自身は今まで自分の人生を自分で決めてきたので、アルバムで自分が変わったとは言えません。強いて言えば、私たちのファーストアルバム『Eclipse of the Dark Lunar』ですね。私たちに色々な可能性を見い出してくれたし、今日まで辞めることなくバンドを続けることが出来ました。

Q：中国ロックの第一世代の人たちに比べると、いろいろな音楽情報が簡単に得られる時代になりましたが、ヘヴィ・メタルに関してはどうでしょうか？

陳潔珺：当時に比べれば、私たちはメタル関連のニュースを得やすくなりました。でも当時とは対照的に何でも多すぎてありがたみが少なくなりました。昔はアルバム 1 枚買ったら何度も繰り返し聴いて、どの曲も頭から終わりまでハミングできたし、演奏さえも出来ました。今になってはネット上にたくさんアルバムがアップされていて、ちょっと何曲か聴いては別のアルバムへ行ってしまう。本当に何度も聴き込むくらい熱くなれるアルバムがだんだん減ってきています。メタルに関して言えば、私個人はあまりたくさん聴いていません。音楽全般を聴いているのです。

Mark: 陳潔珺の考え方と同じです。昔、情報を得づらかった時代はバスに乗って市場に行って CD を買っていたものでした。今では家で座りながら指を動かすだけで色々な音楽が簡単にダウンロードできます。けれどそれで時々迷ってしまうこともあります。中国のメタルと海外のメタルファンのコミュニケーションにも問題があります。ひとつ目は言語で、ふたつ目は交流する場です。中国国内の音楽 CD アルバムは正式に海外へ販売するルートがありません。

Q：私が北京留学をしていた 20 年前に中国人の友達何人かにヘヴィ・メタルを聴かせたら、眉間にしわを寄せて「うるさいだけ」だとか「これは音楽じゃない」と言われてしまいました。今は随分と変わっていると思いますが、あなたたちの周りにいるメタルファン以外の普通の人たちはメタルに対してどんなイメージを持っているのでしょうか？

陳潔珺：まったく変わってないと思います。中国のメタルファンは依然として大変少ないです。私の友人の中で私たちの音楽を気に入ってくれる人も多少はいますが、ブラックメタル的なヴォーカルを聴くと皆受け付けなくなりますね。

私の母親もずっと私がやっているのはまともな音楽ではないと思っています。私たちのようなエクストリームなブラックメタルはニッチな音楽です。もちろん人気のロックやメタルは多くの人に受け入れられているのですが。

Q：70、80 年前の上海は音楽が大繁栄した大都市で特にジャズは人気がありましたが、1990 年代以降ロックに関しては北京の後塵を拝しています。人口は上海の方が北京より多く、経済も大きく、外国人も多い。でも、ハード・ロック・バンド鉄玉兰が活動していただけでした。あなたたちが活動を始めた 2000 年頃も同じような状況で、盟友の Terminal Lost、スラッシュ・メタルの Thy Blood、ブラックメタルの Epitaph など 5 組を数えるほどでしたが、この 5 年くらいで状況が変わり、バンドがたくさん登場するようになりました。この状況はあなたたちにとってどうでしょうか？

陳潔珺：実際、私が見ている中で上海は今でもメタル・バンドは多くありません。だんだん減っているかもしれませんし、基本的にはリスナーの数と比例しています。メタルが好きな人が多いとギターを始める人も増えます。しかしメタルドラマーは極端に少ないし、メタル・バンドは数少ない観客に頼り続けていており、数的には少ないですね。

メタル・バンドの存在意義は自己を突破しながら絶えず新しい作品を作り続けることにあると思っています。もちろんこれから新バンドがどんどん出てくるかもしれませんが、時間を十分にかけて作品を作り上げながら、自己のスタイルを形成できると思っています。印象に残るバンドが非常に限られていることもありますね。確かに上海は北京に比べれば状況が良くないと認めざるを得ません。この原因のひとつとして恐らく生活上のストレスが大きいからではないでしょうか。この点は東京と大差はないでしょうけど、そういったことでバンドを続けていくことが出来る人間は少ないのでしょう。私がベースを学んだ先生は鉄玉兰のベーシストだったのですが、彼はのちにビジネスを始めました。でもここで感謝したいのは上海の人が上海のバンドを支持してくれているということ。でなければ私たちは今ここにいません。

Q：2016 年には、Iron Maiden、2017 年は Metallica が上海でライブしましたが、あなたたちはきっと見に行っていると思いますがどうでした？

陳潔珺：思うに全国のメタルファンと同じ場で、とてつもない伝説に直面して感化されて、まるで夢の世界にいるようでした。日本の皆さんに分かりやすい例えをすると、たぶん甲子園で最終回満

塁ホームランを打った感じでしょうか。

Q：2017年8月末に、上海でSummer Sonic Shanghaiが開催され、国内外から多くのバンドやミュージシャンが登場しました。日本からも有名なLUNA SEA、ガールズメタル・バンドのAldiousやBand-Maidも出演してますが、興味はありますか？

Mark：もちろん！　Summer Sonicが日本で有名なのは知っていますが、上海のは日本のが有名すぎるのであまり興味がありません。要するに日本がオリジナルなので比べるまでもないでしょう。意味が無いように感じます。

Q：2017年8月中頃に5日ほど滞在したのですが、10年ぶりの上海で変わりすぎていました。でもロックを感じる場所がなかったんです。ただライブハウスバーのInfernoに行っただけでした。上海には他にライブハウスとかロックバーはありますか？

張：ありますよ。育音堂やMao LiveHouse、On Stage、浅水湾、Modern Sky Lab、哈雷酒とかですね。上海にはライブハウスは少なからずあります。育音堂、育音堂、育音堂、3回繰り返しますが、私たちがライブするのはいつもここ。スペースは大きくありませんが、上海で一番ロックを感じるライブハウスなんです。

Q：歌詞ではどのようなことをメインにしているのでしょうか？

楊：私たちは、中華民族の悠久な古代文明から、精神的な遺産を抽象化し、心の最も奥深い所から湧き出る根源的なものが自然と創作中に現れ出てくるものを歌詞にしています。古代の神話や伝説が私たちの価値観の形成に独特な影響をもたらしているのは確実ですが、創作中は神話や伝説を意図的に使用することはまったくありません。聴衆の心には神話や伝説から生まれた固定された演義があったりしますが、そういった話の持つスピリチュアルなパワーを抜き出して自然な形で作品に結び付けています。私たちは、魂の奥深くリアルなことを創作過程全体に反映させるようにしています。このようにすべてのことは水到渠成でわざとらしくなく出来上がります（注：水到渠成ー事は手を加えなくても、時がたてば自然と望んだとおりになるということ）。

Q：2011年リリースのEP『永战之海／Ocean of Asura』では唐朝の「梦回唐朝」をカバーしています。もちろん彼らは中国でリビングレジェンドな存在ですが、あなたたちにとってどのような影響がありますか？

陳：唐朝のアルバム『梦回唐朝』と『演义』は私が最初に好きになったメタルアルバムです。基本的に全曲歌えるほどよく知っています。ずっと思っているのは、彼らこそ中国で最も偉大なメタル・バンドだということです。ちょっと前にも話しましたが、唐朝は中国の後進の人間にとってお手本になっています。中国人にも素晴らしいヘヴィ・メタルを作ることが出来るということを証明しました。ヘヴィ・メタルは西洋の起源だけど、東洋人にも優秀で個性的な作品を作れると分かりました。

Q：中国のバンドでお薦めはありますか？

陳：中国では唐朝以外でもたくさんの好きなバンドがいるけど、一番好きなのが、The Last Successor。彼らはプログレッシブ・メタル・バンドなのですが、テクニックやアレンジに中国的な要素を入れているだけでなく、感情豊かなところもあって感動させてくれます。彼らのアルバムは唐朝以外では最も繰り返し聴いている1枚になります。ただこの数年情報がまったくないのでとても残念に思っています。

中国国内には優秀なバンドが多いですが、多くの人に知ってもらえるメディアが不足しています。Mort Productionのコンピレーション・シリーズ『众神复活（Resurrection of the Gods）』を聴いてみることをお薦めします。たくさんの素晴らしいバンドが参加しているので。Suffocatedなんかは第一線で活躍している老舗メタル・バンドで、長年ずっとやり続けることは簡単なことではないですからね。

Q：ロックミュージシャンはバンド活動だけでは生活費を稼ぐことが難しいかと思いますが、音楽活動以外にどんな仕事しているのでしょうか？

陳：もしバンドだけやっていたら、すでに破産していたでしょう。私は数学修士を持っていて、オーディオデジタル処理もできます。電子楽器会社でオーディオ・アルゴリズム・エンジニアとして働いていて、その部署のマネージャーでもあります。

Mark：今は、託児所や幼稚園で音楽の先生をしています。中国ではバンド活動で生活費を稼ぐ方法なんてありませんから。現在の状況ではバンドだけで生活していくことは不可能です。いってみれば私たちがやっている音楽はマーケットが小さいです。それと音楽が生活費を稼ぐ手段になってしまうと、ある種の独立性を失うのではとも考えています。よくあることで「この種の音楽は好きでないけど、仕方なく家族を養うため仕事としてやっている」なんて状況になってしまいます。これは嫌なことです。私たちに経済的な独立性を持っていたとしたら、心の赴くまま好きな音楽をやっているのでしょうけど。

張：私自身はドイツ系の企業で管理職をしています。いつもしている仕事からするとメタルベーシストになるなんて、まったく想像も出来ないと思います。

Q：日本のイメージはどうでしょうか？

陳：料理！　日本料理は本当に好きです。日本は好きで、行ったこともあります。たくさん、たく

さんの美人がいました。日本人は狭いスペースでたくさんのスタッフを組織立てて、動かせるのが凄いと思います。
私の会社は日本にも支社があり、日本人社員を統括する立場にいます。毎年1、2回は日本に行って、オフィスで同僚と日常業務をしながら交流を深めています。もし日本のイメージを聞かれるなら、第一に良い楽器を安く買える場所がたくさんあるという事。第二に会社の男性社員は本当に家に帰ったら給料を奥さんに渡しているの？ということ。それでどうやって飲みに出かけるお金を捻出しているのかということ。第三に清潔で整理されていること、でも時々ルールに縛られすぎていることも。そうそう、江戸前寿司は本当に美味しかったです。
Q：日中両国は二千年を超える友好関係があるのに、不幸な一時期があったり、今でもたくさんの問題を抱えています。将来両国はさらに良好な関係を築けると思いますか？
陳潔珺：毎回日本に行って感じることは、日本人社員は友好的でマナーもあるということ（私のいないところで悪口言っているかもしれないけれど)。皆がそれぞれの見方を持っているでしょう。
今の時代は情報が簡単に手に入りますが、間違った情報も今まで以上に多いです。だから極端な言論に左右されないことも難しいです。中日両国の若い世代がもっと交流を深め、よき友人になれるなら、多くの問題も私たちの政府が解決してくれると思います。ただ、問題解決の努力は双方に必要なことであり、お互いに警戒心があっては、相互に誤解が増えてしまいます。
Q：日本のメタル・バンドで好きなバンドはいますか？
陳潔珺：特に好きな日本のメタル・バンドはいませんが、映画『デトロイト・メタル・シティ』は好きで、この作品のサウンドトラックが良かったです。すごい好きなのはゲームとかアニメに使われる音楽。例えば映画版の『攻殻機動隊』やゲームの『悪魔城ドラキュラ』『ヴァルキリープロファイル』のサントラ、みんな好きですよね？
A：ありません。あまり詳しくありません。
張：陰陽座（メタルとするなら)、Sex Machineguns（テクニックはすごいのに歌詞が面白いメタル・バンド)、昔のクリスタルキング、もちろん『北斗の拳』からです。『北斗の拳』は最後どうなったのか誰か教えて欲しいです。
Q：では、メタル以外ではどうでしょうか？
陳：今までも話したように、クラシック音楽。この他にはヘヴィなエレクトロミュージック。例えばThe Algorithm。だんだんと好きになってきているのがエレクトログループで、例えば、Infected Mushroom。ほかには、中国のオルタナティヴロックが好きで、「腰」というバンドが良いです。なぜか分かりませんが、彼らの音楽に引き込まれてしまいます。何百回聴いても飽きません。あとはさっき話したようにゲーム音楽も大好きです。
はい。メタルをプレイするのが辛い時があります。練習は好きで、いつもという訳ではないのですが練習中は他人は冷静なんだけれど、ほかのジャンルをプレイすると彼らはどっかへ行ってしまいます。
個人的にはメロディのはっきりしている音楽を好んでいます。今は流行の音楽も聴くのですが、たぶん歳をとったからでしょうか。そうだ、私の車にはL'Arc-en-Cielの古い曲がたくさん入っていますよ。
Q：もし自分自身で自分のバンドにインタヴューするとして、どんな話題を聞いて、もうひとりの自分は何と答えると思いますか？
陳潔珺：もし私が自分のインタビューを設定するならば、こう質問するかもしれません。「あなたにとって音楽とはいったい何でしょうか？」。以前は「音楽とは音を通して時間の中を流れ、制作者の情緒的な過程を記録して伝える」と言っていました。でも今では、情報を組み立てた秩序で、つまり「存在」の本質そのものと考えています。なので、創造された音楽そのものは一種のわれわれと同じ実体のある存在と同じです。音楽は聴覚を通り自分の中に複製され、人間の脳内に寄生しながら進化します。そしてまた複製されていく。それは別の観点から見るとすでに生命の条件を満たしています。だから自分たちがいつも考えているのは1曲または1枚のアルバムは自分の子供であり、事実上、音楽は本当に、少なくとも私たちが生み出した生命体だということ。
「なぜ人を殺したいと思う人がいるのか？」。答えは100%の確証はありませんが、私はそんな人間ではありません。ただ弱い人たちもいる。私はどんな理由でもその人の支柱になりたい。願ってない時でも、やつらの脳内には灰色に変わってしまった部分があります。やつらの脳内で生み出した化学物質が不均衡を生み出し、殺人に至ってしまう思考というのがあるのかはわからないけれど。
問いは「もし地球外に文明があったら、彼らの目には私たちのしていることに意味を見出すのだろうか？」答えは「私たちのしていることは宇宙人にはまったく理解不能かもしれない。生命の存在意義がまったく異なっているかもしれない。他の惑星の石ころに生命があるかもしれない。私自身の考えでは、この世界を認知する上でより広範な欠如があり、ただただ自分自身が自分自身の世界だけに閉じ込められている」と。
Q：インタビューを受けて頂き、ありがとうございます。最後に、日本の読者へひと言。

陳潔珺：はい、日本の読者の皆さん、日本のイベント会社に Screaming Savior が日本でライブできるように取り計らってくれないでしょうか !!
今のところ、ライブで女性がブラジャー取るところを見たことがありません。よろしくお願いします。見せてください（陳：たぶんそれは西洋の習慣でしょ）。
たくさんの中国人観光客が日本に行っているから、日本の皆も中国に来て欲しいです。中国には美しいところも美味しい食べ物もたくさんあるし、素晴らしいメタル・バンドもいます。たくさん交流して知り合いたいし、もちろんバンドとしても私たちの音楽を気に入ってもらいたいし、いつかは日本でライブしたいです。ありがとうございました。

Terminal Lost

簡 天幕落

常 天幕落

Melodic Black Metal

2004～

上海

銭幸（ヴォーカル＆ギター）、宣聡（ギター）、韓為（ベース）の３人を中心に上海にて2004年に結成。同年Screaming Saviorの陳彤（ドラム）とキーボード奏者として陳潔珺が加入する。2006年には1stアルバム『卷・壹』が完成するも、リリースしてくれるレコード会社がなく、お蔵入りする。2007年には音楽性が近く、メンバーも重なっていたScreaming Saviorへ吸収合併されるが、半年ほどで再び分離独立し、活動再開への糸口を見つける。オムニバス『死夜肆』に楽曲が収録されたり、イベントへの参加を果たす。2008年6月完成済みであった1stアルバム『巻・壹』がようやくリリースされる。数は少ないがライブ活動をしながら、2011年にはメタル・オムニバス『众神复活7』に参加。2014年に2ndアルバム『巻贰 风凰山』をリリース。 現在は、大幅にメンバーが替わり、銭幸、岑宇（ベース）、大刀（ドラム）、Lost Zero（ギター）、Solluna（キーボード）の５人体制となっているが、目立った活動はしていない。

A Terminal Lost | **簡 天幕落** | **常 天幕落**

A

簡 巻・壹 | 常 巻・壱

Melodic Black Metal | 上海

Mort Productions | フルレンス | 2008

盟友Screaming Saviorと同じくドラマティックなシンフォニック・ブラックメタルを主軸としているが、キーボード主体に対してツインギター主体の音楽性である。ツインギターを基盤にし、スリリングに応戦し合うソロとリフ。キーボードも個性の強い脇役として色艶やかな演奏を添える。しかしながら、邪悪性を微塵にも感じることがなく、暴虐的であるが爽やかな風が流れる。さらにエレクトロ・ミュージックやポップス、クラシックや民謡と多様な音楽性をメタルに反映させ、洗練された独自サウンドに仕上げている。

A Terminal Lost | **簡 天幕落** | **常 天幕落**

A

簡 巻贰 风凰山 | 常 巻弐 鳳凰山

Melodic Black Metal | 上海

Mort Productions | フルレンス | 2012

前作の延長線上にある2ndアルバム。鷹揚なシンフォニックさに磨きがかかり、プログレッシブな風格もあるがCradle of Filthほど過剰な装飾もなく、シンプルな展開。Dimmu Borgirの邪悪性もないが、初期Amorphisのような陰鬱な雰囲気がある。多彩な引き出しを兼ね備えながら、緻密に計算され、過不足もなく至極真っ当なシンフォニック・ブラックメタルに作り上げている。どことなく喜多郎のような神秘的東洋メロディもあり、魅惑的で表現力豊かなグループである。

メタル文化を毛嫌いし、日本の作家に詳しいポストブラック

Deep Mountains

簡 深山
常 深山

Atmospheric Folk/Black Metal	2009～	北京

2014年　シングル『长涂岛』、2015年　ライブアルバム『泰安七有月雾』、2017年　シングル『Kill the Sky Before Dawn』、2019年　フルレンス『平衡世界的意志一』『平衡世界的意志二』

劉強（ヴォーカル）を中心に山東省泰安にて2009年初頭に結成されたアトモスフェリック・フォーク／ポスト・ブラック・メタル・バンド。初期にはDream Spiritの王宝が在籍した。その年の9月にはPest Productionsと契約し、オムニバス『Black Battle Corps II』に楽曲提供。2010年初EP『深山』をリリース。2014年1stアルバム『忘忧湖』、シングル『长涂岛』、2015年ライブアルバム『泰安七有月雾』、2016年2ndアルバム『醉花音』、2017年シングル『Kill the Sky Before Dawn』、3rdアルバム『千鸟止』、2019年2ndEP『Perforate the Horizons』とリリースする。霊峰泰山の自然を髣髴とさせる情緒を題材とするのびやかなメロディーと、どんよりとした独特な雰囲気を醸し出し、中国伝統音楽要素が溶け込んだサウンドで国内外に知名度を広げる。

A Deep Mountains　**簡** 深山　**常** 深山

A Deep Mountains　**簡** 深山　**常** 深山

Atmospheric Folk/Black Metal	山東省泰安	
Pest Productions	EP	2010

2009年結成。山東省泰安出身。アトモスフェリック・フォーク・ブラックメタル。初作品となる6曲収録EP。欧州出身の同系グループとは根源的に異なり、神秘的な静寂に佇む水墨画のような自然情景を描く。それらを一瞬で陰鬱に引っくり返すリフ、阿鼻叫喚するグロウルヴォイスが轟き響き渡る。果てしない哀惜を強く感じさせるトレモロ・リフのメロディ。古来より霊山と畏怖されてきた泰山、その麓で生誕した癒やしと狂気が共存する秘境世界観に圧倒される。

A Deep Mountains | **簡 深山** | **常 深山**

A Lake of Solace | **簡 忘忧湖** | **常 忘憂湖**

Atmospheric Folk/Black Metal | 山東省泰安

Pest Productions | フルレンス | 2014

前作 EP より 4 年ぶりとなる 1st アルバム。思索にふけるアンビエント、陰鬱なポスト・ロックや孤独感が募るシューゲイザーにもあるような儚いメロディを基盤に、静と動、癒と狂を思慮深く結び合わせ聴き手を魅了させる楽曲構成で、憂鬱で物寂しい叫びが響く。前作に比べ極端な陰鬱さは減少し、土着感強いネオフォーク曲や女性ヴォーカルによるポスト・ロック的歌謡曲などを収録し、多彩さが増す。悠久な時間の中で鎮座し続ける霊峰泰山に注ぎ込まれる神秘的エネルギーを耳で感じ、心で掴む芸術性の高い水墨画のような作品。

A Deep Mountains | **簡 深山** | **常 深山**

A Enchanted by the Blooming Echo | **簡 醉花音** | **常 醉花音**

Atmospheric Folk/Black Metal | 山東省泰安

Pest Productions | フルレンス | 2016

シングル『长涂岛 (Changtu Island)』とライブアルバム『泰安七有月雾 / Mist in July』を挟んでの 2nd アルバム。全編アンプラグド構成で、アトモスフェリック・ブラックメタルではなく、ポストロック的でもなく、シューゲイザーでもない。曲調は地味だが、技術力のあるアコースティックギターと、自己主張はしないが味のあるドラムをバックに、渋い男性ヴォーカルを縦糸に美しい女性ヴォーカルが横糸として織物をなすかのような新民謡ポップスである。仕事を終え、夕暮れ時の静寂の中、色々な思いにふけながら酒を相手に一人しんみりとしたい場面に似合いそうだ。

A Deep Mountains | **簡 深山** | **常 深山**

A Perforate the Horizon | **簡 刺破地平线** | **常 刺破地平線**

Atmospheric Folk/Black Metal | 泰安

Pest & Midnight | EP | 2018

中国産アトモスフェリック・フォーク・ブラックメタル・バンドとして国内外に知名度を上昇させつつ、作品ごとに音楽性も変化させてきたが、本作でもさらに変容させている。インスト版を含む 5 曲収録 EP。アトモスフェリック・ブラックメタルやポスト・ブラックメタルを遥か後ろに置き去りにして、アンビエント・ミュージックのごとく静寂で寛容な、心地よさをもたらすサウンド。中盤から終盤となるころに、金切り声ヴォーカル、音を強めに歪ませたギターのトレモロのピッキング、そして、宗教的で荘厳なアレンジが施されたパートが出てきて、メタル・バンドであったことを一瞬再確認させるかのように、雰囲気をがらりと変える。

Deep Mountains インタビュー
回答者：劉強

Q：今まで外国のメディアからインタビューを受けたことはありますか？

A：欧米の雑誌やネットメディアからのインタビューなら受けたことがあります。

Q：では、バンドはいつ頃、どこで、どのように結成されて今までにどのような変遷があったのでしょうか？　またメンバーの紹介をお願いします。

A：2009 年、私の地元山東省泰安で結成しました。その後、アルバム・リリースをしてライブも何度かやりながらメンバー交代しました。今はメンバーが安定して、ドラムが鄒強、ギタリストが李振、ベーシストが斯秦、私がヴォーカル＆ギタリストの劉強です。

音楽的な変化については、ファンの見方によってはおそらく明らかに変化をしているのでしょうけど、私たちからすると成長することと変化することはひとつのことだから、この問題については深く考えたことがありません。中島みゆきを聴いた

ときは流行の曲をやってみようかとも考えたことがあります。
Q：ヘヴィ・メタルを好きになったきっかけとは何でしょうか？　一番最初に買ったアルバムはどのバンドのどのアルバムだったのでしょうか？どうしてそれを買おうと思ったのでしょうか？
A：本当はメタルが好きではないので、ほとんどメタルのアルバムは買ったことがありません。したがって最初に買ったメタルアルバムも覚えてはいません。これは冗談ではありません。私はブラックメタルとかヘヴィ・メタルはほとんど聴いておらず、偶然聴くくらいでしょうか。私のコレクションのレコードやカセットテープ、CD は全部ロック、インディーズ、ポップス、クラシックばかりでメタルは少ないです。
Q：メンバーそれぞれはどんな音楽を聴いているのでしょう？
A：ドラムの郗強はたぶんいつもメタルを聴いています。ベーシストの秦喜はエクスペリメンタル・ミュージックやサイケデリック、ダークウェーブ等が好きな様です。ギタリスト李振はオールディーズなポップスとかファンクが好きな様です。日本のMIYAVIは彼のアイドルみたいです。大体こんな感じで私たちが好む音楽は雑多すぎるでしょう。特別に好きなバンドもいないし、ただ色々なジャンルの音楽を好んでいるだけなのです。
Q：バンド名の由来はどこからなのでしょうか？
A：山東省泰安にある名峰泰山のことです。バンド結成当時にやりたかった音楽のカラーが深い森山のイメージだったから、深山と名付けました。
Q：中国ロックの第一世代のミュージシャンと比べればあなたたちは、中国の音楽情報、世界の音楽情報を簡単に得ることが出来るようになったと思うのですが、メタルに関してはどうでしょうか？　何か違いはありますでしょうか？
A：前は良かったのですが、VPN が遮断されてからダメになりましたね。
Q：最も影響を受けたバンドや音楽性について教えてください。
A：たくさんの素晴らしいバンドから多かれ少なかれ影響を受けていると思います。私自身この問題をよく考えたことがありませんでした。というのも影響というのは知らず知らずのうちに内在化するし、自然に当然のこととなるからです。しかし私がもっとも影響を受けたミュージシャンは周杰倫ですね（注：若者を中心に中華圏で絶大な人気を誇る台湾出身の歌手。日本ではジェイ・チョウと表記されることも）。彼は私の音楽としての進路にインスピレーションを与えてくれましたし、音楽そのものが天馬空を行くものだと教えてくれました（注：原文は天馬行空。何にも拘束されず自由であること）。私は出来る限りのことすべてをやりたいのです。Deep Mountains の 1st アルバム『忘忧湖』から今まで精神的に彼をモデルとしてきました。
Q：今最も好きなバンドって誰でしょう。また、人生観を変えたバンドのアルバム 5 枚を教えください。
A：今好きなのは多すぎて誰とは言えませんが、日本のバンドやアーティストで好きなのは Mono や One Ok Rock そして中島みゆきです。最近よく聴いています。
私の音楽にインスピレーションや強い影響をもたらしたアルバム 5 枚と言うなら、周杰倫の『范特西』、謝天笑の『冷雨动物』、Zuriaake の『弈秋　』、Alcest の『Souvenirs d'Un Autre Monde』と竇唯の『幻聴』です。今はこのうちの何枚かはほとんど聴かなくなっているけれど。しかし私の音楽に対する考え方に深い影響を与えました。
Q：中国人一般の間でメタルに対する印象はどうでしょうか？
A：この話題にはほとんど関心がないので、あまり解らないです。なので正確なことは言えません。普通の中国人のほとんどはメタルとかロックに関してはまだ変な目で見ているだろうし、よくわかってないかもしれません。たとえば私の母親のことなのですが、私がバンドで演奏していてもメタルがどんな音楽でロックがどんなものかは分かっていません。しかしそんなことは私たちには何の関係もありません。この種の音楽の創造とライブに対する情熱があるし、私たちが心から愛しているからです。
メタルミュージックが好かれず関心ももたれないというのは、中国では良くもあり、悪くもあります。悪いというのは言うまでもありませんが、良いところというのは、政府の文化監督部門に目をつけられず、管理される心配をする必要がないことですかね。自由に出来ますからね。
Q：あなたが今住んでいる街のメタルシーンの様子はどのようなものでしょうか？
A：私の街では Deep Moutains 以外に中国で知名度の高いメタル・バンドがいます。Dream Spirit や Dark Fount、Heartless、後者の 2 バンドはブラックメタル・バンドです。しかし全体的にはメタルシーンの活気は良くありません。若い人たちの多くがフォークミュージックが好きです。もちろんこれは仕方がなくて、音楽マーケットのチョイスですね。気にはしていませんが。
Q：では、バンドとしての音楽性やメインになる歌詞を教えてください。
A：Deep Moutains は今はピュアなブラックメタル・バンドとしてだけでなく、一つのジャンルとして括るならばポストブラックメタルが見合っていると思います。歌詞は主に、それぞれ違っ

ていて、例えば故郷についてあるいは、愛情について、生命についてなどですね。でも何はともあれ私たちの美学で解釈しています。音楽に鎖を付けたくないし、「ブラックメタルだからああしなければこうしなければ」という事は私たちはしたくありません。私たちが先に音楽を作り、それからジャンルというのが出来上がると思っているのです。

Q：中国で他にお薦めのバンドはいますでしょうか？

A：中国のバンドで一番薦めたいのは自分たちではありません。ここでお薦めしたいのは万能青年旅店（万能ユースホステル）と言うバンドです。推薦する理由は中国の最近のロック史の中で、思想から音楽性まですべて比類のないバンドなのです。

Q：日本の印象はどうでしょうか？

A：『源氏物語』や『最後の武士』は読んだことあります。村上春樹や東野圭吾、川端康成、三島由紀夫、芥川龍之介は好きで、北野武は人生のアイドルです。黒澤明、宮崎駿、玉置浩二に中島みゆきとかも好きです。日本のアニメや偉大な作家、芸術家にも感謝もしています。

あと、もちろん日本の AV もですかね。

いつか日本でライブしたいですね。日本に行ってみたいし、日本の皆さんに私たちのことを知ってもらいたいです。しかしまだライブをする機会がなくても、旅行へは行きたいです。アニメとか映画に出てくる美しい日本、本当の日本を見たいですし。

Q：日中両国は 2 千年の関係があり、一時期の不幸な歴史もあり、今でもたくさんの問題が山積していますが、将来、両国は良好な関係を築けると思いますか？

A：中国と日本が友好関係を築けるよう望んでいるし、賢明な中国人すべてがそのように望んでいますよ。不幸な歴史はありましたが、それはちゃんと正視して記憶していかなければならないことです。平和が私たちに警告していることではないでしょうか。ずっと中国と日本の若者が相互交流して欲しいと望んでいるし、お互いの国の現代人文科学に深い理解を持って欲しいと思っています。

Q：日本のメタルで好きなバンドはいますか？

A：たくさんいますよ。一番印象に残っているのが Crossfaith ですね。2012 年に私たちの街で開催されたフェスティバルでライブをやったことがあったのです。すごい印象に残っていて素晴らしいのが陰陽座です。とても上手に日本の伝統をメタルにアレンジしていますね。音楽的に好きなのが Sigh。彼らは何度も中国でライブしており、パフォーマンスもショッキングでした。BABYMETAL もいいですね。ビジネス上でも成功していてとても日本的です。こんな可愛いメタルグループも好きですし、面白いと思っています。

Q：それ以外に自分自身に対して質問はありますか？

A：無いですね。特に考えもしませんでした。ただ、他人が質問してくれば、私は真摯に答えるだけです。日本のファンに私たちを理解してもらえるこのような機会を設けていただき、ありがとうございました。

Q：では、日本の読者にひとこと。

A：日本でいつかは無料でデジタル CD を出せたらと思っています。無料ダウンロード・アダルトビデオのお礼としてです。ホントまじめな話ですよ。

水墨画のようにダーク・アンビエントとブラックメタルを融合

Zuriaake

簡 葬尸湖
常 葬屍湖

Epic Black Metal	1998 ～	山東省済南

2012 年　EP『冬霾』、2013 年　シングル『Tomb Sweeping』、2015 年　シングル『妖祭』、2015 年　EP『孤雁』、2015 年　Video『Live in Beijing』

山東省済南にて 2001 年に Blood Sea 1 人で結成。のちに Bloodfire が加入する。2006 年に Pest Productions と契約。2007 年に別プロジェクトと活動を共にしていた Deadsphere が加入。2007 年 12 月、1st アルバム『奕秋』が発売。2008 年、Bloodfire がドイツ留学のため活動休止。2012 年、Bloodfire の帰国により活動再開。EP『冬霾 / Winter Mirage』をリリース。2013 年に 2ndEP『孤雁』を発売。同月から 11 月にかけて、全国ツアーを行い、年末にライブ DVD『Live in Beijing』と 2nd アルバム『孤雁 / Gu Yan』をリリース。2019 年 1 月には、3rdEP『深庭 ¦ Resentment in the Ancient Courtyard』をリリースし、5 月に RNV、Be persecuted と共に初来日、東京と大阪でライブを行った。2020 年 3 月には Season of Mist との契約がアナウンスされた。

A Zuriaake　**簡 葬尸湖**　**常 葬屍湖**

A Afterimage of Autumn　**簡 奕秋**　**常 奕秋**

Epic Black Metal	山東省済南	
Pest Productions	フルレンス	2007

Bloodfire（Hellward、Midwinter、Varuna、英吉沙など複数のプロジェクトにても活動）と Blood Sea により 1998 年済南にて結成。EP『冬霾 / Winter Mirage』に続く 1st アルバム。全体を包むような暗澹たるサウンドにヒステリックなウィスパー・ヴォイスを絡め、冷酷な空気感を醸すアトモスフェリック・ブラックメタル・バンド。アルバムジャケットに描写される悲壮感漂う神秘的な水墨画の世界観を、一層奥深い夢幻なる狂葬音楽。本作発表後 Bloodfire のドイツ留学のため一時活動停止する。

A Zuriaake　簡 葬尸湖　常 葬屍湖

A Gu Yan　簡 孤雁　常 孤雁

Epic Black Metal	山東省済南
Pest Productions	フルレンス　2015

Bloodfire の帰国により活動再開する。EP『妖祭』と『孤雁』と立て続けに 2 種リリースしたのちに発表した 2nd アルバム（EP と同名）。ブラックメタルというよりかシューゲイザー的であり、さらに言えば尺八、古箏、笙、中国琵琶等の伝統楽器奏者をゲストに迎えた映画音楽またはアンビエント・ミュージックのような作風。重々しく絶望した感情と憂鬱な神秘感漂う超自然的世界をブラックメタル技法で、音楽的表現をする。あたかも山岳修行者の心のうちを描写したかのような世界観。

A Zuriaake　簡 葬尸湖　常 葬屍湖

A Resentment in the Ancient Courtyard　簡 深庭　常 深庭

Epic Black Metal	山東省済南
Pest Productions	EP　2019

EP としては 3 作目、通算 5 枚目となり、全く毛色の異なる 7 分を超える長尺作 2 曲を収録する EP。陰鬱な雰囲気はそのままだが、前作のような中華的旋律も伝統音楽の使用もなく、1 曲目は重厚かつ物悲しい雰囲気を漂わせるデス・ドゥームな 7 分半の楽曲、2 曲目は 10 分を超える怠いテンポ感の中にメロウなギターのアルペジオと絶叫気味の冷たい雰囲気なデプレッシブ / アンビエント・ブラックメタルとなっている。アートワークは、中国エクストリーム・メタル・バンドの多くの作品を手掛けるコンセプトデザイナーの陽光で、初コラボになる。

A Alpaca
A All Will Fail

簡	常	
簡	常	
Doom Metal	上海	
自主制作	EP	2017

上海を活動拠点とする、カナダ人、セルビア人、ペルー人、台湾人からなる多国籍スラッジ・ドゥーム・メタル・バンド。4 曲収録デビューEP。バンド名の可愛さとサウンドはまったく関係なく、叙情メロディを重視しつつ、重たくウネるダウナーチューニングなブルージーリフがドロリドロリと繰り返される。Udo Dirkschneider のダミ声風なグロウルヴォイスが刺々しくも重々しくのしかかり、ペシミスティックなヴァイブが生まれ、他のスラッジ系とは一線を画す。同時に中毒性を持つキャッチーさもある。2016 年から Shanghai Horror Fest を主催する。

A Alpaca
A Carcosa

簡	常	
簡	常	
Doom Metal	上海	
自主制作	EP	2017

1st EP からたった 3 ヶ月でリリースしてきた 4 曲収録 2nd EP。前作より短期間なので大きな変化はないものの、ひたすら繰り返されるダウナーなリフが低く、重く、突き進み、図太くなったヴォーカルが際立つ。60 ～ 70 年代のブルースロックやサイケロックを基盤とし、ヘヴィリフを刻みながら、吐き捨てるダミ声を乗せ、不健全な雰囲気を漂わせる。当然のごとく初期 Black Sabbath っぽさがあるスラッジ・メタルだが、コンテンポラリーなコマーシャル感もあり、サウンド全体がポップで、聴きづらさは皆無である。

A Alpaca
A Black Stars

簡	常	
簡	常	
Doom Metal	上海	
Dying Art Productions	フルレンス	2018

リリース済みの EP2 作品収録全曲をリミックス・リマスターし、収録曲順も変更して一作品として体裁を整えた 1st アルバム。EP では物足りなさを感じさせる短さだったが、スラッジ・ドゥーム・メタルと自称するものの、よりサザン・ロックにサウンドもスピリットも接近させている。既発曲でありながら、アルバムにまとまることでじっくり聴きこむことも出来る。視聴者も多様性を持つ図太いヘヴィネスに根ざすサウンドに面と向き合えるようになった。バンドとして正式にスタート地点に立った作品。

A Before The Daylight
A Before the Daylight EP

簡 黎明之前	常 黎明之前	
簡 黎明之前 EP	常 黎明之前 EP	
Metalcore	上海	
Playful Warrior Records	EP	2013

紅一点 Moli（ヴォーカル）を擁し、ギター× 2、ベース、ドラムの 5 人編成のメタルコア・バンド。2011 年上海にて結成。2010 年代における世界的潮流のメタルコアサウンドを核にした音楽性。本作は 2013 年リリースの 3 曲収録 EP。デスヴォイスとキュートな歌声を使い分ける Moli の個性が光り、ギターサウンドも練られ、バンドとしての演奏力も若さがあふれている。しかしながら上海人らしく少々丁寧すぎるプロダクションが気になり、引っ込み思案なこもった音になっているのが宝の持ち腐れ。

A Blood of Life
A Reign over Horror

簡 生命之血 / **常 生命之血**

簡 / 常

Thrash Metal | 上海

Thanatology Productions | フルレンス | 2016

2012年初頭、上海にてスラッシュ・メタルを主軸とするバンドとして結成。紅一点ヴォーカル陳茗詩を擁し、ギター×2、ベース、ドラムの5人編成。2012年にライブEPでデビューし、4年ぶりの1stアルバム。上海拠点だが上海人はヴォーカルの陳のみ。他は山西省、雲南省、浙江省、台湾出身と全員出身地が異なる。そのため画一的な音楽性とならず、欧米のメタル・バンドに影響を受けながらも、スラッシュ・メタルやデスメタルを基本としながらバンド独自のメロディとスピード感、リズム感を発揮する。

A Chaos Mind
A This Is Our Moment

簡 吵死慢的 / **常 吵死慢的**

簡 / 常

Metalcore | 上海

Playful Warrior Records | EP | 2012

2006年末、上海において結成。オルタナティヴ要素も持つメタルコア・バンド。2008年3月にはEP『Scream』をリリース。本作は2012年リリースの初アルバム。軽快なスピード感と重量感あるサウンドが几帳面にミックスされている。2013年8月にはSummer Sonicの舞台に立ち、中国有名ロックフェスに積極的に参加するなど、上海メタルシーンの若手中核バンドとして活動する。2014年にはEP『Hey Boy! Stand up! Stand up!』をリリースする。

A Crusado Orchestra
A Sjunde

簡 十室 / **常 十室**

簡 / 常

Symphonic Metal | 上海

Depressive Visions | フルレンス | 2016

2014年上海にて徐晨曦（サンプラー）と張晟（ヴァイオリン）を中心に結成されたシンフォニック・ブラックメタル・バンド。2013年末に現メンバーが揃う。ショスタコービッチ、バッハ、ベートーベンといったクラシックに、Fleshgod Apocalypse、Dimmu Borgir、Behemothなど欧州エクストリーム・メタルを融合させ、イングマール・ベルイマンの映画『第七の封印』をテーマにしたダークなシンフォニック。

A Epitaph
A Evilness Saturates The World

簡 墓志铭 / **常 墓志銘**

簡 邪恶充满人间 / **常 邪悪充満人間**

Black Metal | 上海

Coldwoods | フルレンス | 2014

2004年結成。上海出身のブラックメタル・バンド。結成14年目にして初作品となる9曲収録アルバム。ミドルテンポを主体とするオーソドックスなブラックメタルで、奇抜なところはないが、几帳面なほど細部にこだわった構成に作りこまれている。演奏力も高く、たいへん安定している。しかしながら、上海人気質なのかわからないが全体として強引さや荒々しさに欠けており、小粒な出来上がり。凶暴さが感じられないおっとりとした雰囲気である。竺一騫（ヴォーカル）はCrusado Orchestraと兼任する。

A Fearless

A Lord of Twilight

簡

簡 暮色领主

常

常 暮色領主

Melodic Death Metal	上海	
Mort Productions	EP	2012

上海出身。編成はヴォーカル＆ギター、ギター、ベース、キーボード、ドラムの５人編成にて 2007 年結成。2012 年作の６曲収録 EP。Children of Bodom タイプのメロディック・デスメタル・バンドなのだが、ツインギターとキーボードによる音数の多い展開。よりキャッチーで明るく暖かみのあるサウンド。きっちりと素晴しい楽曲構成力と高い演奏力を持っているのだが、このバンドも垢抜けた上海ブランドのせいか、丁寧すぎるところが仇となり、毒も牙もなく物足りなさを感じる。

A Glazed Rose

A

簡 琉璃蔷薇

簡 深红

常 瑠璃薔薇

常 深紅

Visual Metal	上海	
自主制作	フルレンス	2008

ハード・ロック、ヘヴィ・メタルを好みながら最も好んでいるのがヴィジュアル系ロック全般、とりわけ X JAPAN からの影響が強い５人編成バンドによる 1st アルバム。リズムの刻み方や激しい中にメロディがある楽曲の展開などから、そのフォロワーということが分かるが、唯一異なるのがボーカリストがハイトーンではなく、中低音域で歌唱する点。例えるなら X JAPAN に Dead End の Morrie が加入した感じ。現在、メンバーが３人だが約 10 年数ぶりのニューアルバム制作中である。

A Hitobashira

A The Famine

簡 人柱

簡

常 人柱

常

Nu Metal	上海	
自主制作	EP	2016

バンド名由来は日本語「人柱」。カナダ人１人（ヴォーカル）、アメリカ人２人（ギターとドラム）とチェコ人１人（ベース）による上海拠点のニュー・メタル・バンド。デビュー５曲収録 EP。各人は故国での音楽活動歴（ヴォーカルとドラムは上海拠点のパンク・ロック・バンド PVA に在籍した）があり、それによって培われた経験からオールドスクールなデスメタルやスラッシュ・メタルが根底にある。グルーヴ感とスピード感がたっぷりで、底力あるニュー・メタルへと変貌させたサウンドを作る。

A Hitobashira

A

簡 人柱

簡 下拜

常 人柱

常 下拝

Nu Metal	上海	
自主制作	EP	2018

2017 年 10 月には台北での Taiwan Death Metal Fest にも参戦し、2018 年リリースのアルバムからの先行３曲収録 2nd EP。前作よりさらに高速ブラストビートとデスヴォイスを前面に押し出し、ブルータル・デスメタル化する。個々の経歴にて培われた様々なジャンルからの影響を感じさせ、激烈だけではない押し引きのある複雑なリズム、リフ、美的センス、楽曲構成に重点が置かれたプログレッシブ・デスメタル的サウンドを作る。

A Holokastrial
A Nightclubking

簡 死酒神 常 死酒神

簡 常

Death Metal | 上海

自主制作 | シングル | 2016

前身バンド Rohzerstoerer を経て上海にて曽哥（ドラム）と Mammoth（ギター）の二人により 2016 年に結成された前途有望な若き世代によるデスメタル・バンド。ほどなくしてヴォーカル Dyingflames が加入し、音楽路線が明確になる。Hammermash（ギター）と睿哥（ベース）が加入し、バンドとして整う。同年 6 月には本作シングルがリリースされた。同年 12 月には初ライブを行う。スタイルはオーソドックスなデスメタルだが、どう独自性を生むのかが問われる。

A Holokastrial
A Horror of Abomination

簡 死酒神 常 死酒神

簡 憎恨之恐惧 常 憎恨之恐惧

Death Metal | 上海

Dienysian Records | EP | 2018

Immolation、Incantation、Deicide、Morbid Angel を好むものならマストアイテムな 2 曲収録 1st EP。濃厚にしたたる邪悪な雰囲気をまとい、重厚にして難解なリフ、とてつもない攻撃性を剥き出しに襲い掛かるリズムで畳み掛ける。もちろん、ひたすら野獣の唸り声のごとく唸りまくるだけの強靭なヴォーカルの烈しさは圧巻。ファストな 2 曲だけだが、生々しくなった演奏は耳をもぎ取るかのようだ。空気を切り刻むサウンドが痛々しい。

A Iron Orrchid
A Iron Orrchid

簡 铁玉兰 常 鉄玉蘭

簡 铁玉兰 常 鉄玉蘭

Hard Rock | 上海

京文唱片 | フルレンス | 1998

1990 年代北京が中国におけるロック～メタルの中心地であったなか、1994 年に結成され、上海で唯一威勢を張っていたバンドが唯一残したアルバム。土地柄お洒落な音楽を好み、極端な音楽が好まれないこともあったため、ハード・ロックを基調としながら大幅にポップなアレンジがなされている。誰にでも親しめるメロディの中にギターリフやギターソロ、ドラムフレーズが隠れながらも大きく自己主張している。今からすると野暮ったい感じの楽曲ではあるが、当時は上海人が精一杯最先端のロックを奏でていた。

A Life Line
A The Opener EP

簡 常

簡 常

Stoner Metal | 上海

自主制作 | EP | 2015

上海在住の欧米人によるスリーピースのバンドによる 5 曲収録 1st EP。ファズやオルタナティヴがサイケデリックにブレンドされ、幻惑するポップなメロディーが豊富なストーナー・メタルだが、もっと奥深いところには多様な音楽性を含んでおり、さらりと繰り出すテクニックと忌憚のない発想力を基にした構成力が尋常ではない。バンドとして引き出しの多い表現力に引き込まれる。20 分弱の 5 曲収録 EP なのに短さを感じさせないアレンジが素晴しく、視聴後も耳に心地よいメロディが残る。

A Make You Hopeless

A Desolation of the Cerebral Labyrinth

簡

常

Deathcore	上海	
Brutal Reign Productions	EP	2013

2012年10月結成。ブルータル・デスコアを自称する上海出身の若手バンド。必然的エクストリーム・ミュージック発展系。本作は5曲収録EPで、ブルータル・デスメタル、デスコアのデスヴォイスや叫び声とブルータル・デスメタル独特のブラストビートとデスコア独特のリフの刻み方が整然と響き合う。場違いなピアノ曲があるが、目を見開くような展開はなく、想定範囲内のブルータルさとテクニカルさ。このままの音楽性で続けていくといい風格が出そうだが、ギタリストの脱退により、活動を停止する。

A MathLotus

A MathLotus

簡

常

Progressive Metal/Djent	上海	
自主制作	フルレンス	2017

2013年結成、プログレッシブ・メタル／Djent 技巧派インストゥルメンタル・バンドにより4年の歳月をかけて完成させた1st アルバム。Dream Theater や Rush といった伝統的プログレッシブ・メタルに Periphery や Animals as Leaders という新生代 Djent を違和感なく融合させている、なおかつフュージョン的展開も見せ付ける高度な技術を持ちながら、メタルコア的スリリングな変化球もいとも簡単に入れ込んでしまう演奏集団である。

A MustBeRed

A All The Sorrows of The World

簡

常

Metalcore	上海	
自主制作	フルレンス	2014

ガールズメタルコア・バンドの登場。上海人3人に香港人1人、広州人1人とメンバー5人全員が美人の集り。ゴシックテイストとパンキッシュさもありながら、スローテンポながらスラッシュ・メタル風な曲、叙情的なメロディとヘヴィなリズムに悲しげな歌声が絡みつく曲。ヴォーカルの Jess こと曽犀利が In This Moment の Maria Brink を意識したセクシーキュートな歌唱方法と、元 Arch Enemy の Angela Gossow を意識したデスヴォイスを歌い分け、女性ならではの繊細かつ狂気な歌唱が聴ける。

A Psyclopus

A Instrumental Demo

簡 独眼巨人

常 独眼巨人

Melodic Folk/Viking Metal	上海	
自主制作	デモ	2015

ギリシア神話に登場する単眼の巨人 Cyclops と Psychedelic を合成した言葉を冠するフォーク・メタル・バンド。上海にて2011年結成。欧州各地のフォークミュージックやクラシック音楽をメタルに融合するとともにメンバー各人の趣向となるフォーク・メタル、ヴァイキングメタル、メロディック・デスメタルやメロディック・パワー・メタル等の多種多様な要素を反映させて独自に発展させた。本作は9曲収録のインストEPとなる。本作後にヴォーカルが加入するも離脱。2018年7月にはシングル『Sanctury』を公表。

A R.N.V. | **簡** | **常**

A Emblem of the Desecrated

簡	常	
Black/Death Metal	上海	
Pest Productions	Demo	2018

上海で活動する Holokastrial のメンバーを中心に結成され、メンバー後、Holokastrial の Dyingflames（ヴォーカル＆ベース）を中心に元 Resurrection の Lv Bo（ドラム）、Appendix - の AymParch（ギター＆ヴォーカル）、バングラデシュ出身 Izrail（ギター）の４名となったブラック・デスメタル・プロジェクト。４曲収録 Demo 音源。各曲とも長尺に構成され、ロウ～ミドルテンポに進展する。リフを繰り返した曲調は変化に富んでいる。良いと思える部分もあるが、それぞれが細やかすぎることもあり、各々のフレーズが薄まり、メリハリが欠けてしまった。

A Solidal | **簡 牢铝** | **常 牢鋁**

A Lieder Ohne Worte

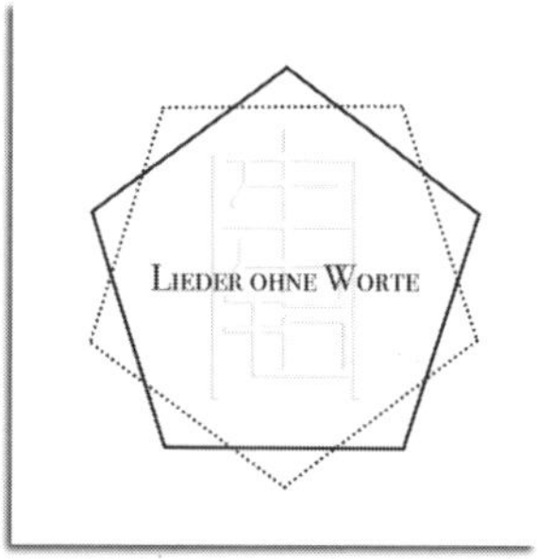

簡	常	
Progressive Metal	上海	
自主制作	フルレンス	2017

上海メタルシーンで活動する４つのバンド Fearless、R.I.P、Screaming Symphony、TMOOS から集ったメンバー５人により結成されたヴォーカルレス・ツインギター体制プログレッシブ・メタル・バンド。アルバム・タイトルはメンデルスゾーンの無言歌集から取ったコンセプト作。デスメタル、ジャズ、コア、ポスト･ロック、フュージョンと様々な音楽からの影響を消化し、エレガントでプログレッシブなサウンドを作る。

A Suriel | **簡 沙利叶** | **常 沙利葉**

A Secret Sacrifice in the Lunar Eclipse

簡	常	
Black Metal	上海	
PestProductions	EP	2017

にわかに活気付いてくる上海メタルシーンより登場した新世代によるブラックメタル・バンド。Slaughter（ギター／ベース／ヴォーカル）と Calamity（ドラム）で、バンド体制にはなっていないが、初期ノルウェー・ブラックメタルに大きな影響を受けた勢いあるストレートなクラシック･ブラックメタル･サウンドを奏でる。本作は Emperor の「Into the Infinity of Thoughts」のカバーを含む５曲を収録した初の EP。コープスペイントしたメンバー２人の写真しか公開されておらず、詳細不明。

A Tacitus | **簡** | **常**

A Crimson Clover I (Instrumental Demo)

簡	常	
Progressive metal	上海	
自主制作	フルレンス	2016

Psyclopus のヴォーカルでもある Lucius F. Domitianus こと肖以恒によるワンマン・プログレッシブ・メタル・プロジェクト。メロパワやネオクラシカルに多大な影響を受け、もちろんクラシックからの要素も大きい。リフやソロに重点を置きながら、激しい展開を見せる。メタルクラシックからインスピレーションを受けたフレーズも多く登場するので、マニア通なアルバムに仕上がる。なお、本作はヴォーカルレスのインストゥルメンタル作品。

A **TMOOS（The Machinery of Other Skeletons）** **常**

A **Beyond the Circular** **簡** **常**

Death Metal	上海	
自主制作	EP	2014

2013年、上海に居住していたBrian Murdock（現在は脱退）とIvan Belcicにより結成され、メンバー交代し、現在では中英米3カ国出身メンバーで構成されるテクニカル・デスメタル・バンド。初作品となる6曲収録EP。TMOOSとは、The Machinery of Other Skeletonsの略。MeshuggahやPeripheryの影響下にあり、正統的なプログレッシブ・メタルから派生系のDjentにいたる21世紀初頭最新鋭メタル・サウンドのひとつ。

A **TMOOS（The Machinery of Other Skeletons）** **常**

A **Static Fades** **簡** **常**

Death Metal	上海	
自主制作	EP	2015

ほぼ一年ぶりとなる3曲収録EP。やはり中心メンバーが英米人なだけに東洋人とは全く異なる感性である。荒々しい以上に一点突破する破壊力がある。それゆえに繊細さと柔軟性に欠けるかもしれない。カオスなデスヴォイスをフィーチャーし、複雑なリズムとメロディライン、プログレッシブなギターソロを挟みながら猪突猛進するアグレッシブな楽曲が3曲並ぶ。音源だけではつまらなさを覚えるが、ライブで続けざまに演奏されれば、観客が大いに盛り上がることは予想できる。そのための予習用としての性格の強い音源である。

A **TMOOS（The Machinery of Other Skeletons）** **常**

A **Hatred For Man** **簡** **常**

Death Metal	上海	
自主制作	EP	2016

聴き応えある音源が完成するが、フルレンスとして数を揃えずに即発表したかのように、勢いの溢れる楽曲を3曲のみ収録したEP。猛進するデスヴォイスがさらにエネルギッシュになり、楽曲の破壊力を強める。リスナーの理解の範疇を超えた複雑怪奇な曲展開と、圧倒的に押し倒すアグレッション、個々の演奏技量がまとまり、エクストリーム・ミュージックの真髄に迫る。同時にDjent一直線ではなく、往年のプログレ・メタルを意識した変拍子を多用し、リフやリズムワークに労力が使われ、ソロパートにおいても耳を引くアレンジが施されている。

A **TMOOS（The Machinery of Other Skeletons）** **常**

A **Hatred For Man Ⅱ** **簡** **常**

Death Metal	上海	
自主制作	EP	2017

前作から早くも3ヶ月で仕上げた3曲収録EP。一過性であったDjentを早くも超越し、1st EP、2nd EPの頃の単調な音楽性から3rdの21世型ヘヴィネス・プログレッシブ・ロックに変貌し、さらに高みに上り詰めようとした音源である。早くフルレンスとしての作品を聴きたいと思わせるが、音数の多さ、重々しさ、圧倒させる音圧が重なり、この程度の曲数が丁度良い。むしろ上海を拠点にする必要性はあるのだろうか？

A the Naraka（中国）

簡 奈落　**常 奈落**

A the Naraka　簡 奈落　常 奈落

Metalcore　上海

自主制作　シングル　2016

台湾にも同名ヴィジュアル系ロック・バンドがいるが、こちらは上海を拠点とする 2012 年結成、ツインギター体制 5 人組ヴィジュアル系ニュー・メタル・バンド。the GazettE や Dir en grey などの日本の同系統先陣バンドからの影響が大きくあり、かつニュー・メタル〜メタルコアのスタイルを取る。デスヴォイスとヴィジュアル系特有の甘い歌声を織り交ぜる歌唱に惹きつけられる。

A Thy Blood

簡 血惊　**常 血驚**

A Just War　簡　常

Thrash Metal　上海·

Dying Art Productions　EP　2014

2002 年上海結成。Metallica、Slayer 等に影響を受けたスラッシーなリフにドライブするロックンロールテイストも兼ね備えたスタイル。幾多のメンバーチェンジと一度の解散を乗り越えてリリースしたメジャーアルバム。本作は 2013 年に自主制作リリースした『Thy Blood』の曲順を入れ替え、Testament のカバーを追加している。2016 年 4 月、ギタリストが当時の女性ボーカリストへの婦女暴行を犯し、活動停止。イタリア人ヴォーカルとカザフ人ギタリストを新加入させ、活動再開する。

A

簡 狗神　**常 狗神**

A 666 KTV　簡 666 KTV　常 666 KTV

Hard Rock　上海

自主制作　フルレンス　2013

グランジ・バンド Androsace の楞次（女性ヴォーカル）と Dario（ドラム）とパンク・バンド卒恭卒敬の棉棉（女性ベース）と Lao Bi（ギター）が各々のバンドの終焉のために、2012 年に合体させ、新スタートする形で中国イタリア混成バンドとして結成される。70 年代ハード・ロックのテイストを持ちながらパンク・ロックのテイストも感じさせる。図太く渋い低音を基調とするボーカリストの声質は元指南针の羅琦を思い起こさせ、1990 年代前半の北京ロックを体験した者にも印象深いサウンドに聴こえる。

A

簡 狗神　**常 狗神**

A Dio Cane　簡　常

Hard Rock　上海

地道　フルレンス　2014

クラシック・ロック的な音楽性基軸をしっかりとさせながら、より多様性が増した 2nd アルバム。随所で聴こえるヘヴィ・メタル、ストーナー、パンク・ロック、オルタナティヴ・メタル、グランジやブルース色豊かなハード・ロックなどからの影響を織り交ぜたサウンド。様々な表情を感じさせ、激情がありながら深みあるヴォーカルを中心に個性の強い演奏力。取っ付きやすいサウンドに仕上がる。本作発表後、ボーカリスト楞次がオーストラリアの大学院留学のため、脱退する。

A

A

簡 狗神

簡 不易滚

常 狗神

常 不易滚

Hard Rock	上海	
地道	EP	2015

本作 EP から別の中国人女性ヴォーカルとして任婕妤が加入する。深みのある似た声質であるものの、前任者よりポップな感性を持ち込み、声質が高音部も低音部もよりマッチしたポスト・グランジ／オルタナティヴ・メタルに仕上がる。Scorpions の 1974 年発売の作品『Fly To The Rainbow』より「Speedy's Coming」をカバー曲として取り上げている。本作リリース後ベーシストが海外移住し、バンドとしては活動停止。

A Frozen Cops

A Scarlet scar

簡 东京茶

簡

常 東京茶

常

Heavy Metal	上海	
自主制作	フルレンス	2019

なぜ英語バンド名が Frozen Cops で、中国語バンド名が东京茶なのかはわからないが、上海の復旦大学の学生を中心に 2015 年結成。4 人組正統派ハード・ロック・バンド。2019 年リリースの『We want Tokyo Tea』『Dying souls』の 2 枚組 EP を一つにした 1st アルバム。80 年代ヘヴィメタル黄金期の NWBHM や LA メタルを下敷きに、2000 年代以降のプログレッシブ・メタルやポスト・メタルを加味させた風格。様々なヴォーカルスタイルを使い分け、楽曲ごとに異なる雰囲気を作る。

A The Devil Inside

A

簡 噬心魔

簡 刍狗之乱

常 噬心魔

常 芻狗之乱

Nu Metal	山東省泰安	
自主制作	EP	2017

2013 年結成。4 曲収録の初 EP。自らの音楽スタイルをニュー・スラッシュと称している Disturbed 直系のオルタナティヴ・メタル／ニュー・メタル・バンド。David Draiman のような破壊力満点のスタッカートは効いていないものの、歌謡曲調を残しながらアグレッシブにシンガロングする歌唱法。スラッシュ・メタル的なリフやリズムはほんのりと残しつつ、ミドルテンポの重低音とザクザク刻むリフは Disturbed に始まる 21 世紀型のヘヴィネス。ダークでメロディアスな楽曲を奏でる。

A Eagerkill

A Live In "TTD VIII" Fest

簡 渴望杀戮

簡

常 渇望殺戮

常

Thrash Metal	山東省淄博	
Human Recycle	ライブアルバム	2018

2018 年 9 月 15 日、北京楽空間にてメタル、パンク、ハードコアなどのバンド 7 組が登場したイベント『Thrash Till Death Fest 8』にて録音されたイントロを含めた 7 曲収録のライブ音源。 カセットテープのみでのリリース。結成 2 年ほどでバンドとして完成をなしていないが、成長が楽しみなまだまだこれからのバンドといえる。スピードに任せた熱量だけ高い C 級感丸出しの荒々しいスラッシュ・サウンド。一本調子で、未熟ではあるが、作曲能力、演奏技術力やパフォーマンス力を若々しさだけで（メンバーの外見はちょっと幼さが残っているが）、乗り越えた勃々たるエネルギーを感じさせる。

A **Gǔ shé** | **簡** **古蛇** | **常** **古蛇**

A | **簡** **反救世主** | **常** **反救世主**

Thrash/Death Metal	山東省青島
秋洪水唱片	EP 2013

アーティスト名として古蛇を名乗る陳湘泉（ヴォーカル＆ギター）と柳青（ベース）により 2001 年に結成されバンド名も古蛇とした、現地でも最初期に活動を始めたヘヴィ・メタル・バンド。2004 年に一度解散している様だが、2013 年に本作と『皇尸还魂』の性格の異なる EP2 枚を同時リリースする。こちらは、80 年代王道ブリティッシュ・メタルやベイエリア・スラッシュ・メタルのおいしいとこ取りで猪突猛進するサウンド。長い活動歴にして初の作品であるが、霞がかかったサウンドと、音圧のぺらぺらさ加減が気になる。

A **Gǔ shé** | **簡** **古蛇** | **常** **古蛇**

A | **簡** **皇尸还魂** | **常** **皇屍還魂**

Thrash/Death Metal	山東省青島
秋洪水唱片	EP 2013

『反救世主』と同時リリースされた EP。こちらはデスメタル・サイドというべき内容。メンバー両者は様々なスタイルのバンドで活動するため、行き場の無い 3 曲だけをパックしてリリースしたのだろうか。あえてなぜ『古蛇』として音源にしたのか疑問に残る。デスメタルとしてはブルータルになりきれてないところもあるが、デスラッシュとしては暴虐性のあるクオリティの高い内容であることは記しておく。

A **Gǔ shé** | **簡** **古蛇** | **常** **古蛇**

A **Inverse Creation** | **簡** **逆创世** | **常** **逆創世**

Thrash/Death Metal	山東省青島
秋洪水唱片	フルレンス 2014

前作から一年ぶりとなる 1st アルバム。前作がスラッシュ・メタル・サイドとデスメタル・サイドと分けた EP であったが、本作はスラッシュ・メタル・サイド。9 曲全曲ともヴォーカルレスのインスト曲となっており、リフ、ソロやリズムワークなど楽曲構成はスピード感とアグレッシブ感がある。聴き応えがあるとはいえるものの、インストゥルメンタル・ヘヴィ・メタルとしては、聴く者をあっと言わせる楽しさを含んだ展開はない。ヴォーカルが無ければ、たんなるカラオケである。

A **Impure Injection** | **簡** **不洁净注射** | **常** **不潔浄注射**

A **Fight.Fuck.Life** | **簡** | **常**

Grindcore	山東省淄博
自主制作	ライブアルバム 2013

山東省淄博を拠点に Zhang Chenxi（ドラム）と Gore Geng（ヴォーカル＆ギター）の 2 人で 2013 年に結成されたグラインドコア・バンド。バンドの信念は、「文明というものが、われわれを卑屈にさせるものなら、野蛮な誇りを見せてあげましょう」。本作は同年 11 月にリリースしたライブアルバム。Agathocles、Impetigo、Repulsion 等の影響の下、音質や演奏技量に関係なく、ズコドコ、ファーギャー真っ当なグラインドコアド直球に訴えかける。

A Mistery Island
A

簡 浓雾镇
常 濃霧鎮

簡 早期作品集（2003-2006）
常 早期作品集（2003-2006）

Melodic Death Metal	山東省東営	
自主制作	フルレンス	2007

2003 年に結成。2006 年に一度解散する際にデモとして公表していた音源をまとめた作品。この当時はミクスチャー・メタルと自称していたこともあり、アトモスフェリック・デプレッシブ・ブラックメタルを基本に、様々なエクストリーム・メタルの要素を絡ませた、焦点を絞りきれていないサウンドとなっている。Eurythmics の代表曲「Sweet Dream」のアトモスフェリック・ブラックメタルなライブカバー曲も収録。中国語バンド名の浓雾镇は南昌のブラックメタル・バンド Heresy のアルバムより付けられる。

A Mistery Island
A

簡 浓雾镇
常 濃霧鎮

簡 十年
常 十年

Melodic Death Metal	東営	
自主制作	EP	2016

再結成し、音楽性も大幅に変更し、シネマティック・メロディック・デスメタル化した。およそ十年ぶりとなる 2 枚目アルバム。米映画音楽製作会社 Two Steps from Hell の『Victory』をカバーを収録する EP。映画音楽に強い影響を受けたメロディが溢れ、同時にプログレッシブな展開も見せる。ヴォーカルはデスヴォイスなのだが、一種の効果音的ミキシングで他のエクストリーム・メタル系バンドとは一線を画すサウンドに仕上がる。2017 年から 2018 年にかけて短いインターバルでシングルを公表している。

A Rammish Succus
A Slaughter of Love in Hogpen

簡 腥臭体液
常 腥臭体液

簡
常

Goregrind	山東省青島	
Limbogrind Productions	フルレンス	2008

柳青（ヴォーカル＆ベース）、国建偉（ドラム・Victorious War にも参加）、姜宏建（ギター）により山東省青島にて 2003 年 7 月結成。ポルノ・グラインド、ゴア・グラインド。同年 8 月 1st EP『腥臭体液』を発売し、2008 年 12 月にリリースされたのが本作 1st アルバム。乗り物酔いを起こすスピードのアップダウンが激しい展開をなす。なお、メンバーは青島で活動する様々なロック・バンドにも参加しているため、活動は少ない。2015 年に柳青が亡くなっている。

A Raw Enmity
A

簡 冉闵
常 冉閔

簡 古代諸王的原始仇恨
常 古代諸王的原始仇恨

Thrash/Black Metal	山東省青島	
Cold Woods Productions	EP	2015

青島にて 2014 年に結成のスラッシーなリフを特徴とするエクストリーム・メタル・バンド。デスメタル、ブラック・メタル、スラッシュ・メタルを融合させて、プリミティブな憎しみと邪悪とカオスを表現する。若干ドラムが前のめり感が拭えないこともあるが、意外にも曲構成が正統的メタルでギターフレーズやベースフレーズが古典的だ。バンド名の冉閔（ぜんびん）とは五胡十六国時代短期間だけ存続した冉魏国の初代天王の名。ギターの Rerthro は Rerthro や蚩尤などワンマン・プロジェクトも展開する。

A Sacrifice Soul | **簡 献祭灵魂** | **常 献祭霊魂**

A Sacrifice Soul | **簡 献祭灵魂** | **常 献祭霊魂**

Thrash Metal | 山東省青島

Infected Blood Records | フルレンス | 2017

青島メタルシーン中心人物である古蛇が Tiger Trigger にて活動を共にする大象と新たに立ち上げた 2 マン・スラッシュ・メタル・プロジェクト。昨今のスラッシュ・リバイバルではなく、まさしく 80 年代メタル黄金期のサウンドが時空を越えて現代中国に生誕した。長い経験に裏打ちされた 80 年代に連れ戻される錯覚に陥るほど、オールドスクールなベイエリア・スラッシュ。ザクザク疾走感たっぷりなギターが猪突猛進する。古蛇のヴォーカルは Chuck Billy に肉薄するほど図太い声質である。

A Tiger Trigger | **簡 大虫** | **常 大虫**

A Violent Rule | **簡** | **常**

Heavy/Groove Metal | 山東省青島

Infected Blood Records | フルレンス | 2016

青島メタルシーン中心人物の古蛇こと陳湘泉（ギター）と大象（ベース）によるスラッシュ・メタル・バンド別働隊。専任ボーカリストとして張家愷が参加。メンバーからすると大きな違いがあるのだろうが、音楽的には Sacrifice Soul とほぼ同一路線の、前のめり気味なドラミングをするオーセンティックなスラッシュ・メタル。違いとなるのはヴォーカル・スタイルがミドル音域を中心に力任せに喚く歌唱タイプであること。若干粘着質の強いギターリフとソロが面白く展開し、耳にこびりつきこだまする。

A | **簡 烟雾** | **常 煙霧**

A Battle's Fasta | **簡** | **常**

Melodic Death Metal | 山東省青島

Steel Ruins Records | EP | 2002

ex- 古蛇の柳青（故人・2015 年逝去）が 1998 年から 2002 年頃に活動していたバンドのひとつ。メロディック・デスメタルで、本作は 3 曲収録の EP。ヴァイオリン奏者が在籍しているのだが、アクセントとしての使用で、全体としてはミドルテンポに進むメロディック・デスメタルとブラッケンド・デスメタルの中間。むしろアングラ臭とアマチュア臭が強く漂う。2013 年に収録曲タイトルを英語化、収録順を変更し『Worship of War』として再リリースされている。

A | **簡 省冤谷** | **常 省冤谷**

A | **簡 为战而生** | **常 為戦而生**

Melodic Death Metal/Metalcore | 山東省済南

Kill The Light Productions | EP | 2016

2015 年、済南で結成された山東芸術学院の学生による女性キーボード奏者が在籍する 5 人組バンド。3 曲収録デビュー EP。中国戦国時代風メロディック・デスメタルを自称し、エネルギッシュで怖いもの知らずの雰囲気があるが、多種多様な音楽を詰め込み気味で、学生バンドにありがちの方向性が定まっていないサウンド。まだまだこれからであり、成長を期待できる潜在力がある。ちなみに、バンド名は戦国時代に殺神と恐れられた秦の名将軍の白起が、敵軍趙兵の捕虜 40 万人（諸説あり）を生き埋めにした場所のこと。

A NERO

A

簡 族圣 | 常 族聖

簡 堕落的开始 | 常 堕落的開始

Death Metal	山東省青島
Cold Woods Productions	フルレンス / 2018

青島メタルシーンの中心人物である古蛇による新たなワンマン・デスメタル・プロジェクト。1 曲目が、らしくない哀愁漂うギターオリエンテッドな楽曲に一瞬アレっと思うが、2 曲目から本領を発揮し、スラッシュ・メタル直球なザクザククランチーなリフと前のめり気味のリズムワークにデスヴォイス、グロウルヴォイスが乗り、激しく展開する。コンパクトでいて一本調子にはならないアレンジがなされ、随所にはギターソロが挟み込まれ、盛り立てる。古蛇の有り余るアイデアを形にし、楽曲、演奏技術ともにレベルの高いアルバムに仕上げてはいるが、プロジェクト名を変えるほど他プロジェクトと大きな差異があるのかまったくわからない。

A The Waves of Kill

A

簡 浪涛杀 | 常 浪涛殺

簡 瞬间 | 常 瞬間

Metalcore	山東省棗荘
自主制作	EP / 2017

身長 185cm を超える大男 4 人によって結成。ニュー・メタル／メタルコアを掲げているが、実際は、オーソドックスなヘヴィ・メタル・バンドによる 4 曲収録デビュー EP。80 年代メタルの王道リフやメロディ、リズムを基に昨今のメタルコア的要素を加え、キャッチーに仕上がっている。90 年代前半北京メタルシーンのスラッシュ・メタル・バンドを基にソフトなデスヴォイスとノーマルヴォイスによるポップな才覚でメロディを歌い上げる。そのポップさは香港の Beyond から優しさを取り除き、猛々しさを加えたような雰囲気を持つ。

A Alcor

A On the Scorched Earth

簡 凶星 | 常 凶星

簡 焦土之上 | 常 焦土之上

Thrash Metal	江蘇省鎮江
Mort Productions	フルレンス / 2016

2015 年結成スラッシュ・メタル・バンドの 1st アルバム。クランチーな重低音高速ギターリフ、攻撃的なドラムワーク、重低音が心地良いグルーヴィーなベース、咆哮するヴォーカル、どこをどう切り取っても王道スラッシュ・メタル。熱いサウンドが耳に届くとともに、バンギング開始、即全身から汗が噴き出すことは間違いない。収録 7 曲はそれぞれ練りこまれたギターリフ、華のあるギターソロ、メリハリの優れたリズムワークがバラエティに富んでいる。楽器隊のバンドアンサンブルも非常に良い。

A Anger

A Evil Doctrine

簡 怒 | 常 怒

簡 妖言惑众 | 常 妖言惑衆

Melodic Death Metal	江蘇省無錫
看見音楽	EP / 2014

2009 年結成。4 人組メロディック・デスメタル・バンド。結成後 5 年間ほど活動が思うように出来なかったが、2014 年になって、ようやく 3 曲収録デビュー EP をリリースする。オーセンティックなスラッシュ・メタルリフとリズムワークを下敷きにデスヴォイス、流麗なメロスピなギターソロ、中国伝統旋律を加えたサウンドで、進む道は明白に良い路線なのだが、まだ楽曲が一本調子な展開だったり、拝借してきたフレーズがあったりと練りが浅い状態。本作発表後もメンバー各々の事情により活動が出来ないようである。

A Delirious
A Delirious

簡 精神错乱 **常** 精神錯乱
簡 精神错乱 常 精神錯乱

Grindcore	江蘇省南京
自主制作	フルレンス / 2012

2009 年 11 月、江蘇省南京にて結成されたオールドスクールなグラインドコア・バンド。数回メンバーチェンジを行い、汪洋（ヴォーカル）、趙元（ベース）、韓快（ギター）、馬天立（ドラム）の 4 人編成。2012 年リリースの 17 曲収録する 1st アルバム。シンプルなリフで爆走するギターと激しくブラストビートを爆発させるドラム、ヴォーカルは低いうなり声を上げる。シンプルな曲調を中心にした作風で、全曲 2 分未満。2010 年には日本のデスメタル・バンド Hydrophobia の中国ツアー南京ライブの前座を務める。

A Destroy the Redemption
A 1st Demo

簡 毁灭救赎 **常** 毀滅救贖
簡 常

Death Thrash Metal	江蘇省南京
Cold Woods Productions	デモ / 2018

デス・スラッシュ・メタル・バンド Resurrection のメンバーを中心に 2002 年に結成。2007 年にはオムニバス『死夜・肆』に参加するも活動停滞。2017 年現行メンバーが顔を揃え、『Black Battle Corps III』に楽曲提供。本作は、16 年目にして初の公式音源となる 6 曲収録デモ作品。繊細で悲哀なメロディーラインと猛烈に怒り狂うトレモロリフを使用したロウ～ミドルテンポが中心のプリミティブなブラックメタルを演奏する。デモ音源とあり、若干荒く、ヴォーカルが曇り気味な音質ではあるが､バンドの長年の実力と魅力､そして真髄が詰まっており、今後の正式アルバムが期待できる作品。

A Nugget
A

簡 熔核 **常** 熔核
簡 炽焰 常 熾焔

Thrash Metal	江蘇省南京
中国唱片深圳公司	フルレンス / 2008

南京にある中国伝媒大学南広学院の在校生によりスラッシュ・メタル・バンドとして結成され、同時にブルース、ボサノヴァ、フュージョン等にも親しんでいたが Dream Theater を聴くと、プログレッシブに傾倒していった。1 年と 3 ヶ月程度で本作コンセプトアルバムを完成させる。学生としてはまずまずのレベルだが、ミドルテンポを中心とするメロディーの豊かな明瞭プログレッシブ・メタルを展開する。大学卒業後、メンバーは南京を離れ、それぞれ遠隔地に移り住んだため、バンドは活動停止状態に。

A Pogonip
A Prologue

簡 冰雾 **常** 氷霧
簡 常

Metalcore	江蘇省南京
Infected Blood Records	フルレンス / 2018

5 人組メタルコア･バンドによる､結成 1 年足らずで完成させたデビューアルバム。この数年、潮流となりつつあるメタルコアを標榜するバンドと同様にエモ、スクリーモ、オルタナティヴ、ポスト･ハードコアといったジャンルや、デスヴォイス、ビートダウンといった技量などをすべて取り入れて、若い感性の下で再構築したサウンド。多彩で最先端なサウンドと捉えられるか、雑多で継ぎ接ぎだらけなサウンドと感じるかの、評価が分かれるスタイル。

A Resurrection
A National Martyr

簡 复活　常 復活
簡 国殇　常 国傷

Death/Thrash Metal | 江蘇省南京
殇唱片 | フルレンス | 2006

南京にて 2001 年結成のスラッシュ・メタル・バンドの 1st アルバム。ツインギターによる 5 人編成バンドとして当初はメロディック・パワー･メタル路線でデモを制作するが、徐々に変質、中国メタルレジェンド唐朝や春秋をエクストリーム化させた音楽性へ進化する。ブラッケンド・ヴォーカルによる歌唱で激しいパフォーマンス、安定的に猛進するドラム、そしてスラッシーで絡みつくようなリフを特徴とするサウンドになる。リリース後にさらに先鋭化したデスラッシュ・メタルへと変遷しているようだ。

A
A

簡 梦魇中腐烂　常 夢魘中腐爛
簡 印记　常 印記

Melodic Death Metal | 江蘇省徐州
秋洪水唱片 | EP | 2013

江蘇省徐州にて前身バンドが 1996 年に結成され、解散・再結成、バンド名変更、度重なるメンバー変遷が続き、2013 年になってから、ようやくデビュー EP をリリースする。デスヴォイスというよりは、グラインドコア的ガテラルヴォイスで歌う紅一点ボーカリストによるミドルテンポな楽曲を主軸に、メロウなキーボードサウンドを含むドゥーミーなゴシック・メタル・バンド。長い活動暦のわりには多方面にアンテナを張った方向性で、たっぷり C 級感が漂う。メンバー自体が楽しんでいる雰囲気は好評価である。

A
A

簡 莫邪　常 莫邪
簡 莫邪　常 莫邪

Melodic Black Metal | 江蘇省蘇州
自主制作 | フルレンス | 2010

2005 年蘇州にて結成。オールドスクール・スラッシュ・メタルとゴシック・メタルに影響を受けたというメロディック・ブラックメタル・バンド。2010 年リリースの 1st アルバム。基本的に突貫しつつも、緩急を付けながら寒々しく疾走していく。歯切れのいいリフと絶妙なリズムワークに凶暴に噛み付くブラッケンドヴォーカルがこだまし、鷹揚なキーボードで楽曲を盛り立てる。勢いのある美しいメロディを奏でるギターソロも聴き所。バンド名は諸説あるが、春秋時代における名剣のこと。

A
A Dooms Day

簡 莫邪　常 莫邪
簡 末日　常 末日

Melodic Black Metal | 江蘇省蘇州
Moves Restlessly | EP | 2012

2012 年作となる 5 曲収録 EP。前作の同一路線にて荘厳さと荒涼とした世界観をそのままに、さらにギターオリエンテッドなツインギターサウンドで、自己主張していた艶やかなキーボードがギターの引き立て役に徹するようになる。楽曲構成も各曲ともプログレッシブ・メタルのごとく大きな複雑さはないが、転調も含め、明確な起承転結が物語性を強めている。こもり気味だったヴォーカルも明瞭なデスヴォイス・スタイルに改善され、不安定さを完全払拭し、スタイルに合った暴力的な歌唱に成長した。

A Aesthitics

A

簡 恶之花 / 常 悪之花

簡 废墟 / 常 廃墟

Hard Rock	浙江省温州
自主制作	フルレンス / 2000

1997年結成の浙江省温州出身のバンドによる2000年リリースのデビューアルバム。アメリカンでもありブリティッシュでもあり、バラバラな時代性から寄せ集め、先にやったもん勝ちだった時代から後れて登場する。古き良き中国産ハード・ロック・スタイルを貫いた温故知新的音楽。南方出身だが、1990年代初頭の北京の香りが強い。中国語歌詞で制作されているが、楽曲には拝借跡が濃厚に感じられ、あのリフ、このリフ、そのメロディ、そこのドラムフレーズの元ネタを探し出したらきりが無くなる。

A Aesthitics

A

簡 恶之花 / 常 悪之花

簡 獠牙的赞美 / 常 獠牙的賛美

Hard Rock	浙江省温州
自主制作	EP / 2013

メンバーが入れ替わり、13年ぶりとなる音源は3曲収録EP。古き良きハード･ロック･スタイルを捨て、垢抜けた作風となり、スラッシュ・メタル気味なリフと、アクセル全開のリズムワークを前面に押し出している。ヴォーカルもシャウトを多めに取り入れた声を張り上げるハード・ロック・タイプになり、正統派メロディック・ハード・ロックへと変貌している。意外にこの手の音楽性が少ない中国にあっては貴重な存在である。2018年にはシングル2作を発表しており、進化と変化のあるサウンドになっている。

A Direwolf

A Ghost / Snow Valley

簡 冰原狼 / 常 氷原狼

簡 白灵 / 常 白霊

Melodic Death Metal	浙江省杭州
Hurricane Music Records	EP / 2019

アメリカン・ファンタジードラマGame of Thronesから命名されたイエテボリ型を基調とし、アメリカ産メタルコア的な要素も消化したモダンなメロディック・デスメタル・バンドの2曲収録デビューEP。まず耳をとらえるのが印象的なキーボード、そのクラシカルな演奏に先導され、ミドルテンポを中心としたメロデスの基本を押さえたスタイル。収録作品は粗削りな楽曲であり、バンドとして未完成な感じで、まだまだ未知数なところが多い。しかし、細やかな演奏力を持っていることもあり、期待が持てるバンドである。

A Dog Slayer

A Sacred Eye

簡 狗屠 / 常 狗屠

簡 恐惧之眼 / 常 恐惧之眼

Heavy Metal	浙江省杭州
Terror Execution Production	EP / 2018

ツインギター＆ハイトーンヴォーカル体制5人組正統派ヘヴィ・メタル・バンドによる4曲収録デビューEP。若い世代にも関わらず、80年代初期より始まるヘヴィ・メタル黄金期、特にNWOBHM期のサウンドを蘇らせたレトロ感漂う温故知新スタイル。ジャーマン・メタル登場以前のメタリックなリフ、重苦しく硬派でシリアスな演奏、強度ある美しいメロディ、スクリームするヴォーカルとどこを切り取っても正統派ヘヴィ・メタル。鋭く、美しい、華麗なる激情を兼ね備えている。北京のDressed to KillとともにNew Wave of Chinese Heavy Metalの台風の目になるだろう。

A ReXueHongNiang

A

簡 热血红娘 **常 熱血紅娘**

簡 春天里的小画家 / 常 春天里的小画家

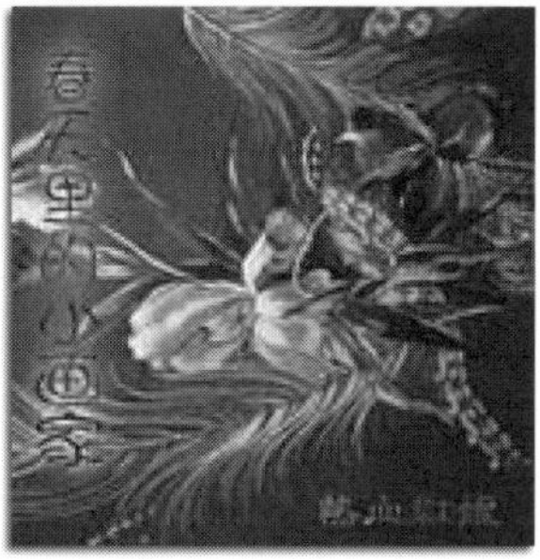

Grindcore	浙江省杭州
Limbogrind Productions	フルレンス / 2007

現在では情報が少なくなり、身の上が不明なグラインドコアバンドの1st アルバム。前身のパンク・ロック・バンドが徐々に音楽性を変化させ、グラインドコア化した際にバンド名を改める形で誕生する。「人間天国」と呼ばれる杭州で生まれた人間地獄ファンキー／ノイズグラインドバンドと自称。激烈下品な轟音サウンドの中に８ビット時代のゲーム機のピコピコ音や The Eagles の「Hotel California」のカバー、伝統楽器演奏など差込み、面白おかしくユーモアたっぷりに激烈展開する。合計 21 曲収録だが 20 分強の作品。

A Falling

A Dusty Face

簡 / 常

簡 / 常

Black/Gothic Metal	浙江省杭州
自主制作	EP / 2003

浙江省の省都杭州にて 1999 年年末に張平（ヴォーカル）を中心に結成。当初はポスト・パンク・ロック・バンドだったが頻繁にメンバーチェンジがあり、徐々にゴシック・メタルへと音楽性が移る。本作は2003 年作の 1st EP。ポスト・パンク・ロック～ニューウェイブ的な骨格にメタル的リフで肉付けしたかの様だが 2005 年には解散する。2010 年に張平（ヴォーカル&ギター）を中心にメンバーを一新し、再結成する。バンド名も烟火先生（Mr. Firework）へと改名し、ポスト・パンク・ロックへ戻る。

A Freezing of Time

A

簡 时刹 **常 時刹**

簡 刑天 / 常 刑天

Melodic Death Metal	浙江省温州
自主制作	フルレンス / 2014

2011 年８月結成のツインリードギター体制５人編成メロディック・デスメタル・バンド。デモ音源集に続く 1st アルバムとなる。メロデスを中心にメタルコアやスラッシュ・メタル、そしてトラディショナルなヘヴィ・メタルを取り入れている。スピード感あふれるリフとメロディアスなソロがバランスよく配置されたテクニカルな楽曲。ヴォーカルも数種のガナリ声とノーマル声を歌い分け、緩急をつける。また女性ゲストヴォーカルを迎え、シンフォニックな展開を持つ楽曲もある。アルバム名『刑天』とは古代中国で黄帝と天帝の座をかけ争った英雄のこと。形夭、刑夭、邢夭とも書く。

A Inchaos

A Echo

簡 / 常

簡 / 常

Emocore	浙江省杭州
自主制作	フルレンス / 2018

結成当初はフォークグループとして活動、学業卒業と共に活動停止。2015 年、楊涛（ドラム）と康焔焔（女性ヴォーカル）を中心にメタルをバックグラウンドに持つ弦楽器隊が加入し、活動再開。本作は2nd アルバムだが、音楽性の路線変更後としては初アルバムになる。エモコアと自称するが、メタルを根幹に持つ演奏に、ヴォーカルのアイドルっぽいかわいい声質が乗る。さしずめポップ・ゴシック・メタルといったところ。WOA Metal Battle 華東地区予選に出場していたり、動画サイトに BABYMETAL のカバーをアップしている。

A October Capricorn　簡 十月摩羯　常 十月摩羯

A Ep 1　簡　常

Thrash Metal　浙江省杭州

自主制作　EP　2010

銭艷艷（女性ヴォーカル）と段秋明（ギター＆コーラス）により 2007 年結成のデスコア・バンド。翌年、日本人の深井雄史（ドラム）が加入し、本格的に活動を開始する。2010 年発表の 4 曲収録 EP。デスコアというよりはスラッシュ・サウンドをより重々しくしながら、メロディを取り入れたメタルコア。女性デス声は大なり小なり Angela Gossow の影響があるのは当然だが、デス声とマイルド声の歌い分けをする 4 曲目がもっともしっくりとしている。デスメタル・バンドでの活動歴がある深井による、重々しく的確なドラミングもバンドの要である。

上海ライブハウス紹介

CD ショップは、ほぼ無い。日本人が多く住む古北地区にメタル専門店ではないものの、ドラマ DVD、音楽 DVD、音楽 CD などを取り扱っているお店が 1 軒あるのだが、いわゆる海賊版なので購入しないように。その他の都市にも地元ロック好き、メタル好き、パンク好きな人たちの集いの場としてライブハウスやライブバーがあり、中国人や外国人のバンド／ミュージシャンのライブが行われている。

Inferno Shanghai

2011 年夏に打浦路のショッピングモールの一角にオープン。平日はメタルバーとして営業、週末には様々なライブやイベントが開催される。2018 年 9 月、オーナーが変わり、多くのレストランやショップが集まる現在の場所に移転する。

Inferno Shanghai　ライブBar
上海市黄浦区长乐路462号集社1楼101室
https://www.Facebook.com/inferno.sh/

育音堂音乐公园　ライブバー

2018 年オープンした中山公園エリアに位置するライブハウス。複合モール「米域・这里」の地下にあり、月曜日、火曜日以外のほぼ毎日ロック、パンク、メタルなどを中心とした国内外のバンドのライブや DJ イベントを開催。欧米や日本のインディーズバンドが登場することもある。公演時間外はバーとして利用できる。

上海市愚园路1398号米域・这里地下1階02号
http://yuyintang.org/

MAO Livehouse Shanghai　ライブハウス

観光地田子坊から徒歩圏内にあり、上海の現地バンドから日本のメジャーなアーティストまで、さまざまなライブイベントや季節ごとのパーティーを開催。

上海黄浦区重庆南路308号3楼
https://www.facebook.com/maolivehousesh/

音楽雑誌事情

『我爱摇滚乐』が最初に創刊されたロック雑誌で、1999 年創刊、多くの国内ロック・バンドの紹介や付属カセット・CD もあり音楽情報源として人気があったが、2013 年廃刊となっている。メタル雑誌では『重型音乐 Painkiller Magazine』があった。2000 年に第 1 号が発行され、不定期発行ながら続いていたが、2016 年に発刊を取りやめた。54 号まで出版されていた。発行元がイベンターとして、地元バンドのライブや海外バンドの招聘などを行っている。ファンジンのような形式の雑誌で『极端音乐』というものが第 1 号が 2000 年に発行され、不定期刊行されていた。その他、音楽雑誌では『通俗歌曲』『Rollling Stone 中文版』『摩登天空』などあったが全てなくなっている。日本同様、エンターテイメント系の雑誌は販売数を落とし、廃刊となっている。

近年、大都市を中心に大型書店が出店し、様々なジャンルの書籍が人気となっている。音楽雑誌以外では、女性誌やビジネス誌、政治誌（意外に思われるかもしれないが、政治に対する関心が高く、様々な論調で展開する雑誌が人気である。しかし政府の許容範囲内といえ、行き過ぎると突然廃刊、編集長更迭など発生する）などは言論統制の中、好調のようである。また、日本の様々なジャンルをフラットな視線で取り上げる月刊誌『知日』といった少し驚くような雑誌が売れている。

重型音樂
NO.1 ChInESe HeaVY MusIC MaGaZInE
恐懼工廠
FEAR FACTORY
DREAM EVIL
OTEP
OVERKILL
CREMATORY
BIOHAZARD
RAMMSTEIN
FLESHCRAWL
OCCULT

Vol.20
重型音樂
LACUNA COIL
amorphis
VENOM
DEVILDRIVER
KATATONIA
AFTER FOREVER
PRO-PAIN
EPICA

Vol.45
重型音樂
MEGADETH
MACHINE HEAD

Vol.41
重型音樂
DISTURBED
OVERKILL
SOILWORK

Vol.50
重型音樂
KILLSWITCH ENGAGE
ALICE IN CHAINS
KREATOR
AMARANTHE
WACKEN 2013
KREATOR

Vol.38
重型音樂
lamb of god
SHADOWS FALL
IN FLAMES
NEGATIVE

Vol.36
重型音樂
CHILDREN OF BODOM
METALCORE 25 ALBUMS

Vol.35
重型音樂
DevilDriver
STRATOVARIUS
EXODUS
SKID ROW
TERROR

Vol.49
重型音樂
AS I LAY DYING
ASKING ALEXANDRIA
PERIPHERY
DEVIN TOWNSEND
DEVIL SOLD HIS SOUL
THE GHOST INSIDE
SUMERIAN RECORDS

Vol.24
重型音樂
EDENBRIDGE
IRON MAIDEN
鐵娘子再戰沙場
HATESPHERE

Vol.42
重型音樂
DARK THRONE
DEFTONES
MR.BIG
HELLOWEEN
DEATH ANGEL

Vol.39
重型音樂
DYING FETUS

Vol.52
重型音樂
MAX CAVALERA
SUICIDE SILENCE
MASTERPLAN
ALCEST
RIVERSIDE

Vol.37
重型音樂

Painkiller
Vol.48
APOCALYPTICA
ANVIL
RUSSIAN CIRCLES
STRENGTH APPROACH
RISE OF THE NORTHSTAR
65DAYSOFSTATIC

Vol.44
重型音樂
Opeth
SEPULTURA

華中

華中地域は、中国中東部、長江中下流域の地域で、穀倉地帯をなす一帯。安徽省、江西省、湖北省、湖南省の４省。

安徽省

安徽省は、華東東北部に位置した内陸省で、省南部は長江、省北部は淮河が流れ、省中央部に巣湖がある。面積は、13 万 9400 km²。省都は合肥。2016 年度の人口は 6195.5 万人、GDP は 2 兆 4117 億元（約 38 兆 5872 億円）。安徽省出身のバンドは 3 組。すべて省都合肥を拠点とする。合肥は、世界最大の PC ベンダーのレノボの CEO 楊元慶 、そして歴史教科書にも登場する清末の政治家李鴻章や軍人段祺瑞を輩出した街。

江西省

江西省は、中国中部の内陸部に位置し、北に湖北省と安徽省、東に浙江省と福建省、南に広東省、西に湖南省と接する。省都は南昌。面積は 16 万 6900 km²。2016 年度人口は 4592.3 万人、ＧＤＰは 1 兆 8364 億元（約 29 兆 3824 億円）。省都南昌で人民解放軍が誕生し、瑞金で中華ソビエト共和国が誕生する。江西省出身のバンドは 6 組。現在 2 組が解散しているが、全バンドが南昌を拠点とする。南昌は省都でもあり、江西省の政治・経済の中心。二千年の歴史を有し、街全体が国家歴史文化名城に指定されている。

湖北省

湖北省は、長江中流域にあり、中国第 2 の大きさとなる洞庭湖の北側にある。面積 18 万 5900 km² となり、省都は武漢。2016 年度の人口は 5851.5 万人、ＧＤＰが 3 兆 2297 億元（約 51 兆 6752 億円）。湖北省出身のバンドは活動中解散済みを含め 12 組。すべて武漢を拠点とする。武漢は「百湖の市」とも呼ばれ、市内に数多くの湖があり、水域面積は全市面積の約四分の一を占める。気候において夏は酷暑となり、夜も気温が 30℃以上の日が続く。重慶、南京と並んで三大ボイラーと呼ばれる。2020 年 1 月から新型コロナウィルスの発生源として災難に見舞われる。

湖南省

湖南省は、長江中下流に位置し、洞庭湖の南に広がる。面積が 21 万 1875 km² となり、省都は長沙。2016 年度の人口は 6822 万人、GDP は 3 兆 1244 億元（約 49 兆 9904 億円）。同省出身者には清末の政治家曽国藩、中国共産党の中心となる毛沢東、劉少奇、胡耀邦などがいる。湖南省出身のバンドは 4 組。すべて長沙を拠点とする。

南昌から中国を代表するDSBMバンドとして世界的に著名に

Be Persecuted

簡 受迫害

常 受迫害

Depressive Black Metal

2005 ～

江西省南昌

2006年アルバム『Be Persecuted』、2010年EP『2010 Demo』、2013年『V.AMortifera (fra) & Be Persecuted "S/T"スプリット Limited LP、2014年EP『N.A.N』、2014年V.A『The Dark Key of Enki』

江西省南昌出身。元怨灵のAutismこと呉明（ギター・ドラム・キーボード）、元异端で現Explosicumの譚冲（ギター）、元Dopamineの超強（ヴォーカル）、紅一点の萬雲（ベース）により2005年結成されたデプレッシブ・ブラックメタル・バンド。萬雲はすぐに脱退するも、翌年早くも6曲入りデモ『Be Persecuted』を発表する。2007年には1stアルバム、2009年には2ndアルバムをリリース。2010年に再び『2010 Demo』を発表。2012年にはPolyWater & BlackIronにより発売された、南昌で活動する12バンドを集めたコンピレーションCD『星火燎原 -ROCK IN NC』に参加。2013年、フランスのブラックメタル・バンドMortiferaとスプリット・アルバム『Mortifera/Be Persecuted』、2014年にはメキシコのデスメタル・バンドBlack Hateとスプリット・アルバム『The Dark Key of Enki』をリリースする。

A Be Persecuted　簡 受迫害　常 受迫害

A I.I　**簡** I.I　**常** I.I

Depressive Black Metal | 江西省南昌

No Colours Records | フルレンス | 2007

2007年リリースのデビューアルバムだが、実質は発表済みデモ音源に2曲追加し、ドイツ・インディーズ・レーベルNo Colours Recordsから発売される。沈鬱でアンビエントなイントロから始まり、全編通して疾走するブラストビートや無機質なノイズギター、悲壮感しかない泣き叫ぶヴォーカル、効果音として挿入される喪失感漂うピアノやアコースティックギターによるアンビエント風な音。不穏感しかないノイズだが1/fゆらぎを持っているのか、聴くものを落ち着かせる不思議な世界観である。

A Be Persecuted　簡 受迫害　常 受迫害

A End Leaving　**簡**　**常**

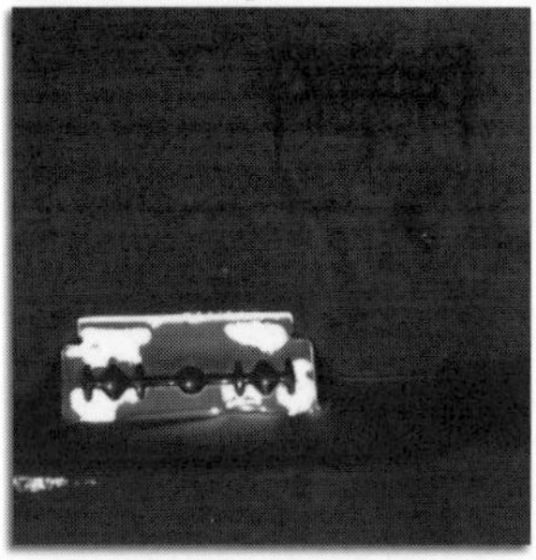

Depressive Black Metal | 江西省南昌

No Colours Records | フルレンス | 2009

引き続きNo Colours Recordsからリリースされた2009年作の2ndアルバム。精神崩壊真っ只中にも思える壮絶な絶叫ヴォーカル。悲壮感、絶望感、不穏感、暗黒、アブノーマルな風采とその奥底にある相反する歓喜、希望、平穏、光明が同時共存している。前作より一段と独特で不可思議な世界観に覆われ、引き擦り込まれてしまう。南昌蜂起によって中華人民共和国の門出となった、南昌市民に秘められた底力、恐るべし。

Explosicum

簡 爆浆
常 爆漿

Thrash Metal	2005 ～	江西省南昌

2005 年デモ『Demo 2005』、2013 年 シングル 『Raging Living』、2014 年 EP 『Mosh Or Die』、
2016 年ライブアルバム 『Explosicum Live in Osaka: True Thrash Fest 2015』

中国人民解放軍誕生の地である江西省の省都南昌にて 2005 年 10 月に結成されたスラッシュ・メタル・バンド。結成まもなくして 1st デモを発表する。2008 年に 1st アルバム『Conflict』をリリース。2014 年に 2nd アルバム『Raging Living』を発表した。2015 年 2 月に初来日し、大阪の ESAKA MUSE で行われたイベント True Thrash Fest 2015 に出演。その演奏を収めたライブアルバム『Explosicum Live in Osaka』を 2016 年 8 月にカセットテープで限定リリースした。現在のメンバーは、水牛こと譚翀（ベース & ヴォーカル）、聞東こと邱剣化（ギター）、小凱こと曽凱峰（ギター）、小姜こと姜迪永（ドラム）の 4 人。普段は地元の黒鉄酒吧を拠点にライブ活動を行い、北京、上海、広州、西安にも活動を広げている。2017 年年末 3rd アルバム『Living's Deal』をリリース。譚翀はデプレッシブ・ブラックメタル・バンド Be Persecuted にも在籍。曽凱峰は Full Moon、怨灵といったバンドにも在籍。

A Explosicum
A Conflict

簡 爆浆 常 爆漿

簡	常	
Thrash Metal	江西省南昌	
AreaDeath Productions	フルレンス	2008

2008 年作のデビューアルバム。王道アメリカンタイプのピュア・スラッシュ・メタルなサウンド。 ハスキーでドスの効いたヴォーカルがハイピッチに攻めまくり、ザクザクとしたリフ職人が刻む疾走感が抜群でツインギターが危なっかしいほどスピードを上げる。さらに負けじとドラムが交通事故寸前までにアクセルを全開にする。それらが不思議なスタイルへと汗臭く交じり合う。カーチェイスのようなファスト・スラッシュは危なっかしく感じるものの、その熱き魂はむしろ爽快さを醸し出す。

A Explosicum
A Raging Living

簡 爆浆　常 爆漿
簡 立文的愤怒　常 立文的憤怒

Thrash Metal	江西省南昌	
AreaDeath Productions	フルレンス	2014

先行シングル・先行 EP をはさみ、6 年ぶりの 2014 年作の 2nd アルバム。ドラムが交代し、演奏力・表現力が大幅に向上した。サウンドの要である職人肌ザクザクリフと情熱が半端ないヴォーカルが、フルスピードで吐き上げる狂気、そして気持ちが先走り気味ながら、タイトにリズムを刻むドラムが渾然一体となる。汗が噴き出る熱きスピード・スラッシュ満載の危なっかしい勢いと攻撃性とスラッシュ情熱の 3 点セットは、爆発寸前まで大きく膨れ上がっている。

A Explosicum
A Living's Deal

簡 爆浆　常 爆漿
簡 立文傻屌　常 立文傻屌

Thrash Metal	江西省南昌	
AreaDeath Productions	フルレンス	2017

2015 年には True Thrash Fest 2015 参戦のため来阪し、好印象を残した。その雄姿を収めたライブアルバム（カセットテープ）『Explosicum Live in Osaka: True Thrash Fest 2015』 も 2016 年にリリースし、勢いを増したままの状態で 3rd アルバムの登場。ワファファ喚き散らすヴォーカル、ザクザク鳴り響くリフ、ドコドコフルスロットで走るドラムにゾクゾクする。アジア一級品のスラッシュサウンドは聴き応え抜群。

Sabbat を崇拝する武漢メタルシーンの中心人物が吼える

Hellfire

簡 地狱火
常 地獄火

Black/Thrash Metal	2007 ～	湖北省武漢

2017 年デモ『Evilucifer Hellfire』、2016 年 Demo『Demon Demo』、2017 年　コンピレーションアルバム『10th Anniversary』、2018 年　コンピレーションアルバム『Hell Legend』、2018 年　Demo『日本邪編集』、EP『Evilucifer Hellfire』、EP『Witches' Sabbath』、2019 年　EP『Hadestar: The Night Girl of Evil』、EP『Evil』、EP『Eviler』、EP『Evilest』

湖北省武漢にて修羅（ヴォーカル＆ギター）を中心に 2007 年夏に結成されたヘヴィ・メタル・バンド。修羅、文子（ギター）、祖農（ベース）、雷子（ドラム）の編成で、2009 年年末に初デモ作品『Kill More...』、2010 年 5 月に 2nd デモ『Ride on Metal』を発表する。2011 年 10 月にはこれまで発表したデモ作 2 作品に 1 曲を追加した『Hell Legend(2007-2010)』、2012 年 7 月に 1st アルバム『The Seven Gates in Hell』、2016 年 8 月にカセットテープのみで未発表音源集『Hell Legacy』、10 月には 1st アルバムをジャケットを変更して再リリースした。同年年末に Venom のカバー・カセットテープ・ブートレグ『Demon Demo』を発表し、作品を重ねる。作品ごとライブごとにメンバーが一定せず、異なっていたが 2016 年から、別バンド WildEvil で活動を共にしていた柏澤（ベース＆コーラス）、全（ドラム）を引き入れ、3 人編成となる。

A Hellfire　**簡** 地狱火　**常** 地獄火

A The Seven Gates in Hell　**簡**　**常**

Black/Thrash Metal	湖北省武漢	
HellFireClub	フルレンス	2012

ボーカリスト修羅の独特奇抜な声質により、一定の同質性を保っているが、多彩な楽曲が並ぶ。スラッシーな曲、Motörhead 型爆走ロックンロールな曲、NWOBHM 型オーソドックスなヘヴィ・メタル、それに Sabbat 流ブラッケンド・スラッシュ。フルスピードに突進するサウンドでありながら、統一性のなさをあえて強調することで、オリジナリティ含む均一性を高めている。一聴しただけで病み付きになる 2012 年作の 1st アルバムである。

A Hellfire

A Hell Legacy

簡 地狱火

簡

常 地獄火

常

Black/Thrash Metal	湖北省武漢
Animoziteta Productions	フルレンス / 2016

アルバム未収録曲 12 曲を収めたベスト的アルバム。音質の悪さ、そしてマンネリズムを差し引いても、ライフワークとなったボーカリスト修羅のヘヴィ・メタルに対する尋常ではない情熱が伝わってくる。各曲タイトルがそのままなことや、何度も何度も同じ言葉を繰り返すコーラス部分の歌詞がメタル大馬鹿なのがうれしい。異なる音楽性だが精神性がAnvil。良きパートナーを見つけて、上手くならなくてもいいから、情熱だけでずっと活動を続けて欲しい。

Hellfire インタビュー

回答者：修羅

※このインタビューは新型コロナウィルスが発生する前に行われた

Q：日本や欧米の雑誌媒体からインタビューを受けたことはありますか？

A：こんにちは。インタビューしてくれてうれしいです。海外からのインタビューはあります。2018 年初めにドイツのメタル専門テープレーベル Eerie Hint からと、あとタイのメタル雑誌『Zombie Attack』からのインタビューを受けました。悪くないキャリアですね。

Q：バンドはいつどのように結成されて、いままでどのような変遷があったのでしょうか？　またバンド名の由来などバンド紹介やメンバー紹介をお願いします。

A：私たちは Hellfire ／地獄火といって、武漢という街で 2007 年夏に結成されたアンダーグラウンドバンドです。バンド名は、そうですね、天から降りてきたインスピレーションです。地獄に落ちて焔になる意味。これはルシファーの運命です。同時に私たちの信念でもあります。おかしな権威とは戦っていく。もちろんこの 10 年でメンバーの入れ替わりが多かったですが、私たちの思想は変わりません。

Q：影響を受けたバンドは誰でしょう? Hellfire のバンドとしての音楽性はどういうものなのでしょうか？

A：80 年代のアンダーグラウンドなメタルに一番影響を受けています。その中でも日本の Sabbat には最も影響を受けました。自分たちの音楽性は定義が難しいです。あなたがここでピュアで本物のメタルの音を探してみたとしても、粗悪品ばかりだと思います。しかし私たちは決まったスタイルに固執することはありません。それは他人がすることであって、私たちは私たちの地獄をやりつづけるだけです（笑）。

Q：あなたがメタルに目覚めるきっかけは何だったのでしょうか？

A：それは私が小学生の頃で、父親が音楽好きな人間だったのです。父親の棚から Overkill のアルバムを見つけて、そんな感じですべてが始まったのです。もちろん父親は他にもたくさんのクラシック CD も持ってたのですが、幸い子供のころの私は骸骨が描かれたジャケットだけが好きになってしまったのですよ。

Q：初めて買ったアルバムって何だったのでしょうか？　聴いてどうでした？

A：そうですね、メタルに出会った最初の何年かは全部父親の CD でしたね。Metallica とか Iron Maiden、唐朝なんかよく聴いていました。なので自分でショップに行ったときには CD をたくさん買いましたよ。掃除するみたいに片っ端から Black Sabbath、Motörhead、Venom、Exodus、Carcass、Death とか……買ったと思います。

Q：人生を変えたアルバムや好きなアルバムを 5 枚教えてください。

A：

- **Black Sabbath『Black Sabbath』**
- **Venom『Welcome to Hell』**
- **Metallica『Kill em' all』**
- **Sabbat『The Dwelling』**
- **Sabbat『Karisma』**

5 枚だと少ないですね。もっとたくさんエキサイティングな音は、たいていデモとか EP にあったりするので。例えば Tormentor、Mefisto、Morbid とか Sabbat はそうですね。

Q：他のメンバーはどんなバンドが好きなのでしょう？

A：ドラムの ZQ はファンクが好きだったりします。私は時々聴くけど……あんまり好きではありません。でもいっしょにいるときは私たちみんな正真正銘のメタル党です。

Q：中国ロックの第一世代のミュージシャンと比べればあなたたちは、中国の音楽情報、世界の音楽情報を簡単に得ることが出来るようになったと思いますが、メタルに関しては何か違いはありますでしょうか？

A：そうですね、第一世代の人たちは情報源が限られていたので、メタルが発展してきた道筋通りに聴くのが難しかったでしょう。例えば先にSepulturaを聴いてから、後にJudas Priestを聴いていた様なものだったのです。そんな状況だったので、情報源もなく、ただ海賊版屋で偶然にメタル情報を得るしかありませんでした。それが故に独自の音楽を作ることが出来たし、とても貴重なことでもあったと言えます。私たちの世代になると、情報量があまりにも多すぎて、インターネットを使えばお金を使わずに欲しいものすべてを探し出すことが出来ます。けれどまた別の問題も発生します。情報が爆発的に増加することで混乱も起きますし、衝撃的なことも起きます。ヴァーチャルなソーシャルゲームで一夜にして有名になることも可能になりました。しかし静かに一歩一歩着実に進む耐久心がなくなってしまいました。この国ではいろんなタイプのメタルが瞬く間に現れ、瞬く間に消えていきます。泡みたいなものです。根本的な問題はどこなのか？　そうですね、私たち中国人はメタルの黄金時代なんて知らないという事でしょう。後になってから出会っただけなのです。この国ではどんなメタル狂といえども、あの時代を経験した者はまったくいないのです。私の言っている事をご理解頂ければ嬉しいのですが。

Q：普通の人たちのメタルに対するイメージはどうでしょうか？

A：そうですね……普通の人たちはやはり理解していないし、聴くこともありません。普段の環境が影響しているのではないでしょうか？　彼らは良いタイミングでちゃんとした方法でメタルに出会う機会がありませんし、麻薬や喧嘩に結びつけたり、変なレッテルを貼ったりします。性格の問題ですが、人間は未知なる物を疑ったり、排斥したりするものですしね。

Q：武漢のメタルシーンの現状はどうなのでしょう？　メタルファンは多いのでしょうか？

A：この問題については私はだいぶ頑張っていると思います。80年代のメタルムーブメントが再びやってくるようにと思っていますよ。自分たちのレーベルを作ったこともあるし、ライブハウスを開いたこともあるし、メタルのイベントをオーガナイズしたこともありました。しかし結果は芳しくなかったのです。今の時代の問題です。今の若者にはスマホやインターネットゲーム等のたくさんの誘惑があり、自分の探究心に時間を費やせなくなっていると私は思うのです。しかし武漢では固定客も付いているし（と言っても少ないですが）クラブみたいなもので、みんないつも私たちの練習スタジオに集って、お酒を飲んでしゃべったりしています。これはこれで満足しています。なぜなら、私達は皆、地獄の支配下にいるからです。

Q：普段はどんなところでライブしているのでしょう？

A：いつもは自分たちの練習スタジオに集ってライブを演っています。音の状態が一番良いからです。観に来る友人もいいやつですし、ビールも本物だし、バーベキューも本物です。当然のことですけどね。

Q：歌詞はどんなことを取り上げているのでしょうか？

A：歌詞については、いろいろなテーマがあります。地獄や悪魔のこともあれば、人間について、人格の歪みなどもあります。いつもは私が先に物語を考えてから、話に沿った歌を書きます。例えば最近は巫女についての歌を書きたいと思って、まずそれについての本を読んだり歴史資料を調べてみたりして、物語の背景を理解するともっとたくさんの情景が見えてきます。そうすることで私たちの声に魂が宿る、とこんな感じですかね。

Q：中国で他にお薦めのバンドはいますでしょうか？

A：Hellfire以外ではWildEvilを薦めします。中国語で歌うヘヴィドゥーム・メタル・バンドです。あっ、これは私が前に作ったバンドでしたね（笑）。私以外のですよね。河北省邯鄲のExcited Insectsと山東省済南のHellwardをお勧めします。

Q：音楽活動以外では何をしているのでしょう？

A：私たちは皆それぞれ仕事と家庭を持っているので、毎週土曜日の練習を除けば、メンバーそれぞれの事情で忙しくて、メタルを聴くくらいです。しかし私に限って言えば、メタルは生活の一部だし、私の妻もメタラーです。毎日、2人いっしょに好みの音を捜し求めています。それから娘にもNWOBHMやスピードメタルなんかのバンドを聴かせています。今まだ4歳半ですよ。もうすでにメロイックサインして私に向かって「メタル」って叫んでいます（笑）

Q：日本の印象はどうでしょう？　2017年5月に大阪旅行に来ていましたよね。

A：日本はとても綺麗な国です。大阪と京都と桑名に行ったのですが、道路は綺麗だし、人々は規則を守って走行しています。空気は綺麗だし、喧騒から離れた国で、すべてが素晴らしかったです。5月のときは私と妻と友人のメタルブラザーといっしょにSabbatのライブを見に行ったのです。今回が初めてのSabbatのライブでした。最前列にならんで、ずっとヘッドバンギングしていました。すごく気持ちよかったです。一番好きなバンドだし、彼らの時代の変化も流行も受け入れないメタルスピリットを聴くことができたので

すから。
Q：日中両国は２千年の関係があり、一時期の不幸な歴史もあり、今でもたくさんの問題が山積しているけれど、将来、両国は良好な関係を築けると思いますか？
A：これは政治家が考える問題だと思います。メタル以外は私にとっては興味ないことばかりなので（笑）。しかし日本に滞在中にたくさんのメタルヘッドとも会ったし、みんな謙虚で友好的でした。私も日本のメタルフレンドがたくさんいます。私だけかもしれませんが、きっと良好関係を築けるはずです。過去も未来も。メタルは不変でしょう。
Q：日本のメタルで好きなバンドはいますか？
A：それは Sabbat。皆も知っている通り、時代が変わり、昔好きだったバンドがたいてい変わってしまいました。Venom 然り、Metallica 然り、Kreator 然り、Mayhem 然り、Carcass 然り。間違いのない変化なんて有り得ないかもしれませんが、私からしたらそれは良い方向とは言えません。なのでオールドスクールは「昔の」を意味する名詞となりました。残念なことですが。しかし Sabbat の初期の EP はもちろんですが、どのアルバムでも聴いて欲しいと思っています。『Black Fire』『Darkness and Evil』から『Satan Bless You』と、そして『Samurai Zombies』から『Charisma』。一番大切なものの「自我」を聴くことが出来ます。たゆまぬ挑戦と自己の極限を乗り越え、他人を喜ばせるだけではありません。これはまさに私が見習いたいメタル道です！
Q：では、メタル以外で好きな音楽はありますか？
A：メタル以外では他の音楽ジャンルを聴く時間もないしエネルギーもありません。もちろん両親の家に行った時、父親がかけているラジオから流れるクラシックを聴くことがありますが、悪くはないですが、自分のヘッドフォンをかけたままだったりします（笑）
Q：自分に対して質問するとしたらどうでしょう？
A：もう１人の自分？　えっと、そうですね……。私たちっていつも心の中に１人か何人かの自分がいて、昔のあの日の挫折や、喧嘩したときとか思い出したとき自分自身に聞く事があります。それは「なんで君はメタルを選んだのか？」で、こう答えています。「私たちがメタルを選んだんじゃなく、メタルが私たちを選んだんだ」と！
Q：ありがとうございました。それでは最後に日本の読者にひとこと。
A：インタビューありがとうございます。ここまで読んでくれた読者の皆さん、あなたの熱い血と信念を保ち続ければ、本当の自分を見つけることができる。Metal Forever！

A Forbidden Fruit | **簡 禁果** | **常 禁果**

A | 簡 冥河 | 常 冥河

Metalcore | 江西省九江

自主制作 | EP | 2013

2006 年に結成され、女性ヴォーカル辣椒が加入した 2012 年から本格的な活動を始めたメタルコア・バンド。3 曲収録 1st EP。タメを効かせた勢いの良い重量サウンドだが、リフもリズムワークもごく普通。最も特徴的なのがヴォーカルの声質。同一人物が歌っているとは思えないほど落差が激しい。デスヴォイスの時は男顔負けの咆哮で、あたかも Angela Gossow ばりのストロングな喉でありながら、ノーマルヴォイスの時は女性らしい暖かくかわいい声。

A Heresy | **簡 异端** | **常 異端**

A Hymn | 簡 赞美诗 | 常 賛美詩

Symphonic Black Metal | 江西省南昌

So Rock! Records | フルレンス | 2000

前身バンドが改名する形で 1998 年に誕生する。南昌では最初期に活動開始し、作品を残したメタル・バンドのひとつ。当初は学生だったため、活動が紆余曲折するも 2000 年頃にメンバーが安定する。音楽性が定まらないまま、1st アルバムを北京で制作し、リリースする。オーソドックスなブラックメタルに強く影響を受けたダークなスラッシュ・メタル。バンドとしては不安定ながら南昌では地元出身のバンドとして初の公式作品で好評価を得る。

A Heresy | **簡 异端** | **常 異端**

A Foggy Town | 簡 浓雾镇 | 常 濃霧鎮

Symphonic Black Metal | 江西省南昌

So Rock! Records | フルレンス | 2003

前作完成後に、音楽性をシンフォニック・ブラックメタルへとシフトさせて作られた 2003 年リリースの 2nd アルバム。教科書的シンフォ・ブラックではあるが、メンバーが後に Explosicum や Be Persecuted で活動することもあり、その予兆を感じさせる。未完成ながら 1st とともに本作も中国メタル史において参考資料としての価値が高い。2004 年には AreaDeath Productions と契約し、3rd アルバム制作に入ったようだが、完成を待たず解散する。

A Operating Table | **簡 手术台** | **常 手術台**

A Compilation of Operating Table Works | 簡 手术台作品全集 | 常 手術台作品全集

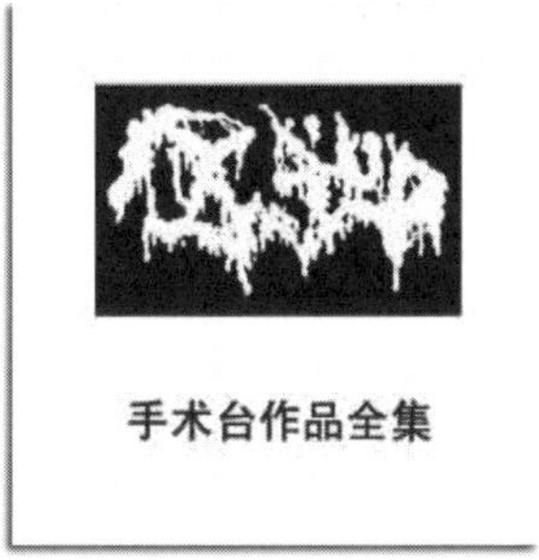

Death Metal | 江西省南昌

Black Iron | Compilation | 2005

南昌にて最初期に活動開始したメタル・バンドのひとつ。学生バンドとして 1997 年に結成。オーセンティックなデスメタルである。メンバーチェンジが絶え間なく続くが、音源制作を続け、2002 年には 1st デモ『Demo』を発表。平行してライブを続けるも 2004 年に船頭多くて沈んでしまったように解散する。本作は解散翌年、デモ作品や未発表曲を 13 曲集め、ベスト盤的に編集されてリリースしたものである。李俊超（ヴォーカル）と邱剣化（ギター）は Explosicum を結成することになる。

A Kelly

A

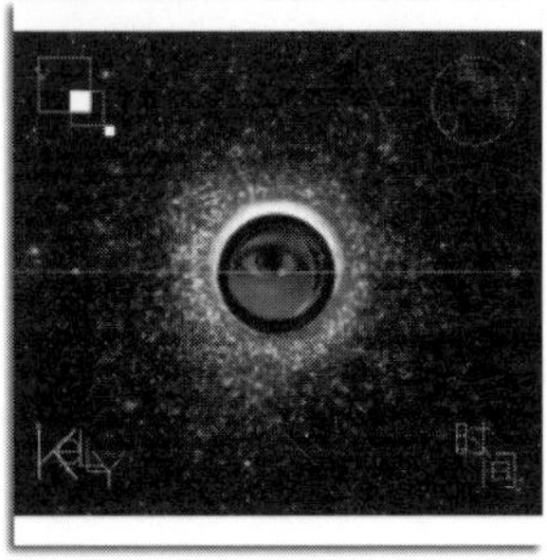

簡 曾凱锋 / **常 曾凱鋒**

簡 时・间 / 常 時・間

Rock	江西省南昌	
司樂唱片	フルレンス	2018

スラッシュ・メタル・バンド Explosicum、インスト・ポスト・ロックバンド Full Moon、およびポップ・ロックバンド触大囍のギタリスト Kelly こと曽凱鋒の 1st ソロアルバム。ロックやメタルのギター奏法をポップミュージックにアレンジし、くつろいで楽しめるギターオリエンテッドなイージーリスニング的インスト作品。テクニカルな演奏を披露しているが、マニアが好む派手派手しい演奏は一切なく、まったく押し付けがましいところがない。意外性のある聴きやすさに的を絞った点では、チャルメラなどの伝統楽器を使用して、ロックを聴かない人の耳にとまり、ロックギターに興味を持ってもらえるような落ち着いた作風となった。

A

A

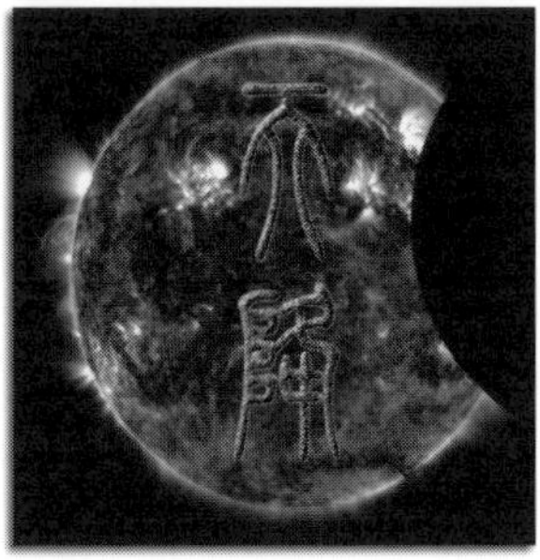

簡 天降 / **常 天降**

簡 天降 / 常 天降

Thrash Metal	江西省南昌	
Black Iron	フルレンス	2015

2014 年結成。南昌の新世代によるスラッシュ・メタル・バンド。2015 年作のデビューアルバム。20 代前半と若い世代だが 2010 年以降のモダンなスラッシュではなく、往年の U.S スラッシュ・メタル・タイプである。ザクザクと健康的に刻むリフと疾走感というより、若々しいエネルギーだけでドカドカと突進するドラムが印象的。荒々しく歌うものの、刺の無いヴォーカルに頼りなさも感じる品行方正なスラッシュサウンド。すべてにおいてまだまだこれからの表現力としか言えない。

A

A

簡 黑塚 / **常 黒塚**

簡 鬼祀 / 常 鬼祀

Thrash Metal	江西省撫州	
PolyWater Productions	コンピレーション	2018

2000 年頃から活動開始し、2002 年にバンド名を黒塚としたツインギター体制 5 人組スラッシュ・メタル・バンドが 2003 年に 4 曲収録 Demo『黒塚』をリリースした後、解散。解散後 15 年ほどしてリリースされたカセットテープ。Demo 収録曲とは重なっておらず、バンド関係者からのステートメントがないので、かつてレコーディングされた楽曲なのか再結成し、制作されたのかが不明。ブラックメタルへ分岐する直前のスラッシュサウンドに速弾き、自己主張の激しいギターをフィーチャーする。

A Choleraic

A Cholera Invasion

簡 霍乱 / **常 霍乱**

簡 / 常

Thrash Metal	湖北省武漢	
自主制作	EP	2016

湖北省武漢にて 2012 年、元 Maniac のリーダーであった Deathrasher こと銭鉞（ベース＆ヴォーカル）を中心に結成された 3 ピース・スラッシュ・メタル・バンド。2016 年 1st EP 作。数度のメンバー交代があり、現在は銭鉞、Jeff こと葛洪霽（ギター＆ヴォーカル）、張学友（ドラム＆ヴォーカル／香港の大スターと同姓同名）の 3 人編成。スラッシュ・メタル・レジェンドに多大な影響を受け、三者三様のメンバーがスピード感、攻撃度、重々しさで渾然一体している。

A Extr-O | **簡 起凡** | **常 起凡**

A | **簡 暴动** | **常 暴動**

Progressive Metalcore / 湖北省武漢

自主制作 / フルレンス / 2014

2011 年結成。湖北省武漢出身。プログレッシブ・メタルコアを標榜する。本作は 2014 年作デビューアルバム。Dream Theater フォロワーが、叙情的かつパワフルなメロディを柱に Djent、スクリーモやメタルコア、デスメタルを取り入れ、混然としたダークなヘヴィーサウンド。煌びやかな旋律と粘り気のあるずっしりとしたリズム、搾り出すシャウトが一体感を見せている。テクニカルなギターとプログレッシブな要所も導入した展開は、頑強さがある。その力強さの中に繊細さや巧妙さがある。

A Extr-O | **簡 起凡** | **常 起凡**

A | **簡 自我** | **常 自我**

Progressive Metalcore / 湖北省武漢

武汉市声音文化传播有限公司 / フルレンス / 2016

2 年ぶりの 2016 年作 2nd アルバム。前作を踏襲しつつもさらに、ブラックメタル、ポストハードコア、エレクトロニコアと周辺ジャンルまで触手を伸ばし、実験的なサウンドになっている。音楽的実験性だけでは革新的過ぎることから、ファン層の拡大を狙ったメロディアスな歌メロを大胆に取り入れている。伸び伸びと歌い上げるパートで吐き捨てるパートと歌唱法を変えるヴォーカル・スタイルは、聴く者の耳に新鮮だ。サウンド全体で轟音の渦にのめり込ませるような世界観を作り上げる。

A Grassypark | **簡 百草园** | **常 百草園**

A | **簡 山南水北** | **常 山南水北**

Alternative Folk Metal / 湖北省武漢

自主制作 / フルレンス / 2016

女性 3 人(ドラム、キーボード、ベース)男性 2 人(ヴォーカル&ギター、ギター)の混成オルタナティヴ・フォーク・メタル・バンド。歴史やカンフーのドラマ・映画に使われそうな雄大な流れを感じさせる BGM をメタル化させたサウンド。その視点は素晴らしいのだが、テクニックが着想に追い付いておらず、切り貼りさせただけにも感じる。構想そのものは優れているので、壮大な構想を音世界に落としこめる技量をつけた次作が課題だ。ちなみにジャケットの絵は著名な書家の趙雁鴻の作品。

A The Illusion of Dawn | **簡 黎明的幻象** | **常 黎明的幻象**

A The Illusion of Dawn | **簡 黎明的幻象** | **常 黎明的幻象**

Raw Black Metal / 湖北省武漢

Pest Productions / フルレンス / 2012

武漢にて 2005 年に前身バンドが改名する形で誕生する。劉家仁(ベース&ヴォーカル)と彭沛(ドラム)も在籍する。音楽スタイルはロウ・ブラックメタル。2008 年作ミニアルバム『Recall the Nightmare』に続く 2012 年作の 1st アルバム。Burzum や Darkthrone、Nargaroth の世界観を追うトレモロリフによる不穏な湿った空気感、張り裂けるハスキーなデス声、モノトーンでありながら心揺さぶる緩急自在に変化するリズムが交じり合い、メランコリックな美しいサウンド。

A Maniac
A We Are Maniac

簡 躁狂者
簡
常 躁狂者
常

Thrash Metal	湖北省武漢	
Dying Art Productions	EP	2010

同名バンドが香港やアメリカ、スペインにもいるが、こちらは湖北省武漢にて2005年から2010年にかけて活動していたスラッシュ・メタル・バンド。80年代スラッシュど真ん中なサウンドにオールドスクール・ハードコア・パンクの要素も加わる。本作は2010年リリースのデビューEPとなる。S.O.Dの「Kill Yourself」、Metallicaの「Whiplash」、Misfitsの「We Are 138」のカバー曲を含む5曲収録。リリース後、メンバーの仕事上により活動停止（解散？）する。

A RiskyJoy
A

簡 危情玩乐
簡
常 危情玩楽
常

Heavy Metal	湖北省武漢	

まだオムニバス『武汉之声 VoL.4』に楽曲提供とライブ音源をDouban上に公開しているのみで、オリジナルアルバムは発表していない4人組ヘヴィ・メタル・バンドだが、Mötley Crüe、Poison、Warrantなどの80年代L.A・ヘアー・メタルどストライクなサウンドとなっているので取り上げる。アーティスト写真から推測すると「80后」な風貌だが、懐メロ・ヘヴィ・メタル／ハード・ロックの楽曲をカバーしているのかと思うほど、中国版Steel Pantherである。ならばもっとはじけて欲しいものだ。

A S.C.O.D.
A Speak Chinese Or Die

簡 说中文或者死
簡 说中文或者死
常 説中文或者死
常 説中文或者死

Crust-grind/Grindcore/Extreme-Hardcore	湖北省武漢	
自主制作	フルレンス	2014

2012年2月、武漢の武昌区にて、フランス人Ben（ヴォーカル）を中心に、湖北、湖南、雲南出身のメンバーが集り、ただ純粋に面白いエンターテインメントをプレイしようと結成されたエクストリーム・ハードコア／グラインドコア・バンドのデビューアルバム。バンドは、オールドスクール一直線に、アンダーグラウンドに、野蛮に、旺盛な闘争心を、フルスピードで、コンパクトかつ大迫力をモットーに過激な音作りを心がけるそうだ。ちなみにS.C.O.D.とはspeak Chinese or dieの略。

A Skullcrusher
A

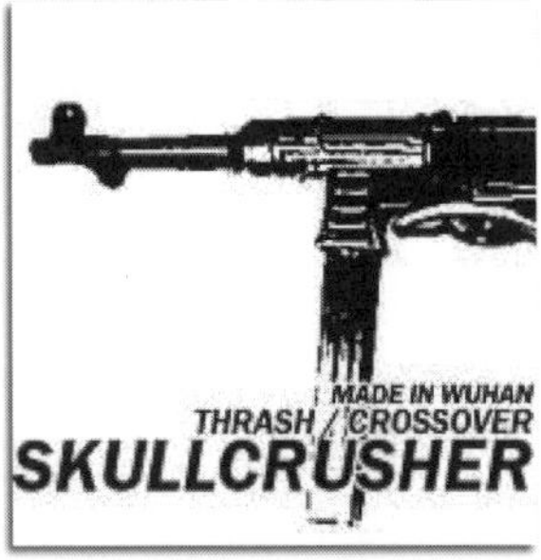

簡 碎颅者
簡
常 碎顱者
常

Thrash Metal	湖北省武漢	

2010年8月武漢にて結成、80年代のスラッシュ・メタルに影響を受けながら、ハードコア・パンク・クロスオーバー等も好む。メンバーは湖北・湖南・イギリスと出身が異なる。ボーカリストJamesはイギリス人。アルバムはまだリリースされていないが、あちらこちらのバンドでも活動歴がある彭沛（ドラム）、劉家仁（ギター）が参加しているため、要チェックのバンドである。CD等は未リリースだが、XiamiではSlayerの「Die by Sword」のカバー曲を含め、ザクザク感たっぷりなリフがスピードで押し捲るオリジナルデモ音源が聴ける。

A WildEvil

A Beginning of the End

簡 狂魔
簡 向死而生

常 狂魔
常 向死而生

Doom Metal | 湖北省武漢
自主制作 | フルレンス | 2015

修羅（ヴォーカル）以外脱退した Hellfire だが、その修羅が 2015 年 2 月に新たに結成したバンド。現代のドゥーム・メタルやスラッジ・メタルではなく、初期 Black Sabbath のような重く引きずるヘヴィ・ロック型である。同年 9 月にリリースした 8 曲収録デビューアルバムとなる。ほどなくして修羅は WildEvil のメンバーを元に Hellfire を再結成する。中国にはこのタイプのバンドが他におらず、Motörhead 型の Hellfire とともにこちらでも活動して欲しい。

A Yo Yo

A

簡
簡

常
常

Metal | 湖北省武漢

日本でも Li-sa-X がデビューしたように世界中から天才ギターキッズが続々と現れ、中国からも登場。湖北省武漢出身の本書出版時点で小学生の天才ギタリスト少女 YO YO。本名は劉品希。Dream Theater や Yngwie Malmsteen などテクニカルなギタリストを笑顔で軽く完コピした映像を YouTube にアップすると瞬く間に世界に名を広めた。まだまだ体格的に力が弱いところを感じさせるが、技術的に伸びしろが広い。今後の成長が楽しまれる。Li-sa-X の 2018 年作アルバム『WILL』にゲスト参加する。

A

A Huntuo

簡 昏脱
簡

常 昏脱
常

Crust Punk/Death Metal/Grindcore | 湖北省武漢
自主制作 | EP | 2012

2011 年結成のクラスト・グラインド・パンク・デスメタルを奏でる武漢出身の 3 ピースバンド。2012 年作の 1st EP。カバーを含め 8 曲収録。武漢メタルシーンの重要人物の劉家仁（ドラム）が関わっているだけに、劉の頭の中に鳴る沢山のメタルのひとつを急ごしらえに具現化したような、自己主張の激しいドラム中心の激流サウンド。クオリティは高いものの、ドラム以外は至って普通のグラインドコア～デスメタル・サウンドである。2013 年半ばに解散している模様。

A

A Kick Out

簡 昏脱
簡

常 昏脱
常

Crust Punk/Death Metal/Grindcore | 湖北省武漢
Hepatic Necrosis Productions | フルレンス | 2013

2013 年のバンド解散後すぐに劉家仁が汪洋（元 Skullcrusher）をサポートメンバーに加えて制作した 17 曲収録アルバム。前作と同路線のあっさり目なグラインドコア～デスメタル・サウンド。15 曲目の Molly Hatchet と 16 曲目と 17 曲目の Extreme Noise Terror のカバーも収録。地方都市にありがちな極小メタルコミュニティーから発せられる、数打てばどうにかなる鋼鉄精神が生んだ高品質な作品。乱発過ぎるのが玉に瑕。2015 年に再結成されたとの情報もあるが、続報がなく、実情は不明である。

A

A

簡 龙羿

常 龍羿

簡 重金属

常 重金属

Heay Metal	湖北省武漢
自主制作	フルレンス / 2013

1990 年代前半の中国ロック古式ゆかしく黑豹や唐朝のハード・ロック／ヘヴィ・メタル・サウンドを真っ直ぐに受け継ぐ、新世代によるクラシックロックなスタイル。孤星（ヴォーカル）の 3 オクターブ半の音域から繰り出される変幻自在な歌唱と SKY（ギター）の卓越した演奏センス、蘇磊（ベース）の実直な低音ラインが相成り、音数は少ないがハートフルな楽曲展開をする。古風であると同時に新鮮な音をつむぎ出し、時間を超越した不可思議な世界観を描き出す。リズムギターとドラム、キーボード奏者を募集している模様。

A **An Empty City**

A **An Empty City**

簡

常

簡

常

Metalcore	湖南省長沙
自主制作	EP / 2016

台湾メタルコア・バンド MenliveN のギタリスト Matt Huang を含む広州、南アフリカ、アメリカ出身者が集った 5 人組バンドによる 6 曲収録初 EP。ポスト・ハードコアの持つエモーションと、ハードコア的なアツい咆哮を前面に押し出したヴォーカル、メタルコアの攻撃性にシアトリカルなフレーズや、切れ味あるメタルリフを用いたギタースタイルを導入。柔らかさのあるダイナミックなリズムや、凶暴さを持つ暖かみの二律背反するサウンド。さらに奥行きのあるグルーヴ感を加え、男らしさで突き進む。

A **An Empty City**

A **Bled**

簡

常

簡

常

Metalcore	湖南省長沙
自主制作	フルレンス / 2017

メタルコア／ハードコア・バンドによる真相が不可解な二つのテーマの基に制作された 1st アルバム。よく解らないが、バンド自体は、35% がマルボロと皮肉、55% が太陽と昆布茶、10% が Muhammad Malik（Hiatus Records オーナー）と Matthew Gracie（ヴォーカル）から構成されているという。前作を踏襲したエモーショナルさとアグレッシブさがより強くなり、熱気がムンムンと伝わってくる。また明瞭なギターリフが増加し、聴きやすさの点でも大幅に向上する。

A **Dust Lost**

A **Absolute Conspiracy**

簡 佚尘

常 佚塵

簡 纯属阴谋

常 純属陰謀

Thrash Metal	湖南省長沙
Infected Blood Records	フルレンス / 2017

東北地方出身の朝鮮族の趙松林（ヴォーカル＆ギター）が長沙に移り、2014 年 11 月に結成。スラッシュ／デスメタルを中心とする 4 人組バンド。現実社会への不満などをテーマとした歌詞を書きあげ、そこから浮かび上がる音楽世界を作り上げる。80 年代中頃の王道ヘヴィ・メタルから分派し、スラッシュ・メタル誕生前夜辺りのリフを中心にした、スピードとパワーとメロディが混沌としたメタル・サウンドである。趙はエフェクターメーカー Valeton 社中国支社の総経理でもある。

A Monkey King | **簡 猴子王** | **常 猴子王**

A Monkey King | **簡 猴子王** | **常 猴子王**

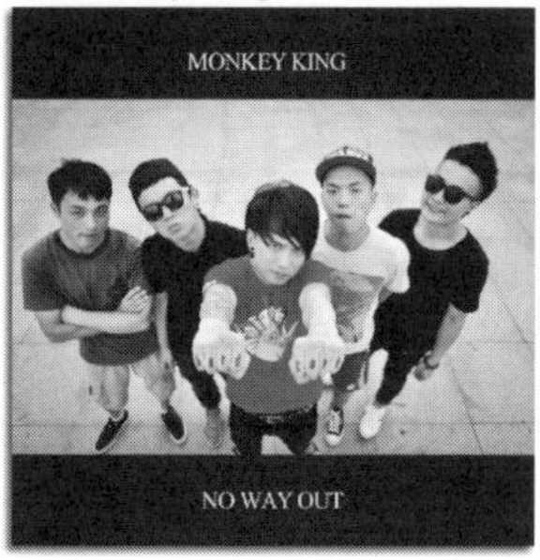

Metalcore/Nu Metal/Post-Hardcore	湖南省長沙	
自主制作	EP	2011

メタルコア／ポスト・ハードコア／ニュー・メタル、どのファン層にも新鮮でありながら、懐かしい空気も漂ってるサウンドを感じさせる 5 人組バンドによる 6 曲収録デビュー EP。デスヴォイス、ハードコア的咆哮シャウト、エモコア的情熱たっぷりに歌い上げるヴォーカルと数タイプのスタイルを操る個性的ヴォーカリストがバンドを牽引する。楽曲もかなり攻撃的で荒々しいが、どこかポップス風な雰囲気のある音使い。マイルドなサウンドに仕上がり、聴きやすいこともあり、大衆向けの音作りがなされている。ジャケットに記載されてある「NO WAY OUT」はバンドの転機となった収録曲であり、アルバム名ではない。

A Monkey King | **簡 猴子王** | **常 猴子王**

A Monkey King | **簡 猴子王** | **常 猴子王**

Metalcore/Nu Metal/Post-Hardcore	湖南省長沙	
自主制作	フルレンス	2016

メタルコア／ポスト・ハードコア／ニュー・メタル・バンドによる 1st アルバム。前作 EP と同タイトルとなり、再録 2 曲を含む。非常にアグレッシブでブルータルなサウンドを展開しながら、激烈なデスヴォイスを披露。そして、ギャップの激しい哀愁漂った物悲しいメロディーを特徴とするノビの良いエモコア･ヴォーカルを時折挟みこみ､絶妙にマッチさせている。ギターも前作以上に叙情的なメロディと荒々しいリフをフィーチャーさせ、ブルータルな側面とメロディアスな側面を持ったパワフルなサウンドを作る。

A Moonless Acheron | **簡 暗月冥** | **常 暗月冥**

A Moonless Acheron | **簡 暗月冥** | **常 暗月冥**

Thrash Metal	湖南省長沙	
Cold Woods Productions	フルレンス	2012

湖南省長沙にて 2002 年結成。当初はゴシック･メタルだったがヴォーカルの交代と共にスラッシュへと変化する。本作は 2012 年作の 1st アルバムだ｡ヴォーカルは吐き捨てるタイプの歌唱でありながら､ギターは純然なスラッシュというより、スラッシュ傾向の高いヘヴィ・メタル的リフを展開。安定的でシンプルなリズムワークを用いたダークなメタルといったところである。なお、ヴォーカル & ギターの陳磊（唐朝の現ギタリストと同姓同名の別人）は大学で日本語を学び、日本語ガイドの仕事もしていたようだ。

A Smelted Before Dawn | **簡 五更冶制** | **常 五更冶製**

A Smelted Before Dawn-GK/T4750-1977 | **簡** | **常**

Vocaloid Metal	湖南省長沙	
自主制作	フルレンス	2016

東方同人系メタル・バンドの 6 曲収録 1st アルバム。ボーカロイド +UTAU 同人バンド虚擬と称し、アーティスト写真もそれ系の漫画化された姿しか公表されていない。一応ヴォーカル & リズムギター、リードギター、ベース、キーボード、ドラムの 5 人編成となっているようだ。同人メタルの下､多くのサブジャンルがあるようだが､このバンドはポップなインダストリアル風味に V 系のシンコペーションがあったり、アニソンっぽかったりする。ヴォーカルは初音ミクと 巡音ルカのような甘ったるく素人くさいボーカロイド音。

A Extreme Rot | **簡 高度腐烂** | **常 高度腐爛**

A Obscure Suffering | **簡** | **常**

Brutal Death Metal	安徽省合肥	
Thanatology Productions	EP	2014

2011年、前身バンドの改名に伴い、結成された安徽省合肥の3ピース・ブルータル・デスメタル・バンド。本作は2014年作の6曲収録のデビューEP。イントロとアウトロのメタルらしからぬ始まり方と終わり方をするが、残る楽曲は純粋培養されたブルータルな世界。ドラム不在のためドラムマシーンの音が人間味をなくしているのが、むしろ好印象に映る。ギターとベースも安定しており、かつ丁寧な演奏で好感が持てる。ヴォーカルもすばらしいデスヴォイスだが、あともう少しえげつなさがほしいところである。

A Lingchi | **簡 凌迟** | **常 凌遲**

A Ulcerate Compulsorily | **簡 强制性溃烂** | **常 強制性潰爛**

Brutal Death Metal	安徽省合肥	
Lie Records	EP	2005

安徽省合肥出身のブルータル・デスメタル・バンド。2002年に結成される。本作は2005年発表の3曲収録のデビューEP。これまたイントロとアウトロにメタルらしからぬサンプリングが使用されているが、音楽性そのものはデスヴォイス、激烈ディストーションギター、高速ブラストビートなブルータル・デスメタルど真ん中な世界である。ちなみにバンド名の凌遅（りょうち）とは、清の時代まで中国で行われた処刑の方法のひとつ。生身の人間の肉を少しずつ切り落とし、長時間にわたって激しい苦痛を与えたうえで、死に至らす刑。

A Lingchi | **簡 凌迟** | **常 凌遲**

A Necromania Waltz | **簡** | **常**

Brutal Death Metal	安徽省合肥	
BrutalReign Productions	フルレンス	2018

過去既発曲5曲（英語タイトルの一部変更あり）に未発表曲2曲を加えてひとつにまとめたアルバム。今まで発表した総楽曲は少なく、本作でも、7曲30分間程度だ。1枚のCDに入ることで、黄泉の国を旅し、日常生活で隠蔽している人間性の闇の部分を発散することができる。聴きながら瞑想を行い、冥界を疑似体験させてくれる。人間本来の力強さを思いださせてくれるヒーリング・ミュージックのようだ。

A Rakasasa | **簡 罗刹** | **常 羅刹**

A Rakasasa | **簡 罗刹** | **常 羅刹**

Thrash Metal	安徽省合肥	
造音传媒	フルレンス	2017

北京でNuclear Fusion-G等で活動していた呉江（ギター）が地元の合肥に戻り、女性ヴォーカル惠子をフロントに立てて2009年結成したハードコアやニュー・メタルなどを取り入れたデスラッシュ・メタル・バンド。オーソドックスで、昨今のリバイバル的な要素もあるスラッシュ・メタル。ヴォーカル惠子は体格と不釣り合いな危険度指数の高いデスヴォイスとスクリーミングするヴォーカルともに元G∀LMETのみっき〜の声質に近く、親しみを覚える。一時期Lingchiの韓快（ベース）が参加していた。

海外バンド中国公演一覧

中華圏における海外アーティストによる初のHR/HMコンサートは1982年1月14日香港にて行われた日本のBow Wowである。ロックコンサートは1980年10月の天津で行われたゴダイゴ、そして北京で外国人ロック・バンドによる初コンサートは1981年8月のアリスなのだが、今回改めて調査するとゴダイゴ、アリスより先に北京でコンサートを開いていたのがさだまさしだったことが判明した。フォーク歌手によるものだが、これが初の外国人コンサートかもしれない。以後、イギリスよりWham!が北京にて、サザンオールスターズが北京にて、アメリカよりB.B.KingがHard Rock Cafe北京のこけら落としでコンサートをしている。80年代に海外ツアーを頻繁に行っていたLoudnessは1989年第2期メンバーの時にようやく香港でコンサートをしている。80年代から90年代にかけてはHR/HMに関わらず海外アーティストによる中国、香港、台湾でのコンサートは数えられる程度しか行われなかった。

中国本土で最初のHR/HMアーティストによるコンサートになると、日本在住者となっていたMarty Friedmanによる2003年10月のものであった。それでも中国、香港、台湾を含めて2000年代は数えるほどしかなかったのだが、2010年頃から増え始め、2015年後半になるとおよそ一か月に1回は北京、上海、香港、台北と大都市を巡るツアー形式でのコンサートが増えた。また一部のアーティストは中規模〜小規模都市まで足を伸ばすことも出てきている。ブラックメタルやデスメタルとなると筆者でも知らないバンドが次々とやってきているようだ。欧米からのHR/HMアーティストが遠路はるばる中華圏にコンサートを開催するためやロックフェス参加にやってきているのに、日本のHR/HMアーティストがまだまだ少ないのが残念なところである。海外ツアーも頻繁に行うDefiledや兀突骨、Cohol、Desecravity、Magnesium（訪中したがライブはドタキャンとなった）が各地のライブハウスで演ったくらいである。なおBeijing Brutal Death FestにはLethal Incendiary、Rest In Gore、Inhuman Devotion、注射針混入豚、Invivtusなどが参加している。また、Head Phones Presidentが近年台湾でのプロモーションに力を入れ始めたり、台北のイベンターが小さいながら開催しているロックイベントに日本のHR/HMアーティストを数組招聘しているくらいしかない。毎年、中国各地で野外ロックフェスもたくさん開催されており、中国、欧米のHR/HMアーティストが多く登場しているものの日本からは、X.Y.Z→AとLoudness、そして二井原実 and Friendsはファンキー末吉つながりで参加できたものだったし、2017年夏に上海で開催されたSummer Sonic ShanghaiにAldiousとBand-Maidが出演（メタル系ではないがLUNA SEAも登場する）。まだまだ少なく如何ともし難い状況である。

年月日	バンド・アーティスト名	都市	会場
1980年9月6日	さだまさし	北京	北京市展览馆
1980年9月7日	さだまさし	北京	北京市展览馆
1980年10月23日	ゴダイゴ	天津	第一工人文化宫剧场
1980年10月24日	ゴダイゴ	天津	第一工人文化宫剧场
1981年8月23日	アリス	北京	工人体育馆
1981年10月14日	Jean Michel Jarre（フランスのシンセサイザー奏者）	北京	不明
1981年10月15日	Jean Michel Jarre	上海	不明
1985年4月10日	Wham!	北京	工人体育馆
1992年9月12日	サザンオールスターズ	北京	首都体育馆
1992年9月13日	サザンオールスターズ	北京	首都体育馆
1994年5月14日	B.B.King	北京	Hard Rock Cafe Beijing
この期間のライブに関しては情報が不足していた為、調査を断念			
2003年10月29日	Marty Friedman	北京	三里屯手心手背酒吧
2003年12月22日	Joe Stump	上海	文化艺术中心剧场
2003年12月23日	Joe Stump	北京	手心手背酒吧
2004年3月31日	Deep Purple	北京	北京工人体育馆
2005年7月2日	Paul Gilbert	北京	天地剧场
2005年7月3日	Paul Gilbert	上海	上海影城．新华路160号
2005年8月30日	La'cryma Christi	北京	星光现场音乐厅
2006年4月8日	The Rolling Stones	上海	上海大舞台 [Shanghai Grand Stage]
2007年1月1日	Edenbridge、Visions of Atlantis	深圳	本色酒吧
2007年8月5日	Steve Vai	北京	海淀展览馆

2007年9月7日	Rize	北京	MAO Livehouse Beijing
2007年9月16日	Napalm Death	北京	星光現場音楽庁
2007年10月3日	Vision Divine	北京	MAO Livehouse Beijing
2007年10月4日	Vision Divine	瀋陽	遼寧大劇院
2007年10月5日	Vision Divine	上海	4X club
2007年10月6日	Vision Divine	深圳	本色酒吧
2007年10月13日	Gram Maria、Rice	北京	13CLUB
2007年10月24日	Arch Enemy	北京	海淀展覧馆（海淀公园）
2007年11月17日	Linkin Park	上海	虹口足球場
2008年1月13日	Skylark	広州	古堡酒吧
2008年1月14日	Skylark	深圳	本色酒吧
2008年1月15日	Skylark	昆明	昆都天籁村演艺吧
2008年1月17日	Skylark	ハルビン	阿伦故事酒吧
2008年1月18日	Skylark	長春	金樽酒吧
2008年1月19日	Skylark	瀋陽	西部酒城
2008年1月21日	Nightwish、Skylark	北京	海淀展覧馆（海淀公园）
2008年1月22日	Dream Theater	北京	海淀展覧馆（海淀公园）
2008年1月23日	Skylark	上海	虹口体育馆
2008年1月23日	Nightwish	上海	普陀体育館
2008年10月	Hydrophobia、Defiled	北京	不明
2008年11月16日	Doro	北京	星光現場
2009年2月13日	Symphony X	北京	星光現場
2009年5月16日	Grim Force、Destruction	北京	MAO Livehouse Beijing
2009年4月4日	DragonForce	北京	愚公移山
2009年8月1日	Lacrimosa	北京	天地劇場
2009年8月2日	Lacrimosa	上海	廬湾体育館
2009年8月3日	Lacrimosa	北京	星光現場
2009年11月21日	Kreator	北京	愚公移山
2010年1月27日	In Flames	北京	星光現場
2010年3月24日	Assassin（ドイツ）	北京	MAO Livehouse Beijing
2010年4月11日	Lamb of God	北京	星光現場
2010年4月13日	Lamb of God	北京	星光現場
2010年4月21日	Gamma Ray	北京	愚公移山
2010年9月4日 - 5日	Hydrophobia	北京	13CLUB
2010年9月23日	Grim Force、Exodus	北京	MAO Livehouse Beijing
2010年11月10日	Rhapsody of Fire	北京	星光現場
2010年11月12日	Rhapsody of Fire	上海	上海宛平劇院
2011年3月4日	Helloween、Stratovarius	北京	壹空間 THE ONE CLUB
2011年5月1日	Mr.Big	北京	Midi Music Festival in Beijing
2011年11月30日	X JAPAN	上海	上海大舞台 Shanghai Grand Stage
2012年2月14日	Lamb of God	上海	MAO Livehouse Shanghai
2012年3月1日	Lacrimas Profundere	上海	MAO Livehouse Shanghai
2012年3月2日	Lacrimas Profundere	ハルビン	洛克凯宾酒吧
2012年3月3日	Lacrimas Profundere	長春	老男孩酒吧
2012年3月4日	Lacrimas Profundere	北京	糖果现场
2012年3月23日	Dark Tranquillity	北京	糖果现场
2012年3月24日	Dark Tranquillity	上海	MAO Livehouse Shanghai
2012年4月11日	Iced Earth	上海	MAO Livehouse Shanghai
2012年4月13日	Iced Earth	北京	糖果现场
2012年8月24日	Fire Wind	北京	糖果现场
2012年8月25日	Fire Wind	上海	MAO Livehouse Shanghai
2012年10月2日	Alcest	北京	13club
2012年10月20日	Cannibal Corpse	北京	愚公移山

2013年4月2日	Lacrimosa	北京	糖果現場
2013年4月4日	Lacrimosa	上海	MAO Livehouse Shanghai
2013年4月30日	Destruction	北京	愚公移山
2013年5月1日	Destruction、Before The Dawn	北京	愚公移山
2013年6月27日	Persefone	北京	愚公移山
2013年6月28日	Persefone	上海	MAO Livehouse Shanghai
2013年6月29日	Persefone	広州	SD Livehouse
2013年8月1日	At the Gates	北京	愚公移山
2013年8月2日	At the Gates	上海	上海 The Mixing Room & MUSE
2013年8月13日	Metallica	上海	the Mercedes Benz Arena
2013年8月14日	Metallica	上海	the Mercedes Benz Arena
2013年8月23日	Finntroll	北京	愚公移山
2013年8月24日	Finntroll	上海	MAO Livehouse Shanghai
2013年8月25日	Finntroll	長春	7198
2013年9月19日	Omnium Gatherum	北京	愚公移山
2013年9月21日	Omnium Gatherum	上海	MAO Livehouse Shanghai
2013年9月30日	P.O.D	上海	MAO Livehouse Shanghai
2013年10月1日	P.O.D	北京	壹空間（THE ONE CLUB）
2013年10月9日	Soilwork	上海	MAO Livehouse Shanghai
2013年10月10日	Soilwork	ハルビン	哈尔滨市洛克凯宾酒吧
2013年10月11日	Soilwork	長春	人民广场工人文化宫一楼 7198 酒吧
2013年10月12日	Soilwork	北京	愚公移山
2013年10月21日	Behemoth	北京	愚公移山
2013年10月22日	Behemoth	上海	MAO Livehouse Shanghai
2013年10月23日	Amorphis	上海	MAO Livehouse Shanghai
2013年10月24日	Amorphis	北京	壹空間（THE ONE CLUB）
2013年10月25日	Amorphis	北京	愚公移山
2013年10月27日	Kreator	北京	愚公移山
2013年10月30日	Korpiklaani	上海	MAO Livehouse Shanghai
2013年11月2日	Korpiklaani	北京	愚公移山
2013年11月15日	Dark Moor、Nocturne Moonrise	北京	愚公移山
2013年11月16日	Moonspell	上海	MAO Livehouse Shanghai
2013年11月17日	Moonspell	北京	愚公移山
2013年11月20日	Leaves Eyes、Atrocity	北京	愚公移山
2013年11月21日	Leaves Eyes、Atrocity	上海	MAO Livehouse Shanghai
2013年12月6日	Richie Kotzen	北京	愚公移山
2013年12月20日	Head Phones President	広州	191SPACE
2013年12月21日	Head Phones President	北京	13CLUB
2013年12月22日	Head Phones President	上海	ONSTAGE
2014年3月12日	The Rolling Stones	上海	the Mercedes Benz Arena
2014年3月11日	Suicide Silence	北京	愚公移山
2014年3月12日	Suicide Silence	上海	MAO Livehouse Shanghai
2014年3月29日	Kim Kyungho	上海	上海商城剧院
2014年4月21日	The Black Dahlia Murder	北京	愚公移山
2014年4月22日	The Black Dahlia Murder	上海	Mao Live House Shanghai
2014年5月2日	Orphaned Land	北京	フェスティバル参加
2014年5月3日	Orphaned Land	北京	愚公移山
2014年5月20日	Children of Bodom	上海	MAO Livehouse Shanghai
2014年5月22日	Children of Bodom	北京	MAO Livehouse Beijing
2014年6月1日	Eluveitie	北京	MAO Livehouse Beijing
2014年6月3日	Eluveitie	上海	MAO Livehouse Shanghai
2014年7月12日	Vader	北京	愚公移山
2014年8月29日	HIM	上海	浅水湾大剧场

2014年10月9日	Carcass	北京	愚公移山
2014年11月29日	Ensiferum	上海	MAO Livehouse Shanghai
2014年11月30日	Ensiferum	北京	愚公移山
2015年1月7日	At The Gates	北京	愚公移山
2015年3月10日	Arch Enemy	北京	愚公移山
2015年3月11日	Arch Enemy	上海	上海浅水湾文化艺术中心 2F 小剧场 -q.house
2015年7月15日	Venom Inc.	北京	愚公移山
2015年9月2日	DragonForce	広州	SD Livehouse
2015年9月3日	DragonForce	上海	MAO Livehouse Shanghai
2015年9月4日	DragonForce	北京	愚公移山
2015年10月6日	Megadeth	北京	汇源空间（五棵松万事达中心内）
2015年10月7日	Megadeth	上海	上海大舞台（上海体育馆）
2015年10月7日	Behemoth	北京	MAO Livehouse Beijing
2015年10月9日	Neil Zaza	胶州	孚楽田艺术
2015年10月10日	Neil Zaza	濱州	朵朵艺术
2015年10月11日	Neil Zaza	淄博	摩登琴行
2015年10月12日	Neil Zaza	枣庄	滚石琴行
2015年10月14日～16日	Neil Zaza	上海	MUSIC CHINA 2015 上海乐器展
2015年10月18日	Neil Zaza	鄭州	河南省宏声琴行
2015年10月19日	Neil Zaza	平頂山	不明
2015年10月21日	Neil Zaza	太原	音乐房子 LiveHouse
2015年10月8日	Behemoth	広州	SD LiveHouse
2015年11月11日	DGM	北京	愚公移山
2015年11月21日	Lacrimosa	北京	糖果现场
2015年11月22日	Lacrimosa	上海	MAO Livehouse Shanghai
2016年1月15日	Arkona	深圳	B10 Livehouse
2016年1月16日	Arkona	広州	SD Livehouse
2016年1月17日	Arkona	武漢	Vox Livehouse
2016年1月18日	Arkona	鄭州	7LIVEHOUSE
2016年1月19日	Finntroll、Arkona	北京	愚公移山
2016年1月20日	Finntroll、Arkona	上海	MAO Livehouse Shanghai
2016年3月25日	Epica	北京	愚公移山
2016年3月27日	Epica	上海	MAO Livehouse Shanghai
2016年4月15日	Neil Zaza	チチハル	チチハル大学文化官
2016年4月16日	Neil Zaza	大慶	不明
2016年4月17日	Neil Zaza	ハルビン	哈什国际青年旅舍
2016年4月18日	Neil Zaza	長春	博乐精品钢琴城二楼音乐
2016年4月19日	Neil Zaza	敦化	聯巣酒吧
2016年4月20日	Neil Zaza	燎源	拉薩故事酒吧
2016年4月21日	Neil Zaza	四平	吉林师范大学博达学院二教六楼报告厅
2016年4月22日	Neil Zaza	瀋陽	派对现场
2016年4月24日	Iron Maiden	北京	乐视体育生態中心
2016年4月26日	Iron Maiden	上海	梅賽德斯 - 奔馳文化中心
2016年5月1日	Onslaught、Angelus Apatrida	北京	愚公移山
2016年6月22日	Tarja	北京	糖果現場
2016年6月23日	Tarja	上海	MAO Livehouse Shanghai
2016年8月30日	Suicide Silence	北京	愚公移山
2016年8月31日	Suicide Silence	上海	MAO Livehouse Shanghai
2016年9月3日	Magnesium	北京	13 Club
2016年10月5日	Nightwish	深圳	A8 Livehouse
2016年10月7日	Nightwish	上海	QSW
2016年12月31日	Haggard	北京	愚公移山

2017年1月1日	Haggard	広州	凸空间
2017年1月2日	Haggard	深圳	红糖缶
2017年1月3日	Haggard	上海	MAO Livehouse Shanghai
2017年1月6日	Haggard	成都	小酒馆音乐空间
2017年1月15日	Metallica	上海	the Mercedes Benz Arena
2017年1月16日	Metallica	北京	五カ松体育馆
2017年2月15日	兀突骨	上海	育音党音乐公园
2017年2月16日	兀突骨	南京	Ola Livehouse
2017年2月17日	兀突骨	深圳	B10 Livehouse
2017年2月18日	兀突骨	広州	SD Livehouse
2017年2月19日	兀突骨	武漢	Vox Livehouse
2017年2月21日	兀突骨	西安	迷蝶 Livehouse
2017年2月23日	兀突骨	重慶	Nuts Livehouse
2017年2月24日	兀突骨	成都	Nu Space
2017年2月26日	兀突骨	北京	DDC
2017年3月9日	Equilibrium、Suidakra	北京	愚公移山
2017年3月11日	Equilibrium、Suidakra	上海	MAO Livehouse Shanghai
2017年5月12日	Megadeth	上海	Bandai Namco Dream Hall
2017年5月14日	Megadeth	北京	糖果現場
2017年7月30日	Unearth	北京	愚公移山
2017年11月14日	Rhapsody of Fire	上海	Bandai Namco Dream Hall
2017年11月15日	Rhapsody of Fire	西安	1935 Live House
2017年11月17日	Rhapsody of Fire	北京	MAO Livehouse Beijing
2018年4月6日	Arch Enemy	広州	Mao Livehouse GuangZhou
2018年4月7日	Arch Enemy	上海	上海 Modern Sky Lab
2018年4月8日	Arch Enemy	北京	糖果现场
2018年4月10日	Arch Enemy	昆明	昆明 Modernsky Lab
2018年4月12日	Arch Enemy	成都	Nu Space
2018年9月5日	Therion	広州	Tu 空间
2018年9月6日	Therion	西安	1935live house
2018年9月7日	Therion	北京	MAO Livehouse Beijing
2018年9月8日	Therion	上海	万代南梦宫上海文化中心
2018年9月9日	Therion	成都	正火技术中心6号馆
2018年9月10日	Therion	深圳	B10 LIVE
2018年10月2日	Joe Stump	杭州	琴盧乐器
2018年10月3日	Joe Stump	慈渓	不明
2018年10月4日	Joe Stump	麗水	不明
2018年10月6日	Joe Stump	瀋陽	不明
2018年10月7日	Joe Stump	フルンボイル	1個酒吧
2018年10月10-12日	Joe Stump	上海	不明
2019年1月10日	兀突骨	北京	MAO Livehouse Beijing
2019年1月18日	envy	上海	MAO Livehouse Shanghai
2019年1月20日	envy	北京	Omni Space
2019年3月23日	Arch Enemy　LOVEBITES	上海	MAO Livehouse Shanghai
2019年3月24日	Arch Enemy　LOVEBITES	北京	Omni Space
2019年3月26日	Arch Enemy	済南	CAPER LAND
2019年3月28日	Arch Enemy	深圳	A 8
2019年3月30日	Omnium Gatherum	上海	MAO Livehouse Shanghai
2019年3月31日	Omnium Gatherum	北京	MAO Livehouse Beijing
2019年3月28日	Modern Day Babylon	厦門	REAL LIVE
2019年3月29日	Modern Day Babylon	深圳	HOU LIVE
2019年3月30日	Modern Day Babylon	珠海	LETS LIVEHOUSE
2019年3月31日	Modern Day Babylon	広州	SD Livehouse

2019年4月1日	Modern Day Babylon	武漢	Vox Livehouse
2019年4月2日	Modern Day Babylon	成都	小酒館万象城
2019年4月3日	Modern Day Babylon	西安	光音拾陸
2019年4月4日	Modern Day Babylon	北京	13Club
2019年4月5日	Modern Day Babylon	杭州	MAO Livehouse Hangzhou
2019年4月6日	Modern Day Babylon	上海	育音堂音乐公园
2019年3月9日	Juggernaut Announce	天津	13Club
2019年3月30日	Juggernaut Announce	邢台	Mu Livehouse
2019年3月31日	Juggernaut Announce	石家荘	Shouwangzhe Livehouse
2019年4月1日	Juggernaut Announce	安陽	606 Livehouse
2019年4月2日	Juggernaut Announce	新郷	ARK
2019年4月3日	Juggernaut Announce	鄭州	7 Livehouse
2019年4月4日	Juggernaut Announce	邯鄲	魔符 LiveHouse
2019年4月5日	Juggernaut Announce	北京	MAO Livehouse Beijing (Thrash China Fest)
2019年4月6日	Juggernaut Announce	覇州	Ju Live
2019年4月7日	Juggernaut Announce	高碑店	IF Livehouse
2019年4月8日	Juggernaut Announce	涞水	Fanshua Bar
2019年5月28日	Desecravity	北京	13Club
2019年5月29日	Desecravity	鄭州	7LIVEHOUSE
2019年5月30日	Desecravity	西安	無窮俱乐部
2019年5月31日	Desecravity	合肥	在路上
2019年6月1日	Desecravity	南昌	黑鉄
2019年6月2日	Desecravity	上海	育音堂音乐公园
2019年6月16日	Mr.Big	北京	糖果 TANGO
2019年6月17日	Mr.Big	上海	摩登 LAB
2019年7月1日	The Browning	瀋陽	美帝奇 1905 现场
2019年7月2日	The Browning	北京	乐空间
2019年7月3日	The Browning	武漢	Vox Livehouse
2019年7月4日	The Browning	成都	CH8 有独空间东郊店
2019年7月5日	The Browning	深圳	B10 Livehouse
2019年7月6日	The Browning	広州	SD Livehouse
2019年7月7日	The Browning	長沙	46Livehouse
2019年7月8日	The Browning	上海	育音堂音乐公园
2019年8月4日	Scream Maker	青島	Downtown bar
2019年8月17日	Scream Maker	唐山	唐 Bar & Livehouse
2019年9月13日	Within Destruction	広州	SD Livehouse
2019年9月14日	Within Destruction	深圳	B10Livehouse
2019年9月15日	Within Destruction	成都	CH8 有独空间东郊店
2019年9月17日	Within Destruction	武漢	Vox Livehouse
2019年9月18日	Within Destruction	上海	育音堂音乐公园
2019年9月19日	Within Destruction	北京	13CLUB
2019年11月5日	Kalmah	上海	育音堂音乐公园
2019年11月6日	Kalmah	北京	MAO Livehouse Beijing
2019年11月16日	Coldrain	上海	万代南梦宫上海文化中心
2019年11月17日	Coldrain	広州	Mao Livehouse GuangZhou
2019年11月17日	Scarlet Aura	唐山	唐 Bar & Livehouse
2019年11月20日	Scarlet Aura	新郷	新星剧场 SUBARK
2019年12月2日	Opeth	上海	MAO Livehouse Shanghai
2019年12月3日	Opeth	北京	MAO Livehouse Beijing

華南

華南地域は、中国南部を指し、広義には淮河以南を指す。狭義では広東省・海南省・広西チワン族自治区の３省区（南嶺山脈の南、嶺南地方）を指すこともあるが、経済的に結びつきの強い福建省と香港・マカオを加え総称して、華南経済圏と呼ぶこともある。

福建省

福建省は、中国南東に位置し、台湾海峡を挟み、台湾と接する。面積は 12 万 1400 km² 。2016 年度の人口が 3874 万人、GDP が 2 兆 8519 億元（約 45 兆 6304 億円）。伝統的地方劇が盛んな地でもあり 24 種の地方演劇がある。福建省出身のバンドは３組。福州２組とアモイ１組である。福州は福建省の省都であり、武夷山に源を発する閩江下流に位置する港湾都市で、明清代には琉球館が設置、琉球王国との交易指定港であった。中国語で榕樹というガジュマロの大木が市域に多数有ることから榕城とも呼ばれる。アモイは漢字で廈門と書き「Xiàmén（シァメン)」と発音する。５大経済特区の１つである。

広東省

広東省は、中国の南部に位置し、南西部には、かつて広東省の一部であった海南省がある。省の南部に香港、マカオの両特別行政区と接する。香港との境界には深圳経済特区、マカオとの境界には珠海経済特区が、東部に汕頭経済特区がある。面積は 17 万 9800 km²。2016 年度の人口は１億 800 万人、GDP が７兆 9512 億元（約 127 兆 2192 億円）と中国１位の経済規模を誇る。福建省と同じく世界に散らばる華僑・華人の最も多くは広東省からの移住者の子孫となり、その影響力の大きさから中国語方言の広東語が１つの外国語学習として需要が高まる。広東省出身のバンドは 18 組。広州 14 組、中山１組、深圳２組、珠海１組、深圳と珠海に跨るのが１組。広州は広東省の省都であり、一般に北京市、上海市と共に、中国本土の三大都市の一つに数えられ、華南地域全体の経済、文化、教育、交通などの中心都市でもある。中山は辛亥革命の指導者である孫文の出身地であり、客家文化や料理も盛んである。深圳は中国のシリコンバレーとも呼ばれる。珠海は深圳と同様に深圳経済特区が指定されてから急速発展した都市。

広西チワン族自治区

広西チワン族自治区は、南西側ではベトナムと国境を接する。面積は 23 万 6700 km² あり、亜熱帯性気候で、二期作、三期作が可能である。2016 年度の人口は 4838 万人、GDP は１兆 8245 億元（約 29 兆 1920 億円）。自治区首府は南寧。チワン族は同自治区内で最も多い少数民族（全住民の 32％を占める。漢族は 61％）で歴史的に漢民族と接する機会が多く、近代史では中国において重要な役割を担ってきた。2004 年以降中国 ASEAN 博覧会の定例開催地となり、東南アジアとの交易センターとして大発展をとげた。大都市となった南寧、近年進行湾岸都市として成長し美しい海岸が整備された北海など繁栄する都市から、自然に恵まれた風光明媚なスポットまで数多くある。３組は首府南寧を拠点とし、１組は玉林を拠点とする。

海南省

海南省は、1988 年に広東省より分離し中華人民共和国最南部の省となる。海南島ならびに周辺各国と領土主権を主張し、争う西沙諸島、南沙諸島、中沙諸島の島嶼からなる。省都は海口。面積は３万 3210 km²。2016 年度の人口は 917.13 万人、GDP は 4044 億元（約６兆 4704 億円）。中国のハワイと言われ、白い砂浜と青い海に緑のヤシの木が揃った南の島。中国が観光開発にもっとも力を入れている地域の一つである。海南省出身のバンドは今回の調査では１組のみ。その他には、趣味程度の音楽グループや観光地をにぎわすための グループは存在するようだが、それ以外では音楽をメインに活動するバンドが育ちにくく、特にロックやヘヴィ・メタルといったジャンルはハワイ同様難しい土地柄のようである。

オールドスクールなデスメタルを奏でる広州メタル最右翼

HexFire

簡 六角之火
常 六角之火

Thrash Metal	2012 ～	広東省広州

2013 年デモ『Demos 2013』、2014 年デモ『HexFire』

広東省広州出身の 2012 年に金石開（ベース）、林嘉豪（ギター）、陳穂彬（ギター）、方軍（ドラム）、劉詩驍（ヴォーカル）の 5 人により 結成されたスラッシュ・メタル・バンド。バンド名はゲーム『Diablo II：Lord of Destruction』に登場する武器名の HexFire Shamshir から取られる。アメリカの小説家エドガー・アラン・ポーを好んでおり、歌詞のテーマとして引用することが多い。2013 年 5 月『Demos 2013』、2014 年 1 月『HexFire』とデモ 2 作品を発表する。2015 年 11 月に 1st EP『HexFire』がリリースされた。2016 年 5 月から 6 月にかけて広州、北京、武漢、香港の 4 都市ミニツアーを成功させる。11 月に広州の SD LiveHouse で開催された Guangdong Extreme Fest に参加した。現在は脱退したメンバーがおり、メンバー編成を変更し、金石開（ベース＆ヴォーカル）、林嘉豪（ギター）、陳穂彬（ギター＆ヴォーカル）である。

A HexFire　簡 六角之火　常 六角之火

A HexFire　簡 六角之火　常 六角之火

Thrash Metal	広東省広州	
Dying Art Productions	EP	2015

オールドスクール・スラッシュ・メタル・バンド。2015 年作の 1st EP。大きく Slayer の影響下にあり、リフもリズムワークもストレートに Slayer そのものなサウンド。ヴォーカルも Tom Araya ばりのメロディ皆無デス・ヴォイス手前の戦闘的なスタイルである。7 曲 25 分足らずの作品だ。演奏力はしっかりしており、満足して聴ける。さらにオリジナリティが高まると化ける可能性大。Slayer のカバー曲「Postmortem」とオリジナル曲のライブ音源を含む 7 曲収録。

広州から登場した元デスブラックメタルのデスコア轟音楽隊

Horror of Pestilence

簡 瘟疫之骇
常 瘟疫之駭

Technical Death Metal/Deathcore	2007 ～ 2008、2011 ～	広東省広州
2017 年　シングル『The Careless Breath』		

広東省広州にて 2007 年４月、兔仔（ギター）と Anson（ドラム）が結成したデスコアバンド。５月吖青（ヴォーカル）、吖威（ベース）、Jon（ギター）が加入し、６月より地元ライブハウスに出演する。同年年末には Yamaha が主催する Asian Beat 中国予選北京大会に華南地区代表として出場。翌年、音楽性がデス・ブラックメタルへと変化したため、バンド名を DissecteD に改めるも、メンバーの留学等を理由に解散。2011 年年初になると兔仔と Anson が Horror of Pestilence として再結成を決め、吖青が戻り、一鋒（ギター）と Him（ベース）が加入、音楽性もデスコアに変化。2012 年に入るとベースが猴子に交代するも、７月には吖青と Anson が相次いで脱退、兔仔がヴォーカルを兼任、ドラムに烏鴉が加入。2012 年の年末 EP『The Last Judgement』を発売。その後 Li Jia-Hang（ギター）が加入し、ツインギター体制となる。2015 年 10 月には 1st アルバム『Intruder』をリリース。

A Horror of Pestilence　**簡 瘟疫之骇**　**常 瘟疫之駭**

A The Last Judgement　簡　常

Technical Death Metal/Deathcore	広東省広州	
自主制作	EP	2012

2012 年リリースの Suicide Silence のカバー曲を含む５曲収録 1st EP。メロディアスかつテクニカルな楽曲構成で、残虐でヘヴィなデスコアである。ギターソロやドラムアレンジ、シンセアレンジもスリリングな展開をし聴く者を楽しませる。ただ、１曲目はインストによるイントロ曲、３曲目はクラシック有名曲をオマージュしたデスコア・アレンジのインスト曲、５曲目がカバー曲のため、実質２曲の収録構成。中国南部から世界のデスコア潮流へのあいさつ状といった作品だ。

A **Horror of Pestilence** | **簡** **瘟疫之骇** | **常** **瘟疫之駭**

A **Intruder**

Technical Death Metal/Deathcore	広東省広州	
Mort Productions	フルレンス	2015

3年ぶりとなる1st アルバム。EP で提示した核となる音楽性を継承し、デスコアだけには収まらないサウンドに進化する。プログレッシブ、メロディック・デスでもあり、テクニカル・デスだが散漫にならず、四方八方へ発せられる暴虐的ヘヴィネス世界を構築。時折挿入されるシンセサイザーによる美しくも儚いメロディが特異な側面も覗かせる。2018 年夏には The Faceless の Michael Keene をゲストに迎えたシングル『Omnissiah』を発表。

A **Horror of Pestilence** | **簡** **瘟疫之骇** | **常** **瘟疫之駭**

A **Call To The King of Black**

Technical Death Metal/Deathcore	広東省広州	
Chaser Records	フルレンス	2018

テクニカルなデスコアでは収まりきらないシンフォニック・エクストリーム・メタルとなった 2nd アルバム。中・台・仏・伊・南ア各国より Flin(Von Citizen)、Code(Anthelion)、Adam Rafowitz(Arch Echo) 、Claudio Pietronik(Ancient Bards)、Clinton Watts(One Day Sky)、Pierrre Danel(Kadinja) をゲストヴォーカルやゲスト・ギタリストに迎え、刺激的かつ華麗に展開する。度を超したエモーショナルなギターサウンドに、悪鬼のように暴れる阿鼻叫喚のデスヴォイスがまとわりつく。格段の進歩を遂げたブルータリティ！

ヴァイキングメタルの要素も見え隠れする福建ゴシック

Lunar Eclipse

簡 月蚀
常 月蝕

Melodic Black/Viking/Death Metal	2005 ～	福建省福州
2004 年アルバム『Voices』、2007 年『V.A Valkyrie's Prediction』		

福建省福州にて前身バンド奠を経て、2005 年 4 月に結成されたゴシック・ブラックメタル・バンド。結成当初は全員学生で、遊びバンドとして開始。ツインヴォーカル体制に DJ もいる 8 人編成であった。爵士蓝调音乐酒吧などでライブを行い、メンバー交代しながら体制を整える。2006 年 3 月発売のコンピレーション CD『死夜 III』ならびに 2007 年 10 月発売の『Valkyrie's Prediction』に曲が収録される。2007 年初め唐博（ヴォーカル）、張書貽（ギター）、郭海（ギター）、蘇元煌（ベース）、陳洪（キーボード）、熊振亮（ドラム）となったところで自主制作アルバムを制作開始し、9 月に『月蚀（Lunar Eclipse）』をリリースした後、8 都市を回るツアーを行った。翌年、郭海（ギター）と陳洪（キーボード）が脱退したため、元メンバーの蔡銘敏（ギター）と陳策（キーボード）がバンドに復帰することになった。8 月に発売となった四川大地震のためのチャリティ・オムニバス・アルバム『5.12』に楽曲を提供した。その後メンバー各々が別バンドでの活動を始め、活動が休止する。

A Lunar Eclipse　簡 月蚀　常 月蝕

A Lunar Eclipse　簡 月蚀　常 月蝕

Melodic Black/Viking/Death Metal	福建省福州	
自主制作	フルレンス	2008

多様な要素を含んだ福州出身のシンフォニック・ブラックメタル・バンドの 1st アルバム。ツインギター＆キーボードによる冷たく悲壮感漂うメロディを中心に、唐博（ヴォーカル）が掻き毟るようなデス・ヴォイスと美しく透明感のあるソプラノ・ヴォイスで歌い分ける。リズム隊による、硬派でヴァイキング・メタル風な勇ましい演奏がボトムを支える。固定観念なしに推し進め、自然な形の楽曲に収めているが、若干垢抜けないところもある。後半部分がエネルギー不足でマンネリ気味にも。

A Burnmark
A
簡
簡 于灰霾后
常
常 于灰霾後

Melodic Death Metal	広東省広州	
自主制作	EP	2010

広東省広州にて 2005 年 8 月、初代ギタリストの王申因と兔仔（ギター）が、陳志勇と林健（ベース）を誘い、結成する。結成当初からオリジナル楽曲の作成を開始し、スラッシュ・メタルやメタルコアに強く影響を受けながら、独自のメロデス路線に定める。メンバーチェンジを経て、2010 年に制作済みの楽曲を中心に収録したのが本作 1st EP に。スラッシュ的なリフとプログレ／メタルなリフを取り合せ、スピーディーな展開を見せる。1 曲目はインスト。広東語圏ということもあり、2 曲目と 3 曲目は広東語で歌われる。

A Burnmark
A Dying Glory
簡
簡
常
常

Melodic Death Metal	広東省広州	
自主制作	フルレンス	2016

ギタリストの 1 人とドラムが交代し、ほぼ 7 年ぶりとなる 2016 年末にリリースされた 1st アルバム。新体制となり、前作 EP を受け継ぎながら、バンドとしてのまとまりが功を奏し、楽曲として安定感が増す。メロディアスさが増し、流麗なギターソロやずっしりと重くなったリフを前面に押し出し、しっかりボトムを支えるリズム隊のタイトな演奏を聴かせる。北欧メロデスに接近させつつ、独自の音楽性の基盤を確立している。また随所に現れるフレーズに懐の深さを感じさせる。

A Dark Ring
A Reborn from the Inferno
簡 黑戒
簡 从炼狱中重生
常 黒戒
常 從煉獄中重生

Symphonic Black/Death Metal	広東省広州	
Metal Hell Records	フルレンス	2013

2012 年 10 月、広州にて結成された女性キーボード奏者＆ツインリードギターを擁する 6 人編成によるシンフォニック・ブラックメタル・バンド。本作は 2013 年 4 月リリースの 1st アルバム。Cradle of Filth の世界観に近いが、よりキャッチーなスタイル。ほの暗く美しいメロディにより、引き込まれるイントロで始まり、華やかなシンセにダミ声ヴォーカルが乗る。随所にメロディックなギターフレーズを奏でる。激しくブラスト疾走する緩急ある楽曲展開が楽しめる正統派シンフォニック・ブラックメタル。

A Dark Ring
A Kissing the Ring of Angel
簡 黑戒
簡
常 黒戒
常

Symphonic Black/Death Metal	広東省広州	
拉拉索唱片	EP	2014

一年ぶりとなる 4 曲収録 EP。前作アルバムでは部分的に雑なところもあったが本作ではその点は解消され、演奏力と表現力ともに向上し、バンドとして発展。Dimmu Borgir や Cradle of Filth 級には程遠いが、路線として明確な良い方向性だ。また、女性ヴォーカルともう 1 人ドラムが加入し、8 人体制となる。2016 年初頭には広東省では最大発行部数を誇る新聞の羊城晩報のインタビューを受け、ブラックメタル・バンドとして誌上初めて記事掲載された。2018 年 3 月、シングル『南雁北飞』を発表。

A Disanxian
A The Greatest Outrageous Famine

簡 地三鮮
簡 极饿非道

常 地三鮮
常 極餓非道

Hardcore Metal	広東省深圳	
TIC Production	フルレンス	2017

中国東北地方の家庭料理をバンド名に掲げるクラスト・スラッシュ・パンク・バンドの 1st アルバム。Discharge を敬愛し、ブラックユーモアたっぷりにハードコア、D ビート、クラスト、スラッシュ・メタル、ヘヴィ・メタルを混ぜこぜし、Lo-Fi でアンダーグラウンド DIY 爆音サウンドなデビューアルバム。Discharge と Cryptic Slaughter のカバーも収録。レコーディングには日本人ドラム Takeshi Nakano とイタリア人ギタリスト Maurizio が参加していたが、現在は新メンバーが加入。

A Don't Leave Me Alone
A Don't Leave Me Alone

簡
簡

常
常

Metalcore	広東省中山	
自主制作	EP	2015

3 曲収録のデビュー EP。Shadows Fall や Trivium など、限りなくヘヴィ・メタルに近いメタルコアサウンド。リフ、メロディ、スクリーミングそして模範優等生的スピード感のある、勢い重視の楽曲構成。エレアコによる美しいソロがある秀逸な楽曲もあり、なによりも若いエネルギーが爆発している。3 曲と物足りないが、バンドの名刺としては十分な作品。その 3 曲が今後の楽曲の核となるだろう。ライブ中心の活動のようだが、フルレンスを期待させる内容である。

A EvilMare
A The Blessing of Odin

簡 罪魔
簡 奥丁之佑

常 罪魔
常 奥丁之佑

Symphonic Black/Folk Metal	広東省広州	
Cold Woods Productions	EP	2014

2012 年結成の広州出身のフォーク～ヴァイキング～ブラックメタル。現在まで 18 人ほどメンバーが出入りしたが、最終的には中心人物である石冠謙のワンマン・プロジェクト化する。本作は 2 曲収録 EP。欧州的フォーキッシュなメロディや北欧ヴァイキング的リズムを使用しながら、シンセサイザーによる控えめなアレンジ。英雄譚的雰囲気も感じられる音楽絵巻的サウンドと落ち着いたピアノソロから始まり、比較的軽度なシューゲイザー～ブラックメタル要素を含むフォーキッシュで内省的サウンドを収録。

A Eye of Storm
A Hurricane 1922

簡 风暴之眼
簡 飓风 1922

常 風暴之眼
常 颶風 1922

Heavy Metal/Hard Rock	広東省広州	
自主制作	シングル	2017

2013 年から活動を開始する。バンド形態をとっておらず、現在は詹鵬のソロ・プロジェクトとなっている。デビューシングルは、1990 年代中頃に日本で人気のあった、ゼロ·コーポレーションから CD リリースされていたようなメロディック・ハード・ロック・サウンドで、中国では珍しいタイプ。タイトルは 1922 年にスワトウ（汕頭）を襲い、甚大な被害をもたらした台風のことを指している。

A Eye of Storm

A Eye of Storm

簡 风暴之眼 / **常 風暴之眼**

簡 火烧云 / 常 火焼雲

Heavy Metal/Hard Rock	広東省広州
自主制作	シングル / 2018

2nd シングル。前作同様に詹鵬のソロ・プロジェクトには変わりなく、叙情的泣きのギターをメインにしたメロディック・ハード・ロックを奏でる。タイトル曲「Eye of Storm」は往年の中国産ハード・ロックを感じさせる歌メロを重視した楽曲。美旋律ではあるが、前作シングルと趣きを異にする楽曲となる。カップリングは「桃园」はアンプラグド曲。まだ断面しかわからないバンドであるが、縦糸と横糸が合わさったアルバムの早期リリースを期待したい。Bandcamp では、英語アルバム名がなぜかバンド名と同一に登録されている。

A Fear Forest

A Fear Forest

簡 惊林 / **常 驚林**

簡 惊林 / 常 驚林

Metalcore	広東省深圳
后青年	フルレンス / 2014

深圳出身。2004 年に結成され、音楽性の変化と共に Fear Forest と名乗るのは 2007 年。メタルコアを軸にスラッシュ、デス、プログレッシブの要素を組み合わせた音楽性。本作はデビューアルバムで、深沈たるインスト曲から始まり、ミドルテンポながらにじり寄るように的確かつ安定的なリズムワークを特徴とし、粘りつくようなリフが楽曲に屈強さを与えている。ドスを効かせたデスヴォイスパートときちんとメロディを中低音で歌い上げるパートを歌い分けるヴォーカルも、バンドの核となる。

A Force Defender

A 1118

簡 坚定捍卫 / **常 堅定悍衛**

簡 1118 / 常 1118

Metallic Hardcore	広東省深圳
自主制作	フルレンス / 2017

2011 年結成後、ヴォーカルの英国留学により一度解散、2014 年の帰国と共に再結成されたメタリック・ハードコアを名乗る 5 人組バンドによる 1st アルバム。Abbey Road Studio でミキシングが行われたバンドにとっての力作。ヘヴィ・ハードコアとカテゴライズされる Hatebreed、Terror、Madball 等に影響を受け、ハードコア要素が強いボーカリストとスラッシュ・メタルのザクザク感たっぷりなリフとスピード感が全面に押し出されている。なおかつヴォーカルにも特筆すべきメロディラインがある。

A Holy Power

A Inexhaustible

簡 / **常**

簡 无穷无尽 / 常 無窮無尽

Symphonic Black Metal	広東省広州
自主制作	EP / 2015

2010 年、広州にて結成されたバンドによる 2 曲収録 1st EP。ブラック・メロディック・デスメタル & ブラック・シンフォニック・メタルを標榜する。映画のクライマックスシーンに流れるようなシンセサイザーによる荘厳なインスト曲から始まり、ギター&ツイン・シンセサイザーを擁した華麗なメロディアレンジが施された楽曲へつながる。力任せで勢いはあるが、若干頼りなさを感じるヴォーカルである。アグレッシブな楽曲展開で疾走感が程よく、メロディアスで心地良い健全なブラックメタル・サウンドである。

A Kill All

A

簡 斩尽杀绝 常 斬尽殺絶

簡 狭路中的毁灭者 常 狭路中的毀滅者

Thrash Metal	広東省広州
Infected Blood Records	EP / 2019

2015 年、Kill All として結成。当初は、頻繁にメンバーが代わり、安定した活動が出来なかった。2018 年にバンドが安定すると Demo『Massacre Star』を発表。本作は、2019 年リリースの 5 曲収録 1st EP。ユーロ・スラッシュ・メタル、ブラジリアン・スラッシュ・メタルに影響を受ける。若さをダイレクトに溢れさせたスピード、狂気に満ちたボーカルとスラッシュなリフワークが渾然一体となって猛進する。ギターソロにもこだわりがある。Exodus の「Bonded by Blood」のカバーも収録。本作リリース前後で、Massacre Master と改名しているようだ。

A Last Resort

A Last Resort

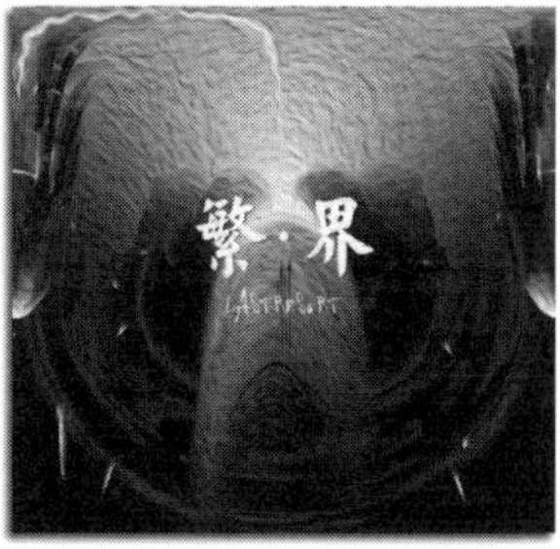

簡 繁界 常 繁界

簡 繁界 常 繁界

Nu Metal	福建省厦門
Infected Blood Records	フルレンス / 2019

2015 年結成、シングル『寻找』『仮想敵』『呐喊』をリリース。エレクトロニカ、メタルコア、ブルース、クラシック、ラップ・メタルを融合させたニュー・メタル・バンドによる 1st アルバム。ニュー・メタル・リバイバルを追うスタイル。モダンなリフを主軸として、ノりやすいリズムとキャッチーなメロディに磨きをかけて、ラップパートでは攻めながら、随所にクリーン・トーンで紡がれる美麗フレーズが多く聴かれる。また、都会的かつスペーシーなエレクトロを導入するなど柔軟で幅広いアレンジを魅せる。

A Luktomo

A Records All about previous

簡 六道母 常 六道母

簡 常

Metalcore	広東省広州
自主制作	EP / 2010

2009 年結成広州の 5 人組メタルコア・バンドによるデビュー 4 曲収録 EP。しかしながら 1 曲目はアコースティックギター中心の穏やかなインスト作。ジャンル分けは不毛かもしれないが、つづく 3 曲もすべてオルタナティヴロックなのか、ニュー・メタルなのかメタルコアなのかスクリーモなのか迷いのある作風。よってパーツを切り貼りしただけの消化不良、かつ焦点が絞りきれていないサウンドといえる。ロックファンに向けた作品ではなく、自らの出発点を記録した内向きな作品のようである。

A Luktomo

A Esperance

簡 六道母 常 六道母

簡 彼岸花 常 彼岸花

Metalcore	広東省広州
自主制作	EP / 2015

4 年ぶりとなる 4 曲収録 2nd EP。前作を踏襲しメタルコアをフレームワークにし、パンク、デスメタル、ハードコア、ニュー・メタル、オルタナティヴ・ロックといった要素をパーツとして使い、独自理論で組み立てている。さら Djent 要素も大胆に導入し、音楽性を発展させている。曲の始まりがパンク化した DragonForce のような楽曲から始まり、デスヴォイスとノーマルヴォイスによるヴォーカルラインを対比させた激しく展開する楽曲。ぐいぐいと距離を詰めてくる楽曲を並べる。

A **Luktomo**

A **Prelude To A Doom**

簡 **六道母**　**常** **六道母**

簡 **厄运的前奏**　**常** **厄運的前奏**

Metalcore	広東省広州	
自主制作	EP	2017

「Prelude of The Doom Ch. Ⅰ」と「Prelude of The Doom Ch. Ⅱ」とタイトルされた 2 曲収録 EP。様々な音楽を溶解させた前作を踏襲した作風で、それゆえパーツに分解すると雑多すぎて焦点を失いそうだ。しかし、独自方法で組み立てられると精密機械のように、無駄なく正確に作動している。ジャンルを超えた激しいサウンドであるがゆえに、どう捉えたらよいのか分からなくなる。激しく、古典的で、優雅。そして先鋭的な相反する価値観が同居する。

A **Mysterain**

A

簡 **小雨**　**常** **小雨**

簡 **林中楼阁**　**常** **林中楼閣**

Symphonic/Power Metal	広東省広州	
自主制作	フルレンス	2008

広東省広州の華南理工大学の学生達が 2005 年 10 月結成。数度のメンバー交代があり、本作は 2008 年作の 1st アルバム。女性ヴォーカルを擁し、ギター、ベース、キーボード、ドラムによる 5 人編成シンフォニック・パワー・メタル・バンド。楽器隊の演奏力は基盤がしっかりしているが、この頃はまだまだバンドとしては未完成で、女性ヴォーカルの声質がか細く、未熟。どこかアイドル的な発声方法で、ロック好き少女がオーディション番組に出演し、シンフォニック・メタルを歌ったかのような内容だ。

A **Mysterain**

A

簡 **小雨**　**常** **小雨**

簡 **繁华落境**　**常** **繁華落境**

Symphonic/Power Metal	広東省広州	
太声文化	フルレンス	2013

5 年ぶりになる 2nd アルバムは、前作の弱点だった女性ヴォーカルのか弱さをある程度は克服している。高音パートが美しく、伸びのあるヴォーカルを披露し、メタルディーヴァの体を成す。ヴォーカルをバンドが引っ張るかのように演奏力も説得力が増し、楽曲構成力においても緻密に計算され、パワフルさとメロディックさを前面に押し出している。キーボードとギターが絡み合うソロパートはスリリングにメリハリあるスピード感で、楽曲に色鮮やかさをもたらす。また、バラード曲では繊細な美しくフォーキッシュなメロディが織り成す。

A **Mysterain**

A

簡 **小雨**　**常** **小雨**

簡 **破墨山谷**　**常** **破墨山谷**

Symphonic/Power Metal	広東省広州	
太声文化	フルレンス	2016

全国ツアーも経験し、着実に成長をしつづけるシンフォニック・メタル・バンドの 3rd アルバム。小小(ヴォーカル)も自身の声質やヴォーカル・スタイルを掴むことにより、彼女独自のかわいさの残る美しい歌唱を聴く事ができる。北欧～中東欧フォーク・メタルにも接近しながら、伝統楽器の竹笛や笙も使い、鮮やかな叙情性を高めている。さらにメロディックに、プログレッシブになった楽曲を取り揃える。2017 年にはアンプラグド曲とライブ音源のシングル 2 作品、2018 年にはシングル 2 作品を発表している。

Obsoletenova

Oracle Demo 2016

簡 腐败新星	常 腐敗新星
簡	常
Technical Brutal Death Metal	広東省深圳、珠海
BrutalReign Productions	EP / 2016

欧米の先人バンドを思わせるようなテクニカルかつ個性的なプログレッシブ・デスメタルによる 1st EP。変則リズムで占められ、技巧的なギターメロディアスなフレーズも随所に盛り込む。二の矢、三の矢を次々と放つ激しさ。若者であるがゆえの変態気味のセンスが、温故知新的アイデアと結びつき、新旧バランスが取れたサウンドである。5 曲収録だが 4 曲目、5 曲目は 2、3 曲目の各インストバージョンである。

Obsoletenova

Malfunction in Sensory Illusion

簡 腐败新星	常 腐敗新星
簡	常
Technical Brutal Death Metal	広東省深圳、珠海
Permeated Records	EP / 2017

前作はタイトル通りにはデモ音源だったが高品質なブルータル・デスメタルであった。Impure Injection の GoreGeng、Duskysta の Weian Lee、Nower の Jerichoranger がゲスト参加して制作され、早くも前作より半年足らずでの 6 曲収録 1st アルバム。楽曲に磨きがかかり、変態度も技術度も大きく高まり、怒濤の変拍子を繰り出す様は圧巻だ。Kiryu（ヴォーカル）は Dehumanizing Itatrain Worship としても活動する。

Soutlaid

Doomsday Manifesto

簡 离魄	常 離魄
簡 末日宣言	常 末日宣言
Heavy Metal	広東省珠海
自主制作	EP / 2015

2013 年結成の女性ヴォーカル婉娴率いる、ツインギター 5 人編成メロディック・デスメタル・バンドによる 5 曲収録デビュー EP。リフもソロもリズムワークも押し引きが心地いい 80 年代王道ヘヴィ・メタル・スタイル。ここに男性ハイトーン・ヴォーカルだと無味無色と没個性的になるが、女性デスヴォイスが乗ることで一味違う風格となる。ヴォーカルも鋼鉄の喉を披露しているが、周りを固める楽器隊による懐かしさを覚えるフレーズがあちらこちらに散りばめられている。ギターサウンドやリズムワークが心地よい。

Von Citizen

Sentience

簡	常
簡	常
Djent/Progressive Metal	広東省広州
Chaser Records	フルレンス / 2018

2013 年結成の 5 人組 Djent ／インストゥルメンタル・プログレッシブ・メタル・バンドによるデビューアルバム。北京より Senjougahara Yousei こと孔德珮、英国より Olly Steele、日本より Ichika をゲスト・ギタリストに迎え、制作。様々なテクニカル・ギタリストの影響の下、アンビエントなスタイルやフュージョン風なサウンドも楽しめ、テクニカルな演奏が矢継ぎ早に展開する。ツインギターを支えるベースとドラムも手数の多いテクニカルな奏法で応酬する。

A The Will on Kill

A

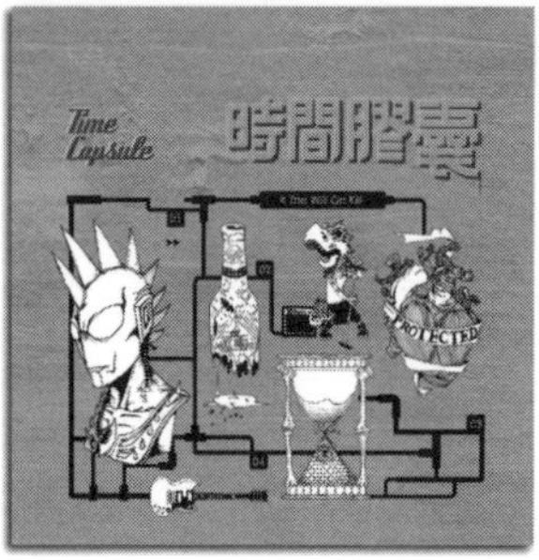

簡
常

簡 时间胶囊 / **常 時間膠囊**

Post-Hardcore/Metalcore | 広東省広州

自主制作 | EP | 2016

ポスト・ハードコア、エレクトロニコア、メタルコアと進取果敢にサウンドの幅を設ける５人組バンドによる６曲収録デビューEP。こういったジャンルでは斬新で奇抜な独自性を求めるあまり、同音異曲に陥ってしまうことが多々ある。彼ら自身は無意識であろうが、ルーツとなるヘヴィ・メタルやパンクといったサウンドが核にある。イントロ、アウトロ以外の４曲がそれぞれ異なる表情を持ち、なおかつ自由奔放である。

A Veto Way

A The Near Future

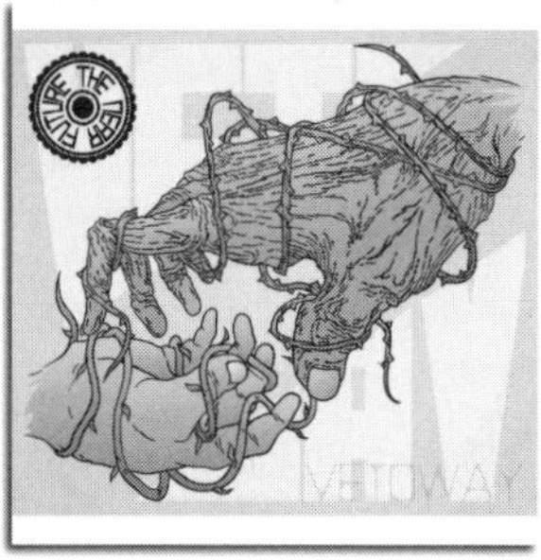

簡
常

簡 不久的将来 / **常 不久的将来**

Post-Hardcore/Djent/Metalcore/Hardcore/Electronica | 広東省広州

Rong Sheng Music | フルレンス | 2013

際限なく分岐、また再統合され続けるロックのサブジャンル。ポスト・ハードコア、メタルコア、ハードコア、エレクトロニカ、エモ、スクリーモ……。このバンドにおいてはどの要素も持ち合わせている。５人組バンドの1stアルバム。作品としては2008年リリースの５曲収録EP『The First EP』以来５年ぶり。頑固者ロックリスナーは完全拒否するであろう。

A Kill Corpse

A Septicemia of Corpse

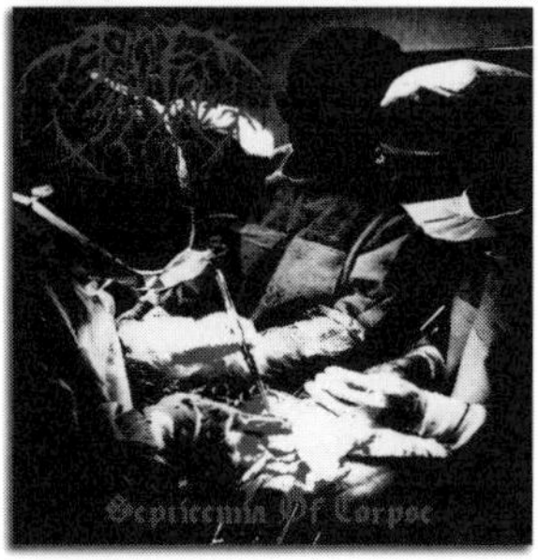

簡 戮尸
常 戮屍

簡 / **常**

Brutal Death Metal | 福建省福州

自主制作 | フルレンス | 2015

2014年結成。写真からすると高校生くらいの可能性もある若い世代による３ピース・ブルータル・デスメタル／グラインドコア・バンド。９曲収録の1stアルバム。Disgorge、Devourment、Last Days of Humanity、Avgrunn、Cannibeなどに影響を受けている。重苦しく、ズンズンしており、グルーヴィーにビートダウン。曲後半のミドルパートに占められるサウンドはスラミングデスとも言える。この後ウルグアイのLamida Vaginal、メキシコのThe Arsenal、アルジェリアのLord Piggyの同系統バンドと４スプリット・アルバムをリリースしている。

A Once N For All

A Pure

簡 直惘
常 直惘

簡 / **常**

Djent | 福建省アモイ

海娯音楽 | EP | 2016

2015年結成のDjent／プログレッシブ・メタル・バンド。年間通じて高温多湿な気候のアモイ出身ながら、さわやかで涼しい音が特徴的。中国には多く存在する、あれこれ全てを混ぜ込んでしまうスタイルだが、PeripheryやFellsilentなどに近く、リフやリズムはテクニカルでいながら、Meshuggahほどしつこくない。むしろあっさりしすぎているため、ハードコア的ヴォーカル以外のインストパートや普通に歌い上げるパートでは、プログレッシブロックか激しいエモコアか、演奏力が高すぎるスクリーモにも聴こえる。

A Once N For All
A Do Not Leave the Path

簡 直惘
常 直惘

簡
常

Djent
福建省アモイ
Chaser Records
フルレンス
2017

Djent とひと言では言い表すことのできないほど変化に富み、多様な音楽性を含む。縦横無尽に駆け巡る演奏によって、心の奥底にあらゆる感情を解き放つ。際限のない空間で異型物として膨れ上がるカオスな音世界。欧米 Djent 先駆者とも比較しづらく、芸術的に統制された楽曲が並ぶ。女性ヴォーカルのゲスト参加曲もノイズにまみれカオスかつポップスな楽曲で、思考を停止させる。ヴォーカル入りバージョンとヴォーカル抜きバージョンの 2 枚組仕様となっている。

A Skycrater
A Journey to the Other Land

簡
常

簡
常

Heavy Metal
広西チワン族自治区南寧
自主制作
フルレンス
2016

広西チワン族自治区南寧在住、広西芸術学院で学ぶイタリア人 Federico Lucchi によるワンマン・メロディック・パワー・メタル・プロジェクト。前 2 作が欧州フォークやアメリカン・フォークを基にした男性ヴォーカル版 Blackmore's Night といったサウンドであったが、2016 年にリリースの 3rd アルバムではそれらの音楽性を持ちながら、Manowar のごとくマッチョな歌唱スタイルと The メタルなギターフレーズをメインに、メタル映えする実直な演奏が特徴のサウンドを展開する。

A Skycrater
A Tale of the Frozen Valley

簡
常

簡
常

Heavy Metal
広西チワン族自治区南寧
自主制作
フルレンス
2017

前作より 3 ヵ月半で仕上げた 4th アルバム。3rd アルバムを踏襲し、さらに重いサウンドを追求した。ヒーローと裏切り者、そして孤独な鳥に先導される冒険を成し遂げるというコンセプト。Blind Guardian のようにファンタジーをモチーフにしながら、パワフルな演奏とヴォーカルの多重録音による壮大で力強いクワイアーを用いた。叙事詩的世界観を描き、エピック的なドラマテック性あふれる重厚長大なトゥルー・メタル・サウンドスタイルを展開した一大絵巻を描く。

A Skycrater
A The Forges of Ingur

簡
常

簡
常

Heavy Metal
広西チワン族自治区南寧
自主制作
フルレンス
2017

2017 年 2 作目の通産 5 枚目となるアルバム。本作もコンセプト作品で、Great North と呼ばれる北国の Ingur という街に住む貧しいが、技術力を認められた鍛冶職人 Anselm と呼ばれるまじめな若者が艱難辛苦を乗り越え、最後には立派な騎士へと成長する人生譚を描く。サウンド面でも前作同様重厚なコーラスを多用し、ドラマチックなサウンドスタイルを展開する。Anselm の心情の起承転結に富む変化を音楽絵巻として描く。

A Skycrater | **簡** | **常**

A Forests of Shadow | 簡 | 常

Heavy Metal	広西チワン族自治区南寧
自主制作	フルレンス / 2017

2017 年 3 作目の通産 6 枚目となるアルバム。本作もコンセプト作品で、Adelmund と Dedrick の 2 匹のオオカミの眼差しを通して影の森へ誘う物語。サウンド面においては、Blind Guardian フォロワーではあるが、今作ではオーケストラゼーションを極力減らし、ルーツとなるクラシック・メタル様式のアプローチを採る。ヴォーカル面においてもパワフルでありつつ、奥深い森に響く聖霊の声のごとく厳粛な雰囲気を持つスタイル。ヘヴィ・メタル賛美歌ともいえる楽曲。

A Skycrater | **簡** | **常**

A Echoes from the Past | 簡 | 常

Heavy Metal	広西チワン族自治区南寧
自主制作	フルレンス / 2018

過去 4 作品から再レコーディングおよび新たなマスタリングを施したベスト盤。3rd より 4 曲、4th より 2 曲。5th より 3 曲、6th より 3 曲に新曲 1 曲を加えた 13 曲収録。ロシアのパワー・メタル・バンド Caesarius の Vasi Lichtenberg がバックヴォーカルとして 2 曲で客演する。過去作では演奏力とレコーディング後の諸工程には高い技術があるが、ボーカリストとしては若干の不安定さがあった点も改善されている。楽曲としては完成度が高いのだが、基本すべてをこなすワンマンな状況が音の緊迫感を薄めている。

A Skycrater | **簡** | **常**

A Lothar's Soliloquy | 簡 | 常

Heavy Metal	広西チワン族自治区南寧
自主制作	フルレンス / 2019

Federico Lucchi 流のヘヴィ・メタルを深く突き詰めることで、前作までのファンタスティックなメロディック・パワー・メタルから一転、メロディもリズム、ヴォーカル·スタイルも両方とも大きく変わり、重々しく切迫感の強いスロウなデスメタルとなる。詩的世界においても、故郷を離れ、旅の途中に様々な経験を培い、成長する若者像を描いた世界。そして旅を終え、その旅の間に出会った「何か」により悲痛に苛まれ、心に痛手を負った青年像を描いた世界に移行する。愛を得て再起する姿を描くボーナストラックが次作品につながるのだろうか。

A Slaves of the Prison | **簡 狱奴** | **常 獄奴**

A Deathward | 簡 走向死亡 | 常 走向死亡

Technical Melodic Death Metal	広西チワン族自治区南寧
Thanatology Productions	フルレンス / 2017

音使いも容姿も非常に若々しいツイン・リードギター体制 5 人組テクニカル・メロディック・デスメタル・バンドの 1st アルバム。安定した高度な演奏技術に長ける楽器隊に支えられ、勢いのあるデスヴォイスが勇ましく咆哮する。1 枚目としては高品質な作品ではあるが、ギターワークやリズムワークにおいてメロディック・デスメタルの教科書的サウンドに聴こえる箇所も多く、典型的な展開が続くと、飽きてくるので刺激が今ひとつ足りない。

A Slaves of the Prison
A Singularity

簡 狱奴 / **常 獄奴**

簡 奇点 / 常 奇点

Technical Melodic Death Metal	広西チワン族自治区南寧	
Thanatology Productions	フルレンス	2018

2nd アルバムにしてラストアルバムと公表する。アルバムテーマそのものを宇宙とし、太陽系の惑星や衛星、NASA の宇宙探査機、太陽系から約 20 光年離れた赤色矮星などの名前を曲名に採用したコンセプト作品。前作にてその片鱗を見せていたが、テクニカル・デスメタルの範疇を超え、Djent ／プログレシッブ・デスメタルとなった作風。デスヴォイスが苦手な人でも難なく聴くことができる。楽曲途中に挟み込まれるリフやソロでは、不思議なメロディをもつフレーズが矢継ぎ早に現れる。緩急に富むスピード感と押し引き激しい早い展開をしながら、緊張感を高めるリズム隊による正確でタイトな演奏力による重量感が合わさり、一つにまとまる。

A Tomb Sound
A Never Ending

簡 痛殇 / **常 痛殤**

簡 / 常

Black Metal	広西チワン族自治区南寧	
Ghostdom Records	EP	2009

2006 年当時高校生だったメンバーにより結成。翌年ブラックメタル・オムニバス『Black Battle Corps 1』に参加するも、解散と再結成を繰り返し、やっと完成させた 6 曲収録 EP。北欧ブラックメタルの強い影響を受けたプリミティブでデプレッシブな 2 マン・ブラックメタル・プロジェクト。核になる音楽性もなく、また、歴然たる個性は感じられないが、若さから湧き上がるエネルギーから生み出される闇雲な疾走感が素晴らしい。

A
A

簡 忧伤 / **常 憂傷**

簡 地狱的叛徒 / 常 地獄的叛徒

Black Gothic Metal	広西チワン族自治区玉林	
北流蓝线音乐工作室	EP	2006

2004年結成だが本格的に活動開始したのは2006年。黒綿（ギター）、王敏（ベース）、老鐘（キーボード）、馮少（ドラム）、小八（ヴォーカル＆ギター）、猫小羽（女性ヴォーカル）の編成だが、本作がいつ制作されたのかは不明。ゴシック・メタル、ブラックメタルからの要素やクラシックからの影響が窺えるが、まだ未成熟なサウンドである。広西チワン族自治区で始めて本格的なメタル・バンドの登場と自称しているものの、形だけのグロウルヴォイスや音程不安定な女性ヴォーカル、まとまりのない楽器隊と不完全燃焼な作品。

A The Great Scientists
A The Great Scientists

簡 伟大科学家 / **常 偉大科学家**

簡 伟大科学家 / 常 偉大科学家

Metalcore、Post-Hardcore	海南省三亜	
自主制作	フルレンス	2014

ヴォーカル、ギター×2、ベース、ドラム、サンプラーを擁する 6 人組メタルコア・バンドの 1st アルバム。メタルコアを中心にスクリーモ、エモ、ポスト・ハードコア、ニュー・メタルといったサウンドを融合させ、中国的な旋律も導入したスタイルを特徴とする。新曲 4 曲とボーナストラックとして既発 Demo3 曲を収録。ヴォーカルラインに爽快さを感じるメロディアスなパートをメインに、随所に激しいデスヴォイスパートを挿入する。ギターがキャッチーなリフを奏で、サンプラーによるピコリーモ系のエレクトロサウンドを取り入れる。

中国メタルフェス一覧

中国において音楽の大イベントは本来国家が主催するものであったが、近年では音楽ビジネスの一つとしてメタル系だけでなく、様々な音楽ジャンルにおいても全国各地で開催されることが多くなった。だがやはり許可制であることから、数ヶ月前に開催アナウンスが公表されたにも関わらず開催日直前に中止ということもあり、資金不足で開催不能になることもある。下記に列挙したのはインターネット上での調査で簡単に情報が手に入ったイベントだ。これ以外にも多くのイベントが開催されているが、中国非居住者にとって、その情報を全て正確に網羅することは困難だ。筆者は北京迷笛音楽節 2014 と北京草莓音楽節 2016 に参加している。

開催日	開催地	会場	フェス名	参加バンド
2002 年 6 月	北京	日本大使館	日本大使館主催日中国交正常化 30 周年記念イベント	X.Y.Z. → A 他
2007 年 5 月 1 日～ 4 日	北京	北京海淀公園	北京迷笛音楽節 2007	二井原実 and Friends（日本）、Suffocated、AK-47、Four Five、Yaksa、Dengel 等
2010 年 10 月 1 ～ 4 日	鎮江	鎮江長江世業洲島	長江 MIDI ロックフェスティバル	唐朝、何勇、痛仰、二手玫瑰、木瑪 &Third-Party、Yaksa、红烧肉、The AK-47、Voodoo Kungfu、Suffocated、沙子、Narakam、蜜三刀、Liquid Oxygen Tin、TheVerse、The Last Successor、简迷离、Left Right、过失、海龟先生、馬賽克、Screaming Savior、A.J.K、AltSenior、钢铁的心、出口 A、Kyte（英国）、Loudness（日本）、We Are the Fallen（イギリス）、Finntroll（フィンランド）、The Agonist（カナダ）、Marit Larsen（ノルウェー）、PGLost（スウェーデン）、Super700（ドイツ）、The VascoEra（オーストリア）、The Baboon Show（スウェーデン）、Acoustic Sense（デンマーク）、Monica Freire（ブラジル／カナダ）、SmashUp（日本）等
2014 年 5 月 1 日～ 3 日	北京	北京海淀公園	北京迷笛音楽節 2014	Orphand Land（イスラエル）、Anthelion（台湾）、Evocation（香港）、Nine Treasures、Ego Fall 等
2014 年 5 月 1 日～ 3 日	北京	通州運河公園	北京草莓音楽節 2014	Persefone（アンドラ）、Silent Hell（台湾）、Scream Maker（ポーランド）、Swallow The Sun（フィンランド）、Ego Fall、Suffocat-ed、Nuclear Fusion - G 等
2014 年 5 月 1 日～ 3 日	北京	北京漁陽国際滑雪場	楽谷・北京国際流行音楽節 2014	黒豹、唐朝、面孔、Suffocated、Four Five、Ego Fall、The Paradise 等
2014 年 4 月 25 日～ 27 日	上海	上海浦東世紀公園	上海迷笛音楽節 2014	Orphand Land（イスラエル）、Nine Trea-sures 等
2016 年 4 月 30 日～ 5 月 2 日	北京	香河中信国安第一城	北京草莓音楽節 2016	Insomnium（フィンランド）、Purple Hell、Nuclear Fusion - G、Nine Treasures、Narakam、Ego Fall、Dream Spirit、The Samans、A.J.K、Sick Pupa、Four Five、Tomahawk、Heavy Duty、Dark Haze 、Die From Sorrow、Lacerate、Frosty Eve、Left Right、Suffocated 等

西南

西南地域は、ラオスやミャンマー国境に近い雲南省、貴州省、四川省、重慶市やインドと国境を接するチベット自治区の 1 直轄市 1 自治区 3 省からなる。都市部には漢民族が多いが、農村にはチベット系や東南アジア系の少数民族が多く、稲作で生計を立てている。

四川省

四川省は、中国西南部に位置する省。面積は 48.5 万 km²。古代より中原とは異なる文化が存在した。また、日本人にも身近な四川料理は激辛で有名。また、歴史書『三国志』では、劉備や諸葛孔明が活躍した地と描かれる。2016 年度の人口は 8262 万人、GDP は 3 兆 2680 億元（約 52 兆 2280 億円）。四川省を出身とするバンドは、成都の 9 組。成都は省都で、四川盆地の西部に位置する。現在もかつての城壁跡を利用した環状道路や放射状の幹線道路が整備され、繁華街ではホテルやデパートが集中する総府街や、春熙路、提督街付近などは特に賑やかである。綿陽は省北部に位置し、成都に次ぐ四川省第 2 の都市で、古くから生産力の高い農村であったが、現在では電子工業や高等研究機関が集積する。

重慶市

重慶市は 1997 年、四川省より分離し直轄市となる。面積が 8 万 2400 km²。2016 年度の人口は 3016.5 万人、GDP は 1 兆 7558 億元（約 28 兆 4128 億円）。市街地は坂と階段の多さで知られる。歴史的には古代から興亡が繰り広げられたが、近代に入り日本軍が中国へ侵攻を進めると 1938 年に蒋介石の中国国民党は首都機能を重慶に移転させるとともに軍需工場なども疎開させた。これを機に工業の発展が進む。重慶出身のバンドは 6 組だが、1 組は既に解散。

雲南省

雲南省は、最も西南部に位置し、ミャンマー、ラオス、ベトナムと国境を接している。面積が 39 万 4100 km²、省都は昆明。2016 年度の人口は 4770 万人、GDP が 1 兆 4869 億元（約 23 兆 7904 億円）。省の人口の 4 割が少数民族に占められており、多種多様な文化が共存する。東南アジアに近い事もあり、国境貿易も盛ん。雲南省出身のバンドは 10 組。7 組が昆明で、楚雄、大理、紅河ハニ族イ族自治州に各ひと組。省都昆明は雲南省の政治、経済、文化、交通の中心地。楚雄は楚雄州の楚雄イ族自治州の州都。大理は省西部に位置し、大理ペー族自治州の州都。紅河ハニ族イ族自治州は、雲南省の東南部にあり、南はベトナムと接する。人口の半数が少数民族である。

貴州省

貴州省は、雲貴高原と呼ばれる雲南省から湖北省に向かって低くなる平均標高 1000 メートル程度の起伏に富んだ高原地帯にある。面積は 17 万 6167 km²。中国一貧しい省と呼ばれてきたが、中国南部の重要なエネルギー基地ととして貧困からの脱却を図る。2016 年度の人口が 3555 万人、内少数民族が 4 割を占める。GDP が 1 兆 1734 億元（約 18 兆 7744 億円）となる。貴州省出身のバンドは省都貴陽を拠点とする 1 組。2012 年に開催された YOGA MIDI フェスティバルにおいて、出演予定であった日本の Loudness が尖閣諸島に関する報道による混乱を避けるため、メンバーが現地に入ったにも関わらず主催者が安全を見越し、出演を取り止めた。

チベット自治区

チベット自治区は、ミャンマー、インド、ブータン、ネパールと国境を接する。面積 122 万 8400 km² と中国第 2 位の広さで、チベット高原は海抜 4000 メートルを超える標高。チベットの伝統的な支配地域は青海省全域や四川省一部地域も含まれるが、現自治区のおよそその半分程度の地域。2016 年度の人口 300 万人。GDP は 1150 億元（約 1 兆 8400 億円）である。同自治区出身のバンドは 1 組。ユネスコ世界遺産となるポタラ宮殿がある首府ラサを拠点とする。1995 年に黒豹がラサで初のロックコンサートの開催時、水と共に酸素ボンベも用意し演奏しているように、標高 3600 m の街ではあまり激しい音楽が不可能な土地柄であるようだ。紹介バンドがハード・ロックと言えるがどうかなのだが、同自治区初のバンドである。

重慶拠点に名だたる外国人を招聘した本格欧風パワー・メタル

Barque of Dante

簡 但丁之舟
常 但丁之舟

Melodic Power Metal	2004 ～	重慶
2017 年 シングル『Double-edged Sword』、2019 年　シングル『Astral Projection』		

2004 年、重慶にて謝知恆（ヴォーカル & ベース &MIDI）、汪泓宇（ギター）を中心に結成。メンバー交替しつつ、2005 年には 6 曲入り 1st EP『Paean For Hero』を制作（ジャケット絵はフランス画家ウジェーヌ・ドラクロワの「ダンテの小舟」）。同年夏、謝が地元綿陽に戻り、バンドを立て直す。李洋（ギター）が加入し、12 月には CD 付き雑誌『我爱摇滚乐 47』に楽曲が収録される。

2006 年、重慶にて活動するバンドを集めたコンピレーション CD『地下重庆Ⅱ』『地下重庆Ⅲ』に楽曲を提供する。2008 年 6 月、1st EP『Paean For Hero』が 2 曲追加され、Hell Summons Productions から再販となった。2009 年 5 月リリースのオムニバス・アルバム『众神复活 6』に楽曲提供をし、同月 1st アルバム『Final Victory』を発表する。2011 年発表のシングル『生命旅程 / Way of Your Life』ならびに 2013 年 2nd アルバム『Lasting Forever』ではスイス人 Thomas Winkler がヴォーカルを務める。2014 年にはフェスティバルを含む全国 19 都市を廻るツアーを行う。2015 年リリースの EP『Twinfinity (双生无限)』ではスウェーデン人 Rob Lundgren がヴォーカルを務めている。

2016 年 7 月、上海 Flame Music と契約する。Rob とともにドラムに Hangar、Angra、ex-Primal Fear 等で演奏してきた Aquiles Priester をゲストに迎えて制作された 2017 年 6 月に 3rd アルバム『Alchemist』をリリース。現在のメンバーは謝知恆、アルゼンチン人ボーカリスト Roberto Castiglioni、英国人ドラム Dick Gilchrist、王文佳（ベース・元 Close to Abyss)、自磊（ギター・現 Close to Abyss）で、2018 年初春に全国 16 都市を回るツアーを敢行した。中国では珍しいシンフォニック・パワー・メタルだが、メンバーが固まるとワールドクラス入り可能な潜在性がある。

A Barque of Dante | **簡 但丁之舟** | **常 但丁之舟**

A Paean For Hero | 簡 | 常

Melodic Power Metal	重慶	
自主制作	EP	2004

まだまだこの頃はドイツや北欧のシンフォニック・パワー・メタルを模倣しているに過ぎず、アクセントとして四川省に伝わる伝統メロディを付け加えた程度。ギターもリズムワークもありふれたフレーズの繰り返し。弱々しく細く力んだハイトーン・ヴォーカルが力いっぱいに演じている。メタル後進国に数多いるC級同路線バンドのひとつにすぎなかった。彼らの出発点となる6曲収録1st EP。マニア心をくすぐるコレクターズ・アイテムと言える。2008年に2曲追加し、限定数量にて再販された。

A Barque of Dante | **簡 但丁之舟** | **常 但丁之舟**

A Final Victory | 簡 | 常

Melodic Power Metal	重慶	
Mort Productions	フルレンス	2009

外国にも名が知られるきっかけとなる1stアルバム。模倣から脱皮し、欧州産シンフォニック・パワー・メタルを踏襲しながら、演奏技術も向上し自らのオリジナリティを追求する。今作では女性ソプラノ・ヴォーカルが色を添え、華やかな雰囲気もある。全編英語詩により歌われているため「中国のバンド」と説明がなければ、ヴォーカルが少々力不足なイタリアかフィンランドのバンドではと思うのでは。DragonForceの「My Spirit Will Go On」のカヴァー曲を含む8曲収録。

A Barque of Dante | **簡 但丁之舟** | **常 但丁之舟**

A Way of Your Life | 簡 | 常

Melodic Power Metal	重慶	
Mort Productions	シングル	2011

本作からヴォーカルにスイス人Thomas Winklerを起用。非英語圏アジア人特有の不安定な英詩歌唱がなくなり、Michael KiskeやAndre Matosを想起させる声質になり、より安定した歌唱を聴く事ができる。シングルでありながら前作からの音楽性を踏まえ、楽曲構成に緩急に富む7分を超える大作なので大きな進歩が感じられる。ジャーマン・メタル一直線なタイトル曲とDragonForceに肉薄するカップリングインスト曲、そしてタイトル曲のヴォーカルレス曲を含め3曲収録。

A Barque of Dante | **簡 但丁之舟** | **常 但丁之舟**

A Lasting Forever | 簡 直至永恒 | 常 直至永恒

Melodic Power Metal	重慶	
Mort Productions	フルレンス	2013

前作シングルより参加するThomas Winklerを引き続き起用して制作されたフルレンス。期待感を煽るオーケストラゼーションから始まり、ミディアムに駆け上がる楽曲へ続く。1stアルバムの頃よりさらにヴァラエティに富む楽曲を取り揃えている。今作では中国色をあえて排除しており、それが返って色眼鏡をかけて聴くこともなくワールドクラスのバンドの作品として接することが出来る。ゲスト参加するギリシア女性ヴォーカルVicky Psarakisのソプラノ・ヴォイスとコーラスが美しく、儚い色彩を添える。

A Barque of Dante **簡 但丁之舟** **常 但丁之舟**

A Twinfinity **簡 双生无限** **常 双生無限**

Melodic Power Metal	重慶	
Mort Productions	EP	2015

スウェーデン人 Rob Lundgren をヴォーカリストとして起用して制作された EP。前任ヴォーカルよりマイルドで中低音をメインとする歌唱法は楽曲により若い頃の Joe Lynn Turner、Russell Allen、Jorn Lande らを想起させる。歌唱力も演奏力も今まで以上に安定感が増した上に、ヴォーカルの声質とバンドとの相性が良い。カップリングにシングルタイトル曲のインスト版とオーケストラアレンジ曲、前作アルバム･タイトル曲のアコースティック･アレンジ版を加えた計４曲を収録。

A Barque of Dante **簡 但丁之舟** **常 但丁之舟**

A Alchemist **簡 炼金术师** **常 錬金術師**

Melodic Power Metal	重慶	
Mort Productions	フルレンス	2017

前作シングルに引き続き Rob Lundgren をヴォーカルに起用し、ドラムには Angra、Hangar、Primal Fear で活躍した Aquiles Priester を客演として迎え制作された４枚目のアルバム。３年を超える制作期間。中国、アメリカ、スイス、アルゼンチンと４カ国に渡って制作され、バンド史上最高速テクニカルでプログレッシブな展開もある楽曲を揃える。アルゼンチン有名歌手 Ines Vera を迎えた楽曲もあり、美メロ、疾走感たっぷりに壮大なアルバムとして仕上がる。

Barque of Dante インタビュー
回答者：謝知恒

Q：今までに外国のメディアからインタビューを受けたことはありますか？

A:ニューアルバム『Alchemist』リリース後、ヨーロッパのネットメディアからインタビューを受けましたが、日本からはこれが初めてです。

Q：ではバンドはいつ頃、どこで、どのように結成されて今までにどのような変遷があったのでしょうか？　またメンバーの紹介をお願いします。

A：私たちは最初、重慶で結成しました。バンド名 Barque of Dante の由来は 19 世紀のフランス画家ウジェーヌ・ドラクロワの作品名から採ったのです。私自身がこのようなファンタジーが好きで、当時は芸術史を勉強しており、ダンテ・アリギエーリの古典長編叙事詩『神曲』の第１部「地獄篇」のイタリア芸術にはまっていたところだったのが理由です。しかし当時はバンドのメンバーが２人しかおらず、重慶の大学に通っていた時だったのですが、その２人で最初の EP『Paean For Hero』をレコーディングしました。2014 年と 2016 年にツアーをしたのですが、私以外はそれぞれ色々な原因でバンドを離れてしまいました。しかし今では新メンバーも入って、なお且つインターナショナルなメンツになりました。2017 年のメンバー紹介すると、ボーカリストはアルゼンチン人の Roberto Castiglioni、ギタリストは私、謝知恒と自磊（雲南省出身）、ベーシストは王文佳（雲南省出身）、ドラムはスコットランド人 Dick Gilchrist になりました。

Q：影響を受けたバンドは誰？　Barque of Dante のバンドとしての音楽性はどういうものなのでしょうか？

A：クリエーターとしては音楽の知識や好みは常に変化しています。2009 年の『Final Victory』の時は Nightwish の影響が強く、2013 年の『Last Forever』の時は、Heavenly に強い影響を受けていました。2017 年リリースした『Alchemist』は Angra にもっとも影響を受けています。私たちはシンフォニックなプログレッシブ・メタルが好きだし、もちろん Yngwie Malmsteen のネオクラシカルメタルも大好きです。ダイナミズムのあるテクニカルな音楽を目指しています。

Q：あなたがメタルに目覚めるきっかけは何だったのでしょうか？

A：高校生の時に偶然 Nightwish のアルバム『Oceanborn』を聴いたのですが、その壮大

なシンフォニック・メタルに本当に心打たれました。その時からシンフォニック・メタルをたくさん聴くようになり、作曲も勉強しはじめたのです。それまでは Metallica とか Guns N' Roses 等を気ままに聴いていただけで、なんの触発もありませんでした。ただギターには本当に虜になりましたけどね。

Q：それでは最初に買ったアルバムは何だったのでしょうか？

A：ロック以外を言っていいなら、小さい頃は台湾や香港の人気の歌手のカセットテープをたくさん買っていました。ロックアルバムなら Pearl Jam です。海賊版でしたが。実際、当時はどんなジャンルなのかも分かっていませんでした。流行っていたのがちょっとうるさいタイプの音楽だっただけで、キャッチーなメロディラインもなく、何度聴いても覚えにくかったですが、変な魔力に引き付けられたのでしょうか。ロックが好きな人みんなにある体験ではないでしょうか。

Q：人生を変えた大好きなアルバム 5 枚を紹介してください。

A：

- **Nightwish『Oceanborn』『Once』**
- **Heavenly『Virus』**
- **Angra『Temple of Shadows』**
- **Wintersun『Time I』**
- **Pink Floyd『The Division Bell』**

Q：他のメンバーはどんなバンドが好きで、どんな音楽を聴いているのでしょう？

A：ドラムの Dick と私は一緒で Angra が好き、ヴォーカルの Roberto Castiglioni は Kamelot で、ギターの自磊とベースの王文佳は Yngwie Malmsteen と Dream Theater ですね。全員がパワー・メタル、ネオクラシカルメタル、プログレッシブ・メタル等が好み、同じ好みだから一緒にバンドやってるわけですし。

Q：中国ロックの第一世代の人たちに比べると、いろいろな音楽情報が簡単に得られる時代になりましたが、ヘヴィ・メタルに関してはどうでしょうか？

A：今は確かにインターネットがあれば、世界中の音楽が聴けるし、メタルもいっしょです。クリックさえすれば、聴きたいバンドは何でも探せる時代なりましたからね。ただ（メタルに関しては他に比べて）小さなコミュニティかもしれません。

Q：一般の人にとってメタルのイメージはどうでしょうか？

A：びっくりするくらいこれは全然ダメですね。メタルヘッドとメタルを聴かない人は全然違う世界に住んでいるようなもの。私が一番びっくりしたのが、テレビ番組の中でメタルを面白おかしく乱用していたことです。エレキギター＝メタルというイメージで、今もずっと多くの人がメタルは麻薬や乱交、変態なんかを思い浮かべるのです。メタルという音楽を、主流のメディアが早急に正しく伝えることが必要です。そうでなければ、この状況はどうしようも出来ません。

Q：今あなたが住んでいる綿陽市（四川省第二の都市で成都の北約 100km にある人口約 500 万の都市）や四川省全域のメタルシーンはどんな感じなのでしょうか？　メタルファンは多いですか？　時代の流れからレコード店はだんだん減り、音楽活動の中心がライブになってきていますが、綿陽市や四川省全域にはライブハウスは多いのでしょうか？

A：今住んでいる綿陽はゆっくりとした小さな町なので、私の知る限り他にメタル・バンドはいません。ライブハウスは以前ありましたが、今はなくなってしまっています。しかし近くの成都は、四川省の省都なので、ライブハウスも結構多いです。だいたい 4、5 軒のライブハウスがあると思います。色々なジャンルのバンドもいますしね。

Q：東京とか大阪にはたくさんのロックバーがありますが、あなたの周りにはそんなところはありますか？

A：ありますが、ほとんど行ったことないです。ただ上海のメタルライブバー Inferno でライブをやったことはあります。ここはメタルメインのバーで良いところなのです。欧米からのメタル・バンドもたくさんライブしているし、ライブ後の打ち上げパーティーも出来ますからね。

Q：2017 年リリースのアルバムは Alchemist と名付けられていますが、どういった意味合いを持たせているのでしょうか？

A：アルバムの歌詞は全部前ボーカリストの Rob Lundgren が書いていて、彼の読んだ文学作品と彼自身の人生経験から、Alchemist という言葉を選んだのです。

Q：過去の作品と比べ、ニューアルバムはどのように変化していますか？

A：過去の全アルバムと比較したら『Alchemist』はより複雑になっていて、色々な音楽ジャンルを統合して、プログレッシブに感じるリズムにアレンジしました。音楽の可聴性を広げることが出来たらと思っています。ほかにもこのアルバムで使われている楽器の演奏も以前に比べたら難しくなっており、私たちにとって大きなチャレンジでもあったのです。

Q：2011 年リリースのシングル以来、欧米のヴォーカリストを採用していますが、その理由は何でしょう？　ニューアルバムでもスウェーデン出身の Rob Lundgren にヴォーカルを担当してもらっています。彼の歌唱力や声色がバンドサウンドにどんな影響をもたらしたのでしょうか？

A：欧米の音楽の影響が大きいこともあり、初期のアルバムから英語詩で歌うことにしていまし

た。その時は私が歌っていたのですが、言語上の制限もあり、自身の歌唱力の至らなさもあってヴォーカルを続けることをあきらめたのです。でも中国でパワー・メタルを歌える人間はほとんどいないし、英語で作詞出来る人間なんて更にいません。中国でふさわしいヴォーカリストを見つけることが出来ませんでした。10年位前にDragonForceがYouTube上で新ヴォーカリストを募集していたのに注目して、無名だけど優秀な歌手をたくさん見ることができました。そこで私は彼らの何人かに連絡を取っていっしょにやらないかどうかメッセージを送ってみたのです。それで最初に知り合ったのがThomas Winkler（2011年作シングル『生命旅程／Way of Your Life』および2013年作3rdアルバム『Lasting Forever』に参加）でした。しかしアルバム完成後に別のバンドにも加入したので袂を分かち合うことになりました。同じような方法でRob Lundgrenと知り合い、2015年作のEP『Twinfinity（双生无限）』と2017年にリリースした4枚目のアルバム『Alchemist』を制作し、2度中国ツアーを行いました。この2枚の作品を作ってから、Rob Lundgrenのヴォーカル・スタイルがハード・ロック・スタイル色が強くなって表現力が増したのですが、残念なことに『Alchemist』リリース後に事務的なことでバンドを離れることになりました。しかしRobとは今でも友人としてずっと連絡を取り合っていますよ。それから新ボーカリストとしてRoberto Castiglioniが参加することになりました。素晴らしい表現力の持ち主だから期待してください。

Q：ニューアルバムに参加したドラム奏者がAngraやAlmahといったバンドで活動していたAquiles Priesterになっていますが、どういった経緯で参加することになったのでしょうか？

A：これはずいぶんと奇妙な経緯です。自分のアイドルといっしょに音楽を作れるだなんて思ってもいませんでした。マネージメント会社にニューアルバムの制作費用などを申請する際、ドラム録音の一部分にも投資すべきだと考えていたのです。それまではそういうこともなかったし、今までのアルバムのドラムはMIDIで作っていたので機械的なドラム音に飽き飽きしていたところでもありました。しかし私たちのドラムは2016年の全国ツアー後、脱退していたのでレコーディングに参加できるドラムを短期間で探さなくてはいけませんでした。試しにAquiles Priesterに何曲か新曲のMIDIを付けてニューアルバム制作に参加して欲しいことをメッセージで送ってみたのです。当時、彼とは面識もありませんでしたが、10分もしないうちに返答がやってきました。彼が言うには「新曲のMIDIは素晴らしい、Angraの前にやっていた音楽を思い出させる。完成したら最高の作品になるだろうからレコーディングに参加したい」とのことでした。彼の賞賛をもらってから感動して何日も眠れませんでした。それからAquiles Priesterとは友人のように毎日メールし合って、あらゆることの詳細事項を確認しあってから彼が私にレコーディング参加に関する書類を送ってきました。すべてが上手いこと運びました。彼はほんとに素晴らしい人です。レコーディング・スタジオで彼のドラムトラックを聴いていると五体投地してでも崇拝したくなりましたよ。Aquilesは大変忙しいのですが、こっちに来ていっしょにライブをして欲しいと何度もお願いしているところです。お互いの予定からまだ実現出来ていないので、残念なことなのですが。しかし若くて全身全霊で私たちと活動を共にしてくれる新ドラムDick Gilchristを見つけることができました。彼はAquilesの大ファンで、YouTube上に彼が演奏するAngraの曲を見て、連絡してみたのです。彼はAquilesを完璧に再現する技術を持っており、なおかつ自分自身の独特な個性も持っているのです。彼も私たちと一緒に出来ることを喜んでいるみたいです。そう遠くはない未来のライブでAquilesのドラムが聴けるかもしれませんね。

Q：新しいギタリストの自磊は雲南省で活動していたClose to Abyssのギタリストですよね。彼らが解散したことで自磊がBarque of Danteに加入したのですか？

A：Close to Abyssは解散していないのですが、ただ活動が少ないだけです。

Q：歌詞ではどのようなことを扱っているのでしょうか？

A：今回のニューアルバムでは各曲の主題が独立しており、理想や信念、夢、伝説の物語、生命体験などについて歌詞にしています。

Q：いつもどこでライブをしているのでしょうか？

A：中国のたくさんの都市でライブをしました。だいたい20都市くらいは行きましたね。これからさらに多くの所にいけるはずです。

Q：現在の活動拠点綿陽は成都や重慶といった大都市の近くですが、重慶は坂と階段が多すぎて音楽活動に不向きかもしれません。成都は人口1千万人を超えるにぎやかな都市で、ロックやメタルも人気があり、ライブの機会も多いはず。しかしどうして綿陽を活動拠点としているのですか？

A：重慶はとても近代化した都市で、交通も便利、人口も多いです。地形が問題ではなく、ただただ夏の暑さが酷すぎます……重慶の文化や芸術様式に深みがあり、中国最高の美術学院のひとつがあります。芸術と音楽の発展にとっては相応しい場所ですよ。ライブハウスも

たくさんあるし（セクシーな女性もいっぱい）今のところ、バンドメンバーで綿陽に住んでいるのは私だけで、家庭があるから別の街に引っ越すのが難しいのです。2014年に一度綿陽でライブをしたことがあるのですが、そのライブハウスも閉鎖しています。ほかの街にライブしに行くしかないのです。

Q：現在の中国のメタルシーンではデスメタルやニュー・メタル、フォーク・メタルといったジャンルのバンドが多くて人気がありますが、あなたたちのような欧州風のメロディック・パワー・メタル・バンドは少ないですよね。

A：たぶんそれは言語上の問題と、歌う上での限界があるからだと思います。私たちのようなミュージシャンを世界中で探しても少ないでしょう。文化体系の差異から生まれてくるものではないでしょうか。私自身はそんなことないと考えているのですが。毎日世界のいろいろな文化を学ぶ機会があるし、今の情報化時代は世界中とコミュニケーションするのが簡単になっています。いわゆる文化的な違いが芸術的なスタイルの形成を妨げることはないと思っています。これから中国でもいろいろなスタイルのバンドが出てきて欲しいと思っています。

Q：中国でお薦めのバンドは誰でしょう？

A：現在、中国では素晴らしいメタル・バンドがたくさん活動しています。例えば、Nine Treasures、The Samans、Suffocated、Die from Sorrow、Black Kirin、Dream Spirit、Nower、Silent Elegyといったバンド達です。それぞれ独自のスタイルを作り上げているし、たくさんのファンがいるのも確かだし、中にはインターナショナルな音楽フェスに参加した者までいます。彼らは今の中国のメタルミュージックにおいて中堅的存在になっています。ここ最近は若い世代による新しいスタイルのメタル・バンドもたくさん出てきているし、いかしたバンドもいます。私にはまったく理解できないスタイルですけどね。そんな感じなので一押しのバンドを絞るのは難しいですね。

Q：ロックミュージシャンはバンド活動だけでは生活費を稼ぐことが難しいかと思うのですが、音楽活動以外にどんな仕事しているのでしょうか？

A：ビジネス的に成功しているバンドは音楽活動だけでやっていけますが、それ以外の多くのバンドは音楽活動と平行して他の仕事で生活費を補わなければなりません。私は大学で西洋美術史を教えていたり、ギタリストの自磊は雲南省の音楽学校でギター教師をやっています。ベーシストの王文佳はプロのミュージシャンでミキシング・エンジニアでもあります。ドラムのDickは大学を卒業してまもないところで今の仕事状況は把握していません。ボーカリストのRoberto Castiglioniはアルゼンチンでプロのミュージシャンとして活動しています。

Q：次は日本のことについて聞きます。日本にどんな印象がありますか？

A：まだ行ったことがありませんが、そうですね、もっと対話がしたいと思っています。日本は東洋の色彩豊かな国で、中国と同じで悠久の文化と歴史があります。建築物や都市計画のセンスが良く、大変良いデザインと民族的な特色があります。科学技術に関しては大変素晴らしいです。この点は歴史と近代化がうまく兼ね備えています。私たちの80后世代（1980年代生まれ）は皆日本の漫画をたくさん読んでいるし、その作品全部が最高でした。今はまったく漫画を読んでいませんが、子供の頃は、『ドラゴンボール』に『聖闘士星矢』『ドラえもん』『スラムダンク』なんかを読んでいたし、いろいろなゲームソフトも子どもの頃ずっと一緒に過ごしていたものでした。私自身はプレイステーションのファンだったので、特にナムコの『鉄拳』でずっと遊んでいました。日本と韓国にはたくさんトップクラスのプレイヤーがいたのです。ヘヴィ・メタル関連では、日本は世界の中でも大きなマーケットがあり、熱心なファンも多いです。言ってみれば日本で成功すれば、全世界で成功したようなものです。私が一番好きなギタリストの一人のMarty Friedmanも今は日本に住んでいますよね。そうそう最近Facebookでフレンドになったんですよ！　私が今生活しているのは四川省で、2008年にたくさんの人が亡くなった四川大地震が起きたときには、日本は率先して経験豊かな救援隊を派遣してくれました。四川人として大変感激しましたよ。

Q：日中両国は二千年を超える友好関係があるのに、不幸な一時期があったり、今でもたくさんの問題を抱えています。将来両国はさらに良好な関係を築けると思いますか？

A：その不幸な歴史については、私たちの国のもっとも苦しい記憶です。ここで政治の話はしたくありませんが、中日両国が正しく理解する必要があるだろうし、あの時代の歴史を認める必要があります。これについては両国政府の外交と民間の友好的な交流を前提としている思います。でなければ私たちとまた対立してしまい戦争になってしまいます。それは避けたいものです。最近『二十二』という映画を観たばかりなのですが、この映画は第二次大戦時の日本軍によって従軍慰安婦にされてしまった不幸な女性の今現在の生活を記録したもので、彼女たちは高齢になり、「22」というのは生存している人数のことを表しています。この数字は年々減り続けています。彼女たちが生涯どのように過ごし、ひどい経験をしてきたか想像に難くありません。しかし映画の最後の字幕に

1 人の老婦人の言葉があり、こう書いてありました。「復讐なんて考えていない、でも中日がずっと友好であってほしい。戦争が続く限り、多くの人々が死ぬだろうから」と。私も彼女の願いと同じです。

Q：日本のメタルはどうでしょうか？

A：私と自磊は Galneryus が大好きです。自磊は飛行機で 2000km 以上離れた上海まで彼らのライブを見に行ったことがありますよ。彼らは美しいメロディに、奇妙なアレンジがあり、メンバー全員完璧な演奏技術です。特に Syu のギターテクニックは大絶賛ものです。バンドのライブステージングも世界トップレベルですしね。

Q：メタル以外で好きな音楽はありますか？

A：個人的にはジャズとかフュージョン、ラテン音楽とかが好きで、日本はこのジャンルの音楽でも世界トップクラスだというのも知っています。あと好きな音楽は映画音楽です。私自身は音楽を用いて絵画を解釈するのが、作曲を学ぶ者の必修科目と考えています。自磊はクラシックの大ファンで、毎日バッハ、パガニーニ、ヴィヴァルディなどバロック音楽を聴いています。クラシックのフレーズをたくさんギターでも弾いています。バンドの皆もいろいろな音楽が好きだと思いますよ。

Q：自分に対して質問するとしたら何でしょう？

A：自分で自分をインタビューするなら自分自身の芸術と映画に関連するいくつかの疑問を尋ねるでしょう。というのも私の音楽創作において大きな影響を与えているからです。

Q：インタビューを受けて頂きありがとうございます。最後に、日本の読者へひと言。

A：日本の皆さまありがとうございます。ここであなたたちと交流を持てたことは大変うれしいです。私たちが日本でライブする機会があれば、是非よろしくお願いします！

アメリカ、カナダ人が成都で編み出したヘヴィー・サイケ

Proximity Butterfly

簡 変色蝴蝶
常 変色蝴蝶

Progressive Psychedelic Metal	2003 ～	四川省成都

2017 年シングル『Soon I Will Miss You』、2017 年シングル『爱的映象』

The Studio Cleveland にて働いた経験があり、アーティスト／哲学教師／詩人／俳優として活動していたアメリカ人 Joshua C. Love（ヴォーカル＆ギター）が成都に移り住み、四川大学にて英語教師として働いていたが、2003 年 8 月頃に地元のメタル・バンド烈痕の牛沁洋（ギター）と陳督曦（ドラム）と出会うことで結成することになったプログレッシブ・サイケ・バンド。ベースにカナダ人女性の Heather Judson が加入。バイオグラフィの説明によると、アートと生命が出会うところにシンフォニーが生まれる。そして、最高の美しさとパワーが人間が持つ魂の豊かな想像力、その中に存在するコンセプトを掲げる。Led Zeppelin のレトロ感、Pink Floyd のサイケ感、The Mars Volta のインプロ感、Rage Against The Machine のアグレッシブな演奏、Jane's Addiction の的オルタナティヴ感を混ぜ合わせている。

2005 年には 4 曲収録の初デモ作『変色蝴蝶 /Proximity Butterfly』をライブ会場にて配布する。現在までのリリース作品は 2006 年 4 月発売 1st アルバム『Arcana』、2008 年 5 月発売 2nd アルバム『Antikythera Mechanism』、2011 年 5 月発売 3rd アルバム『死缓 (Reprieve: The Auspicious Occurrences of Dr. Chen's Past Lives)』、2015 年 1 月発売 4th アルバム『美杜莎 (Medusae)』となる。2017 年には『Soon I Will Miss You』『爱的映象（Visions)』『Be Still』とシングル 3 作を発表する。2 枚組 EP『Mirage / Strange』の制作をしていたが、Joshua C. Love のソロアルバムとしてリリースとなった。メンバーチェンジや編成変更が何度かありながら、成都を中心に近郊都市でもライブを行い、時折、北京や上海、広州などへ遠征ライブをする。最新のメンバーは、Joshua、Elyar Khosravi（ドラム)、Chen Zi Xuan（ベース）の 3 人となっている。

A Proximity Butterfly | **簡 变色蝴蝶** | **常 変色蝴蝶**

A Arcana | 簡 | 常

Progressive Psychedelic Metal | 四川省成都

小酒馆 | フルレンス | 2006

繰り出されるリフ、リズム、メロディー、音の質感すべてが得も言われぬソワソワ感にあふれる。曲構成がバイオグラフィ通りはっきりとわかりすぎるくらい、元ネタを直球で投げかけてくる。しかしながら、一概にパクリとは言えない。量子まで分解され、Joshua を通って再構築された音世界は、エネルギッシュなヘヴィ・サイケもしくはヘヴィなグランジ・プログレとして姿を現している。ただ、はたしてどれくらいの中国人がこの種の音楽と時間感覚が麻痺する世界観を理解できるのかが、まったく分からない。

A Proximity Butterfly | **簡 变色蝴蝶** | **常 変色蝴蝶**

A Antikythera Mechanism | 簡 | 常

Progressive Psychedelic Metal | 四川省成都

LUDI | フルレンス | 2008

古代ギリシアのアンティキティラ島の機械をタイトルにした 2nd アルバムも前作同様、バンドバイオにある説明通りの音楽性なのだが、Joshua により再定義される音楽のパーツとは別なルーツも見え隠れする。すべてを一度溶かしてから、混ぜ合わせ、余計な出っ張りは削り取ったまるで彫刻のようなサウンド。削ることの出来なかった部分には Prince と David Bowie を強く感じるのだが、どうであろうか？ ともかく 12 曲 77 分に及ぶ大作である。

A Proximity Butterfly | **簡 变色蝴蝶** | **常 変色蝴蝶**

A Reprieve: The Auspicious Occurrences of Dr. Chen's Past Lives | **簡 死缓** | **常 死緩**

Progressive Psychedelic Metal | 四川省成都

兵马司 /BMG | フルレンス | 2011

新たに Robert（ギター）が加入しての 3rd アルバム。バンド内の人物が変わろうが、あらゆる音楽を Joshua という触媒で化学変化させたサウンド。21 世紀の中国から発信されたのに驚くとともに、中国在住アメリカ人だからこそ可能であったのではと考えさせられる。本作では前作を踏襲しながら、音楽領域を何倍にも広げ、底が見えないほど深みも増す。さらに中華的旋律も取り入れる事で、ゆったりと時の流れる深淵耽美で不思議な世界観を導き出す。また、アメリカ人ながら、中国語詩に挑戦した曲もある。

A Proximity Butterfly | **簡 变色蝴蝶** | **常 変色蝴蝶**

A Medusae | **簡 美杜莎** | **常 美杜莎**

Progressive Psychedelic Metal | 四川省成都

兵马司 | フルレンス | 2015

ギリシア神話に登場する見た者を石に変えたり、不老不死や子孫繁栄の女神と真逆の言い伝えを持つメドゥーサをタイトルにした、4th アルバム。言葉で表現できないほど思考に錯乱をもたらす音楽である。バンド自身による解説では、退廃的なエネルギーを溜め込んだ世界は無意識下で混乱を巻き起こすが、終局的には心落ち着く平和な気持ちになれるとある。形而上学的な表現だが、これ以外の言葉はない。歌詞面においても Joshua が自身の母親のことを中心に、女性の優しさと厳しさの二面性を哲学的歌詞にて表現。

雲南省の少数民族がメロディーを奏でるゴシック・メタル

Close to Abyss

簡 临渊
常 臨淵

Melodic Gothic Metal	2000～? (as 38°)、2012～	雲南省楚雄イ族自治州
2014 年 EP『逝去的梦境』		

雲南省楚雄イ族自治州出身。2000 年、自磊（リードギター）、葉芸臨（女性ヴォーカル＆キーボード）、鄒振（リズムギター）を中心に、38° として結成されたクラシックに影響を受けたゴシック・メタル・バンド。学業や仕事などで多忙で、メンバー交代の多さでバンド活動が行えなかったが、2008 年には CD 付き音楽雑誌『我爱摇滚乐』88 号に「Moon Cat」を提供。2010 年 10 月に 1st アルバム『Moon Cat』を発表する。2012 年に Close to Abyss に改名する。2013 年、鄒振の不慮の事故により他界、その影響もあり、活動停止するも地道に作曲活動を続け、2014 年 9 月に 2nd アルバム『The Path』、11 月に 2 曲シングル『逝去的梦境』をリリース。2018 年、ニューアルバムに先駆け、先行シングル『Fortune(demo)』が公表された。現在のメンバーは、自磊、葉芸臨、李文治、楊光の 4 人。昆明を拠点にライブ活動を行っている。自磊と元メンバーの王文佳は Barque of Dante にても活動する。

A Close to Abyss 簡 临渊 常 臨淵
A Moon Cat 簡 常

Melodic Gothic Metal	雲南省楚雄	
自主制作	フルレンス	2010

本作発表時は、38° 名義である。オランダ・北欧あたりのゴシック・メタルに近いサウンドだが、クラシック由来のシンフォニックさではなく、中華歌謡曲由来の歌メロを中心にしたキャッチーな曲調。ところどころ日本人好みの様式美ヘヴィ・メタルの展開もあり、統一感のない展開もあったり、不思議な雰囲気がある。メインのヴォーカルは男性が取っているが、数曲女性ヴォーカルメインとなり、キャッチーなポップ・ロック風 Blackmore's Night のような楽曲。

A Close to Abyss
A The Path

簡 临渊
簡

常 臨淵
常

Melodic Gothic Metal	雲南省楚雄
自主制作	フルレンス / 2014

メンバーの他界、メンバーチェンジを経て葉芸臨がリードヴォーカルを務める。環境の変化によりバンド名を変更し、さらに音楽性も変化をもたらしている。イングランド出身の Annie Haslam が在籍した頃のプログレッシブ・ロック・バンド Renaissance のようなドラマ性や叙情性、そして哀愁が美しく儚い葉芸臨の澄んだ歌声が耳に優しく届く。9 曲収録される中、異彩を放つのが 4 曲目「Fight For Life」、人気を博すジャパニーズ・ガールズメタルのような楽曲である。

A Close to Abyss
A Pilgrim to Nowhere

簡 临渊
簡 无处可去的朝圣者

常 臨淵
常 無処可去的朝聖者

Melodic Gothic Metal	雲南省楚雄
Metal Havok	フルレンス / 2019

自磊（ギター）と王文佳（ベース）が Barque of Dante の 3rd アルバム『Alchemist』に参加、ツアーには葉芸臨がゲストヴォーカルとして帯同するなどの課外活動を経て、大幅なメンバー交代。5 年ぶりの 2 枚組 16 曲収録となる大作。アーティスト・ヴィジュアルも一皮むけ、欧州基準の女性ソプラノ・ヴォイスをメインにするゴシック・メタルを主軸にプログレッシブ・ロックとクラシックを融合させる新たな試みへと変化する。叶子の妖精のような優しくしなやかなソプラノ・ヴォイスも楽曲の美しさを強調させる。

南国昆明でオーケストラ取り入れた北欧風ブラックメタル

Purgatory

簡 炼狱

常 煉獄

Black Metal

1999 ~

雲南省昆明

2001 年デモ『Purgatory』

雲南省昆明初のブラックメタル・バンド。1999 年初頭、詹鵬（ギター）を中心に結成される。練習場所や機材不足に悩まされることが多く、非常にゆっくりとした活動であるが、地道に音源制作を続ける。友人がメタル雑誌『重型音乐』にバンドを紹介する。2 曲入り EP を北京に送るとメタル・オムニバス CD『众神复活 1』に収録され、認知度が高まった。2002 年に 1st アルバム『垂死者之梦』をリリースする。収録 7 曲中にはデモに収録されていた 2 曲と、脳腫瘍により死去した Death のリーダー Chuck Schuldiner へのトリビュート曲も収録。地元でレコ発ライブを行うとメタルファンより高い評価を受けた。その後、新作制作に入るが様々な原因により完成まで時間がかかる。この停滞時期には同名メロデスバンドが北京に登場し、混同されることになった。停滞原因をすべてクリアできた 2007 年 2nd アルバム『邪悪的力量』を発売。メンバーの生活や本業が忙しいため、ライブ活動は行っていないが、楽曲制作は継続している様子。また、2010 年には初期デモのレコード版が発売された。

A Purgatory

A Dream of Moribund

簡 炼狱 / **簡** 垂死者之梦

常 煉獄 / **常** 垂死者之夢

Black Metal | 雲南省昆明

Mort Productions | フルレンス | 2002

メタル・オムニバス『众神复活 1』ではスラッシュ・ブラックメタルだったが、1st アルバムでは更に突き詰め、例えるのが難しい殺伐としたグロウルヴォイスが徹頭徹尾、こだまする。シンフォニック・ブラック様式を中心に、プリミティブやアトモスフェリック、フューネラルにも感じられる独自の世界観で崇高さと邪悪さを表現している。ブラックメタルが先鋭化、複雑化、拡散化してしまう中、もう一度原点回帰した。シンプルなスタイルながら、古き良きブラックメタルの闇のメロディと暗黒サウンドが新鮮に感じる。

A Purgatory

A Power of Evilly

簡 炼狱 / **簡** 邪恶的力量

常 煉獄 / **常** 邪悪的力量

Black Metal | 雲南省昆明

Mort Productions | フルレンス | 2007

日本のはるか南にある雲南省だが、高度が高いため夏は比較的涼しく、冬は若干温度が下がる。ある意味、北欧ブラックメタルに通じる冷たさを感じる。本作は 5 年ぶりとなる 2nd アルバム。プリミティブさは残しながら前作よりも激しさを増し、ツインギターのトレモロリフを乗せて激烈にブラスト疾走する。こだまするグロウル・ヴォイスは冷酷な暴虐さと悪逆無道さを感じさせる歌唱で、結果として聴きやすい。随所にオーケストラゼーションを取り入れたメロディックな質感も加わり、重厚な要素も増している。

A 37.5

A

簡 37.5

簡 37.5 乐队首张 EP

Industrial Metal

声玩文化

常 37.5

常 37.5 楽隊首張 EP

貴州省貴陽

フルレンス | 2006

北京にて Sick Pupa として活動していた朱華鈾（ヴォーカル）がいくつかのバンドを経て帰郷し、結成する。音楽性を踏襲しながら、エレクトロニカ・インダストリアル・メタルを標榜したバンドによる 1st アルバム。朱（ヴォーカル）、劉洪宇（ギター）、曽涛（ベース）、潘俊尉（DJ／サンプラー）の４人体制。シンセサイザー・サウンドが響くキャッチーなトランスコアだがポップというわけではなく、メタルらしいギターリフが満載。同時に癖になる特徴的なメロディラインがある。

A 37.5

A

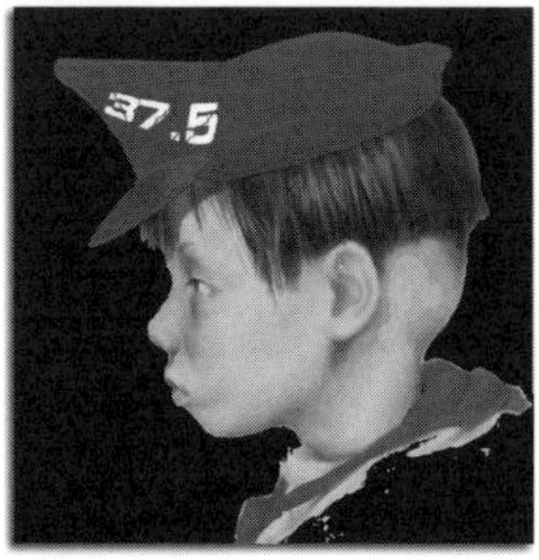

簡 37.5

簡 穿越

Industrial Metal

声玩文化

常 37.5

常 穿越

貴州省貴陽

フルレンス | 2009

前作以後メンバー交代の激しい状態であったが、本作制作時では朱（ヴォーカル）、曽（ベース）以外は一新し、ギター×２、ドラム、キーボード、DJ が加入し、７人編成となった。サウンド面で前作よりはるかに複雑にアレンジされ、王道ヘヴィ・メタル～スラッシュ・メタルな聴きやすいリフを中心とした構成になった。シンセサイザーによる無機質ピコピコ音と DJ スクラッチが強烈なアシストをする。デスヴォイスではない、熱量が高いガラガラ声が押し込んでくるメロディは中毒性が高い。

A Beeline

A You... ...

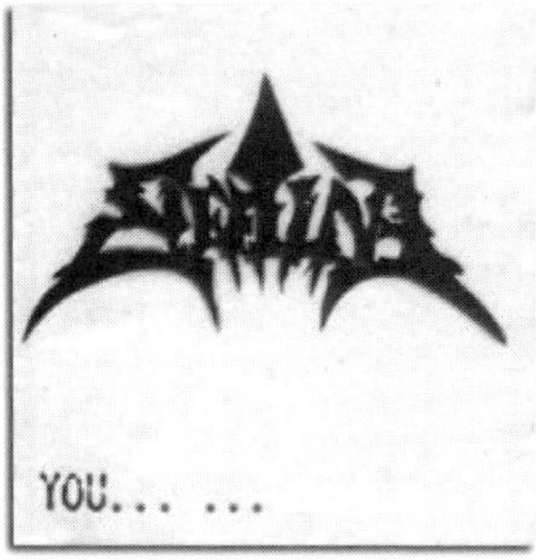

簡 直线

簡

Death/Thrash Metal

自主制作

常 直線

常

重慶

デモ | 2002

重慶にて 2000 年 10 月に李力（ヴォーカル＆ギター）、羅楽（ギター）、李果（ドラム）、潭翔（ベース）の４人で結成される。当初は 3LT と名乗っていたが、メンバー交代を機に一直線に目標に向かうということから「直线」に名を改める。シンプルだが重々しいリフと、職人気質なリズムワークをベースにグロウルに近い異質なデスヴォイスが放射されるデスラッシュ・メタル・バンドによる唯一の作品。メンバーの私生活の変化で重慶を離れたため、2002 年ごろ活動休止となり消息不明となる。

A Big Views

A Big Views

簡 大意见

簡 大意见

Nu Metal

自主制作

常 大意見

常 大意見

重慶

EP | 2014

５曲収録デビュー EP。ニュー・メタルと自称はしているが、ヴォーカルの歌唱法にその形跡がある程度。全体的には 90 年代世界中に数多く誕生した Pantera フォロワーといった趣きがあり、中華圏でいうなら重量化した Beyond といったサウンド。しっかりとした演奏力があり、バンドサウンドとして形になっているが、ヴォーカリストが主導権を握りすぎて歌モノに傾倒し過ぎている。また、メロディやグルーヴ感に一体感が欠けているミックス等の諸作業に問題があり、楽曲にしっくり感が欠けていて残念な部分が多い。

A Jenter

A

簡 茧 | **常** 繭

簡 破茧重生 | **常** 破繭重生

Metalcore | 重慶

自主制作 | EP | 2014

2013年10月に重慶において結成されたメタルコア・バンドによる5曲集録EP。インストのイントロ曲以外はアルバム表題4字それぞれを楽曲名にしている。4曲ともに躍動感のあるリズムとパワフルでメロディを歌い上げるヴォーカルを特徴とし、リフやソロにはプログレッシブ・メタルな要素やクラシック・メタル的要素も含み、古今折衷な巧みな楽曲構成。活き活きとした明るく鮮やかなコーラスもよい。2015年末に翌春予定にてのアルバム・リリース・アナウンスがあったが、以降続報がなく、動向がつかめない。

A Winter Dynasty

A Remembering the Gods of Nature

簡 | **常**

簡 | **常**

Ambient Black Metal | 重慶

Infected Blood Records | EP | 2018

重慶在住のLeoと自称するメキシコ人によるワンマン・アンビエント・ブラックメタル・プロジェクト。3曲収録デビューEP。中国の神話、歴史、自然をテーマにする。曲名にも東の神であり、春をつかさどる神「句芒」、中国での最低気温を記録した内モンゴル自治区「根河市（Genho）」、中国神話の天地開闢の創世神である「盤古（PunGu）」を用いる。激烈なブラストビートやハイピッチな金切声はなく、中低音域を中心にゆっくりとしたグロウルヴォイスで歌われる。東洋に神秘さを求める西洋人的なアプローチでブラックメタルの中にドゥーム的アレンジを導入し、フォーク系のバンドのような笛や民族楽器を使用し、中国的韻律や旋律を加える。

A Winter Dynasty

A

簡 | **常**

簡 冬颂 | **常** 冬頌

Ambient Black Metal | 重慶

Infected Blood Records | フルレンス | 2019

前作EP収録3曲を中心にインスト4曲と自然や歴史を歌詞のテーマとする楽曲6曲を収録。西洋視点の近代国家の枠を超えた、悠久の歴史とユニークな文化を持つ国を、外国人の眼を通して尊敬の念と憧れの気持ちをもって描き出される。心地よさあふれるアンビエント・ミュージックにグロウルヴォイスやブラストビートが割り込む構成。外国人とりわけ西洋人が中国に感じているだろう一神教の世界にはないフィーリングや、得体の知れない巨大に渦巻くエネルギーを婉曲なしにストレートに表現する。

A

A

簡 悲怆冥想 | **常** 悲愴冥想

簡 永恒 | **常** 永恒

Melodic Death Metal | 重慶

自主制作 | EP | 2019

重慶にて2005年、スラッシュ・メタル・バンドとして結成。メンバー交代、解散を経て、2008年再結成。試行錯誤しながらIn FlamesやChildren of Bodom型のスタイルに落ち着く。叙情的なツインリードのフレーズを織り込み、キーボードの速弾きを絡めながら、スピード感のあるクラシカルなメロディック・デスメタルを演奏する。デスヴォイスとクリーンボイスの使い分けを除くと、ハイトーンでの歌唱パートやコーラスの掛け合いがあり、英国を含む欧州型のトラディショナルなヘヴィ・メタルに近い。

A Asymmetry | **簡 异构** | **常 異構**

A Paying For Change | **簡** | **常**

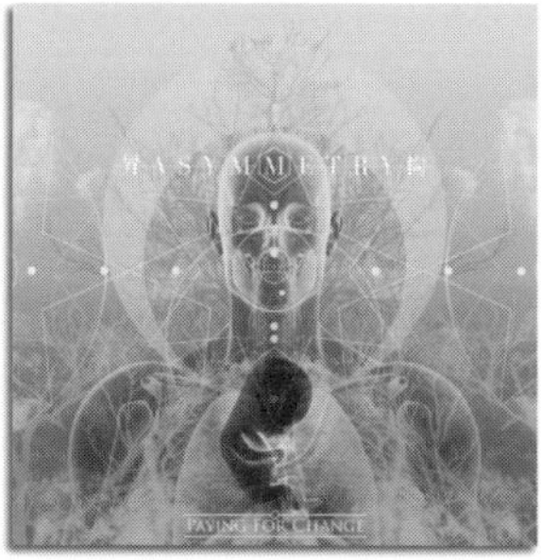

Metalcore	四川省成都	
Deep Mountain-Perforate the Horizon	EP	2018

Watts Productions の Clint Watts がミックスおよびマスタリングに関与し、一部楽曲でもヴォーカルとして客演。レコーディング自体は 2017 年に完了していたが、翌年にリリースとなった。Martin Luther King Jr. の名演説『I have a dream』をサンプリングし、緊張感を増した 1 曲目に始まる。メタルコア× Djent な方向性を持つ。煌びやかな旋律とザクザク、グイグイとタイトに跳ねるように押すリズムだ。そしてテクニカル・サウンドがミドルテンポからハイテンポまでメリハリ良く進み、キャッチーでメロディーを失わずに練り上げられている。さらにサウンドへ搾り出すシャウトが一体感を高めている。

A Blossom After Die | **簡 腐尸爱美丽** | **常 腐屍愛美麗**

A | **簡 江边的命运** | **常 江辺的命運**

Folk Metal	四川省成都	
Keysmet Productions	EP	2013

2008 年初頭に前身バンドが改名し、活動を開始する。専任アコーディオン奏者が在籍するツインギター体制の 6 人組。東欧の悲壮感漂うフォーク・メタルを下敷きにしながら、中国民族音楽と様々なメタルをミックスする。本作 1st EP は、フォーキッシュなリフを主体とするミドルテンポなロックソング風からデスヴォイスの入るエクストリーム・メタル風なものやアーシーなフォーク・メタル風なもの、皆が歌える歌謡曲風、そして古風な民謡風まで幅広い楽曲で、それぞれ違った雰囲気のある 6 曲を収録。

A Blossom After Die | **簡 腐尸爱美丽** | **常 腐屍愛美麗**

A | **簡 远方** | **常 遠方**

Folk Metal	四川省成都	
命运之匙	フルレンス	2016

悲しみにあふれたメロディを基に展開し、散漫気味だった前作 EP より焦点がはっきりとした 1st アルバム。東欧的サウンドでありながら、土着的な民族エッセンスを織りまぜたサウンドは、アジアの薫りがする。自然との融和を感じるアトモスフェリックな作風に叙情性も感じる。ヴォーカルはブラックメタル的な低音の吐き捨て型と民謡的な暖かみのある歌唱法を使い分け、楽曲ごとに様々な表情を見せる。2016 年にはバンド名を Twilight Blooming（暮色綻放）と変え、シングル 2 作品を発表。

A Caterpillar | **簡 履带车** | **常 履帯車**

A Berserker | **簡** | **常**

Thrash Metal	四川省成都	
自主制作	EP	2018

2014 年結成。成都を拠点とする 5 人編成スラッシュ・メタル・バンドによる 3 曲収録 1st EP 作品。Douban にアップされているデモ数曲を含め、本作収録曲から匂うのは NWOBHM 辺りから分岐し、スピード・メタル～パワー・メタルとも形容されていた頃のリバイバル・サウンド。前のめり気味なドラムとシンガロングが残る熱い咆哮、耳を捉えるシンプルなギターリフ、メロディアスさを残すギターソロといったオーソドックスなスタイル。アルバムになると個性が大きく現れてくると期待できる。

A Children Party
A Far Away

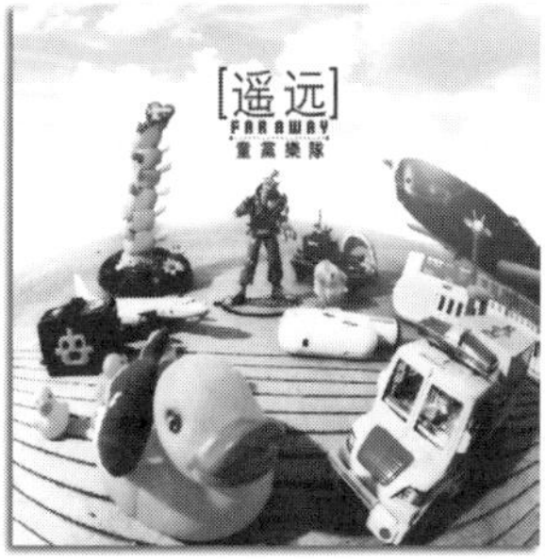

簡 童党 **常 童党**
簡 遥远 **常 遥遠**

Hard Rock'n Roll	四川省成都	
自主制作	フルレンス	2007

Hanoi Rocks や Ziggy のようにキャッチーなメロディにあふれ、時にパンキッシュに攻め、時にバラードで引き付けるハード・ロックンロール・バンドの結成から 5 年目のデビューアルバム。ロック＋ポップスの絶妙な融合から生まれるアップテンポなノリノリさ加減と、泣きのメロディーラインが、ロックファンだけでなく、ポップスファンの耳にも届く大衆性のあるサウンドを生み出し、最大の魅力となっている。ライブでは縦ノリ大合唱が起きるであろう心地よいスピード感と、覚えやすい歌メロが満載されている。

A Children Party
A 1024

簡 童党 **常 童党**
簡 1024 **常 1024**

Hard Rock'n Roll	四川省成都	
代亚文化	フルレンス	2018

ロックからポップ、バラードにパンク、エモそしてハードコア、ヒップ・ホップなど、様々な音楽を取り込んで骨太なギターにリズムの良い楽曲。メロディー、疾走感とハードでシンプル。みんなで歌える楽曲を取り揃えた 10 年ぶりのアルバムは、かつての糞ガキにすぎなかったロックンロールが、少年の心を持ち続ける大人のロックンロールとなった。フルパワーで前に攻めるのではなく、脱力グルーヴ感とでも言うべき。おっさんの心をたまらなく痺びれさせてくれる、良い意味で煮え切らないシンプルなリフも聴き所。

A Krith Nazgul
A Minas Morgul

簡 九戒灵 **常 九戒霊**
簡 米納斯魔窟 **常 米納斯魔窟**

Black Metal	四川省成都	
Cold Woods Productions	フルレンス	2018

トールキン著『Lord of the Rings』内に登場する言葉をバンド名にする成都出身ブラックメタル・バンド。Alcatraz（ヴォーカル＆ギター）によって 2015 年秋、活動開始。2017 年、Aphasiac、Faster Alcoholics 等で活動する Zquagmire（ドラム）が加入。本作は、2017 年にオムニバス『Black Battle Corps Ⅲ』へ参加後、初のアルバム。2018 年になり 5 人編成としてスタート。ブラックメタル第 2 世代サウンドを基層にし、源流を遡り、Hellhammer や Celtic Frost へ、さらにハードコア・パンクや NWOBHM をも取り入れたブラックメタル・スタイルが特徴。

A Krith Nazgul
A Raise Your Sword

簡 九戒灵 **常 九戒霊**
簡 **常**

Black Metal	四川省成都	
Cold Woods Productions	EP	2019

成都出身。Alcatraz（ボーカル＆ギター）を中心に Aphasia や Faster Alcoholics 等多数のバンドで活動する Zquagmire（ドラム）で結成されたブラックメタル・バンド。本作は、カセットテープのみの発売となる 10 曲収録 EP。A 面は既発音源の極悪カルト臭漂うアンダーグラウンドなザラザラとした音質となったロウ・マスタード・エディションやリハーサルバージョンを収録。B 面には、Dishammer、Bathory、Darkthrone、Hellhammer のカバー曲を収録。

A Pythonic Curse | **簡 蛇咒** | **常 蛇呪**

A | **簡 玉碎** | **常 玉砕**

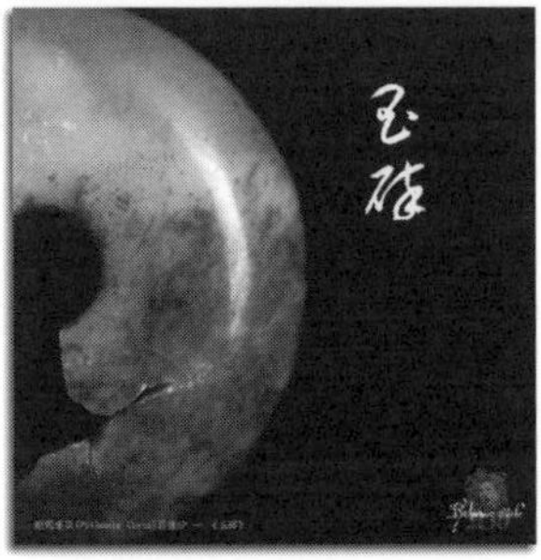

Brutal Death Metal	四川省成都	
自主制作	EP	2014

2013 年に成都で結成されたブルータル・デスメタル・バンドの 5 曲収録 1st EP。えげつないデスヴォイスを披露する女性ヴォーカルを筆頭に、ギター× 2、ドラム、女性キーボードの 6 人組。 ベートーヴェンのような苦悩に満ちたピアノインスト曲から始まり、頭や曲終わりにシンフォニックなアレンジや曲中にメロディックなギターソロが挿入されたりと、プログレのような面白い展開をする楽曲へ続く。全体的にはオーソドックスなブルータル・デスメタルが展開する。ラストはブルータル・デスバラードのようだ。

A WiderFahren | **簡 降临** | **常 降臨**

A An Expedition of Haze and Thorns | **簡 阴霾与荆棘的远征** | **常 陰霾与荊棘的遠征**

Symphonic Black Metal	四川省成都	
殇唱片	フルレンス	2011

エクストリーム・メタル好き 5 人が集って 2004 年に結成されたシンフォニック・ブラックメタル・バンドによる 1st アルバム。楽曲構成は発展途上で、入門教科書的なシンフォブラックだが、その中でも最も耳を引くのが女性キーボードによる演奏。ヴォーカルやギターが前に出てくるときは大きく目立たず、控えめな演奏をしているが、キーボードソロの時はむしろバンドの要となっている。荘厳なメロディの中にひとつひとつの音の使い方に様々な色を持たせ、喜怒哀楽を表現している。

A Blazing Angel | **簡 炽天使** | **常 熾天使**

A Rose Garden Lord | **簡 玫瑰园主** | **常 玫瑰園主**

Hard Rock'n Roll	雲南省昆明	
自主制作	フルレンス	2016

李鑫（ギター＆ヴォーカル）を中心に結成されたブルースフィーリングとポップフィーリングがバランスよく組み合わさったハード・ロック・バンド。耳に覚えのあるリフやソロをたくさん使って遊び心たっぷりに楽しみながら、エネルギッシュに演奏する。3 曲目の途中には日本でも 90 年代にヒットした 4 Non Blondes の「What's Up」が挿入されてくるのも面白い。一時期女性ヴォーカル艾琳が在籍したようだが、すでに脱退した模様。

A Catching String | **簡 扣弦** | **常 扣弦**

A | **簡 天生骄傲** | **常 天生驕傲**

Nu Metal	雲南省昆明	
糖潮文化	フルレンス	2010

2005 年 7 月に結成された女性ヴォーカル范紫潇を擁する 5 人組ニュー・メタル・バンドの 1st アルバム。中国のバンドにはあれこれ継ぎ接ぎしすぎてぐちゃぐちゃになるケースが多く、このバンドも例外ではない。歌唱はデスヴォイス、ラップ、アイドル風だったり、演奏はメタルコア、ニューウェーブ、パンクと 1 曲の中でもあちこちに展開し、ぐちゃぐちゃだ。でも不思議と一つにまとまっている。そして楽しさがあふれる特異なスタイル。よく似たところでは Screaming Lovehole を思い出した。

A Dark Cosmos
簡 黑宇
常 黒宇

A Metal Heart
簡 金属之心
常 金属之心

Thrash Metal	雲南省昆明	
Mort Productions	フルレンス	2009

2002 年末結成。4 人組メタルコア・バンドの 1st アルバム。スラッシュ・メタル、メロディック・パワー・メタルの要素を持ち合わせ、中低音を主体としたヴォーカルを中心に楽曲により歌唱法に変化をつけて、歌い上げる。昆明出身でありながら、北京のメタルファンにも人気を得て、中国の有名どころのメタル・バンドや Children of Bodom の北京公演の前座を務めることもあった。初版があっという間に売り切れ、中国メタル界には珍しく再販される。ここまで評価されたのにその後の活動状況がなく、行方不明となる。

A Dream Prison
簡 梦狱
常 夢獄

A Battle
簡 战
常 戦

Nu Metal	雲南省昆明	
自主制作	フルレンス	2016

2011 年結成。ニュー・メタル・バンドの 1st アルバム。ニュー・メタル第 2 世代らしくメタルコア、デスコア、グランジ、プログレッシブ、さらに 80 年代メタル様式なリフやソロなどあらゆるところから雑多なやり方で多くの要素を取り入れている。さらにヘヴィーなグルーヴ感とモダンなエッセンスを加えることで、時代性を超越したメロディやリズムセクションに溢れ、リバイバル感もあるミクスチャー・サウンド。ベトナムと国境を接する僻地出身ながら、本作リリース後全国 10 都市を回るツアーを成功させた。

A King of Lazy
簡 懒王
常 懶王

A King of Lazy
簡 懒王
常 懶王

Doom/Stoner Metal	雲南省昆明	
Dying Art Productions	フルレンス	2019

雲南省昆明拠点の狗頭（ギター）、卯州（ベース＆ボーカル）、Eilev（ドラム＆ボーカル）からなる 3 人組ドゥーム・ストーナー・メタル・バンド。自らは Vertigo Punk Band と名乗る。ずっしりとした重低音リフ、どろーんとしたスローなリズムというドゥーム・メタル的王道、シンプルな反復がダウナーなパートに、ずぶりと耳を突き刺すようなリフが突然と割り込む。脳みそをクラクラにさせるだけでなく、頭蓋骨からぐにゃぐにゃにしてしまうトリップ感覚が凄い。Acid King のカバー曲も収録。

A Parasitic Eve
簡 寄生前夜
常 寄生前夜

A Being Towards Death
簡 没有立场的生命毫无意义
常 没有立場的生命毫無意義

Melodic Death Metal	雲南省昆明	
自主制作	EP	2013

Children of Bodom の強い影響下にあるメロディック・デスメタルだが、度重なるメンバーチェンジにより音楽性も広がった 6 曲収録デビュー EP。繰り出されるキャッチーなメロディやツインリードによるソロの掛け合い、シンプルかつ勢いのあるリフがそのルーツとなる 80 年代メタル全般からの影響も色濃く表している。シネマティックなイントロを含み、コンパクトであるものの緩急に富む。2015 年には地元にて Defiled のオープニングアクトを務めた。

A Parasitic Eve

A

簡 寄生前夜 / **常 寄生前夜**

簡 向死而生 / 常 向死而生

Melodic Death Metal	雲南省昆明	
Mort Production	フルレンス	2018

Children of Bodom 影響下のツインギター・ハーモニーを楽曲の中心にしていることは変わりないが、前作 3 曲目の路線を推し進めてより欧州産正統派ヘヴィ・メタル〜スラッシュ・メタルの影響も濃厚に出たサウンド。速さに重きを置くスタイルはもちろんあるが、ヴォーカルはデスヴォイスであることはそのままで、速さのみに頼らず重く硬質なリフとツインギターによる絡み合う叙情的メロデスバンドを全面的に打ち出している。クオリティが高い疾走チューンからミドルテンポの曲まで揃っている。

A Virus of Predacity

A Rapes Joy

簡 肉噬性病毒 / **常 肉噬性病毒**

簡 / 常

Brutal Death Metal/Grindcore	雲南省昆明	
自主制作	EP	2006

2005 年 10 月 結 成。Cock and Ball Torture や Torsofuck、Disgorge、Cannibal Corpse などの影響を受けた 3 人組グラインドコア・バンド。2006 年リリース、合計 10 分強の 12 曲収録 1st アルバム。サンプリング音源として悲鳴や笑い声をふんだんに使いつつ、全部ゲボゲボドスドスグラインドコア一直線。2009 年に Nervous of Disgorge とバンド名を変更し、大きく路線変更はしていないがブルータル・デスメタルに近くなったようだ。Douban 上には音源をアップしている。アルバムタイトル通りジャケットデザインに笑ってしまう。

A

A

簡 暴露 / **常 暴露**

簡 大黑天 / 常 大黒天

Heavy Metal	雲南省大理	
自主制作	シングル	2016

大理石の産地であり住民がほとんど白族（ペー族）で構成される大理を拠点とするオーソドックスなヘヴィ・メタル・バンド。結成後 2 年ほどで一度解散するが、12 年の時を経て再結成されてデビューシングルをリリース。ギターサウンドに少しばかり古臭さを感じるが、むしろかえってそれが良い方向へ向かう。ヴォーカルがハードコアのように吐きすてる歌唱をしたかと思えば普通に歌い上げ、また突然読経が始まったりする。とにかく自由すぎる発想の魔訶不思議なサウンド。このまま仏教メタルを開拓し続けて欲しい。

A

A

簡 李鑫 / **常 李鑫**

簡 云 / 常 雲

Hard Rock	雲南省昆明	
自主制作	フルレンス	2012

Blazing Angel のリーダーでありギター＆ヴォーカルを務める李鑫がバンド結成前にリリースしたソロアルバム。16 歳よりギターを独学で始め、Steve Vai 、Joe Satriani 、John Petrucci、Stevie Ray Vaughan 等のテクニカル・ギタリストを好む。本作ではトリッキーな演奏を追い求めず、テクニカルだがさわやかな風を感じ、フュージョン味のあるギターインストゥルメンタル作品となる。Kiko Loureiro ソロ作品より「Reflective」のカバー曲も収録

A Vajara

A Vajara

簡 天杵

簡 天杵

Hard Rock

中国唱片成都公司

常 天杵

常 天杵

チベット族自治区ラサ

フルレンス | 2003

中国ロックの祖、崔健（ツイ・ジェン）（朝鮮族）に触発され、ラサにて 1999 年に結成されたメンバー全員チベット族による初のロック・バンド。ヴォーカル、リードギター、リズムギター、ベース、ドラムとチベット伝統楽器ダムニェン奏者の 6 人組。歌詞のすべてがチベット語。ラサで手に入れることが出来たパンク、ハード・ロック、ヘヴィ・メタル、ヒップ・ホップ、ロックンロールといった様々な音楽をルーツにしたサウンドではあるが、本作で聴けるのはチベットの民族楽器ダムニェンと西洋のロックを融合した比較的ソフトなロックである。

A Vajara

A Vajara II

簡 天杵

簡 天杵 II

Hard Rock

九州音像出版公司

常 天杵

常 天杵 II

チベット族自治区ラサ

フルレンス | 2007

チベット初のロック･バンドにして全国流通もした 2nd アルバム。ハード・ロック、メタル、オルタナティヴ、ラップなどの多彩なサウンドにチベット民謡やマントラを取り入れているが、まだまだソフトなロックである。女性ゲストヴォーカルによるチベット民謡と、ラップ歌唱による一風変わった曲があったりして、固定観念なしで聴かなければ意味不明となる恐れもある。中国語曲が 1 曲収録されている他、チベット語曲が 13 曲収められている。以後作品発表はないものの、テレビ出演などの活動をしている様子。

Vajara

中国 HR ／ HM バンド来日一覧

まだまだ中国の HR ／ HM バンドが来日コンサートすることは少ない。

バンド	日程・場所
唐朝	1994 年 10 月　福岡国際文化節
黑豹	1996 年 3 月　渋谷クラブクアトロ 1998 年 9 月 18 日　池袋 AMULUX　Asian Beats 夜総会 98
Ego Fall	**Secret Sphere & Ego Fall Japan Tour** 2015 年 1 月 10　大阪 Club Alive 2015 年 1 月 11 日　名古屋 Club Zion 2015 年 1 月 12 日　東京 Wild Side Tokyo **Equilibrium Japan Tour The Feast of Folk/Pagan Storm** 2015 年 4 月 22 日　大阪心斎橋 soma 2015 年 4 月 23 日　名古屋 3STAR 今池 2015 年 4 月 25・26 日　東京初台 The Doors
Explosicum	**True Thrash Fest 2015 Osaka** 2015 年 2 月 21 日　大阪 Esaka Muse Muse
Silent Elegy	**Screaming Spirit FEST2017** 2017 年 11 月 4 日　大阪心斎橋 soma
Dream Spirit	**Pagan Metal Horde Vol.2** 2018 年 1 月 5 日　東京新宿 Blaze 2018 年 1 月 6 日　大阪梅田 Banana Hall 2018 年 1 月 7 日　名古屋 Holiday Next
Hellfire	2018 年 4 月 28 日　大阪 Osaka 戦国大統領 2018 年 4 月 29 日　名古屋 NagoyaHuck Finn 2018 年 5 月 1 日　東京 Tokyo Dues
Screaming Savior	2018 年 8 月 3 日　東京 Wild Side 2018 年 8 月 4 日　名古屋 Club Zion 2018 年 8 月 5 日　大阪 hills パン工場
Zuriaake	2019 年 5 月 24 日　大阪 CONPASS 2019 年 5 月 25 日　渋谷 eggman
R.N.V	2019 年 5 月 24 日　大阪 CONPASS
Be Persecuted	2019 年 5 月 25 日　渋谷 eggman
Deathpact Holokastrial	**Unlimited Black Air 2019** 2019 年 11 月 8 日　東京 Wild Side 2019 年 11 月 9 日　名古屋 Daytrive 2019 年 11 月 10 日　大阪 Namba Bears

西北

中国の西北地域は内陸の陝西省、甘粛省、青海省、寧夏回族自治区、新疆ウイグル自治区の3省2自治区からなる。東部沿海地区の経済発展から取り残された内陸西部地区を経済成長軌道に乗せるために、西部大開発として江沢民政権時代の2000年の全国人民代表大会で正式決定されスタートした。

陝西省

陝西省は、中国のほぼ中央に位置し、黄土高原が広がる。秦の都の咸陽、前漢·唐の都長安が有った地であり、シルクロードの起点となり、古来より国際都市として繁栄した地域。面積が20万5800 km²。省都は西安。2016年度の人口は3732万人、GDPは1兆9165億元(約30兆6640億円)。一時期話題になった画数が最も多い漢字を使った幅広の麺料理BiangBiang麺の発祥地でもある。陝西省出身のバンドは12組。すべて西安を拠点としていた。

甘粛省

甘粛省は古来には中国の領域が尽きるとされた嘉峪関がある。面積が45万4000 km²、省都は蘭州。名所旧跡ではシルクロード沿いの文化遺産が豊富にあり、ユネスコ世界遺産となった仏教芸術の至宝・敦煌の莫高窟をはじめ、万里の長城の西端・嘉峪関、蘭州の五泉山、天水の麦積山、永靖の炳霊寺、楡中の興隆山などが有名。2016年度の人口が2557万人、GDPは7152億元(約11兆4432億)。グルメでは有名な蘭州ラーメンのような様々な麺料理がある。同省出身のバンドは蘭州を拠点とする8組。

青海省

青海省は、西部に位置する省のひとつ。省都は西寧。2016年度の人口は562万人で、およそ漢族半数、チベット族や回族などの少数民族が半数。GDPが2572億元(約4兆1152億円)。同省出身のバンドは西寧を拠点とする2組。チベット自治区同様、標高の高い地域のため、民族音楽的要素の高い緩やかなハード・ロック・バンドといったところだ。

寧夏回族自治区

寧夏回族自治区は、西北部に位置し黄河の上流域にある自治区。面積は6万6000 km²。首府は銀川。2016年度の人口は630万人。自治区名に付くイスラム教徒の回族は人口の20%程度で、テュルク系、ペルシャ系、アラブ系をルーツに持つとされるが、長年の混血のため外見上は漢族と変わらない。GDPは3150億元(約5兆400億円)。同自治区出身のバンドは銀川を拠点とする1組。

新疆ウイグル自治区

新疆ウイグル自治区は、中国の西端にある自治区。首府はウルムチ。2016年度の人口は2181万人。その6割がウイグル族を中心とした少数民族となる。GDPは9167億元(約14兆6672億円)。過去においての核実験による放射能汚染や少数民族、砂漠化など最も問題を抱える地域だ。同自治区出身のバンドは5組。3組がウルムチ、1組がコルラを拠点とし、ウルムチ出身であったが、アメリカに拠点を移したのもいる。

歴史の陰に埋もれることなく輝くフォークドゥーム・メタル

206 and Thinkers

簡 206 和思想者
常 206 和思想者

Doom/Black Metal	1999 ～ 2006	陕西省西安
2003 年デモ『死神与命运』		

1999 年冬、王欣（ヴォーカル＆ギター）、成城（ベース）、徐航（ドラム）らを中心にデスメタル・バンドとして結成。オリジナル楽曲制作に入る。2002 年に王钧（ギター）、田鹏（ギター）、岳祖鴻（キーボード）が加入すると、中国民謡に影響を受けたドゥーム・ブラックメタルへと移り、精力的に西安でライブ活動を始め、バンド体制を整える。2003 年 10 月には 4 曲収録初デモ作『死神与命运』を発表。オムニバス CD『西安独立音乐合辑 Vol.1』『死夜貳』『众神复活 3』や CD 付音楽雑誌『我爱摇滚乐 35』に楽曲を提供。一時期音楽活動を休止することもあったが楽曲制作を続け、18 ヶ月かけてレコーディングを継続した 1st アルバム『殇恨轮回』がようやく 2005 年 11 月にリリースすることになった。レコ発ライブを西安および周辺都市にて行うが、その長期の努力が実らず、翌年 6 月解散ライブを行い、バンドに幕を下ろした。なお、バンド名にある 206 は秦王朝第 3 代皇帝子嬰が劉邦に降伏、中国最初の統一王朝秦が滅亡し、前漢王朝が建国された紀元前 206 年のことを表している。

A 206 and Thinkers **簡 206 和思想者** **常 206 和思想者**

A Lost Eternal **簡 殇恨轮回** **常 殤恨輪回**

Doom/Black Metal	陕西省西安	
TimeString Records	フルレンス	2005

二部作で構成する作品となる本作は、活動休止前に制作した神話世界における死神と聖母の愛と悲しみの物語を四楽章で構成した「死神与命运」と、活動再開後に制作した後漢王朝瓦解後から魏晋南北朝時代の戦争をテーマにした物語を三楽章で構成した「北方的天空」を収録する。両楽曲はテーマは異なるが、物語の深層では人生における沈黙と揺れ動く心情を描いている。メタルとクラシックの融合を目指し、重々しい雰囲気が全編を貫いている。デスヴォイスと女性ソプラノ・ヴォイスが緩急を織り成す作風。

海外有名バンドともスプリットを果たす古都西安スラッシュ

Chaotic Aeon

簡 永无宁日

常 永無寧日

Death Metal

2006 ～ 2012

陕西省西安

2009 年デモ『Demo 2015』2015 年 V.A『Nunslaughter/Dinkumoil/Chaotic Aeon/Hellward/Punisher』

西安にて 2006 年年末、宋凱（ギター＆ヴォーカル）と王洋（ベース＆ギター）により結成されたデスメタル・バンド。練習とオリジナル曲作成に没頭し、2008 年 2 月より初デモ作品のレコーディングに入り、2009 年 3 月ニュージーランドのインディーズ･レーベル Taphephobia Productions からデモカセットテープをリリースする。同年 8 月、中国インディーズ･レーベル Pest Productions より 1st EP『Chaotic Aeon』を発表する。同じ頃、王洋が脱退する。また 11 月にはメタルファンジン誌『极端音乐』とドイツのネットメタルサイト Voices From The Dark Side のインタビューを受ける。新しく宋磊（ベース）と年豊（ドラム）が加入し、北京ライブを成功させた後、すぐにスタジオ練習を収めたコンピレーション CD をリリースする。2011 年年末、Explosicum とともにスプリット・レコード『Night of Darkness』を発売。2015 年にはアメリカの Nunslaughter と中国産バンド 4 組でスプリット・レコードを発売した。

A Chaotic Aeon | **簡** 永无宁日 | **常** 永無寧日

A Chaotic Aeon | **簡** 永无宁日 | **常** 永無寧日

Death Metal	陕西省西安	
Pest Productions	EP	2009

Slayer、Morbid Angel、Incantation などのスラッシュ・メタル／デスメタルが色濃く残る。暗く、ひん曲がり、そして圧抑されたブルータルさ、また、プログレッシブな要素も大きく、変則リズムを含んだテクニカルな轟音が展開する。メロディックなソロや印象的なフレーズが随所に散りばめられた緩急のつけ方や、アレンジのメリハリが際立つ。多層的な音楽性は一筋縄では行かない。密度の高い演奏が不気味な気持ち悪さを生み出す。ニュージーランド盤もあり、中国盤と収録曲が異なる。

A Chaotic Aeon | **簡** 永无宁日 | **常** 永無寧日

A Rehearsal | **簡** | **常**

Death Metal	陕西省西安	
Pest Productions	フルレンス	2010

前作 EP 収録曲 6 曲、新曲 3 曲、そして Morbid Angel と Unleashed のスタジオ・リハーサル・カバー曲を一つにまとめ、そのまま限定音源化した作品。若干音質が篭っているが、リハと言えども不備はまったく無く、正式アルバムとしてリリースされても謙遜はない高品質に仕上がっている。陰から陽に移った新曲はそれぞれ新たな側面を感じさせてくれる、空間的広がりのあるプログレッシブなデスメタル。2012 年、ドラムの脱退を機に、解散した模様。

石油そしてラーメンの街蘭州から古典的デスラッシュを轟かす

Pupil of Satan

簡 撒旦之瞳
常 撒旦之瞳

Thrash Metal

2007 ～

甘粛省蘭州

2010 年 シングル『恐怖宣言』、2013 年 シングル『烈焰燃烧』、2014 年 シングル『为正义而战』

甘粛省蘭州にて 2007 年中旬、趙陽（ヴォーカル＆ギター）を中心に結成され、メンバー変遷によりスラッシュ・メタルへと発展する。劉斌（リードギター）が加入した 2008 年初頭からバンドとして本格的に活動を始める。メロディーを排し、スピードとパワーを追求するとともにメンバー各自の趣向を反映させ、多様な音楽を内包する。2010 年 12 月にシングル『恐怖宣言』、2011 年 11 月にアルバム『圣徒之战』、2013 年 6 月にシングル『烈焰燃烧』、2014 年 8 月にシングル『为正义而战』と順調に作品を重ね、蘭州メタルシーンで中核的存在となる。ヴォーカルが景磊に交替する。ライブ活動を続けるが音楽的中心人物劉斌が 2016 年夏に一時期バンドを離れる。All For Kill と改名し活動するも、劉が復帰し Pupil of Satan に名を戻す。最新のメンバーは景磊、劉斌、蘇文涛（ギター）、柳星宇（ベース）、楊柳（ドラム）。2018 年 8 月 10 日に開催された地元葵 LiveHouse の 8 周年イベントライブに参加した。

A Pupil of Satan | 簡 撒旦之瞳 | 常 撒旦之瞳

A | 簡 圣徒之战 | 常 聖徒之戦

Thrash Metal	甘粛省蘭州		
Coldwoods	EP	2011	

2007 年結成。神妙なイントロから始まり、古典的とも言えるデスラッシュ・サウンド 4 曲が続く。デスヴォイスが若干弱く感じるものの、Metallica や Slayer の影響下にある矢継ぎ早に繰り出されるリフ、タメを効かせたリズムセクションが渾然一体となりながらもスピード感たっぷりな展開を繰り広げる。この後、2013 年に『烈焰燃烧』、2014 年に『为正义而战』のシングル 2 作を発表し、ヴォーカルの声質も強くなり、音楽性そのものもメロデスに変容するが、活動停止。

A Pupils of Satan | 簡 撒旦之瞳 | 常 撒旦之瞳

A | 簡 勇士的荣耀 | 常 勇士的栄耀

Thrash Metal	甘粛省蘭州		
自主制作	EP	2019	

前作リリース後、バンド名を All For Kill に変更していたが、2017 年、ヴォーカルとツインギターが交代し、元の Pupils of Satan 名義に戻す。前作アルバムに増して、スラッシュの攻撃性とデスのヴァイヴが融合したアグレッシブなリフ、メロディアスなツインリードが印象的に残り、リズム隊の安定した演奏力も楽曲の力強さを強固にする。古典的なリフやハーモニーを時折り挟み込むのも良い。Djent ／プログレッシブ・メタルの萌芽もあり、一筋縄ではいかない音楽性は次作品で大きく化ける可能性がある。

A Behave
A

簡 行为
簡 自由

常 行為
常 自由

Hard Rock	陝西省西安
自主制作	フルレンス / 1999

女性ヴォーカル擁するハード·ロック·バンドの 1st アルバム。北京ハード・ロック勢より少しばかり遅れて形成された西安ロックシーン。北京ロックの影響が強くあり、サウンド総てにおいて黑豹や唐朝、呼吸、指南针を想起させ、ヴォーカルの歌い方や声質が羅琦、蔚華、李慧珍をミックスさせたスタイルである。オリジナリティに乏しいとは言え、当時は中国の若者がロックを演るエネルギーが相当必要だった時代、初期中国ロック史の中で埋もれてはならない資料価値の高い作品である。

A Cankered Corpse
A Pleasure of Mania

簡 腐尸
簡 癫狂的快感

常 腐屍
常 癲狂的快感

Brutal Death Metal	陝西省西安
Mort Productions	フルレンス / 2005

結成は 1998 年と古く、活動暦が長い。1 分未満から長くとも 3 分台の曲を中心に 13 曲全部の展開は激しく、ブラストビートも多用し、ブルータルにテンション高くフルスロットルの速さで突っ走っている。ヴォーカルも下水道系のゴボゴボ声を吐き散らす汚さ。ボーナストラックとして本編に追加として 2001 年発表のデモトラックも 6 曲収録。解散情報もあるようだが、2017 年 3 月のライブハウス北京糖果で行われた 330 金属音乐节（330 Metal Fest）に他 14 バンドとともに参加している。

A The Clockwork Puppets
A The Clockwork Puppets

簡 发条傀儡
簡 发条傀儡

常 発条傀儡
常 発条傀儡

Alternative Metal	陝西省西安
自主制作	EP / 2014

オルタナティヴ・メタル・バンドによる 4 曲収録 1st EP。語りかけるような歌唱から始まり、曲を追うごとに異様な雰囲気を高める。比較対象として挙げるならば、Tool や Disturbed、System of a Down もしくはマキシマム ザ ホルモンなのだろうか。頭にこびりついて離れない奇妙なメロディと、なんともとらえどころがない陰湿な攻撃性のあるギターリフ、そして異質なヘヴィネスを志向するヘヴィなリズム。往年のハード・ロックを感じさせるフレーズを差し込んだりするのも面白い。

A The Clockwork Puppets
A Dirty Crew

簡 发条傀儡
簡

常 発条傀儡
常

Alternative Metal	陝西省西安
自主制作	EP / 2016

3 曲収録となる 2ndEP。3 曲ともにメタルを中核としながら、ロックンロールからグラム・メタルまで、そしてゴシックからメタルコアまで幅広いスタイルを取り入れ、多種多様というか、それ以上に雑多な交配を繰り返したサウンド。音楽スタイルに一貫性を追い求めていないと感じられるほど、乱数的に広がる実験性の高い楽曲が並ぶが、一貫性のなさに対峙するようにアルバム全体では統一感が高まった作品。前作とは反対に、異様なヘヴィネスな楽曲から始まり、反対にアコースティックギターで弾き語る楽曲で終わる。

A Deathpond | **簡 死因池** | **常 死因池**

A Swan Song | 簡 | 常

Folk/Black Metal	陝西省西安
Mort Productions	EP / 2010

2001年5月結成。5人組フォーク・ブラックメタル・バンド。当初のバンド名は死嬰池であったが、死因池となる。解散〜再結成〜活動停止〜再開と紆余曲折ののちリリースした2曲収録EP。オーストリアのSummoningやイタリアのGravewormにインスピレーションを受け、ブラックメタルにケルト音楽や北欧ヴァイキングをルーツとする民謡を加え、悲壮感漂う中に生命力の強さを表現。ゴシック・メタルにも通じるダークな世界観も持ち合わせた。本作発表後、動向が不明。

A Leviathan | **簡 利維坦** | **常 利維坦**

A The First Blade | 簡 | 常

Death Metal	陝西省西安
自主制作	EP / 2016

2014年結成。プロデューサーにFour Fiveの張旭を迎え、制作された6曲入りEP。バンド名は旧約聖書に登場する三大怪物より（他はBehemoth、Ziz）。メタルコアを引率するAs I Lay Dying、All That Remains影響下にSuicide Silence的デスコアのエッセンスに加え、早さ、重さ、デスヴォイスと叙情的なクリーンパート、重たいミュートのリフ、テクニカルなギターソロ、獰猛かつ緻密な構成と世界最先端をこれでもかと詰め込んだサウンド。

A Midwinter | **簡 冬至** | **常 冬至**

A Enthrone in Blizzard | 簡 | 常

Black Metal	陝西省西安
Pest Productions	フルレンス / 2006

2005年夏、Runenblaze（ヴォーカル）、Bloodfire、Zak（ベース）の3人によって結成された。ペイガニズム、戦争、神話といったテーマを通し郷土を慈しみ、自然を畏れる心情をシンフォニックなブラックメタルとして結晶化した。ドイツのNachtfalkeのカバーも収録。Bloodfireは、同時にHellward、Varuna、Yengisar、Zuriaakeといった別プロジェクトにも関わっている。

A None The Less | **簡 无争** | **常 無争**

A None The Less | 簡 无争 | 常 無争

Metalcore	陝西省西安
自主制作	EP / 2010

4人組メタルコア・バンドによる自主制作5曲収録デビューEP。物静かだが、ザクザク刻むギターリフ中心のインスト曲がイントロで始まる。例えるなら、KornのJonathan Davisフォロワーなスタイルで歌唱するボーカリストが2000年代以降勃興したメタルコア・バンドに加入し、スクリーモ的な歌唱スタイルも披露するサウンド。まだまだ独自性を発揮し切れていないものの、余力が感じられバンドとしてののびしろがある。

A None The Less	簡 无争	常 無争	
A Fight For Fate	簡	常	
	Metalcore	陝西省西安	
	Mort Productions	EP	2012

6 曲収録 2nd EP。メタルコアとニュー・メタルを掛け合わせたサウンドを主軸としている。デスヴォイスとノーマルヴォイスの掛け合いやリズムワーク、コーラスなどは模範的なのだが、断片だけを切り取ると 80 年代的になったり、2000 年代的になったり、変異的なところがある。中でもリフ選びやソロのメロディにどこか正統派メタル、特にドイツ的なところが感じられる。聴きやすさに重点がおかれていることもあり、大衆に希求する音楽性だが、録音環境に足が引っ張られ、若干音圧が薄いようにも感じる。

A Nude Injection	簡 裸体注射	常 裸体注射	
A Nude Injection 1	簡 裸体注射 1	常 裸体注射 1	
	Hard Rock'n Roll	陝西省西安	
	自主制作	EP	2014

バンド中国語名がグラインドコアを想起させるが、本作リリース時点で結成されてまだ 2 年目、ギタリスト 2 人が在籍する 5 人編成のアメリカン･ハード･ロックなサウンドを奏でる。5 曲収録デビュー EP。キャッチーなメロディが引率し、シンプルなサビのリフレインが感情を盛り上げ、ザクザク痺れるリフとドライブ感溢れるリズム隊を主体としたドライな華魂洋才ハード･ロックンロール。中国ロックファンへ例えるなら、中国ロックの祖崔健がもっとアメリカ文化を好んでいたら、こうなるサウンドでは。

A Nude Injection	簡 裸体注射	常 裸体注射	
A	簡 帝国陷落	常 帝国陥落	
	Hard Rock'n Roll	陝西省西安	
	自主制作	EP	2015

前作より 1 年もたたずにリリースされた本作は 5 曲収録 2nd EP。1st EP を踏襲させたアメリカン・ハード・ロックながらもさらに 1970 年代っぽいところも多く吸収し、それでいてグランジをも通過した 2000 年代以降っぽさも持ち合わせる。もちろん 1990 年代前半中国ロック的な土台も感じられる。陰がありながらシンプルなフレーズの中、キャッチーに展開する演奏をバックに李英来（ヴォーカル）の Lemmy Kilmister のごとく図太く渋い低音ヴォーカルが光る。

A Soulrest	簡 灵息	常 霊息	
A The Land of Promise	簡	常	
	Melodic Death Metal	陝西省西安	
	Infected Blood Records	EP	2018

5 人組メロディック・デスメタル・バンドの 6 曲収録 1st EP。元 206 and Thinkers の王欣と Cankered Corpse の張磊をゲストヴォーカルに招き、ミックス等諸作業を北京にて孔德佩（Crack、Die from Sorrow 他）が行い、レコーディングエンジニアとして Leviathan のギタリスト李宇行が担当するなど、意気込みが感じられる。その甲斐もあり、音総てにおいて理路整然としたエクストリーム・サウンドに仕上がる。その分若干荒々しさが減少した感もある。

A

A

簡 散杀 / **常** 散殺

簡 罪 / **常** 罪

Death/Doom Metal | 陕西省西安

时音唱片 | デモ | 2003

2001 年 10 月結成。漢字表記は本作デモリリースまでは散沙と名乗っていたが、やがて散杀となる（杀＝殺は同音）。プリミティブ・ブラックメタルを軸に、肝の据わったデス声による歌唱とドゥーム・メタルの底冷えするスロウな展開、背筋が凍るような冷酷な女性コーラスを導入し、美しさと醜さを悲哀なストーリーテラー風に情緒豊かに表現している。活動の幅を広げていたが、2008 年頃にヴォーカル仨児以外が脱退し、活動停止に陥る。また、メンバーの支大川（ベース）が一時期日本に留学に来ていたようである。

A Chemical Assault

A Noodles Killer

簡 化学攻击 / **常** 化学攻擊

簡 / **常**

Thrash Metal | 甘肃省蘭州

Thanatology Productions | EP | 2018

ブラジリアン・スラッシュ・メタルに影響を受けたという新人 4 人組バンド（ドラムは不在）による 5 曲収録デビュー EP。結成 4 ヶ月足らずで完成させる。南米カルトバンドに匹敵する猪突猛進型の荒々しくゴリゴリしたリフの塊、手数足数超過した高速ドラミング、ブンブンやかましいベース、威勢良いヴォーカルが一心となり、とっ散らかしているロウ・パワーを熱く放出している。スピード感たっぷり一気に駆け抜けるサウンド。Violator の「Addicted to Mosh」カバー曲も収録。

A Deadtrees

A Forest

簡 / **常**

簡 / **常**

Atmospheric/Depressive Black Metal | 甘肃省蘭州

Pest Productions | フルレンス | 2018

ワンマン・ブラックメタル・プロジェクト DeathKnell としても活動する MMM によるワンマン・アトモスフェリック・デプレッシブ・ブラックメタル・プロジェクト。浮遊感そして神秘的かつ陰鬱な雰囲気が澱みなく繰り返される。美しく冷ややかなメロディは、聴き入っていると脳内には大草原の中、漆黒の空間に星空の下で単座したイメージが浮かび上がる。そして、星空から垣間見える宇宙の美しさに感嘆する。また同時に、胸を締め付けるトレモロリフからは、人里離れ隔絶された環境のもと、どうなるかもわからない不安感と動揺がひたひたと湧き出してくる。5 曲 25 分 40 秒の重苦しい世界に無慈悲な情愛に溺れさせる絶妙な世界感を作る。

A Deadtrees

A An Abandoned Sculpture

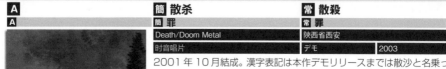

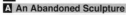

簡 / **常**

簡 / **常**

Atmospheric/Depressive Black Metal | 甘肃省蘭州

Pest Productions | EP | 2019

過去に制作した Demo 音源 5 曲を 1 枚にまとめた EP。デモではあるが、正式作品としてもリリース可能なくらいレベルが高い。不思議な浮遊感が漂う音空間が広がり、とっつきにくい。しかし、ゆったりとしたその世界に浸ると、音として描写される何とも言えない狂気を内包した感覚を感じさせる。その美しさや冷ややかさを含んだ空気感がたんたんと流れ、寂寥感と虚無感に満ちた厭世的なグロウルヴォイスにより神秘的な雰囲気を醸し出す。静寂の中の喧騒、喧騒の中の静寂を生み、二律背反する世界が心地よさを感じる。

A Fu Xi

A

簡 伏羲

簡 在寂静的路上

常 伏羲

常 在寂静的路上

Folk/Doom Metal	甘粛省蘭州	
Martyr Productions	フルレンス	2009

古代中国における伝説上の帝王の名を冠して 2005 年結成された、二胡奏者も在籍する中国伝統旋律高濃度なフォーク・ドゥーム・メタル・バンド。唐朝の 1st アルバム『梦回唐朝』や 90 年代中国ロック界で活躍し、「ロック」と「中国伝統音楽」の融合を試みた古筝奏者の王勇のアルバム『往生』に通じる。また、80 年代に中国で大人気だったテレビドラマ『红楼梦』での王立平作曲の劇中曲をドラマティックなヘヴィ・メタル化させたようでもある。続報が無く、続編が聴けないのが残念だ。

A Horror

A On My Way

簡 惊

簡

常 驚

常

Metalcore	甘粛省蘭州	
自主制作	EP	2018

結成は 2013 年初頭だが、メンバーチェンジ等の理由で本格的に活動を開始したのは 2016 年になってからという 5 人組メタルコア・バンドによる 7 曲収録デビュー EP。切れ味よく思わず頭が揺れる秀逸なブレイクダウンとメロディックな叙情性あふれる展開が基盤。クリーンヴォイスを織り交ぜながら咆哮するハードコア由来のヴォーカル・スタイルが楽曲を引っ張り、飛び跳ねる質感が高いリズム隊がまとめ上げる。時折差し込まれるメタルコアらしくないギターソロや Djent 風フレーズ、ゴシック風味なシンセサイザー音、そしてデスコア的ブラストビートが良い塩梅に盛り立て変態的に展開する。メタルコアだけに収まりきらない幅広い懐をのぞかせる。

A Muddy

A Never Back down

簡 浊

簡 永不退缩

常 濁

常 永不退縮

Nu Metal/Metalcore	甘粛省蘭州	
自主制作	EP	2011

結成から 1 年ほどでリリースされた 5 曲収録 1st EP。ディストーションがかかるツイン 7 弦ギターと重厚なベースサウンドから生まれるメロディとリズムが強く結びついたニュー・メタル。メタルコアやインダストリアルも取り入れた独特の神秘性も感じられる。また、サイケデリックなサンプリングを使ってプログレ的な視点も持ち合わせている。Jonathan Houseman のような粘着質の高い声質と相混り、異質なヘヴィネスなサウンドが出来上がった。曲名も歌詞も中国人民解放軍の軍律に関するものばかり。

A Sinful Lawyer

A Sinful Lawyer

簡 犯罪律师

簡 犯罪律师

常 犯罪律師

常 犯罪律師

New Metal	甘粛省蘭州	
自主制作	EP	2011

2009 年秋、当時高校生だったメンバーにより結成。メンバーの交代などにより 2011 年初頭にバンド名を Sinful Lawyer に改めたニュー・メタル・バンドによる 4 曲入り 1st EP。収録 4 曲ともすべて風格が異なる楽曲となる。1 曲目は激しいがキャッチーなニュー・メタル・スタイルの楽曲。2 曲目は泣きのギターフレーズが入るスローテンポでポップなヒップホップ・スタイルの楽曲、3 曲目は晴れやかなレゲエ調なリズムに穏やかなヴォーカルが乗るポップス、4 曲目は暖かみのあるアコースティックギターによる弾き語りフォークソング。

A Woven Noise
A The Black Pearl

簡 织噪 / **常** 織噪
簡 黑珍珠号 / **常** 黑珍珠号

Symphonic Black Metal	甘粛省白銀	
自主制作	フルレンス	2018

初期 Dimmu Borgir 型のアンダーグラウンド感の強い音楽に、幻想的で悲壮感の漂うキーボードが融合するシンフォニック・ブラックメタル・バンドの 1st アルバム。フォロワー的ではあるが、ただのフォロワーに終わっておらず、先鋭化するグラインドコアやメタルコアなどの影響もある。激しく波打つブラストビートと冷酷なギターリフに暴虐性を強烈に感じさせながら、インターバルやバッキングでオーケストラを用いた鷹揚なメロディに包まれる。美しい旋律と激昂するグロウルヴォイスが二律背反しながらドラマティックに展開する。基本的コンセプトや技術的なことに何かしら物足りなさも感じるが、次作品に期待を持てる。

A NoiseGate
A NoiseGate

簡 躁音门 / **常** 躁音門
簡 躁音门 / **常** 躁音門

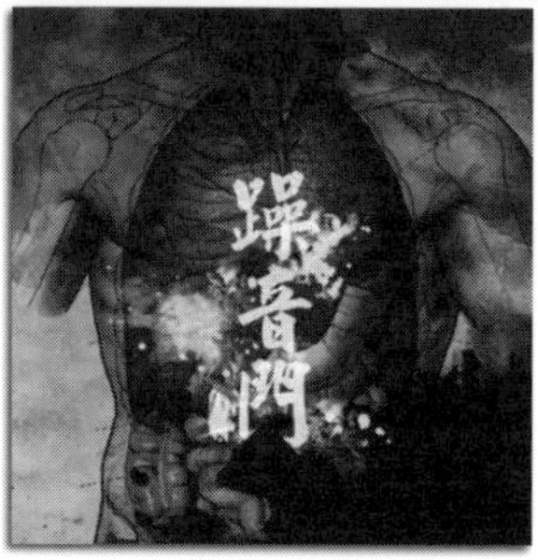

Post-Hardcore/Metalcore	青海省西寧	
自主制作	EP	2013

ポスト・ハードコア、メタルコアにデスメタル、エレクトロニコア、スクリーモなど幅広いサウンドを取り入れた 5 人組バンドによる 4 曲収録 1st EP。聴いていると、どこで曲が終わって次の曲に行ったのかわからないほど、ひとつひとつの楽曲の中でいくつものリフやソロがめまぐるしく展開、曲調が何度も変化する。ジャンルを超えて激しい音楽、エモーショナルな音楽が無秩序に飛び交いながら、制御されている。本当にひとつのバンドがプレイしているのかと思うほど、多様性を含んだ音楽性を持つ。

A NoiseGate
A Hardcore Inside

簡 躁音门 / **常** 躁音門
簡 / **常**

Post-Hardcore/Metalcore	青海省西寧	
自主制作	EP	2014

5 曲収録の 2nd EP。前作以上にあらゆる騒々しい音楽を詰め込み、多様性に富みながらシンプルな構成。一見懐古的だが新奇的な面も。ポスト・ハードコアを底辺に秘めながらも、ハードコア的怒涛の咆哮、ラップパート、叙情的メロディアスなヴォーカルパートと歌い分けていたり、部分的にダブルヴォーカルを取り入れたりもする。演奏面でもメタルコアなメタリックなリフ、ファストなリフなど多用し、メタル度も高める。様々な側面が楽しめる変化球だらけの世界観を盛り込み、奇抜な存在感を発揮する。

A Ri Chang
A The wolves of team

簡 野狼 / **常** 野狼
簡 哥哥 / **常** 哥哥

Heavy Metal	青海省西寧	
爱琴海	フルレンス	2009

青海省西寧出身。2007 年、青海民族学院の学生により結成されたチベット族によるハード・ロック・バンド。タイトルは中国語だが、全歌詞チベット語による歌唱。メタル的リフが多用されているが、実質は一般向けのスタイルであり、歌モノ中心のハード・ロック。女性ヴォーカルをゲストにしたゴシック・フォーク風味、ラップ歌唱を取り入れた楽曲、歌謡ロックテイストな曲と何でもありのアルバムになっている。ラサほどではないが標高 2000m を越える地でロックをしている点に興味をそそられる。

A Ri Chang

A

簡 野狼	常 野狼	
簡 狼的回头	常 狼的回頭	
Heavy Metal	青海省西寧	
野狼音视	フルレンス	2012

ドラムとベースが交代し、3 年ぶりの 2nd アルバム。一般向けの歌謡曲調のロックソングとメタルを意識したロックソングが半々といったところ。数曲、女性ゲストヴォーカルが参加した民謡ロック調がある。チベット族では、見た目がハリセンボンの近藤春奈に似ているが、歌唱力が抜群で中国ではかなりの知名度がある韓紅や、日本でも活躍した Alan、また Chongshol Dolma や Kelsang Metok 等の超高音域まで発声し、素晴しい歌声を披露してくれる女性歌手が多くいる。フロントにそのようなヴォーカルがいるゴシック／フォーク・メタル・バンドが出てくることを期待したい。

A Eblis

A Revenge

簡 伊布里斯	常 伊布里斯	
簡 复仇	常 復讐	
Brutal Death Metal	寧夏回族自治区銀川	
Limbogirnd Productions	EP	2013

キリスト教で言えば堕天使にあたり、イスラム教における神の怒りを買った天使をバンド名に冠する回族（宗教以外は漢民族にほぼ同化した中国の少数民族）によるスラミング・ブルータル・ムスリム・デスメタル・バンド。Devourment、Abominable Putridity に影響を受け、スラミングするドラミング、イスラム教世界における冥界バルザフに阿鼻叫喚こだまするデスヴォイス、ブルータルで病的なメタルに回族としてのアイデンティティを融合させたサウンド。

A Doppelganger

A Parasitism

簡 二重身	常 二重身	
簡 寄生	常 寄生	
Brutal Death Metal/Deathcore	寧夏回族自治区銀川	
Brutal Reign Productions	フルレンス	2019

Eblis として 2009 年に結成され、EP『Revenge』とスプリット・ビデオ『Devil Feast』をリリース。アルバム制作に入っていたが、音沙汰がなく、解散かと思われていた。2019 年、メンバーの交代と不可抗力によりバンド名を Doppelganger と変更、ヴォーカルレコーディングもやり直し、事実上に 1st アルバムとなった。Dying Fetus、Nile、Guttural Secrete、Abominable Putridity 等に影響を真っ向から受け、よりスラミング度を増して、強烈なガテラルヴォイスとピッグスクイールが直球に放たれる。

A Askar Grey Wolf

A

簡 艾斯卡尔・灰狼	常 艾斯卡爾・灰狼	
簡 灰狼	常 灰狼	
Hard Rock	新疆ウイグル自治区ウルムチ	
Zoom Club Records	フルレンス	1996

ウルムチ出身。北京に移り、1991 年にロックバンド灰狼を結成。ウイグルロックの第一人者となる。バンド体制で作られた 1st アルバム。新疆ウイグル自治区内だけの話題となるが、1996 年 2 月、ソニーレコードより発売されたアジアの歌手を集めたオムニバス・アルバム『Max Asia』に「努爾拉」が収録されたため、ウイグルのフランク・ザッパとして話題になった。初期北京ロックに影響を受けながら、出自を意識した民族音楽ロックサウンド。以後も数作品リリース。2015 年には 10 年ぶりにスタジオアルバム『艾斯卡尔・灰狼』を発売。

A **Ekber Turdi** | **簡** **艾克拜尔・吐尔地** | **常** **艾克拜爾・吐爾地**

A | **簡** **埋葬我的爱** | **常** **埋葬我的愛**

Hard Rock | 新疆ウイグル自治区ウルムチ

九州音像出版公司 | フルレンス | 2009

ウイグル族。中学生の頃よりギターを始め、バンド活動を開始する。やがて北京に拠点を移し、モデル業もやりながら、ギタリストとしてウイグル族に伝わる伝統音楽とフラメンコを融合させた音楽で人気のあった、ロックバンド阿凡提(The A Fan Ti Band)と活動を共にしていた。イタリアへ音楽遊学した後、制作されたのが本アルバム。歌モノ中心で民謡ロック調やフラメンコ調の曲や、メタルとウイグル音楽を融合させたエレキギターをメインにした楽曲と様々。歌詞も中国語、ウイグル語、イタリア語で歌っている。

A **Ekber Turdi** | **簡** **艾克拜尔・吐尔地** | **常** **艾克拜爾・吐爾地**

A **Back For You** | **簡** | **常**

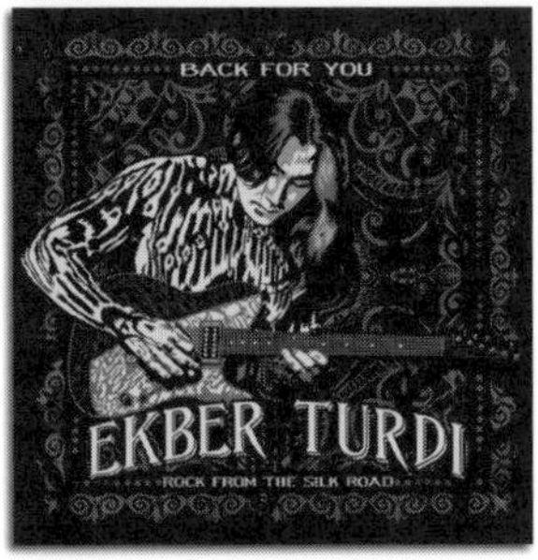

Hard Rock | 新疆ウイグル自治区ウルムチ

自主制作 | フルレンス | 2016

ロサンゼルスにてアメリカ人ドラム奏者 Austin Carothers と韓国人ベーシスト Kwanjil Lee ととも制作されたにウイグル人初のギターアルバム。本人によるウイグル語歌唱で中東〜インド〜中央アジア的な異国情緒メロディーを感じるものの、楽曲全体としてはスタンダードなロック/メタルである。刻み良いリフとリズムのアメリカン・ハード・ロック路線の楽曲を中心にフォークロック調のアコギ曲、ウイグル調の Steve Vai 風味な曲、テレビ向けポップロック調の曲と色彩豊かな構成となっている。

A **Ekber Turdi** | **簡** **艾克拜尔・吐尔地** | **常** **艾克拜爾・吐爾地**

A **Me And My Father** | **簡** **我和我爸爸** | **常** **我和我爸爸**

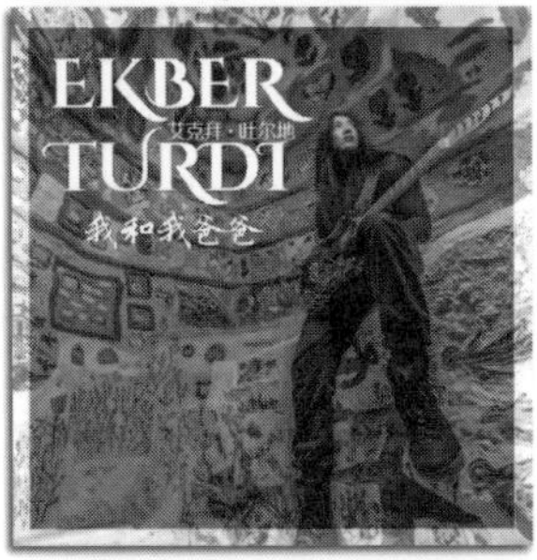

Hard Rock | 新疆ウイグル自治区ウルムチ

星外星音乐 | フルレンス | 2017

活動拠点を本格的にロサンゼルスに移して制作された 3rd アルバム。アルバム・タイトル曲は超載の高旗(ヴォーカル)が作詞する。中国語、英語、ウイグル語の 3 言語で歌われるとともに、現地での生活にも馴染んだこともあり、非常にリラックスした伸びやかな作風。スパニッシュ風、中国民謡風、ウイグル民謡風、レイドバックしたブルージーなロック、プログレッシブかつテクニカルなメタルギター、フュージョン/ロック風な楽曲などが堪能できる曲など多彩な楽曲が収録されている。

Askar Grey Wolf

Ekber Turdi

A Lemuria
A Doomsday Theory

簡 利莫里亚
簡 灭世论

常 利莫里亜
常 滅世論

Groove Metal	新疆ウイグル自治区ウルムチ	
Infected Blood Records	フルレンス	2019

新疆ウイグル自治区を拠点とバイオグラフィにあるが、北京にて活動するAphasiac や Faster Alcoholics で活動する胡盛洋（ボーカル&ギター）と上海にて活動する Haematemesis の女性ベーシスト徐月による 2015 年に結成されたグルーヴ・メタル・プロジェクト。1st アルバム。イントロがサーフィン・サウンドのような軽やかな音楽が綯われるが、2 曲目より、Lamb of god 影響下にある重低音グルーブ感が響く。ギターソロがレイドバックしたブルージーなメロディを奏でたり、ポップなコーラスが挿入されたり、アメリカ型グルーヴ・メタルからアジア的ゆらぎを持つ高揚感が感じられるものまで幅が広い。

A SM-bandha
A

簡 结界
簡 楼兰赋

常 結界
常 楼蘭賦

Melodic Death Metal	新疆ウイグル自治区ウルムチ	
自主制作	フルレンス	2015

現在の新疆ウイグル自治区チャルクリクに、かつて存在し交易により栄えたオアシス国家楼蘭を題材にしたコンセプトアルバム。前作同様ヴォーカルレスの楽曲で構成され、ひとつのジャンルにとらわれず様々な要素を組み合わせた異国情緒溢れるオリエンタルなプログレッシブ・メタルの色合いを濃くする。イスラエルの Orphand Land やチュニジアの Myrath のような独特なメロディーを艶やかで力強い、ノビのある歌声のあるヴォーカルが加わるとより一層楽曲に個性が生まれると感じる。

A
A

簡 回归
簡 快乐的梦

常 回帰
常 快楽的夢

Hard Rock	新疆ウイグル自治区コルラ	
漢秦文化	フルレンス	2000

回族 2 人、漢族 2 人によるハード・ロック・バンドによる唯一のアルバム。メタリックなリフやソロがあるにはあるが、基本大衆向けのハードなロックで、フラメンコにも通じるウイグル民族音楽を採用したフォーク調なロックサウンド。メンバーにウイグル族がいないため Askar や Ekber Turdi ほどの民族感がなく、昭和の時代にもあった硬派な中東民族風歌謡ロックといった曲調だ。ボーカリスト阿里・席学剛によると本作の再レコーディングの計画があったようだが、続報がなかった。

A
A

簡 合法武装
簡 躯壳

常 合法武装
常 軀殻

Industrial Metal	新疆ウイグル自治区ウルムチ	
	EP	2013

2008 年結成。5 曲収録 1st EP。随分ポップな Nine Inch Nails であり、微妙に緩徐な Fear Factory であり、品行方正な Marilyn Manson ともいえ、軸のズレた Buck-Tick みたいで、一言で形容したがいインダストリアル・メタル。それでいてボーカリストがデスメタル／ブラックメタル式に変に力みながらガナって歌うという整合感のないパーツの寄せ集めだ。何でもありの状態であるが、まったく問題なく（強引さもあるが）ひとつの音楽として混ざり合っている。

呂行の『武汉加油』MV、パワーバラードだ

多くの抗“疫”歌曲が発表された

2020 年 1 月 20 日、日本でいえば NHK 夜7時のニュースに相当する中央電視台のニュース番組『新聞聯播』にて、ようやく武漢の新型冠状ウィルスによる疫病発生が全国ニュースとなった。それもトップニュースではなく２番目に登場､そして短いニュースであった｡しばらくの間、短信のみ伝えるにとどまったが、ようやく１月25 日にトップニュース、政府あげての対応、李克強首相が陣頭指揮にあたるとのニュースとなった。

2019 年 12 月 30 日の時点で、武漢の保健衛生局が公式に 12 月初旬から発生した新型肺炎の状況を発表。当然このリリースは北京の中央政府にも通達されているはず。そこから全国ニュースになるまで３週間以上時間を置いたため、西側諸国のメディアから隠ぺいの疑いを受けることとなる。基本的にメディアは「党の舌と喉」「悪いことは伝えない」のが中国をはじめとする共産主義国の伝統だ。

もちろん、その間、中国政府は何もしていないわけではなく、水面下で様々な調整を行っていたことは想像に難くない。そして全国ニュースから一週間もしない１月末ぐらいから様々なキャンペーンソングがリリースされるようになった。

有名どころでいえば、さながら 1985 年の USA For Africa『We Are The World』のような『坚信爱会赢』、ジャッキー・チェンら大物スターが集結し、窮地に陥った武漢を応援するキャンペーンソングだ。そのほかにもお茶の間でおなじみの大物タレントや歌手をはじめ、ローカルのマイナータレントまでが、ぞくぞくと武漢、医療関係者、人民解放軍応援ソングをリリースし続けた。リリースのピークは都市閉鎖が解除されつつあった４月初めの清明節あたりまで。いったん落ち着き、経済も復調傾向とはいえ、コロナ関連キャンペーンソングの新曲発表がなくなったわけではない。

多くのスターが歌う公益 MV『坚信爱会赢』、トップバッターはジャッキー・チェンだ。広東語版、日本語字幕版などいくつかのバージョンが作られた。

『请不要叫我女孩』軍歌番組『軍営大舞台』より

普段もキャンペーンソングだらけ

中国政府のキャンペーンソングというものは、抗日戦争以来の伝統あるプロパガンダ手法。その時々で扱うテーマが変わることがあるが、基本的には前述した通り「党の舌と喉」として共産党政府の意向を人民に周知させるためのツールだ。

テレビで番組の合間にキャンペーンソングのMV が放映されているところを、中国で暮らしたり旅行に行ったことのある人は、観たことがあるかもしれない。中国ではコマーシャルタイムが相当長いので、MV 数曲を流すのには何も問題がない、広告収入の少ない放送局では企業 CM の代わりに公共 CM で枠を埋めることもできる。また、なにか重要な政策が発表されると、すぐにテーマに沿った公共 CM が流される。ほかに、NHK の『紅白歌合戦』に相当する大晦日番組『中央电视台晚会』においても、人気アイドルや有名俳優が豪華なステージパフォーマンスとともに、キャンペーンソングの新曲を初披露したりする。ある意味お茶の間に密着したともいえるキャンペーンソングだが、世界的傾向の通り、若い世代はテレビを観ない。はたしてこのプロパガンダ手法がいまだ効果あるかは未知数だ。

この手のキャンペーンソングを歌うのは人民解放軍文工団などの公務員歌手、そして一般タレントの政府「御用歌手」が相場。公務員歌手になるのは大変で、子供のころからレッスンに通ったうえ、学費も入試難易度も高い音大の声楽科卒業がアタリマエ。本場ヨーロッパのオペラでも通用しそうな実力の歌手ばかりだ。ちなみに習近平主席夫人彭丽媛も人民解放軍のソプラノ歌手出身。前段でチラッと出たジャッキー・チェンなど、悪い言い方をすれば「政府の犬」、潔く文工団に入れとも思ってしまうこともある。対若年層戦略なのか、アイドルグループ SNH48 や TF-BOYS もキャンペーンソングの常連だ。また少ないながらロック出身の「御用歌手」がいる。「中国ロックは生まれてすぐ死んだ」という言葉があるが、それでも多くの中国ロック歌手は政府と距離を置いているようにも見える。

このような前提があるため、新型肺炎の抗“疫”ソングとして数々のキャンペーンソングが生まれたというわけである。このことが悪いということではなく、未知の新型肺炎流行といった未曾有の危機に、歌の力を使い人民を励ますという点では、抗“疫”に IT の力を最大限利用したことと同じく、良いほうに転んだとも思える。2月3月、日本のミュージシャンの動きはほとんどなかったので、御用歌手、公務員歌手といえど、こういった素早い動きや使命感などは十分評価に値するのではないだろうか。

逆にライブハウスやバーで活動しているミュージシャンは、全く仕事がなくなり、苦境に立たされた。中国ではもともと海賊版 CD や違法サイトが多かったため、早くからミュージシャンの稼ぎの中心はライブ、そこはギャラが違うだけで、大物もローカルバンドも同じだ。テレビの歌謡ショーに出演できるトップクラスは別として、メタルやパンクといったマイナージャンルのミュージシャンは、配信以外何もできなくなってしまった。布衣のツアーで中国全土を廻っていたファンキー末吉氏も、身動きが取れなくなり、結局カンボジアに避難して作曲、編曲の仕事をしている。

ロック抗“疫”ソングそして軍歌

ロックな抗“疫”ソングもリリースされていたことはご存じだろうか？ もちろん御用歌手や軍人によるものなので、いわゆる「ロックの精神」とは逆のベクトルだが、サウンドがロック風味たっぷりということだ。

一例を紹介するとロック軍歌の第一人者吕行の『武汉加油』、老兵牟青 の『家国英雄』、バラエティ番組などでおなじみの有名タレントに华晨宇による『你要相信这不是最后一天』といった一連のロックバラードだ。平時であればアップテンポでパワフルな歌もリリースしている彼らだが、さすがに今回ばかりはそうもいかなかったようだ。

また、武漢に向かった人民解放軍応援ソングとして、ホーン隊の音も勇ましいオールドスクールなマーチ風軍歌も何作かリリースされた。

「軍民一体」政策が功を奏し、日本のような軍隊アレルギーが全くないのが中国。中央電視台のチャンネル 7 はそのまま「国防軍事」専門局で、一日じゅう軍事関係の番組を放映しているという、ミリオタ失禁必須の放送局まである充実ぶり。また、一般の放送局でも軍事番組が放映されている。

軍事に関しこのようなユーザオリエンテッドな環境なので、軍歌もロック、ヒップホップ、アイドル、果ては最近世界的に注目されている日本の1980年代シティポップ風の軍歌まで登場する始末。前述した呂行を例に挙げると、ロック、ヒップホップ軍歌を多数リリース、局地的にヒットを飛ばしている。オバハンの広場舞にも使われるほどの人気が出たアイドル軍歌『请不要叫我女孩』などソングライティングの才能はかなり高い。

結局何もしないのが正解

デス/ブラックメタルであれば「俺たちはコロナウイルスでみんな死ぬ」「悪魔の使いコロナウィルス」といった歌詞になりそうだが、平時はともかく、抗"疫"中の中国では発禁、実際SNSでデマを流したりした者が警察のご厄介となった事実がある。このような「人心を惑わす謡言」は取り締まりの対象となる、「自粛警察」ではなくホンモノの警察がやってくるのだ。また中国にも「正義マン」は多数いるので、こっそりBandcampなどにこのような歌詞の曲をアップしたのを発見されたら、タダでは済まないだろう。

カネに転び「御用歌手」になるのも生き延びる手だが、何もせずノーポジションでいるのが、中国のロックミュージシャンとしては利益と精神衛生を最大限化する処世術なのかもしれない。すでに中国ロックは死んでいるものの、少なくとも「魂を売った」ということにはならないと自己弁護できる。

この書籍でも紹介されていると思うが、長春出身のデスメタルバンド「黑麒 (Black Kirin)」を引き合いに出してみたい。アルバム『金陵祭』では、中国政府認定の30万犠牲者を出したとされる「南京大虐殺」事件をテーマとしている。しかしながら、その10年後、同じ30万という犠牲者(多くは餓死)を出した人民解放軍による長春包囲戦 (1948) を、彼らのホームタウンであるにもかかわらず、キャリアの中でテーマにしていないことは何を意味するのだろうか。相手が日本なら幾らでも叩けるが、すでに過去の歴史となった国共内戦といえど、親方共産党相手では分が悪すぎる。よって何もしないのが彼らなりの正解といえよう。

このようにキャンペーンソングの裏側を探ることによって、複雑な中国の事情がひとつ浮き彫りとなる。もちろん、そう簡単に単純化できるものではなく、多くの事情が幾層にも重なっているはずだ。別の軸からもいろいろ考察できると思われるので皆さんも掘ってみてはいかがだろうか。

黑麒 (Black Kirin) アルバム『金陵祭 - 大曲』MV より、閻魔大王が登場する暗く重い MV だ、カウンターが犠牲者数の3000000を示す。

ワンマン＆プロジェクト

燕京の都の地底から咆哮するブルータル・デスメタル

Annihilation

簡 湮灭
常 煙滅

Brutal Death Metal	2011 ~	北京
2011 年　Demo『Promo 2011』		

北京より現れるテクニカル・ブルータル・デスメタル・プロジェクト。2011 年結成。ギター、ドラム、プログラミング、ベースを担当する Cook-Hor こと何斯尭と、ヴォーカル担当の Midnight こと劉佳澤の二人体制。SF に着目し、物理学の角度から残忍な極致を探求する構想の下で活動開始する。演奏技術は世界ブルータル・デスメタル列強国バンドにまったく劣ることなく渡り合えるサウンドに仕上がり、凶悪極まりない。デモ作品を 2011 年に『Promo 2011』と 2012 年に『Promo2012』の 2 枚をリリースしているのみで、その後の活動はないようだ。なお、バンドメンバー二人は北京で活動するメタル・バンドに多く見られるように、バンドを複数掛け持ちする。共にブルータル・デスメタル・バンド Corpse Cook および Hydrosyanik に在籍し、何斯尭はデスメタル・バンド Cave Have Rod ならびにスラッシュ・メタル・バンド Lacerate にも在籍し、活動中。

A Annihilation
A Promo 2012

簡 湮灭　**常 湮滅**

簡	常	
Brutal Death Metal	北京	
BrutalSlamGuttural Productions	デモ	2012

前年に発表した 1 曲入り『Promo2011』に 2 曲追加して発売。曲タイトルには Visional（幻想）、Quantum Idioctonia（量子自殺）、Max Planck（ドイツの物理学者マックス・プランク）、Multiverse（多元的宇宙）といった単語を使い、他とは一線を画す。ねじれていながら美しく、特徴のあるギターのメロディと、暴虐的でいながら儚さが潜むデスヴォイスが耳から離れない。あたかも宇宙に漂いブラックホールに吸い込まれる感覚を、聴く者にもたらす。

Hydrosyanik インタビュー
回答者：Cook-Hor

Q：今までに外国のメディアからインタビュー受けたことはありますか？
Cook-Hor：ないです。
Q：バンドはいつどこで、どのように結成されましたか？　また、音楽性やメンバーに変化はありましたか？　バンドメンバーの紹介をお願いします。
Cook-Hor：Hydrosyanik の前に私（Cook-Hor、ギター）と Midnight（ヴォーカル）が Annihilation というプロジェクトをやっていて、2012 年に 3 曲収録の Promo をリリースしました。その後、書いた曲が Annihilation には相応しくないと思ったので、新しく Hydrosyanik を結成したわけです。
Q：メタルに目覚めるきっかけとは何だったんでしょうか？　それから、最初に買ったアルバムは何でしょうか？
Cook-Hor：最初は Kiss でした。それから初めて買ったメタルアルバムは Deicide の『Once Upon The Cross』でした。CD 店に入るなり、店主が私に薦めてくれたメタルアルバムで、買ってみたのです。
Q：メンバー各自がどのような音楽を聴いているのか教えてください。
Cook-Hor：私たち Hydrosyanik の現メンバー 4 人の好みは雑多で、いつも色々な音楽を聴いています。例を挙げれば、キリがないくらいです。挙げようとすると数ページ分は要るかもしれません。
Q：バンド名の由来は何でしょうか？
A：バンド名は適当に付けました。知っていた劇物の名前で良かったからです。ただバンド名としてアルファベット 2 文字を変えています。フィンランドの Hydrocyanic というバンドと区別してもらうためにです。
Q：中国ロックの第一世代のミュージシャンと比べればあなたたちは、中国の音楽情報、世界の音楽情報を簡単に得ることが出来るようになったと思いますが、メタルに関してはどうでしょうか？
Cook-Hor：中国のヘヴィ・メタル第一世代のミュージシャンの多くは今もがんばっていますね。新しい世代のバンドとよりよいシーンを作っています。
Q：あなたたちはどんなバンドや音楽に影響を受けているのでしょうか？
Cook-Hor：エモーショナルで劇画タッチな音楽を好んでいます。聴いているとマイナスな感情が起き上がるバンドが好きです。
Q：今現在、好きなバンド、人生観を変えたアルバム 5 枚教えてください。
Cook-Hor：最近聴きまくっているのが、Wintersun のニューアルバム『The Forest Seasons』です。私の人生に影響を与えたアルバムは
・Hypocrisy『The Arrival』
・Meshuggah『Catch 33』
・Nevermore『This Godless Endeavor』
・Tool『Lateralus』
・Steven Wilson『Insurgentes』
Q：普通の人にとってメタルとはどうでしょう？
Cook-Hor：個人的にはメタルに関しては無理解な人は偏っていると思います。少しばかり理解している人はだいたい中立的な評価です。中国でヘヴィ・メタルはもちろん長年発展してきていますが、小さなマーケットの音楽ジャンルだし、普通の人、特にロックファンではない人にとってヘヴィ・メタルは解りやすいものではありません。「ヘヴィ・メタル」という概念に対してもただうるさくて暴力的なものくらいの安易な認識しかありません。したがって普通の人にヘヴィ・メタルの評価を求めるのはまったく無理です。
Q：あなたたちの周りのメタルシーンはどうでしょうか？
Cook-Hor：北京のメタルシーンはとても良いとは言いづらいです。ただバンドの数はかなり多いのは確かです。
Q：いつもはどの辺りでライブしているのでしょう？
Cook-Hor：ライブは多くないです。しかし出来る限りスタイルに見合ったライブ活動に参加するつもりです。
Q：バンドの歌詞にはどのようなことを描いていますか？
Cook-Hor：私たちの今のスタイルはどちらかというとトラディショナルなデスメタルですが、数曲には気ままに好きなアイデアを入れていることもあって、「変化」してきている兆候が見られます。これらからは更にもっと変わっていくでしょう。私自身からすると Hydrosyanik のコアな部分は変化することだと思っています。音楽は私たちの経験やフィーリングとともに変化するものです。従って自分たちのスタイルを具体的に言うことは難しいのです。今の歌詞のテーマは主に SF やサイバー等の内容になっています。宇宙と人生の思考といったものもあります。歌詞のテーマは曲それぞれ大きく異なります。明確なものも固定的なものもありません。ただどの歌詞も私たちは限りなく中身のある充実したものにするようにしています。
Q：中国のバンドでお薦めは誰でしょうか？
Cook-Hor：Neverbefore。スタイルは純粋で、音楽にも誠意があります。このタイプでは中国で第一人者でもあります。一度彼らと共演した

ことがあるのですが、すぐに気に入ってしまう音楽でした。
Nuclear Fusion-G。個人的にこのタイプの音楽スタイルを嫌いになれません。音楽性も素晴らしいです。
假假条。私が聴いたことのある中で中国文化とロックの融合に最も成功したバンドと言えます。しかも彼らの音楽的にエモーショナルな部分に私はノックアウトされました。
Q：日本についてはどう思います？
A：私は日本人がルールを守ることを尊重するのをよく見ています。中国人に足りない職人精神もあります。それに日本が世界中に文化を輸出し、影響力をもっていることには嫉妬しています。日本人の外来文化を自己の文化に変容させてしまう能力には感服しています。
Q：日中両国は二千年を超える友好関係があるのに、不幸な一時期があったり、今でもたくさんの問題を抱えています。将来両国はさらに良好な関係を築けると思いますか？
A：もちろん。全地球人はみな私たちの兄弟姉妹ですからね。
Q：日本のメタルで好きなバンドはいますか？
A：Loudness、マキシマム ザ ホルモン、Mouse on the Keys、Gorevent 等が好きです。Chage and Aska やカヒミカリーなんかも大好きです。私にとっては日本人は音楽に厳しい姿勢を取るので、その品質はいつも保証されています。もちろんこの「厳しい」はほめ言葉だけではないのですが。
Q：メタル以外で好きな音楽はあるのでしょうか？
Cook-Hor：私の本職はサウンドトラックを作ることなので、色々なジャンルの音楽と接していて、映画やゲーム音楽のサウンドトラックを聴くことが多いです。個人的にはクラシック音楽が好きで、特にシューベルトやモーツァルトを好んでいます。また EDM、ニューエイジ、ミュージカルや古いサイケデリックロックやプログレッシブロック、パンク・ロック、往年のヒット歌謡曲も好んでいます。
Q：自分に質問するとしたら何でしょうか？
Cook-Hor：問い「君たちのバンドは一体何がやりたいんだ？」。答え：「わからん」。
Q：インタビューを受けて頂きありがとうございます。最後に、日本の読者へひと言。
Cook-Hor：皆さんこんにちは。私たちは、Hydrosyanik です！

A —

A Baphomet's Throne

簡

簡

常

常

Raw Black Metal	北京	
Depressive Illusions Records	デモ	2016

分かりにくいがプロジェクト名自体が「—」（ハイフン）。2015 年北京にて FrozenCadaver（ギター）と Zquagmire（ヴォーカル＆ドラム）が始めたブラックメタル・プロジェクト。カルトなグロウルヴォイス、耳障りなリフ、異様なハイテンションのブラストビートで押しまくるオーソドックスなブラックメタル。本作リリース後、FrozenCadaver が離脱し、ヴォーカル、ギター、ベースの専任者がそれぞれ加入。Zquagmire はドラム担当になり、バンド編成となる。それとともにバンド名表記を「Appendix -」に変更した。

A Abysso

A Unknown Truths

簡

簡

常

常

Black Metal	上海	
Kill the Light Productions	EP	2017

長春から上海に拠点を移した Saggia こと李陽（全パート）によるワンマン・ブラックメタル・プロジェクト。自然、オカルト、幻覚をテーマとして、アトモスフェリックな雰囲気も持つオーソドックスなスタイル。デモ仕立ての初 EP となる 3 曲収録で、10 分台が 1 曲、7 分台が 1 曲、4 分台が 1 曲と長丁場な不穏なブラストビートが続き、鬱になりそうな眠気を誘う。また Slaughter と名乗り、Calamity（ドラム）ともにブラックメタル・プロジェクト Surie としても活動。

A Against Humanity

A

簡 褻渎人性

簡 郁虐

常 褻瀆人性

常 鬱虐

Depressive Black Metal	北京、広東省広州	
Cold Woods Productions	デモ	2012

Armor Force に在籍し、Speechless、Torture Killer、Wither、Sad Tears など抱える毀怜（ヴォーカル）と広州在住の Mr.Rose による 2 マン・アトモスフェリック・デプレッシブ・ブラックメタル・プロジェクト。砂嵐のような音世界の中、どんよりと陰鬱になったかと思えばヒステリックに泣き叫ぶヴォーカルが入りこみ、また寂しげな空気感に覆われ、そしてグロウルに吐き捨てるヴォーカル。最後には鎮静剤を打たれたかのようにおとなしく終える。Silencer のカバー曲も収録。

A Aglare Light

A Blood and Honour

簡 刺眼光芒

簡

常 刺眼光芒

常

Black Metal	四川省成都	
Funeral Moonlight Productions	デモ	2007

Original Sin の Wolfsclaw が 2007 年に開始したワンマン・ロウ・デプレッシブ・ブラックメタル・プロジェクト。中国初の NSBM（国民社会主義ブラックメタル）を掲げる。1st EP『Aglare Light』以来の半年振りの作品。ナチスの演説らしきサンプリング音源を使い、プロジェクトの思想は NS。しかし、この世に存続すべし民族は漢、ゲルマン、大和、モンゴルであとは消滅するべき、イスラム教徒は西洋人とともに排除等、思想の偏りが酷い人物のようである。2008 年、独自性を見出せなくなり、活動停止。

A Aphasiac　簡 失语者　常 失語者

A Into the Nothingness of Cold and Hopelessness　簡　常

Depressive Atmospheric Black Metal	吉林省長春
Pest Productions	EP / 2018

長春を拠点とし、Ashes なる人物と中国エクストリームメタル界に多くのプロジェクトに顔を出す Martyrdomquagmire こと張清 の 2 人によるデプレッシブ・ブラックメタル・プロジェクトによる 6 曲収録 1st EP。ブラストビートも高音域を強調したトレモロリフもなくドゥーム・メタルまでは行かないが、ゆったりとミドル～スローな重苦しく引きずるような展開が続き、残響音のようにべっとりとしたグロウルヴォイスが奇声を上げる。陰湿で虚ろな東洋的メロディとブラックメタル特有の緊迫感を併せ持ったサウンド。

A Arcanegoat　簡 秘法山羊　常 秘法山羊

A De Profundis　簡　常

Doom/Heavy Metal	湖南省武漢
Thanatology Productions	フルレンス / 2013

湖南省武漢出身の中国初のドゥーム・メタル・バンドを自称する。Terrorabysm こと劉家仁によるワンマン・プロジェクト。ライブ活動については不明。80 年代クラシック･メタルの薫りが強烈にあるドゥームスタイル。劉は Barbarous、Black Reaper、Skullcrusher、The Illusion of Dawn、Troma Tumor、S.C.O.D.、Summoned Ravens、Terrorabysm や昏脱など多数のプロジェクトに関与する。

A Asthen & Fuyu-syogun　簡　常

A Aerodynamics EP　簡　常

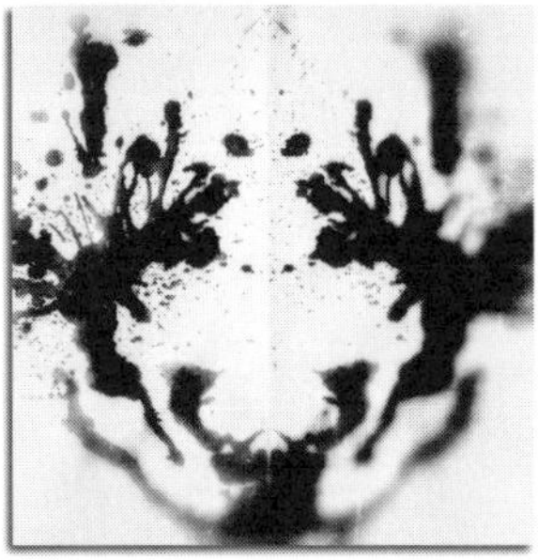

Post-Black Metal/Shoegaze	北京
自主制作	EP / 2017

北京で活動するインテリジェンス・ポスト・ブラックメタル／シューゲイザー・バンド Asthenia のリーダーでヴォーカル＆ギターを担当する Asthen が本隊とは別に開始した Asthen と、Fuyu-syogun の二つ名義となるワンマン・プロジェクト。各プロジェクトを 3 曲ずつ収録した EP。Asthen は本隊 Asthenia を踏襲しながらその作業を全部 1 人で成し遂げた内省的なサウンドで、Fuyu-syogun はさらに内省的な雰囲気を持ち、さながら環境音楽的趣向だ。

A Astrolatry　簡 天体崇拜　常 天体崇拝

A Consciousness Is the Most Black Metal　簡　常

Black Metal	不明
Black Happiness Productions	フルレンス / 2014

「現地点ではブラックメタルだが、確定したものでもなく、今現状の意識がブラックメタルに向いているだけで、決まりきったスタイルではない。ただクレイジーであることは確かである」。そう表現するのはこのバンドの創設者の二人。Full Moon と Solar がすべての楽器とヴォーカルをこなし、演奏は超高速トレモロリフと超高速ブラストが驀進するオーソドックスなブラックメタル。ヴォーカルは何かに憑依されたパンクロッカーのようにクレイジーにグロウルシャウトする。

A Barbarous

A Massacre in A-Minor

簡

常

Death/Thrash Metal	北京、遼寧省錦州、湖北省武漢
Dying Art Productions	フルレンス / 2014

Haemolacria(ギター)、Heavydog(作曲)、Zu(ヴォーカル)の3人(北京、錦州、武漢と遠距離在住)によるスラッシュ/デス・プロジェクト。リフもリズムも剛直的に突進する、向こう見ずなエネルギーに溢れたサウンドが特徴。武漢出身の Haemolacria は Arcanegoat、Black Reaper、Skullcrusher、The Illusion of Dawn、Troma Tumor、S.C.O.D.、Summoned Ravens にて活動する劉家仁である。

A Black Reaper

A Flames of Sitra Ahra

簡 黑暗收割者

常 黒暗収割者

Melodic Black Metal	福建省漳州・湖北省武漢
Pest Productions	EP / 2014

福建省東南部の漳州出身の元 Peggod の He が開始したワンマン・メロディック・ブラックメタル・プロジェクト。同年末、ドラムにアモイ在住の同型ワンマン・プロジェクト(Holyarrow、Rupture)で活動する Schtarch こと史の協力を得て 1st EP を完成させる。90 年代イエテボリサウンドを踏襲した美旋律と、スピード感のバランスの良いサウンドが強み。入れ替わるように 2015 年には同じく多数の同類プロジェクトを抱える湖北省武漢の劉家仁がベースで参加する。

A Black Reaper

A Celestial Descension

簡 黑暗收割者

常 黒暗収割者

Melodic Black Metal	福建省漳州、湖北省武漢
Pest Productions	フルレンス / 2018

He(ギター&ヴォーカル)と劉家仁(ベース&ドラム)をメインに、アメリカ・シンシナティを拠点に複数のブラックメタル・プロジェクトに関わるチェロ奏者 Kakophonix をゲストに迎えて制作された 1st アルバム。Dismember の「Life - Another Shape of Sorrow」のカバー曲も収録。カバーアートワークに Marcela Bolívar の作品を採用する。美旋律とスピード感を両立した前作を踏襲し、悲哀と歓喜と暴虐を織り交ぜながら、変幻する展開が素晴らしい構成。

A Black Sun K-evil

A Dark City

簡 黑阳 k-evil

常 黒陽 k-evil

簡 暗城

常 暗城

Industrial Gothic Metal	北京
锈声唱片	フルレンス / 2006

北京のワンマン・プロジェクト Black Sun の 2nd アルバム。K-evil なる人物がダーク・アンビエント・ワンマン・プロジェクト Eria とロック・バンド渡鸦の劉佳(ドラム)とコラボした作品。中国式ごちゃまぜ炒めな音楽を受け入れることが出来るかどうか。インダストリアル・メタルを中心にゴシック・メタル、ダーク・ウェーブ、エレクトロニカを融合させた実験性の高いエレクトロ・メタルコアとなるようなサウンド。汗臭い男版 A Drop of Joker といったところ。

A Borkr
A Amber

簡

常

簡

常

Black Metal | 北京

Sparrow Cross | フルレンス | 2012

北京のワンマン・ブラックメタル・プロジェクト。2006 年から 2008 年にかけて Keinviik として活動していたプロジェクトを 2008 年に改名あるいは改編し、Borkr 名義でリリースしたアルバム。気だるく眠気を催すアトモスフェリック・ブラックな音楽性が特徴。当プロジェクト創設者本人は自らのスタイルをアンバー（Amber）・メタルと呼ぶ。また、この同時にダーク・アンビエント・インスト・ブラックメタル・プロジェクト E.D.I.E.H. も主催し、多くの作品を発表している。

A Chīyóu
A Chīyóu

簡 蚩尤

常 蚩尤

簡 蚩尤

常 蚩尤

Raw Black Metal | 山東省青島

Cold Woods Productions | デモ | 2012

中国におけるブラックメタルの本拠地とも言える山東省青島にて Rerthro と名乗る人物が 2012 年から開始したロウ・ブラックメタル・ワンマン・プロジェクト。5 曲収録 1st デモ。わざとらしい低レベルな演奏技術と砂嵐のような音の悪さもさることながら、寒気を催し刺々しく異様な空気感が流れるサウンド。Rerthro はスラッシュ・ブラックメタル・バンド Raw Enmity のヴォーカル＆ギターとして参加する。2016 年にプロジェクト名義を Rerthro と変更して活動する。

A Chute du Soleil
A Thousand Keys

簡 太阳的陨落

常 太陽的隕落

簡

常

Occult Black Metal | 山東省青島

Cold Woods Productions | EP | 2019

NECROKROW、APOCALPYTICBELL、PURULENTREEK の 3 人からなるオカルト・ブラックメタル・プロジェクト。4 曲収録 1st EP。ミドル・テンポ中心の冷たく荒涼感溢れる作品。詳細事項は不明だが、中国ポータルサイト SOHU にインタビューが掲載。Dissection、Batushka、Mgła、Gaerea、Svartidauði、Death、Karma、Deathspell Omega、Kommodus、Mephorash 等のアンダーグラウンドバンドをフェイバリット・バンドに挙げ、自らの音楽的背景や思想を語る。

A Claustrophobia
A

簡 幽闭恐惧症

常 幽閉恐惧症

簡 冥怨廿年

常 冥怨廿年

Atmospheric Black Metal | 河南省洛陽

Ghostdom Records | フルレンス | 2013

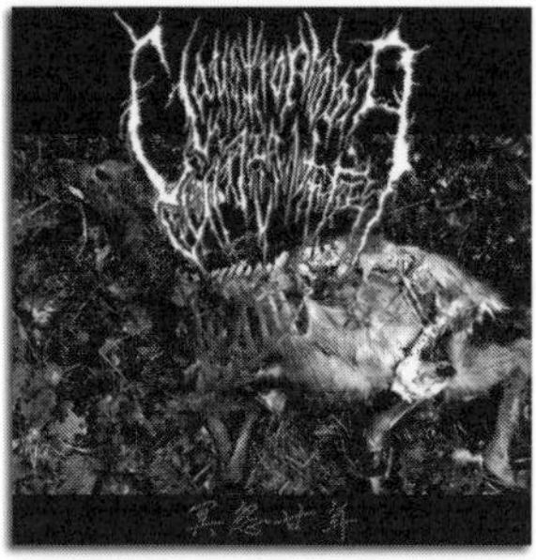

河南省洛陽にて 2006 年より活動開始した Raped Corpse なる人物によるワンマン・デプレッシブ・アトモスフェリック・ブラックメタル・プロジェクト。2006 ～ 2008 年には頻繁に作品をリリースしていたが、本作は 5 年ぶり 7 枚目のアルバムで、2009 年の Striborg とのスプリット・アルバム以来の作品となる。寂寥感と虚無感に満ち、静かなる暴力性を秘めた光の無い世界に落とし込まれ、悲壮感だけが漂うトレモロリフにミドルファストなブラストドラム。嗚咽激しいヴォーカルが厭世的でこの世界を絶望させるサウンド。

A Dark Fount
A A Sapless Leave Withering in the Night Fog

簡 阴暗之泉　**常 陰暗之泉**
簡　常

Black Metal	山東省泰安	
Pest Productions	フルレンス	2007

2005年より活動開始した山東省泰安出身の李涛によるワンマン・ブラックメタル・プロジェクト。2006年1stアルバム『Dark Fount』を発表。2007年12月に北京の豪运酒吧にてライブを敢行した直後にリリースとなったのが本作2ndアルバム。Burzum、Darkthroneなどに強く影響を受けたピュアなプリミティブ・ロウ・ブラックメタルが特徴。ミドルテンポながら不穏で単調なトレモロリフがベットリ続く暗黒世界観に覆われたサウンド。

A Darkness over Depth
A Darkness over Depth

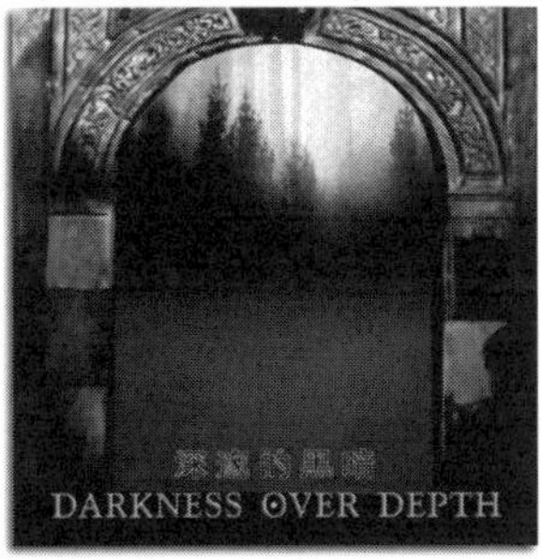

簡 王三溥　**常 王三溥**
簡 深邃的黑暗　**常 深邃的黑暗**

Symphonic/Folk/Black/Doom Metal、Ambient	四川省成都	
Keysmet Productions	フルレンス	2003

四川省成都においてKasasisこと王三溥が2002年年末から活動開始したワンマン・メタル・プロジェクト。中国音楽と西洋音楽、中でも古典文化を完璧な形での融合を目指す。シンフォニック·メタル風、フォーク・メタル風、ブラックメタル風、ドゥーム・メタル風そしてアンビエント風の統一感のなさが特徴。ワンマン・プロジェクトだからこそ味わえる、いい意味での制限の無さが多元的ストーリーを生み出している。本作以後もアルバム7枚とシングル多数を発表する。英語プロジェクト名がグループ風の名前で中国語プロジェクト名が個人名となって困惑するかもしれないが、全中国側サイトでこのように記載されている。

A Deranged Shit
A Kill It By The Brick

簡 狂粪　**常 狂糞**
簡　常

Porno Gore Grind	広西チワン族自治区桂林	
Half-Life Records	フルレンス	2007

広西チワン族自治区桂林出身のJack-Jackなる人物が2005年に始めたワンマン・ポルノゴア・グラインド・プロジェクトの唯一のアルバム。ジャケットアートワークがやや浮いているが、この手のジャンルではありがちで基本的に音質は悪く、楽器を殴り叩き、掻き毟って喚き叫んでいる程度の演奏で、悪趣味の極みな超マイナー音楽。アメリカのインディーズ・レーベルHalf-Life Recordsからリリース。4分未満の曲展開が単調で短い曲ばかり22曲計48分を収録。

A DirtyCreed
A Bleeding Isle

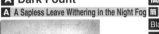

簡　**常**
簡　常

Dark Folk Metal	山東省青島	
Pest Productions	フルレンス	2017

ワンマン・シンフォニック・メロディック・ブラックメタル・プロジェクトObscureDreamとしても活動する山東省青島出身のFilthこと張江楠によるワンマン・ダーク・フォーク・メタル・プロジェクト。『Memories&Pieces』に続く4年ぶりの2ndアルバム。アトモスフェリック・ブラックメタルを通過しながら、精神的にはメタル的要素を引きずり人間の負の面を浮き彫りにする。やはり暗黒的音楽性には竇唯の影響が垣間見える。

A Dopamine

A Dopamine

簡 多巴胺

常 多巴胺

簡 多巴胺

常 多巴胺

Black Metal/Depressive Rock/Shoegaze | 江西省南昌、広西チワン族自治区玉林、山東省聊城

Taphephobia Productions | EP | 2010

出身地がバラバラな Jiang、Deng と Zhao の 3 人により結成されたプロジェクト。2 曲収録 EP。アトモスフェリック・ブラックメタル〜シューゲイザーのような、もっと言えばアンビエント・ミュージックのような静寂に包まれた作風。2010 年 1st アルバム『Dying Away In The Deep Fall』の制作途中で解散した模様。Jiang と Deng は ex-In the Abyss であり、Jiang は Jacky Danny にもいた。Zhao は Be Persecuted として活動中。

A Dopamine

A Dying Away in the Deep Fall

簡 多巴胺

常 多巴胺

簡 逝于深秋（器乐版）

常 逝于深秋（器楽版）

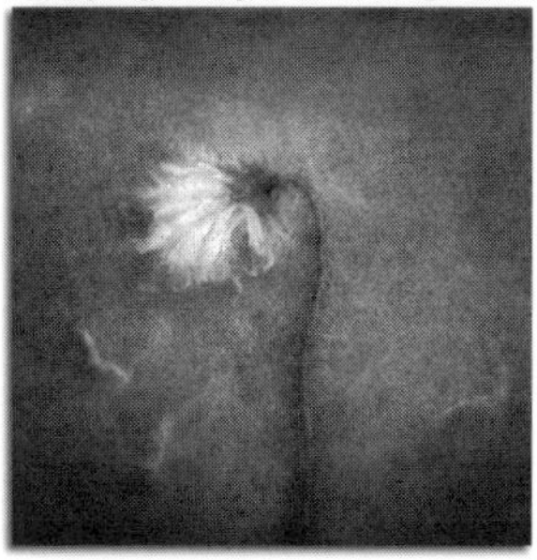

Black Metal/Depressive Rock/Shoegaze | 江西省南昌、広西チワン族自治区玉林、山東省聊城

Pest Productions | フルレンス | 2019

2010 年に EP『Dopamine』リリース後、本作制作途中に解散。その後は Pest Productions 等複数のレーベルの経営者として中国アンダーグラウンド・メタル・マーケットを牽引してきた鄧章がアーティストとして Dopamine を再始動、約 10 年ぶりにアルバムをリリース。インストゥルメンタル版とヴォーカル入りの 2 種類がある。内容は、EP 収録曲とスプリット・アルバム『The World Comes to an End in the End of a Journey』収録曲を含む鄧の音楽的内省世界を表現した完成形とも言える。

A E.D.I.E.H.

A A Chase in the Night

簡

常

簡

常

Black Metal/Dark Ambient/Folk/Acoustic | 北京

Sparrow Cross | フルレンス | 2008

Borkr 名義でも活動した Keinviik（別名 T.）が 2005 年に北京で活動開始したワンマン・アトモスフェリック・ブラックメタル・プロジェクト。本作は 1 枚目となる作品。C 級ホラー／オカルトムービーの BGM のごとく吐き気を催す薄気味悪いトレモロリフと、心臓に悪い単調なリズムが延々と流れるサウンド。以後、自主レーベル Sparrow Cross を設立し、音源制作を行う。2015 年までに 10th アルバムまで発表し、一部の作品は Pest Productions で配給もされる。

A Empylver

A Wood Woud Would

簡

常

簡

常

Folk Metal | 陝西省西安

Dying Empylver | フルレンス | 2006

陝西省西安出身の A.J.Alex なる人物により 2005 年活動開始したワンマン・フォーク・メタル・プロジェクト。某メタルショップで輸入盤が 5000 円もしていた 1st アルバム。欧州フォーク・メタルを基盤にドゥーム・メタルの要素やブラックメタルの激しいギターリフとガテラルヴォーカルを取り入れ、クラシックや中世欧州民謡などからもインスピレーションを受けている。当人はメタル以外の様々な音楽プロジェクトに関わり、『柳三世』『南迦巴瓦』などのヒーリング・ミュージック・アルバムを 8 枚ほど制作した。

A **Enemite**

A **WuYuan**

簡 **怨** **常** **怨**

簡 **巫怨** **常** **巫怨**

Black Metal	北京
Dying Art Productions	フルレンス 2004

元 Evilthorn のヴォーカル李超によるスピリチュアル・アンビエント・ブラックメタル･ソロ･プロジェクト。メタルの範疇を超越してしまい、そして一寸の光も無い暗闇アンビエント･サウンド･ミュージックといった方が良い。古代カルト集団の儀式のような邪気にまみれたヴォーカルが呪詛のように囁きかけ、伝統楽器を用いた心の奥深いところまでぞくぞくさせる演奏が重々しく流れる。入手困難品だったが、2017 年、ロシアのレーベル Infinite Fog Productions からリマスター再発された。

A **Entamoeba Histolytica**

A **Erase**

簡 **痢疾变形虫** **常** **痢疾変形虫**

簡 **常**

Grindcore	天津
Hepatic Necrosis Productions	フルレンス 2013

天津出身の王東達（ヴォーカル&ギター）によって 2003 年 10 月に活動開始したワンマン・グラインドコア・プロジェクトの唯一のアルバム。2005 年にレコーディングは完了していたが、諸問題によりリリースが 2013 年となった。Carcass、Napalm Death、Metallica 等からの影響を受けたサウンドにザクザクと切り刻むスラッシュ・メタル的ギターリフを前面に押し出し、そこにグロウルヴォイスが乗っかる。Carcass、Ulcerous Phlegm、Napalm Death のカバー曲も収録。

A **Esthète Sinistre**

A **Live in Despair, Die in Solitary**

簡 **审美灾难** **常** **審美災難**

簡 **常**

Atmospheric Post-Black Metal	広東省広州
自主制作	EP 2013

広東省広州にて 2010 年年末、Jonn（全パート・元 Horror of Pestilence）と 6（ヴォーカル）により結成されたアトモスフェリック･ポスト・ブラックメタル・バンド。1 曲 26 分 56 秒で構成される音楽は有名クラシック曲をモチーフにしがら、ヒトラーらしき演説のサンプリング音源を使い、苦痛から逃れようと喚き泣き叫ぶヴォーカルが垂れ流される。その神聖な旋律を対極の邪悪なる空気感へ作り変える。本作リリース後、Jonn の渡仏のため、6 のワンマン･プロジェクトとなる。

A **EvilZ**

A **Abaddon**

簡 **魔圈** **常** **魔圏**

簡 **常**

Black Noise/Dark Ambient	河南省洛陽
Funeral Moonlight Productions	EP 2007

Misshapen Hatred の張氷によるもうひとつのワンマン・プロジェクト。音楽性は Black Noise ／ Dark Ambient。C 級ホラー映画の BGM のごとく憔悴しきった不穏の極地と言うべき音楽だ。鼓動を誤らせる有害なノイズに、生霊のごとく気持ち悪くこだまする叫び声、地面を這う悪鬼の苦しむ低音俗声がせせら笑い、不快に延々と続く。収録曲のなかには忌々しい音が 10 分を超えるのもあり、6 曲収録 EP の 30 分の天魔波旬の魂から内臓ごと吐き気をもよおす､禍々しい黄泉の世界。

A The Evil Hymn

A The Evil Hymn

簡 邪恶颂歌 / **常 邪悪頌歌**

簡 邪恶颂歌	常 邪悪頌歌	
Black Metal	北京	
自主制作	EP	2016

人物も活動詳細も不明、Xiamiのみに音源が上がっているブラックメタル・プロジェクトもしくはバンドの3曲収録 1st EP。うなりあげるヴォーカル、殴り倒し、けり倒すドラム、ノイズミュージックのようなギターサウンド、不協和音を多用するエクスペリメンタル・ミュージックのようなシンセサウンド、ブラックメタルの様式に乗っているが、まったくもって交通整理が不能な世界観。同年中にシングル『666』『赦亲』『Apocalypse』の3作品を発表しているが、現在の状況は不明。

A Excruciate

A

簡 劓刖 / **常 劓刖**

簡	常	
Death Metal	天津	
Dying Art Productions	EP	2010

2003年、天津にて活動開始したCorpse Songsこと張翔によるワンマン・オールドスクール・ブラック・デスメタル・プロジェクト。3枚目のEP。読経で始まるブラックメタルとデスメタルを両方深く愛する者が、禍々しい部分だけを良いとこ取りした、オーソドックスな展開。中国語名「劓刖」は鼻を切り落とし、足を切断する古代中国の刑罰のこと。張翔はワンマン・デスメタル・プロジェクト尸诗も同時進行、2014年には張翔主導・プロジェクト2組スプリットCD『轮回 / 万恶人间』をリリース。

A Eye of Depression

A Never Lost

簡 抑郁之眼 / **常 抑鬱之眼**

簡	常	
Depressive Black Metal	甘粛省天水	
Kill The Light Productions	デモ	2015

古代中国神話に登場する伝説上の帝王伏羲の故郷とされる甘粛省天水、その街に生まれ育ったYCLこと余成龍が2014年に活動開始したワンマン・デプレッシブ・ブラックメタル・プロジェクト。1stデモ『Eye of Depression』の1年後にリリースした2nd EP。前作を引き継ぎながらブラックゲイザーなサウンドにもなり、最初から最後までこれまで以上に無い悲痛感が漂う。陰鬱で暗い世界観を描き、絶望感しかない1曲27分にも及ぶ晦冥叙事詩の大作。

A From Chaos

A Black Romance

簡 / **常**

簡	常	
Black Metal	山東省淄博	
Autumn Floods Productions	EP	2007

山東省中央部に位置する陶磁器の都や絹織物の里として有名な淄博を拠点とするAlex Vanなる人物が2005年に活動開始したワンマン・ブラックメタル・プロジェクト。2006年のデモ『Phobia About Life』に続く5曲収録 1st EP。初期においてはDeath等の影響を受けた音楽性だったが、徐々にドイツやフランスのブラックメタル・バンドの影響を受け、変容。本作は砂嵐のような荒くざらついた質感のギターと、救い無き断末魔の叫びのようなヴォーカルが魑魅魍魎のように一体化し、陰鬱。

A Garrotte Betrayers　簡 绞杀叛徒　常 絞殺叛徒

A Forgotten Stigma　簡　常

Black Metal	四川省成都	
Funeral Moonlight Productions	EP	2007

四川省成都で活動するワンマン・プロジェクト Original Sin の中心人物 Evil Soul なる人物による別働隊ワンマン・ブラックメタル・プロジェクト。7 曲収録のアルバム。中国人独自のブラックメタルを掲げているが、ホワイトノイズのようなトレモロリフに覆われ、荒々しくも陰鬱な重さのある音楽。随所に挟まれるモチーフとして使われている素材から、アメリカが大好きなのかと感じてしまうほどの傾斜ぶりに、矛盾を覚える。当プロジェクトは本作だけで終焉し、本隊 Original Sin の活動に専念した模様。

A Genocide　簡　常

A To the Great Eternity II　簡　常

Black Metal	雲南省玉溪	
66 Productions	デモ	2012

世界中に同名メタル・バンドがいるが、タバコ産業が盛んな雲南省南部の玉渓を拠点する。Corpsedigger なる人物が手がけるワンマン・ブラックメタル・プロジェクト。 自然、ニヒリズム、戦争、サタニズム等がテーマ。1st デモ『To the Great Eternity I』に続く 2 年ぶりの 2nd デモ。甘美な睡眠へ誘うトレモロリフと、無機質なリズムワークが重苦しく続く。Corpsedigger は 2 マン・ブラックメタル Peggod のドラム & ベースとしても活動中。

A Gol Dolan　簡 古尔 道兰　常 古爾 道蘭

A The Traces of Mist　簡　常

Neo Classical Folk	北京	
子夜唱片	フルレンス	2009

北京にて 2005 年活動開始した Gol Dolan なる人物のワンマン・ネオクラシカル・フォーク・プロジェクトの 5th アルバム。Dying Art Productions や Dying Empylver よりアルバム・リリースされたことから、エクストリーム・メタル系に分類されたこともあった。アトモスフェリック・ブラックの趣きもあり、その感性を残したニュー・エイジ・ミュージック。古楽を現代の感性で再編したピアノとアコースティックギターによる、実験的でありながら心休まるサウンド。

A Harrfluss　簡 头发河　常 頭髮河

A Harrfluss　簡 头发河　常 頭髮河

Ambient/Black Metal	北京	
Dying Art Productions	EP	2010

Evilthorn の元ヴォーカル李超のワンマン・アンビエント・ブラックメタル・プロジェクトによるデモ『Harrfluss』以来 7 年ぶりの 3 曲収録 EP。砂嵐のようなリフの中から重苦しい密教マントラ呪術のような低音ヴォーカルが、うねりながらこだまする不穏不吉なサウンド。前作 EP との間（2005 年）に同類のプロジェクト Enemite にて EP をリリース。また、Noise ユニット Anti XXX や Alternative Dance ユニット Zaliva-D としても活動する。

A Heartless
A Anaesthetization

簡 无情的　常 無情的

Depressive Black Metal	山東省泰安
Pest Productions	フルレンス　2011

山東省泰安を拠点とする Slash Lu こと魯創が 2002 年年末より活動を開始させたワンマン・ブラックメタル・プロジェクト。1st アルバム『Suicidal Engagement』以来 3 年ぶりとなる 2nd アルバム。陰鬱トレモロリフに、言葉そのままな寂莫たる絶叫系ヴォーカルが乗る物憂げなサウンド。予測の付かないところでブルース的泣きのギターが挟まれ、全体的に気だるいミドルテンポな曲調の中で美しいフレーズとして耳に残る。惜しくも 2012 年ごろに活動が終焉している様子。

A Heartless
A The End

簡 无情的　常 無情的

Depressive Black Metal	山東省泰安
Pest Productions	コンピレーション　2019

魯創によるデプレッシブ・ブラック・メタルプロジェクトの入手困難となった既発 Demo『Endless Suicide』やスプリット・アルバム『348? - Black Metal Is Plague』収録曲、そして未発表音源等を 1 枚にまとめた 11 曲収録のコンピレーションアルバム。本作品が再活動の布告がどうかは不明。魯創は現在、ダーク・アンビエント・フォーク・プロジェクト Vergissmeinnicht として活動、『His Own Strange Songs』『Whispering Solitude』をリリース。

A Hellward
A Heavy Fvckn Black

簡 向地狱　常 向地獄

Blackened Heavy Metal	陝西省西安
Dying Art	フルレンス　2006

Zuriaake のメンバーの Bloodfire こと劉嶢が 2005 年ごろに西安に移住し、活動開始したワンマン・ブラッケンド・メタル・プロジェクト。酒と危険な事をテーマに扱っている。サポート・ギタリストを迎えるもワンマン体制を継続。AC/DC+Motörhead に咆哮ヴォーカルが加入し、ブラックメタル化したわかりやすいサウンド。2015 年 7 月の Venom Inc. の北京ライブに前座として登場。 また西安で活動する Midwinter、Varuna、英吉沙などのブラックメタル・バンドにも在籍。

A Holyarrow
A Oath of Allegiance

簡 禦矢　常 御矢

Epic Black Metal	福建省アモイ
Pest Productions	フルレンス　2016

アモイ（廈門）に住む Schtarch が 2015 年活動開始したワンマン・ペイガン・ブラックメタル・プロジェクト。80 年代メタル黄金期のサウンドをバックグラウンドとし、90 年代ブラックメタルに進化したスタイルだ。福建の歴史、土着宗教などを題材に全編福建語で歌う。福建語は中国語における福建省の方言だ。一言に福建語といっても東西南北各地域により隔たりがある。アモイがある南部の福建語を閩南語とも言い、台湾語に近い。またブラックメタル・バンド Rupture も率いている。

A Holyharrow

A Fight Back For The Fatherland

簡 禦矢 / **常 禦矢**

簡 靖难 / 常 靖難

Epic Black Metal	福建省アモイ	
Pest Productions	フルレンス	2018

EP『三株同根 /The Burning of the Three Weeds』をはさみ 2 年ぶりとなるコンセプトアルバム。13 世紀、四十数年に渡り断続的に行われたモンゴル・南宋戦争、そして歴史書に色目人と記載されているペルシア系住民による福建省においての 3 度に渡る元朝への反乱をテーマとした。中心人物の Schtarch こと史可铨は福建人であり、福建人は中国人の中でも冒険心が非常に強いとされる。聴こえてくる音楽からの野心も幅広く、奥深い。一聴して動悸を起こさせるシンフォニックかつエピックなエクストリーム・メタルという観点、そして出身地域の歴史をテーマにする観点では、台湾の Chthonic と軸を同じにする。

A Ibex Moon

A Cathedral at Obscure Fortress

簡 山羊月亮 / **常 山羊月亮**

簡 / 常

Black Metal	北京	
Pest Productions	EP	2016

Lord Desecrator こと賈克と The Kriegod こと牛子超による 2016 年から活動開始した北京のオカルティック・ブラックメタル・プロジェクト。オーソドックスだが、中心人物がベーシストなこともあり、ベースが派手に戦闘するサウンド。賈克は Corpse Cook、Skeletal Augury、Wrath of Despot、Septicaemia、Raging Mob と 渡り歩き、現在も Evilthorn、Dark Haze としても活動中。牛子超も Skeletal Augury として活動中。

A Ibex Moon

A Past/Evil

簡 山羊月亮 / **常 山羊月亮**

簡 往生 / 恶业 / 常 往生 / 悪業

Black Metal	北京	
Pest Productions	フルレンス	2019

期待感を増幅させる攻撃的スラッシーなリフから始まるが、リズムにもトレモロリフにもこれといって大きな起伏はなく、前作同様に相変わらず単調な曲を淡々と進める。ザラザラで薄い感じのギターノイズの奥深いところから聴こえてくる細やかなメロディが荒涼感を強調する。狙ったかのような劣悪音質ではあるが、むしろ非常に丁寧に練られている楽曲が、真逆な複雑性を増強させている。随所に挟まれる懐かしさを覚えるフレーズに懐の深さも感じさせ、聴き進めるに従って、ますます癖になる。

A In the Abyss

A The Frosty Heart in Snowstorm

簡 / **常**

簡 / 常

Black Metal	北京	
Pest Productions	デモ	2016

蒋中旭（広西チワン族自治区玉林出身）と Pest Productions のオーナー鄭章により 2006 年活動開始した 2 マン・ブラック・プロジェクト。リズムワークもギターフレーズも、まぎれもなく正統派 90 年代初頭の北欧ブラックメタルを現代に再現したサウンド。他のブラックメタル・プロジェクトと異なる点は、スピード感のある Rock 'n' Roll テイストが強いこと。二人は別プロジェクト Dopamine でも活動する。また、蒋はギタリストとして Jacky Danny でも活動した。

A Iron Right Hand / **簡 铁右手** / **常 鉄右手**

A Happy Widow's Village / **簡 欢喜寡妇村** / **常 歓喜寡婦村**

Porno Grindcore	北京	
Hepatic Necrosis Productions	EP	2014

複数のレコードレーベルを所有し、Armor Force に在籍、Speechless、Torture Killer、Wither、Sad Tears などプロジェクトを抱える毀怜(受け手ヴォーカル)と、そして五毒(攻め手ヴォーカル)によるダブルヴォーカル・ポルノグラインド・プロジェクト。情報が錯綜しているため何枚目の作品かは不明だが、シンプルなパンク〜ロックンロール風な演奏を基調にガテラルヴォイスを下劣に吐きまくる。あの時の喘ぎ声をサンプリングして、効果的に使用した猥褻下品な最低級サウンド。

A Judas / **簡** / **常**

A Myth War / **簡** / **常**

Melodic Black Metal	山東省青島	
Kill The Light Productions	デモ	2015

山東省青島を拠点とする秦寿が 2015 年から活動開始したワンマン・ブラックメタル・プロジェクト。当人はメロディック・ブラックメタルとカテゴライズしているが、ガテラルヴォイス以外はトレモロリフもブラストビートも全く無く、むしろ 80 年代メタル黄金期から 90 年代北欧メロデスあたりのサウンドである。サポートメンバーを得て地元イベントに出演している模様。

A Keinviik / **簡** / **常**

A Apathy/Blank Tearful Cafard / **簡** / **常**

Black Metal	北京	
Sparrow Cross	デモ	2008

Keinviik なる人物が 2006 年に始動させたブラックメタル・プロジェクト。本作はカセットテープのみで販売され、7 曲全曲とも 7 分を超えるインストゥルメンタル。ヴォーカルレス、ドラムレスで呪術のように締め付けるトレモロリフが、変性意識をもたらしかねない何かを埋め込んだ特殊な音源のようなブラックメタルだ。Keinviik は E.D.I.E.H. としても活動中。2008 年からは当プロジェクトの方向性転換かあるいは発展系と言えるのがワンマン・プロジェクト Borkr だ。

A Kingtyen / **簡** / **常**

A Hallelujah Spiritus Sanctus / **簡** / **常**

Black Metal	上海	
自主制作	フルレンス	2009

PerfututuM として活動していた Kingtyen による新たなワンマン・ブラックメタル・プロジェクト。1st EP『Misanthropia』、カバー EP『Fear of The Dark (Covers)』に続く 2nd EP。無理やりあれこれひとつにくっ付けたはちゃめちゃで、暗礁に乗り上げたかもしれないサウンド。やりすぎにもほどがある。聴いてすぐ疲労感を覚える。その手のファン向けのやりすぎな熱意の割には、音が割れて残念な C 級もの。

A Lucyen.Ezznorland 簡 **露茜恩 . 波塔什兰** 常 **露茜恩 . 波塔什蘭**

A Northman(Shadow Century) 簡 常

Symphonic Metal	? ?
自主制作	フルレンス / 2016

正体不明の露茜恩 . 波塔什兰なる人物によるワンマン・シンフォニック・メタル・プロジェクトによる 1st アルバム。音訳と見られる漢字名を英表記にすると Lucyen.Ezznorland になるが、英名クレジットが Phantom.AssAsslne となっている。過去作 EP 同様に本作でも作曲および演奏はソフトウェア Guitar Pro 6 で行っており、プリデモレベル段階の音源をそのまま公表。もし楽器を用いた正式な録音となれば、超大作となる絢爛豪華な音になるであろう。

A Luke 簡 常

A Lake of Mirror 簡 常

Atmospheric Folk/Post-Metal	江蘇省蘇州
Dying Art Productions	デモ / 2011

かつて東洋のベニスと言われた江蘇省蘇州出身の Baby Blue こと陳維によるワンマン·アトモスフェリック·フォーク·メタル·プロジェクト。4 曲収録 1st デモ。実質はシューゲイザー的であり、まったりしすぎているところはヒーリング・ミュージック的にも聴こえる。と思えば突然グロウルヴォーカルが始まる。静と動が激しく乖離した作風。陳は同様なワンマン・スラッシュ・プロジェクト Sudden Evil としても活動し、メロディック·ブラックメタル·バンド莫邪の一員としても活動中。

A Martyrdom 簡 **殉难** 常 **殉難**

A Martyrdom 簡 **殉难** 常 **殉難**

Black Metal	北京
Dying Art Productions	EP / 2016

2001 年 10 月、付良（ギター & ベース）と祖輝（ドラム & ヴォーカル）の 2 人により結成されたブラックメタル・プロジェクト。1st アルバム『Pagan's Hymn』、1st EP『II』以来 13 年ぶりとなる 2nd EP。ブラストビートではないが、リズムセクションがハイピッチに攻め立てる王道派メタルに近いタイプ。若干ヴォーカルの音がこもり気味だがツボをついた展開をするなど聴きどころが多い。現在は Ululate の林粤、Crack 他の孔德珮、The Metaphor の呉碩、周延斌が加入し、バンドとして整う。

A Mefitis 簡 **蛮蜚之魃** 常 **蛮蜚之魃**

A Nascence 簡 常

Black Metal	北京
自主制作	EP / 2017

北京在住のアメリカ人 Allen Darling によるメロディック・プログレッシブ・ブラックメタル・プロジェクトの 3 曲デビュー収録 EP。ポスト・ブラックメタルのようで、シューゲイザーのようでもある。ブルースフィーリングがあるギター演奏も楽しめたり、メタルクラシックなギターリフやソロが忍び込んでいたりスピードアップしたかと思えば、スロウダウンする。つかみどころを説明するのが難しいサウンドになっている。そんなサウンドに、やさしめのグロウル·ヴォーカルで淡々と歌っている。

A Mefitis
A Despair

簡 蛮蜚之魃 **常 蛮蜚之魃**

簡

常

Black Metal	北京
自主制作	EP / 2019

2017 年、北京在住アメリカ人ギタリスト Allen Darling により結成。同年、デモ音源『Nascence』を発表。2019 年、スロベニア人ドラマー Darian Kocmur と中国人女性ヴォーカリスト Rexko が加入し、バンド体制を整え、リリースされた 4 曲収録 EP。基本的にメロディーを削除した攻撃的でハイスピード、勢い重視の野獣性が強いバンド。速くシンプルなドラムビート、初期ブラックメタル的な金切声、ノイジーなギター・サウンドでスラッシュ・メタルに近いサウンド。時折レイドバックしたギターソロが良い味を出す。

A Misshapen Hatred
A Chainsaw Legions

簡 畸形仇恨 **常 畸形仇恨**

簡

常

Raw Black Metal	河南省洛陽
自主制作	デモ / 2007

河南省洛陽にて 2007 年、R. Chainsaw こと張氷が別に活動していた 2 マン・プロジェクトが頓挫したため、新たに開始したブラックメタル・プロジェクト。1st デモ『Chainsaw Legions』に続く 2nd デモの本作は水滸伝の登場人物の李逵へのブラックメタル・オマージュとして制作。リズムワークの頼りなさを感じるものの、狼の咆哮のようなヴォーカルが全編に張り巡らされた、狂気に満ちた作風である。Peggod 他としても活動中。また、一度頓挫したプロジェクト Warning Moon を再開させる。

A Mother Darkness
A One Hundred Years of Emptiness

簡 母暗 **常 母暗**

簡

常

Atmospheric Black Metal	山西省？
Cold Wood Prod	フルレンス / 2011

山西省にて Sin なる人物が 2006 から 2015 年にかけて活動していたアトモスフェリック・ブラックメタル・プロジェクト。唯一の作品の本作は、四季をテーマに、『イントロ・春・夏・秋 1・秋 2・冬』と繋がり、穏やかな Key を全体に配置させ、突如として地を這うような狂人的なグロウルヴォイスが忍び込んでいる。空気温度をマイナスまで下げる控えめなトレモロリフが背筋を冷やす。Zuriaake の Bloodfire から「この悠久的なサウンドには考えも及ばなかった、いずれ共作をしたい」と評価される。

A The Mortal World
A The Mortal World

簡 浊世 **常 濁世**

簡 浊世

常 濁世

Black Metal	山東省青島、河北省唐山
Pest Productions	フルレンス / 2016

青島メタルシーン中心人物である古蛇（ヴォーカル＆ギター）と河北省唐山出身の荒涼による 2 マン・プロジェクト。仏教をテーマにしたアトモスフェリック・ブラックメタルを掲げる。歌詞が公開されておらず、内容を確認できないが、歌タイトルに濁世、無明、無暗と仏教用語が用いられている。音楽的には仏典や仏陀を連想させるものはまったく無い。暗く陰鬱に 悠々たるサウンド。ちなみにバンド名は仏教用語で、濁り汚れた世の中。そこから派生して政治や道徳の乱れた世という意味にもなる。

A **Multiple Personality**
A Song Unsung

簡 **多重人格**
簡

常 **多重人格**
常

Black Metal	北京	
Dying Legion	フルレンス	2011

北京にて Guo なる人物が開始したワンマン・プロジェクト。ドゥーム・メタルにも接近したアトモスフェリック・ブラックメタル。1st デモ『Inherent Capability for Evil』に続く 1st アルバム。狂人的でもなく、極端な攻撃性もないが、聴いているとあらぬ方向に心を持っていかれそうな浮遊感がある。同時に体が下へ下へと沈殿する催眠術のような厄介なサウンドだ。Douban には 2016 年 10 月には新曲制作中であり、新たな動きがあると公表されているが、今のところ続報がない。

A **Nagzul**
A Summon the Spirits

簡 **阴差**
簡

常 **陰差**
常

Black Metal	山東省？	
Pest Productions	フルレンス	2011

元 Curse Rampant で、Tomb でも活動する海洋（ヴォーカル＆ギター）が 2011 年より山東省にて活動開始したワンマン・プロジェクト。イントロ・アウトロ以外の４曲は７分を超える大作志向。ドゥーミーでありながらも、重くなりすぎず、暗くもなりすぎていない古典的ブラックメタルなサウンド。プロジェクト名の英語はトールキンの『Lord of the Rings』に登場する幽鬼より取られ、中国語バンド名は道教における地獄で働く鬼より命名。

A **Naked Incise**
A

簡 **裸体切割**
簡 赤裸雕刻

常 **裸体切割**
常 赤裸雕刻

Death Metal/Grindcore	北京	
Thanatology Productions	フルレンス	2012

Complicated Torture の谷輝が 2003 年から 2012 年にかけて活動していたワンマン・グラインドコア・プロジェクト。ヴォーカルはあの手の不遜極まりない下水道ガテラルヴォイスだが、演奏の方はいたってノーマルでシンプルなヘヴィ・メタル。というよりは、練習スタジオでウォーミングアップの為に、とりあえず１～２分程度軽くあれこれやってみた様な楽曲を 19 曲収録。本プロジェクトでは、デモ、EP、アルバムの区別が不明だが、多くの作品を発表しており、他のプロジェクトを含めるとかなりの多作。

A **Never Ending**
A Cause I'm Happy

簡
簡

常
常

Depressive Black Metal	北京	
Kill The Light Productions	デモ	2015

2014 年、北京の高校２年生 L（ギター）と AI（女性ヴォーカル＆ベース）によって結成された２マン・プロジェクト。1st デモ『Never Ending』に続く 2015 年作 2nd EP。デプレッシブ・ブラックメタルをやっているようだが、ただただ若さによる勢いに任せ、作曲してみました感がにじみ出ている。またとりあえずのギター演奏に、かすかに聴こえるソプラノっぽい女性ヴォイスがフワフワと乗っかかり、キーボードの儚い音色の演奏が全体をまとめる。高校卒業後の２人の動向はつかめないので、思い出作りなのかもしれない。

A Northern Blaze　**簡** 北方火焰　**常** 北方火焰

A Northern Blaze　**簡** 北方火焰　**常** 北方火焰

Black Metal	北京	
殇唱片	E P	2006

ex-Skeletal Augury、ex-Wrath of Despot の North（ヴォーカル）と Su Chi（ドラム）による 2 マン・プロジェクト。1st デモ『Never Ending』に続く 1st EP。音楽学校でブラックメタルの科目があるならば、その授業で第一課にてリフやリズムセクション、キーボード・アレンジそしてグロウルヴォイスを一通り学んだあと、「やってみよう演習」にあるかもしれない様な、基本だけを押さえた楽曲風である。この後プロジェクト継続となっておらず、消滅している。

A ObscureDream　**簡** 晦涩梦境　**常** 晦澀夢境

A Blood of Phoenix　**簡** 凤凰血　**常** 鳳凰血

Symphonic/Melodic Black Metal	山東省青島	
ColdWood Production	EP	2016

山東省青島出身の Filth こと張江楠が 2010 年に始めたワンマン・プロジェクト。ワールドクラス級のシンフォニック・ブラックメタルとして聴ける。作品としては 4 作目となる EP。前作のシネマティックな展開を踏襲しつつ、伝統楽器を持ち込むことで外国人が中国ブラックメタルに求める音世界を表現する。3 曲（3 曲目は 1 曲目のインスト曲）と少なく物足りなさを感じる。次作アルバムに大きな期待が持てる内容である。張はダークフォークロック・プロジェクト DirtyCreed（肮脏信条）としても活動する。

A Original Sin　**簡** 原罪　**常** 原罪

A Cure　**簡**　**常**

Gothic/Black Metal	四川省成都	
Cold Woods Productions	フルレンス	2013

結成当初は 4 人編成バンドだったが、ほどなくして Evil Soul（ヴォーカル）のワンマン・プロジェクト化する。デモや EP も多く発表しており、アルバムとしては 2014 年作の 3 枚目。ゴシックテイストもあるメロディックなブラックメタルを展開する。学校通知表的には A だが実社会では総合的には及第点しかつけられない、如何ともしがたい気持ちになる。一時期同じようなワンマン・プロジェクト Garrotte Betrayers としても活動した。

A Peggod　**簡**　**常**

A Wargoat Fucks　**簡**　**常**

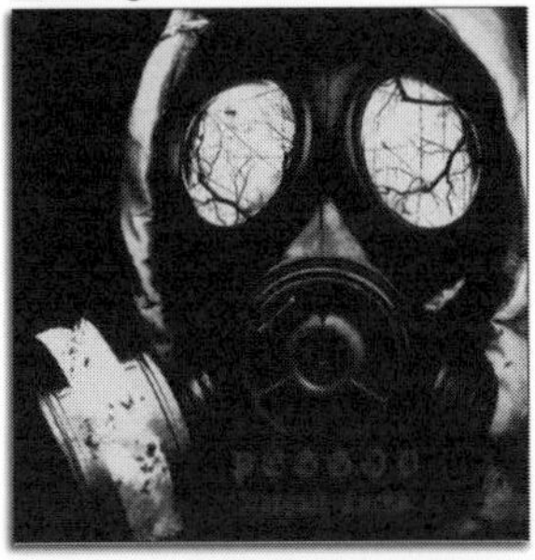

Black/Death Metal	福建省漳州、河南省洛陽	
Ghostdom Records	デモ	2013

福建省漳州出身の Angelgrinder と河南省洛陽出身の Raped Corpse（Misshapen Hatred でも活動）により 2009 年活動開始したブラスフェマス・ブラック・デスメタル・プロジェクト。2013 年 Angelgrinder が離れ、雲南省玉渓出身の Corpsedigger（Genocide で活動）が参加し、制作された 2 曲収録 1st EP。Blasphemy の影響下にある中国初のウォー・ブラックメタルを標榜するノイジーなリフとリズムにまみれた作風。

A PerfututuM
A In Deos Confidimus

簡 纯操 / 常 純操

簡 / 常

Raw Black Metal	上海	
Dying Art Productions	フルレンス	2012

ワンマン・プロジェクト Kingtyen として活動していた人物が 2010 年頃にプロジェクト名を変更した。1st デモ『Omnibus Locis Fit Caedes』に続く 1st アルバム。ノイズミュージック等エクストリーム系音楽を中心に、留め所無くあらゆる音楽を詰め込み、なんとかまとまり感のあるロウ・ブラックメタルへと仕上げている。極端な狂想曲でもないのに、ただただ節操の無い展開の早さから疲労感を覚えることもある。上海出身でこの種の音楽を演っていたことだけが、特筆すべき点である。

A Procreation Garden
A Procreation Garden

簡 生殖花园 / 常 生殖花園

簡 生殖花园 / 常 生殖花園

Sludge/Black Metal	北京	
Pest Productions	Demo	2018

Pussy Zong（ヴォーカル）と Martyrdomquagmire（ギター&ベース&ドラム）こと張清（Obsession、Aphasiac、Faster Alcoholics など多数で活動）によって結成されたばかりのスラッジ・メタル・プロジェクト。2 曲収録 1st デモ。重々しいリズム、ドローンとしたスローテンポ、掻きむしるギターフレーズ、暗黒に閉じ込められた絶望に包まれた空気感、狂い切った奇声ヴォーカル、地獄からの悲鳴が聴こえるかの如く、この世のものすべてを委縮させるサウンド。

A Psycho Killer
A Hunt in a Kindergaten

簡 / 常

簡 / 常

Grindcore/Death Metal	陝西省西安	
Limbogrind Productions	フルレンス	2010

いつ始まりそしていつ終えたのか不明だが、西安を拠点としていた Psycho.S なる人物のワンマン・プロジェクト。グラインドコアとデスメタルを合わせたサウンド。メリハリあるリフが心地よく、ブラストビートをタイトに叩くリズムセクションも快適なオーソドックスなデスメタルだが、ヴォーカルがグラインドコア流ガテラルヴォイスで、時折挿入される悲鳴音や泣き声とども下品さを助長している。8 曲目で突然ブルースな展開（ヴォーカルはそのまま）になり、不快感が募る。

A Rerthro
A Torment

簡 / 常

簡 / 常

Black/Death/Thrash Metal	山東省青島	
Cold Woods Productions	EP	2018

スラッシュ／ブラックメタル・バンド Raw Enmity の瓦解をきっかけに、ワンマン・ロウ・ブラックメタル・プロジェクト蚩尤としても活動をしていた Rerthro がプロジェクト名を Rerthro に改め、リリースした 8 曲収録 EP。ボリューム的には収録時間 25 分程度でアルバムといってもよい。サウンド的には今まで演ってきたバンドやプロジェクトを総復習して、ブラックメタルあり、デスメタルあり、スラッシュ・メタルありの複合型陰鬱系エクストリーム・メタルな風情。起承転結を持つコンセプチュアルな作風。

A Rupture
A Rise from the Mass Graves

簡 决裂 | 常 決裂

Death/Thrash Metal	福建省アモイ	
Pest Productions	フルレンス	2017

元 Black Reaper で、Holyarrow でも活動する Schtarch こと史（ギター、ヴォーカル、ドラム）により 2014 年に結成されたワンマン・プロジェクト。1st EP『Death to Peace』に続いて、2015 年にバンド体制となり、Schtarch はヴォーカル専任に、ツインギター体制となってからの初アルバム。凄烈たるヴォーカルに、勢いの良いリフが絡み合うテンションが高いデス・スラッシュ・メタル。各曲においてもアルバム全体においても起承転結があり、起伏に富んだ仕上がりである。ジャケットは、辛亥革命の様子を日本人が描いた絵のようだ。

A Sad Tears
A

簡 忧泪 | 常 憂泪
簡 破镜 | 常 破鏡

Black Metal	北京 / 内モンゴル自治区フルンボイル	
Depressive Illusions Records	フルレンス	2014

複数のレコードレーベルを所有し、Armor Force に在籍し、Speechless、Torture Killer、Wither、Sad Tears 等を抱える毀怜、そして女性ヴォーカル白血による 2 マン・アトモスフェリック・デプレッシブ・ブラックメタル・プロジェクト。悪鬼に取り付かれたようなデスヴォイスがドロドロと地底に鳴り響き、暗鬱な演奏とじわじわと共鳴し合い、孤独な音色を強める。長年中国ロックに馴れ親しんだ人間にとって、この暗さは竇唯の世界観にも通じるように感じる。

A Serpents Dream
A Tribute To Burzum

簡 鳞梦 | 常 鱗夢

Epic Black Metal	福建省福州	
自主制作	シングル	2016

以前は鄭州を拠点にしていたが、現在は福州を拠点としている Chuck 'Baphomet' Cai 蔡公と自称する人物によるワンマン・アトモスフェリック・ブラックメタル・プロジェクトによるシングル作品。ブラックメタルを基盤としているが、ヴォーカル以外の音が MIDI 制作されたような無機質なシューゲイザー的な音。長編叙事詩を基にした起伏に富んだ楽曲のように 1 曲 12 分 25 秒におよぶ大作で、脳を鍛えるまたはリラックスさせる音楽の類にも聴こえる。起承転結ではない奇妙な展開をする作品である。

A SM-bandha
A

簡 结界 | 常 結界
簡 武悼天王 | 常 武悼天王

Melodic Death Metal	黑龍江省七台河	
自主制作	フルレンス	2014

バイオグラフィなど未公開部分が多いワンマン・メタル・プロジェクトの 1st アルバム。Xiami や Douban では「メタルを愛し、中国文化を愛する者が激情的でありながら、内省的でもあるヘヴィ・メタルで以て叙情的に表現する」と自己紹介。前半 5 曲と後半 4 曲の 2 部構成で、中国的な旋律は皆無。全曲ヴォーカルレスでメロパワもあり、メロデスもありフォーキッシュなアクセントがあったりで、多様性に富む。取って付けた感はなく、少々整いすぎた感じもあるが、楽曲構成はきちんとしている。2018 年、デモ『末世●帰途』をリリース。

A Speechless
A Loneliness

簡	常	
簡	常	
Depressive Black Metal	北京	
Kill the Light Productions	デモ	2015

S-ean なる人物と毁怜（Armor Force、Torture Killer、Wither、亵渎人性などで活動）の両ギタリストによる 2 マン・プロジェクトによる 1st デモ『Lost My Sunshine』に続く 2nd デモ。デプレッシブ、アトモスフェリック、ブラックゲイズ、ポストブラック……など細かな区別はしていないだろうが陰鬱、孤独、暗晦な世界に包まれる。4 分台と 13 分の 2 曲のみの収録。ヴォーカルレスな楽曲がメランコリックで、より不安を掻き立てるサウンドだ。

A TalviSota
A Pohjois

簡	常	
簡	常	
Black Metal	北京	
Kill The Light Productions	デモ	2017

Martyrdomquagmire こと Faster Alcoholics 他の張清（ヴォーカル&ベース）と Thulen（ギター）なる人物による 2 マン・ブラックメタル・プロジェクトの 4 曲収録の初音源。Douban にはスカンジナビアの長く凍てつく冬同様、冬季は極寒の東北地方の吉林省長春出身と書かれているが、張の活動拠点は北京である。Goatmoon や Satanic Warmaster らフィンランド・ブラックメタル影響下にある寒々しいメロディと荒涼感に占められ、カルト臭漂うプリミティブなサウンド。

A Tomb
A Witches Sabbath

簡 墓	常 墓	
簡	常	
Black Metal	山東省？	
Pest Productions	フルレンス	2011

元 Curse Rampant の海洋によるワンマン・プロジェクト。全曲大作志向となり、5 分超え、7 分超え、8 分超え、14 分超え、15 分超えが各 1 曲ずつと 5 曲で 52 分もある。ドゥーミーなブラックメタルなところは次プロジェクト Nagzul と同一路線。活動期間が重なる時期もあり、両プロジェクトの方向性の違いに、いったいどのようなものがあるのが分からない。同年 Nagzul 名義でアルバム『Summon the Spirits』を、翌年には Tomb 名義で EP『凤凰绝』をリリース。

A Torture Killer
A

簡	常	
簡 战死街头	常 戦死街頭	
Thrash Metal	北京	
自主制作	EP	2015

フォーク・メタル・バンド Armor Force のヴォーカルとして、またワンマン・バンド Speechless、Wither や亵渎人性など多角的に活動を広げる毁怜によるワンマン・スラッシュ・プロジェクト。3 曲収録 EP。この手の愛好家にはたまらないハイピッチなドラミングと、リフもソロもどことなく円滑さが無いギターワーク。けつを蹴られて裏返ってしまったヴォーカルが乗っかり、間の悪いおざなりなギャングコーラスが入り込む。熱さと勢いだけがアドバンテージな B 級スラッシュ・サウンド。

A Tyranny
A

簡 帝辛 **常** 帝辛
簡 末商志・上篇 **常** 末商志・上篇

Symphonic Black Metal | 山東省青島
Cold Woods Productions | フルレンス | 2017

Sacrifice Soul、Tiger Trigger、古蛇、Frontiers、浊世などのバンドやプロジェクトで活動する古蛇こと陳湘泉によるワンマン・シンフォニック・ブラックメタル・プロジェクトの 1st アルバム。プロジェクト名は殷王朝最後の王となる紂王の別名。暴君と呼ばれた紂王を基にしたコンセプト作品。メタルマルチな才能を持つ古蛇こと陳湘泉なこともあって、メロディにもリフワークもリズムワークとも高品質な作風に仕上がっている。歴史映画のサントラに使用されても問題ないほど、叙情性と激情性が起伏に富んでいる。

A Tyranny
A

簡 帝辛 **常** 帝辛
簡 末商志・下篇 **常** 末商志・下篇

Symphonic Black Metal | 山東省青島
Cold Woods Productions | フルレンス | 2018

2017 年 9 月にリリースされた『末商志・上篇』に続く後編作。上下合わせてコンセプト作品となるため、前作が起承にあたり、本作が転結にあたる。引き続きメタルマルチな才能を開花させ、ドラマティックかつシアトリカルな展開を見せ、変幻自在なシンフォニック・ブラックメタルを奏でる。ジャケットもコンセプトに沿い、中心人物の古蛇の心肝に呼応した絵である。気になる点は完璧主義者が陥る客観的視点の希薄さを原因に、聴く者は距離感がわからず、ただ傍観者にさせてしまう所にある。

A Tyranny
A

簡 帝辛 **常** 帝辛
簡 汉末散记 临江仙 **常** 漢末散記 臨江仙

Symphonic Black Metal | 山東省青島
Cold Woods Productions | EP | 2018

古蛇こと陳湘泉によるワンマン・シンフォニック・ブラックメタル・プロジェクトによる 3 作目となる 3 曲収録 EP。帝辛のプロジェクトの下に前作・前々作とは雰囲気をがらりと変える。詳細は伏せた先行 EP となり、新たなコンセプト作の開幕として、ある王朝を取り上げることになるようだ。1 曲目 2 曲目が唐朝や春秋を思い起こさせる中華伝統旋律を採用し、通常に歌唱するフォーク調のヘヴィ・メタル。3 曲目にスピード感のあるスラッシーなリフに牽引され、張り詰めたグロウルヴォイスが呪文のように滔々と歌い続ける正統派ブラックメタル。今後の進展に興味が掻き立てられる謎を残す構成だ。

A Ululate
A Back to Cannibal World

簡 哀嚎 **常** 哀嚎
簡 **常**

Black Metal | 北京
Xtreem Music | フルレンス | 2015

元 Martyrdom の林粵によるワンマン・プロジェクト。一時期バンド体制だったが元に戻る。1st アルバム『Yazi』続く 2nd アルバム。シンプルなロウ・ブラックからブラックメタルやデスメタルの要素も加わったサウンド。一本調子だった音楽が緩急もついたプログレッシブな展開を見せ、極端なブラストビートがないため若干大人しい雰囲気もある。弱々しかったグロウルから低重心デスヴォイスに変容し、力強い歌声を披露。

A Unknown&Lin　**簡**　**常**

A Sound Therap　簡　常

Post Black Metal/Blackgaze	江西省南昌	
自主制作	フルレンス	2014

江西省南昌でブラックメタル・バンド葬花や亡灵归途で活動していた林聡によるワンマン・プロジェクト Back in Black がプロジェクト名を変更。2011 年リリースしていた 1st デモ『Sound Therap I』と 2nd デモ『Sound Therap II』を一枚にまとめたアルバム。ポスト・ブラックメタル〜ブラックゲイザーといえ、この種の音楽の説明どおりのアトモスフェリック・ブラックメタルに通じる、一風変わったトゲトゲしさとメロウでドリーミーなサウンドが共存する。

A Varuna　**簡**　**常**

A The Epical Trilogy of Vorlaufen I: Night Master　常

Avant-garde/Atmospheric Black Metal	陝西省西安	
Autumn Floods Productions	フルレンス	2007

Hellward、Midwinter、Yengisar、Zuriaake 等で活動する Bloodfire（ベース＆ヴォーカル）と同じく Zuriaake に在籍し、元 Hellward の Deadsphere（ギター＆ヴォーカル）による直接顔を合わせたことの無い 2 マン・レコーディング・プロジェクト。3 曲のみであるが、プログレッシブでアヴァンギャルドでスペーシーなブラックメタル化した Far East Family Band のようである。Deadsphere のオーストラリア移住のため、活動停止する。

A Wither　**簡 枯萎**　**常 枯萎**

A Far Away, My Happy　簡　常

Depressive Black Metal	内モンゴル自治区フルンボイル	
Kill the Light Productions	フルレンス	2014

Armor Force に在籍し、Speechless、Torture Killer、亵渎人性、Sad Tears などサブジャンルごとのプロジェクトを多く抱える毀怜によるワンマン・デプレッシブ・ブラックメタル・プロジェクトの 2nd アルバム。11 分を超える大作志向な 2 曲を収録。これほどまでに多方面にプロジェクトを分ける意義と差異は当人しかわからないが、本作ではただただピアノの冷酷なサウンドが先導。砂嵐のようなギター音が、意気消沈させる。陰隠滅滅なサウンドが 23 分 19 秒間続く。

A Yengisar　**簡 英吉沙**　**常 英吉沙**

A For the Motherwolf　簡 狼王　常 狼王

Black Metal	陝西省西安	
PolyWater Productions	フルレンス	2013

Hellward、Midwinter、Varuna、Zuriaake の Bloodfire によるまたもうひとつのワンマン・ブラックメタル・プロジェクト。アルバム形式をとっているが、実質は既発曲と初期デモ音源の新録版を収録した作品。勇ましいノマディックな雰囲気があるサウンドはじっくりと耳を傾けたくなる。バンド体制で活動継続をして欲しいものだ。プロジェクト名の由来は柄に煌びやかな金属製の飾りがある刀の名産地、新疆ウイグル自治区カシュガル地区イェンギサール（英吉沙）県より。

A Zenariz | 簡 | 常

A III - Disheartened | 簡 | 常

Depressive Black Metal	雲南省昆明
Solitude Productions	シングル 2014

Zenarizこと白如氷により開始され、2014年夏にアメリカ人Wanderこと Jordan Jimenezが参加した2マン・デプレッシブ・ブラックメタル・プロジェクトによるシングル初作品。おそらく直接顔を合わせていない遠距離レコーディング制作。幽閉され沈鬱、暗黒、寂寞、虚像、狂者の中、全感覚全肉体が消滅し声だけが残って卑しくこだまする。異様な空気感が冷たく残る。1曲8分46秒もあるブラックゲイザーな大作。現在は音楽活動ではなく、映像会社 Studio Knzvaのカメラマンとして活動する。

A Corpse Songs | 簡 尸诗 | 常 屍詩

A | 簡 万恶人间 | 常 万悪人間

Death Metal	天津
自主制作	デモ 2009

ExcruciateのCorpse Songsによるもうひとつのワンマン・デスメタル・プロジェクト。3曲で30分を超え収録1st EP。活動時期は不明でかつ本体と大同小異なサウンドだが、グラインドコア～ポルノゴアなどの要素をうっすら組み入れ、変態度を上げながら、軽快なビートで聴きやすさも付け加え、さらに東洋メロディも導入することで耳に残る内容。ただ1曲目からあれやこれや盛り沢山つなげた20分にも及ぶ、良い意味でのコンセプチュアルな最低最悪曲。疲労感を覚えたいなら聴くべき。

A Enchanted Temple | 簡 迷魂殿 | 常 迷魂殿

A Crying Oroqen | 簡 哭泣的鄂伦春 | 常 哭泣的鄂倫春

Folk Black Metal	内モンゴル自治区フルンボイル
自主制作	フルレンス 2017

オロチョン族Enchantenkaによるワンマン・プロジェクト。ブラックメタル・オムニバス『Black Battle Corps Ⅲ』に続き、活動開始1年も経たずにリリースとなった1stアルバム。中心人物のバイオグラフィが不明だが、高い音楽的素養と技術を持つ人間が緻密に作り上げたのではと思わせる。曲タイトルに地元地名や河川名、そしてオロチョン族最後の女性酋長の瑪利亜索などを用い、自身の民族の歴史・文化を伝統楽器を用いながらフォーク・ブラックメタルへ発展させる。

A Enchanted Temple | 簡 迷魂殿 | 常 迷魂殿

A | 簡 根河 | 常 根河

Folk Black Metal	内モンゴル自治区フルンボイル
自主制作	フルレンス 2018

民謡的アプローチは減少させながら、悲観的なグロウルヴォイスを残し、Enchantenka自身のルーツとなる歴史を歌詞に採用したメロディック・パワー・メタルなサウンドとなった2ndアルバム。伝統的なヘヴィ・メタルやスラッシュ・メタルの影響を思い起こさせるギターリフを多用し、ダイナミックにもスタティックにも色鮮やかに転換するキーボード・サウンド。メロディックなギターソロが劇的に展開する。加えて魅惑的なピアノのメロディー、鳥の鳴き声と歌や儚いチャイム音を効果的に利用し、変化に富んだ楽曲を描く。

A

A Demo Ⅰ

簡 毒蠱

簡

Death/Thrash Metal

自主制作

常 毒蠱

常

複数都市

Demo 2018

TormentoRx(ギター)、RH（ギター）、Silver Bullet（ベース）、Morbid Gut（ヴォーカル）、Speed Scum Dog（ドラム）と名乗る中国各地から集まったメンバーによる、ブルータル・フ××キン・スラッシュ・プロジェクトの 6 曲収録 1st デモ。煽りまくるチープなスラッシュサウンドだけで圧倒させる。エネルギーが充満した楽曲群。Faster Alcoholics や Excited Insects のメンバーも参加する。Morbid Saint と Incubus のカバーも収録。

A

A Demo Ⅱ

簡 毒蠱

簡

Death/Thrash Metal

自主制作

常 毒蠱

常

複数都市

Demo 2018

3ヶ月あまりで 2nd デモをリリース。前作より 2 曲、新曲 2 曲と Slaughter のアングラ臭漂うカバー曲を含め 5 曲収録。シンプルな Abigail、荒削りな Sabbat、ストレートな初期の Sigh といったところを混ぜ合わせた様式で、文句を言わせないエネルギッシュに突っ走る。ヴォーカルの吐き捨てる咆哮スタイルに初期デスメタルっぽさもあり、一点突破する攻撃性に富む。強力なクランチリフ・ワークに猪突猛進するリズムで、殺傷能力抜群なスラッシュ・メタル・サウンドを聴かせる。

『Chinese Rock Database』制作者との対談

筆者と『Chinese Rock Database』制作者の香取義人氏はちょうど 1999 年に北京に留学していた。インタビュー内に出てくる Yaogun メーリングリストを管理されていた方の主催による痩人のライブを観戦するイベントが行われた。その会場にて一度だけ顔を合わしていたことがあった。昨今 Facebook 上で中国関連のことでなんらかの関係を持つ友人が周りにいると「知り合いでは」と香取氏が出てくる事も多くあった。ちょうど個人的にミャンマー旅行をすることになっていたので、フレンド申請ならびにインタビューを申し込んだところ、快く受け入れてくれた。インタビュー日時は 2018 年 1 月 2 日。場所はヤンゴン市内にあるショッピングモール内に数ヶ月前に出来た Hard Rock Cafe。食事とともにインタビューを始めたが、地元バンドによるライブが始まったため（ちなみにジョン・レノンの Imagine と Dio の WeRock だけ聴いた）、隣接するホテルへ移動し、喫茶店にて行った。メタルというより中国ロック全般的な内容になっている。蛇足だが、移動する途中に CD 販売コーナーに連れて行ってもらい、ミャンマーロックの大御所 Iron Cross や Emperor とメタルっぽいジャケットを選んで CD を 10 枚くらい購入した。（　）は筆者の追加文。

Q：中国との出会いはどこからなのでしょう？

A：中国との出会いは最初は中学生の時に、三国志のゲームにはまったことがきっかけです。それから三国志の歴史小説を読み始めました。その後、どんどんと中国に興味が出てきたので、大学進学と共に東洋史を専攻し、中国の歴史を学び始めました。中国に行かないといろんな事がわから

ないと思い始めてから、一番初めは1997年に北京の北京航空航天大学へ2週間の短期留学をして、翌年北京に本格的に留学しました。
Q：その頃に中国ロックに出会われたのでしょうか？
A：出会ったのは留学に行く前でした。1993年か1994年頃に日本のメディアが中国ロックを盛り上げようとしていた頃で、たしかユースケサンタマリアが司会をしていたAsian Beatを見ているときに、崔健のインタビューや彼の3枚目のアルバム『紅旗下的蛋』収録の「飞了」のPVが流れて、そこで中国オリジナルのリズムとロックが融合していたのに驚きました。あとは唐朝や黒豹、竇唯が紹介されていて、「こんな歌手が中国にいるんだな」思ったのが、中国ロックとのふれあいの始まりです。
Q：制作されていた『Chinese Rock Database』を最初に公開されたのは、いつ頃でしたか？
A：最初に公開したのは2000年だったと思います。1999年にその前身となるデータベースがあって極少数に公開はしていたんですけど。それはある人に協力してもらい、作ったのですが、そのデータベースはアルバム名を入力すると検索できるだけで、図書館のデータベース的なものだったので自分のやりたいものとは違っていました。そこでプログラムの基礎を勉強して、2000年に今のデータベースを作り始めました。
Q：当時は今のようなネットもなく、情報があちこちに散らばっていた状況でしたが、どのようなルートで、情報を集められていましたか？
A：一番最初にメインの情報源となったのが、当時北京に滞在していた日本人によるYaogunメーリングリストです。毎日そこに100人ぐらいの参加者がいました。多くは読む側だったのですが、一部の人が積極的にいろんなことを投稿していて、そこでライブ情報などを得ていました。それから中国の音楽雑誌ですね。当時発行されていた『通俗歌曲』という雑誌です。あと『我爱摇滚乐』もありました。それは地方のバンドやインディーズアルバムもクローズアップしていたので、そこから情報を集めていました。あとはネットですね。ネットに関しては地方にいるバンドのなかにプログラムできる人たちが、小さな個人のサイトを作っていたこともありました。北京のバンドが多かった時代ですが、地方のバンドも少しずつ登場し始めていました。音源を聴いたり、情報を集めたりしているうちに今のサイトになりました。
Q：データベースにまとめる際に、大変だったところは何でしょう？
A：ひとつのバンドで情報がまったく違うところです。
Q：各サイトで情報がバラバラだったということですか？
A：バラバラでした。あと最初の情報と後に追加された情報が違っていたりもしました。制作側としては正しい情報を記載したいので、最初の情報を元にしていくのですが、時が経つと私も忘れてくることもあるので、そのあたりも難しかったです。
Q：バンドに確認を取ったところで解散していたり……。
A：全然わからないです。
Q：当時中国はその日限りの生活も多かったこともあるのではないでしょうか？
A：あと、イベントとかライブが中止された事も多くあったのですが、それもバンドが普通に各サイトに載せてしまっていることもあります。地方のことだと忘れていたりすることもあるので、それを毎回整理してデータベースを更新するのが大変でした。
Q：ロック全般でいろいろなバンドを見てこられたと思いますが、一番印象に残っているバンドや出来事は何でしたか？
A：一番仲の良かったのが瘦人でした。いっしょに食事したり、彼らの家にも遊びに行ったり、地方のツアーにも同行していました。
Q：ヴォーカルの戴秦がモンゴル族で、親戚が日本人と結婚されていたというのが、確か香取さんのサイトに掲載されていたかと思います。
A：戴秦のお兄さんが日本人女性と結婚して当時神戸に住んでいて、モンゴル料理店をやっていたんですね。で、当時一番ライブパフォーマンスがよかったのが瘦人だったんですね。
Q：ちょうどその頃は中国ロック第一世代が終わった感じがして、次の世代が出始めていた時期だったと思いますが。
A：そうですね。第一世代は黒豹や唐朝などだったのですが、超載も第二世代に入ってしまうのですかね？
Q：どこで区切るかは難しいかと思いますが、第一世代でもなく、その後の新世代でもないような時期だったのでしょうかね。
A：瘦人は古き良き時代の流れを継いでいるバンドでした。その後に出てくるコア系統バンドの清醒とかのModern Sky系のバンドがたくさん出てきてました。ポップな感じのサウンドで、ヴィジュアルも意識したのが多く、彼らの世代がロックのイメージをがらりと変えてしまったんですね。一つ前の世代が長髪姿で古臭い感じが出てきてしまいました。あとはライブだと一番感動したのは唐朝でした。日本で解散したとか活動停止したとかのうわさが流れていた中でしたけれども。
Q：唐朝は、ちょうど1995年にベーシストの張炬が交通事故で亡くなったり、たしか

『Burrn!』誌でも1st アルバムが取り上げられていたりして、ちょっと変わったヘヴィ・メタルを好む人が注目していたところでした。張炬の死後、情報が途絶えてしまいましたね。
A：彼らもですが、崔健もなかなかライブが出来ない時代で、当時はほんの数週間前に情報を公開して、「いついつどこでライブやりますよ」というような時代でした。ちょうど私が北京滞在していた頃に唐朝が2枚目のアルバムを作り始めていた時期で、老五（劉義軍）は脱退したけれど、バンドとしては一番結束していた頃でした。1枚目のアルバムの時代はあまり知らないのですが、2枚目のアルバムは今でも個人的には中国メタルの中で最高傑作のいいアルバムだと思っていますし、その頃はすごく嬉しかった思い出があります。あとはメタル系だと超載がやっぱり好きで、ライブも良かったです。
Q：当時は天堂や指南针とかがおり、個性があるようでないような中国独特のハード・ロックがあったと思いますが、あのあたりはどのような感じを持っていましたか？　指南针は個性的な女性ヴォーカルの羅琦がいて、中国初の女性ヴォーカルフロントバンドとして売り出していたり、日本盤も出したりもして、中国ロックスタンダード曲にもなっている曲があったりしますよね。
A：当時女性がいたロック・バンドで有名なのが3組いて、ひとつが呼吸です。元TVアナウンサーの蔚華がヴォーカルで、実は超載のヴォーカルの高旗の元カノなんです。もうひとつが眼镜蛇で、あと指南针でした。一番好きで今でも聴いているのが呼吸なんです。作詞作曲はほとんど高旗がやっていて、今でも自分のipodにいれているくらい大好きで、歌詞がいいんです。当時の高旗の素朴な熱い魂とか恋愛の気持ちだとかをぶつけている内容が良くて。でも結局その2人が別れてバンド解散になっちゃったんですけれど。それから高旗は超载を結成して、蔚華はソロ活動したが今は活動していません。指南针の羅琦は歌はすごい上手いと思います。好きなんですけど、（私生活でいろいろあって）復活してからテレビに出るようになったけれど、魅力がなくなったように感じます。
Q：Xiamiにアップされているのを聴くとロック調の歌謡曲を歌っている感じがしました。でも、当時のバンド総てが独特の雰囲気を持つバンドだったような。その雰囲気に飲み込まれて、私も香取さんも中国に入ってきてしまったかもしれないです。
A：当時の若者の熱い気持ちの表れがそのまま歌詞となって、それが広まりましたね。ただ、以前の共産党賛美の流行音楽との差がありすぎたほか、欧米のメディアによって崔健もずいぶんと誤解されてしまって。
Q：その誤解はたぶん最初はCNNの特集か何かから始まったのでは。アメリカにとっては当時の中国はわかりにくい国で、ロックそのものの誕生が若者の反逆をイメージさせるものだったので、中国でロックが登場した時にわかりやすさのための三段論法だったのかなと。
A：あと、ロックとの関連だけではないのですが、CDなどのアルバムを購入できる場所がだいぶ少なくなりました。
Q：それは海賊版CD・DVD屋が壊滅したことにも。
A：海賊版がなくなったのは、ダウンロードで音楽を聴くようになったから。ただ、マニアは台湾盤や香港盤を欲しがるのですが、それも今はもう買えない。そのほか、最近の話だと英語歌詞だけの曲は許可が下りないと。
Q：たしかに、欧米のアーティストが中国でコンサートする場合に、ダメな曲があったり。
A：中国のバンドが、英語の歌詞で作品リリースするのが出来なくなっていることもあったり、バンドによっては中国でリリースできないけれど、ヨーロッパでレコードとして発売しているのもいます。
Q：たしか、最近多いですね。昔は眼镜蛇の1st アルバムはドイツ盤が先に出ていたり。もちろん最近ではネットを使って海外レーベルとコンタクトを取ってとんとん拍子にリリースしてしまうバンドもいますね。
A：今、逆にレコードになるのが流行りだったり……。
Q：レコードの方が多かったりしますね。レコード人気が再燃していることもあったり。
A：コレクター側としては辛いんですけどね。場所とったり、CDほど丈夫じゃないから……どっちにしろ荷物は（中国にある自宅の）ベランダなんで。半年に一回帰宅しているのですが、滞在期間1週間の間にミャンマーに持って行くCDとその場でデータ入力するCDに仕分けしています。あとジャケット全部スキャンするので、あるだけの時間使って作業して、サイト充実のためにとても忙しいですよ。
Q：本当にライフワークになっていますね。
A：1日数時間やっても全然追いつかないです。仕事を終えて帰宅して、それが生活のベースなんで。
Q：ロックへの情熱って誰も理解できないことですから。
A：CD買っても、家族からは「ごみと一緒でしょ」って言われたり、「聴かないなら何で買うの」と責められたり、それは限定盤を出すバンドが悪いのだけれども。
Q：私自身もCDを山ほど所有していて、独身だから何も言われないけれど、これ将来どうしようかなと考え込んだりしますね。
A：結局置き場所がなくなって中国ロックと一部のお気に入りの日本や欧米の CD 以外のはほとんど売ってしまったか処分してしまったんですよ。
Q：今ってタオバオの中古市場があったりして。
A：前は、留学終えて帰国した際ものすごい数量の CD を、たぶん段ボール箱 10 個分くらいの CD とかカセットテープも実家に持って帰ったんですけど、最終的には親に理解してもらえなくてベランダに置かれちゃったんですね。カセットとかはすぐ傷むんで、どうしても必要な CD とカセットだけを、仕事で再度中国に行くことになった時にまた送り返したり、6 箱くらい。でそれ以外の 4 箱くらいは友人に引き取ってくれって話して、当時はまだヤフオクもなかった時代だったんで。
Q：その中にプレミア付いているのがあったのでは。
A：あったのもあるし、海賊盤が多かったかな。当時は海賊盤を 1 年に何百本とかの数買っていて、1 本 10 元くらいだったけれど、ときたま叩き売りで 3 元とか 5 元とかになっているのもあったり。とにかく買いまくって、ジャケ買いして、それで正規盤と海賊盤の見分け方とかを見つけて、今でもその違いを見分けられる自信はありますけれど。
Q：当時、海賊盤屋さんが北京市内の五道口周辺に多くあって、VCD とかもたくさん売っていました。
A：その見分け方って本当に難しかったです。地方の小さな街とか行って北京で売ってないカセットとかもあって、それを見つけたときすごいうれしかった思い出がありました。あとそうだな、メタル系で好きなバンドはデスメタルの冥界で、オムニバスの『揺滾北京Ⅲ』収録曲が大好きで、中国伝統舞踊の音楽とメタルを融合させた曲で一時期よく聴いていました。その頃、冥界がブートレグでレコード出したんですよ。その時私が中国語でライナーノーツ書いたくらい好きでした。冥界の 1 枚目のアルバムがオムニバスとかから集めた作品で、それにも収録されている曲ですね。ライブを見た事もあって、当時ですらオリジナルメンバーが 1 人しかいない状態で、今はオリジナルメンバーもいないんですけど、デスメタルでは彼らより印象深いバンドはいないです。
Q：中国のロックやメタルは北京が 9 割占めています、「北京の音」ってあると思いますが、一言でそれを表現すると。
A：骨太。
Q：他の地域が少ないだけ比較が出来ないけれど、上海にちょっといたくらいで、上海はしゃれているというか。
A：上海のイメージはしゃれているんだけど、音楽はちょっとね。洗練されていないんですね。
Q：当時はそうでしたけれど、今はバンドも増えてきて、外国人バンドもいたりしてだいぶ変わってきていると感じます。とにかくあの時は北京一極集中でしたので。
A：そうです。私のサイトでも A から Z まで検索できるようにしたのは北京だけで、あと地方のバンドに振り分けしました。北京のバンドが圧倒的に多すぎて、地方のバンドは後回しというか。地方の人に申し訳ないけれど、そんな感じだったのです。9 対 1 の割り合いで北京が多くて、地方のバンドも北京に上京して活動するというのが当たり前の時代だったんです。
Q:たしか指南針も四川省から上京してたのでは。
A：そうです。あと雲南省からだと AK-47。今は数字がなくなって AK と称しているのですが、彼らも雲南省昆明の出身ですね。あとハードコア系バンドの痛苦的信仰、今は痛仰かな、ヴォーカルは河北省の石家荘出身だったり。
Q：そういえばファンキー末吉さんと一緒に活動しているミュージシャンも地方出身者が多いですね。
A：彼ら布衣は（寧夏回族自治区の）銀川出身ですね。それから私が好きなので、人によってはメタルといわれているくらい重々しいサウンドだったオルタナティヴバンドの舌頭もウルムチ出身です。さっき話していた痩人の戴秦も内モンゴル出身だし、やっぱり地方のミュージシャンは北京に集ってきてしまうんです。
Q：最近の中国ロック界メタル界でモンゴル族の数が多いなと感じるのですが。
A：実際来日しているバンドもいますしね。
Q：Ego Fall。
A：Ego Fall と Nine Treasures というバンドもいます。なぜか知らないけど、モンゴル系はホーミーと融合したのが好まれるみたいで、それが世界に飛び出しやすいのでしょうね。
Q:逆にモンゴル本国のバンドって少なくて、ホーミーとも関係ない音していたり。
A：モンゴル本国のバンド、Haranga とか Hurd とかが古いタイプのハード・ロックやってたりしますね。でも、当時は資源のおかげでモンゴル国には金持ちが多くて、その中に内モンゴルに来て演奏しに来ていたバンドもいました。彼らが年に 1、2 回定期的にやってきていたのです。北京にも来たこともあったのだけど、そうすると若い人たちが刺激を受けていろんなジャンルの音楽を試そうとなったのではないかと思います。新疆のウルムチとかに行けば、ほとんどフラメンコのような音楽ばっかりなんですよ。新疆地域の伝統音楽とフラメンコがすごい融合させやすくて。
Q：今回取り上げたウルムチ出身のミュージシャ

ンで今Ekber Turdiがロック、メタル、フラメンコ、ウイグル音楽を融合させた音楽をやっています。

A：あっちの方はほんと多いんです。私が好きなのはAskar Grey Wolfで、ひと世代前なのでまだフラメンコと融合はしていなんだけども、ウイグルロックのトップみたいな人で。あと阿凡提（ウイグル族を中心にしたフォーク・ロックグループ）とかArken（カシュガル出身ウイグル族のフォーク・ロックシンガー、中国語名：艾尔肯·阿布都拉）だとかがいて、当時留学していた中央民族大学にいた若いウイグル族のミュージシャンがいたのですが、その人がのちに大ブレークしました。それがArkenなのですが、今では彼は中央電視台の有名なテレビ番組に出演できたり、地方でも大型コンサートできるくらいに有名になってます。ごくごく最近は活動停止してアメリカにいるようで、スローペースな音楽活動になっているのですが、びっくりしてしまいますね。当時大学内で普通にギター弾いているのも見たことありますし。

Q：中央民族大学は少数民族の芸術や文化人類学を研究する大学ですので、アーティスト肌な学生が多かったのかなとも思います。

A：それもあって、結構自由にやってた人もいましたね。民族大学に来ていた学生は地方の小金持ちの子息だと思うんですけれどね。

Q：中国ロックの話題を掘り下げるといっぱいになり、きりがないのでこの辺りにして香取さん自身のことをお聞きしたですが。ミャンマーに来られた理由とは？

A：今、勤めてる会社が中国を本社とするアパレル関係の検査会社で、縫製工場が中国から東南アジアに移りつつあるなかで、「ミャンマー進出するから現地に行かないか」と声をかけられたのがきっかけでした。

Q：中国企業が中国人社員ではなく、日本人を派遣する理由は何でしょうか？

A：ひとつは中国人としても東南アジアがどういうところかがわからないからです。特に言葉が通じない事です。私は一時期東南アジアを旅行で廻った事もあって、その時にミャンマーにも滞在した事があり、現地のイメージが分かっていたのです。あとミャンマーでは若干反中感情が強いんですね。カンボジアは親中なんですけれど。

Q：クメールルージュがあったにも関わらず？

A:今、中国からの投資が特に進んでいるんです。ベトナムは完全に反中になりますが。ミャンマーはアウン・サン・スー・チー政権になる前の政権の時に中国からの投資でダムを造る話があったんですが、途中で取りやめるくらいです。他からの投資も受けいれて、中国一辺倒から公平な投資を受けるようになったんです。そういう意味で、親日の方が多いので業務が進みやすいじゃないかということで私が来る事になったんです。

Q：こちらに来て３年半ほどですが、中国ロックに続いてミャンマーロックも開拓してはどうでしょうか

A：ミャンマーロックではライブに行ったのは数回しかなくて、やっぱりCD買っても分からない事も多いです。とにかくライブを見たい気持ちが第一にあって、ロックフェスにも行ったし、Iron Crossの単独野外コンサートも行ったし、インディーズのパンクバンドも見たし、ポップス系の数バンドが出ているイベントにも行きました。でも不定期に行われるので情報が集めにくいです。

Q：ミャンマー語だけの発信だけだから？

A：それもあるし、今ミャンマー人はFacebookで全部情報発信してるんで、登録はしているんですが､ライブがとにかく行われない。

Q：それは法的にできないとか？

A：法的にできない事はないかと思うんだけど、ただ人が集まらないんじゃないかな。

Q：ライブの場所というのは？

A：場所はバーでやるしかないです。あと野外特設ステージ。その場合はミャンマーは半年雨季なんで11月から４月までの乾季の間にしかライブができないんです。雨季に入るとライブは一切出来なくなるのと、人が出歩かなくなってしまいますね。そうなると小さい箱です。一応そういうところがあるんですが、そこでアンダーグラウンドなバンドが活動している状況です。ただ自分が見たいバンドがいなくて、そういう意味でまだまだミャンマーロックに飛び込む事が出来ていないです。逆にこっちに中国ロックのCDを持ってきてたり､ネットで視聴したりしている状況です。

Q：どこにいても中国語がわかれば、色々あっても中国の情報を得やすいですので。

A：やっぱり中国語だとバンド名はすぐわかりますし、歌詞の細かい部分は解らないにしてもどんな歌かはわかりますけれど、ミャンマー語だと下手すれば歌手名も解らないので、言語の問題でなかなか取っ付きにくいことがありますね。

Q：インタビューを受けて頂いてありがとうございました。

この後、もう少しだけ中国ロックの話題、留学当時の話題をしゃべり続け、香取さんは翌日仕事という事もあり、また喫茶店の終業時間となったため帰路に就く事になった。

Chinese Rock Database と Encyclopaedia Metallum の掲載データ比較

『Chinese Rock Database』はジャンルの範囲が中国メタルだけでなく中国ロック全般となっている。記事を拝読し、実際お会いしてお話を聞くと、制作者、香取氏はメタル中心に聴かれているのではなく、ロック全体を好んでいらっしゃるということであった。また期間を 1990 年代の中国ロックを中心とし、1980 年代末から 2010 年頃までの情報を調査された内容を基に記事を網羅されている。現在、サイト管理者は中国に居住しておらず、ミャンマーに移り住まれている。サイトも http://www.yaogun.com/ から正式公開はされていないが、検索をすると当該ページが見つかる http://www.yaogun.com/wiki/ にサイトを移行され、簡素ながら情報を拡張されている。私事ごとであるが、制作者とは 1999 年の 5 月頃に北京でお会いしている。日本で隔月刊行されていた『Pop Asia』というアジアンカルチャー雑誌を母に頼み、北京に送ってもらっており、その中にあった瘦人のライブを観覧するイベント告知を見て参加する旨を電話したことを覚えている。当本件調査中に Facebook でつながることが出来たため、2018 年 1 月にヤンゴンでお会いした。

Encyclopaedia Metallum は全世界のメタル・バンド情報を扱っているだけあって、メタルに関する情報量は膨大であった。サイト内で紹介されているバンドは中国と香港合わせて 300 組、台湾が 69 組であった。しかしメタルの範疇をどこまでにするかであるが、ニュー・メタルやグラインドコアはその範疇には入れていないようだった。また、オムニバスに関しての情報も各バンド内のページに記載されている程度であった。その場合はバンドの各サイト・SNS に掲載されている情報を優先としたが、特に中国のバンドはプロフィール等を詳細に書いてないことも多くあり、複数の SNS を参考し、合致している情報を基にした。

両サイトにそれぞれ記載されているが、実情がまったくつかめないバンドも数組あり、今回の調査では残念ながら見送っている。また、両サイトに記載はないが調査において筆者の個人所有物から調査したものや Xiami や Douban、Bandcamp、Indievox などの SNS 各サイトで発見したバンドを付け加えた。

調査対象	北京1990年代	北京2000年以降	華北	東北	華東	華中	華南	西南	西北	ワンマン・2マン	中国オムニバス	計
Encylopaedia Metallum 記載バンド数 & オムニバス作品数	5	69	26	15	31	18	13	11	11	64	0	263
『Chinese Rock Database』記載バンド数 & オムニバス作品数	23	69	22	9	16	11	9	15	13	29	21	237
Encylopaedia Metallum『Chinese Rock Database』両記載バンド数 & オムニバス作品数	5	39	16	5	12	10	7	9	7	22	0	132
Encylopaedia Metallum のみ記載バンド数 & オムニバス作品数	0	30	10	10	19	8	6	1	4	40	0	128
『Chinese Rock Database』のみ記載バンド数 & オムニバス作品数	18	30	6	4	4	1	2	6	6	7	21	105
両資料 記載なしバンド数 & オムニバス作品数	0	43	11	7	18	9	10	7	6	11	24	146
全バンド数 & 作オムニバス品数	23	142	43	26	53	28	25	23	23	80	45	511

オムニバス

A 中国火壹

中国音乐家音像出版社 | 1992

1980年代後半に登場し、90年代前半の中国、とりわけ北京で大きくロックシーンを築き上げることになる、新進気鋭のアーティスト・バンドを集めた記念碑的オムニバス・アルバム『中国火』シリーズ第1弾。収録曲が参加バンドの顔となる楽曲ばかりであるばかりでなく、参加バンドがのちに表舞台から舞台下まで中国ロックの黄金時代を築いていったミュージシャンに育ったことも特筆すべきこと。面孔、黑豹、唐朝、ADO、自我教育、红色部隊といったバンド、張楚、趙剛などのソロアーティストと、香港のAnodizeの楽曲を収録。

A 摇滚北京

北京文化艺术音像出版社 | 1993

『中国火』と双璧をなす1990年代前半中国ロック・オムニバス・アルバム・シリーズの第1弾。ロック～ハード･ロック～ヘヴィ･メタルを中心にリストアップ。各アーティストの代表曲ばかりでなく、楽曲が収録されたバンド・アーティスト全員とも現在では中国ロック界のトップミュージシャンとなったことも特徴だ。轮回、黑豹、呼吸、眼镜蛇、超载、新諦（自我教育の蒋温華（ヴォーカル）の新バンド)、做梦(竇唯のプロジェクト)といったバンド、王勇、常寛などソロアーティストの楽曲を収録。

A 摇滚北京Ⅱ

东方影音公司 | 1994

『摇滚北京』シリーズ第2弾。中国でロックが勃興するやいなや、ものの数年でハード・ロック、ヘヴィ・メタル、パンク、オルタナティヴなど音楽性も多種多様になる。90年代前半の北京で注目を浴びていたアンダーグラウンドのバンド･アーティストが収録されている。なお同年香港では、タイトルを変更し、『神州摇擺』シリーズとしてリリースされる。轮回、瘦人、Tomahawk、面孔、自觉、穴位、红桃5、石头といったバンドや王秀娟、王勇などソロアーティストの楽曲を収録。

A 摇滚先锋

中国音乐家音像出版社 | 1994

1994年前後のわずかな期間の北京ロックシーンを切り取ったかのように、当時人気の高かったハード・ロックを中心としたバンドがピックアップされている。しかしながら、後先考えず、将来性をも吟味せずに、単なる寄せ集め状態になっているのが否めない。リリース前後してほとんど解散している。特筆すべき点は、本書でも取り上げ、現在も活動を続ける北极星や瘦人が収録されていること。その他に、好兄弟、自觉、梦幻、大头鞋、状态组、I★M、胜人、骑士といったバンドの楽曲を収録。

A 告别的摇滚

湖北文化音像艺术出版社 | 1995

中国人の音楽観を変え、人生観にも大きく影響を与えた中華圏最大の歌姫テレサ･テンに捧げたオムニバス･アルバム。1990年代前半に人気の高かったロック・バンドやロックミュージシャンが彼女の定番曲を、それぞれバンド独自のアレンジで録音。唐朝においては、本レコーディング直前にベースの張炬が他界するというアクシデントもあった。日本で言うなれば美空ひばりの他界直後にジャパメタバンドがトリビュートするような、資料価値の高い作品である。唐朝、黑豹、轮回、「一九8九」といったバンド、ソロアーティスト鄭鈞の楽曲を収録。

A 中国火Ⅱ

中国音乐家音像出版社	1996

『中国火』シリーズ第 2 弾。竇唯やシンガーソングライター張楚など以外にも、新人が参加。前作『中国火壹』と比べるとインパクトに欠けるが、ロックと中国民謡の融合を試みた中国音楽学院教授で古筝奏者としても高名な王勇、そして新進気鋭なオールドスクール・パンクバンド Underground Baby など注目株も収録。その他鉄风筝、超载、殇乐、边缘といったバンドや周韌、方科などソロアーティストの楽曲を収録。

A 再见张炬

中国唱片广州公司	1997

1995 年 5 月に他界した唐朝のベーシスト張炬へのトリビュート・アルバム。中国ロック界の代表人物が一堂に会し、北京ロック界全体のムードメーカーであった彼のための曲を歌う。張炬の生前の肉声や未発表曲も収録。この事故が心痛だったのか、唐朝が次作を発表するまで時間がかかり、バンド内部にも亀裂が入る。唐朝のメンバーの他、面孔、巒樹（黑豹の初期キーボード奏者)、高旗（超载のヴォーカル)、Powell Young、張楚、騂梓、臧天朔、歇斯、Kaiser Kuo（唐朝および春秋の元ギタリスト)、竇唯、陳勁が参加。

A 中国火Ⅲ

中新音像出版社	1998

『中国火』シリーズ第 3 弾。本シリーズのテーマは新進気鋭の有能な新人アーティストを発掘し、紹介するはずだったが、今作はポップパンクバンド The Flowers を除いて、8 組中 7 組が比較的知名度のあるアーティスト・バンド。中国ロック過渡期にあった 90 年代後半には、優れたアーティストの登場も少なく、これにてシリーズも終了する。その他に劉義君（唐朝のギタリスト)、超载、鉄风筝、Underground Baby といったバンドや周韌、張楚、竇唯などソロアーティストの楽曲を収録。

A 众神复活 1

Mort Productions	2001

Mort Productions 製作の中国初のメタル専門オムニバス。2006 年に、ボーナストラックを 2 曲追加、タイトル末に「1」が追記され、再販。シリーズ化され、現在まで第 10 弾まで続く。デスメタル中心に瞑想之门、Suffocated、Ritual Day、Beeline、Vomit、Purgatory（雲 南)、Cankered Corpse、Narakam、杀戮、六翼天使、赤旗、内部腐烂が参加。なお、六翼天使は台湾のバンドではなく、MartyrdoM につながる中国のエクストリーム・メタル・バンド。

A 众神复活 2

Mort Productions	2003

大好評を受けて Mort Productions 製作メタル・オムニバス第 2 弾。世界のメタルシーンと呼応するようにパワー・メタル、デスメタル、ゴシック・メタルと多様なスタイルの新鋭メタル・バンドも収録され、Ironblade、Frozen Moon、Regicide、Operating Table、冥笛、厄刃、传奇、深渊、死罪、死因が参加。唯一香港からドゥーム・メタル Hyponic も参加。 2010 年にはリマスタリングされ赤旗、鳴笛の曲をボーナストラックとして 2 曲を追加し、再販。

A 死夜

殇唱片 | 2003

殇唱片製作インディーズ・メタル・オムニバス第 1 弾。中国各地出身のスラッシュ、デス、ブラック、グラインドコアなどのバンドを収録。Falling、Deathpond、 烟 雾、 散 杀、Darkness over Depth、Taotie、 古 蛇、Rammish Succus、Raping Corpse to Sacrifice the Moon、安魂夜、失落国度、极端艺术性第十二乐章と香港から Dark Vampire（のちに音楽性を変えながら Orthon ～卸甲とバンド名を変更する）が参加。

A 死夜贰

殇唱片 | 2004

殤唱片製作インディーズ·メタル·オムニバス第 2 弾。中国各地よりエクストリーム系に加え、シンフォニック·ブラック、プログレッシブ·メタルやメロディック·パワー・メタル路線のバンドも収録。Spirit Trace、206 and Thinkers、Wrath of Despot、进化之日、旗缨、血蜮、暗夜悲剧、揭、黑塚、圣翼光环と再び香港より Dark Vampire が参加する。前作より 1 年もしないでリリースのため小粒感が否めず、参加バンドではアルバム・リリース出来たのがこの 5 組のみ。

A 血流中国

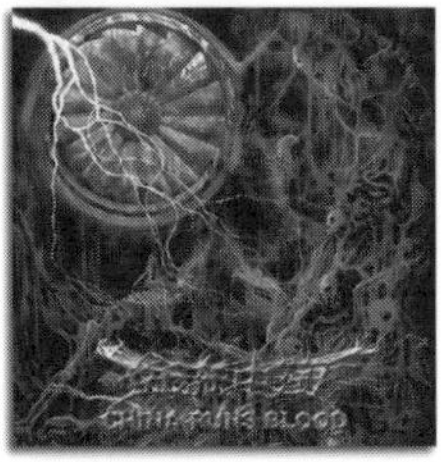

Mort Productions | 2004

Mort Productions 製作によるデスメタル・オムニバス。北京を中心に西安、南昌、上海、天津の各都市出身バンド 12 組が各 1 曲を収録。Narakam と Vomit は 1994 年 結 成 だ が、Cankered Corpse、Regecide、Operating Table、Hyonblud、死罪、十二月、腰斩、内部腐烂、死因、集凶帮他は 90 年代後半～ 2000 年代前半の比較的若い世代。カセットテープ音源のみだった天津メタルシーンの重鎮 Vomit の楽曲が CD 収録されたのは価値が高い。

A 众神复活 3

Mort Productions | 2005

Mort Productions 製作メタル・オムニバス第 3 弾。多様化、エクストリーム化する中国メタルシーンから個性的なバンドを収録。Deathpond、Falling、Hyonblud、The Last Successor、206 and Thinkers、Wrath of Despot、攻击者、圣翼光还、腰斩、十二月、中断悲剧が参加。翌年大手レコード会社の中国科学文化音像出版社版より Regicide、厄刃、Ritual Day の曲をボーナストラックとして 3 曲追加し、再販。

A 众神复活 4

Mort Productions | 2006

Mort Productions 製作メタル・オムニバス第 4 弾。大手レコード会社中国科学文化音像出版社からのリリースとなる。前作以上に幅広いジャンルを収録。Ego Fall、Voodoo Kungfu、Black Diamond、Frosty Eve、Purgatory（雲南）、Mirage、Illusion、Seraphim（台湾の女性ヴォーカル·シンフォニック·メタル・バンド）、冥笛、青年人最后的机会、引力效应が参加。その大半が中国メタルシーンを活気付けるバンドへと成長する。

A 死夜 III

殇唱片 | 2006

殇唱片製作インディーズ・メタル・オムニバス第 3 弾。中国各地より Thallus、Raping Corpse to Sacrifice the Moon、Lingchi、 散 杀、Empylver、Lunar Eclipse、Hollow、Enthrone、Resurrection、血蜮、黑色贈体、战火の 12 組とシンガポールより Behellion が参加。デスメタルやブラックメタルを中心に、フォーク・メタルやメロデスなど前作よりは多様なバンドが参加。大手レコード会社の安徽文化音像出版社より流通する。

A 死夜肆

北京乐海福声文化转播中心 | 2007

殇唱片製作インディーズ・メタル・オムニバス第 4 弾。Resurrection、RenZhi、Zero To Zero、Corpse Cook、Guardians of The Night、Deadsoul、Burnmark、Terminal Lost、殇赋、殇、消逝的河流、毁灭救赎、暗流の 13 組とシンガポールより Meza Virs も参加。ブラックメタル・デスメタルを中心にゴシック・メタルやメロパワを音楽性とするバンドの曲を収録。死夜シリーズで第 4 弾の本作だけ唯一大手レコード会社北京乐海福声文化转播中心から流通した。

A Vaikyrie's Prediction

Mort Productions | 2007

Mort Productions 製作の中国初となるメタル・ディーヴァを擁するバンドを集めたオムニバス。ゴシック・メタルの Dengel、メロディック・パワー・メタルの Frozen Cross、メロディック・ブラックメタルの Lunar Eclipse、メロディック・デスメタルの甲冑の 4 組が参加。4 者 4 様な独自スタイルで、中国版メタル・ディーヴァの一角を楽しむことができる。4 組中 3 組がオリジナルアルバムをリリース。本稿でも取り上げた。前三者が 3 曲ずつ、後者が 2 曲を収録。なお、中国側各サイトでは表記が、スペルがValkyrie'sではなく、Vaikyrie'sとなっている。

A《Black Battle Corps》I

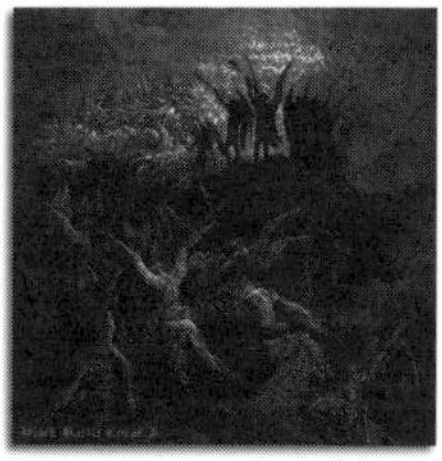

Funeral Moonlight Productions | 2007

中国初ブラックメタル専門オムニバス。8 組が各 1 曲収録。参加者中最も活動暦が長い Widerfahren だけがバンド形態だが、Original Sin、Tomb Sound、Aglare Light、Misshapen Hatred、Cvlt ov Nord、Garrotte Betrayers、魔圈は活動開始したばかりのはワンマンまたは 2 マン・プロジェクト形態。魔圈は張氷率いる Misshapen Hatred に専任ヴォーカル Evil Hatred が加入した別プロジェクト。

A 众神复活 5

Mort Productions | 2008

Mort Productions 製作メタル・オムニバス第 5 弾。バラエティに富んだバンド選びになっているが、再度インディーズに戻って販売される。比較的知名度が高いバンドを収録。The Last Successor、Narakam、Song of Chu、Frosty Eve、Frozen Cross、Raging Mob、Evilthorn、S.A.W、Infidel、诅咒橘子と台湾の大御所ヘヴィ・メタル・バンド Assassin や香港の若手メタルコア・バンド秋紅が参加。

A Happy Forever

Limbogrind Productions | 2008

グラインドコア専門オムニバス。北京より Complicated Torture、Ten Digital Brutish Beast、Naked Incise と雲南の Virus of Predacity の 4 組合計 34 曲を収録。参加者ほぼ同様なオムニバスが『Insulator』『Private Desire』『brand』『Fecal Show』『Porn Grind 2Way スプリット』『Insulator 1.5』といったタイトルでリリースされている。

A 死夜伍

殇唱片 | 2009

殤唱片製作インディーズ・メタル・オムニバス第 5 弾。中国各地より Thallus、Moonless Acheron、Screaming Savior、Fu Xi、Lingchi、Flaming Stream、WiderFahren、Norcelement、Black Invocation、Chaotic Aeon、帝國、スペインから Against The Wave、香港から Evocation、アメリカより SHOWSOMEBLOOD が参加。ユニークなバンドも増加し、各々のオリジナルアルバムを聴きたくなる作品。

A《Black Battle Corps》II

Ghostdom（冥）唱片 | 2009

レーベルが移行したが、シリーズタイトルは同じままのブラックメタル専門オムニバス第 2 弾。バンド形態が少なくワンマン or 2 マン・プロジェクトがメインで、中国ブラックメタル界ではある程度知名度のある Skeletal Augury、Tombsound、Original Sin、Misshapen Hatred、Funeral、E.D.I.E.H.、Deep Mountains、Aglare Light、蔷薇日无情的、业、混沌命运が参加。コアなブラックメタル・マニアへ送る作品といえる。

A 众神复活 6

Mort Productions | 2010

Mort Productions 製作メタル・オムニバス第 6 弾。第 2 弾からは幅広いジャンルを取り入れるようになり、今作からは世界的時勢であったメタルコアの隆盛にも対応。System Collapse、Die from Sorrow、Barque of Dante、Iron Blade、Septicaemia、M-Survivor、Regicide、Dark Cosmos、Frosty Eve、Infidel、香港の胚胎と台湾の Hard Case が参加する。

A 众神复活 7

Mort Productions | 2011

Mort Productions 製作メタル・オムニバス第 7 弾。The Last Successor、Why Lazy、Skeletal Augury、Chaotic Aeon、Lacerate、Terminal Lost、Moonless Acheron、Dagon Power、Frosty Eve、Screaming Savior と台湾の Gorepot が参加、実績を積んだバンドが無難に選ばれる。众神复活シリーズの醍醐味だった、無名だが将来性を感じさせる新人がおらず、面白みに欠ける作品となる。

A 同根生

自主制作	2011

Yaksa をリスペクトする新世代バンドによるトリビュート・アルバム。90 年代後半の北京でヘヴィ・メタルとハードコアのクロスオーバーを誰よりも早く成し遂げた稀代のバンド、そして新たなスタイルを確立したボーカリスト胡松に大きな影響を受けたバンド Four Five、ChinaTown Band、Left Right、641、Dark Cosmos、Ego Fall、S.A.W、青年人最后的机会、违章、魔罗刹が参加。本作をきっかけに Yaksa が発起人となり、同根生 Rootfest が毎年開催されるようになる。

A 硬碰硬

欢乐大爷独立文化厂牌	2011

東北地方の吉林省長春にて活動するメタル・バンド 11 組参加のオムニバス。各 1 曲ずつ収録。核金 Gangsta 文、K362、大非、魇、NoLie など多様なメタルコア、ニューメタル、インダストリアル・メタル・バンドを中心にパンキッシュなロックンロール新杯具、エレクトロニコア風味な刀俎、ブルータル・デスメタルな赵弛、スラッシュ・メタルな灼热之痛と本編レビューにて取り上げたフォーク・メタルコア The Samans、ブラックメタル Nihility など幅広いジャンルより集められている。

A 申金井

Mort Productions	2012

Mort Productions 製作による上海出身メタル・バンドを集めたオムニバス。中国最大の経済都市でありながら、90 年代はロックが根付いていなかったが、2010 年代に入るとようやくメタルシーンが形成され、多くのメタル・バンドが登場。Screaming Savior、Thy Blood、Terminal Lost、Epitaph、Chaos Mind、Fearless、SixShot、R.I.P、Darkslayer、麒缨、血色沉沦のバンド 11 組が参加し、様々なスタイルを収録。

A 残忍中国 Brutal China

Brutal Reign Productions	2012

Brutal Reign Productions 製作の主に華北地区出身のブルータル・デスメタル系バンド Sudden Death、RenZhi、Deathpact、Autopsia、Corpse Cook、Gorepot、焚葬ら 7 組 18 曲を収録したオムニバス。台湾からは Gorepot が参加。本作リリース時点で Sudden Death、RenZhi、Autopsia、Corpse Cook は各オリジナルアルバムや EP を発表済みであり、Deathpact と焚葬は作品未発売だが Douban にて、すでに楽曲公表はしている。

A 星火燎原 -ROCK IN NC

PolyWater/BlackIron	2012

レーベル PolyWater とライブハウス BlackIron の共同製作の江西省南昌を拠点とするロック〜メタル・バンド 12 組を収録したオムニバス。地方都市にもメタルシーンが出来上がりつつある状況が分かる。本稿でも取り上げた Explosicum、Be Persecuted、2011 年度 Summer Sonic に登場した RunRunLoser 以外の Douban に音源アップしているバンドもいるが FM、死思祀肆、怨灵、载体一只耳、通灵、弹簧、大爱、罗汉果、烟头などは活動状況が不詳。

A Core in China

BigMic 唱片 | 2012

メタルコア、デスコア、ニンテンドーコア、ポストハードコア、スクリーモバンドなどコアスタイルを音楽性とするバンドを中国から 16 組と、そして香港から 3 組、台湾から 1 組総勢 20 組を収録。ロックそのものが入ってくるのが遅く、明確なサブジャンルの定義分けが不明瞭なため、中国ではメタル勢とパンク勢の分離もなく、むしろ非常に良好な関係が築かれた。そのため若い世代になるほど他国では見られない音楽的融合が見られる。本作に収録されたバンドも、聴く人それぞれの聴き方でジャンル分け不能な形態。

A 众神复活 8

Mort Productions | 2013

Mort Productions 製作メタル・オムニバス第 8 弾。第 6 弾から実績のあるバンド中心となる。Screaming Savior、台湾の Anthellon、Barque of Dante、Silent Resentment、Burnmark、Never Before、香港の Evocation、Evilthorn、Narakam、Frosty Eve、R.I.P、泰菲拉が参加。確かに 2010 年以後中国全土より無数の新人バンドが登場するが、似たり寄ったりで光る才能を持つ新人が減ったのかもしれない。

A 申金井 II

Mort Productions | 2014

Mort Productions 製作の上海出身メタル・バンドを集めたオムニバス第 2 弾。前作同様の傾向で、MathLotus、Make You Hopeless、The Arcbane、Return to Sender、Psyclopus、Before The Daylight、Chaos Mind、Epitaph、Thy Blood、Screaming Savior、R.I.P、血色沉沦が参加するが半数が第 1 弾と同じ顔ぶれで、オリジナル作品をリリースしているバンドもおり、新鮮味に欠ける。

A 北国之春——长春独立音乐年鉴

洪声音像 | 2014

レーベルを移して長春で活動するバンドを集めたオムニバス『硬碰硬』の続編として制作。前作はメタル専門だったが今作では幅広く、ロック全般を対象として 12 組が参加、各 1 曲の収録。引き続き参加の The Samans、Nihility、魇とラップ・メタルな核泣约、デスメタル的ブラストビートに絶叫ヴォーカルが乗っかるノイズロックな張醒がメタル側で、4U、杨氷、不可撤销、Mr. 漓、Cotton、曹槽、刺花は優しいポップロック～メロコアバンド。当地でメタル以外の人気のジャンルもある程度分かる内容。

A 中国碾核汇编

2014

ゴアグラインド、グラインドコア、ノイズグラインド、スカトロノイズ、ポルノグラインド、デスグラインド、クラスト・グラインドあたりの雑音・騒音・汚物サウンド系グループ 26 組を集めたオムニバス。本著で紹介した上記系統グループやまったく素性のつかめない者までが参加して、各組 1 曲ずつトータル 38 分 24 秒を収録。聴いているだけでもよおしたくなる。まさしく超便秘な方々にオススメの効果てきめんな下剤で、加えて副作用として上からも出てしまう。

A 西风烈传 中国西北金属全势力合辑

Mort Productions | 2015

Mort Productions 製作による西北地区（陕西省、甘肃省、青海省、寧夏回族自治区）出身のメタル・バンド 12 組を集めたオムニバス。メタルシーンの規模が極小な地域にもわずかながらブルータル・デスメタル、メタルコアなどエクストリーム系バンドが存在する。Muddy、The Thorn Light、I.p9、活体解剖、噪音门、None The Less、Cankered Corpse、Chaotic Aeon、Woven Noise、Eblis、Pupil of Satan、灵戒が参加。

A Mongol Metal

Mongol Metal | 2015

モンゴリアン・メタルを牽引する内モンゴル自治区出身のメタル・バンド 3 組が参加。4 曲ずつ合計 12 曲収録。3 本の矢になったことで海外にも格段と知名度が上昇し、さらなるモンゴリアン・メタル繁栄のきっかけとなった作品であった。Ego Fall は 2000 年結成、Nine Treasures と Tengger Cavalry は 2010 年結成と、活動開始時期は異なるものの、現在ではワールドクラス級の活動となり、3 者 3 様のヘヴィ・サウンドとなるが、それぞれの音楽活動歴においては人脈図が繋がる。

A Metal Movement

MetalLatem | 2015

中国全土をカバーする大学生メタルサークル钢铁同盟が主導し、制作されたメタル・オムニバス。当時、全員大学生であった 19 組を収録。出身校も北京大学、清華大学の最高学府を含め、全国津々浦々から 20 数校にも及ぶ。日本以上に受験戦争の激しい中国において大学生（一部だと思うが）の間でもヘヴィ・メタルが人気であることが分かる一枚。また、トラディショナルなヘヴィ・メタル、ドゥーム・メタル、スラッシュ・メタル、ブラックメタル、デスメタルと音楽性も多岐に渡る。参加バンド中にはオリジナル作品をリリースするのも現れる。

A 众神复活 9

Mort Productions | 2016

Mort Productions 製作メタル・オムニバス第 9 弾。活動暦 10 年前後の中堅バンドを中心にジャンルも幅広く選ばれており、現在では海外ライブまで行うバンドまで収録。Purple Hell、Silent Elegy、Dream Spirit、Song of Chu、Seyss、The Dark Prison Massacre、Spirit Trace、Black Invocation、TumourBoy、Alcor、Deep Mountains と台湾の Slum が参加。

A 重型新疆 METAL IN XIN JIANG

西域之声 | 2017

新疆ウイグル自治区のウルムチ、昌吉、コルラで活動する結成 10 年未満の若手バンド 6 組を収録。Zuungar、Mourn My Loss、神灯、Dirty Blood、只需边缘、噪音投诉といったバンドが参加。土地柄、ウイグル族をはじめ漢族、モンゴル族、オロス族、カザフ族を出自とするメンバーがおり、スラッシュ・メタル、メロデス、メタルコア、Djent などに各民族音楽からの影響をもつ独特のサウンドとなる。リリース後、同タイトルイベントがウルムチの嬉游 livehouse で行われた。

A Thrash Metal 激流中国

Mort Productions	2017

2017年3月、MAO Livehouse Beijingで開催されたイベントThrash China Festival2017を記念し、Mort Productionsによって製作されたスラッシュ・メタル・オムニバス。活動暦10年以上の老舗から、結成間もない若手まで最新中国スラッシュ・メタルシーンを担うバンド9組を収録する。Explosicum、Alcor、Choleraic、Caterpillar、切割机、Thy Blood、Punisher、剧毒废料、Ancestor、雪崩が参加。

A《Black Battle Corps》III

Cold Woods	2017

またもレーベルが移行した、ブラックメタル専門オムニバス第3弾。2枚組仕様16組各1曲ずつ収録。本作では新旧半々、ブラックメタルだけでなく、その要素を強く持つエクストリーム系のバンドも参加する。デスメタル要素の強い香港出身の卸甲やブラッケンド・スラッシュなAcherozu、フォーク・ブラック的な迷魂殿、ポスト・メタル的なBliss Illusionなどが参加する。リリース間もないのにすでに消息不明のグループも存在し、オムニバスの負の醍醐味が味わえる。本稿では4組取り上げている。

A 众神复活 10

Mort Productions	2017

Mort Productions製作によるメタル・オムニバス・シリーズ第10弾。中堅バンドMuddy、Guardians of the Night、Mysterain、Explosicum、Parasitic Eve、Ancestorと、結成5年以下の雪沉、Choleraic、Crusado Orchestraや作品未発表なObsession、Necrosadistic Punishment、台湾よりEmerging from the Cocoonら12組のバンドを収録。本稿では9組取り上げた。

A Beast Reign The East 东兽祭

Einheit	2017

ドイツのレーベルEinheit Produktionenより欧州地域にてリリースされた中国・香港メタル・バンドの8組13曲収録オムニバス・アルバム。中国より海外ライブ経験のあるNine Treasures、Dream Spirit、Ritual Day、そして各種媒体で高評価の付くSong of Chu、Mysterain、Suldの6組と香港よりEvocation、Xie Jiaの2組の様々なスタイルのメタル・バンドが参加。中国出身全バンドは本稿で取り上げた。

A 摇滚唐朝三十年・演义我心中的唐朝

Totemism Productions	2018

中国の新世代バンド15組による唐朝トリビュート・アルバム。メタル系だけではなく、カントリーロック、パンク、スカ、グランジ、UKロック、ブルース、エレクトロパンク、オルタナティヴ・エレクトロと様々なジャンルから参加する。4枚のアルバムから選出された代表曲を敬意を持ちながら、各々独自の解釈でそれぞれのカラーに染め、まったく雰囲気の異なるサウンドに変化させる。メタル系がニュー・メタルとインダストリアル・メタル、メロディック・デスメタルと偏っているのが寂しく感じるが、中国産ヘヴィ・メタル第一人者が時代を越えた証とも言える。

スプリット

Split Your Face

Demisor / Regicide / Operating Table

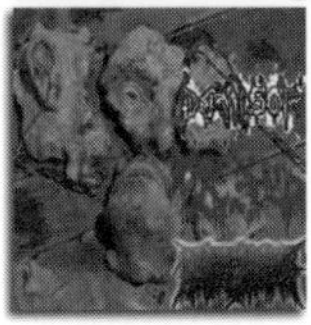

Mort Productions | 2003

デスメタル／グラインドコア系バンド３組による 3Ways スプリット・アルバム。シンガポールの老舗デスメタル／グラインドコア・バンド Demisor が８曲、北京のブルータル・デスメタル・バンド Regicide が５曲、南昌のデスメタル Operating Table が５曲の収録となる。

Falling / Resurrection

Falling / Resurrection

殇唱片 | 2004

杭州出身のブラック・ゴシック・メタル・バンド Falling と南京出身のデス・スラッシュ・メタル・バンド Resurrection によるスプリット・アルバム。レーベルメイトでもある両バンドが活動初期にリリースしたデモや EP をひとつにまとめた作品。前者が５曲、後者が４曲の収録。バンド名変更＆若干音楽性の変更と、解散＆再結成した現在の姿からすると貴重な音源である。

Ritual Day / Frostmoon Eclipse

Ritual Day / Frostmoon Eclipse

Mort Productions | 2004

ブラックメタル系バンド２組によるスプリット・アルバム。活動暦が 20 年を越えるイタリアのブラックメタル・バンド Frostmoon Eclipse が４曲、北京のメロディック・ブラックメタル・バンド Ritual Day が４曲収録。おそらく本作が中国と外国のメタル・バンドがこのような形で収録された最初のものである。

Bastards Fall in Fucking Love

Visceral Suture / Cuntshredder / Naked Incise / Excruciate / Deranged Shit / Entamoeba Histolytica

Bastard Productions | 2005

瀋陽、天津、北京、桂林を出身とするデスメタル／グラインドコア系のバンド／ワンマン・プロジェクト６組による 6ways スプリット・アルバム。Visceral Suture が３曲、Cuntshredder が４曲、Naked Incise が６曲、Excruciate が１曲、Deranged Shit が４曲、Entamoeba Histolytica が４曲の合計 22 曲を収録する。

悲赋之秋 / 司命楼兰 (Autumn of Sad Ode / Siming of Loulan)

Zuriaake/ Yengisar

Black Happiness Productions | 2005

中国エクストリーム・メタル界孤高の霊峰的存在となるアトモスフェリック・ブラックメタル・サウンドを響かせる山東省済南を拠点とする Zuriaake と、そのメンバーの１人 Bloodfire によるソロ・プロジェクト Yengisar によるスプリット・アルバム。各４曲ずつ最初期の音源を収録。

348? - Black Metal Is Plague

Martyrdom / Ululate / Heartless

Dying Art Productions | 2006

ブラックメタル・バンド Martyrdom、元 Martyrdom の Spectre のワンマン・ロウ・ブラックメタル・プロジェクト Ululate、ワンマン・デプレッシブ・ブラックメタル・プロジェクト Heartless による 3Ways スプリット・アルバム。2002 ～ 2003 年に奇しくも中国発で世界的に感染が広がった SARS を主題とした楽曲を含む各４曲ずつの収録となる。アルバム・タイトルにあるように 348 枚限定リリース。

A 5 Years of Keysmet Productions
A Darkness over Depth / Zwurst / Lester

Keysmet Productions | 2007

王三溥が主催する Keysmet Productions の設立 5 周年を記念して製作された 3Ways スプリット・アルバム。Kasasis こと王三溥の Darkness over Depth と同じく成都を活動拠点にする Zwrust こと熊梓崴、Lester こと田承彬によるワンマン・シンフォニック、フォーク、ブラック、ドゥーム、アンビエント・プロジェクト 3 組がそれぞれ 1 曲ずつ収録。

A Mourning Soul / Original Sin
A Mourning Soul / Original Sin

Funeral Moonlight Productions | 2007

ブラックメタル系・プロジェクトによるスプリット・アルバム。イタリアのブラックメタル･バンドでリリース当時は Sacrifice と名乗る人物のワンマン･プロジェクトであった Mourning Soul と成都出身の Evil Soul と Wolfsclaw による 2 マン・ゴシック・ブラックメタル・プロジェクトの Original Sin が参加。前者が Mayhem のカバーを含む 3 曲、後者が 3 曲の収録。

A Evil Forest
A Neftaraka / Original Sin.

Funeral Moonlight Productions | 2007

ブラックメタル系バンド／プロジェクトによるスプリット・アルバム。1990 年代中頃より活動するマレーシアの 3 人組ブラックメタル・バンド Neftaraka と成都出身の Evil Soul のワンマン・ゴシック・ブラックメタル・プロジェクトの Original Sin が参加。前者が 3 曲、後者が 2 曲の収録。

A Insulator
A Naked Incise / Complicated Torture / Ten Digital Brutish Beast

Limbogrind Productions | 2008

北京で 2000 年代前半から後半にかけて活動していた デスメタル、グラインドコア系バンド 3 組による 3Ways スプリット・アルバム。ワンマン・デスメタル、グラインドコア・プロジェクト Naked Incise が 10 曲、グラインドコア・バンド Complicated Torture が 6 曲、ワンマン・グラインドコア・プロジェクト Ten Digital Brutish Beast が 6 曲の収録。

A Death Knell from Misanthropic Kingdom
A Original Sin / Claustrophobia

Ghostdom Records | 2008

ブラックメタル系プロジェクトによるスプリット・アルバム。洛陽出身のワンマン・ダーク・アンビエント・ブラックメタル・プロジェクト Claustrophobia と成都出身の Evil Soul と Wolfsclaw による 2 マン・ゴシック・ブラックメタル・プロジェクトの Original Sin が参加。前者が 2 曲、後者が 2 曲の収録。

A Black Hatred in a Ghostly Corner
A Striborg / Claustrophobia

Finsternis Productions | 2009

オーストラリアはスナグを拠点とし 1997 年より活動開始、多くのアルバムを制作したワンマン･ブラックメタル･プロジェクト Striborg と河南省洛陽拠点の同様プロジェクト Claustrophobia によるスプリット・アルバム。両バンド 3 曲ずつ収録。曲尺も 10 分以上、8 分台、2 ～ 3 分台と同じような楽曲で、6 曲で 50 分を越える。

A Lonely Sunday / Butterfly Catastrophe
A Original Sin / E.D.I.E.H.

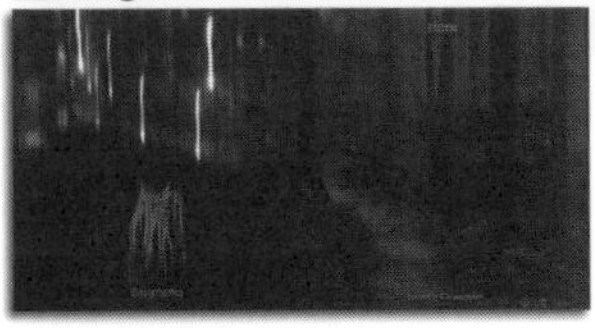

Autumn Floods/Cold Woods | 2009

系統の異なるワンマン・ブラックメタル・プロジェクト２組によるスプリット・アルバム。成都よりゴシック・ブラックメタル・サウンドのOriginal Sinが４曲と北京よりブラックメタル／ダーク・アンビエント・サウンドなE.D.I.E.H.の２曲を収録。それぞれがオーナーを務めるAutumn FloodsとCold Woodsの２レーベルによる共同リリース作品。

A Dark Hateful Visions
A Misshapen Hatred / Baal Realm

Ghostdom Records | 2009

洛陽のワンマン・ロウ・ブラックメタル・プロジェクトMisshapen Hatredとコロンビアのワンマン・ブラックメタル・プロジェクトBaal Realmによるスプリット・アルバム。前者が４曲、後者が５曲の収録だが、両者とも本作以外でもデモレベルの作品しか発表しておらず、なおかつ2009年を最後に活動停止している模様。しかし両バンドのリーダーは別プロジェクトで音楽活動継続中である。

A Private Desire
A Naked Incise / Okarina of Otaku People

2009

北京を活動拠点とする中国グラインドコア界の中心人物谷輝のワンマン・デスメタル／グラインドコア・プロジェクトNaked Inciseと谷輝が同業界主要人物の王景が組んだ２次元美少女アニメ＆エロ漫画コンセプト２マン・ノイズ・グラインドコア・プロジェクトOkarina of Otaku Peopleによるセルフ・リリース・スプリット・アルバム。両者各５曲ずつ収録。

A brand
A Naked Incise / Complicated Torture

2009

デスメタル／グラインドコア系バンド２組によるセルフリリース・スプリット・アルバム。谷輝のワンマン・デスメタル／グラインドコア・プロジェクトNaked InciseがCock And Ball Tortureのカバーを含め９曲、谷輝のギターで参加するグラインドコアバンドComplicated TortureがNapalm DeathとBrutal Truthのカバーを含む10曲収録。

A Porn Grind 2Way Split
A Naked Incise / Rectal Wench

2010

デスメタル／グラインドコア系バンド２組によるスプリット・アルバム。谷輝のワンマン・デスメタル／グラインドコア・プロジェクトNaked Inciseがカバー３曲を含め12曲、谷輝がサポートヴォーカル＆ギターで参加するグラインドコアバンドRectal Wenchが25曲収録。前者が『Prey Taste』、後者が『Filthy! Under The Wahuk』とアルバム・タイトルが異なる。

A Harmonious Split
A Psycho Killer / Uninhibited

2011

まだデモ音源発表のみで、オリジナル作品がリリースされていないグラインドコア系のワンマン／２マン・プロジェクト２組によるスプリット・アルバム。西安出身のワンマン・プロジェクトPsycho Killerが10曲と、北京出身の２マン・プロジェクトUninhibitedが10曲収録。両者とも本作リリース以後の情報発信が皆無となっている。

A Lingchi / Operating Table

A Lingchi /Operating Table

Stress Hormones Records | 2012

合肥のブルータル・デスメタル・バンドLingchiと南昌のデスメタル・バンドOperating Tableによるスプリット・アルバム。12インチのみのリリース。A面にOperating Tableが7曲、B面にLingchiが5曲の収録となる。両バンドともに中国エクストリーム・メタル界の初期より活動をしていたが、本作品を最後に解散もしくは活動停止。

A Evil Rulz as Snake

A The Metaphor / Sudden Evil

Dying Art Productions | 2012

蘇州拠点でLuke、莫邪などのプロジェクトをかかえるSnakeの別働隊ブラック／スラッシュ･メタル･プロジェクトSudden Evilと北京のブラック／スラッシュ･メタル･バンドThe Metaphorによるスプリット・アルバム。前者はKreatorのカバーを含む5曲、後者はDark Angelのカバーを含む5曲を収録。

A Mortifera / Be Persecuted

A Mortifera / Be Persecuted

Bubonic Productions | 2013

フランスのブラックメタル・バンドMortiferaと江西省南昌のデプレッシブ・ブラックメタル・バンドBe Persecutedによるスプリット・アルバム。前者がオーソドックスなブラックメタルとなる3曲、後者が既発アルバムを踏襲するような悲壮感と平穏、絶望と希望が二律背反しながら同時共存する沈鬱なアンビエント・サウンドな1曲を収録。Vinylのみのフォーマット・リリースとなった。

A Big Iron Rod

A Cave Have Rod / Iron Right Hand

Cold Woods Productions | 2013

北京のデスメタル／グラインドコアバンドCave Have Rodとフォーク・メタル・バンドArmor Forceなどに在籍する毀怜の別働隊ポルノ・グラインドコア・プロジェクトIron Right Handによるスプリット･アルバム。前者がフランスのグラインドコア･バンドGronibardのカバー1曲を含めての初音源となる7曲、後者も初音源となるオリジナル6曲を収録する。

A Underground NWOBHM Bands & Public Servants

A Dinkumoil / Punisher

Dying Art Productions | 2013

NWOBHM型ヘヴィ・メタルDinkumoilとテクニカル・スラッシュ・メタル・バンドPunisherによる2枚組Spiltアルバム。前者がCrucifixionのカバーおよびRehearsal Editionを含む4曲、後者がライブテイクを含む5曲を収録し、両バンドとも活動最初期のメンバーにより制作されたデモ音源をDying Legionレーベルを離れるに当り、記念として再リリースする。

A Sinometal Battalion

A Hellward / Dinkumoil / Tractor / Ravenwreck

Kurong Music | 2013

ワンマン・ブラッケンド・ヘヴィ・メタルのHellward、NWOBHM型ヘヴィ・メタル・バンドDinkumoil、パンク・メタル・バンドTractor、サイコメタル・バンドRavenwreckの4組による毛色の異なる楽曲を集めた4Waysスプリット･アルバム。7インチとカセットテープのみのフォーマット販売。各バンド1曲ずつを収録。

A Sexy Big Butt / Machine Gun

A Tractor / Skullcrusher

Dying Art Productions | 2013

北京のパンク・メタル・バンド Tractor と武漢出身で 80 年代のスラッシュ･メタルに影響を受けながら､パンク／ハードコア／クロスオーバー色もある Skullcrusher によるスプリット・アルバム。商品としては、Tractor の初期デモ音源に Skullcrusher のデモ音源を加えただけであり、後者はフィジカルなアイテムとして初の作品となる。

A Hepatic Necrosis

A Sewer Reproduction / SRRX / Accelerating Putridity / Grindfish

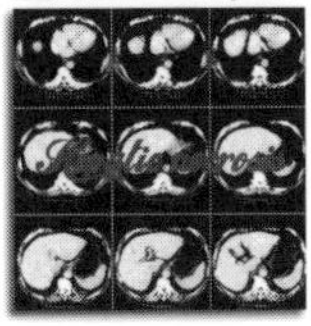

Hepatic Necrosis Productions | 2013

天津グラインドコアの Sewer Reproduction、北京グラインドコアの SRRX、山東省淄博グラインドコアの Accelerating Putridity（Impure Injection の Gore Geng のソロ・プロジェクト）、アメリカ・ヴァージニア州サイバーグラインドの Grindfish による 4 Ways スプリット・アルバム。 各 1 曲ずつ収録。

A Asthenia / Wither

A Asthenia / Wither

Kill the Light Productions | 2014

ブラックゲイザー・バンド Asthenia とフォーク・メタル・バンド Armor Force の毀怜の別サイド・デプレッシブ・ブラックメタル・プロジェクト Wither によるスプリット・アルバム。前者が初音源となり、現在に至る寒々しいサウンドをおよそ完成させた 2 曲、後者が最初期デモ曲の続編で、意気阻喪させる 1 曲を収録。両者とも音楽的方向性を異にするが、体温を下げる陰鬱な世界観に落としこまれる。

A The Dark Key of Enki

A Black Hate/ Be Persecuted

Self Mutilation Services | 2014

メキシコのブラック・デスメタル・バンド Black Hate と江西省南昌のデプレッシブ・ブラックメタル・バンド Be Persecuted によるスプリット・アルバム。各 1 曲ずつ収録。Be Persecuted の「Living in Dead」は Black Hate の楽曲に合わせたのか、よりアグレッシブさとスピードを増強している。 7 インチのみのフォーマット･リリースとなる。

A Christfuck / Cave Have Rod

A Christfuck / Cave Have Rod

Soondoongi Records | 2014

韓国はソウル出身のグラインドコアバンド Christfuck と北京のパンク・メタル・バンド Cave Have Rod によるスプリット・アルバム。前者が 10 曲収録となり、後者が 2013 年リリースのスプリット・アルバム『Big Iron Rod』収録曲とは異なる 11 曲を収録。オリジナル作品未発売だが、バンドとしての全体像がはっきり出たサウンドを提示した楽曲。

A Darkesthour...

A Desolate Hills / Noose / Zenariz / Duringlifend

Solitude Productions | 2014

デプレッシブ・ブラックメタル系ワンマン／ 2 マン・プロジェクト 4 組による 4Ways スプリット・アルバム。北京&武漢 2 マンの Desolate Hills、中国からウクライナに移住したワンマン・プロジェクト Noose、昆明出身ワンマン・プロジェクト Zenariz、西安出身ワンマン・プロジェクト Duringlifend が各 2 曲ずつ収録。しかしながら、どのプロジェクトも詳細事項未公表、素性がつかめない。

The World Comes to an End in the End of a Journey
Heretoir / Dernier Martyr / Dopamine / Ethereal Beauty / Shyy / Soliness

Pest Productions | 2014

5カ国よりデプレッシブ・ブラックメタル／ポスト・ブラックメタル系バンドによる6Ways スプリット・アルバム。ドイツ出身 Heretoir と Soliness が各2曲、ロシア出身 Dernier Martyr が3曲、中国からは南昌、玉林、聊城3都市出身者のプロジェクト Dopamine が1曲、アメリカ出身 Ethereal Beauty が2曲、ブラジル出身 Shyy が2曲の収録となる。

Endless Depression
Wither / Eye of Depression / Chóng

Kill the Light Productions | 2014

ワンマン・デプレッシブ・ブラックメタル・プロジェクトの内モンゴル出身孤高の存在 Wither および同プロジェクトの甘粛省天水出身でにわかに人気を集める Eye of Depression の2組と香港出身のブラック・デスメタル・バンド Chóng による 3Ways スプリット・アルバム。Wither が1曲、Eye of Depression が2曲、Chóng が2曲の収録となる。

轮回 / 万恶人间
Excruciate / 尸诗

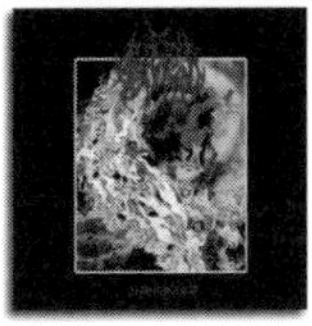

Autumn Floods Productions | 2014

天津を活動拠点とし、Corpse Songs を名乗る人物による名義の異なる2組のワンマン・デスメタル・プロジェクト Excruciate と、尸诗のスプリット・アルバム。両プロジェクトがそれぞれ EP とデモ音源で発表した作品をひとつにまとめた作品。前者が4曲と後者が1曲。

Under the Sign of Devil Metal
Nunslaughter / Hellward / Chaotic Aeon / Dinkumoil / Punisher

World War Now Productions | 2015

US アンダーグラウンド・デスメタルの帝王 Nunslaughter を中心に中国からブラッケンド・ヘヴィ・メタルの Hellward、デスメタルの Chaotic Aeon、ヘヴィ・メタルの Dinkumoil、テクニカル・スラッシュ・メタルの Punisher による4枚組 Vinyl フォーマット 5Ways スプリット・アルバム。 各盤 A 面に Nunslaughter を、B 面に中国バンド収録する。

Speechless / Aina
Speechless / Aina

Depressive Illusions Records | 2015

Armor Force 他で活動する毀怜（ギター）と S-ean（ギター）によるヴォーカルレス・デプレッシブ・ブラックメタル・プロジェクトと Douban 上に日本と中国の混成としか表記されていない詳細不明なブラックゲイザー・2マン・プロジェクト Aina との2組によるスプリット・アルバム。各1曲ずつを収録。

Lifeless World
Desecration of Human Nature / Wither

Kill the Light Productions | 2015

デプレッシブ・ブラックメタル・プロジェクト2組のスプリット・アルバム。Armor Force 他の毀怜のワンマン・プロジェクトのひとつ Wither が2曲、そして毀怜と Mr.Rose による2マン・プロジェクト Desecration of Human Nature が2曲収録。

A 4 Way Sick to Kill

A Lamida Vaginal / Lord Piggy / Kill Corpse / The Arsenal

2015

中国、メキシコから２組、ウルグアイ出身のグラインドコア／ブルータル・デスメタル・バンドによる４ Ways スプリット・アルバム。中国からは福州出身のブルータル・デスメタル・バンド Kill Corpse が、メキシコは Lord Piggy と The Arsenal、ウルグアイは Lamida Vaginal が参加。各バンド４曲収録。

A Ruthless Grace and Almighty Feebleness

A Wither / Lunatii / Cityscape Drawn in Black Ink

2016

Armor Force 他の毀怜のワンマン·プロジェクトのひとつ Wither、ロシアのデプレッシブ·ブラックメタル・バンド Lunatii、ルーマニアのワンマン・デプレッシブ・ブラックメタル／ブラックゲイザー・プロジェクトによる 3Ways スプリット・アルバム。それぞれ順番に１曲、３曲、３曲を収録する。

A 东方幽魂故事

A Harrfluss / 厄鬼 / Begräbnis / カルマ納骨堂

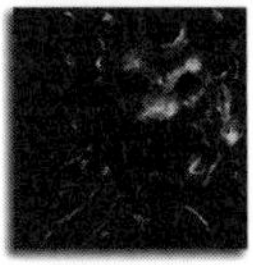

GoatowaRex | 2017

北京のワンマン・アンビエント・ブラックメタル・プロジェクト Harrfluss、韓国のワンマン・ブラック／ドゥーム／メタル／ダーク・アンビエント·プロジェクト厄鬼、仙台のフューネラル·ドゥーム・メタル・バンド Begräbnis、山形のノイズ／ドゥーム／スラッジバンドのカルマ納骨堂の 4Ways スプリット・アルバム。Harrfluss が３曲、残る３組は各１曲の収録。

A Sabbatical Hellfirexecution

A Sabbat / Hellfire

Eerie Hint Productions | 2017

武漢を拠点とするブラック·スラッシュ·メタル·バンド Hellfire とその Hellfire の Asura（ヴォーカル）もわざわざ来日し、ライブ参戦する我が国のブラッキング・メタル・バンド Sabbat によるスプリット・アルバム。カセットテープのみでのリリースにて、A 面に Sabbat が７曲を収録、B 面には Hellfire の音源になり、Sabbat のカバーを含め 10 曲を収録となる。

A 阴阳

A Delirious/ 冥無幻妖「忌み双児」

自主制作 | 2018

南京のグラインドコア・バンド Delirious と名古屋の東方プロジェクト和風パワー・メタル・バンド冥無幻妖「忌み双児」の２組による、どこでどうつながったのかがわからないが、サウンド志向がまったく異なるスプリット・アルバム。前者がオリジナル 1st アルバム『Delirious』収録曲より３曲と後者が未発表２曲を収録。

A 正义的复灭 The Subversion of Justice

A Twilight Blooming / Krith Nazgul / Avalanche / Dark Iridium / 就地正法 / Caterpillar

自主制作 | 2018

結成 10 年未満の若手中心に、成都を拠点にするアンダーグラウンドなメタル・バンド６組によるスプリットアルバム。フォーク・メタル Twilight Blooming、ブラックメタル Krith Nazgul、スラッシュ・メタル Avalanche、シンフォニック・ブラックメタル Dark Iridium 、メロディック・デスメタル就地正法、スラッシュ·メタル Caterpillar が各１曲収録。本作リリース時点では、単独作品はない。

A Sound of the Raging Steppe

A Nine Treasures / Suld / Nan / Liberation / Tengger Cavalry / Sintas

Tengger X Cavalry Recordings | 2018

Tengger Cavalry の中心人物 Nature Ganganbaigaali が設立したレーベル Tengger X Cavalry Recordings よりのリリース。参加バンド６組は北京およびフフホトを出身とするモンゴル系のメタルバンド。モンゴリアメタルとして国際的知名度もある３組は Tengger Cavalry が３曲、Suld が３曲、Nine Treasures が１曲を収録。国際的に初お目見えとなるバンドが３組はカザフ民謡色強いフォーク・メタルバンド Nan が２曲、メタルコア·バンド Liberation が２曲、プログレッシブ·フォーク・メタルバンド Sintas が２曲が収録される。

参考文献

藤野彰・曽根康雄編『現代中国を知るための 44 章』明石書店、2016 年
東洋文化研究会『中国の暮らしと文化を知るための 40 章』明石書店、2005 年
ボルジギン・ブレンサイン、赤坂恒明他『内モンゴルを知るための 60 章』明石書店、2015 年
石浜裕美子編著『チベットを知るための 50 章』明石書店、2004 年
レッカ社 編集、天児慧監修『激動！中国の「現在」がわかる本 』PHP 文庫、2010 年
松本剛、ファンキー末吉『北京的夏』講談社、2007 年
ファンキー末吉『大陸ロック漂流記中国で大成功した男』アミューズブックス、1998 年
ファンキー末吉『ファンキー末吉中国ロックに捧げた半生』リーブル出版、2015 年
橋爪大三郎『崔健　激動中国のスーパースター』岩波ブックレット、1994 年
『POP ASIA　創刊号～ 67 号』TOKIMEKI パブリッシング
宮崎正弘『出身地を知らなければ、中国人は分らない』ワック、2013 年
『アジアポップスパラダイス』講談社、2000 年
中山真理『アジア・カルチャーガイド⑩ 北京 びっくり倶楽部』トラベルジャーナル、1995 年
『アジアンポップス事典 』TOKYO FM 出版、1998 年
丸目蔵人『アジオン・ラヴァーズ Ver.1.0』大村書店、1996 年

参考 WebSite

Encyclopedia Metallum	https://www.metal-archives.com/
Chinese Rock Database	http://www.yaogun.com/index.htm/
Douban 各アーティストページ	https://www.Douban.com/
Xiami 各アーティストページ	https://emumo.Xiami.com/
Facebookpage 各アーティストページ	https://www.facebook.com/
Facebookpage Chinese Metal Music	https://www.facebook.com/chinesemetalmusic/
Facebookpage Asian Metal Music	https://www.facebook.com/Asian.Metal.Music/
Facebookpage NOWED MUSIC	https://www.facebook.com/nowedmusic/

YouTube チャンネル

NOWED MUSIC	https://www.youtube.com/channel/UCIMLuiP1VN8w2hm59rFZcPQ/
Chinese Metal	https://www.youtube.com/channel/UCOQ3wt6UV0JHotRaoKYi7dA
luksliveeht	https://www.youtube.com/channel/UCb4dS7L5fvRm2jcVVyUpkA
Modern Sky 官方音乐频道	https://www.youtube.com/channel/UCdskEH0Wvm_HjRyqo3eE56A
Mongol Metal	https://www.youtube.com/user/mongolcanada
ChinaRocksTV	https://www.youtube.com/user/ChinaRocksTV
burningchina666	https://www.youtube.com/user/burningchina666
Tengger Cavalry Official	https://www.youtube.com/user/TenggerCavalry
theevilskull	https://www.youtube.com/user/theevilskull
FireLiu	https://www.youtube.com/channel/UCICNUtcGoudDys8IAHsys0Q
Yo Yo	https://www.youtube.com/channel/UCz3shl8qK3A7iQdn_serGeA
Juhua Zhang	https://www.youtube.com/channel/UCbiJhqIOF_RGnHDfojahhQ
bass 蒲羽	https://www.youtube.com/channel/UCFl3gDXFhS5ERxYYT-mkQXg

あとがき

音楽関係の仕事でも出版関係の仕事でもない私が本を書くとは今までに一度も考えた事がなかった。高校３年生もあと半年という頃、関西のラジオステーションFM802で、偶然聴いた唐朝の代表曲「梦回唐朝」に耳を奪われ、中国語を学び始めることになる。以来、趣味として中華圏のハード・ロック／ヘヴィ・メタル（BURRN！読者歴25年以上なのでこの表現がしっくりきます）を20数年も追い続けていただけであった。一時期は得た知識や経験をブログで綴っていた事もあったが、書き続けるエネルギーが続かず更新も気が向いた時だけ、挙句の果てに４年程度で止めてしまっていた。そのブログがこの本を書く事につながるとはまったく予期もしなかった。

この20年を振り返ってみると中国は大きく様変わりした。初訪中した1997年夏の北京や上海など、そして１年間語学研修をした1999年の頃の北京の街並みや生活風景は今はもうどこにも見当たらない。もう私の記憶の中でしか存在していない。時とともにその記憶さえも変容してしまっている。留学を終え帰国、大学に復学、卒業。そして社会人となった今でも時折時間を見つけて中国へ行き、目的もなくただぶらぶらしているだけなのが、気の向くまま足を進め、時には拡大しつづける地下鉄で乗り間違えて迷子になりながらあちらこちらへ。時には観光地にぶらりと寄り、外国人や中国人の観光客が写真を撮る姿を見ると昔の自分を思い出す。同時にあの当時スマホがあったらと思うともっと写真を撮っていたかったし、映像が残せていたらとも感じる。しかしながら、どんなに変化しようともあの当時の空気感というかエネルギー感は今も変わらず現在の私自身に少なからず影響を与えている。

音楽ジャンルとしては世間一般的には知名度の低いハードロック／ヘヴィメタルというジャンルを中国のヘヴィ・メタルを通して整理してみた。改めて知りえたことであるが、中国も世界の流れと同様にあるバンドが人気となれば、同じスタイルのバンドが雨後の竹の子のごとく現れたり、突然変異的に新たなスタイルを瞬く間に築いてしまうバンドも登場している。非常にマニア心を刺激される独特な音楽マーケットに発展していた。現代社会の変化が大きいのと同じように、本書にて紹介したバンドが執筆期間中に解散してしまったり、メンバーチェンジが発生したこともある。移転・閉店しているショップも多く、現在の状況からすると少し古い情報になっていることも多い。そしてメタル・ミュージシャンの記録を正確に付けない性と、中国人の情報を正確に発信しないことが合わさったポイントに拙者自身の雑な性格も合わさり、記載事項が乱雑になっている可能性も高いが、その点はご理解いただきたい。

時には本業をそっちのけで執筆活動に熱をいれてしまっていた私に何の文句も言わず協力してくれた両親に感謝申し上げます。また日本人が書く中国のメタル本というある意味胡散臭さのある企画（個人的には大好きな部類だが）で、快くインタヴューを引き受けて頂いたバンドの方々にもお礼申し上げたい。特にNever BeforeのギタリストSho氏には、色々と協力して頂いた。そして出版について何の知識もないこと、本来ならば、日中国交正常化45周年、日中平和友好条約締結40周年となる2018年に本書を出版したかったけれど、本業の都合で執筆が大幅に遅れてしまったことに関しては濱崎誉史朗氏に御詫び申し上げるとともに、的確なアドバイスをしていただいたこと感謝の念が絶えません。

そして中国語のチェックを引き受けていだたいた『中国遊園地大図鑑』シリーズの著者の関上武司氏には、大変感謝申し上げるとともに、学生時代に私は、愛知にある関上氏の母校の大学を訪問し、中国語を専攻していた学生と朝まで飲んだ思い出があり、ひょっとしたら、近くにいらっしゃったのではと思い、不思議なご縁を感じました。

本来ならば、筆者が新型冠状コロナ後の中国の状況について調査しなければならなかったが、本業を優先することが重要のため、まとまった時間をとることも難しくなりました。そういった状況の中、中国事情に詳しい岩田宇伯氏に緊急寄稿をして頂きました。時間のない中、また、このような状況の中、救援の手を差し伸べて頂きましたことにお礼を申し上げます。

日頃から大変お世話になっている株式会社東大阪新聞社ならびに株式会社ドニエプル出版の代表取締役社長、小野元裕氏と亜紀夫人には、この場をお借りして御礼申し上げます。

最後に、出版直前にコロナウイルスによる世界的パンデミック状態の発信源になってしまった中国。より一層の嫌中意識を強められた方もいると思う。隣国同士理解し合えない、理解しようとする意志もない世界は争うばかりではだろうか。何か一つでも、本書を読まれた読者ならばメタル（決して「ヘビメタ」ではない）を通して、中国のことを知り、また余裕があるならば、訪中したり、中国人とコミュニケーションを取っていただければ幸いである。日中両国国民人民がお互いにもっともっと理解を深めて、豊かで素晴らしい知性のあるアジア社会を創っていけるように祈念して本書を書き終えたいと思います。

さて、マダラ中国語しかしゃべれないけれど、ひと段落したら再びちゃんと勉強してマンダラな中国語を身に付けたい。（と思いつつ十数年…もう年齢的に無理かも……はぁ～。）Metal Forever!!

デスメタルアフリカ

暗黒大陸の暗黒音楽

ハマザキカク

A5 判 160 頁　定価本体 1,600 円 + 税

アフリカ大陸に存在するデスメタル・ブラックメタル・スラッシュメタル・グラインドコア・デスコア・ペイガンフォークメタルなど過激なバンド達をほぼ網羅的に紹介！ 着ているシャツや使っている楽器、登録している SNS、影響を受けたバンドなども徹底調査！　コンゴ原産のインコがボーカルを務める HATEBEAK 等「なんちゃってアフリカンメタル」も！

デスメタルインドネシア

世界 2 位のブルータルデスメタル大国

小笠原和生

A5 判 352 頁　定価本体 2,300 円 + 税

小学生だけでなく市長・県知事・そして…ジョコ・ウィドド大統領までもがデスメタラー‼ バンド数でアメリカを猛追し、増加率では世界一のブルデス大国！　ガムラン DNA 超絶ドラマー多数‼ 死者数多数‼ 世界 4 位の 2 億 5 千万人を擁する国が人口ボーナス期に突入‼ ガムラン・ダンドゥット・ファンコット・プログレが盛んで手先が器用な国民性‼

デスメタルコリア

韓国メタル大全

水科哲哉

A5 判 384 頁　定価本体 2,500 円 + 税

もはやメタル不毛国とは言わせない‼ K-POP・ヒップホップだけじゃなかったコリアンメタル＆大韓ハードロックの魅力に迫る！ 90 年代にはソ・テジや N.EX.T など新世代が一世を風靡。隣国故に日韓メタル交流も盛んでヴィジュアル系・レディースバンドも輩出する一方で反日ブラックメタルも登場。メタルコアは中進国レベルに発展。

田辺寛　Hiroshi Tanabe

1976 年大阪府生まれ。高校 3 年生の時、中国ロック・メタルと出合う。それをきっかけに大学で中国語を学ぶ。1999 年、北京に 1 年間の語学留学をする。大学卒業後、家業の会社に就職。休みとなると中華圏に旅行し、観光や美酒美食を楽しむだけでなく現地のロック・メタルの CD・DVD を爆買いする。2016 年冬、会社の代表取締役に就任する。

Twitter @nihaorocks
nihaorocks.hiro@gmail.com

世界過激音楽 Vol.12

デスメタルチャイナ

中国メタル大全

2020 年 8 月 1 日　初版第 1 刷発行

著者：田辺寛

編集協力：関上武司

装幀＆デザイン：合同会社パブリブ

発行人：濱崎誉史朗

発行所：合同会社パブリブ

〒 103-0004

東京都中央区東日本橋 2 丁目 28 番 4 号

日本橋 CET ビル 2 階

03-6383-1810

office@publibjp.com

印刷 & 製本：シナノ印刷株式会社